PROFILE

profile

ANN
RULE

GA
RIDG

O Assassino de Green River

ARY
WAY

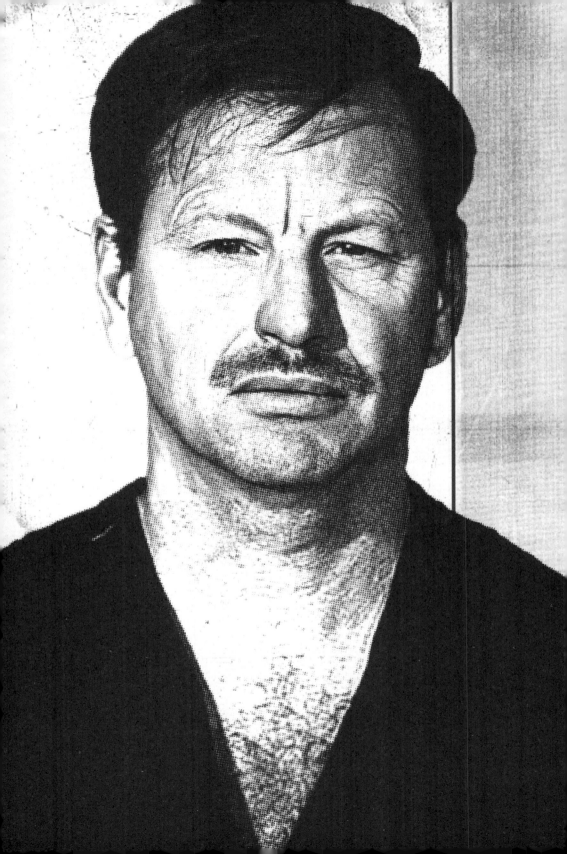

CRIME SCENE
DARKSIDE

GREEN RIVER, RUNNING RED
Copyright © 2017 2004 by Ann Rule
Todos os direitos reservados.

Tradução para a língua portuguesa
© Cláudia Mello Belhassof, 2024

Diretor Editorial
Christiano Menezes

Diretor Comercial
Chico de Assis

Diretor de Novos Negócios
Marcel Souto Maior

Diretora de Estratégia Editorial
Raquel Moritz

Gerente Comercial
Fernando Madeira

Gerente de Marca
Arthur Moraes

Editora Assistente
Jéssica Reinaldo

Capa e Projeto Gráfico
Retina 78

Coordenador de Diagramação
Sergio Chaves

Designer Assistente
Jefferson Cortinove

Preparação
Guilherme Kroll
Vinícius Tomazinho

Revisão
Luciana Kühl
Maximo Ribera
Retina Conteúdo

Finalização
Sandro Tagliamento

Marketing Estratégico
Ag. Mandíbula

Impressão e Acabamento
Ipsis Gráfica

DADOS INTERNACIONAIS DE CATALOGAÇÃO NA PUBLICAÇÃO (CIP)
Jéssica de Oliveira Molinari - CRB-8/9852

Rule, Ann
  Gary Ridgway: O Assassino de Green River / Ann Rule ; tradução de Cláudia Mello Belhassof. — Rio de Janeiro : DarkSide Books, 2024.
  528 p.

  ISBN: 978-65-5598-437-8
  Título original: Green River, Running Red

  1. Ridgway, Gary Leon, 1949- 2. Assassinos em série -Estados Unidos (Washington)- Estudo de casos. I. Título II. Belhassof, Cláudia Mello

23-3677   CDD 364.152

Índice para catálogo sistemático:
1. Ridgway, Gary Leon, 1949-

[2024]
Todos os direitos desta edição reservados à
DarkSide® *Entretenimento* LTDA.
Rua General Roca, 935/504 — Tijuca
20521-071 — Rio de Janeiro — RJ — Brasil
www.darksidebooks.com

PROFILE
profile

GARY RIDGWAY

O Assassino de Green River

TRADUÇÃO
CLÁUDIA MELLO
BELHASSOF

DARKSIDE

Sumário__

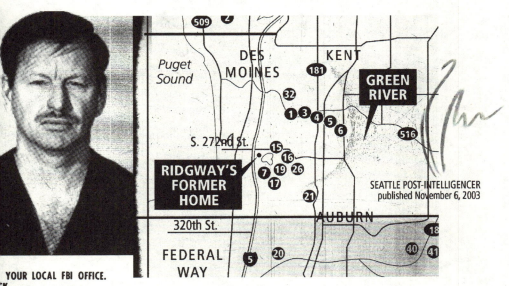

012. Pessoas importantes
016. Introdução _____ Tão perto que poderia tocá-lo

029. Parte um
307. Parte dois
403. Parte três

514. Posfácio
522 Agradecimentos

*Em memória de todas as jovens perdidas e
assassinadas que foram vítimas do Assassino
de Green River, com meu profundo pesar
por nunca terem tido a chance de recomeço
que tantas esperavam conseguir.*

PESSOAS
IMPORTANTES

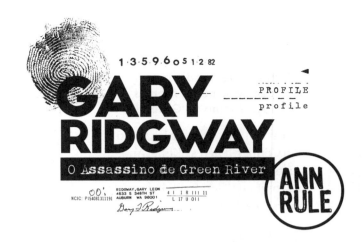

| **As vítimas, em ordem de desaparecimento**

Wendy Lee Coffield, Debra Lynn Bonner, Cynthia Jean Hinds, Opal Charmaine Mills, Marcia Faye Chapman, Giselle Lovvorn, Terry Rene Milligan, Mary Bridget Meehan, Debra Lorraine Estes, Denise Darcel Bush, Shawnda Leea Summers, Shirley Marie Sherrill, Colleen Renee Brockman, Rebecca Marrero, Kase Ann Lee, Linda Jane Rule, Alma Ann Smith, Delores LaVerne Williams, Sandra Kay Gabbert, Kimi-Kai Pitsor, Gail Lynn Mathews, Andrea M. Childers, Marie Malvar, Martina Theresa Authorlee, Cheryl Lee Wims, Yvonne Shelly Antosh, Constance Elizabeth Naon, Carrie Ann Rois, Tammy Liles, "Rose", Keli Kay McGinness, Kelly Marie Ware, Tina Marie Thompson, Carol Ann Christensen, April Dawn Buttram, Debora May Abernathy, Tracy Ann Winston, Maureen Sue Feeney, Mary Sue Bello, Pammy Avent, Patricia Anne Osborn, Delise Louise Plager, Kimberly Nelson, Lisa Lorraine Yates, Cindy Ann Smith, Mary Exzetta West, Patricia Michelle Barczak, Patricia Yellow Robe, Marta Reeves, Roberta Joseph Hayes, Jane Doe[1] C-10, Jane Doe D-16, Jane Doe D-17 e Jane Doe B-20.

---

1 "John Doe" (para homens) e "Jane Doe" (para mulheres) são pseudônimos coletivos usados quando o nome verdadeiro de uma pessoa é desconhecido ou está sendo ocultado de propósito. [As notas são da tradutora, exceto quando sinalizado.]

Vítimas que depois foram descartadas como mortas pelo Assassino de Green River

Leann Wilcox, Virginia Taylor, Joan Conner, Theresa Kline, Amina Agisheff, Angelita Axelson, Patty Jo Crossman, Geri Slough, Oneida Peterson e Trina Hunter.

Os Investigadores: 1982 a 2004

Comandantes da Força-Tarefa Green River: Dick Kraske, Frank Adamson, Jim Pompey, Bob Evans, Mike Nault, Jim Graddon, Bruce Kalin e Terry Allman.

Investigadores do Green River: xerife David Reichert, ten. Greg Boyle, ten. Jackson Beard, ten. Dan Nolan, sgt. Harlan Bollinger, sgt. Rupe Lettich, sgt. Frank Atchley, sgt. Bob "Grizzly" Andrews, sgt. Ray Green, sgt. Ed Streidinger, sgt. D. B. Gates, Sue Peters, Tony McNabb, Bob Pedrin, Bob LaMoria, Fae Brooks, Ben Colwell, Elizabeth Druin, Larry Gross, Tom Jensen, Jim Doyon, Bruce Peterson, Ralf McAllister, Nancy McAllister, Spence Nelson, Pat Ferguson, Ed Hanson, Chuck Winters, John Blake, Carolyn Griffin, Mike Hagan, Rich Battle, Paul Smith, Rob Bardsley, Mike Hatch, Jerry Alexander, Ty Hughes, Randy Mullinax, Cherisse Luxa, Bob Gebo, Matt Haney, Kevin O'Keefe, Jake Pavlovich, Raphael Crenshaw, Katie Larson, Jon Mattsen, Denny Gulla, Cecil Ray, Norm Matzke, Robin Clark, Graydon Matheson, Ted Moser, Bill Michaels, J. K. Pewitt, Brent Beden, Malcolm Chang, Barry Anderson, Pat Bowen, Rick Chubb, Paul Griffith, Joe Higgins, Rick Jackson, Gene Kahn, Rob Kellams, Henry McLauchlin, Ross Nooney, Tom Pike, Bob Seager, Mick Stewart, Bob Stockham, Walt Stout, John Tolton e David Walker.

Especialistas forenses

Tonya Yzaguerre, Cheryl Rivers, Terry McAdam, George Johnston, Chesterine Cwiklik, Jean Johnston, Beverly Himick; Skip Palenik, microscopista, Microtrace;[2] Marc Church e Kirsten Maitland.

Outras jurisdições policiais

Investigadores do estado de Washington: Departamento de Polícia de Des Moines, Departamento de Polícia de Tukwila, Departamento de Polícia de Kent, Departamento do Xerife do Condado de Thurston, Departamento do Xerife do Condado de Snohomish, Departamento do Xerife do Condado de Pierce, Departamento de Polícia de Tacoma e Departamento de Polícia de Spokane.

---

2   Laboratório em Elgin, Illinois.

Oregon: Departamento de Polícia de Portland, Departamento do Xerife do Condado de Multnomah, Departamento do Xerife do Condado de Washington e Departamento do Xerife do Condado de Clackamas.

Califórnia: Departamento do Xerife de San Diego, Departamento do Xerife de San Francisco, Departamento de Polícia de San Francisco e Departamento de Polícia de Sacramento.

Nevada: Departamento de Polícia de Las Vegas.

Médicos-legistas

Dr. Donald Reay, médico-legista, condado de King; Bill Haglund, Ph.D., investigador-chefe, Instituto Médico Legal do Condado de King; e dr. Larry Lewman, médico-legista do estado de Oregon.

Os promotores

Norm Maleng, promotor do condado de King; Marilyn Brenneman, Al Matthews, Jeff Baird, Bryan McDonald, Ian Goodhew, Patricia Eakes e Sean O'Donnell.

A equipe de defesa

Tony Savage, Mark Prothero, Fred Leatherman, David Roberson, Suzanne Elliott, Todd Gruenhagen e James Robinson.

Observadores interessados

Barbara Kubik-Patten, vidente; Melvyn Foster, consultor não oficial; Cookie Hunt, porta-voz da Coalizão de Mulheres; Dale Wells, defensor público em Spokane.

Consultores da Força-Tarefa

Pierce Brooks, ex-capitão de Homicídios do Departamento de Polícia de Los Angeles, ex-chefe de polícia em Lakewood, Colorado, e Eugene e Springfield, Oregon, especialista em assassinatos em série; Robert Keppel, Ph.D., especialista em assassinatos em série; dr. John Berberich, psicólogo; Chuck Wright, supervisor de liberdade condicional do estado de Washington; dr. Chris Harris, psiquiatra forense; dr. Robert Wheeler, psicólogo; Betty Pat Gatliff, artista forense; dr. Clyde Snow, antropólogo forense; Linda Barker, advogada das vítimas; prof. Fio Ugolini, cientista do solo; e Dee Botkin, flebotomista.

Agentes especiais do FBI: John Douglas; dra. Mary Ellen O'Toole, Unidade de Ciências Comportamentais; Gerald "Duke" Dietrich, Paul Lindsay, Walt LaMar, Tom Torkilsen, John Gambersky, Ralph Hope e Bob Agnew.

TÃO PERTO QUE PODERIA TOCÁ-LO

INTRODUÇÃO

Quando comecei este livro, que é o mais terrível de todos da minha longa carreira como escritora de *true crime*, me vi diante do mesmo dilema que encontrei há cerca de 25 anos. No início dos anos 1970, trabalhei como voluntária na Clínica de Prevenção de Suicídio de Seattle, Washington. Duas noites por semana, trabalhava no turno da noite com um jovem estudante de psicologia da Universidade de Washington como parceiro. Juntos, recebíamos ligações de suicidas e pessoas perturbadas. Eu não tinha publicado nenhum livro ainda, mas, em 1975, assinei contrato para escrever um livro caso o assassino desconhecido de pelo menos sete jovens estudantes em Washington e Oregon um dia fosse pego. Como muitos leitores sabem, no fim das contas, esse assassino era o meu colega, Ted Bundy. Quando eu soube disso, no entanto, ele havia deixado o Noroeste e continuado sua violência assassina em Utah, Idaho e Colorado. Condenado por tentativa de sequestro em Utah, Ted foi extraditado para o Colorado em 1976 para aguardar o julgamento pelo assassinato de oito vítimas naquele estado, mas escapou de duas prisões, chegando até a Flórida depois da segunda fuga — bem-sucedida — na véspera de Ano-Novo de 1977. Lá ele tirou a vida de mais três mulheres jovens e assassinou outras três em Tallahassee e Jacksonville antes de finalmente ser preso, condenado por assassinato em dois julgamentos e sentenciado à morte. Depois de nove anos de apelações, Ted foi eletrocutado em 24 de janeiro de 1989, na Penitenciária Raiford.

Quantas mulheres Ted Bundy matou? Ninguém sabe ao certo, mas quando os detetives da Flórida lhe disseram que o FBI acreditava que eram 36 vítimas, ele retrucou: "Acrescente um dígito e você terá o número certo". Só o próprio Ted sabia se isso significava 37, 136 ou 360.

Ao longo dos anos de prisão, Ted escreveu dezenas de cartas para mim e, às vezes, fazia declarações indiretas que poderiam ser interpretadas como confissões parciais.

No início, tentei escrever a saga de Ted Bundy como se fosse apenas uma observadora, e não parte da história. Não funcionou, porque eu fazia parte da história. Então, depois de duzentas páginas, comecei a reescrever *Ted Bundy: Um Estranho ao Meu Lado*. Houve momentos em que tive que entrar e sair do cenário com lembranças e conexões que pareciam relevantes. *Ted Bundy: Um Estranho ao Meu Lado* foi o meu primeiro livro; este é meu vigésimo terceiro. Mais uma vez, descobri que, em alguns casos, faço mais parte da história do que gostaria. Muitos dos homens e mulheres que investigaram esses casos são amigos de longa data. Já dei seminários em conferências para policiais com alguns deles, e trabalhei ao lado de outros em várias forças-tarefa, embora eu não seja mais policial. Conheci-os como seres humanos que enfrentaram uma tarefa quase incompreensível e, de alguma forma, resistiram a ela, vencendo no fim. E os conheci quando estavam relaxados e se divertindo na minha casa ou na deles, deixando de lado, por um breve tempo, as frustrações, decepções e tragédias com as quais tiveram que lidar.

Se recebi informações secretas? Era muito raro. Não fiz perguntas que sabia que eles não poderiam responder. O que descobri ficou guardado comigo até o momento em que poderia ser revelado sem provocar um impacto negativo na investigação.

Portanto, a busca de 22 anos para encontrar, prender, condenar e sentenciar o homem que talvez seja o mais ativo assassino em série da história também faz parte da minha vida. Tudo começou muito perto de onde morei e criei meus filhos. Dessa vez, não conhecia o assassino, mas ele, pelo visto, me conhecia, lia meus livros sobre casos verdadeiros de homicídio e, às vezes, estava tão perto que eu poderia estender a mão e tocá-lo. No fim das contas, vários graus de conexão também existiam entre suas vítimas e pessoas próximas a mim, mas só soube disso um tempo depois.

Houve momentos, ao longo dos anos, nos quais me convenci de que essa personificação desconhecida do mal devia parecer tão normal, tão tranquila a ponto de estar atrás de mim na fila do caixa do supermercado ou jantando na mesa ao lado da minha no restaurante sem ser notada.

Ele fez isso. As duas coisas.

Olhando agora para o passado, pergunto-me por que recortei um artigo específico do *Seattle Post-Intelligencer*. Não era um artigo de capa e era tão curto que poderia passar facilmente despercebido. No verão de 1982, eu tinha deixado de cobrir de seis a oito casos de homicídio para a *True Detective* e quatro outras revistas de detetives todos os meses e estava me concentrando em escrever livros. Fui contratada para escrever um romance na época e não estava procurando casos de crimes verdadeiros para escrever sobre eles. Mas o pequeno parágrafo na seção "Notícias locais" era muito triste: dois meninos encontraram, preso em estacas sob a ponte Peck, o corpo de uma jovem, na rua Meeker, em Kent, Washington. Ela havia flutuado pelas águas rasas do Green River, com os braços e as pernas amarrados por uma corda ou algo parecido.

O jornal não especificava a causa da morte, mas a polícia de Kent suspeitava que ela havia sido estrangulada. Embora já estivesse no rio havia vários dias, ninguém se apresentou para identificá-la.

A mulher era branca, tinha cerca de 25 anos e, com 1,65 metro, pesava cerca de sessenta quilos. Não tinha nenhuma identificação no corpo e usava uma calça jeans sem bainha, uma blusa de listras azuis e brancas debruada de renda e tênis de couro branco.

As roupas não eram diferenciadas, mas o médico-legista do condado de King, dr. Don Reay, notou que havia cinco tatuagens no corpo: uma videira ao redor de um coração no braço esquerdo, duas borboletas minúsculas acima dos seios, uma videira ao redor de uma cruz no ombro, uma insígnia da motocicleta Harley-Davidson nas costas e o contorno inacabado de um unicórnio na parte inferior do abdome. A delicadeza de quatro tatuagens destoava da marca da gangue de motociclistas, mas os detetives de Kent ainda achavam que essa poderia ser a pista mais forte para descobrir quem ela era — *se* algum membro das organizações locais de motociclistas admitisse conhecê-la.

Recortei a notícia da morte da mulher, tendo o cuidado de guardar a margem superior da página, que tinha a data. O artigo foi publicado em 18 de julho de 1982. Na verdade, ela fora encontrada na quinta-feira, 15 de julho.

A vítima não tinha se afogado; já estava morta quando foi colocada no rio. Quando uma descrição das tatuagens foi publicada em jornais da região, um tatuador reconheceu seu trabalho e se apresentou para identificar a vítima. Não era uma mulher adulta; era muito mais jovem. Conhecia-a pelo nome de Wendy Lee Coffield. "Acho que ela mora em Puyallup com a mãe", acrescentou. "Tem apenas 16 anos."

Os detetives localizaram a mãe, Virginia Coffield. Embora parecesse estar em choque, a mulher murmurou: "Eu meio que esperava isso". A mãe explicou que suspeitava que Wendy estava trabalhando como prostituta e podia ter sido atacada e morta por um *john*.[1]

"Sei que esse foi o tipo de vida que ela escolheu", disse Virginia Coffield com um suspiro. "Fizemos o melhor que podíamos para educá-la."

A mãe de Wendy Lee disse que a filha era uma boa menina quando moravam no campo, mas que seu "problema" começou ao se mudarem para Auburn e Kent, que ainda eram cidades muito pequenas, se comparadas a Seattle e Tacoma.

Wendy e a mãe nunca tiveram muito dinheiro, pois Virginia lutava para sustentar as duas depois de ter se divorciado do marido, Herb; moraram em vários apartamentos de aluguel baixo. Houve ocasiões, nos meses quentes de verão, nos quais tiveram que morar em uma barraca, colhendo amoras para vender e poder comprar comida.

"Wendy largou a escola quando estava no ensino fundamental II", disse a mãe, cansada.

Mesmo que não tenha dito, Wendy fora pega em um círculo vicioso muito familiar. Virginia tinha apenas 36 anos e estava acabada e desanimada como se fosse mais velha. Sua própria infância tinha sido muito infeliz, quando muitos dos adultos que deveriam cuidar dela estavam mais interessados na fuga nebulosa pelo álcool. Provinha de "uma grande família de bêbados".

Virginia engravidou aos 16 anos e deu a criança para adoção. Em seguida, passou dois anos da adolescência em Maple Lane, centro de detenção de jovens em Washington para meninas. "Eu me sentia uma desajustada; ninguém me entendia. Ela [Wendy] estava procurando ajuda, assim como eu, mas eles a tiraram [da detenção juvenil] quando deveriam ter oferecido uma supervisão. Ela só precisava de alguns anos longe das ruas para crescer".

Em meados de 1982, Virginia e Wendy estavam morando em outro apartamento precário no centro de Puyallup. As fotos de Wendy mostravam uma garota sorridente, com um rosto largo e aberto. Alguém

---

1   Gíria inglesa usada para se referir a clientes sexuais.

poderia achar que Wendy tinha 18 ou 19 anos, mas não passava de uma criança. Depois que parou de estudar, foi matriculada na Kent Continuation School na esperança de conseguir se recuperar. Mas era uma fugitiva crônica e talvez quisesse abandonar um lar onde não era feliz ou simplesmente procurasse alguma emoção no mundo — ou as duas coisas.

A mãe havia perdido o controle sobre ela. "Wendy começou a ter problemas", disse Virginia Coffield, explicando que a filha era conhecida pela polícia por pequenos delitos nos condados de King e Pierce. "A última coisa que ela fez foi pegar 140 dólares de auxílio alimentar de um dos nossos vizinhos."

Certa noite, quando tinha 14 ou 15 anos, lembrou Virginia, Wendy voltou para casa desgrenhada e chateada. "Disse que um cara a havia estuprado enquanto estava pedindo carona. Era assim que ela andava por aí. *Pegando carona*. Expliquei a ela que era isso que acontecia."

Wendy mudou depois disso, e seus problemas aumentaram. O roubo do auxílio alimentar a levou para o Remann Hall, o centro de detenção juvenil do condado de Pierceem em Tacoma, e depois para um lar provisório. Em 8 de julho, após de receber um indulto de 24 horas para visitar o avô, não voltou mais, preferindo fugir.

Wendy e a mãe tiveram uma existência miserável, e nenhuma das duas parecia ter correspondido às expectativas da outra. Os pais vão embora, e as mães solteiras se desesperam para conseguir ganhar dinheiro suficiente para seguir em frente. Filhas adolescentes rebeldes dificultam tudo, porque agem com base na própria dor. E, assim, tudo continua. Wendy Lee foi pega por essa força centrífuga. Queria as coisas que não tinha e se arriscou terrivelmente para obtê-las. Em algum lugar nesse caminho, conheceu alguém que estava com raiva ou era pervertido o suficiente para considerar que sua sobrevivência no mundo era insignificante.

Como o corpo de Wendy foi encontrado dentro dos limites da cidade de Kent, o assassinato seria investigado pelo Departamento de Polícia de Kent. O chefe Jay Skewes disse que a última vez que alguém tinha visto Wendy viva foi logo depois que ela fugiu de Remann Hall, uma semana antes de seu cadáver ser descoberto no Green River. A garota foi considerada fugitiva, mas ninguém a estava procurando de verdade. Eram tantas fugitivas que ficava difícil escolher por onde começar.

E agora a vidinha triste de Wendy havia acabado antes de começar de verdade. Sua foto borrada apareceu várias vezes na mídia enquanto a história de seu assassinato era atualizada e novos detalhes eram acrescentados. Era uma garota loura atraente, e eu tinha escrito sobre centenas de casos de homicídio nos doze anos anteriores à morte de Wendy, vários deles sobre belas louras que foram estranguladas.

Mas ela era tão jovem, e soube que fora violentamente sufocada com a própria calcinha. Eu também tinha filhos adolescentes e me lembrei das garotas que conheci quando estava na faculdade e trabalhava durante os verões como estagiária em Hillcrest, o centro de treinamento juvenil para meninas em Salem, Oregon (uma instalação antes conhecida como reformatório). As residentes de Hillcrest tinham de 13 a 18 anos e tentavam parecer duronas, embora eu logo percebesse que a maioria era amedrontada e vulnerável.

Talvez por isso tivesse guardado o recorte sobre a garota no Green River. Ou talvez tenha sido porque o corpo de Wendy fora encontrado perto de onde eu morava, na parte sul do condado de King, Washington. Pelo menos mil vezes nos quarenta anos em que morei aqui, passei pelo mesmo lugar onde alguém tinha desovado seu corpo.

Para ir da minha casa até esse trecho do Green River, eu tinha que cruzar a rodovia 99 e descer cerca de seis quilômetros pela longa colina curva que é a avenida Kent-Des Moines. O Green River corre ao sul da baía de Eliott e do estuário de Duwamish, irrigando o leito de Kent Valley. Nos dias anteriores à expansão da Boeing e ao crescimento do Southcenter Mall, o vale era conhecido pelo rico solo argiloso e abrigava fazendas familiares, muitas das quais forneciam produtos para o Mercado Público de Seattle ou simplesmente montavam suas próprias barracas ao longo da estrada. Quando meus filhos eram pequenos, levava-os todo verão até uma das plantações de morangos self-service que eram fartas no vale. Com alguma frequência, fazíamos passeios de carro aos domingos em Kent, Auburn e Puyallup.

Eu também tinha dirigido pela avenida Frager, na margem oeste do Green River, na escuridão quase total várias noites, voltando para casa de um jantar com amigos ou das compras no Southcenter Mall. As luzes do enorme shopping se apagavam em poucos minutos enquanto a estrada se tornava indistinguível do rio.

Ao norte da ponte da rua Meeker, a avenida Frager e o rio caudaloso me assustavam um pouco à noite, porque quase não havia casas por ali, e as chuvas de inverno faziam o Green River encher tanto que beirava os acostamentos da estrada. Motoristas alterados, inexperientes ou imprudentes muitas vezes se perdiam nas curvas da estrada estreita e caíam no rio.

Poucos sobreviviam. Às vezes, ficavam nas profundezas por muito tempo, pois ninguém sabia que os carros e os corpos estavam ali sob a superfície.

Na escuridão sem luar, a estrada solitária ao longo do rio parecia um pouco sinistra, embora eu nunca tivesse conseguido descobrir um bom motivo para sentir isso. Era apenas um rio durante o dia, passando por campos, casas de fazenda em ruínas e um parque minúsculo com duas mesas de piquenique destruídas. Normalmente havia algumas dezenas de pescadores amontoados em pequenos barracos feitos de restos de madeira, em busca de trutas prateadas ao longo do rio.

Apesar do meu mau pressentimento, muitas vezes pegava a avenida Frager para casa depois da meia-noite já que era um atalho para onde eu morava na rua 244 Sul. Quando chegava à 212 Sul, me afastava do rio, virava à direita e depois subia uma colina à esquerda, passando pelo "Parque Earth Works", que não era exatamente um parque, mas um enorme monte de terra que tinha sido terraplanada em planos ascendentes oblíquos com uma grama rala plantada ali. A cidade de Kent encomendara o parque como um projeto de arte. Não era bonito, não parecia artístico e também era ligeiramente ameaçador, pois se erguia ao lado da estrada isolada que subia por uma colina que se tornava cada vez mais íngreme.

Sempre ficava aliviada quando chegava ao topo e cruzava a avenida Military até a rua 216 Sul. A rodovia 99 — a SeaTac HiWay —, onde as luzes voltavam a brilhar, ficava a apenas dois quarteirões à frente, e eu estava quase em casa.

Raramente tinha a oportunidade de dirigir pela avenida Frager entre a rua 212 Sul e a rua Meeker, e o corpo de Wendy tinha sido levado em direção ao sul, onde eu nunca passava. Nos meses de verão, quando a encontraram, a água não era muito funda embaixo da ponte da rua Meeker. Ela ficaria bem visível para qualquer um que atravessasse a ponte em direção a Kent. Vinte e dois anos antes, era uma cidade pequena, sem os diversos quarteirões de condomínios e prédios residenciais que tem agora. O lugar no rio para onde o corpo de Wendy boiou não tinha um campo de golfe nem uma trilha de corrida duas décadas atrás, pois ainda não tinham sido construídos. O conselho municipal de Kent não tinha votado, em 1982, para tornar a entrada da cidade pitoresca.

Kent era, no geral, uma cidade de operários, e os comediantes de Seattle faziam muitas piadas sobre o local. Bellevue, Mercer e as ilhas Bainbridge eram os bastiões dos funcionários administrativos, mas Kent, Auburn e Tukwila eram alvo de zombaria. *Almost Live*, o programa mais popular de comédia local, até cunhou um eufemismo para relações sexuais, chamando de "ir para Tukwila" depois que um casal local ganhou o campeonato de "fazer amor mais vezes em um ano".

Perto de onde o corpo de Wendy foi deixado havia um restaurante chamado The Ebb Tide, que tinha uma comida razoavelmente boa e servia bebidas generosas no salão cheio de fumaça. A um quarteirão ou mais a leste, havia um local para dançar de topless, um motel de dois andares e um punhado de franquias de fast-food.

O Green River estava baixando em julho de 1982, e grande parte da costa rochosa coberta de junco estava exposta. Não teria sido difícil um homem — ou homens — transportar Wendy em um veículo até o rio, mas isso teria que ser feito na escuridão. Alguém empurrando uma bicicleta ou atravessando a ponte, ou alguém dirigindo pela avenida Frager poderia ter visto o que estava acontecendo. Ninguém tinha visto nada. Pelo menos, ninguém se apresentou dizendo ter visto alguma coisa.

Havia boas chances de que a pessoa — ou as pessoas — que assassinou Wendy Lee Coffield nunca fosse encontrada. Ela deve ter conhecido um estranho fatal que não tinha laços que pudessem ligar os dois a provas físicas ou circunstanciais. Os homicídios entre estranhos são os mais difíceis de resolver.

Mesmo assim, guardei a pequena pilha de artigos de jornal sobre Wendy. Fui até o Green River e parei no local onde encontraram o corpo, pensando em como ela havia entrado no carro com a pior pessoa possível. Será que era alguém que conhecia e que confiava que não iria machucá-la? Os detetives de homicídios sempre analisam primeiro os amigos, os colegas de trabalho e os familiares da vítima. Se Wendy Coffield conhecesse seu assassino, a polícia de Kent teria uma chance razoável de encontrá-lo. Caso tivesse encontrado um estranho violento, seu caso poderia muito bem terminar nos arquivos de casos não resolvidos.

Além dos recortes de jornais que salvei, comecei a receber cartas de mulheres com lembranças terríveis para compartilhar.

> Não lembro em que mês foi, nem mesmo em que estação. Só lembro que foi em 1982 ou 1983. Eu tinha 19 anos, talvez 20 na época. É difícil agora ter certeza, porque já se passou muito tempo. Eu estava "trabalhando", porque não

tinha muita escolha — tive uma briga feia com a minha mãe e não tinha onde morar nem o que comer, por isso estava nas ruas. Naquela época, trabalhava quase sempre no centro de Seattle, e meu nome de rua era "Kim Carnes" — tirei da música "Betty [sic] Davis Eyes" — porque, sabe, nenhuma de nós gostava de usar o nome verdadeiro. Sabíamos que íamos sair da "vida" em breve e não queríamos nenhuma conexão com... sabe...

Esse *john* específico me pegou na estação de ônibus de Greyhound na Oitava com a Stewart. Ele estava dirigindo um carro meio caindo aos pedaços. Sou muito boa em detalhes porque achava mais seguro prestar atenção. Era um Ford sedan azul-claro com quatro portas e bancos de vinil. Ele disse que ia me levar a uma festa, e acreditei e falei que tudo bem, mas sabia que era um "encontro" em troca de dinheiro.

Ele pegou a rodovia I-5 bem ali perto da estação Greyhound e rumou para o sul, mas parecia que estávamos indo muito, muito longe. Quer dizer, eu conhecia muito bem o extremo sul do condado porque meu emprego envolvia entregar peças para a fábrica da Boeing em Kent Valley. Estava começando a ficar meio desconfiada. Fiquei perguntando para onde estávamos indo, e ele parecia estar ficando nervoso. Ele só disse que "logo, logo" a gente ia chegar.

Estava tentando puxar conversa, mas ele estava ficando muito inquieto. Teve uma hora em que apontou para o leste e me disse que trabalhava lá "do outro lado do rio". Era o Green River, e pensei que ele estava falando que trabalhava em Kent.

Fiquei perguntando quanto tempo faltava para chegar à festa, e ele começou a ficar com raiva e foi grosso comigo. Mas aí ele pegou a saída sul da estrada Orilla que fica logo depois do lago Angle e desce até o depósito de lixo do condado e continua descendo a colina até o vale. Pensei que era para lá que íamos, mas aí fez uma curva e subimos um morro e passamos por algumas ruas onde havia muitas casas. Achei que a festa devia ser ali, mas ele não parou — não até chegarmos a um campo ou talvez fosse só um grande terreno baldio. Era muito deserto ali, com árvores ao redor. Não dava para ver nenhuma luz, só a lua.

Fiquei muito assustada naquele momento, porque estávamos bem longe da autoestrada e não estávamos perto de nenhuma casa. Na saída, fiquei memorizando tudo que conseguia sobre o carro dele e percebi que o porta-luvas não tinha fechadura — só um botão. Ele se esticou sobre mim e o abriu, e eu vi que tinha uma pilha de fotos Polaroid ali dentro. Ele me fez olhar para elas. A primeira era de uma mulher com lingerie vermelha enrolada no pescoço, e seu rosto parecia meio inchado. Ela parecia amedrontada. O que me lembro de todas as fotos é que as garotas tinham a mesma expressão nos olhos, como se estivessem presas. Não perguntei quem eram pois estava com muito medo.

A essa altura, sabia que tinha que pensar muito rápido e não permitir que ele soubesse que estava com medo, então fingi que estávamos ali para fazer sexo e não resisti porque não teria adiantado, de qualquer maneira. Perguntei qual era o nome dele, e ele disse que era Bob, mas não me deu o sobrenome. Ele se esticou para o banco de trás e pegou um saco de papel marrom — como uma sacola de mercado. Dava para ver que estava repleto de roupas íntimas femininas, daquelas que a gente pode comprar na Victoria's Secret. Ele ergueu os sutiãs e as calcinhas e outras coisas, e muitas estavam rasgadas ou sujas. Queria que usasse algumas, mas eu disse que não podia fazer isso.

Não sei de onde tirou, mas estava segurando uma arma. Era uma arma "curta", que acho que é chamada de pistola. A apontou para a minha cabeça atrás da orelha. E me obrigou a fazer um boquete. Eu não queria, porque tinha saliências estranhas, umas coisas esquisitas em todo o pênis, mas ele manteve a arma na minha cabeça o tempo todo enquanto tentava fazê-lo gozar. Parece que tentei durante 45 minutos, mas tinha ânsia de vômito por causa das saliências. Isso o deixou com muita raiva.

Tinha certeza de que ele ia atirar em mim. Ele não perdeu a ereção e não ejaculou. Por fim, comecei a falar o mais rápido que pude e, de algum jeito, o convenci a me levar de volta para Seattle. Falei que tinha uma amiga que estava muito solitária e procurando um cara igual a ele e que seria um encontro perfeito, e ele não teria que pagar nem nada. Dei o número do telefone dela, mas não era o número de verdade — simplesmente inventei.

Durante todo o caminho até a cidade, continuei falando e falando, porque tinha medo de que parasse em algum lugar e tentasse de novo, mas ele me levou de volta para a rodoviária. Não chamei a polícia porque não confio nela. Uma vez fui presa por prostituição, e um policial abriu minha blusa e deu uma olhada nos meus seios, e não havia nenhum motivo para ele fazer isso. Então, quando isso aconteceu comigo, decidi que não ia contar nada à polícia. Eu não estava machucada e não estava morta.

Mas os pesadelos continuaram por muito tempo. Sabe, quando eu era mais jovem, meu padrasto tocava em mim e, um dia, me estuprou. Contei para a minha mãe, mas ela não acreditou em mim. Foi quando descobri que ninguém acredita quando você fala a verdade. Principalmente os policiais. Guardei segredo durante todos esses anos. Levo uma vida normal agora, e já tem muito tempo. Tenho um bom marido e já contei a ele o que aconteceu. Quando vi a foto desse cara no jornal, o reconheci. Eu sabia que tinha que contar a alguém.

Como ele era? Bem normal. Não era muito alto. Não era muito gordo. Era só um cara. Mas ainda sinto que cheguei perto de ser assassinada, e o engraçado é que, quando entrei no carro, o considerei inofensivo. [...] Eu nunca teria acreditado que ele tinha matado todas aquelas garotas.

Diantha G. [para a autora]
2 de dezembro de 2001

Gary Leon Ridgway admitted to taking the lives of 48 women, found in South King County, where Ridgway grew up, lived and one woman just five years ago. He also told investigators that brief details about the 44 victims whose remains have been ide

1 Wendy Coffield
Age: 16
Missing: July 8, 1982
Found: July 15, 1982

2 Gisele Lovvorn
Age: 17
Missing: July 17, 1982
Found: Sept. 25, 1982

3 Debra Bonner
Age: 23
Missing: July 25, 1982
Found: Aug. 12, 1982

4 Marcia Chapman
Age: 31
Missing: Aug. 1, 1982
Found: Aug. 15, 1982

5 Cynthia Hinds
Age: 17
Missing: Aug. 11, 1982
Found: Aug. 15, 1982

6 Opal Mills
Age: 16
Missing: Aug. 12, 1982
Found: Aug. 15, 1982

7 Terry Milligan
Age: 16
Missing: Aug. 29, 1982
Found: April 1, 1984

four of whom have been identified. Many of their bodies wer
ked. Most died in the 1980s, but Ridgway admitted to killing
rliest victim may have been killed in the 1970s. Here are the
d.

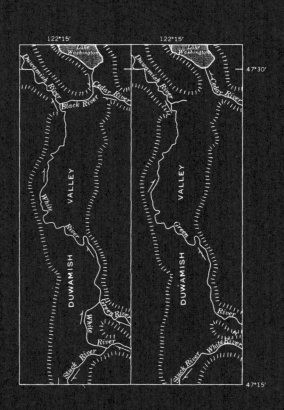

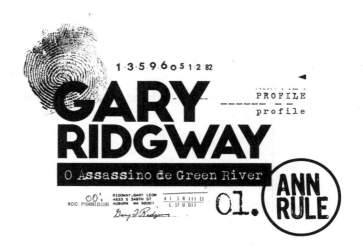

Densa vegetação

Durante décadas, Tukwila, Kent, Auburn, Des Moines e Federal Way dependeram da rodovia Pac para seu sustento comercial, entretenimento e transporte até Seattle ou Tacoma. A estrada, assim como o rio, mudou várias vezes ao longo de sessenta anos. Começou como rodovia 99 e era a "Antiga 99" quando a rodovia expressa I-5 foi inaugurada. Alguns pontos são chamados de rodovia Pacific Highway South, exceto onde passa pelo Aeroporto Internacional de Seattle-Tacoma, onde se tornou International Parkway. Apesar do novo nome sofisticado, das placas de rua elegantes e do canteiro central repleto de arbustos e lâmpadas, essa parte da rodovia Pac continua sendo a "SeaTac Strip" para muitos residentes do condado de King.

Ao sair de Seattle em direção ao sul ao longo de 42 quilômetros até Tacoma, a rodovia tinha duas pistas nas décadas de 1930 e 1940, um passeio agradável pelos arredores da cidade nas noites de sábado para dançar no Spanish Castle, apostar em um navio ancorado de maneira permanente no Duwamish River, ou comer frango frito no Rose's na rodovia.

Havia pequenos motéis, que eram chamados de "campings com cabanas", décadas antes dos Hiltons, Sheratons e Doubletrees, antes dos Super-Eights e Motel 6's, e mesmo antes dos motéis Ben Carol, Three Bears e Legend. E, claro, a 99 era a única rodovia que ia a Portland e depois à Califórnia, passando pelo centro das cidades ao longo do caminho.

As estradas envelhecem e mudam do mesmo jeito que as pessoas, de um jeito tão sutil que ninguém percebe as primeiras rugas tênues e a perda da inocência otimista. Muitas vezes, as coisas boas simplesmente desaparecem um dia, e poucos se lembram de quando elas desapareceram. O Spanish Castle e o Rose's acabaram destruídos por incêndios sem explicação. O drive-thru de hambúrgueres Manca's In-and-Out faliu. O Midway Drive-in, que diziam ser o primeiro cinema ao ar livre nos Estados Unidos, parou de exibir filmes em algum momento e se tornou um próspero ponto de escambo nos fins de semana.

Os hotéis e motéis marginais se tornaram mais decadentes, uma boate chamada Dandy's, que apresentava dançarinas de topless e strippers masculinos, assumiu o lugar do restaurante Pepo's Gourmet Hungarian na esquina da rodovia Pac com a rua 144, e depois Pepo morreu ainda na casa dos 40 anos.

O "canto do Pepo" se tornou o ponto central de algo totalmente diferente.

Nos velhos tempos, as partes de Seattle onde era comum vender amor, ficavam longe da SeaTac Strip pois era bem distante do centro da cidade. O aeroporto funcionava mal como atração, uma vez que não era tão grande. Em vez disso, policiais à paisana procuravam prostitutas e cafetões ao longo da rua Pike no centro da cidade e na avenida Aurora, no extremo norte da cidade.

Com o tempo, a rodovia Pac se tornou um túnel de contrastes. Em 1954, o aeroporto era uma estrutura única, sem pontes de embarque e sem trens subterrâneos, mas se transformou em uma enorme teia de aranha de portões, pontes de embarque e rampas com duas pistas de decolagem. Na verdade, o atual aeroporto de SeaTac é um dos centros de distribuição de voos do país, e a Comissão de Autoridades Portuárias do condado de King previu a necessidade de mais pistas de decolagem com comprimento maior. Por meio de seu poder de domínio eminente, a comissão comprou bairros inteiros de casinhas do pós-guerra com gramados perfeitos, cujos moradores já estavam acostumados havia muito tempo ao rugido dos jatos sobre os telhados. O Porto pagou preços de mercado justos, e dezenas de casas foram colocadas em caminhões, deixando para trás muitos quilômetros de terreno baldio ao norte e ao sul do aeroporto. A grama cresceu e ficou alta em torno das fundações sem casas e das árvores e arbustos negligenciados deixados para trás. As árvores ainda floresciam e davam frutos, embora não tivesse sobrado ninguém para apreciá-las.

No início dos anos 1980, toda a atmosfera da rodovia 99/rodovia Pac/ International Parkway tinha sido transformada. Motoristas percorriam um quilômetro e meio a leste pela rodovia expressa I-5, e o trecho se tornou uma estrada local, cheia de estabelecimentos que atendiam aqueles que chegavam de avião ou moravam e trabalhavam nas proximidades, alguns antigos, alguns novos: fast-foods, pernoites para qualquer orçamento, chaveiros, bicicletarias, venda de banheiras de hidromassagem, um supermercado gourmet gigantesco — Larry's — e muitas lojas de conveniência 7-Eleven. Uma igrejinha ainda estava lá, assim como o The Pancake Chef e o teatro Lewis and Clark, mas seu outrora magnífico auditório tinha sido dividido em um multiplex utilitário. Don the Barber, que divide a loja com o irmão gêmeo, Dick, corta cabelos na rodovia Pac e na rua 142 Sul há décadas, e eles ainda têm centenas de "clientes regulares" que param para brincar com Don ou bater um papo sério com seu gêmeo mais taciturno.

A venda de drogas se tornou comum quando cafetões e suas garotas se mudaram para a região. Certamente, havia homicídios e crimes menores ao longo da rodovia. Um restaurante chinês foi palco de dois tiroteios fatais há alguns anos, mas, ali perto, as famílias ainda se aglomeram no parque estadual Angle Lake para fazer piqueniques e nadar no verão, e ninguém poderia ter previsto que o assassino mais mortal de todos escolheria um trecho de dezesseis quilômetros dessa estrada como seu campo de caça pessoal.

Era como um lobo observando sua presa da floresta, quase invisível enquanto ficava agachado onde as folhas tinham se tornado marrons e cinza desbotado, praticamente escondido por uma coloração de disfarce. Ninguém realmente o via, e, caso alguém o tenha visto, não se lembrava. Mais do que qualquer outro assassino em série nos anais do crime, esse conseguia literalmente se esconder à vista de todos.

Os desastres muitas vezes começam em silêncio, com uma mudança quase imperceptível na maneira como as coisas devem ser. Deslizamentos de rochas começam com um ou dois seixos caindo de uma montanha; e avalanches, com o primeiro tremor fraco sob bancos de neve imaculados. A inundação começa com um buraquinho em um dique. Uma rachadura serpenteando ao longo do casco de um navio. Placas rochosas muito abaixo do solo se deslocam, e um terremoto gigantesco derruba os edifícios altos acima delas. Quando os seres humanos estão no caminho da destruição, muitas vezes é tarde demais para salvá-los.

Exceto pelas pessoas que a conheciam e amavam, e pelo Departamento de Polícia de Kent, o assassinato de Wendy Coffield não abalou quase nada a consciência das pessoas que viviam no condado de King, em Washington. Os moradores do extremo sul *ficaram* com medo naquele verão de 1982, mas não por causa do assassinato de Wendy Coffield; ficaram assustados porque duas pessoas em Auburn tinham morrido de um jeito repentino e agonizante no mês anterior de envenenamento por cianeto depois de tomarem cápsulas de Excedrin extrafortes compradas em lojas de Kent e Auburn. Investigadores da Food and Drug Administration dos EUA confiscaram milhares de frascos de comprimidos das prateleiras das lojas para fazer testes. Um investigador-chefe alertou contra a ingestão de *qualquer* cápsula até que todos os analgésicos apreendidos tivessem sido testados.

Foi uma época assustadora, mas, infelizmente, não por causa de uma adolescente cuja natureza desafiadora e o hábito de pedir carona talvez tivessem acabado com sua vida. Vários departamentos de polícia na grande região de Puget Sound tinham casos não resolvidos de assassinatos e pessoas desaparecidas que envolviam mulheres jovens, mas não parecia haver nenhum padrão entre eles.

Nas semanas seguintes, o Green River continuou correndo normalmente, e os pescadores, às vezes, falavam sobre o corpo encontrado no rio, mas os adolescentes não nadavam no Green River, de qualquer maneira, e poucos deles conheciam Wendy Coffield. A correnteza do rio era rápida demais para nadadores, e o lago Fenwick ficava ali perto. Também era perigoso, já que não havia salva-vidas de plantão, mas ainda era um local popular para festas regadas a cerveja.

E então a terra tremeu e mais pedras desceram ricocheteando em silêncio por uma montanha de catástrofes. Era outra quinta-feira, 12 de agosto de 1982, quatro semanas após o corpo de Wendy ser encontrado; o que parecia ser uma tragédia isolada começou a apresentar um padrão terrível. O corpo de outra mulher apareceu flutuando no Green River cerca de quatrocentos metros ao sul de onde Wendy fora encontrada. O segundo corpo foi encontrado por um trabalhador da PD & J Meat Company, que ficava ali perto. Foi difícil determinar por onde o corpo havia entrado no rio, mas o cadáver, nu, estava preso em uma rede de galhos de árvores e troncos. Ninguém sabia onde seu assassino a havia encontrado. Era improvável se tratar de afogamento acidental.

Não havia dúvidas de que o corpo tinha sido localizado dentro do limite do condado de King, então o caso foi atribuído ao detetive Dave Reichert, que, em seguida, virou o detetive responsável pelo caso de homicídio. Reichert, que era detetive havia apenas alguns anos, tinha cerca de 30 anos, embora parecesse muito mais jovem, e os investigadores com quem trabalhava costumavam chamá-lo de "Davy". Era um homem bonito, com olhos azuis brilhantes e uma abundância de cabelos castanhos ondulados. Reichert era um homem de família, com três filhos pequenos e uma forte ética cristã. Assim como muitos policiais e detetives do condado de King, cresceu no extremo sul da região. Era totalmente familiarizado com a área, onde ele e vários irmãos perambulavam quando crianças.

Aquele verão de 1982 tinha sido triste para a Unidade de Crimes Graves do xerife do condado de King, e mais ainda para Dave Reichert. Eles tinham perdido um dos seus colegas em um tiroteio sem sentido. O sargento Sam Hicks certamente estaria trabalhando ao lado de Reichert. Eles eram amigos muito próximos, não muito "exibidos", mas imbuídos do entusiasmo da juventude e da crença de que conseguiam localizar quase qualquer bandido que estivessem procurando.

Hicks era um homem alto, de ombros largos, um pouco calvo, sempre sorridente, cuja mesa ficava no meio do escritório da Unidade de Crimes Graves. Mas, em 17 de junho, Hicks e o policial Leo Hursh abordaram uma casa de fazenda isolada perto de Black Diamond para interrogar Robert Wayne Hughes, 31 anos, sobre o assassinato de um roqueiro do sul de Seattle. As balas zuniram em direção a eles de algum lugar dentro de um celeiro enquanto os dois se agachavam, desprotegidos, ao ar livre; eles não tinham recebido nenhum aviso de que Hughes podia ser perigoso. Enquanto Hughes disparava contra eles de sua posição segura, Sam Hicks foi assassinado, e Leo Hursh ficou ferido.

O cortejo fúnebre de Hicks teve muitos quilômetros de extensão, e os residentes do extremo sul, muitos com as mãos sobre o coração, fizeram o trajeto em homenagem a ele, com lágrimas escorrendo pelo rosto. O capitão Frank Adamson, comandante de Reichert, viu como a morte de Hicks o destruiu e considerou transferi-lo até que a enormidade de seu luto tivesse passado. Mas pensou melhor. Reichert era sensível, porém forte, e estava conseguindo lidar com a questão. Provavelmente não faria justiça com as próprias mãos se encontrasse o assassino de Hicks.

Apenas três semanas após o enterro de Sam Hicks, o corpo de Wendy Coffield foi descoberto. E agora outra mulher morta. Hicks estava morto. Um dos melhores detetives de homicídios que o departamento já teve não estaria lá para ajudá-lo a resolver o caso. Reichert, para compensar, trabalharia em dobro.

A mulher flutuando no Green River não era só um caso — Reichert se importava com todas as vidas humanas. Era um otimista vigoroso, e mergulhou na água na esperança de descobrir o que lhe havia acontecido e quem fizera aquilo. Anos depois, Reichert ainda se lembrava que a mão magra da mulher no rio parecia se estender para ele, pedindo ajuda. A única maneira de fazer isso era ajudar a condenar quem a tivesse matado.

Foi mais fácil identificar esse "corpo flutuante" do que no caso de Wendy Coffield; suas impressões digitais estavam nos arquivos da polícia. Debra Lynn Bonner tinha 22 anos e se sustentava de maneira precária na rodovia Pacific Highway South, trabalhando como prostituta. Trinta dias antes de o corpo de Debra ser encontrado, ela havia sido presa duas vezes por oferecer sexo em troca de dinheiro.

Reichert e o detetive Bob LaMoria descobriram que a última vez que Debra fora vista viva foi em 25 de julho, dezoito dias antes. Ela saiu do motel Three Bears, localizado na esquina da rodovia Pac com a rua 216, dizendo aos amigos que esperava "conseguir alguns encontros". Contudo nunca mais voltou, e seu quarto foi limpo e alugado. Era só uma curta viagem de carro para leste saindo do motel Three Bears até o Green River, descendo a estrada sinuosa até depois do parque Earthworks. No máximo, eram três ou quatro quilômetros até a margem do rio.

Em vida, Debra fora uma mulher esguia e de aparência exótica. Cresceu em Tacoma com dois irmãos mais novos. Assim como Wendy, tinha abandonado a escola — no caso de Debra, dois anos antes de se formar. Com pouca formação, teve problemas para encontrar um emprego. Estava animada para fazer uma prova para entrar na Marinha, no entanto, não passou. Mesmo assim, planejava obter o certificado de conclusão do ensino médio e começar uma vida diferente.

Mas Debra se apaixonou por um homem que adorava ser sustentado. A única maneira de conseguir bancá-lo era trabalhando nas ruas. No início, a vida com ele era emocionante. Max Tackle* a tratava como uma

---

* Os nomes de algumas pessoas neste livro foram alterados. Esses nomes são indicados por um asterisco (*) na primeira vez que aparecem. [Nota da Autora]

rainha: tinha um carro Thunderbird de modelo recente, e os dois viajavam muito e também usavam heroína. Depois que entrou naquela vida, Debra descobriu o quanto era difícil sair.

Os detetives descobriram que ela contara aos amigos que era "freelancer" e que trabalhava no "circuito" indo de Portland a Tacoma, Seattle, Yakima e Spokane, no lado leste das montanhas Cascade e voltando. Debra estava tentando mudar de vida e era meticulosa no pagamento de 25 dólares por semana relativo a uma multa de mil dólares que devia ao Tribunal Municipal de Tacoma, sede do condado de Pierce. As multas eram o custo dos negócios das garotas nas ruas, porém Debra não queria lembranças da antiga vida. Semana após semana, havia reduzido a dívida para 775 dólares até o verão de 1982. Onde quer que estivesse, Debra era fiel em ligar para casa, e seus pais sempre aceitavam as ligações a cobrar. O pai tinha uma operação ocular marcada para 20 de julho, e ela ligou alguns dias depois da cirurgia para saber como estava e dizer que o amava. Essa foi a última ligação que ela fez.

Debra parecia animada no telefone, mas na verdade estava assustada. Tinha confidenciado a uma garçonete que estava sendo perseguida pelo namorado/cafetão. Toda a conversa amorosa tinha acabado, e, segundo confidenciou à mulher, Tackley alegava que ela, Debra, lhe devia vários milhares de dólares. "Ela estava chorando e chateada", relembrou a mulher. "Ela não sabia como ia pagar ao cara."

Debra provavelmente tinha motivos para ter medo. Doze anos antes, seu amante tinha sido condenado por homicídio culposo (alterado para lesão corporal seguida de morte) pela morte a tiros de um homem que ele conhecia desde a infância — e por uma dívida de 25 dólares. Foi condenado a apenas cinco anos de prisão. Ele também foi apenado a dez anos de cadeia por provocar lesões corporais em dois diferentes confrontos envolvendo negociação de drogas que deram errado, tendo recorrido dessas sentenças em paralelo à primeira condenação. Sete anos depois de preso, ele saiu. Se Debra realmente lhe devia milhares de dólares, era provável que ele cobrasse de um jeito ou de outro.

Durante os anos 1970, quando a abordagem da reabilitação era muito benevolente, Tackley foi um dos beneficiários de uma bolsa de estudos para a Universidade de Washington. Vários indivíduos em liberdade condicional se beneficiaram com a experiência educacional, mas alguns não mudaram. Os ataques de fúria de Tackley continuaram inabaláveis, e ele começou a entrar em brigas. Até então, no entanto, nunca tinha sido conhecido por machucar mulheres.

O sargento Harlan Bollinger do condado de King admitiu que estavam se concentrando em Max Tackley, pelo menos naquele momento. Pelo que todos sabiam, Debra não tinha nenhuma ligação com Wendy — nada além do lugar de descanso final de ambas. Era até possível que dois assassinatos com um mês de intervalo fossem uma coincidência sinistra.

Nenhum dos investigadores de homicídios cometeu o erro de não olhar o quadro geral. Em uma semana, falaram com quase duzentas pessoas, a maioria trabalhava nas áreas onde Wendy e Debra passavam os dias e as noites — em Tacoma e ao longo da SeaTac Strip. Interrogaram funcionários de motéis e hotéis, taxistas, bartenders e garçonetes. Contataram os detetives da polícia e do xerife em Portland e Spokane para ver se eles tinham casos não resolvidos que envolvessem mulheres jovens que trabalhavam no circuito. Nenhum deles tinha, tornando menos provável a existência de uma "guerra de cafetões".

Mas alguma coisa estava acontecendo. Três dias depois, não havia nenhuma dúvida de que um padrão sombrio estava se revelando. Era um domingo quente, e um morador local estava em uma jangada de borracha à deriva ao longo do Green River em busca de garrafas antigas ou qualquer outra coisa de valor que alguém pudesse ter jogado nas águas turvas. Ele já havia encontrado garrafas tão velhas que tinham "bocas aplicadas" — as bocas eram adicionadas depois que a garrafa saía de um molde, incrustadas por empresas antigas, com a pátina lavanda criada por um século na natureza. Garrafas assim podem render centenas de dólares por peça.

Havia, é claro, outras coisas no rio que não eram tão desejáveis: lixo e carros velhos e coisas que eram baratas demais ou as pessoas eram preguiçosas demais para levar até o depósito de lixo do condado ali perto, na estrada Orilla. No calor do verão, o rio ficava mais raso do que no inverno, mas ainda havia buracos profundos. Em vez de encontrar um tesouro, o barqueiro encontrou o terror.

Ele apertou os olhos, tentando ver através da água turva, e recuou de repente. Duas figuras imóveis flutuavam sob a superfície, os olhos encarando cegamente o céu. À primeira vista, pareciam bonecos ou manequins de loja, mas ele sabia que eram muito detalhados e realistas para serem apenas cópias.

O caçador de tesouros remou freneticamente até a margem. Não havia telefones celulares em 1982, então teve que sinalizar para os transeuntes e pedir que ligassem para o departamento do xerife do condado de King.

O policial que atendeu percebeu na mesma hora que as formas femininas eram humanas, mas, estranhamente, algo as mantinha perto do fundo do rio.

Dave Reichert e a policial Sue Peters foram os primeiros a chegar à cena depois de serem chamados pela central do xerife. Reichert tinha estado no rio quando Debra Bonner foi encontrada, mas Sue Peters tinha sua própria viatura havia apenas uma semana. Nem Reichert nem Peters poderiam imaginar que estavam entrando em um pesadelo que os dominaria por mais de duas décadas e, sem dúvida, os assombraria pelo resto da vida. Ambos se lembrariam daquele domingo quente com detalhes cristalinos, da mesma forma que todos os humanos se lembram de um momento que de repente altera o rumo da sua vida.

O major Dick Kraske, comandante da Unidade de Crimes Graves do departamento do xerife, também se lembraria. Seu pager tocou enquanto falava com um vizinho, equilibrando sacolas de supermercado. A central o direcionou para o local do rio. "De certa forma, sabia que era alguma coisa importante", disse Kraske. "Tive a mesma sensação — alguns chamam de sentido ilativo, quando você sabe que alguma coisa importante está acontecendo — quando era tenente e meu chefe, Nick Mackie, me mandou a Issaquah porque haviam encontrado as vítimas de Bundy. Ele me disse para usar gravata e paletó e encontrá-lo no local. Dessa vez, coloquei a gravata e o paletó e fui sozinho para o Green River."

Kraske sempre pensou que os assassinatos de Ted Bundy seriam os piores que veria na carreira, mas estava errado. Ele chegou à margem do rio alguns minutos depois de Reichert e Peters. A Explorer Search and Rescue, a organização de escoteiros voluntários especializados em busca e resgate, já estava a caminho, e Reichert estava fotografando a margem do rio enquanto Peters registrava o que estava acontecendo.

Reichert meio que deslizou encosta abaixo — era muito íngreme, um ângulo de pelo menos setenta graus. A grama e os juncos tinham 1,80 metro, a mesma altura de Reichert, e Peters desapareceu completamente ali no meio quando o seguiu. A grama se fechou como uma cortina atrás deles quando chegaram ao rio.

Alguém se empenhou muito para esconder os corpos das mulheres e tinha escolhido bem o local. Da estrada, era quase impossível ver os corpos lá embaixo no rio. A densa vegetação garantia isso. Agora, Reichert e Peters conseguiam ver que as duas vítimas estavam ancoradas por grandes pedras colocadas nos seios e no abdome. As rochas tinham sido claramente posicionadas para impedir que subissem à superfície, como acontece com todos os corpos quando os gases da decomposição se formam e os fazem flutuar.

Fixado nisso, Dave Reichert se desequilibrou de repente na grama escorregadia e viu uma coisa que estava à beira do rio. Cambaleou para trás para evitá-la. Tinha quase pisado em outro cadáver feminino. Ou o assassino estava exausto demais para carregar a terceira vítima até a água, ou se assustou com a aproximação de alguém e largou a carga.

Essa garota parecia bem jovem, no meio da adolescência. Tinha uma pele mais pálida, embora tivesse sofrido queimaduras graves de sol, provavelmente após a morte. Parecia ser de herança étnica mista, e era óbvio que tinha sido estrangulada com o próprio short ou calça azul.

Quem quer que fosse o assassino, era quase certo que era um homem muito forte. Não teria sido fácil transportar os três corpos de um veículo e descer a encosta íngreme com a grama escorregadia. O fundo do rio era lodoso, escorregadio como graxa, e mesmo assim ele havia conseguido posicionar as enormes pedras. Seria ainda mais difícil para os investigadores carregarem as mulheres mortas para cima, mas eles possuíam mais recursos humanos.

O delegado adjunto Mike Hagan da organização Explorer Search and Rescue e a Unidade de Fuzileiros Navais chegaram com uma corda forte. O mergulhador da polícia Bob Pedrin verificou o rio ao redor dos cadáveres e os conduziu para mais perto da margem.

O médico-legista do condado de King, dr. Don Reay, também compareceu ao local, como sempre fazia o homem conhecido pelos detetives como "Doc Reay". Infelizmente, não havia pressa agora, e esperaram que ele lhes acenasse com a cabeça e indicasse que não havia nenhum problema em mover as vítimas. A pesada tarefa de levar as garotas mortas do Green River margem acima começou. Não apenas os investigadores, os mergulhadores, Reay e seus auxiliares tinham que içar o que era literalmente um peso morto pela margem íngreme do rio, mas também tinham que preservar o máximo possível de provas enquanto faziam isso.

Kraske e Reay ficaram lado a lado com os outros, puxando para evitar que a corda escorregasse. Mesmo assim, todos sabiam que o rio desatento, sem dúvida, havia levado embora muito daquilo que mais os teria ajudado. Se as vítimas tivessem sido estupradas, os vestígios de sêmen provavelmente já teriam desaparecido.

Enquanto os três corpos eram ensacados, Kraske percebeu que alguém havia trocado as etiquetas que indicavam a identificação da sequência da extração. Era importante saber qual garota tinha saído do rio primeiro — e por último. Sabendo que um erro agora poderia causar falhas em todos os outros registros, ordenou uma redução da velocidade até que as etiquetas fossem corrigidas.

Também tinha pedido silêncio no rádio enquanto os investigadores trabalhavam na margem do Green River. A única coisa de que não precisavam era um bombardeio total da mídia, que sempre monitorava as ligações da polícia em busca de incidentes interessantes. Esperava ganhar tempo até o dia seguinte, quando sabia que os repórteres o atacariam como moscas.

As duas mulheres que estavam flutuando sob a superfície do rio tinham pele de ébano e eram evidentemente afro-americanas. A garota na margem podia ser branca ou negra. Junto de Wendy Coffield e Debra Bonner, seus nomes ficariam gravados para sempre na mente dos investigadores, da mídia e de qualquer pessoa que morasse no Noroeste. No momento, porém, não tinham nenhum nome. A esperança era que alguém tivesse denunciado o desaparecimento; elas estavam no rio havia mais de dois dias.

Não seria fácil tirar as impressões digitais por causa do deslizamento da pele causado pela longa imersão em água quente e pela decomposição. À medida que o corpo se decompõe, a pele das mãos e dos dedos fica tão solta que pode ser retirada como uma luva. Para coletar as impressões digitais, os patologistas, às vezes, precisam cortar a pele na altura do pulso e, em seguida, enfiar as próprias mãos na "luva" e pressionar as pontas enrugadas em uma almofada com tinta.

Marcia Faye Chapman foi identificada primeiro, e foi por meio das impressões digitais. Tinha 31 anos quando morreu, uma mulher atraente com traços simétricos e uma boca exuberante, tão miúda que era conhecida como "Pequenina" pelos amigos. Ela morava na Strip com os três filhos, de 11, 9 e 3 anos, e os sustentava principalmente com a prostituição. Tinha deixado o apartamento em 1º de agosto de 1982 e não retornou.

A outra mulher no rio e a garota na margem ainda não tinham sido identificadas. Esboços policiais de como poderia ser a aparência delas em vida foram publicados em jornais da região, e foi pedido ao público que entrasse em contato se alguém as reconhecesse. Uma tinha 1,61 metro e era um pouco gordinha; a outra tinha 1,67 metro e era muito magra. A primeira garota tinha cabelos de comprimento médio originalmente pretos e tingidos de vermelho; a segunda tinha um aglomerado de cachos curtos e um dente da frente lascado.

Uma das mulheres no rio estava completamente nua; as outras duas ainda usavam sutiãs que tinham sido puxados acima dos seios e enrolados. Todas tinham sido estranguladas por ligadura.

Embora a equipe do médico-legista soubesse que a causa da morte das quatro vítimas recentes tinha sido estrangulamento — assim como na morte de Wendy Coffield —, ela se recusou a divulgar essa informação. Casos de destaque que recebem muita atenção da mídia fazem surgir uma multidão de confessores compulsivos. Quanto mais detalhes os policiais conseguirem manter em segredo, maior será a chance de eliminar pessoas que sentem uma emoção pervertida ao confessarem crimes que nunca cometeram. É difícil esconder a causa e a forma da morte, mas os médicos-legistas e detetives tentam. É absolutamente essencial não revelar informações mais específicas.

As duas mulheres no rio tinham sido simbolicamente "estupradas" pelo assassino, talvez após um estupro verdadeiro. Ele havia inserido pedras em forma de triângulo na vagina delas com tanta força que foi necessário removê-las por meio de cirurgia. Isso podia significar que o assassino não havia conseguido ter uma ereção, e, em fúria, as pedras foram um substituto bruto. Podia ser o jeito dele de humilhar as vítimas. Podia até significar que a assassina era uma mulher. Mas, naquele momento e nos anos que se seguiram, essas informações sobre as pedras triangulares precisavam ser protegidas com cuidado.

Quando as duas últimas vítimas foram identificadas, uma delas se encaixava nos perfis de Wendy Coffield, Debra Bonner e Marcia Chapman. Cynthia Hinds tinha apenas 17 anos, uma garota bonita e cheia de vida que atendia pelo nome de "Cookie". Também ganhava a vida nas ruas. Sentia-se segura trabalhando na rodovia pois possuía um "protetor" masculino — na verdade, um cafetão. Ele disse aos detetives que tinha visto Cynthia pela última vez em 11 de agosto. Perto da rodovia Pac e da rua 200 Sul, observou de modo discreto a menina entrar em um jipe preto com um motorista do sexo masculino, mas não tinha anotado a placa e não conseguiu descrever o motorista. Assim como a maioria dos cafetões, oferecia pouquíssima segurança à garota. No instante em que Cynthia ficava sozinha com um desconhecido, já não tinha proteção nenhuma.

Cynthia nunca tinha sido presa por prostituição.

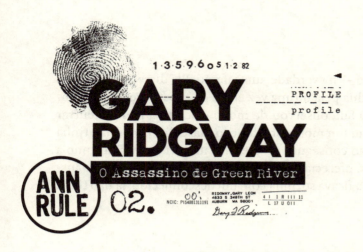

_Opal Charm_aine Mills_____

Dave Reichert quase tropeçou na garota que estava caída na grama na margem do Green River e teve que ficar ali, imóvel, enquanto eram feitas medições para a triangulação. Ele nunca a esqueceria: uma garota miúda, meio gordinha, com cabelos ruivos.

Quando desenhos de seu rosto foram publicados, depois de haver sido encontrada morta, a família traumatizada percebeu por que ela não tinha voltado para casa. No Instituto Médico Legal do condado de King, foi identificada como Opal Charmaine Mills. Mal havia completado 16 anos. Opal tinha mãe, pai e um irmão mais velho que se preocupavam muito com ela. A família morava nos arredores de East Hill, em Kent.

A mãe de Opal, Kathy Mills, disse aos investigadores que a última vez que tinha visto Opal fora três dias antes de seu corpo ser encontrado: em 12 de agosto. Opal lhe dissera, naquela manhã de quinta-feira, que iria "trabalhar" e ligara para casa de novo no início da tarde, dizendo que estava em uma cabine telefônica no parque estadual Angle Lake.

Para Opal, o trabalho não era prostituição. Ela estava animada porque ia pintar casas com a amiga Cookie.

Kathy Mills mal conhecia Cookie e não sabia seu nome verdadeiro. Era uma nova conhecida de Opal e só tinha ido à casa dos Mills uma vez. Cookie, claro, era Cynthia Hinds, cujo corpo tinha sido encontrado pertinho do de Opal.

Embora fosse verdade que Opal às vezes ficava fora de casa por um ou dois dias sem falar com a família, e até tinha fugido uma vez, não havia indicação de que estava envolvida com prostituição na rodovia. Sua melhor amiga, Doris Davis, conhecia Opal desde que ambas estavam no quarto ano, e as duas se viam dia sim, dia não. Ela ficou horrorizada com o fato de terem ligado Opal à prostituição nas ruas. A amiga nunca falou em prostituição com Doris. "Foi por isso que não consegui acreditar. Ela sempre compartilhava os problemas comigo."

Desde criança, a maioria das pessoas a chamava de "Opalinha", porque Opal Charmaine sempre fora miúda, com bochechas de esquilo e um sorriso radiante. Tinha ganhado alguns quilos extras nos últimos tempos, mas não passava muito de 1,61 metro de altura.

Kathy, a mãe de Opal, havia sido uma garota de fazenda no Missouri, de cabelo louro-avermelhado com pele clara e uma tendência a se queimar se ficasse muito tempo exposta ao sol. A mãe tinha apenas 14 anos quando Kathy nasceu e, depois, daria à luz a mais catorze filhos, porém a família entendeu que ela era muito jovem para criar Kathy. A menina foi dada para ser criada por seu tio Herbert. Herbert Gardner, que era leiteiro, e sua esposa se tornaram os "pais verdadeiros" dela, embora não fossem os pais biológicos. Mas ela conhecia a mãe biológica, pois a família estendida morava a poucos quarteirões uma da outra. Os Gardners eram uma família orgulhosa, capazes de rastrear seus antepassados de muitas gerações.

Kathy era uma moleca que adorava usar botas de cowboy e andar a cavalo na fazenda. Era uma menina inteligente, criada como filha única. Casou-se em 1955, quando estava no fim da adolescência, e se mudou com o marido para Denver. Porém, no início dos anos 1960, o casamento de Kathy estava enfraquecendo. E, logo depois disso, acabou conhecendo alguém que os Gardners consideravam um companheiro muito improvável para ela: Robert Mills. Irma, a irmã dele, morava do outro lado da rua de Kathy em Denver e a convidou para uma festa. Mills estava lá — tão escuro, magro e alto quanto ela era loura e rechonchuda.

De volta ao Missouri, seu pai adotivo, Herbert, e o resto da família sulista consideraram Robert Mills como o último homem que poderiam ter-lhe escolhido. Para começar, era velho demais: dezessete anos a mais que Kathy. Além disso, já tinha sido casado.

O pior de tudo, para uma família impregnada por gerações com os preconceitos do Missouri rural, era o fato de Robert Mills ser negro. Embora fosse talentoso e carismático e Kathy ficasse empolgada quando ele prestava atenção nela, a família lhe informou que estaria praticamente morta para eles caso continuasse a se relacionar com um homem negro.

Talvez não acreditasse que falavam a sério, ou talvez Kathy estivesse apaixonada demais para romper o romance — de qualquer maneira, ela e Robert Mills decidiram se casar. No entanto, o Colorado tinha estatutos muito antigos contra o casamento entre parceiros de diferentes etnias. Por mais arcaicas e chocantes que essas leis sejam hoje, elas não são tão remotas na história dos Estados Unidos como gostaríamos de acreditar. Mesmo nos anos 1960, a miscigenação era listada como um "ato imoral" sob os estatutos de vadiagem em Denver. O casal que desafiasse essa lei e a pessoa que realizasse a cerimônia de casamento receberiam uma multa entre 50 e 500 dólares e seriam condenados a de três meses a dois anos de prisão.

"Todos os casamentos entre negros ou mulatos de ambos os sexos e pessoas brancas são declarados absolutamente nulos" era o texto da lei da Assembleia Territorial de 1864 que se aplicava na maior parte do Colorado. Surpreendentemente, a Suprema Corte do estado do Colorado considerou essa lei constitucional em 1942, e ela permaneceu em vigor — pelo menos em parte do Colorado. A região que tinha feito parte do México não tinha nenhuma lei de miscigenação, então a lei não se aplicava a ninguém que morasse ao sul ou a oeste do rio Arkansas ou do outro lado de uma linha traçada ao norte a partir da nascente do rio em Climax.

Kathy e Mills desistiram da ideia de se casar em Denver. Em vez disso, viajaram até Yakima, Washington, onde os avós de Kathy haviam sido designados como missionários da igreja. Pelo menos eles ainda falavam com Kathy.

Washington era um dos únicos quinze estados sem leis de miscigenação na época. Kathy e Robert se casaram lá. Ela estava com 28 anos; Robert tinha 45. A partir daquele momento e nas três décadas seguintes, o ramo da família de Kathy em Missouri cortou todos os laços com ela. Kathy mandava cartas com regularidade, mas nunca obtinha resposta. Ela teria se sentido ainda pior se soubesse que, durante todos aqueles anos, suas cartas eram jogadas em uma caixa, sem serem abertas.

Robert Mills trabalhava como almoxarife; e Kathy, em uma loja de malas. Juntos, ganhavam um bom dinheiro. Em 1963, tiveram o primeiro filho, Garrett, que nasceu com um buraco no coração e uma das válvulas cardíacas do lado errado. Ele precisaria fazer cirurgias nos anos seguintes para sobreviver.

Quando estava com 6 anos, não dava mais para esperar. A cirurgia corretiva de Garrett foi agendada no Hospital Ortopédico Infantil de Seattle. Ele tinha um amigo próximo, um menino com problemas cardíacos muito semelhantes. "Meu amigo fez a cirurgia primeiro", lembrou Garrett. "E morreu. Quando ouvi isso, decidi que eles não iam cortar meu coração. Eu fugi de casa, mas só consegui correr alguns quarteirões. Você conhece a velha história: eu não tinha permissão para atravessar a rua sozinho. Aí eu voltei e tive sorte. Minha cirurgia deu certo."

"Era para eu ser 'A Esperança'", lembrou Garrett, ao explicar que o pai esperava que ele se tornasse tudo que o próprio não tinha conseguido ser. Isso foi um grande fardo para Garrett, e, para disciplinar, Robert Mills usou seu amor bruto, que muitas vezes parecia não ter amor nenhum por trás.

A pequena Opal Charmaine nasceu no Hospital Harborview de Seattle em 12 de abril de 1966. "Ela era a 'Princesa'", disse Garrett com carinho. "Desde o instante em que nasceu, minha principal tarefa sempre foi cuidar da Opal e mantê-la em segurança."

Ele sabia por que seus pais, principalmente o pai, eram tão inflexíveis com a segurança de Opal. Ela foi batizada em homenagem à irmã de Robert Mills, Opal, que tinha sido assassinada em Oakland, Califórnia. O assassino da Opal mais velha nunca foi capturado, e sua morte deixou um fardo pesado sobre Mills.

O irmão mais velho não se incomodava de cuidar de Opal. Garrett a amava e era sempre responsável por ela, por isso não questionava o fato de ser seu irmão e sua principal babá. Kathy voltou a trabalhar o mais rápido possível, e os dois eram crianças que ficavam em casa sem supervisão. Garrett era encarregado das chaves da casa. "Eu sempre pegava Opal na escola e a levava para casa", contou. "Brincávamos no nosso quintal ou na floresta, às vezes no parque."

Garrett se lembrou do rosto de Opal brilhando de entusiasmo enquanto carregava o que ela chamava de sua lancheira do "Urso do Cabelo Duro" no primeiro dia de aula do ensino infantil. "Ela era um pequeno 'Amendoim' com gordura de bebê e com trancinhas no cabelo."

Aonde quer que Garrett fosse, tinha que levar Opal. Os garotos com quem andava no ensino fundamental não se importavam; todos sabiam que Opal fazia parte do pacote. Mesmo quando cresceu o suficiente para namorar, Opal estava sempre no banco de trás no cinema drive-in. Ela era responsabilidade dele, e ele aceitava isso.

A família Mills morava em uma bela casa a leste de Kent, a caminho de Maple Valley. Havia flores no quintal, além de um moinho de vento em miniatura e um totem pintado com cores vivas. Eles frequentavam a igreja Deus em Cristo no Capital Hill, em Seattle, várias vezes por semana. Os cultos duravam quatro ou cinco horas, e Garrett e Opal muitas vezes ficavam inquietos e entediados. "Não tínhamos permissão para nos mexer. Simplesmente tínhamos que ficar sentados lá", disse Garrett. Depois disso, eles foram muito ativos na igreja Assembleia de Deus em Kent.

A época do ensino fundamental em Cedar Valley foi muito boa para Garrett e Opal. Os amigos mais próximos a partir do quarto ano eram os filhos dos vizinhos: Doris Davis, no caso de Opal, e Eugene Smith, no caso de Garrett. As famílias às vezes levavam os filhos uma da outra para viajar, e os filhos dos Mills eram sempre bem-vindos na casa ao lado. Robert Mills foi dono de vários trailers, e eles exploravam os estados do Oeste durante as férias. Ser multirracial não foi um problema nos anos escolares de Garrett e Opal em Cedar Valley.

Em 1973-74, Robert Mills foi supervisor dos escoteiros, e Kathy foi líder culinária das escoteiras. A foto de Garrett e Opal foi publicada no *Kent Journal* depois que eles arrecadaram cerca de mil dólares em um evento beneficente do Variety Club para ajudar pacientes cardíacos pediátricos.

Quando nova, Opal tinha uma visão otimista do futuro. Ela contou a Garrett que planejava ter muitos filhos. "Inocente, ela dizia: 'E todos eles vão ser felizes!'. Opal planejava ficar rica para poder cuidar da nossa mãe e sonhava em poder, um dia, lhe comprar uma casa enorme", lembrou Garrett. "Mesmo quando tinha 7 anos, me parecia alguém que se importava mais com os outros do que consigo mesma."

De longe, os Mills pareciam ser uma família feliz. Na verdade, Robert Mills provavelmente era o homem mais popular da vizinhança. Era o cara de "referência" que estava sempre disposto a ajudar todo mundo que morava no bairro. Era adorável e charmoso, de fácil convivência. Consertava coisas e conseguia bons negócios para as pessoas quando estavam querendo comprar alguma coisa. Tinha muito carisma.

"E sabia cantar", lembrou Garrett. "Parecia com Nat King Cole e soava como ele, tanto que, quando eu era mais jovem, achava que ele *era* o Nat King Cole!"

Mas a vida de Garrett Mills em casa era extremamente difícil, e as coisas não eram o que pareciam. Depois que a porta de entrada se fechava, o pai que os vizinhos admiravam e respeitavam era um homem cheio de raiva.

"É difícil descrever", disse Garrett. "De certa forma, meu pai era a pessoa mais legal do mundo, e eu queria ser como ele. Mas também tinha medo. Ele sempre dizia: 'Pessoas são ratos!'. E, se achasse que eu tinha olhado para o lado errado, me batia. Me chamava de Whispering Smith[1] porque eu tinha medo de falar perto dele. Meu pai nunca conseguia se lembrar do nome das pessoas, então as chamava de nomes de celebridades, e elas gostavam disso."

Mills queria que Garrett fosse médico ou um saxofonista famoso como o renomado Kenny G., de Seattle. Mas Garrett não era muito fã de ciência e era um saxofonista apenas mediano, embora o pai tivesse comprado o melhor instrumento disponível. Ele teve aulas durante anos e tocou na banda marcial da escola, mas Garrett não era um músico talentoso. O pai sabia cantar, mas ele não.

"Meu pai era um homem amargo e mau", disse Garrett. "Porém queria que tivéssemos todos os bens materiais possíveis: tudo do bom e do melhor. E tivemos, embora ele não soubesse lidar com dinheiro muito bem. Sempre esteve empregado, exceto na única vez que foi demitido depois de ver um dos gerentes lendo uma revista chamada 'Klan'. Ele ficou tão furioso que foi atrás do cara com um pé de cabra."

Robert Mills foi ao sindicato e apelou alegando que a demissão tinha sido por racismo e ganhou. E voltou para o emprego.

Embora a família tivesse uma bela casa e móveis e ele dirigisse carros elegantes, os filhos de Mills nunca sabiam o que poderia fazê-lo perder a cabeça. "Ele sempre foi rígido com a gente. Mas, quando não tomava o remédio da pressão", disse Garrett, "fazia coisas como vasculhar o nosso

---

1   Whispering Smith (Smith Sussurrante) era um detetive ferroviário fictício designado para deter uma gangue de ladrões de trem no filme de 1948 de mesmo nome.

quarto à uma da manhã. Não estávamos fazendo nada de errado nem escondendo nada, mas ele simplesmente tinha umas ideias, entrava, nos acordava e começava a vasculhar tudo em busca de alguma coisa."

Robert Mills nunca bateu em Opal, embora usasse palavras cruéis com ela. Ele usava a punição física com Garrett, batendo com qualquer coisa, desde um cinto até um martelo. A maioria das agressões verbais não atingia Opal. Ela era feliz, alegre e travessa.

"Nós dois éramos meio travessos", lembrou Garrett. "Ficávamos tanto tempo sozinhos em casa que acabávamos entediados. Meus pais tinham dificuldade em conseguir babás para nós porque tínhamos uma reputação, mas não por alguma coisa muito ruim. Fazíamos coisas como arrastar irrigadores de grama até a porta de uma babá — ela morava numa rua sem saída — e ligávamos para encharcá-la quando ela abrisse a porta. Ou descíamos ladeira abaixo em um carrinho de supermercado. Uma vez, nosso loteamento fez uma reunião sobre as nossas brincadeiras e o que deveriam fazer conosco."

As únicas vezes que Garrett ficava irritado com a irmã mais nova era quando Opal o dedurava por alguma coisa. Ela era meio fofoqueira, muitas vezes dedurava o pai também, quando ele bebia demais ou flertava abertamente com outras mulheres.

"Eu nunca podia bater em Opal", disse o irmão. "Mas ela podia fazer o que quisesse comigo e, às vezes, forçava a barra. Caso ficasse irritado, ela ligava para o meu pai no trabalho, e eu tinha que sair de casa por uns dias."

Na maioria das vezes, entretanto, Opal e Garrett sempre se apoiavam. A mãe não tinha nenhum poder para impedir os castigos cruéis do marido, que se tornaram mais frequentes depois que ele teve uma série de pequenos derrames. Embora Garrett quisesse que ela deixasse seu pai, sabia que a mãe se agarrava à crença de que as coisas melhorariam, que tudo ia acabar ficando bem.

Nos primeiros anos do casamento, os Mills tiveram muitos cachorros: chows para Robert e collies para Kathy. Mas, com o passar dos anos, a raiva de Robert cresceu, e ele deixou de ser um dono gentil de animais de estimação. Questionado se Garrett e Opal tinham animais de estimação quando eram crianças, Garrett fez um gesto negativo com a cabeça e murmurou tão baixinho que quase não deu para escutar. "Não... ele ficava com raiva e matava os bichinhos. Então, depois de um tempo, paramos de tentar."

Embora ele comprasse os maiores aparelhos de TV e uma série de carros para Garrett, Robert às vezes achava que os filhos comiam demais, por isso trancava os armários de comida e a geladeira. Reclamava que os chuveiros deles gastavam muita água quente, então muitas vezes eles iam para casa ao lado para comer e usar o banheiro dos pais de Doris e Eugene.

"Eu não sentia que estava sofrendo abuso", disse Garrett. "Não conhecia um modo de vida diferente do nosso."

Enquanto Garrett ficava mais quieto e tentava ficar longe do pai, Opal parecia feliz. Ela sempre teve umas "coleções estranhas", disse o irmão. "Uma vez, ela cobriu uma parede do quarto dela com papel de bala. Outra vez, com pôsteres de algum filme de que gostava. Guardou todas as bonecas que teve e inventava histórias sobre todas elas: histórias muito complicadas, porque a imaginação dela era ótima.

"Eu me lembro de irmos para a escola horas antes de todo mundo, para dançar no refeitório da escola com as músicas da *jukebox*. Durante aquelas poucas horas, éramos livres para sermos felizes, livres das humilhações e das preocupações. Quando nos cansávamos, sentávamos e conversávamos sobre o futuro, como de costume, e todos os grandes sonhos dela."

Opal e a amiga Doris Davis dançavam juntas em festas; Garrett riu ao se lembrar: "Opal não sabia dançar *nada!*".

E assim eles viveram com uma mãe carinhosa, um pai que estava ficando cada vez mais amargo, e os dois tinham bons amigos. As coisas pioraram muito quando Garrett foi para o ensino fundamental II. Kent era muito diferente nos anos 1970 do que é agora. Só havia 25 alunos de minorias em todo o sistema escolar de Kent, e Garrett acabou sendo alvo de bullying.

"Eu tinha uma aparência de bobão, com a cabeça pequena e óculos grandes. Eu era tão magro que meu peito se curvava para dentro. Primeiro, eles me chamaram de 'gay' porque tinha um cara gay no *Soap*, um programa de TV popular na época. Depois, com a guerra do Irã, eles me chamaram de Sand Nigger [Negro do Deserto] e também de Kunta Kinte por causa do seriado *Raízes*."[2]

Foi uma época muito difícil. Ele fez um teste para jogar no time de futebol americano, mas "simplesmente não entendia o esporte".

---

2   Sand Nigger é um termo depreciativo para se referir a descendentes do Oriente Médio e Norte da África. Kunta Kinte era o personagem principal da série *Raízes*, premiada série de TV de 1977, inspirada no livro *Negras Raízes*, de Alex Haley. A série conta a saga de uma família escravizada desde 1767.

Robert Mills incitou Garrett a usar a violência para revidar aos alunos que o provocavam e colocou pés de cabra no carro do filho para encorajá-lo a fazer isso. Mas Garrett não achava que essa era a resposta para nada. Ele não era briguento.

As coisas pioraram quando Opal também foi para o ensino fundamental II. "Opal, Doris, Eugene e eu éramos os únicos alunos negros na escola", disse Garrett. "Tentei não deixar Opal ver como eu era tratado. Ela iria querer revidar e se vingar para me defender."

Opal sempre foi tão agressiva quanto divertida e não suportava ver alguém maltratar o irmão mais velho. "Quando as pessoas pegavam no meu pé por ser multirracial, com brincadeiras sobre a Klan, me perseguindo, me excluindo de tudo, eu não queria que Opal tivesse vergonha de mim, mas ela nunca teve. Somente dizia: 'Esse é meu irmão, e acho bom você calar a boca senão vai levar um soco na cara!'. Seu rosto ficava vermelho, e ela levantava o pequeno punho e se preparava para brigar."

No último ano dos dois juntos na escola, a nova diretora também era afro-americana e realmente tentou ajudar. Levou-os para ver Jesse Jackson e os incentivou a ter orgulho de quem eram. A ironia era que tanto Opal quanto Garrett eram mais pálidos do que muitas das crianças italianas ou eslavas; os dois pareciam ter um ótimo bronzeado — o tipo de pele que as pessoas querem ter —, mas eram diferentes o suficiente para serem ridicularizados. Opal parecia não se importar, provavelmente porque o irmão estava sempre por perto para protegê-la das piores partes, mas os anos de escola de Garrett foram um pesadelo por causa disso.

Quando Garrett foi para o ensino médio, admitiu que tinha um "enorme rancor", mas engordou e não sofreu mais bullying. Ainda pegava Opal no colégio, mas saiu de casa quando tinha 16 anos porque não estava mais disposto a enfrentar a atitude do pai. Quase tudo que fazia irritava Robert. O pai falava mal de qualquer garota com a qual saísse — mesmo antes de conhecê-la.

"Eu morava com meus amigos Eugene e Glen no Capital Hill, mas ainda era muito jovem", lembra Garrett. "Ia em casa para visitar minha mãe e Opal e também jantar e lavar minhas roupas. Glen era muito grande e alto. Meu pai o chamava de Gordo Alberto."[3]

---

3 Personagem principal do desenho animado *O Gordo Alberto e a Turma Cosby*, de 1972.

Opal tinha 15 anos, ainda era a melhor amiga de Doris Davis e ainda era uma péssima dançarina. Havia umas músicas das quais ela gostava: a versão instrumental de "Square Biz" e "I Heard It on the Grapevine", de Tina Marie. Sua preferida era uma música lenta: "Love Begins with One Hello". Tocaram essa música no velório dela.

Por volta dos 15 anos, Opal começou a engordar e se esforçou ao máximo para emagrecer. Para se lembrar de que precisava fazer dieta, entupiu a geladeira com desenhos e avisos. Era muito talentosa como artista e escreveu: "Barriga lisa!", "Tamanho 38", "Magrinha", "Beba água!", "Calça jeans apertada" e "Shorts curtos", ilustrando todos antes de colá-los na geladeira. Mas era muito difícil. Sua mãe sempre teve que lutar contra o peso, e Opal era igual a Kathy e não a Robert, que parecia nunca ganhar um grama. Embora tivesse deixado de ser magro, Garrett era como o pai.

Em abril de 1982, Opal fez 16 anos. Garrett estava morando longe de casa, mas os dois mantinham contato, e ele ainda se sentia responsável por sua irmã. Opal estava "meio noiva" do colega de quarto dele, Glen, e parecia se importar de verdade com ele, mas era muito nova para pensar seriamente em casamento. Garrett sabia que Opal havia começado a passar um tempo em Tacoma, com amigos de lá — bem diferente de ter uma melhor amiga que morava na casa ao lado.

Na verdade, Opal era o que as pessoas chamavam de "louca por garotos". Antes, colecionava embalagens de balas e pôsteres de filmes e, agora, colecionava nomes masculinos e números de telefone. Antes, inventava histórias sobre a vida das bonecas e, agora, criava aventuras fictícias sobre si mesma. Queria impressionar os amigos e às vezes até copiava nomes da lista telefônica — homens ou garotos que não conhecia — e mostrava as listas para a amiga. Ficou "noiva" muitas vezes, mas só na própria cabeça. Ela desenvolvia uma paixão quase instantânea pelos garotos que conhecia.

Opal saía com Glen, colega de quarto de Garrett, com certa frequência. Iam ao cinema drive-in e a encontros típicos de adolescentes. Opal não tinha acesso a um carro e precisava pegar ônibus para onde quisesse ir, a menos que os pais a levassem.

Também se imaginava namorando um homem alguns anos mais velho, embora ele saísse com outra garota com muito mais frequência do que via Opal. Certa vez escreveu uma carta muito dramática e raivosa para ele, mas não a enviou. Tempos depois, os detetives a encontraram entre os pertences dela e localizaram o homem.

Ele ficou perplexo, sem entender por que Opal havia ficado tão chateada, mas deu de ombros e disse: "Ela era *fascinada* por escrever cartas para as pessoas. Eu saí com ela, sim, e ela ficava brava quando eu não queria ir do centro da cidade até East Hill em Kent para vê-la. Ficava chateada quando tinha que pegar um ônibus para vir me ver. É possível que tenha me visto com a minha outra namorada; não sei. Mas eu estava namorando a outra garota muito tempo antes de sair com a Opal e continuei depois que ela foi assassinada".

De muitas maneiras, Opal tinha um pé na infância e outro em uma trilha adulta e perigosa. Experimentou maconha, mas só fumou algumas vezes. Provavelmente não era mais virgem. Abandonou a escola e foi transferida para um supletivo em Renton, onde conheceu meninas mais velhas, mais mundanas, que estavam tentando conseguir tirar o diploma do ensino médio.

Contudo, Opal ainda gostava de fazer as coisas bobas que fazia quando era menina. "Mais ou menos uma semana antes do desaparecimento de Opal, tivemos um 'dia só nosso'", lembrou Garrett. "Ela veio para a Broadway, onde eu morava, e ficamos passeando. Fomos comer hambúrgueres no Dick's e demos uma volta. Pegamos um carrinho de supermercado e descemos a colina — como se tivéssemos 7 ou 8 anos. Acho que nós dois percebemos que era meio que o fim de uma era."

Menos de duas semanas depois daquele último dia que passaram juntos, Garrett Mills foi com os pais identificar o corpo de Opal. Por ter sido estrangulada por ligadura, seu rosto ainda carregava a expressão da agonia final. Robert Mills disse a um repórter que só conseguiu identificá-la pelos dedos dos pés ligeiramente tortos.

Garrett teve pesadelos durante os anos seguintes. Ele havia prometido a Opal, quando os dois eram crianças, que sempre estaria ao seu lado e que jamais permitiria que a machucassem. Sentiu tê-la deixado na mão quando ela mais precisou.

Enquanto a mídia exibia a foto de Opal várias vezes, boatos e mentiras "ganharam vida própria", lembrou Garrett. Mas ninguém que estudou com eles entendia de verdade o vínculo estreito que Garrett e Opal tinham: duas crianças que estavam crescendo em um mundo muito difícil.

"Dave Reichert me interrogou durante quatro horas", disse Garrett. "Percebi que era suspeito. O que mais me dói é que algumas pessoas acharam que eu realmente tinha alguma coisa a ver com os assassinatos."

Um funcionário da escola disse a um repórter que o "cafetão de Opal" a pegava na escola, mas não era o cafetão; era o irmão mais velho, cuidando para que voltasse para casa em segurança, como sempre fazia. Algumas fofocas descreviam Garrett como traficante de drogas e diziam que a polícia o seguia por toda parte, muito depois de ele ter sido inocentado de qualquer suspeita.

"O tempo todo eu era só um garoto desengonçado e inseguro que tocava saxofone e tinha dois porquinhos-da-índia", comentou com tristeza.

O pai voltou para casa depois de identificar o corpo de Opal e matou um dos animais de estimação por raiva e tristeza. Mesmo assim, Garrett se mudou para a casa dos pais para ajudá-los a enfrentar a tragédia até onde pudesse. Ficou cerca de seis meses, mas não deu certo. O pai já bebia; depois que Opal foi assassinada se afundou ainda mais no alcoolismo. Nove anos depois, Robert Mills morreu.

Opal estava prestes a se tornar uma prostituta? Essa é uma pergunta a que ninguém sabe responder. Ela adorava atenção, romance e emoção e, apesar de sua figura voluptuosa, era imatura em termos emocionais. Nem o irmão sabia quanta influência os novos amigos de Renton e Tacoma tinham sobre ela.

Ela teria sido extremamente inocente se um cafetão astuto e persuasivo lhe prometesse liberdade, dinheiro e aventura.

O fato de seu assassino ficar impune tornava a perda de Opal ainda mais dolorosa. Não houve um fim. Nem para eles nem para nenhuma das outras famílias.

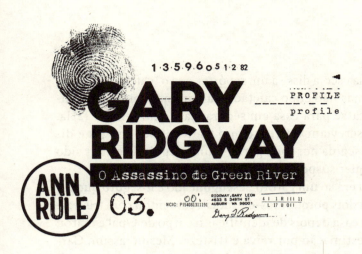

_A Força-Tarefa
Gr_een River____

Dick Kraske foi sábio ao esconder da mídia o máximo possível de informações sobre os cinco corpos achados no Green River. "Eles nos criticaram desde o segundo dia e nunca desistiram", lembrou, fazendo uma cara feia. "Durante o restante do tempo em que estive na investigação, minha atitude foi de que não se deve discutir com um idiota — nem com jornalistas. Houve momentos em que pensei que não seria má ideia atravessar a rua e me candidatar [a um emprego] no Corpo de Bombeiros."

A imprensa e os repórteres investigativos da televisão local estavam ansiosos para conectar as vítimas, concluindo que todas tinham trabalhado à beira da estrada. Eram manchetes naturais. Prostitutas sendo assassinadas dariam uma história interessante. Além disso, os cidadãos que viviam em belas casas seguras, cujas esposas e filhas nunca ficavam sozinhas nas ruas, podiam ficar tranquilos. As mulheres da família *deles* não ofereciam sexo em troca de dinheiro e não tinham tatuagens nem usavam drogas, então podiam concluir que um assassino itinerante não era um perigo para elas.

• • •

Dick Kraske não perdeu tempo. Na segunda-feira, 16 de agosto, organizou a Força-Tarefa Green River inicial com 25 investigadores do condado de King, do Departamento de Polícia de Seattle, do Departamento de Polícia de Tacoma e do Departamento de Polícia de Kent. Foi uma decisão visionária. Ninguém poderia sequer imaginar o que estava por vir.

Eles não sabiam naquele momento quantos assassinos estavam procurando. Era possível que houvesse mais de um. Havia casos de parcerias entre assassinos. No início dos anos 1980, Henry Lee Lucas e Ottis Toole se vangloriaram de mais de trezentas vítimas em suas viagens fatais pelos Estados Unidos; e Kenneth Bianchi e seu primo Angelo Buono acumularam um número trágico de vítimas femininas em Los Angeles antes de Bianchi se mudar para Bellingham, Washington, onde cometeu mais assassinatos sozinho. Dois homens que trabalhavam juntos e eram obcecados por matar não eram um fato inédito, mas era incomum. Um homem carregando um único corpo, dia após dia, até o esconderijo no rio era uma hipótese mais provável. Talvez ele até tivesse um veículo grande o suficiente para guardar mais de uma vítima, e todas precisavam ser escondidas o mais rápido possível.

Com a descoberta dos últimos três corpos em um local isolado ao longo do rio, o consenso era que provavelmente todas as cinco vítimas haviam sido colocadas no Green River naquele ponto. Mas os corpos de Wendy Coffield e Debra Bonner haviam flutuado rio abaixo até ficarem presos em alguma coisa.

Os investigadores não tinham dúvidas de que o assassino tinha assistido ao noticiário noturno, percebido o erro de não colocar pesos nas garotas mortas e corrigiu isso com as pedras e pedregulhos. Ele era astuto, obviamente não tinha medo de fazer cinco vítimas em um mês, mas era inteligente o suficiente para aprimorar sua técnica para escapar dos detetives que agora o perseguiam. Mas seu "local de desova" tinha sido descoberto, e agora precisava arrumar outro.

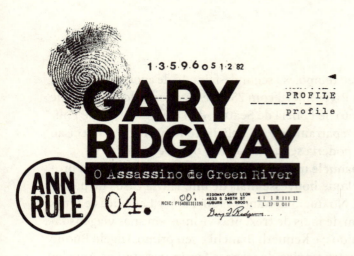

Um tipo singular e assustador de assassino

As pessoas que moravam em King, Washington, não tinham medo. Sim, havia cinco assassinatos não resolvidos no condado, e podia até ser verdade que as mortes muito provavelmente eram relacionadas a um ou mais assassinos em comum. Mas os históricos de vida das vítimas, logo manipulados, suavizados e moldados em uma única imagem pela mídia, mostraram que eram jovens prostitutas que pediam carona. Todas tinham morrido no intervalo de um mês, como se um tornado fatal tivesse varrido o Kent Valley, um assassino sem rosto que as destruiu e, depois, seguiu em frente. O público leigo queria acreditar que o assassino era um itinerante que já havia deixado a região.

As garotas que ainda estavam nas ruas continuavam trabalhando porque a maioria não tinha outra maneira de sobreviver. Elas *estavam* um pouco ansiosas, e muitas tentaram conseguir uma arma, ou carregavam uma faca nos sapatos. Os agentes comunitários as aconselharam: "Fiquem em grupos. Não saiam em 'encontros' a menos que vocês já conheçam o cara. Se tiverem um sentimento negativo, não entrem no carro. Sigam sua intuição".

Mas não estavam lidando com escoteiras nem com alunas em uma viagem escolar. Com que frequência jovens prostitutas conheciam os homens que paravam para pegá-las? Elas tinham que se arriscar.

"Nós as pedimos que saíssem das ruas", disse uma das assistentes sociais mais ingênuas. "Mas isso é uma piada para elas, que acham que conseguem lidar com qualquer coisa."

E algumas das prostitutas acreditavam que conseguiam, enquanto outras se preocupavam com o que fazer. Muitas se mudaram para Portland, achando que Seattle estava muito assustadora. Uma prostituta adolescente disse, com um aceno negativo de cabeça: "Nem Portland é segura. Eles acham que uma 'transa'·talvez tenha matado todas as garotas. Bem, do mesmo jeito que nós viajamos, as transas também viajam. A gente nunca sabe se o cara está aqui hoje, ou se vai estar aqui amanhã."

Precisando de dinheiro para aluguel, comida ou drogas, a maioria das garotas voltou aos pontos de sempre. O tempo estava quente no fim de agosto, e havia claridade até as 21h ou mais. Elas conheciam outras pessoas cujo mundo era a Strip e começaram a se sentir seguras de novo.

O restante de agosto de 1982 transcorreu sem nenhum incidente. A época ruim provavelmente tinha acabado. Pelo menos, todo mundo queria acreditar que tinha acabado, uma coisa assustadora que passou por lá durante pouco tempo, mas não havia interferido de verdade na vida deles.

Mesmo assim, o que acontecera não tinha sido tão isolado quanto parecia à primeira vista. Olhar para aquelas semanas infernais de julho e agosto era como entrar no cinema no meio de um filme. Talvez o verão de 1982 não tivesse sido o primeiro capítulo do terror, no fim das contas.

Houve alguns casos semelhantes na área metropolitana de Seattle no início de 1982 que perturbavam as pessoas que se lembravam deles — policiais, repórteres e as famílias que tinham passado por aquilo. Somando-se a uma leve sensação de pavor, havia o fenômeno que ocorre em períodos de notícias lentas. Colunistas e produtores de notícias de TV procuram estatísticas de crimes ou assassinatos que possam estar conectadas para aumentar o medo em um artigo. No Dia dos Namorados, o popular colunista Rick Anderson ocupou uma página inteira do *Seattle Times* de domingo com os detalhes da morte das três jovens.

Leann Wilcox tinha 16 anos em outubro de 1981 e era uma garota bonita, mas desde que entrara na puberdade tinha mudado de uma criança tranquila para uma incorrigível adolescente de 13 anos que foi colocada em um lar em Spokane quando a mãe não conseguiu controlá-la. Aos 16 anos, já conhecia a vida nas ruas e já tinha sido presa quatro vezes por prostituição. Voltava para casa de vez em quando e jurava mudar de vida. Mas nada durava. Leann foi embora para sempre em 17 de outubro de 1981.

A última conversa com sua mãe por telefone foi típica do ressentimento que marcou as brigas entre as duas. Leann disse que não ia voltar para a escola e também não iria para casa no Natal.

Exausta e frustrada, a mãe disse uma coisa da qual se arrependeu para sempre: "Leann, minha porta sempre esteve aberta; você sabe disso. Mas, enquanto você viver desse jeito, não quero mais você em casa".

Leann desligou na cara dela. Um mês depois, em 21 de janeiro de 1982, dois homens encontraram seu corpo virado para baixo em um canteiro de ervas daninhas na rua 380 Sul com a avenida Military Sul. Os amigos a tinham visto dois dias antes. Com uma jaqueta cor de vinho jogada sobre ela, parecia quase estar dormindo, mas estava morta: tinha sido espancada e estrangulada.

Em 29 de janeiro de 1982, Virginia Taylor, 18 anos, pegou um ônibus no sudoeste de Seattle. O destino era um emprego de dançarina em um *peep show* na parte mais miserável da primeira avenida. Virginia enxergava sua vida como muito mais feliz do que era. Estava noiva, mas o noivo dormia sozinho em um beliche da prisão, cumprindo cinco anos por roubo. O emprego de Virginia, onde os homens se sentavam em cabines e colocavam moedas em uma fenda para levantar as cortinas e ver garotas seminuas girando e se despindo atrás de uma parede de vidro, não pagava muito bem. Mas, com certeza, pagava mais do que anotar pedidos em uma lanchonete *drive-thru*. Virginia odiava seus turnos na cabine. Sendo mais recatada do que a maioria das garotas do *peep show*, não era a preferida dos clientes. E as pilhas de moedas não eram suficientes para que se despisse completamente nem para atender a pedidos de clientes pervertidos.

Apesar do emprego, Virginia costumava ser cautelosa, mas às vezes pedia carona. Ninguém a viu entrar no ônibus número 20 naquele dia de janeiro, e ninguém se lembrava de tê-la visto a mais de duas quadras da casa da irmã.

Crianças de uma escola encontraram o corpo mais tarde no mesmo dia em um campo lamacento. Estava completamente vestida e tinha sido estrangulada. A única suspeita era uma garota da idade de Virginia que a havia ameaçado em uma briga boba por causa de um casaco roubado, e isso tinha acontecido um ano antes do assassinato. Era improvável que uma mulher tivesse força para sufocar Virginia até a morte.

Joan Conner, 16 anos, morava com a mãe em uma casinha no extremo norte de Seattle. Na manhã de quinta-feira, 4 de fevereiro de 1982, a mãe deixou um passe de ônibus para Joan e sugeriu que era um bom dia para a menina procurar emprego. Joan tinha abandonado a escola e não trabalhava desde que saíra do emprego no McDonald's no outono anterior.

"Está bem, mãe", concordou. "Mas também vou tentar vender umas balas de hortelã do Campfire."

Joan fazia parte do Campfire Horizon Club para adolescentes e não tinha nenhuma ligação com a prostituição nem com a primeira avenida. Porém encontrou alguém infinitamente perigoso. Joan foi encontrada morta mais tarde naquele dia. Tinha sido espancada e estrangulada, e seu corpo tinha sido atirado para fora de um carro na rua Fremont, perto do canal Ship. A bolsa, a identificação e o certificado de conclusão do ensino médio tinham sumido.

A mãe de Joan Conner, que passou a noite inteira de quinta-feira preocupada com o fato da filha não ter voltado para casa, estava nervosa, assistindo ao noticiário do meio-dia no dia seguinte. Ela viu o corpo de uma jovem sendo colocado na van do legista, e seu coração lhe disse que era Joan. "É a Joan. É a Joan", sussurrou para uma amiga, sem saber como sabia, no entanto sentindo as veias geladas ao ver apenas a forma em um saco de cadáver.

Tragicamente, ela estava certa.

As três vítimas não se conheciam. Só compartilhavam a juventude e o modo como morreram. O público quase as havia esquecido em agosto de 1982, mas os detetives que trabalhavam para encontrar o assassino ou os assassinos se lembravam delas. A pergunta era: essas vítimas tinham ligação com os assassinatos do Green River?

Talvez tivessem, porém os casos não foram considerados parte do quebra-cabeça do Green River no início.

Em qualquer cidade de tamanho considerável, sempre há casos de homicídio abertos. Os detetives trabalham nesses casos que chamam de "fracassados" com mais avidez do que os leigos podem imaginar. Fazem isso de um jeito discreto e com muita determinação, contudo conhecem muito bem a falsidade do velho ditado "Não existe crime perfeito".

Se usarmos o critério de que alguns assassinos nunca são pegos, existem incontáveis assassinatos perfeitos. Desconhecidos que matam outros desconhecidos e seguem em frente são os que têm maior probabilidade de não serem detectados. No entanto, se continuarem a matar, aumenta a chance de deixarem pistas que podem levar até eles.

Computadores não eram usados na maioria das unidades de homicídios nos anos 1980; eram caros, complicados e não eram considerados de muito valor nas investigações.

Além do mais, em 1982, ninguém expressou a preocupação de que um assassino em série pudesse estar à solta no condado de King. Por mais difundidos que estejam hoje em filmes, em livros e na televisão, os assassinos em série praticamente não eram reconhecidos como tal pelo público em geral e pela maioria dos membros da polícia. Poucos sequer tinham ouvido o termo assassino em série. Ted Bundy, com mais de três dezenas de jovens vítimas mulheres, com certeza era um *assassino em série*. Mas, quando foi condenado à morte em 1979 e de novo em 1980, a mídia se referia a ele como "assassino em massa".

O conceito de um assassino em série — alguém que matava vítimas semelhantes uma após a outra — tinha surgido anos antes nos processos de reflexão de um dos maiores detetives de homicídios: Pierce Brooks. Confiante de que estava no caminho certo nos anos 1950, Brooks fazia sua pesquisa visitando bibliotecas quando estava de folga, procurando em arquivos de jornais antigos casos de assassinatos múltiplos em todos os Estados Unidos. Lembro quando me disse: "Ann, não havia computadores para policiais naquela época. Seria necessário usar toda a sede do Departamento de Polícia de Los Angeles só para abrigar um daqueles primeiros computadores".

Outrora capitão da Unidade de Homicídios do Departamento de Polícia de Los Angeles e, depois, chefe de polícia na região de Eugene e Springfield, Oregon, Brooks se perguntava se os criminologistas tinham falhado em reconhecer esse tipo de assassino, para o qual cunhou o termo *assassino em série*.

Em março de 1983, Brooks foi responsável por uma reunião de águias entre os escalões superiores da polícia para analisar o problema dos assassinos cujo número de vítimas chegava a ter dois dígitos. Convocou agentes especiais da Unidade de Ciências Comportamentais do FBI e do Departamento de Justiça dos EUA, além dos principais policiais de cidades, condados e estados de todos os Estados Unidos para uma reunião na Universidade Estadual Sam Houston em Huntsville, Texas. A maioria dos agentes especiais da Unidade de Ciências Comportamentais concordou com a teoria de Brooks de que havia um tipo singular e assustador de assassino perambulando bem debaixo do nosso nariz nos Estados Unidos.

Mas isso foi em agosto de 1982, e as primeiras cinco vítimas encontradas no Green River ainda eram consideradas presas de um "assassino em massa". Não eram. Era quase certo que haviam sido mortas por um assassino em série, e em poucos meses isso seria compreendido.

A área da ciência forense tem se expandido de modo constante desde 1982, e, quando a força-tarefa de Dick Kraske começou a fazer uma lista bruta de jovens mulheres vítimas de assassinato que poderiam estar conectadas, os investigadores suspeitaram que estavam lidando com uma força do mal muito maior do que o público em geral percebia. Apesar de apenas cinco dessas jovens terem sido encontradas no rio, todas as vítimas subsequentes seriam atribuídas ao "Assassino de Green River".

Era abril de 1982 quando Theresa Kline, 27 anos, foi vista viva pela última vez no Windy's Pub na esquina da avenida Aurora Norte com a rua 103. Era uma mulher muito bonita, com longos cabelos ruivos, e as pessoas se lembravam dela. Planejara visitar o namorado, um apostador profissional, que jogava pôquer em um salão de jogos a vários quarteirões de distância. Theresa perguntou aos amigos do Windy's se alguém ia para o norte depois do fechamento, mas todos disseram que não. Ela sorriu e disse que ia pegar um ônibus ou uma carona, se precisasse. Era 0h35 quando ela saiu da taverna. Cinco minutos depois, uma de suas amigas saiu e foi até um posto de gasolina ali perto para comprar um maço de cigarros. Theresa tinha desaparecido.

Menos de três horas depois, o corpo de Theresa foi encontrado em um beco a onze quarteirões de distância. Tinha sido manualmente estrangulada.

Theresa era divorciada e tinha um filho, cuja guarda era do ex-marido, embora visitasse o filho com frequência. Estava muito feliz na noite em que foi assassinada e definitivamente estava indo encontrar o namorado. Não estava vendendo sexo, embora a avenida Aurora fosse o extremo norte da Strip. Theresa queria muito ter o filho de volta, mas sabia que não ia conseguir isso até ter um emprego, e havia começado em um novo emprego na noite anterior. De repente, as coisas estavam melhorando.

Até então, o assassinato de Theresa não tinha sido resolvido.

Patricia Jo Crossman, 15 anos, era uma fugitiva crônica que tinha sido presa três vezes por prostituição. Em 13 de junho, foi encontrada morta por ferimentos de faca no condomínio Garden Villa Apartments na rua 204 Sul, perto dos limites da cidade de Des Moines. Esses apartamentos ficavam perto do que era considerado o extremo sul da SeaTac Strip.

Angelita Bell Axelson, 25 anos, não era vista desde a primavera de 1982. Ninguém a acompanhava muito de perto, e as testemunhas só se lembravam de que ela estivera com um homem não identificado em um hotel de passagem no centro de Seattle. Seu corpo, muito decomposto, foi encontrado em 18 de junho. Também tinha sido estrangulada.

Casos não resolvidos que envolviam mulheres jovens não eram peculiares a Seattle e ao condado de King. Os detetives do condado de Snohomish, que trabalhavam no condado ao norte de King, tinham alguns, assim como o condado de Pierce, ao sul. Na verdade, o condado de Snohomish teve um caso meio semelhante aos do Green River. Datava de fevereiro de 1982. Oneida Peterson, 24 anos, fora vista pela última vez enquanto esperava um ônibus para Marysville, Washington. Seu corpo estrangulado foi encontrado em 8 de fevereiro na zona rural da rodovia Sultan Basin. Nunca tinha se envolvido com prostituição.

Algumas das mulheres mortas no início de 1982 entraram na lista de vítimas do Assassino de Green River e outras não. Era impossível saber se todos os crimes eram atribuíveis a um único assassino. As idades e os tipos de morte eram semelhantes, mas o estilo de vida das vítimas era diferente. A lista cresceu de um jeito sinistro. As entradas podiam estar corretas ou não. Alguns especialistas achavam que o intervalo era muito amplo; outros achavam que não era inclusivo o suficiente.

Em março de 1982, várias garotas que ganhavam a vida nas ruas denunciaram uma situação estranha à Unidade de Crimes Sexuais do Departamento de Polícia de Seattle. Um homem as tinha ameaçado usando seu dobermann como arma. Dizia que daria uma ordem a "Duke" para mordê-las se não entrassem em seu Mustang 1967. Aquelas que obedeciam eram estupradas e, depois, submetidas a uma lição de moral esquisita. O estuprador avisava que elas iriam para o inferno se não mudassem seus hábitos.

Esses relatos davam a impressão de que um psicopata religioso-sádico-pervertido estava solto caçando todas as mulheres que encontrasse sozinhas para forçar ou atrair para dentro de seu veículo.

Era muito cedo na onda de assassinatos para analisar o número total de mulheres assassinadas ao longo de 1982 e vê-las como entidades desconhecidas e intercambiáveis que poderiam muito bem ser vítimas do Green River. Muitas das fotos que acompanhavam a cobertura jornalística das garotas mortas ou desaparecidas eram de registros policiais por prisões relacionadas à prostituição. Podiam ser muitos assassinos diferentes. Todas as vítimas pareciam cansadas e tristes e um pouco rebeldes, porém mais determinadas em relação à vida à qual estavam presas. Alguns rostos estavam manchados de lágrimas, e todas pareciam anos mais velhas do que de fato eram. Essas fotos de registros policiais as separavam das universitárias e jovens que moravam em dormitórios ou apartamentos bonitos em bairros de classe média e alta — vítimas clássicas de Bundy oito anos antes.

As cinco vítimas cujos corpos flutuaram no inconsciente Green River foram agrupadas por causa do local onde foram encontradas, mas não eram tão parecidas umas com as outras, embora fosse fácil deduzir que todas tinham encontrado a mesma máquina assassina em forma de homem.

Amina Agisheff, 37 anos, foi um dos primeiros nomes na lista estendida do Green River, embora não se encaixasse em nenhuma das categorias previsíveis. Tinha o dobro da idade das garotas mortas, não era prostituta, não pedia carona, era uma imigrante russa e tinha uma família estável e amorosa, um namorado amoroso e filhos pequenos. Era uma trabalhadora que não tinha dinheiro para comprar um carro.

Em 7 de julho de 1982, Amina deixou o apartamento da mãe após uma visita e estava esperando um ônibus na quarta avenida, no centro de Seattle. Ela simplesmente desapareceu, deixando a família sofrendo sem saber de seu paradeiro. Quando sua foto surgia no noticiário ao lado de outras supostas vítimas do Green River, Amina sempre parecia deslocada. Talvez tivesse sido adicionada à lista amarga porque desapareceu uma semana antes de o corpo de Wendy Coffield ser encontrado.

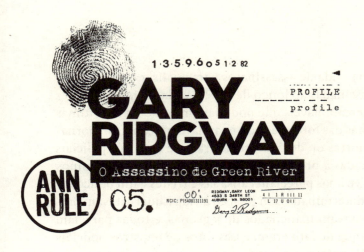

─────Um jogo
sem regras─

Para a Força-Tarefa Green River, era como participar de um jogo sem regras. Era possível que já tivesse havido muitas vítimas, ou era possível que fossem apenas cinco? Não havia como dizer quantos suspeitos eles estavam procurando. Com vítimas de vida itinerante, que se mudavam de uma cidade para outra ou de um motel ou apartamento para outro, era difícil saber se realmente estavam desaparecidas. Muitas mulheres nas ruas perdiam o contato com as famílias, que estavam espalhadas por todos os Estados Unidos. Nesses casos, podiam não ser declaradas desaparecidas até deixarem de telefonar para casa por dois Natais consecutivos ou no Dia das Mães. Podiam estar mortas, mas ninguém sabia, só os assassinos.

Quando universitárias desaparecem, suas colegas de quarto, governantas ou famílias têm grande dificuldade em esperar as 48 horas necessárias para fazer a denúncia do desaparecimento. Quando fugitivos e crianças nas ruas desaparecem, muitas vezes não há ninguém para soar o alarme de que essas pessoas sumiram.

Para a primeira Força-Tarefa Green River, parecia mais provável que as mulheres encontradas no rio fossem as únicas vítimas, que tudo tivesse acabado e o homem que as assassinou tivesse se mudado dali ou parado de matar. Agora, olhando para a situação com uma visão perfeita em retrospectiva, o padrão de assassinato múltiplo fica claro e límpido.

Mas, com certeza, não estava claro nos meses que se passaram entre agosto de 1982 e novembro de 1983. Validar desaparecimentos e identificar verdadeiras vítimas era tão difícil quanto encontrar as contas de um colar partido, quando dezenas delas rolam pelo chão e se perdem em fendas e sob escrivaninhas e armários. Quem poderia saber quantas tinham desaparecido ou quantas ainda seriam encontradas e presas a um fio que conectasse todas elas?

Giselle Lovvorn tinha 17 anos no verão de 1982. Não tinha laços com a região de Seattle, mas, no início daquele ano, seu namorado a persuadira a deixar a Califórnia com ele. Jake Baker*, conhecido como "Jak-Bak", era muitos anos mais velho que Giselle. Tinha experiência nas ruas e tinha dado calotes suficientes na Califórnia para que uma mudança fosse benéfica — até mesmo urgente. Ele percebeu que precisava recomeçar em um novo território. Conseguiu um emprego como motorista de táxi na SeaTac Strip.

Giselle era a filha mais nova de uma família de classe média alta no vale de San Fernando, onde o pai tinha a própria seguradora. Era uma garota infeliz que começou a fugir de casa quando tinha apenas 14 anos e abandonou a escola no segundo ano do ensino médio. A garota estava infeliz na Califórnia desde que a família tinha se mudado de New Orleans para lá alguns anos antes. O pai se perguntava se era porque o distrito em que moravam levava os alunos de ônibus para as escolas do centro da cidade. Deslocada etnicamente, com uma aparência tão diferente da dos colegas de turma, Giselle tinha apanhado, e seu dinheiro do almoço tinha sido roubado. Parecia impossível fazer amigos ou se encaixar nos grupos da escola, e por isso se sentia sozinha.

Qualquer que fosse o motivo, ela se recusava a voltar para a escola. Os pais com certeza não ficaram felizes ao vê-la com Jak-Bak. Ele era muito velho para Giselle e não era o tipo de homem que incentivaria a filha deles a terminar os estudos. Foi uma perda tremenda, porque Giselle era muito inteligente; estava sempre lendo e seu teste de Q.I. tinha dado o resultado de 145, bem acima do nível de gênio em alguns testes. Era uma leitora voraz, e seu livro preferido era *Pássaros Feridos*, de Colleen McCullough.

Com uma caligrafia perfeita, Giselle escreveu a descrição de McCullough de um pássaro canoro que nasceu para procurar a árvore espinhosa, encontrar o espinho mais afiado e mais longo para se empalar — de modo que pudesse cantar uma nota alta perfeita ao morrer.

Muitos dos pensamentos de Giselle eram tenebrosos, e ela parecia achar o tema da morte romântico de algum jeito, embora parecesse alegre e otimista na superfície. Como milhares e milhares de outros fãs, idolatrava Jerry Garcia e The Grateful Dead e tinha orgulho de seguir os shows, considerando-se uma "Dead Head" devota.

Giselle também gostava da Charlie Daniels Band e colecionava rótulos antigos do uísque Jack Daniel's. Não era muito diferente de outras jovens do fim dos anos 1970 e início dos anos 1980 em termos de guarda-roupa, usando saias camponesas compridas cujas bainhas se desfaziam porque varriam o solo áspero, camisas justas de algodão com mangas compridas, sem sutiã, é claro, e pouca maquiagem.

Porém era mais rebelde do que a maioria. Os pais tinham esperança de que ela superasse a tendência de ser itinerante que a levou a viajar por todo o país com apenas uma mochila. Às vezes, Jak-Bak ia junto, mas ela costumava viajar sozinha, ligando para ele ou ligando para casa para receber ordens de pagamento quando estava sem dinheiro. Às vezes, pousava em lugares como Fargo, Dakota do Norte, Cut Bank, Montana, ou Eugene, Oregon, enquanto acompanhava os shows do Grateful Dead. Os registros da Western Union mostraram que Giselle estava em uma parada de caminhões em West Fargo, Dakota do Norte, em 3 de junho de 1982, para receber um vale-compras de 50 dólares que Jak-Bak havia lhe enviado.

A família de Giselle ficou muito aliviada com a viagem para Seattle, a qual acreditavam ser a última vez antes de ela mudar de vida. Garantiu-lhes que iria só pegar alguns pertences que Jak-Bak estava guardando e, depois, voltaria para casa para se estabelecer e voltar à escola.

Porém, em uma semana mudou de ideia e decidiu ficar em Seattle. Jak-Bak era um mestre da persuasão e a havia convencido a ficar com ele.

Giselle era uma garotinha cujo cabelo louro espesso caía pelas costas. Tinha sardas e parecia saudável e jovem, mas logo começou a trabalhar na SeaTac Strip. Sua aparência atraía certos homens que perambulavam pela Strip — aqueles que gostavam do "visual de colegial".

Giselle estava andando pela rodovia em meados de 1982, procurando por programas. Jak-Bak sabia disso e não a impediu, embora mais tarde tivesse dito aos detetives e repórteres que se importava muito com ela e que tinha feito o possível para dissuadi-la da prostituição. Insistiu que o fato de os dois morarem juntos era apenas platônico.

O mais provável era que a relação deles fosse típica entre um homem oportunista e uma garota que não parecia questionar que, se o homem que a estava "protegendo" a amasse de verdade, não permitiria que se vendesse para desconhecidos. Quando a maioria das garotas percebia isso, não era fácil romper os laços.

Mas Giselle teve alguns momentos felizes em Seattle. Em 13 de julho, viu um show de Charlie Daniels. Quatro dias depois, Giselle saiu do apartamento às 13h. Era sábado, e, segundo Jak-Bak, planejava ter três ou quatro transas. Ele disse que lhe pediu para não ir, mas Giselle foi inflexível em relação aos próprios planos.

Caso ela tivesse lido os jornais locais naquela semana, teria visto a cobertura sobre os corpos no Green River, e os assassinatos também estavam em todos os noticiários da televisão. Mas Giselle não conhecia Seattle e só conhecia de verdade o entorno do aeroporto. Provavelmente, nem sabia onde ficava o Green River.

A tarde virou noite, e Giselle não voltou ao apartamento. Não naquela noite. Nem no domingo. Tudo que tinha e a única pessoa que conhecia em Seattle, tudo que lhe importava estava no pequeno apartamento na esquina da primeira avenida Sul com a rua 180 Sul.

Jak-Bak logo se empolgou com o brilho da atenção da mídia e deu muitas entrevistas. Lembrou-se de que tentou denunciar o desaparecimento de Giselle de imediato, mas os policiais não o levaram a sério. Não era verdade. Eles *tinham* ouvido, e Giselle tinha entrado na lista oficial de pessoas desaparecidas em 17 de julho.

Jak-Bak disse que conhecera Giselle em um restaurante na região de Los Angeles um ano antes e que tinham se tornado melhores amigos. "Não éramos íntimos", disse com tristeza, "mas éramos muito, muito próximos." Eles tinham compartilhado o apartamento em Seattle com outro homem. Ele contou aos repórteres que tinha continuado a procurar Giselle na Strip, em paradas de caminhões, motéis e bares, mas nunca a encontrou. Ela havia deixado tudo para trás, até sua preciosa mochila; tudo que havia levado consigo era a carteira de identidade da Califórnia, que era falsificada e informava a idade de 19 anos, não 17.

Também disse que o plano de Giselle era estabelecer uma clientela regular para ter uma carreira como garota de programa e não ter que andar pela estrada. Ele a incentivou a conseguir um emprego comum, mas ela era teimosa e acreditava que sabia cuidar de si mesma.

Talvez. Ou talvez estivesse seguindo um plano que ele traçara para ela.

•   •   •

Em meados de setembro, o *Seattle Post-Intelligencer* publicou um artigo que citava o tenente do condado de King, Greg Boyle, dizendo que a força-tarefa estava investigando o possível desaparecimento de mais duas mulheres que se encaixavam no "perfil" das vítimas do Green River. Uma era Giselle Lovvorn, embora o nome não fosse mencionado. A outra era Mary Bridget Meehan, 18 anos. O namorado, Ray, relatou que a vira pela última vez em 15 de setembro, quando havia deixado o motel Western Six perto da Strip. Disse ainda que ela planejava caminhar até o teatro Lewis and Clark naquele dia. Era uma caminhada de três quilômetros, muito longa para uma garota grávida de oito meses. Bridget e Ray não tinham vindo de muito longe para a Strip; os dois tinham morado a vida toda em Bellevue, do outro lado da ponte flutuante de Seattle.

"Ela estava trabalhando?", os detetives perguntaram a Ray.

Ele fez um gesto negativo com a cabeça, parecendo confuso. "Não sei."

Os detetives do condado de King já tinham conversado com quase trezentas pessoas enquanto procuravam conexões entre as primeiras cinco vítimas e testemunhas que poderiam ter visto ou ouvido algo incomum. Eles tinham feito um pedido à Unidade de Ciências Comportamentais do FBI, solicitando um perfil mais completo possível do homem ou dos homens que estavam procurando.

A força-tarefa agora sabia que Wendy Lee Coffield e Opal Mills tinham frequentado o mesmo supletivo em Renton, mas não havia nenhuma indicação de que as duas se conheciam ou que foram vistas juntas no fim da vida. E Debra Bonner e Cynthia Hinds frequentavam o mesmo bar em Tacoma. Era provável que pelo menos tivessem se conhecido, embora ninguém no bar conseguisse se lembrar de tê-las visto entrando juntas. Era um padrão intrincado que os investigadores encontravam várias vezes; pessoas cuja vida girava em torno da Strip muitas vezes se conheciam, mesmo que apenas de maneira tangencial.

Quanto às duas garotas desaparecidas, elas poderiam voltar para casa. Ou poderiam estar mortas.

O primeiro suspeito do Green River a ser digno das manchetes foi o amante/cafetão de Debra Bonner: Max Tackley. Em 21 de agosto, o ex-aluno de 31 anos da Universidade de Washington foi detido para interrogatório enquanto três detetives revistavam sua casinha em Tacoma.

Tackley tinha dado permissão para a busca, e o detetive Bob LaMoria, parceiro do detetive Dave Reichert, observou: "Temos que provar que ele é inocente ou culpado".

Não era tanto o caso de Tackley ser um suspeito provável na morte de todas as cinco mulheres, era mais porque os detetives tinham pouca coisa em que se basear. "Não conseguimos provas suficientes para revelar um suspeito", disse o major Dick Kraske. "Por consequência, esse [Tackley] é o ponto focal da nossa investigação."

No entanto, Kraske criou o primeiro perfil resumido de quem poderiam estar procurando. Imaginou que o assassino devia morar na parte sul do condado de King ou na região do condado de Pierce e que parecia conhecer bem o Green River. Que havia escolhido um recuo conveniente na rodovia Frager para desovar os últimos três corpos, um ponto que a maioria das pessoas provavelmente não conhecia.

Mas tantas vítimas possíveis em um mês? Eles sabiam que não estavam procurando um assassino comum — se é que isso existe. O tenente Greg Boyle comentou: "Esse cara é mais do que um mero *john*".

Será que ele voltaria para o Green River com mais vítimas? Se voltasse, seria uma escolha bem idiota. Toda a área da rodovia Frager estava sendo monitorada pela polícia, embora tal fato não fosse divulgado.

O chamado Assassino de Green River logo provaria que não era idiota. Parecia ter abandonado o rio como meio de se livrar das vítimas. Em 25 de setembro, um ciclista de trilha estava zunindo pelas ruas vazias da cidade fantasma, abandonadas depois da aquisição da Autoridade Portuária, quando sentiu um odor repugnante capaz de causar náuseas. Buscando a fonte, concentrou-se em alguns arbustos altos. Ali, descobriu um corpo feminino em estado avançado de decomposição meio escondido no matagal de um quintal abandonado. O corpo estava nu, exceto pelo que parecia ser um par de meias masculinas que apertavam o pescoço com firmeza.

O homem recuou com o estômago embrulhado. Aquele mês de setembro tinha sido quente. Ninguém conseguiria identificar a mulher morta só de olhar.

Os milhares de quilômetros quadrados de quintais cobertos de vegetação, árvores e varandas de cimento se estendiam para o norte e o sul do aeroporto. Exceto pelos passageiros dos aviões que pousavam, poucas pessoas sabiam que o aeroporto estava ali. A localização do corpo ficava a mais de três quarteirões da rua mais próxima e a dez quilômetros do Green River, mas não era muito longe de onde Giselle Lovvorn tinha sido vista pela última vez — talvez três ou quatro quilômetros.

Agora eram seis. Esse corpo feminino, que parecia ser de uma mulher caucasiana, só seria identificável por meio de comparações de prontuários odontológicos, embora os detetives suspeitassem que fosse Giselle. Jak-Bak havia descrito uma pequena tatuagem de pássaro no seio direito quando relatou o desaparecimento dela, e, apesar das alterações pós-morte, a tatuagem de pássaro ainda era visível no mesmo lugar.

A força-tarefa, acompanhada por cães de busca da raça pastor-alemão, percorreu os quilômetros quadrados de terra isolada em busca de mais corpos ou alguma prova física ligada à garota loura que tinha ficado deitada ali por mais de um mês. Dava para ver que aquele era um local oportuno para um assassino. Aviões que pousavam ao norte na SeaTac ficavam quase perto o suficiente para alguém estender a mão e tocar, e os motores guinchavam enquanto se preparavam para pousar. Os gritos de uma mulher infeliz, clamando por socorro, seriam engolidos pelo barulho do avião. E com certeza ninguém ia passar de carro por ali; as estradas estavam bloqueadas a quarteirões de distância havia muito tempo. Não era provável que um assassino fosse pego de surpresa enquanto desovava um corpo. Pilotos de motos de trilha sinalizavam a aproximação com o zumbido dos motores barulhentos.

Os registros dentários confirmaram que a vítima loura e miúda era, de fato, Giselle Lovvorn. Seu "melhor amigo" Jak-Bak continuou a falar com a imprensa, explicando que havia feito um teste no detector de mentiras e passado. Ele tinha sua própria opinião sobre quem havia matado Giselle. "O que ouvi nas ruas foi que um cafetão chamado Peaches foi quem a agarrou e estava tentando destruí-la e tirá-la de um hotel, ou algo assim."

O interesse dos repórteres por Jak-Bak diminuiu à medida que suas informações ficavam cada vez mais pomposas. O da força-tarefa também. Ele não parecia ser nada mais do que um vigarista bancando o herói hipócrita. Em geral, cafetões mentiam para a polícia de qualquer maneira.

Por quê? Por quê? *Por quê?* Não importava quem estava matando as garotas na estrada; tinha que haver um motivo. Algum motivo que impelia o assassino sem rosto. Dois dias depois que o corpo de Giselle foi descoberto, Pat Ferguson, porta-voz da Força-Tarefa Green River, admitiu que ninguém sabia por quê. Ele disse que os detetives especulavam sobre muitas teorias. Talvez o assassino fosse um psicopata sexual, que matava por matar. Talvez fosse um tipo de fanático tentando livrar a estrada das prostitutas. Talvez *fosse* uma guerra de cafetões em que os homens sustentados por mulheres queriam proteger seu território. Estavam até considerando que tinha alguma coisa a ver com tráfico de drogas, ou que, de alguma forma, as garotas tinham sido assassinadas para encobrir outro tipo de crime.

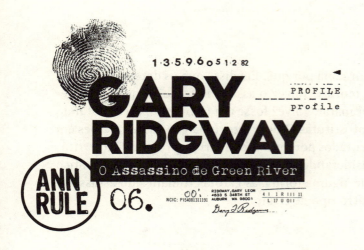

Mary Bridget Meehan

As noites de setembro começaram a ficar frias, e Mary Bridget Meehan ainda estava desaparecida. Ray, o namorado com quem morava, e sua família estavam muito preocupados, ainda mais porque ela estava grávida. Não fazia sentido que tivesse decidido partir de repente; ela nunca fizera isso. Tinha passado todos os 18 anos de vida no condado de King, Washington, em contato com a família, mesmo quando não estava morando em casa.

Mary Bridget era a caçula dos quatro irmãos, adotada, assim como o irmão Timothy, logo após o nascimento em 16 de maio de 1964, por um casal católico irlandês que vivia em Bellevue, Washington. Patricia e John Meehan tinham dois filhos biológicos, mas queriam uma família maior e encontraram Mary Bridget e Tim por meio da Organização de Instituições de Caridade Católicas.

O fato de Mary Bridget um dia desaparecer de um trecho decadente da rodovia a trinta quilômetros de Bellevue era quase inacreditável. Bellevue não era um lugar onde coisas terríveis aconteciam, e menos ainda com filhos de famílias que os amavam tanto.

Depois da Segunda Guerra Mundial, o *boom* da construção civil em Bellevue transformou centenas de quilômetros quadrados de terras agrícolas e pântanos de mirtilo em bairros com pessoas em situação de rua e casas de dois andares. Muitas famílias do Meio-Oeste foram atraídas para a região de Seattle pela abundância de empregos disponíveis na Boeing Airplane Company. Lake Hills veio primeiro, depois Robinswood, Robinsglen, Spiritwood e todas as combinações possíveis de nomes que pareciam rústicos para subdivisões que surgiram como dentes-de-leão. A viagem até o trabalho em Seattle parecia longa na época, mas poucas casas novas ficavam vazias por muito tempo.

Não parecia importar se eram luteranos, metodistas ou católicos; a maioria das famílias tinha quatro filhos nas décadas de 1950 e 1960. Os Meehans tiveram a filha, Maeve* primeiro, e Dennis dois anos depois. Tim e Mary Bridget se encaixavam perfeitamente na família: Tim era um ano mais novo que Dennis, e Mary Bridget tinha dois anos a menos que Tim. A família lembrava do fato de que gostava de ser chamada de Mary, enquanto amigos que conheceu depois disseram que ela odiava o nome e insistia em ser chamada de Bridget.

"Mary era seu nome de rua", disse Dennis com tristeza. "Ela gostava de ser chamada assim quando era pequena."

Os Meehans moravam em uma casa pequena perto do centro da velha Bellevue, a cidadezinha que existia antes do *boom* da construção civil. O casal era muito católico e fez cada um de seus filhos ser batizado e cumprir os rituais da Primeira Comunhão. Os quatro filhos frequentaram a escola do Sagrado Coração até o ensino fundamental i e depois começaram a frequentar a escola pública no sétimo ano. Estudaram em Ashwood e Chinook no ensino fundamental ii e, em seguida, foram para a Bellevue High School.

Os Meehans mais velhos eram pessoas muito educadas e inteligentes. A mãe estava na casa dos 40 anos quando Mary Bridget foi adotada, e o pai tinha cerca de 50. John Meehan era químico e trabalhava na indústria de laticínios, mas depois abriu o próprio negócio com um antigo colega de fraternidade. Eram responsáveis pelo desenvolvimento do pó usado para fabricar epinefrina, um remédio muito importante que salva vidas e é usado como rotina para colocar o coração em ritmo sinusal em casos de problemas cardíacos extremos, o "epi" que os médicos de emergência pedem.

Meehan vendeu o negócio em 1975, e em pouco tempo sua fortuna financeira despencou. Ele trabalhou no Alasca em controle de qualidade por um ano e, mais tarde, dirigiu uma van para o Metro, o serviço de transporte público de Seattle.

Patricia Meehan era contadora antes do casamento e trabalhou para o Serviço de Relações Exteriores dos EUA no México e para a rodovia Great Northern. Depois de se casar, trabalhava como escriturária temporária em consultórios médicos. Eles eram — exceto pelas notáveis realizações de John Meehan na pesquisa química — uma família comum de Bellevue. Não eram ricos, mas tinham o suficiente para criar os filhos e mandá-los para uma escola particular.

Mary Bridget era uma garotinha radiante com cabelo escuro e brilhoso. Quando criança, era "distante" com os homens, mas passou a adorar John Meehan. Sua infância foi feliz e protegida. Adorava bichos, mas não podia ter animais de estimação além de peixes, pois ela e outros membros da família eram alérgicos. Detestava isso.

"Ela sempre trazia gatos de rua para casa", lembrou o irmão Dennis. "E os escondia no próprio quarto. E a gente logo começava a espirrar e tossir. Nós os encontrávamos, e minha mãe dizia: 'Você não pode ficar com eles; viu como todo mundo está espirrando?'. E Mary respondia: 'Mas eu *quero* eles! Eu quero!'."

Na tentativa de encontrar um meio-termo, os Meehans arrumaram um papagaio para Mary. "Não funcionou", disse Dennis. "Ela ainda saía e levava mais gatos para casa."

Mary Bridget tinha um grande sorriso e um senso de humor, às vezes, diabólico. Era falante e extrovertida e, quando começava a provocar os irmãos ou a irmã mais velha: "Ela não desistia". Seu humor não era malvado, porém sabia ser implacável, como muitas crianças mais novas.

Mary Bridget sofria de um erro de percepção auditiva que dificultava algumas matérias na escola. Quando tinha cerca de 10 anos, suas notas caíram. Mas era uma artista muito talentosa. Mais de vinte anos depois, seus desenhos ainda aparecem do nada na casa dos Meehans em Bellevue. Seu esboço de "Ratinho de Natal" será um dia impresso em cartões de Natal que os irmãos criam e enviam. Por mais diferente da mãe que a maioria das filhas afirma ser, ambas tinham talento artístico, se interessavam por artesanato e provavelmente teriam encontrado mais coisas em comum com o passar dos anos.

Por outro lado, ela e o irmão Tim costumavam ser "parceiros no crime", quebrando as regras e se metendo em confusão. Mary Bridget e a irmã cinco anos mais velha eram muito diferentes. Maeve quase sempre fazia tudo certinho, enquanto Mary Bridget se negava e questionava por que precisava obedecer.

Foi quando atingiu a puberdade que seu lado rebelde a fez questionar as regras e crenças dos pais. Ela "descobriu os meninos", lembrou a mãe, "no ensino fundamental ii".

Logo começou a matar aulas. Os pais a levavam para a escola e a viam entrar. O que não viam era Mary Bridget andando pelo corredor e saindo pelos fundos. Descobriram mais tarde, pelo boletim escolar, que costumava faltar e quase foi reprovada em várias disciplinas. Ainda assim, era difícil ficar com raiva dela.

"Ela sempre foi extrovertida e muito dramática", contou o irmão Dennis. "Ela conseguia convencer as pessoas e chamar a atenção. E sabia ser muito escandalosa."

Mary Bridget não devia ter mais de 14 ou 15 anos quando conheceu Jerry*, um cara que até os amigos chamavam de "rato". Bridget — agora era Bridget — ficou encantada com ele, e a desaprovação dos pais só o tornava mais atraente. O pai dele era um líder comunitário muito respeitado, mas Jerry não seguiu o exemplo.

O mundo de Bridget girava em torno de Jerry, e suas notas caíram ainda mais, porque estudar não parecia importante se significasse que não podia estar com ele. Os Meehans estabeleceram um toque de recolher para Bridget, para ela chegar em casa em um horário razoável e estudar. Não funcionou. Bridget não voltava para casa no horário ou escapulia pela janela tarde da noite para se encontrar com Jerry.

Na esperança de que o castigo a fizesse perceber que estava arriscando a educação e o futuro por causa de um garoto que não era nem de perto bom o suficiente para ela, os pais de Bridget lhe deram um ultimato. Se não obedecesse às regras da família, teria que ir embora. E foram rígidos nessa decisão. Aos 15, certa noite, ela encontrou a porta trancada quando voltou tarde para casa.

Bridget agiu como se não se importasse, mas ficou chocada ao saber que não poderia voltar para casa. Ela amava a família, mas também era teimosa. Não conhecia praticamente nada das ruas. Ficou com os dedos dos pés congelados quando tentou dormir ao ar livre.

Em pouco tempo, foi morar com Jerry, que no início ficou feliz por tê-la ali. Mas Bridget engravidou duas vezes, e isso não tinha sido planejado por Jerry.

Bridget Meehan nem quis pensar em aborto. Era católica devota e queria o bebê. Sofreu aborto espontâneo na primeira gravidez. Não tinha nem 16 anos quando engravidou de novo. Bridget disse a Jerry que nunca mataria o bebê, e por isso foi expulsa do apartamento. Ela não podia e nem queria voltar para a casa dos pais, que estavam chocados e tristes com seu comportamento.

Em vez disso, Bridget pulou de casa em casa de amigas, mas também sofreu um aborto espontâneo do segundo filho. A perda dos bebês foi tão traumática que ela nunca conseguia falar muito sobre o assunto, apenas dizia que havia perdido um bebê. Não tinha coragem de dizer que tinha sofrido dois abortos. Sentia que tinha fracassado.

Mas Bridget Meehan tinha uma personalidade muito interessante e lutava contra a tristeza que a dominava. Vários rapazes queriam sair com ela. Bridget não confiava neles. Tinha perdido seu centro e tinha dificuldade de acreditar em alguém. Mesmo assim, precisava de alguém com quem conversar, alguém que a ouvisse e a ajudasse a descobrir onde sua vida tinha oscilado e afundado em um abismo.

Um dos rapazes que a amava à distância se chamava Andy. Morava com a mãe em Enetai, um dos endereços mais desejados de Bellevue. A mãe concordou em deixar Bridget morar com eles em sua casa na primavera de 1979 ou 1980, mas Bridget não era íntima de Andy. Estava muito machucada em termos emocionais. Andy aceitou seus termos; ficava feliz só de tê-la por perto. Seu melhor amigo, Dave, sempre os visitava e também achava Bridget uma garota maravilhosa, apesar de frágil. Tinha uma presença que atraía as pessoas, uma espécie de brilho e apreço pela vida, mesmo quando insistia que já havia aceitado o fracasso.

"A primeira vez que vi Bridget", lembrou Dave, "ela chegou bem perto de mim e analisou o meu rosto. Por fim, anunciou: 'Você é irlandês'. E eu era, mas nunca tinha pensado muito nesse assunto antes."

Foi Dave quem se apaixonou por Bridget a ponto de ter dificuldade de falar a seu respeito mais de duas décadas depois, ainda com raiva por ela ter sido colocada em uma posição em que alguém poderia machucá-la e frustrado por não ter podido salvá-la. Em uma época em que tantos adolescentes estavam perdidos e usando drogas, muitos pais de Bellevue estavam tentando resgatá-los. Se os próprios filhos não os escutassem, muitas vezes estendiam a mão para outros adolescentes. Era comum pais rejeitados pelos próprios filhos darem abrigo a crianças de outras famílias. Todos estavam ganhando tempo, na esperança de que a maturidade levasse à reconciliação.

Dave já tinha uma namorada, e sua mãe a havia acolhido. Depois de conhecer Bridget, se mudou da própria casa para evitar um confronto com a namorada ou com a mãe. Só queria estar com Bridget Meehan. "Virei um sem-teto por vontade própria para passar mais tempo com ela", lembrou. "Acho que ela também gostava de mim, porém estava fora de casa havia algum tempo quando a conheci e um pouco maluca com isso."

Era 1980, e Bridget ainda morava na casa de Andy, e Andy e Dave eram melhores amigos e os dois a amavam. Podia ter havido uma hostilidade declarada, mas não houve. Ela não estava interessada em sexo e tinha um medo específico de engravidar de novo.

Em geral, Dave e Bridget se gabavam de que conseguiam lidar com os próprios demônios se os explorassem o suficiente. Bridget lhe disse que nunca havia sofrido nenhum abuso físico ou sexual em casa, mas afirmou que se sentia emocionalmente perdida porque os pais eram frios e distantes desde quando conseguia se lembrar. Em sua versão, foi convidada a se mudar de repente, e os pais se recusaram a deixá-la fazer perguntas ou a lhe dar outra chance.

Dave *tinha* sofrido abusos em casa, mas achava a história de Bridget "a mais triste que já tinha ouvido".

Por mais dramáticas que muitas adolescentes pudessem ser, Bridget as superava. Ela estava sendo muito dramática naquele momento. Na verdade, não era tão afastada da família como disse a Dave. Ligava para casa mais ou menos uma vez por semana. Os pais a amavam com devoção. Caso tivesse concordado com as regras da casa, seria muito bem recebida de volta. Porém, para Dave e Andy, Bridget insistia que não podia voltar para casa.

"A gente conversava o tempo todo", lembrou Dave. "Ela precisava mesmo de alguém para conversar, e eu estava apaixonado por ela, mas havia restrição e distância da minha parte porque ela era muito instável e sabia que eu tinha um longo relacionamento ainda pendente. Queria ajudá-la a recompor a vida, o que, pensando agora, parece ridículo, porque eu mesmo estava totalmente descomposto."

"Todos nós fumávamos maconha e tomávamos LSD de vez em quando", lembrou Dave sobre a primavera e o verão que passou com Bridget. "Porém Bridget e eu costumávamos tomar e passar horas em terríveis autoanálises, examinando nosso funcionamento interno, nossos piores medos, nossos problemas. Suponho que era meio narcisista... mas nós achávamos que não nos poupávamos em nada e meio que nos deliciávamos em nos vermos sob a pior luz possível. Achávamos que estávamos sendo honestos."

A maconha fazia os sonhos nebulosos dos dois para o futuro parecerem possíveis. Passaram pela primavera e pelo verão na fantasia de que se mudariam para o Arizona com Andy em setembro, quando começasse a faculdade lá, embora soubessem que isso não aconteceria. Eles não tinham dinheiro para viajar, e a média de notas de Andy era muito baixa para entrar na faculdade.

"Os pais de Andy, finalmente, explicaram tudo alguns dias antes do prazo dele ir para o Arizona", disse Dave. "Ele acabou indo para a escola de mecânica e depois se alistou na marinha. A última vez que ouvi falar dele, estava casado e morava na Califórnia."

Bridget passava grande parte dos dias frequentando um grupo em Bellevue chamado Youth Eastside Services [Serviços para a Juventude do Leste] — ou Y.E.S., criado para ajudar adolescentes sem-teto. Dave achava inútil ir lá. Não havia nada a fazer, a não ser ficar ali o dia todo e jogar gamão. Quando o sol se punha, os adolescentes mais experientes sabiam que podiam comprar drogas em outro grupo destinado a ajudar meninos de rua. Dave achava os "conselheiros" de lá assustadores e não acreditava que fossem uma influência positiva para Bridget.

"Eu a encontrava lá para resgatá-la e caminhávamos durante horas. Ela dizia que alguns dos conselheiros tinham feito avanços desprezíveis, mas, é claro, sua autoestima estava tão baixa que pensava que era alguma coisa que havia feito que os levava a isso." Quando o local foi investigado por suspeita de abuso sexual e drogas, acabou sendo fechado.

Bridget às vezes ia para uma espécie de acampamento improvisado em um terreno coberto de mato próximo ao centro de Bellevue. Os adolescentes se reuniam ali e moravam em seus carros. Ela também frequentava uma pista de boliche de Bellevue, onde desistentes sem rumo se reuniam.

Bridget mantinha uma fachada frágil e durona na maior parte do tempo.

"Tinha uma qualidade niilista destemida que eu admirava muito na época", recordou Dave. "Agora, vejo que ambos estávamos com medo da vida e que não estava dando muito certo para nenhum dos dois. Estávamos aceitando o fracasso como uma coisa natural e partindo daí. Existe uma força em enfrentar o pior e não se importar, porque o pior não pode te machucar se você já foi muito ferido."

Bridget estava longe de ser rabugenta ou deprimente para alguém que estava perto. "Ela era 'animada' quase o tempo todo e tinha um jeito rápido e inteligente. Não tinha medo de falar abertamente, por isso era reconfortante e 'sem palhaçada'."

Contudo, Dave percebeu que havia coisas que podiam machucá-la de verdade. Certa vez, Bridget mencionou alguma coisa sobre ter um bebê, e ele respondeu, sem pensar muito: "Ah, você seria uma péssima mãe!". O rosto dela se contraiu ao responder: "Que comentário horrível!". E começou a chorar. Foi a primeira e última vez que a viu chorar. Ele entrou em pânico quando lembrou que ela comentou que perdera um bebê e então se desculpou. Bridget parecia tão durona na maior parte do tempo que dava a impressão de que ela não tinha nenhuma habilidade para ser mãe, e ele era muito jovem para perceber o quanto aquela menina, por trás daquela fachada, era delicada.

"Bem, olhe para sua mãe", retrucou ele. "Ela fez um péssimo trabalho com você." Bridget assentiu e se acalmou.

"Nunca conheci uma garota tão engraçada — ou tão sofrida. Às vezes, quando batia à minha janela à noite, eu perguntava 'Quem é?', como se não soubesse, e ela dizia 'minha mãe' com uma voz engraçada. Meu Deus, como era engraçada."

Dave não sabia que ela tivera duas mães: a biológica e Patricia Meehan, que a criara com amor.

Dave ouviu Bridget ligar para casa uma vez para perguntar se podia passar para pegar algumas coisas de que precisava no antigo quarto, e parece que alguém disse que não podia.

"Eu tirei o telefone dela", lembra Dave. "Gritei com a mãe dela que eles estavam tratando a filha como uma merda e que deviam ter vergonha. Ela desligou na minha cara."

Havia vários aspectos da vida de Bridget que Dave desconhecia. Os Meehans tinham medo de que os dois filhos mais novos fossem até a casa quando eles não estivessem lá. Bridget e, às vezes, seu irmão Tim pegavam coisas da casa dos pais para vender: moedas e outros itens colecionáveis.

"Era uma atitude típica de adolescente, acho", disse Dennis, o irmão de Bridget. "Eles achavam que tudo na casa pertencia a eles."

Um dia, Bridget convenceu Dave a ir com ela até a casa quando sabia que não haveria ninguém lá. Foram até a residência elegante em um bom bairro, e Bridget abriu uma janela que sabia que estaria destrancada, depois deixou Dave entrar pela porta lateral. Ele viu que a casa era arrumada e que os objetos de arte eram caros. "Mas tudo parecia não ter sido usado. Bridget ficou muito envergonhada com uma foto antiga de família e a tirou da parede para que eu não pudesse ver, só recolocou quando saímos."

Dave tinha ficado na sala de estar enquanto Bridget pegava algumas roupas no quarto. Ela o chamou para mostrar o cômodo. "Parecia que não havia mudado nada desde que saíra, quase como um museu para o filho 'ideal', como alguém preservaria o quarto de um filho que tivesse morrido. Não sei por que eles não a deixavam voltar para casa. Acho que ela queria mesmo era voltar."

Dave olhou os discos de Bridget, que ficou com vergonha quando ele encontrou alguns discos do The Doors. Achava que era coisa "de adolescente". Seus artistas preferidos eram o grupo Heart, de Seattle, e os B-52s. Ela explicou que era porque eram mulheres fortes que faziam um trabalho criativo.

"The Doors não fazia música de verdade." Bridget riu. "Ele só achava que fazia."

Dave e Bridget compraram o novo álbum do Pink Floyd, *The Wall*, com o qual se identificavam em 1980. O amor dos dois pela música talvez fosse o vínculo mais forte entre eles. Bridget lhe confessou que queria ser cantora, e Dave percebeu que ela possuía uma voz adorável ao cantar músicas como "Heart of Glass" e "Tugboat Annie", do Heart, ou músicas dos álbuns dos B-52s. Falava em escrever canções, mas nunca cantou nenhuma para ele. Muitos anos depois, ele percebeu que ambos eram "vítimas do rock", com grandes planos, mas sem tomar nenhuma atitude para realizá-los. Isso não importava no mundo de fantasia deles.

Dave faria quase qualquer coisa para agradar a Bridget. Certa vez, ela admirou uma gaivota de gesso presa a uma base de ferro atrás do prédio de um dentista. "Eu girei aquela gaivota por uns quarenta minutos até ela se soltar. No dia seguinte, passamos pelo mesmo local de mãos dadas, rindo porque dois caras estavam lá fora coçando a cabeça e analisando para onde o pássaro tinha ido. Eles nem olharam para nós, e rimos dos dois na cara deles."

Era frequente encontrarem adolescentes que Bridget conhecera no colégio Bellevue, que depois ela revelou a Dave acreditar que a desprezavam. Ela não se encaixava na vida social de lá, onde muitos alunos eram de famílias ricas. "São um bando de idiotas", falava.

Dave estudara no colégio Lake Sammamish, que era um ambiente mais descontraído, pois ficava perto dos bairros mais novos e menos elegantes. Mais tarde, a mãe o mandou para uma escola particular — Icthus — na ilha Mercer, um dos bastiões da classe alta nos bairros residenciais de Seattle. Mas nenhuma delas o fez se sentir um pária, como Bridget parecia acreditar que fosse.

Dave percebeu que era o namorado mais inteligente que ela já tivera, e sua inteligência combinava com a dele, mas os dois estavam falidos e não tinham como constituir um lar juntos. "Posso ter feito um retrato mais sombrio de nós dois do que deveria", dizia com a sabedoria adquirida ao longo de duas décadas. "Éramos cínicos e confusos, mas nossa ênfase era ficar acima de tudo. Éramos um bando de pessoas com grande potencial, mas com baixa autoestima. Bridget e eu talvez tenhamos sido os exemplos mais extremos disso. Nós nos conectamos."

Bridget trabalhou naquele verão de 1980 como arrumadeira no Holiday Inn e depois em uma casa de repouso, ganhando um salário-mínimo. Sempre se sentira atraída por pessoas sem sorte. Assim como resgatava animais de rua quando era menina, agora tentava salvar pessoas em apuros. No fim do verão, se envolveu com um adolescente chamado Brian, que tinha um buraco enorme na perna porque havia caído embriagado em cima de um irrigador. Ela cuidava dele e trocava os curativos do ferimento.

"O cara era muito confuso", disse Dave. "E acho que ela sentiu pena dele. Durou uns cinco dias... Quando perguntei sobre ele depois, ela o desprezou, dizendo: 'É um sonhador. Nunca vai chegar a lugar nenhum — só sabe *falar*'. Isso me pegou de jeito, e eu sabia o que ela estava pensando. Éramos todos sonhadores."

Bridget sempre foi muito magra, e Dave lutava para ganhar peso. Ela estava com baixo nível de glicemia ou diabetes — ele não consegue mais lembrar —, mas adorava doces e lhe dizia que precisava comê-los para ter saúde. "Eu me lembro de coisas isoladas sobre ela", relatou. "Aquele único filme de Paul Simon, *Lutando com o Passado,* era seu filme preferido, e azul era sua cor preferida."

Com o fim do verão, Bridget e Dave se separaram. Ela surtou com ele um dia por ser muito negativo em relação ao futuro e disse que não tinha intenção de ficar em Bellevue pelo "resto da vida".

"Pela primeira vez, eu não tinha uma resposta", ele falou.

Eles não estavam mais juntos, mas mantinham contato. Bridget namorou outros caras durante um tempo, mas nada sério. Ela passou um tempo em uma casa de recuperação e disse a Dave que tinha uma assistente social que parecia não poder ajudá-la. "Ela acha que meus problemas não têm solução", disse. Bridget achava a casa de recuperação "horrível" e lhe disse, em uma voz incrédula, que tinha conhecido prostitutas de verdade pela primeira vez na vida.

"Eu só ouvi", disse Dave. "Nós dois ainda estávamos tão confusos que nem passava pela nossa cabeça ir atrás de algum trabalho. Ela achava que, de qualquer maneira, não tinha como fazer isso sem ter um lugar para ficar. Achava que as prostitutas do abrigo eram assustadoras. Não gostava da linguagem nem do humor delas."

Bridget parecia estar ficando mais desesperada. Disse a Dave que tinha encontrado um homem no Seattle Center que a seguia. Ele pensou que ela era prostituta e lhe fez uma proposta, que respondeu sem pensar: "Vinte pratas", e ele disse "Tudo bem". Então comprou um hambúrguer para ela, os dois conversaram, e Bridget ficou com medo e não quis seguir em frente.

"O homem ficou com pena dela e não a obrigou a fazer nada, mas dava para ver que ela estava pelo menos se acostumando com a ideia. Fiz uma piada de mau gosto que vinte dólares era muito barato e que ela devia pedir pelo menos quarenta", lembrou Dave, arrependido.

O abismo entre os dois cresceu depois que Bridget foi uma dia à casa dele quando a nova namorada de Dave estava lá. Ele sabia que havia mencionado a outra jovem muitas vezes. Depois que as duas garotas se conheceram, nunca mais viu Bridget.

"Apresentei as duas, e Bridget foi educada, mas dava para ver que ficou abalada. E aí ela foi embora. Acho que, contanto que ela não conhecesse a pessoa, seria mais seguro para nós e para nossa ilusão de 'dualidade', de que havia apenas nós contra todo o resto."

Dave mergulhou mais fundo nas drogas e estava muito envolvido com a própria vida e os próprios problemas para acompanhar Bridget de perto. Às vezes um amigo em comum informava o que ela estava fazendo. Ele soube que estava morando em um motel na avenida Aurora com alguém chamado Ray. Antes que Dave percebesse, quase dois anos tinham se passado sem que a visse. Ele estava com outra pessoa, escrevendo canções e trabalhando por um salário-mínimo.

Embora Bridget tivesse dito a Dave que não era bem-vinda na casa dos pais, não era bem assim. Ela morou na casa de Bellevue em que crescera durante três meses no fim de 1981.

Bridget estava determinada a se formar no ensino médio, por isso tinha ido para o supletivo em Renton. Lá, conheceu o homem chamado Ray. Eles formavam um casal estranho; ela era muito mais alta do que Ray, um homem muito baixinho, cujo pai era uma espécie de empresário de restaurantes e boates. Estava grávida, de novo, e ia ter o bebê entre o Natal e o Ano-Novo.

Ela e a mãe conversaram sobre o que deveria fazer. Os Meehans não gostavam nem um pouco de Ray. Ele tinha dado um soco em Bridget enquanto ela estava grávida e tinha quebrado suas costelas. O casal discutia sempre, se separava e voltava a ficar junto. O pai dele era um homem bom, mas Ray era mimado, infiel e usuário de drogas. Mesmo assim, Bridget disse que não queria dar o bebê para adoção. Mas não conseguia pensar num plano para ficar com ele e sustentá-lo.

"O que você vai *fazer* com um bebê?", perguntou a mãe, suplicante. "Como você vai conseguir cuidar dele?"

Aos 17 anos, Bridget não havia mudado muito desde os dias em que escondia gatos no quarto. "Mas eu quero muito", respondia ela.

Dennis, que foi para casa no feriado de Natal da faculdade, se lembrou da irmã na época. Seria uma de suas últimas lembranças. Durante a maior parte da gravidez, ela mal apareceu, mas estava perto do parto em dezembro e estava "muito grávida e desajeitada". Sempre fora tão esguia, forte e ágil que parecia estranho vê-la daquele jeito. Ele concordava com os pais e os irmãos que ela não tinha condições de tentar criar um recém-nascido. Não era possível contar com Ray.

No fim, Bridget fez a escolha certa para o bebê, a escolha altruísta. Sabia que não conseguia cuidar de si mesma, quanto mais de um bebê. Decidiu que o daria para adoção.

No dia de Natal, Bridget, a mãe e o irmão, Dennis, foram ao hospital Providence. A família estava junto quando ela deu à luz um menino, a quem chamou de Steven. Dennis tirou fotos de Steven, e eles memorizaram seu rosto. Todos adoraram o bebê, mas não tinham outra escolha.

O pai de Ray pagou a conta do hospital em Providence. Por seus próprios motivos, Bridget decidiu contar às amigas que o bebê tinha morrido logo depois do parto. Na véspera de Ano-Novo, Dave recebeu um telefonema e reconheceu a voz de Bridget no mesmo instante, embora tenha ouvido apenas um lamento de gelar os ossos que se tornou um grito agudo ou talvez uma risada histérica. E, então, ela desligou.

Ele sempre acreditou que a ligação tinha sido um pedido de socorro depois que o bebê "morreu", mas ele não sabia onde ela estava nem como encontrá-la. Bridget agora estava a pelo menos dois intermediários de distância, e ele tinha ouvido falar que ela e o homem com quem morava estavam usando drogas mais pesadas.

Na verdade, Bridget não usou drogas durante a gravidez, e é possível que nunca mais tenha usado. Mas se sentiu muito vazia depois que Steven foi dado para adoção e disse que voltaria a morar com Ray, apesar de todas as discussões que tivera com a mãe. Em uma inversão incomum de posturas, foi Bridget quem disse que "precisava de um homem na sua vida", e a mãe, envolvida na nova filosofia do Movimento de Libertação das Mulheres, argumentou que Bridget era inteligente e forte e não precisava se contentar com nenhum homem que aparecesse. Ela não precisava de Ray nem de mais ninguém. Tinha conseguido o diploma do ensino médio e poderia ir para a faculdade e ser quem quisesse.

Porém Bridget hesitou, embora tivesse ficado na casa dos pais até o fim de janeiro de 1982, e eles esperavam que ela permanecesse por lá até que conseguisse se erguer de verdade. De um jeito trágico, ela voltou a morar com Ray no início de fevereiro, e continuaram com o estilo de vida migratório — de motel em motel.

Todos sentiam saudade do bebê, embora soubessem que tinham tomado a decisão certa. Dennis Meehan estava lendo um jornal de Seattle dez dias depois que Steven nasceu e se deparou com um artigo sobre uma família adotiva que havia acolhido dezenas de crianças, adotando até mesmo crianças com deficiências. A mãe segurava um bebê no colo, e ele reconheceu Steven, que parecia feliz, saudável e seguro.

Dennis chamou a mãe e lhe mostrou o artigo, dizendo: "Olha, Steven está encaminhado — ele está bem!".

Bridget engravidou de novo depois de um mês ou um mês e meio. Mais uma vez, o bebê era de Ray; e, mais uma vez, estava levando um estilo de vida em que não podia cuidar de um filho. Mesmo assim, ligava para casa com frequência.

Bridget e Ray se mudaram para Chehalis, Washington — 132 quilômetros ao sul de Seattle —, para morar com um amigo de Ray, que não tinha nenhum meio de sustento.

Em maio de 1982, Mary Bridget Meehan completou 18 anos. Era juridicamente adulta, mas ainda estava perdida, por mais que houvesse muitas mãos estendidas para tentar resgatá-la, e carregava dentro de si outra vida que precisaria de amor e cuidado. Ela foi a uma clínica em Chehalis para fazer um teste de gravidez em 8 de junho de 1982. De acordo com o médico, o bebê devia nascer em 27 de novembro. Ela nunca mais voltou à clínica, embora tenha procurado um abrigo para mulheres agredidas, onde reclamou que Ray tinha voltado a bater nela.

O casal se mudou de novo para Seattle, e o pai de Ray, que era dono de uma boate, sempre pagava pela hospedagem dos dois. Mais uma vez, Bridget estava grávida, e o pai de Ray se preocupava com ela. Bridget e Ray ficaram em um motel na rodovia, depois no Economy Inn e, por fim, no Western Six. De certa forma, era a mesma Mary Bridget da infância. Ela contrabandeou três gatos e um cachorro para o quarto, na esperança de que o gerente não descobrisse.

E então, em setembro, ela havia desaparecido. Ray não admitiu para o detetive Jerry Alexander, do Porto de Seattle, que Bridget estava trabalhando como prostituta, mas Alexander encontrou outras pessoas que lhe confirmaram isso. Às vezes, ela levava o cachorro consigo, caminhando pela rodovia perto do Larry's Market, o supermercado gourmet. No dia em que desapareceu, Bridget tinha levado o cachorro de volta para o quarto do motel que dividia com Ray e saído de novo. Ray disse que estava trabalhando no carro velho que pertencia a Bridget e que estava com a cabeça enfiada no compartimento do motor quando ela lhe gritou "Tchau".

Para onde ela foi depois de se afastar do motel Western Six, ninguém sabia. Quando Ray informou o desaparecimento de Bridget, até ficou confuso com os meses de gravidez; achava que eram sete ou oito meses. Os detetives da força-tarefa duvidaram de muitas das suas respostas. Depois descobriram, com pessoas que conheciam o casal, que ele sempre tentava persuadir os amigos a "fazerem uma garota trabalhar na rua para eles também".

"Bridget parecia muito doce e muito inteligente para ser convencida a fazer isso", disse um homem a Jerry Alexander, "mas não posso dizer com certeza."

O irmão Dennis tinha dificuldade para acreditar que ela estaria envolvida com prostituição naquele ponto da gravidez, mas conseguia imaginá-la aceitando carona de um estranho. Ela gostava de se fazer de durona, mas ainda tinha uma confiança básica na bondade das pessoas.

Era de si mesma que não gostava.

Aqueles que amavam Bridget procuraram por ela, mas não encontraram ninguém que a tivesse visto depois daquele último dia: 15 de setembro de 1982. Nem a força-tarefa. Ray se mudou do motel, deixando os gatos de Bridget para trás. O Controle de Animais pegou os bichinhos. Ray jogou fora os desenhos e os pertences de Bridget e parou de ligar para os pais dela. E encontrou outra namorada.

Quando Dave, a antiga alma gêmea de Bridget, tinha 40 anos, teve um sonho com ela, um bem intenso. No sonho, ele e Alison, com quem vivia há anos, estavam morando em uma casinha de fazenda em algum lugar, e Bridget e um cara que parecia "normal" foram visitar a fazenda e levaram um filho de 9 anos e um cachorro.

"Foi uma visita muito agradável, e depois eles tiveram que ir embora. Eu os acompanhei pela estrada comprida, mas alguma coisa deu errado entre mim e o amigo dela, e começamos a gritar um com o outro. No fim do sonho, ela tirou a criança de lá, e ficamos só eu e ele. Então, ia voltar para dentro de casa e pegar uma arma — muito estranho, porque nunca tive arma. Fiquei muito angustiado quando o sonho acabou."

Desperto, teve a impressão inabalável de que a mulher do sonho realmente era Bridget e que estava sendo visitado pela parte dela que ainda estava viva. A aparência dela era como seria depois de vinte anos.

"Eu me peguei pensando que realmente precisava ligar e perguntar como ela estava... mas depois me lembrei."

Dave ainda sentia a presença de Bridget e se perguntava como aproveitar isso. Ele ligou o computador e digitou "Bridget Meehan Green River" no mecanismo de busca.

Obviamente, vários artigos apareceram. Ele nunca soube o momento exato em que Bridget desapareceu ou quando morreu — se, de fato, ela havia morrido. Ele olhou distraidamente para a data e percebeu que, naquela manhã, fazia *exatamente* vinte anos desde que Bridget tinha saído da vida dele para um esquecimento sombrio.

"Fiquei com muito medo. Sabia que queria falar com alguém sobre Bridget. Acho que nunca vou superar isso."

Mulheres assustadas__
e po_lici_ais __frustra_dos

A reação do público do condado de King a um número ainda desconhecido de "prostitutas" assassinadas refletiu pontos de vista que variavam de desaprovação e desgosto a simpatia e tristeza. Editoriais críticos e rígidos apareceram em vários jornais de pequenas cidades no extremo sul do condado. Em essência, os redatores culpavam as vítimas por estar na rua e correr riscos tão tolos. Além disso, acusavam os legisladores de serem negligentes no controle da prostituição. Curiosamente, ninguém culpava os *johns* que eram clientes das moças de saias curtas, salto alto e, agora que o tempo estava esfriando, casacos de pele de coelho. Parecia mais politicamente correto condenar as garotas mortas.

Eu morava em Des Moines, uma cidadezinha onde as vítimas estavam desaparecendo e sendo encontradas, e passei por muitas mulheres jovens que estavam nas linhas de neblina ao longo da rodovia Pacific. "Linha de neblina" é um termo literal; no fim de setembro no Noroeste, há uma grande necessidade de faixas refletivas ao longo da estrada, porque o asfalto preto e úmido desaparece na neblina espessa que cai depois do pôr do sol.

Algumas vezes ao longo dos anos, parei e tentei falar com as garotas muito novas, tentando alertá-las do perigo que rondava a Strip. Algumas garotas fizeram um gesto afirmativo com a cabeça e disseram:

"Nós sabemos, mas estamos sendo cuidadosas. Usamos o sistema de camaradagem e anotamos as placas dos carros". Outras disseram que não ligavam, que só amadoras idiotas eram pegas. Uma ou duas me encararam com frieza, como se dissessem "Cuide da sua vida".

Conheci várias prostitutas na vida. Conheci dezenas quando era estagiária em Hillcrest. Havia garotas muito lindas, assim como garotas tristes e feias. Alguns anos depois daquele verão que passei "no reformatório", encontrei uma das minhas garotas de Hillcrest na rodoviária de Portland. Ela me abraçou como se fizéssemos parte de uma irmandade e me disse que tinha voltado para "a vida". Irene continuava linda e me garantiu que estava se dando bem e ganhando muito dinheiro. Tinha um "namorado" mais velho que a instalara em um apartamento.

Outra ex-aluna de Hillcrest era residente na prisão da cidade de Seattle na minha época de policial, e gritou meu nome enquanto eu registrava outro detento. Janice me perguntou quanto estava ganhando e respondi "Quatrocentos por mês". Ela sorriu e disse: "Você podia ganhar mais de quatrocentos por semana se fizesse o que eu faço".

"Mas você está na prisão", comentei, "e estou livre."

Ela deu de ombros e me lançou um largo sorriso.

Não era só uma questão de ser livre, e nós duas sabíamos disso. Todas elas estavam passando por uma época ruim, por mais que protestassem. Acho que o mais triste foi a garota que tive que prender porque uma policial sênior a viu entrando em um hotel com um marinheiro e me ordenou que a seguisse. Eu não queria, porque não parecia justo; por que devemos prender apenas a garota, e o cara não? A jovem mancava muito e estava grávida de vários meses. Quando chegamos ao quarto e o gerente enfiou a chave na fechadura, o ato sexual, qualquer que fosse, tinha acabado. A "mulher escarlate" estava sentada na cama, comendo um hambúrguer. Ela se vendera porque estava com fome. Mas tinha infringido a lei e, enquanto as lágrimas escorriam pelo seu rosto, a levei para ser presa.

Nunca me esqueci dela.

No extremo oposto do espectro, havia uma mulher de quase 30 anos que usava o nome de "Jolly K.". Jolly K. havia superado uma década ou mais de prostituição para estabelecer um grupo de apoio nacional para pais que espancavam os filhos. A mulher atraente com cabelos ruivos e aparência impecável tinha se tornado muito respeitada quando a entrevistei para um artigo de revista nos anos 1970.

"Você nunca teve medo de ficar sozinha com homens que não conhecia?", perguntei, depois que ela explicou que encontrava os *johns* em bares de hotéis.

Ela balançou a cabeça: "Não, dava para perceber se era seguro sair com eles depois de conversar por cinco minutos, mais ou menos. Só fui espancada duas vezes...".

Só duas vezes.

Os detetives de Dick Kraske expandiram seus esforços e cobriram cada vez mais terreno à medida que acompanhavam as pistas e os depoimentos das testemunhas. Todas as garotas desaparecidas tinham parentes, amigos e companheiros e, mesmo que falar com eles não levasse a lugar nenhum, sempre havia a chance de que isso pudesse acontecer.

Dick Kraske observou que havia um lado positivo na investigação, por mais frustrante que fosse. A polícia e as pessoas envolvidas em prostituição não são inimigas naturais, mas se veem com preocupação. "Normalmente, nosso pessoal está nas ruas tentando prender essas pessoas", comentou Kraske. "As mulheres têm seu próprio sistema de comunicação, e é daí que vem boa parte das nossas informações. Temos recebido mais ajuda — um pouco mais — das prostitutas do que dos cafetões. Algumas são muito confiáveis e estão muito preocupadas.

"Elas conversam umas com as outras. 'Aquele cara é pervertido. Aquele é estranho. Vi uma arma no porta-luvas do carro do cara. Fica longe dele.' Elas conhecem e reconhecem os esquisitos."

Agora as prostitutas estavam ficando com medo, e, por mais diversificados que fossem seus objetivos mútuos, as mulheres assustadas e os policiais frustrados cooperavam uns com os outros.

Havia *muitos* malucos nas ruas. Algumas das primeiras teorias especulavam que podia ser significativo que o Aeroporto Internacional de SeaTac estivesse bem no meio da "zona de matança". O assassino poderia ser alguém que entrava e saía de Seattle? Talvez um empresário — ou até mesmo um piloto. Explorando essa premissa, Kraske disse que a força-tarefa havia emitido boletins pedindo informações sobre prostitutas que podiam ter sido assassinadas perto de outros aeroportos de grande porte do país. Se um passageiro frequente estava matando garotas em Seattle, não faria sentido que estivesse fazendo a mesma coisa perto de outros aeroportos?

Era uma boa ideia, mas Kraske disse: "Não recebemos nenhum retorno. Portanto, ainda deduzimos que deve ser alguém do nosso estado". Oficialmente, só existiam seis vítimas até então.

Quando setembro se transformou em outubro, houve um declínio evidente no número de jovens andando pela rodovia Pacific. Muitas estavam com medo, ainda mais quando a rede de contatos delas dizia que havia mais garotas desaparecidas do que a polícia divulgava. Não era só o Green River, que parecia distante da SeaTac Strip para muitas das garotas; Giselle Lovvorn tinha sido encontrada morta a um quarteirão da Strip.

E então, conhecidas de mais duas adolescentes perceberam que havia muito tempo que não viam essas garotas em seus pontos habituais. Uma delas era Terry Rene Milligan, de 16 anos, 1,70 metro e 56 quilos. Estava morando com o namorado em um motel na Pacific perto da rua 144 Sul. Ele informou o sumiço dela e desapareceu em seguida, antes que os detetives pudessem lhe fazer perguntas. O gerente do motel onde Terry morava disse que na última vez que a viu ela estava discutindo com outra garota, supostamente por causa de um cafetão, mas a testemunha não conseguiu descrever o homem nem a outra garota. Quatro das mulheres mortas e desaparecidas eram brancas, e quatro, incluindo Terry, eram negras.

Terry não devia estar na estrada; tinha muito a seu favor. Tinha sido uma aluna brilhante e sonhava em ir para Yale e estudar ciência da computação. Também era ativa na igreja, mas quando engravidou ainda no ensino médio seus sonhos se desgovernaram. Adorava o filho, mas largou a escola e nunca mais voltou.

Pierce Brooks tinha listado as características que deduziu sobre assassinos em série para incitar a polícia de todos os Estados Unidos a reconhecer o perigo. Uma de suas descobertas foi que os assassinos em série matavam de um jeito intrarracial — isto é, brancos matavam brancos, e negros matavam negros. Não havia assassinos em série asiáticos ou indianos suficientes para reunir estatísticas. O estranho era que o Assassino de Green River não parecia ter nenhuma preferência pela raça das vítimas. Ninguém sabia ainda de que raça era, mas as vítimas preferidas até agora eram mulheres jovens e vulneráveis que encontrava na estrada. Não tinha invadido casas para estuprar ou assassinar mulheres na região de SeaTac.

Contudo, foi mais ativo nos assassinatos em um curto período do que qualquer assassino no Noroeste até então, incluindo Bundy. Os investigadores descobriram que outra garota havia desaparecido um dia antes de Terry Milligan. Kase Ann Lee, que era branca, estava desaparecida. Também tinha 16 anos, mas a única foto disponível dava a impressão de que tinha 35. Kase tinha morado no mesmo motel que Terry Milligan, mas isso podia ser apenas uma conexão frágil. Certos hotéis e motéis perto do aeroporto eram lares temporários para muitas jovens prostitutas.

O marido de Kase disse à polícia que ela havia saído do apartamento de 300 dólares por mês que eles dividiam na esquina da rua 30 Sul com a 208 Sul. Os endereços de Terry e Kase ficavam bem no círculo onde o Assassino de Green River rondava.

Kase Lee era uma gracinha, embora os olhos parecessem velhos e cansados na fotografia que a força-tarefa tinha. Tinha cabelo louro-avermelhado, olhos azuis e pesava só 47 quilos. Mesmo sendo tão indefesa, alguém a estava maltratando. Membros de seu círculo amplo de amigos disseram aos detetives que ela apresentava cortes e hematomas no rosto, como se tivesse levado uma surra violenta. Ela não havia contado a ninguém quem lhe fazia aquilo.

Duas semanas antes, a polícia havia sido chamada ao motel onde ela morava por causa de uma briga, que não envolvia Kase e que alarmou muitos residentes, porque a maioria deles evitava o contato direto com as autoridades sempre que possível. Os detetives da força-tarefa conseguiram todas as informações possíveis no primeiro contato, sabendo que a maioria das testemunhas já teria se mudado quando eles voltassem. Estavam certos; desconhecidos ocupavam os quartos do motel quando eles voltaram.

O marido de Kase e o namorado de Terry logo foram eliminados como suspeitos viáveis. Podia ter sido *qualquer pessoa* que as adolescentes conheceram ao longo da SeaTac, um espectro sem rosto que as matou e, depois, desapareceu na névoa.

Como Mary Bridget Meehan, Terry Milligan e Kase Lee não tinham sido encontradas, não entraram na lista oficial como vítimas do Green River. Sempre havia a chance de estarem vivas e bem em outra cidade.

As famílias esperavam que isso fosse verdade.

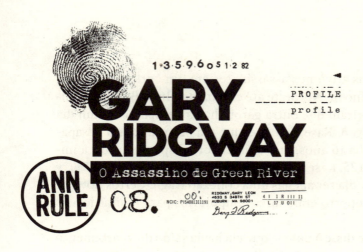

Os primeiros suspeitos

O número oficial de vítimas do Green River continuava a ser seis, enquanto os investigadores Dave Reichert e Bob LaMoria procuravam testemunhas ou suspeitos. No entanto, um suspeito se plantou com firmeza no foco da atenção deles. Longe de evitar os detetives, um motorista de táxi desempregado chamado Melvyn Wayne Foster estava ansioso para a mídia saber que ele era o centro da investigação do Green River. Foster, 43 anos, tinha um rosto suave, com a testa alta, e usava óculos com armação de metal. Parecia mais um contador ou um escriturário dos anos 1930 do que um taxista. Porém gostava de se apresentar como um cara durão que não tinha medo de brigar.

E conhecia a SeaTac Strip muito bem, assim como Dick Kraske conhecia Foster muito bem. "Fui um policial novato no início dos anos 1960", lembra Kraske. "Trabalhava no Departamento de Identificação da antiga prisão e, por ser 'o novato', fui designado para tirar as impressões digitais de todos os novos detentos no registro de ficha policial no Deck C. Mel estava na lista naquele dia, a caminho do Reformatório Estadual em Monroe por roubo de carro."

Kraske tinha se esquecido de tudo relacionado a Mel Foster até 9 de setembro de 1982, quando Foster entrou na Divisão de Investigação Criminal se oferecendo para dar informações sobre algumas das vítimas do Green River.

"Designei Reichert e LaMoria para falar com ele enquanto procurava o nome de Mel nos registros", disse Kraske. "Encontrei seu cartão de impressão digital, feito quando ele tinha 19 anos, e minha assinatura estava ali."

Melvyn Foster parecia consumido pelo interesse nas garotas desaparecidas e assassinadas. Até ofereceu aos detetives suas teorias psicológicas sobre o que o assassino poderia estar pensando. Quando lhe perguntaram onde tinha conseguido a experiência como psicólogo, respondeu que "tinha feito alguns cursos na prisão".

Os registros de Foster na prisão indicavam que seu teste de inteligência tinha sido acima da média enquanto estava encarcerado, mas, com certeza, não era um psicólogo formado. Ainda assim, alegou ter ajudado outras autoridades como um "agente de inteligência não remunerado". Deu a Dave Reichert e Bob LaMoria o nome de dois taxistas que *ele* considerava serem prováveis suspeitos.

Os jovens detetives ficaram interessados em Foster, embora o rosto deles não revelasse o que estavam pensando. Qualquer detetive astuto sabe que assassinos muitas vezes gostam de fazer parte da investigação dos assassinatos que cometeram, da mesma forma que incendiários são atraídos pela multidão que se reúne nos incêndios que eles mesmos iniciaram.

Em sua visão cuidadosa de semelhanças nas características dos assassinos em série, Pierce Brooks já havia notado que muitos deles tendem a ser *"groupies* da polícia", e essa suposição foi validada ao longo dos anos: Wayne Williams, o assassino de crianças em Atlanta; os Estranguladores de Hillside em Los Angeles em 1978 — Kenneth Bianchi e seu primo adotivo Angelo Buono —, que mataram prostitutas e colegiais para alimentar suas fantasias sádicas; Edmund Kemper em San Jose, que assassinou os avós, a mãe, o melhor amigo *e* colegas de turma; e Ted Bundy; todos gostavam dos joguinhos que faziam com a polícia, talvez tanto quanto gostavam dos joguinhos de matar. Alguns chegaram a se candidatar a empregos na aplicação da lei. Pelo visto, duelar com detetives era um jeito de aumentar o orgulho por matar e escapar impune.

Os assassinos em série, depois de presos, muitas vezes se correspondem uns com os outros, comparando o número de vítimas do sofrimento humano e competindo em um campeonato pavoroso. Será que Melvyn Foster estava buscando um lugar na hierarquia dos assassinatos em série?

Ele não tinha esperança de se tornar detetive, só na própria mente. Tinha duas condenações relacionadas a roubo de automóveis e tinha cumprido quase nove anos de prisão. No entanto, parecia não nutrir uma animosidade contra a polícia e brilhava de orgulho ao dizer que tinha se apresentado para ajudar a força-tarefa com seu conhecimento. Disse que tinha quase certeza de ter conhecido cinco vítimas.

"Como foi que isso aconteceu?", perguntaram os detetives.

"Gosto de andar com o pessoal nas ruas", respondeu. "Eles ficam lá sozinhos, sem ninguém para ajudar."

Foster se retratava como uma espécie de assistente social não oficial que ajudava fugitivos e adolescentes em apuros. Ele riu quando disse a repórteres mais tarde que tinha conhecido prostitutas porque "fazia pausas para o café no restaurante errado".

O interesse de Melvyn Foster pelas jovens que tinham ido para a rodovia não era totalmente altruísta. Ele admitiu que também recebia favores sexuais de algumas das garotas "como forma de acertar as contas" quando não podiam pagar pelas corridas de táxi, mas ressaltou que era só uma influência positiva na vida delas.

Sem nenhuma surpresa, Foster se encaixava com perfeição nos parâmetros do tipo de assassino que a força-tarefa estava procurando. Reichert, que era dez anos mais novo que Foster, não era tão esperto quanto o experiente vigarista e tendia a vê-lo como o principal suspeito, e não um homem que queria ter notoriedade.

Reichert e Bob LaMoria interrogaram Foster durante muito tempo, e ele, de fato, pareceu cada vez mais interessante. Primeiro, mencionou conhecer algumas vítimas, depois negou, dizendo que deviam ter entendido mal. Quando se submeteu ao teste de polígrafo em 20 de setembro de 1982, foi reprovado. Agora hesitava, dizendo que *talvez* as conhecesse, mas que às vezes tinha problemas para juntar nomes e rostos.

Os dois taxistas cujos nomes Foster tinha dado aos detetives também fizeram testes no detector de mentiras. Eles passaram. Foster recuou, tentando explicar por que suas respostas pareciam enganosas: "Acredito que eu tenho um problema nervoso que me faz ser reprovado nos testes do detector de mentiras".

Depois da decepção de quando os namorados de Debra Bonner e Giselle Lovvorn foram inocentados, parecia que os investigadores poderiam ter encontrado o homem certo. Foster parecia se encaixar. Ele conhecia a SeaTac Strip, conhecia pelo menos algumas vítimas, foi reprovado no polígrafo e estava um pouco fascinado demais com a investigação — todos os indicadores que mantiveram nele os olhos dos detetives da força-tarefa.

No início do outono, a força-tarefa tinha apenas um outro suspeito viável: John Norris Hanks, 35 anos, condenado pelo assassinato da irmã mais velha da primeira esposa, com dezesseis facadas. Mas isso era só o começo. Tinha cumprido pena na penitenciária de Soledad e agora estava preso na Califórnia sob a acusação de agressão. Detetives de San Francisco disseram que ele era o principal suspeito em seis assassinatos não resolvidos de meados dos anos 1970 — todas as mulheres tinham sido estranguladas.

Hanks, técnico de informática, assumiu a dianteira como suspeito na investigação do Green River quando foi preso em East Palo Alto pelo mandado que o acusava de agredir a esposa em Seattle. Estavam casados havia menos de um mês quando, em 9 de setembro, ela o denunciou à polícia de Seattle. Ele a havia amarrado pelos tornozelos e sufocado até deixá-la inconsciente no apartamento onde os dois moravam no centro de Seattle.

Era inteligente e tinha sido um detento perfeito, mas alguma coisa em Hanks odiava as mulheres, e ele havia atacado parentes e desconhecidas. "Onde quer que ele esteja", comentou um inspetor de polícia de San Francisco, "parece que as mulheres acabam sendo mortas."

E John Norris Hanks tinha estado em Seattle no início de julho de 1982 — mais ou menos na época em que as primeiras vítimas do Green River desapareceram. Em 8 de julho, ele alugou um carro no aeroporto de SeaTac e deixou na conta da empresa para a qual trabalhava. Nunca o devolveu; o Camaro prata de 1982 foi encontrado abandonado no estacionamento do aeroporto em 23 de setembro.

Os detetives do condado de King não podiam ignorar um suspeito que parecia ter fetiche por estrangular mulheres e estava na área do aeroporto de SeaTac na época das descobertas dos corpos do Green River. Eles viajaram para San Francisco para interrogá-lo, mas Hanks parecia ter um álibi convincente — pelo menos para os assassinatos na área de Seattle. As pessoas o tinham visto em San Francisco durante o período vital. Aos poucos, deixou de ser um suspeito viável no estado de Washington. Ele foi condenado a quatro anos de prisão por agressão à noiva.

Restava Melvyn Foster em primeiro lugar, embora não parecesse perceber que isso podia ser perigoso para ele mesmo. Ainda confiante, Foster deu aos detetives da força-tarefa permissão verbal para revistar sua casa em Lacey, Washington, onde morava com o pai. A casinha com paredes feitas de telhas de madeira ficava a oitenta quilômetros ao sul da Sea-Tac Strip. Tinha vários galpões e anexos. Todos os cômodos eram repletos de móveis, ferramentas ou "coisas" diferentes, pertences de um velho que havia morado ali durante muitos anos, além de todos os pertences de Melvyn Foster.

Foi um dia muito longo para os exploradores que procuravam alguma coisa que pudesse ligar Foster às garotas assassinadas. Talvez tenha sido um dia ainda mais longo para o homem que chamou a atenção deles para si mesmo. Melvyn Foster ficou irritado enquanto as horas passavam e observava os detetives e policiais vasculhando a casa do pai. Parecia que esperava que fossem dar uma olhada superficial e ir embora.

Foster foi a público em 5 de outubro de 1982 para anunciar que era suspeito. Ele convidou repórteres para ver os delegados e detetives do xerife que o vigiavam. "Tudo que encontraram foram algumas revistas masculinas que recebi *sem solicitar* pelo correio e um sutiã que uma das minhas ex-esposas deixou no armário", disse aos repórteres depois, com uma pontada de indignação na voz. Aquilo não o tornava um assassino.

Falando quase todos os dias com repórteres televisivos, era garantido que Foster tivesse espaço no noticiário noturno. Mas agora dava motivos pelos quais não podia ser o Assassino de Green River. Ele destacou que seu carro não estava funcionando em meados de julho e que não era forte o suficiente para estrangular uma jovem que estivesse lutando, muito menos para pegar o corpo e jogá-lo na margem do rio; estava mancando desde março por causa de uma cartilagem rompida no joelho.

Com os repórteres anotando as palavras, Foster ficou ainda mais tagarela e confiante. Explicou que sofria de um tipo raro de "tique nervoso autônomo" que sempre aparecia nos testes do detector de mentiras, mesmo quando dizia a verdade.

Foster disse que não tinha sorte no amor. Havia se casado e se divorciado cinco vezes, mas disse que não tinha desistido de encontrar o amor. Tinha 30 anos quando se casou pela primeira vez, mas o casamento durou apenas 121 dias porque a noiva "simplesmente não suportava a vida doméstica e se levantou e desapareceu em silêncio". Ele se casou no ano seguinte, e esse casamento durou o suficiente para eles terem dois filhos. Quatro anos depois, se divorciou da segunda esposa quando ela teve depressão clínica e foi internada em um hospital psiquiátrico. Depois de voltar a morar com Melvyn e os filhos, ela morreu de overdose de lítio.

"Tivemos uma coisa muito especial durante sete anos", comentou. "Sinto saudade dela todos os dias."

A terceira esposa era para esquecer o relacionamento antigo, e o casamento durou menos de seis meses. O divórcio ocorreu quando ela deu um tapa no filho de 2 anos. "Esse terminou na hora", disse, com firmeza.

A quarta união foi ainda mais curta: apenas um mês e meio, outro caso para esquecer o relacionamento antigo. Foster já tinha levado os filhos para a Califórnia e disse que tinha licença de paramédico. Conheceu a quinta esposa em Anaheim, e ela já estava grávida.

A última esposa se divorciou porque alegou que ele machucou de propósito a bebê de cinco semanas. Foster explicou o que aconteceu. A bebê tinha parado de respirar de repente, e "sendo paramédico treinado, a peguei para ressuscitá-la. Quando a peguei, usei mais força do que deveria na mão direita, e isso causou seis fraturas alinhadas na caixa torácica da bebê".

Foster disse que o pediatra na audiência de guarda testemunhou a seu favor, mas a criança foi tirada dele e da esposa. (O médico, ao ser contatado, discordou, dizendo: "Ela foi levada por causa de uns ferimentos que não deveriam ter acontecido com um bebê tão novinho. Os ferimentos nunca foram explicados, e a situação na casa não era boa".)

Entre essa perda e o trabalho de Foster como taxista e amigo de pessoas de rua em Seattle, o último casamento também desmoronou. O divórcio foi finalizado em junho de 1982, mas, nessa época, ele já estava noivo de Kelly, uma fugitiva de 17 anos de Port Angeles, Washington.

Os amigos taxistas admitiram que Foster gostava de garotas jovens e disseram que as garotas o usavam. "Elas o chamavam de 'Tiozinho Rico'", disse um homem, "e ele comprava comida ou roupas para elas ou fazia massagens em suas costas." Kelly, agora sua ex-noiva, explicou que terminou com Foster que ficara obcecado por uma garota de 14 anos. "Ele idolatrava o chão que ela pisava."

Foster admitiu que seu desejo sexual finalmente superou suas reservas com Kelly, mas jurou que não havia tocado em nenhuma outra adolescente. E negou que algum dia pudesse bater ou machucar uma mulher, embora não recuasse em brigas com homens. "Durante muitos anos, só machuquei homens ao defender os desamparados ou a mim mesmo quando não tinha nenhuma alternativa razoável e, com o agressor no chão, eu encerrava o incidente me afastando; não tenho o ímpeto de cometer assassinatos."

Encerrando a entrevista coletiva de um jeito positivo, Melvyn Foster disse que estava se correspondendo com uma bela garçonete de 23 anos na Virgínia Ocidental que queria se mudar para o estado de Washington para se casar com ele se os dois conseguissem juntar dinheiro para a viagem e para ter um lugar para si. "Se a gente pega uma daquelas filhas de famílias de mineiros de carvão, consegue alguém que vai enfrentar tudo com a gente, então acho que vou arriscar", disse com um meio sorriso.

Apesar da evidente satisfação por ser interessante para os jornais, os esforços de Melvyn Foster para se juntar à investigação geraram muito mais atenção do que ele esperava, e não foi uma atenção positiva. Seria seguro acreditar que estava arrependido de ter se apresentado para "ajudar".

Ele reclamou para as câmeras que os membros da força-tarefa tinham feito uma "bagunça" terrível quando vasculharam sua casa. "Foi interessante assistir a isso na tv", lembrou Dick Kraske, "porque instruí os peritos criminais e todos os demais a deixarem as coisas em ordem antes de saírem da casa. Nós até lavamos todas as xícaras de café que tínhamos espanado — com resultados negativos — e as penduramos de volta na prateleira da cozinha".

Por mais que afirmasse estar furioso, Melvyn Foster parecia estar sempre por perto, era uma sombra da investigação do Green River, como se não conseguisse se afastar. Os detetives do Green River o colocaram sob vigilância por pelo menos três semanas, monitorando todos os seus movimentos 24 horas por dia.

Os policiais que o monitoraram perceberam que ele se encontrava com outra figura proeminente na investigação quase todas as noites no restaurante Ebb Tide em Kent, a poucos metros do Green River, para compartilhar confidências e coquetéis.

Barbara Kubik-Patten era uma dona de casa de meia-idade, mãe e autodenominada detetive particular/médium. Tinha se infiltrado na investigação antes mesmo de Foster. No domingo de agosto quando os investigadores retiraram três corpos do Green River, Dick Kraske ergueu os olhos e viu dois detetives de Kent se aproximando de uma mulher. A mulher, Kubik-Patten, tinha ouvido falar do resgate dos corpos de algum jeito. Ela persuadiu os investigadores de Kent a levá-la até o rio.

Convencida de que teve visões de assassinatos que se tornaram realidade, continuou a insistir que podia ser de vital importância para a Força-Tarefa Green River. Kubik-Patten não teria sido muito memorável se não fosse o fato de que ela e Foster passavam muito tempo juntos, e continuava aparecendo na SeaTac Strip e nas margens do Green River.

Embora não fosse conhecida nos círculos mediúnicos na área de Seattle, Kubik-Patten insistia que "via" e "ouvia" coisas que pessoas comuns não viam nem ouviam. Disse a Dave Reichert que tinha certeza de ter pegado Opal Mills em algum momento do verão, quando a adolescente estava pedindo carona.

Mais tarde, em 14 de julho, alguma coisa atraiu Kubik-Patten ao Green River. Ela disse que tinha visto um carro pequeno de cor clara lá e ouvido gritos. O nome "Opal" ou "Opel" tinha vibrado várias vezes na cabeça dela. Algumas vezes, disse Kubik-Patten, havia perseguido o carro misterioso e, às vezes, só se lembrava de que ele tinha ficado estacionado perto do rio e depois fugia, distanciando-se de modo que não conseguia alcançá-lo. Agora acreditava piamente que estava presente quando Opal Mills foi assassinada.

É raro um detetive que dá muito crédito a visões mediúnicas. Todo o treinamento os ensina a buscar o que pode ser comprovado e apresentado no tribunal, alguma coisa que possa ser vista, sentida, tocada ou até cheirada. Os médiuns tendem a "ver" pontos de referência como "montanhas", "árvores" e "água", e o estado de Washington é repleto de todos os três.

A precognição de Barbara Kubik-Patten parecia precisa, mas seu *timing* era questionável. Ela estava só "se lembrando" de alguma coisa que agora era de conhecimento comum depois de uma ação da mídia nos casos do Green River? Ou de fato tinha estado no local onde os corpos de Opal Mills, Cynthia Hinds e Marcia Chapman tinham sido encontrados?

Kubik-Patten ligava para Dave Reichert e para a detetive Fae Brooks de tempos em tempos com novos insights e previsões, tornando-se uma pedra no sapato e impedindo-os de trabalhar. Ela ficou muito frustrada quando sentiu que não a estavam levando a sério, e, na verdade, não estavam mesmo. Tornou-se uma presença estressada e intrusiva quando precisavam de cada minuto que tinham para seguir pistas reais e possíveis testemunhas. Pior, ela provavelmente estava contaminando as lembranças de possíveis testemunhas ao se plantar na Strip e começar a brincar de detetive.

Kubik-Patten estava muito interessada em resolver o assassinato de Opal, sentindo que tinha uma conexão mediúnica com a garota. Ela visitava sempre a casa de Mills e conversava sempre com Robert Mills. Garrett Mills se lembrava das visitas dela.

"Ela costumava gravar Melvyn, tentando fazer com que dissesse algo que o incriminasse. Depois, trazia as fitas aqui e tocava para o meu pai. Havia umas coisas horríveis nessas fitas, e, às vezes, acho que se esquecia de que as estava tocando para o pai de uma vítima. Por fim, meu pai ficou bravo e a expulsou."

Kubik-Patten disse aos detetives que soube que Opal tinha passado umas noites no Economy Inn na esquina da rua 192 Sul com a avenida 28 Sul, um motel a uma curta distância do parque Angle Lake, onde Opal tinha feito sua última ligação — a cobrar — para a mãe em 12 de agosto.

Quando seguiram essa pista, os investigadores descobriram que Opal nunca tinha se registrado lá, embora Cynthia "Cookie" Hinds tivesse. Opal talvez passasse a noite com ela ali de vez em quando.

Assim como Melvyn Foster, Kubik-Patten parecia desejar atenção e tinha uma percepção excepcional de quando os repórteres iam visitar um local. Sempre que alguma coisa levava a mídia às margens do Green River, ela estava lá — observando e procurando — e não se importava de abordar e interromper a cobertura.

Como Foster e Kubik-Patten se conheceram é um mistério, mas eles logo juntaram forças, formando um casal curioso que estava se encontrando não para um romance, mas para discutir como poderiam resolver os assassinatos do Green River.

Kubik-Patten ficou conhecida pela mídia e fez sucesso com isso. Certo dia, no outono de 1982, a pedido do redator-editor de uma revista nacional, eu estava na margem do Green River, perto de onde o corpo de Wendy Coffield fora encontrado. Barbara Kubik-Patten parecia ter levitado dos juncos grossos ao longo da margem. Ela contou ao redator sobre seu espantoso conhecimento que vinha de outro nível de consciência e ficou decepcionada quando ele não lhe pediu que posasse para o fotógrafo que nos acompanhava.

Algum tempo depois, Barbara ligou e me convidou para me juntar a ela e Foster no Ebb Tide e compartilhar uma bebida, curiosamente me garantindo: "Melvyn não vai te machucar enquanto eu estiver lá". Hesitei.

Tanto se Foster estivesse sondando Kubik-Patten para obter informações, quanto se *ela* sentisse que o estava interrogando enquanto bebiam, os dois eram um casal constante no salão enfumaçado perto dos locais de desova dos primeiros corpos.

Mas no fim do outono de 1982 Foster já tinha recebido atenção policial demais. Anunciou que não queria mais se envolver nos casos do Green River. Ele chamou os repórteres para fazer mais declarações.

"Sinto que não tenho nada a esconder porque não fiz nada", disse com raiva. "Acho que eles estão reagindo a uma pressão substancial relacionada ao custo da [minha] vigilância. Não houve nenhum assassinato relacionado à confusão do Green River nos últimos dois meses e meio, então por que eles querem fazer uma segunda busca na minha casa, nos anexos e no terreno da propriedade? Não consigo entender."

Depois que as equipes de vigilância informaram que Melvyn Foster estava passando muito tempo perto do Green River, os detetives *resolveram* realizar um exame mais amplo da casa e da propriedade do pai dele. Com um mandado de busca, removeram vários outros itens, incluindo cartas da ex-esposa de Foster e da nova namorada na Virgínia Ocidental, além de algumas fotos nuas de duas jovens de Seattle, mas nenhuma correspondia às vítimas conhecidas do Green River.

"Um taxista me mandou isso pelo correio na semana passada", reclamou Foster. "Estava tentando me incriminar."

O calendário na parede da sala de Melvyn Foster mostrava os dias de julho em que tinha levado o carro para o conserto, e os detetives também o levaram, além de algumas amostras de cabelo. Voluntários e cães da organização Explorer Search and Rescue vasculharam a casa e a propriedade dos Fosters em uma área bem ampla. Não encontraram nada que parecesse ter valor probatório e não encontraram nenhum corpo.

Ainda assim, Foster parecia hesitante em desistir do status de suspeito e do prestígio que acompanhava esse status, já que dissera aos repórteres que não tinha conhecimento dos assassinatos nem do assassino. "Eu gostaria de pegar o homem que fez [isso]", acrescentou, com veemência.

Ele deu a entender que estava pensando em contratar um advogado, porque seus direitos civis tinham sido violados ao ser vigiado o tempo todo. Disse aos repórteres que tinha preparado um protesto de seis páginas que enviaria ao FBI.

Conforme o Dia de Ação de Graças se aproximava, com os dois principais suspeitos desaparecendo, havia apenas dois detetives designados para trabalhar em tempo integral no aspecto Foster do caso do Green River. Seis policiais uniformizados trabalhavam em equipes 24 horas por dia, acompanhando as idas e vindas de Melvyn Foster. Mas Dick Kraske admitiu: "Não podemos vigiá-lo pelo resto da vida".

Oficialmente, a visibilidade de Melvyn Foster na investigação do Green River diminuiu até ele virar uma notícia ultrapassada, mas Barbara Kubik-Patten ainda estava convencida de que tinha o poder de encontrar o Assassino de Green River.

Dave Reichert, no entanto, não conseguia abandonar Foster como suspeito — havia muitas coincidências. Ele passava o tempo de folga verificando o que Foster estava fazendo e, muitas vezes, fazia uma longa viagem até Olympia, o que enfurecia o taxista agora desempregado. Foster escolheu Reichert como o detetive que mais odiava.

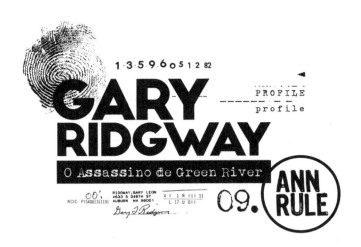

Temos um assassino em série

Melvyn Foster estava certo em se concentrar em Dave Reichert como inimigo. Embora tivesse estado na Unidade de Crimes Graves por menos de dois anos em 1982, o jovem detetive estava determinado a pegar o Assassino de Green River. Reichert rastreou Foster, muitas vezes no tempo em que poderia estar com a esposa e os três filhos pequenos. Em 1982, todos tinham menos de 10 anos, e a família significava muito para Reichert.

Dave Reichert era o mais velho de sete irmãos. Tinha nascido em Minnesota, embora os pais muito devotos e religiosos tivessem se mudado para Renton, Washington, um ano depois. O avô materno era pastor luterano, e o avô paterno era oficial de justiça. Dois de seus irmãos se tornaram policiais estaduais quando cresceram. O jovem detetive estudou na faculdade luterana Concordia em Portland, Oregon, com uma bolsa de estudos por causa do futebol americano. Lá conheceu a esposa, Julie, e tiveram três filhos: Angela, Tabitha e Daniel. Reichert era o técnico de um time de futebol americano do ensino fundamental antes de terem filhos. Ele e a família eram rostos conhecidos na igreja que frequentavam.

Reichert quase perdeu a vida em serviço. Ao atender a um chamado relacionado a um homem escondido em casa, subestimou sua periculosidade. O suspeito cortou a garganta de Reichert com uma faca afiada, errando por pouco a artéria carótida de um lado. Se tivesse cortado um pouco mais fundo, Reichert poderia ter sangrado até morrer.

Dave Reichert amava o trabalho e era cheio de energia aos 31 anos. Acreditava piamente que um dia pegaria o Assassino de Green River. Muitos outros detetives e policiais do departamento do xerife do condado de King também acreditavam nisso.

Não parecia possível que um homem, ou até mesmo dois homens trabalhando juntos, pudesse matar meia dúzia de mulheres e escapar impune por muito tempo. Claro que erros e enganos seriam cometidos, e eles o pegariam.

Conforme diminuíam as chances de conectar Melvyn Foster de maneira absoluta às vítimas, vários suspeitos passaram pela mente dos investigadores naquele outono de 1982.

Kent teve um caso perturbador que começou em 5 de outubro, um desaparecimento que tinha semelhanças e diferenças com as vítimas do Green River. Geri Slough, 20 anos, deixou o apartamento em Kent naquela manhã para ir a uma entrevista de emprego. Junto a outras cinquenta mulheres, respondeu a um anúncio que apareceu em vários jornais do extremo sul procurando uma recepcionista para a empresa chamada Comp Tec. Geri circulou o anúncio que listava um número de telefone e um endereço.

Ela estava indo em direção ao endereço na avenida 30 Sul para encontrar o proprietário da empresa: "Carl Johnson". Ele parecia ser um bom homem ao telefone e a encorajou em relação às chances de ser contratada.

Mas Geri Slough nunca voltou para o apartamento e não ligou para os amigos para contar como tinha sido a entrevista. Seu carro apareceu no dia seguinte no estacionamento Park-and-Ride, a um quarteirão do extremo sul da SeaTac Strip, em Des Moines. Sua bolsa e algumas de suas roupas ensanguentadas foram encontradas no condado de South Pierce — quase na divisa do condado de Thurston. Esse local ficava a cerca de sessenta quilômetros de onde seu carro tinha sido abandonado, mas em uma linha quase reta pela rodovia Pacific.

Três dias depois, em 14 de outubro, um pescador encontrou o corpo de Geri Slough flutuando no lago Alder. Tinha levado um tiro na cabeça. Geri Slough não tinha nenhuma conexão com a prostituição, e o modo de seu assassinato foi diferente do das vítimas estranguladas do Green River, mas a idade e o local do desaparecimento eram compatíveis.

Os detetives de Kent rastrearam o endereço no anúncio de "Contrata-se" e encontraram o corretor de imóveis que havia alugado o escritório para o proprietário da Comp Tec. Carl Johnson *tinha* alugado o minúsculo escritório, mas o telefone que usou ficava em uma cabine telefônica ali perto. No escritório, os investigadores descobriram que uma grande parte do tapete estava saturada de sangue seco. O laboratório criminal testou e descobriu que era do tipo A. Geri Slough tinha sangue tipo A.

Isso foi tudo que conseguiram provar na época. A identificação por DNA ainda não existia, e o tipo A é um dos sangues mais comuns.

Mas o homem que alegava ser "Carl Johnson" chamou a atenção da polícia em outra jurisdição antes mesmo de o corpo de Geri Slough aparecer. Na verdade, ele era Charles Raymond Schickler, de 39 anos. Poucos dias depois do desaparecimento de Geri Slough, foi preso pelos policiais do condado de Kitsap por envolvimento em roubo de carro e invasão.

O carro, um Grand Prix de 1979, estava sendo verificado por policiais da Patrulha Estadual de Washington depois que ele pareceu saber muito sobre o desaparecimento de Geri Slough.

Pelo visto, tudo tinha sido uma trama elaborada para atrair mulheres jovens até Schickler. Não existia nenhuma Comp Tec. Embora Schickler não tivesse histórico de violência, tinha sido preso por fraude postal. Doze anos antes, usou outro pseudônimo para colocar um anúncio em uma revista de colecionadores de moedas para vender moedas raras. De acordo com os registros do tribunal, coletou 6 mil dólares, mas não entregou nenhuma moeda.

Charles Schickler sofria de transtorno bipolar havia muito tempo, passando de planos entusiasmados para uma depressão desoladora. Certa vez, quando estava na fase maníaca da doença, alugou um espaço enorme e instalou catorze telefones para uma empresa que só existia na sua cabeça.

Mas Schickler, ex-paciente com transtorno mental, não respondeu a perguntas sobre Geri Slough nem sobre outros assuntos. Usando um lençol, enforcou-se na cela da prisão do condado, sem nunca explicar o que aconteceu depois que Geri Slough chegou ao seu "escritório".

O assassinato de Geri Slough e os assassinatos do Green River foram manchetes nos jornais do oeste de Washington durante algumas semanas, e depois o caso Slough desapareceu.

Mas as manchetes sobre o Green River continuaram.

Sempre que um assassinato permanece sem solução depois de 48 horas da sua descoberta, as possibilidades de que ele *será* resolvido diminuem em proporção direta com o tempo que passou. Agora, o termo *assassinato em série* estava sendo usado para se referir ao Assassino de Green River, quem quer que ele fosse.

Com a imprensa implorando por mais detalhes, Dick Kraske lhes deu algo — uma informação que já era boato nas ruas. Ele disse em público que todas as seis vítimas conhecidas do "rio" tinham morrido por "asfixia", embora não tenha dito se foi por estrangulamento ou sufocação, e recusou mais perguntas sendo um pouco inescrutável: "Existem diferentes maneiras de estrangular pessoas", explicou.

Quantas vítimas existiam, na verdade? Não havia como saber. Se o desaparecimento das garotas não fosse informado, ninguém saberia que deveria procurá-las. E quase todas as garotas que trabalhavam nas ruas tinham vários nomes. Elas tinham um nome verdadeiro e, às vezes, mais de um sobrenome verdadeiro, porque muitas tinham vindo de lares desfeitos com uma série de padrastos, por isso tinham nomes de rua mais exóticos.

Em retrospecto, havia muito mais mulheres desaparecidas do que se sabia. Apesar dos motivos pelos quais elas optaram por não *morar* em casa, muitas prostitutas mantinham contato próximo com as mães ou irmãs, telefonando pelo menos uma vez por semana para aplacar o medo dos parentes e como uma espécie de colete salva-vidas para elas. Mas outras voavam livres, longe de casa e da família.

Com as festas de fim de ano se aproximando, algumas famílias percebiam que uma filha não tinha voltado para casa nem telefonado. Os detetives se perguntaram se o assassino estava curtindo o Dia de Ação de Graças e o Natal com amigos ou parentes, sentando-se para comer peru e abrindo presentes com um sorriso perspicaz que escondia o que estava por trás de sua máscara. *Será* que era um homem de negócios rico ou um piloto de avião que vivia longe das ruas escuras e empoçadas da rodovia Pacific? Será que era até, como dizia o boato predominante entre o público leigo, um policial?

Ouvi esse boato umas cem vezes. O assassino era um policial desonesto, alguém que as mulheres conheciam — e confiavam nele ou o temiam.

_Traçando o perfil do___ assassino

Junto aos colegas agentes especiais do FBI, Robert Ressler e Roy Hazelwood, designados para a Unidade de Ciências Comportamentais, John Douglas foi um dos primeiros a concordar com Pierce Brooks que havia, de fato, uma categoria de assassinos que se encaixava em um padrão serial. Alguém que fazia vítimas uma após a outra, sucessivamente. Tinha que haver uma diferenciação entre assassinos em massa, assassinos impulsivos e assassinos em série. O início dos anos 1980 reuniu a saga do Assassino de Green River e os especialistas em psicologia forense que entendiam o funcionamento interno de personalidades aberrantes e destrutivas.

A Unidade de Ciências Comportamentais tinha recebido elogios pela capacidade que seus agentes tinham de formular perfis de assassinos. Eles não eram mais abençoados com habilidades psicológicas do que a maioria dos detetives em atividade, mas tiveram a oportunidade de interrogar uma grande quantidade de assassinos, avaliar suas respostas, compará-las com verdades conhecidas e estudar o fingimento dos entrevistados. A partir daí, conectaram os pontos psicológicos.

Seus perfis eram mais úteis nos casos em que as agências policiais dos Estados Unidos precisavam de uma segunda opinião. Caso estivessem avaliando a probabilidade de um suspeito ser culpado entre dois ou mais, traçar os perfis costumava funcionar. Os agentes da Unidade de Ciências Comportamentais podiam dizer: "Achamos que é *este*". Era mais difícil descrever supostos assassinos do zero; testes com respostas de múltipla escolha são mais fáceis do que testes com respostas abertas. E o Assassino de Green River ainda era uma suposição.

Nos primeiros seis meses da Força-Tarefa Green River, houve vários suspeitos: Melvyn Foster, Max Tackley, John Norris Hanks e, talvez até, Charles Schickler. John Douglas agora usava sua experiência e as informações que lhe foram fornecidas pelos investigadores da Força-Tarefa Green River para traçar um perfil.

Douglas começou com sua opinião sobre a vitimologia das seis mulheres mortas conhecidas. Deduziu que todas eram prostitutas ou "pessoas de rua". A idade e a raça não pareciam importar para o assassino. De acordo com a experiência de Douglas, até as pessoas de rua mais astutas podem cair em truques ou ser enganadas.

Ele sentia que a crença do público leigo de que o assassino era um policial ou alguém se fazendo passar por policial podia ser certeira. Douglas disse que essa era uma estratégia comum usada para tranquilizar ou intimidar vítimas em potencial. Um distintivo falso ou um uniforme falso poderia ajudar alguém a atingir o objetivo principal — controlar as garotas que estavam na rua, cujo estilo de vida as torna vulneráveis. Chamando-as de "vítimas da oportunidade", disse que eram fáceis de abordar; muitas vezes elas iniciavam a conversa com potenciais *johns*.

O psicólogo criminal do FBI percebeu que um homem era responsável pela morte de todas as vítimas; um homem que não estava preocupado em ser descoberto nos locais dos sequestros ou do descarte dos corpos.

"A análise da cena do crime", continuou Douglas, "reflete que o agressor se sente à vontade na cena do crime."

Douglas acreditava que o assassino não sentia remorso pelos crimes e que devia achar que as garotas mereciam morrer. "Ele provavelmente até sente que está prestando um serviço à humanidade."

"A cena do crime reflete ainda que o agressor, nesse ponto da investigação, não está buscando poder, reconhecimento nem publicidade. Não está exibindo as vítimas depois de matá-las. Não quer que as vítimas sejam encontradas e, se uma hora forem encontradas, tem as faculdades mentais para compreender que será mais difícil desenvolver itens de valor probatório... já que desova as vítimas em um corpo de água."

Logo depois veio uma descrição mais detalhada de um homem sem nome e sem rosto — *por enquanto*. Parecia a John Douglas que o homem que agora eles chamavam de "AGR" havia trabalhado, vivido, caçado ou pescado perto da região do Green River. Como a maioria dos assassinos em série, ele teria muita mobilidade, embora fosse mais provável que escolhesse um veículo conservador com pelo menos três anos de idade. Talvez fosse uma van malcuidada ou um carro de quatro portas.

"O agressor tem, com toda probabilidade, um histórico criminal ou psicológico", escreveu Douglas. "Vem de um ambiente familiar que incluía debate conjugal [*sic*] entre a mãe e o pai. Com toda probabilidade, foi criado por uma mãe solteira. A mãe tentou cumprir o papel dos dois pais infligindo severas dores físicas e mentais [a ele]. Ela sempre importunava o filho, ainda mais quando ele se rebelava contra todas as figuras de autoridade. Ele tinha dificuldades na escola, o que deve tê-lo levado a desistir no primeiro ou no último ano. Tem uma inteligência mediana ou um pouco acima da média."

O assassino devia se sentir atraído por mulheres, mas se sentia "queimado" pois ou o rejeitaram ou mentiram para ele. "Ele acredita que tenha sido enganado muitas vezes. No seu jeito de pensar, as mulheres não são boas e não são confiáveis. Sente que as mulheres se prostituem por qualquer motivo e, quando vê mulheres se prostituindo 'abertamente', seu sangue ferve."

John Douglas acreditava que o assassino tinha sido atraído para a SeaTac Strip e sua prostituição aberta porque havia passado por um fracasso recente em um relacionamento significativo com uma mulher. Pode até ser que tenha sido abandonado por causa de outro homem.

"Ele procura prostitutas porque não é o tipo de pessoa que consegue paquerar mulheres em um bar. Não tem nenhuma 'cantada' interessante, pois é tímido e tem sentimentos pessoais muito fortes em relação a suas inadequações. Fazer sexo com essas vítimas pode ser o objetivo inicial do suspeito, mas, quando a conversa muda para 'brincar por dinheiro', isso provoca flashbacks na lembrança dele com outras mulheres. Essas lembranças não são agradáveis. A franqueza das prostitutas é muito ameaçadora para ele. Elas demonstram muito poder e controle sobre ele."

O psicólogo criminal do FBI achava que o Assassino de Green River se sentia "mentalmente à vontade" para matar prostitutas por causa desses sentimentos.

E como ele era em termos de aparência e estilo de vida? Douglas ponderou sobre isso. "O agressor deve estar em uma forma física mais ou menos boa. Não é muito magro nem gordo. É um cara que gosta de ficar ao ar livre. Deve ter uma ocupação que exija mais força do que habilidade, ou seja, operário, serviço de manutenção."

Ele duvidava que o AGR se importasse em se molhar ou se sujar, porque estava acostumado a isso por causa do trabalho e/ou dos hobbies ao ar livre. "Não deve ser muito meticuloso, arrumado e/ou obsessivo-compulsivo no estilo de vida diário. Ele bebe cerveja e deve fumar. Desde os homicídios, tem feito as duas coisas com mais frequência."

Era uma descrição precisa, sim, mas era possível entrar em qualquer boteco e bar de topless ao longo da Strip e encontrar vários homens que se encaixavam nesses parâmetros. Dezenas de homens pescavam ao longo do Green River. Centenas de homens locais caçavam, bebiam cerveja, fumavam, achavam que as mulheres os haviam maltratado e dirigiam carros velhos e sujos. Por onde a força-tarefa começaria?

Douglas suspeitava que o assassino era caucasiano, com idade entre os vinte e os trinta e poucos anos, mas alertou contra a eliminação de sujeitos mais velhos porque não há como "esgotar" quando se trata desses assassinos. "Ele não vai parar de matar até ser pego ou sair da região."

Avaliando o que os psicólogos criminais aprenderam com outros assassinos em série, Douglas opinou que o suspeito não ficaria ocioso. "Ele é noturno e andarilho. Ele se sente à vontade à noite. Quando o estresse no trabalho ou em casa aumenta, ele percorre a região onde as prostitutas estão disponíveis."

Havia poucas dúvidas de que o AGR tinha revisitado o rio e outras áreas onde havia deixado o corpo das vítimas, e parecia provável que ainda estivesse em contato com prostitutas, provavelmente falando com elas sobre os assassinatos.

"Ele tem acompanhado os relatos dos jornais sobre esses homicídios e recortou alguns para a posteridade e para futuras fantasias e enfeites. Se itens pertencentes às vítimas tiverem sumido [ou seja, joias], ele vai dá-los à mulher importante ligada a ele — namorada, esposa, mãe."

Embora o Assassino de Green River tivesse operado em sua "área de conforto", Douglas sentia que agora ele estava tendo dificuldade para dormir e passando por períodos de ansiedade, examinando as notícias dos jornais para saber se os investigadores eram minuciosos. "Ele teme ser detectado."

Para aliviar esse medo, o AGR podia recorrer ao álcool ou à religião.

Na experiência da Unidade de Ciências Comportamentais, a cobertura da mídia pode ter um efeito profundo sobre um assassino desconhecido. Se a imprensa enfatizasse que o caso estava encerrado e nada estava acontecendo, o assassino podia sentir que estava "livre" e ser capaz de lidar muito bem com as lembranças de seus crimes.

Douglas sugeriu maneiras possíveis de a mídia ajudar a revelar o Assassino de Green River. Caso mencionassem como avanços na ciência forense e novas técnicas estavam ajudando a rastreá-lo, ele poderia muito bem se intrometer na investigação na esperança de despistar os detetives.

Uma sugestão um tanto pavorosa do psicólogo criminal era que a mídia fornecesse a localização dos cemitérios onde as vítimas estavam enterradas. Em uma noite quando o Assassino de Green River não conseguisse encontrar uma nova vítima, ele poderia profanar os túmulos.

Outro estratagema que, às vezes, funcionava era criar uma "imagem de superpolicial". A mídia podia glorificar um detetive como o investigador supremo designado para o caso. Esse homem podia dar aos repórteres de TV e jornais falas zombeteiras sobre o "demônio" assassino enquanto pintava as vítimas como angelicais. Isso tinha funcionado no passado para tirar um assassino das sombras e dialogar com o homem principal.

Havia outra possibilidade oposta a se considerar. Um psicólogo ou um repórter adorado podia dar declarações de que o assassino era a *verdadeira* vítima, não as mulheres das ruas. Teria que haver um meio para o assassino entrar em contato com essa pessoa simpática que ele sentia que o compreenderia.

O que funcionava com um assassino múltiplo não era necessariamente eficaz com outro. Mas havia uma chance de que um dos esquemas funcionasse. O homem que a força-tarefa queria encontrar podia correr o risco de ser identificado e preso ou podia estar se orgulhando do sucesso em enganar os detetives que ainda não tinham conseguido pegá-lo.

Quando — e se — os investigadores tivessem causa provável suficiente para cumprir outro mandado de busca, John Douglas sugeriu que tivessem um cuidado especial para pegar álbuns de fotos, pornografia e quaisquer diários pessoais que encontrassem. Alguns assassinos cobriam as paredes com recortes de jornal sobre os assassinatos que tinham cometido ou guardavam lembranças macabras e fotografias, roupas, joias e até mechas de cabelo. Essas coisas seriam ouro puro em um julgamento por assassinato.

Ao longo da história, aceitar o conselho do FBI costuma ser difícil para os detetives locais e estaduais, mas a comunicação ficou muito melhor com a morte de J. Edgar Hoover. Os agentes especiais não eram mais encorajados a se destacarem da multidão, e a troca de informações — antes unilateral, com poucas oferecidas pelo "Bureau" — estava fluindo mais livremente.

Mesmo assim, ainda havia alguma inimizade. Policiais astutos e antiquados, com longa experiência em sair andando e buscar informações, ainda criavam seus próprios perfis, aprimorados por seus instintos certeiros. Mas o FBI e a Força-Tarefa Green River estavam envolvidos em uma guerra com uma desconhecida máquina de matar. Qualquer coisa que ajudasse a detê-lo e prendê-lo era mais importante do que os egos de cada um.

Com a sabedoria que vem com a retrospectiva, o primeiro perfil de Douglas provou ser muito preciso em algumas áreas e totalmente errado em outras.

Havia, de fato, mais prostitutas desaparecidas no condado de King do que qualquer um tinha percebido. Embora seus nomes ainda não tivessem aparecido em uma lista oficial de "desaparecidos", alguma coisa muito assustadora estava acontecendo.

Debra Lorraine Estes desapareceu em 20 de setembro de 1982. Tinha acabado de completar 15 anos. Na última vez que a família a viu, seu cabelo escuro estava ao estilo *Jheri curl*, um permanente com cachos longos e soltos que ficam pendurados na parte de trás da cabeça, e usava pouca maquiagem. Debra tinha fugido de casa muitas vezes, e a mãe, Carol, se preocupava muito com ela enquanto o pai saía para procurá-la. Era uma criança selvagem, impossível de controlar. Uma parente, que às vezes deixava Debra ficar em sua casa alguns dias quando estava chateada com os pais, tentou explicar. "A vida era um jogo para Debra."

Embora os pais não soubessem, Debra tinha conseguido uma receita de pílulas anticoncepcionais na Planned Parenthood quando tinha apenas 10 anos. Ela sempre acrescentava quatro anos à própria idade, e não havia nenhuma lei que exigisse que os pais fossem notificados quando adolescentes pediam conselhos sobre controle de natalidade.

A última vez que os pais de Debra a denunciaram como fugitiva foi em julho de 1982. Eles nunca tinham certeza de onde ela estava ou com quem estava, embora não fosse por falta de tentativa da parte deles. Em julho daquele ano, ela havia voltado para casa com uma amiga alguns anos mais velha, Rebecca "Becky" Marrero. Debra perguntou se Becky podia morar com os Estes por um tempo, porém Carol Estes teve que negar, aquilo não era possível. Isso irritou Debra, e as duas garotas foram embora.

Becky encontrou um apartamento no conjunto habitacional Rainier Vista, e Debra foi morar com ela. Por meio de Becky, Debra conheceu vários homens na casa dos 20 anos. Alguns eram ainda mais velhos, incluindo seu namorado no verão e no outono de 1982. Na verdade, "namorado" era um eufemismo. Sammy White* era cafetão. Ele e Debra se hospedaram na maioria dos motéis familiares ao longo da rodovia expressa Pac: Moonrise, Ben Carol, Western Six e Lin Villa, no extremo sul de Seattle. Ninguém sabe se Sammy estava ciente de que ela só tinha 15 anos.

Os Estes tiveram três filhos, mas perderam um deles, Luther, em um acidente de automóvel. E agora Debra estava desaparecida. A outra filha do casal, Virginia, se preocupava como eles.

Por mais que Debra fosse nova, já havia sido fichada pelo menos duas vezes na prisão do condado de King, e suas fotos de registros policiais davam a impressão de serem duas pessoas diferentes. A mais recente mostrava uma garota de cabelo louro dourado, usando uma maquiagem pesada nos olhos e um batom vermelho vibrante. Até a mãe teria dificuldade para reconhecê-la. Loura ou morena, Debra era muito bonita e muito miúda, mas sua jovem vida era atribulada.

Ela procurou o subxerife do condado de King em setembro de 1982, contando que estava pegando carona na rodovia quando um homem em uma picape branca abriu a porta e concordou em levá-la ao shopping SeaTac Mall na rua 320 Sul. Em vez disso, ele dirigiu até uma estrada deserta, obrigou-a a fazer sexo oral e depois a estuprou. Todo o seu dinheiro foi roubado. Mas quando Debra Estes relatou a agressão sexual, usou seu nome de rua: Betty Lorraine Jones. Ela relatou aos detetives Spence Nelson e Larry Gross que o estuprador tinha cerca de 45 anos, 1,72 metro de altura, cabelos castanhos ralos e um bigodinho.

Quando os dois detetives localizaram testemunhas que tinham visto a picape entrando e saindo da área florestal que Debra descreveu perto da avenida 32 Sul e da rua 349 Sul, ela concordou em apresentar queixa. Era mais ou menos 20 de setembro quando Larry Gross a pegou no motel

Stevenson na rodovia Federal Way e a levou à delegacia de polícia para ver fotos de registros policiais de suspeitos. Spence Nelson a levou de volta ao motel. Nenhum dos detetives conhecia Debra pelo nome verdadeiro. Ela era "Betty Jones" no caso pendente, uma testemunha que de repente havia se libertado deles.

Sammy White estava no motel quando ela voltou. Os dois eram um casal, mas na configuração de sempre, em que Debra ganhava dinheiro em troca de "proteção". Naquela noite, ela se vestiu para ir trabalhar. White se lembrava dela usando uma calça escura, um suéter cinza-escuro ou preto com decote em V entrelaçado com fios de ouro ou prata brilhantes e uma calcinha fio-dental rosa-escura. Falou que esperava ganhar o suficiente para pagar por um lugar maior com uma quitinete, para ela poder preparar o jantar dos dois.

O cabelo de Debra estava recém-tingido de preto e usava brincos, que ele não conseguiu descrever. Quando Debra não voltou, Sammy esperou no motel Stevenson por dois ou três dias e depois se mudou. A proprietária limpou o quarto, colocou as roupas de Debra em um saco plástico de lixo e as levou para um depósito até que ela pudesse ir buscá-las.

Conforme os meses passavam sem nenhuma notícia de Debra, seu pai vagava pelas ruas sórdidas perto do aeroporto. Tom Estes até tentou se infiltrar no mundo que lhe arrancara a filha, desesperado para encontrar alguém que pudesse tê-la visto. Ele alternava entre zangado com a polícia e desesperado, com medo de nunca mais voltar a vê-la.

Fae Brooks e Dave Reichert entraram em contato com mais de cem pessoas que conheciam Debra Lorraine Estes/Betty Lorraine Jones. Descobriram que ela estava exagerando, passando dias e noites em algumas das áreas com mais crimes de Seattle, parecendo ter 18 ou 20 anos quando, na realidade, tinha apenas 15. Eles conseguiram listar alguns nomes de possíveis testemunhas, mas com muita frequência os dois detetives eram enganados por pessoas que não queriam contato com a polícia.

Sammy White era o mais evasivo. Não parava em lugar nenhum. Foi finalmente localizado quando estava morando com a irmã. Assim como a maioria dos cafetões que interrogaram, Sammy fez uma cara de santo ao se gabar de ter conseguido tirar Debra da ritalina (também conhecida como *speed* ou cristal). "Eu lhe avisei que ficar nas ruas era perigoso", disse.

A grande pergunta era: será que Debra Estes estava mesmo desaparecida? Ou tinha decidido se mudar para a Califórnia ou algum outro lugar? Era jovem e inconstante; se, como dizia sua tia, ela enxergava a vida como um grande jogo, novas aventuras poderiam ter parecido empolgantes. Mesmo assim, Debra tinha as iniciais de Sammy White tatuadas em um lugar bem aparente. Devia gostar muito dele para fazer aquela marca permanente. Será que ela o teria deixado sem se despedir?

Fae Brooks às vezes sentia que Debra ainda estava na região, principalmente quando chegavam novas informações sobre seu paradeiro. Alguém se registrou no Western Six Motel com o nome dela em 2 de dezembro de 1982. Pelo visto, ela estava com a amiga Rebecca Marrero naquela época.

Linda Rule desapareceu seis dias depois de Debra Estes. Mas ela morava no extremo norte de Seattle, perto do Northgate Shopping Mall, a mais de cinquenta quilômetros de onde Debra tinha sido vista pela última vez.

Linda Jane tinha 16 anos quando a família praticamente se desintegrou. O pai, Robert, e a mãe, que também se chamava Linda, se divorciaram, e Linda passou a viver nas ruas. A irmã mais nova, Colleen, que idolatrava Linda, ficou com a mãe. As garotas não se pareciam em nada; Colleen era alta e forte, com bochechas rosadas — como o pai. Linda era uma garota miúda e frágil parecida com a mãe, só que era um pouco mais alta e tingia o cabelo de um louro muito claro.

Em algum momento entre as 14h e as 16h de domingo, 26 de setembro, Linda deixou o quarto que dividia com o namorado em um pequeno motel de tijolos na avenida Aurora. Usava calça jeans listrada e uma jaqueta de náilon preta. Caminhou para o norte, em direção ao Kmart, onde planejava comprar roupas. O nome de rua de Linda era "Ziggy", em homenagem aos papéis de cigarro usados para fazer baseados, algo que nunca pareceu se encaixar nela; Linda era mais suave e feminina do que isso.

O namorado de Linda não ficou muito chateado quando ela não voltou para casa naquela noite. "Achei que tinha sido presa", disse a Bob Holter, detetive de polícia de Seattle. "Era dia, e ela não estaria 'trabalhando' na Aurora à tarde."

Linda tinha um histórico lamentavelmente familiar. Tinha abandonado o colégio e era usuária moderada de drogas — maconha e ritalina —, mas estava feliz no dia em que deixou o motel. Ela e o namorado Bobby, de 24 anos, planejavam se casar, e ela esperava que os dois pudessem ter uma vida tranquila e "normal".

Bobby procurou Linda em todos os lugares que imaginou que pudesse estar. Não estava na prisão — não tinha sido presa por prostituição nem por outro motivo —, e nenhum de seus amigos a tinha visto. Ele manteve anotações cuidadosas na busca por ela e fez uma notificação de pessoa desaparecida.

Denise Darcel Bush, 23 anos, era de Portland e às vezes viajava para Seattle para trabalhar durante algumas semanas. Portland fica a 290 quilômetros ao sul de Seattle, a menos de três horas de carro. Jovens prostitutas estavam um pouco assustadas no Oregon, mas achavam que o assassino só estava atacando em Seattle.

Em Portland, as garotas das ruas chamavam sua área de trabalho de "The Camp". Elas trabalhavam no centro da cidade entre as ruas 3 e 4 a leste e oeste, e nas ruas Taylor e Yamhill a norte e a sul. Agora que os vagabundos ocupavam grande parte da rua Burnside, a maioria das mulheres alugava apartamentos em motéis por semana na Broadway.

"Tudo que elas tinham no próprio nome", lembrou uma ex-prostituta, "era um maço de cigarros, a chave do motel e alguns trocados. Os cafetões as esperavam no Lotus Bar e ficavam com a maior parte do dinheiro. *Eles* tinham cachos Jheri, roupas da Adidas e casacos de couro de verdade. Muitas garotas queriam ir para Seattle porque ouviam dizer que ganhariam mais dinheiro lá.

"Eu era mais velha, por isso costumava trabalhar nos saguões de hotéis. Quando uma garota desaparecia por um tempo, não prestava atenção — porque eu imaginava que tinha ido para Seattle ou para o Alasca. Engraçado como achávamos que elas tinham continuado a vida quando, na realidade, estavam desaparecidas ou mortas..."

Denise Darcel Bush *tinha* ido para Seattle no outono de 1982. Tinha um "namorado", mas estava sozinha na última vez que alguém a viu, em 8 de outubro. Estava atravessando a estrada na esquina da rodovia Pacific Sul com a rua 144 Sul, uma esquina que estava provando ser o epicentro do número crescente de casos. Como tantas outras garotas que estavam desaparecendo, Denise foi embora no meio da vida. Estava indo resolver alguma coisa e, depois, ia a uma loja de conveniência para comprar cigarros. No passado, Denise tinha sofrido crises epilépticas, mas eram controladas com medicamentos. Em algum momento, havia passado por um procedimento médico envolvendo o cérebro, e o crânio tinha um pequeno orifício no processo ósseo, mas quase não pensava nisso. Só pessoas próximas a ela sabiam.

Denise foi vista em um lado da estrada, mas nunca conseguiu atravessá-la, ou, se o fez, ninguém que a conhecia voltou a vê-la depois disso.

Muitas mulheres jovens estavam desaparecendo, mas era impossível verificar se tinham partido contra a própria vontade.

Shawnda Leea Summers, 18 anos, desapareceu em 7 ou 8 de outubro no mesmo cruzamento — na mesma noite que Denise ou no dia seguinte. A data era confusa, já que ninguém tinha informado o desaparecimento de Shawnda depois de um mês. Os alarmes ainda não haviam soado porque era muito difícil distinguir as pessoas desaparecidas daquelas que tinham pegado a estrada para procurar uma vida melhor.

Shirley Marie Sherrill também parecia ter evaporado de seus pontos habituais. Tinha 19 anos, era uma garota de aparência adorável com cabelo castanho-claro e olhos castanhos, 1,75 metro de altura e 64 quilos. Shirley às vezes trabalhava no Camp em Portland, Oregon, mas sua cidade natal era Seattle. E foi aí que uma de suas amigas íntimas e colegas de trabalho a viu pouco antes de ela desaparecer em 18 de outubro. Elas almoçaram antes de começar a trabalhar — comida chinesa no Distrito Internacional de Seattle. Mas não eram secretárias nem advogadas, e seu "trabalho" era nas ruas.

"A última vez que vi Shirley", relembrou a amiga, "foi em Chinatown. Ela estava conversando com dois homens em um carro. Estava muito bonita naquele dia, e presumi que sairia com eles, mas logo fui pega. E nunca mais a vi depois disso."

Na noite de Natal de 1982, uma jovem chamada Trina Hunter desapareceu de Portland. O primo de Trina se lembrou de que ela nunca quis estar nas ruas, mas parentes mais velhos a obrigaram a fazer isso. "Eles a mantinham trancada no sótão — um daqueles onde era necessário usar uma escada para sair", disse o primo. "Eles batiam nela e só a deixavam descer de lá para trabalhar. Ela tentou ir à polícia, mas ninguém acreditou nela." A avalanche de perdas humanas estava se acelerando, mas continuava em segredo. As pessoas com as quais as garotas perdidas se associavam não gostavam da polícia nem confiavam nela, por isso relutavam em abordá-la com relatos de pessoas desaparecidas.

De volta ao condado de King, Washington, Becky Marrero, 20 anos e olhos escuros — muito amiga de Debra Estes —, tinha sumido do White Center, um distrito a oeste da SeaTac Strip, e estava desaparecida desde 2 de dezembro. Becky sempre deixava o bebê de 1 ano, Shaunté, com a mãe e às vezes dizia que seria melhor para o bebê se a mãe adotasse Shaunté. No dia em que Becky foi embora, voltou-se para a mãe e disse, de maneira inescrutável: "Vou ficar muito tempo fora e para onde vou não posso levar um bebê".

A mãe achou que a filha estava brincando ou mentindo, e, além disso, Becky não tinha feito as malas, só tinha levado uma bolsa de mão azul com uma calça, uma blusa e maquiagem. Ela pediu 20 dólares ao pai para pagar por um quarto durante uma noite, e recebeu.

Becky Marrero estava planejando pegar um ônibus, seu meio de transporte de sempre. A mãe acreditava que ela havia saído para ganhar algum dinheiro para o Natal, mas nunca mais voltou. A detetive Fae Brooks constatou que Becky tinha se registrado no motel Western Six até 1º de dezembro de 1982. E, é claro, alguém havia assinado o nome de Debra Estes no registro de hóspedes como se estivesse no mesmo quarto que Becky.

Embora houvesse relatos de avistamentos de Becky Marrero depois disso, nenhum deles pôde ser validado.

É possível que o último desaparecimento do estado de Washington em 1982 tenha ocorrido em 28 de dezembro, quando Colleen Renee Brockman desapareceu. Colleen tinha apenas 15 anos, uma garota bem rechonchuda e simples, cujas fotos a mostram usando macacões e camisetas de gola rulê. Em uma dessas fotos, está usando aparelho nos dentes e segurando uma boneca de pelúcia.

Colleen morava com o pai e o irmão perto do lago Washington Ship Canal, no extremo norte de Seattle. Tinha fugido algumas vezes, mas voltava depois de alguns dias. Desta vez, não havia dúvida de que pretendia ir embora. Ninguém sabia ao certo por que havia partido; tinha uma queda por um garoto e talvez quisesse ficar com ele.

Colleen levou um monte de coisas, o suficiente para que o pai desse queixa dela na esperança de que isso pudesse colocá-la sob os holofotes das autoridades policiais com mais rapidez e que ela pudesse obter um aconselhamento exigido pela vara da infância e juventude. Todas as roupas dela foram levadas, todos os presentes de Natal, também o aparelho de som da família e algum dinheiro.

Uma das amigas de Colleen, Bunny, tinha fugido uns anos antes, quando tinha apenas 13 anos. "*Eu* fui abusada", lembrou-se Bunny muito tempo depois. "Eu *tinha* que ir embora. Eu não tinha escolha."

O pai de Colleen sempre achou que Bunny, de alguma forma, havia atraído a filha dele para longe. Não era verdade. Bunny não teve nada a ver com o fato de Colleen Brockman ter saído de casa. Bunny nem estava em contato com Colleen. Mas Bunny se considerava sortuda; nunca precisava andar pelas ruas e sempre encontrava um lugar para ficar. "Deus foi bom comigo", disse com gratidão.

Bunny não via Colleen Brockman havia cerca de três anos quando encontrou a velha amiga por acaso. Colleen tinha dito a outros amigos que se sentia infeliz em casa, mas não tinha entrado em detalhes, ou, se o fez, eles não abriram o jogo com os detetives sobre os motivos de ela ter ido embora. Ela também não contou a Bunny, mas parecia animada por estar sozinha. Bunny percebeu que Colleen estava se prostituindo.

"Eu tinha uns 17 anos na última vez que a vi", disse Bunny. "Ela me contou o que estava fazendo, e fiquei apavorada por ela no mesmo instante. Mas ela parecia muito feliz com a nova vida e disse que a maioria dos caras era muito legal — compravam presentes e a levavam para jantar. Ela era muito ingênua. Acho que pensou que isso significava que a amavam de algum jeito. Disse a ela que não devia fazer isso porque poderia se magoar. Ela admitiu pra mim que um cara a havia estuprado. Ele lhe disse que, se fizesse tudo que ele mandasse, não se machucaria, então obedeceu e, ao final, pode ir embora. Ela disse que não havia nada pior do que aquilo."

Mas, pouco antes do amanhecer do ano novo — 1983 —, parecia que algo muito pior havia acontecido a Colleen Brockman. Apesar do relato de pessoa desaparecida do pai e de sua queixa criminal, ela não foi encontrada de imediato e não voltou para casa.

As outras garotas que trabalhavam na estrada não sentiram falta de Colleen porque não a conheciam muito bem. "Ela não se encaixava", disse uma das frequentadoras da Strip. "O cara com quem estava não era muito... ah, ele não sabia... Eles só estavam testando aquele estilo de vida, e era um sacrifício muito maior do que ela estava preparada para fazer."

O Natal de 1982 foi uma época muito triste e ansiosa para muitas famílias. Algumas sabiam que as filhas estavam mortas; outras não tinham ideia de onde as filhas estavam. Será que estavam sendo mantidas em cativeiro em algum lugar? Será que estavam sendo torturadas? Talvez tivessem sido vendidas como escravas brancas. Em certo sentido, era mais fácil para as famílias que haviam realizado funerais e sabiam onde as filhas, irmãs e primas estavam enterradas. As que esperavam agonizavam, mas, de vez em quando, ainda sentiam um pequeno vislumbre de esperança.

Ainda não havia uma "lista oficial" estendida porque ninguém sabia quantos nomes constariam nela. E a maioria das garotas que tinham escapado com vida no fim de 1982 se considerava sortuda, mas ainda ficavam nervosas de pensar em fazer um boletim de ocorrência.

Penny Bristow* trabalhava em um emprego que pagava um salário-mínimo perto do aeroporto de SeaTac em novembro. Quando encerrou o turno, estava escuro e parecia estar chovendo, e ela teve medo de caminhar até seu apartamento. Estava nos primeiros estágios da gravidez e não se sentia muito bem, na verdade. Podia ter chamado um táxi, mas isso consumiria mais da metade do que ganhou naquele dia. Então ela estendeu o polegar.

Um homem em uma picape parou para pegá-la perto da rua 208 Sul, e ela percebeu que estava sendo encarada de um jeito especulativo, analisando se era uma prostituta. Ela conhecia aquele mundo e estava tentando evitá-lo. Mas, quando lhe foi oferecido 20 dólares em troca de sexo oral, concordou. Precisava do dinheiro. Inutilmente, ela perguntou se ele era o Assassino de Green River, e, claro, a resposta foi negativa. Ele até mostrou a carteira com dinheiro aparecendo e vários documentos de identidade, um deles do emprego.

Ela concordou em ir para uma floresta próxima com ele.

Embora fosse novembro e fizesse frio, ele estava de short, e não de calça. Ela se ajoelhou para fazer o sexo oral, mas ele parecia ser impotente e não ficou ereto. Isso o irritou, e de repente se abaixou e a empurrou para a terra e as folhas com o punho, tentando forçar o rosto dela no chão. Ela se sentiu sufocada e lutou com tudo que tinha, implorando ao mesmo tempo para que a deixasse ir embora. Ela desejou muito ter voltado para casa na chuva, porque agora estava com medo de morrer.

O homem gritava alegando que seu pênis havia sido mordido, o que não era verdade. De alguma forma, ele ficou atrás dela, e ela sentiu o braço dele, muito forte, em volta do pescoço em um mata-leão. Penny continuou lutando e implorando para não ser morta.

Por um instante, ele afrouxou o aperto para, em seguida, fazer uma pressão ainda maior nas artérias do pescoço dela, mas Penny conseguiu se esquivar e se contorcer até se afastar dele. Ela correu mais rápido do que nunca. Ele tentou segui-la, mas o short que estava nos tornozelos o fez tropeçar. Quando conseguiu puxar o short, ela havia corrido até um trailer e estava socando a porta, gritando. Estava histérica e chorando quando as pessoas a deixaram entrar.

Quando Penny, por fim, contou aos detetives do Green River o que tinha acontecido, sua lembrança ainda era muito precisa.

O homem era branco, na casa dos 30 anos, com cabelos castanhos e bigode.

Nada____ de especial nele__

Ele era um menininho estranho que parecia formado pela metade, uma salamandra em um mundo de criaturas mais fortes. Não era que lhe faltassem feições ou membros, mas o rosto era como o de uma marionete pálida e insossa, com olhos fundos e pintados. O cabelo escuro caía sobre a testa e já havia uma leve marca vertical acima do nariz. Era uma criança lenta que demorava muito para guardar a maioria das coisas na memória, e suas lembranças eram cheias de lacunas.

Muitas vezes sentia que não se encaixava na família porque não havia nada de especial nele. Os pais tinham outros filhos e sempre tiveram cachorros e tantos gatos que ele não conseguia se lembrar de todos os nomes. A escola era muito, muito difícil. Não entendia como alguém conseguiria ler quando todas as letras estavam misturadas. Outras crianças da sua turma viam palavras, mas ele não.

Era um daqueles alunos que ficavam sentados no fundo, onde não incomodava as outras crianças, ou na frente, onde o professor podia ficar de olho nele.

Embora não conseguisse se lembrar, o pai às vezes falava de quando ele quase tinha se afogado, ou pelo menos os pais *pensaram* que tinha se afogado, e como todos ficaram assustados e chateados, e como ficaram gratos por encontrá-lo vivo e não afogado. Isso o fez se sentir um pouco melhor — deviam se preocupar com ele de verdade, embora não parecesse. A mãe era muito eficiente e ocupada, e o pai voltava do trabalho, sentava-se na poltrona e assistia à televisão.

O menino fazia xixi na cama, e isso era humilhante. Não era tão ruim quando ele era pequeno porque outras crianças também urinavam na cama. Talvez até os irmãos fizessem isso. Mas ele não conseguiu parar, mesmo depois de sair do ensino fundamental I e entrar no ensino fundamental II.

Depois de um tempo, a mãe ficou irritada e disse que não conseguia entender por que ele lhe dava tanto trabalho. Ela não gritava com ele, mas fazia uma careta tensa e irritada, e demonstrando estar chateada. Ele a ajudava a tirar a roupa de cama e, depois, tinha que se sentar em uma banheira cheia de água fria enquanto ela lavava as pernas, as nádegas e o piu-piu.

Ele também tinha alergias, e o nariz estava sempre escorrendo. Limpava-se na manga, os pais diziam que isso era nojento, mas nem sempre tinha um lenço de papel.

Moravam em casas boas, mas se mudavam com tanta frequência que sempre se sentia instável. Nunca conheceu as outras crianças da turma na escola fundamental católica. Às vezes se divertia brincando, mas sempre se sentia um pouco triste ou talvez com raiva porque parecia que havia muitas coisas erradas com ele. Lembrava-se de que, quando tinha 7 ou 8 anos, sempre se perdia. Isso acontecia ainda mais quando moravam em Utah. Não sabia a razão, mas não conseguia se orientar quando se afastava muito de casa — e tinha problemas para encontrar o caminho de volta.

Uma vez teve uma "dor lateral muito forte" e achou que ia morrer. Não havia ninguém por perto de onde estava, e sua lateral doía tanto que teve que se deitar e descansar por pelo menos duas horas. E, quando finalmente conseguiu voltar para casa, se complicou por chegar tão tarde, e ninguém escutou quando tentou dizer que a barriga doía tanto que não conseguia se mexer.

Sempre pensava que ia morrer de alguma coisa antes dos 21 anos. Tudo que fazia dava errado: os trabalhos escolares, o xixi na cama. Não se encaixava em lugar nenhum, nem mesmo na própria família. Suspeitava que os pais tinham levado a criança errada do hospital para casa, pois não era como os irmãos. Caso não voltasse para casa, imaginava que ninguém sentiria muita falta.

Por volta dessa época, mudaram-se para Pocatello, Idaho, mas as coisas não melhoraram. Ele não era muito grande, e os valentões o atormentavam. Havia um garoto na escola nova chamado Dennis que costumava esperar em um beco depois da aula para lhe bater. Quando voltava para casa com as roupas rasgadas, o nariz sangrando e o rosto arranhado, o pai ficava zangado. Não com Dennis, mas sim com *ele*.

"Se você voltar para casa depois de ter apanhado mais uma vez", avisou o pai, "*eu mesmo* vou te dar uma surra."

Depois, o pai amoleceu um pouco e o ensinou a brigar. Ele mostrou como colocar as mãos para cima, dar socos e diretos, para que não ficasse parado e deixasse Dennis bater nele.

"Joguei Dennis no chão uma vez", disse, "e segurei seus braços, e percebi que meu pai estava olhando e sorrindo." Ele e Dennis saíram chorando, mas o pai parecia satisfeito enquanto voltava para o posto de gasolina a um quarteirão de distância.

Mas, de alguma forma, *ele* ainda estava com raiva. Pensou em coisas que poderia fazer a outras pessoas para machucá-las. Agora sabia brigar. Aprendeu que podia segurar os oponentes no chão e impedi-los de se moverem se colocasse os pés ou os joelhos em seus ombros.

Aí foi reprovado na escola e teve que repetir o ano. Isso o deixou tão furioso que quebrou muitas janelas da escola a pedradas.

Cada vez mais, fantasiava cenas de violência. Tinha sido tão gratificante bater em Dennis, ouvir as janelas da escola se espatifando e escapar impune.

Começou a atear fogo quando tinha cerca de 8 anos — não em casas, mas em garagens e anexos. Encontrou alguns jornais empilhados em uma garagem a poucas casas de distância da dele na rua Day e ateou fogo. Ouviu os carros de bombeiros chegando enquanto se escondia no porão de casa. Ficou escondido por muito tempo e só saiu depois que escureceu. Ninguém sabia que ele tinha feito aquilo.

Já mais velho, estava brincando com fósforos em um campo seco em Long Lake, onde o avô era dono de algumas propriedades. Ateou fogo na grama e tentou pisotear, mas o fogo se alastrou com rapidez. Não queria fazer aquilo, mas o fogo sempre o fascinara.

Esse menino cresceu nos anos 1950, parecendo tão insignificante que ninguém além de seu pequeno círculo jamais soube seu nome. Décadas se passaram antes que toda a sua história fosse contada por meio de interrogatórios e entrevistas e uma investigação em grande escala como nunca havia acontecido. Todos os seus pensamentos secretos seriam expostos, analisados; cada faceta revirada e exposta à luz do dia, de modo que o mundano se tornasse horrendo, e o lascivo fosse canalizado para a perversão profunda daquilo tudo.

Ainda havia alguém na estrada

Três décadas depois, em Seattle, era véspera de 1983. Poucos ficaram tristes ao ver o fim do ano. Tinha sido uma época terrível para muitas pessoas, mas uma era excepcionalmente interessante. Em janeiro de 1982, Wayne Williams foi condenado pela morte de duas das 28 crianças negras assassinadas em Atlanta. Em março, Claus von Bülow foi considerado culpado pela tentativa de assassinato da esposa, a herdeira Sunny von Bülow, que entrou em estado vegetativo permanente depois que ele injetou nela uma overdose de insulina. (A condenação foi anulada depois.) O comediante John Belushi morreu por causa de uma combinação de cocaína e heroína naquele mesmo mês. Nas notícias mais felizes, a princesa Diana deu à luz seu primeiro filho, William, em junho. Mas Ingrid Bergman morreu de câncer em agosto, e a princesa Grace de Mônaco caiu de um penhasco em setembro. Em outubro, a Johnson & Johnson retirou o Tylenol do mercado depois que oito pessoas foram envenenadas e morreram por causa de cápsulas envoltas em estricnina. Pierce Brooks tinha viajado até Chicago para tentar ajudar na investigação. O caso de envenenamento por Excedrin ainda estava aberto em Kent, embora não fizesse muito sucesso na mídia nacional.

Mas fez muito mais sucesso do que os casos do Assassino de Green River, que eram meio desconhecidos fora de Washington e Oregon. Os casos tinham cativado os residentes do Noroeste e a mídia regional, mas nada parecia estar acontecendo em termos de uma prisão ou de acusações que levariam a um julgamento — ou julgamentos.

Ar fresco, vista para a baía de Elliott e até mesmo janelas nunca foram uma vantagem para os detetives no Departamento do Xerife do Condado de King. Os escritórios eram localizados no primeiro andar do Tribunal do Condado de King, um edifício antigo com corredores de mármore e uma fundação tão instável que os engenheiros estruturais avisaram que um grande terremoto poderia derrubá-lo. As mesas dos investigadores da Unidade de Crimes Graves ocupavam uma sala grande, e os outros eram espremidos em pequenas salas laterais que só acomodavam três supervisores. Os oficiais de comando tinham escritórios, mas eram minúsculos e sem janelas. As salas onde os suspeitos eram interrogados eram apertadas.

Agora, a Força-Tarefa Green River se reunia no mesmo espaço escondido no Tribunal do Condado de King onde a força-tarefa "Ted" havia trabalhado em meados dos anos 1970. A estreita sala de guerra ficava do outro lado do corredor da Unidade de Narcóticos, ambas meio andar acima da escada dos fundos do Andar 1-A. Dois detetives mal conseguiam ficar lado a lado com os braços estendidos sem esbarrar nas paredes. A única coisa que o 1-A tinha a seu favor era a privacidade; nenhum forasteiro poderia se aproximar sem ser parado.

Mapas, gráficos e fotografias das vítimas foram pregados nas paredes. Pilhas de papéis se acumulavam, esperando para serem classificados. O telefone tocava o tempo todo. O lugar estava fervendo, em todos os sentidos do termo.

Fae Brooks e Dave Reichert atendiam a maioria das ligações recebidas. Reichert ainda parecia ter vinte e poucos anos; ele deixou crescer um pequeno bigode que o fazia parecer um pouquinho mais velho. A maioria das pessoas próximas ao Departamento do Xerife ainda o chamava de Davy, pois combinava com ele.

Fae Brooks tinha conquistado respeito na unidade de crimes sexuais. Era uma mulher negra esguia e elegante. Inteligente e de fala mansa, usava aqueles óculos grandes que eram populares no início dos anos 1980.

Alguns dos telefonemas que atendiam eram de famílias ou namorados ansiosos de jovens que tinham desaparecido. Outros eram de informantes que tinham certeza de que suas informações eram vitais. Havia dezenas e dezenas de ligações, e tentar atender a todas, e até mesmo ter esperança de fazer o acompanhamento, era como colocar o dedo na rachadura de um dique que ameaçava estourar a qualquer momento.

Era impossível dizer "sim" ou "não" a uma série de denúncias e referências em termos da possível conexão com o Assassino de Green River. No fim de janeiro de 1983, um homem que instalava canos de água ao longo de uma vala rasa a cem metros do hospital Northgate estava removendo alguns arbustos quando ficou horrorizado ao ver o que parecia ser um esqueleto humano sob os galhos. A localização era quase na divisa norte de Seattle, por isso o caso ficou sob responsabilidade do Departamento de Polícia de Seattle.

Os restos mortais dessecados eram de um ser humano pequeno. O Instituto Médico Legal do Condado de King removeu os ossos com cuidado, mas a autópsia não revelou a causa da morte. O corpo não tinha nenhum tecido mole; a jovem poderia ter morrido de várias causas.

Os dentes, no entanto, combinavam com os de Linda Jane Rule, a loura que estava desaparecida havia quatro meses depois que deixou o quarto de motel para caminhar até o shopping Northgate Mall. O sargento Bob Holter e o capitão Mike Slessman, da Unidade de Homicídios de Seattle, estavam cientes dos assassinatos do Green River, mas não conseguiram encontrar nenhum vínculo absoluto entre eles e Linda Rule. Estilo de vida? Sim. Localização? Não. A maioria das mulheres desaparecidas tinha sido vista pela última vez na região sul do condado, não na extremidade norte. "Tecnicamente", disse Holter, "não estamos chamando de assassinato — não temos provas suficientes para isso —, mas os resultados são os mesmos. Ela está morta, e não sabemos por que nem como."

No início de março de 1983, o medo de que ainda houvesse alguém na estrada cresceu. As mulheres que se enquadravam na categoria em perigo contaram as possíveis vítimas e tiveram que lutar contra o pânico. Mesmo assim, quase todas as jovens que trabalhavam na SeaTac Strip ou ao longo dos perigosos quarteirões da avenida Aurora Norte acreditavam que conseguiriam reconhecer o assassino. Ele devia dar pistas que as garotas desaparecidas não perceberam. Todas as prostitutas tinham uma imagem mental dos homens com quem não sairiam. Muitas delas trabalhavam no sistema de camaradagem com outras prostitutas, dizendo "Lembre-se da pessoa com quem estou" quando entravam nos carros. Algumas não aceitavam encontros em carros, outras não iam para o quarto de motel de um homem nem para a casa dele.

Alma Ann Smith estava trabalhando na esquina da rua 188 Sul com a rodovia em 3 de março de 1983. O enorme e caro hotel Red Lion Inn ficava ali, em frente ao aeroporto. Não era um motel de "alta rotatividade"; o Red Lion era um dos lugares mais agradáveis para se hospedar em Seattle, com corredores ricamente acarpetados, entalhes feitos à mão e elevadores externos que lembravam os da torre Space Needle. Havia um restaurante gourmet caro no último andar do Red Lion. Se o Assassino de Green River tivesse aparência desleixada, seria notado no mesmo instante no Red Lion e levado para fora pelo segurança do hotel.

Alma era de Walla Walla, Washington, a um mundo de distância de Seattle. Brook Beiloh, sua melhor amiga no sétimo ano, se lembrava dela como uma garota muito generosa que "não tinha uma gota de malícia no corpo".

Brook se lembrava dos dias que as duas tinham compartilhado na infância. "Walla Walla ainda estava intocada pelo crime vinte anos antes. As crianças brincavam nas ruas até o anoitecer. Andávamos de bicicleta por todos os cantos daquela pequena cidade, sem medo e sem supervisão. Era um lugar onde as crianças não precisavam de chave porque quem trancava as portas? Depois do sétimo ano, não vi Alma com muita frequência. Ela ia à aula em um dia, depois a gente não a via de novo durante três a seis meses. Quando ela voltava do lugar para onde ia — ou fugia —, sempre fazia um esforço para entrar em contato comigo. Nós saíamos por um ou dois dias, depois ela ia embora. Não sei a história por trás desse comportamento, embora tenha perguntado uma vez para onde ia sempre, e a resposta era só: 'Seattle'. Alma era alguns anos mais velha do que eu, mas ainda me lembro de ter pensado em como seria assustador ficar sozinha na *cidade*!"

Certa vez, Alma enviou a Brook uma foto de 20 x 25 centímetros dela, uma foto de estúdio, com uma carta no verso. O cabelo de Alma estava mais louro do que no sétimo ano, mas ainda tinha olhos lindos e sobrancelhas arqueadas. "Não sei onde conseguiu isso, porque Alma nunca teve muito dinheiro, por isso esse gesto me tocou profundamente", lembra Brook. "Eu a vi pela última vez em dezembro de 1982, apenas três meses antes de ela ser assassinada."

Alma tinha muitas amigas, e ela e algumas das outras garotas que praticavam seu comércio arriscado ao longo da Strip concordaram em tentar proteger umas às outras. Alma e sua colega de quarto e melhor amiga, Sheila*, estavam procurando *johns* no dia 3 de março. Sheila saiu primeiro com um homem, voltando ao ponto de ônibus cerca de 45 minutos depois. Alma não estava lá, e Sheila achou que ela havia encontrado uma transa.

"Alguém sabe para onde Alma foi?", gritou ela para as jovens ali perto.

"Ela saiu com um cara em uma picape azul."

"Branco ou preto?"

"Branco — um cara de aparência mediana. Você sabe..."

Sheila ficou preocupada quando uma hora se passou e Alma não voltou. Teve um sentimento "suspeito", mas não sabia o motivo. Queria ter estado lá para anotar o número da placa ou alguma coisa assim. Ficou nervosa enquanto esperava Alma voltar.

Alma nunca voltou.

Delores Williams foi outra garota que achou o ponto de ônibus em frente ao suntuoso motel um bom lugar para encontrar *johns* ricos e também para se proteger da chuva. Delores tinha um sorriso adorável e era alta e esguia. Tinha apenas 17 anos. As tempestades de março açoitavam e agitavam as laterais do Red Lion, e o ponto de ônibus com painéis parciais estava frio, mas os negócios costumavam ser agitados.

Mesmo assim, em 8 de março, Delores não esperava mais ali. As amigas acharam que talvez tivesse encontrado um local melhor.

Tanto Dave Reichert e quanto Fae Brooks ainda achavam que Melvyn Foster era um bom suspeito. Foi difícil descartá-lo porque ele havia conhecido algumas das primeiras seis vítimas, embora por pouco tempo. E se encaixava na parte do perfil de John Douglas sobre suspeitos que gostavam de acompanhar a investigação e saborear suas lembranças. Foster continuou a se gabar de que ficaria feliz em socar o assassino se o encontrasse e alegou que a polícia estava perdendo tempo se concentrando nele quando deveria estar procurando o verdadeiro criminoso.

Dick Kraske percebeu que dois detetives não conseguiriam aguentar o excesso de trabalho e transferiu mais quatro investigadores para ajudar: Elizabeth Druin, Ben Colwell, Pat Ferguson e Larry Gross. O detetive Rupe Lettich, que tinha sido o detetive-chefe de narcóticos no condado de King por muito tempo, estava do outro lado do corredor e também ajudou. Mas a força-tarefa de 25 pessoas não existia mais. O moral estava baixo, e o público não parecia se importar muito com as jovens prostitutas da SeaTac Strip. Não eram as filhas deles.

Mas, de um jeito silencioso e furtivo, mais garotas estavam sendo encurraladas como coelhos em uma armadilha.

A primavera chegou com narcisos, tulipas, flores de cerejeira e giestas explodindo como sempre acontece na terra encharcada pela chuva. Contudo a esperança não chegou. As garotas que desapareceram no outono e no inverno não estavam em Portland, Yakima, Spokane nem em nenhuma outra cidade do "circuito".

Sandra K. Gabbert tinha 17 anos em 17 de abril quando caminhava ao longo da Strip perto do que parecia ser a esquina mais perigosa — rodovia Pac com a rua 144 Sul. Uma igreja ficava a três quarteirões de distância, o 7-Eleven ficava a um quarteirão de distância, e os motéis que ofereciam quatro horas de ocupação por apenas 13 dólares e tarifas semanais baratas ficavam perto desse cruzamento. Embora fosse a estrela do time de basquete feminino, Sand-e tinha abandonado a escola porque estava entediada e agora morava com o namorado adolescente. Eles mal conseguiam pagar pelos quartos de motel e pelo fast-food. A mãe dela, Nancy McIntyre, sabia que Sand-e estava se vendendo para ganhar dinheiro, mas não conseguiu impedi-la. O nome de rua de Sand-e era "Smurf", e tinha um charme despreocupado, como se não se levasse muito a sério.

Talvez Sand-e não se lembrasse de onde as outras garotas haviam desaparecido ou talvez não se importasse. Possuía a confiança inexperiente comum aos jovens; era indestrutível.

Nancy cuidava sozinha de Sand-e desde o divórcio, que aconteceu quando a filha tinha 2 anos. Com 41 anos, Nancy trabalhava como garçonete havia anos, e a vida era difícil. Agora ganhava um salário-mínimo como operária de manutenção no Departamento de Parques de Seattle. Ela nem tentou debater as questões morais da prostituição com Sand-e; estava preocupada com a sobrevivência da filha. "Eu disse: 'Sand-e, você pode ser *assassinada* fazendo isso', ouvindo como resposta: 'Ah, mãe, eu não vou ser assassinada'. Ela não queria nem ouvir falar sobre isso pois sabia do meu medo. Ela podia ter uma transa de meia hora e ganhar o mesmo valor de quando trabalhava duas semanas no KFC. Agora, tente mostrar a alguém a lógica de conseguir um emprego legítimo", disse Nancy com um suspiro. "Percebi que se tentasse forçá-la a parar eu a afastaria de mim. E eu passaria por qualquer coisa antes disso — até pela prostituição."

Na última vez que Nancy viu Sand-e, as duas comeram em um restaurante mexicano, e a garota falou sobre seus planos de viajar para San Francisco e Hollywood. "Eu a abracei", relembrou Nancy enquanto as lágrimas escorriam, espontâneas. "E disse: 'Eu te amo, *querida*. Por favor, tenha cuidado'. Ela respondeu: 'Eu também te amo. Eu sou cuidadosa'. A observei caminhar pelos degraus da frente e sabia que não ia vê-la por muito, muito tempo."

Quatro dias depois, Sand-e havia desaparecido.

Apenas algumas horas depois, Kimi-Kai Pitsor, que tinha 16 anos, entrou em uma velha picape verde na rua 4 com a Blanchard no centro de Seattle. Pegando a rodovia expressa I-5, era possível viajar os 22 quilômetros entre os dois locais em menos de meia hora, a menos que alguém tentasse fazer isso no horário de pico, quando era normal haver engarrafamentos.

O mesmo homem poderia ter levado as duas adolescentes na mesma noite? Bundy fizera duas vítimas em uma tarde de domingo oito anos antes. Mas aquelas jovens estavam tomando banho de sol no mesmo parque. Seria possível imaginar que esse homem estivesse tentando quebrar algum recorde sinistro?

Kimi-Kai e Sand-e eram parecidas, aparentavam ser mais jovens em relação à idade, com cabelo escuro e franja. Sand-e estivera sozinha pouco antes de desaparecer, embora ela e o namorado tivessem caminhado juntos até o 7-Eleven alguns minutos antes. Ela o havia deixado para trás ao atravessar a rodovia Pac. E Kimi-Kai estava caminhando com o namorado/protetor quando fez sinal para um homem em uma picape virar a esquina para que ela pudesse entrar no veículo sem ser vista.

Kimi-Kai, cujo nome de rua era "Melinda", tentou trabalhar em Portland por pouco tempo, mas as garotas de lá a classificaram como "muito inocente e ingênua". Com o namorado, foi para Seattle, com várias outras jovens que estiveram em Portland, pois a notícia era que dava para ganhar mais dinheiro lá. Porém a notícia estava errada; Portland não era o lugar mais movimentado. Então os dois voltaram para Seattle.

Pela segunda vez, os detetives obtiveram a descrição de um veículo (além do pequeno carro branco que Barbara Kubik-Patten disse ter visto perto do Green River). Mais uma vez, era uma picape. O namorado de Kimi-Kai descreveu uma velha picape verde com um trailer na parte traseira e pintura primária na porta do passageiro. Ele achava que era um Ford ou um Dodge.

Em meados de abril de 1983, mais duas adolescentes não voltaram nem ligaram para alguém que conheciam. As descrições das picapes foram impressas em jornais de Seattle, mas os investigadores não tinham muita esperança de que isso pudesse ajudar. Havia muitas picapes antigas, algumas verdes, algumas azuis, algumas marrons e castanhas, e muitas delas com manchas de pintura primária.

Por algum motivo, as vítimas de assassinato e a maioria dos assassinos em série costumam ser mencionados na mídia pelo nome completo. Para dar dignidade às vítimas, talvez? Quanto aos assassinos, é para distingui-los de outros homens com nomes semelhantes? Ou, infelizmente, para impregná-los de mais infâmia? *Theodore Robert Bundy, Coral Eugene Watts, Jerome Henry Brudos, Harvey Louis Carignan, John Wayne Gacy.*

Ouvir os nomes completos das infelizes adolescentes que encontraram o Assassino de Green River nos faz pensar que pouco tempo se passou desde que elas eram bebês, cujos pais escolheram, com todo amor e carinho, nomes encantadores, na esperança de que a vida das filhas desabrochasse como uma flor. Até os pais cuja vida tinha sido afetada pela decepção esperavam um futuro melhor para os filhos.

Joyce, a mãe de Kimi-Kai Pitsor, amava tanto o nome da sua bebê que o bordou nos lençóis e cobertores. Em havaiano, significa "mar dourado ao amanhecer".

Conversando com o repórter veterano do *Seattle Post-Intelligencer* Mike Barber, Joyce Pitsor descreveu Kimi-Kai como uma garota miúda que adorava unicórnios e qualquer coisa roxa. Assim como muitas garotas de sua idade, ficou rebelde quase no mesmo instante em que entrou na puberdade. Apaixonou-se por um menino e queria estar com ele mais do que a mãe achava prudente. Protestando contra toques de recolher e regras, Kimi saiu de casa em fevereiro de 1983 para morar com o namorado, mas ligava para a mãe toda semana.

"Kimi era muito aventureira", lembrou Joyce. "Não tinha medo. Queria ver como a vida funcionava e nunca acreditava em ninguém. Precisava ver por si mesma. Eu me lembro de dizer: 'Seja uma garotinha por um tempo. Divirta-se. Você tem todo o tempo do mundo para ser adulta e enfrentar todos os problemas de adultos'. Mas ela queria muito ser adulta."

E agora Kimi-Kai tinha desaparecido. Se alguém a tinha visto como durona, a mãe a conhecia melhor. "Ela podia inventar muitas bravatas, ainda mais se estivesse apavorada. Na verdade, estava beirando a histeria." Joyce Pitsor percebeu isso quando correu até o tribunal de menores para ficar ao lado de Kimi-Kai quando esta estava em apuros.

Agora, esperar uma notícia era uma tortura para a mãe, que já havia perdido dois filhos: um ao nascer e outro quando bebê. Era uma mulher que amava crianças; tinha adotado três crianças birraciais porque se importava muito. Mas não foi capaz de convencer a própria filha a esperar só alguns anos antes de mergulhar no mundo adulto.

E, com apenas dois meses de "liberdade", Kimi-Kai também tinha desaparecido.

O motel New West ficava na extremidade de Des Moines da rodovia Pac, no cruzamento com a rua 216 ao norte do motel Three Bears, com uma loja de conveniência entre eles.

Em algum momento da terceira semana de abril, Gail Lynn Mathews, 24 anos, se registrou no New West. Gail era uma mulher de aparência exótica, com exuberantes cabelos pretos. Sua característica mais marcante era a boca muito carnuda e sensual. Estava morando com um homem de 34 anos do Texas chamado Curt, que conheceu em 1982 na Trudy's Tavern, perto do aeroporto. Na época, Gail tinha um pequeno apartamento em frente à Trudy, mas o perdeu quando não conseguiu pagar o aluguel em fevereiro de 1983. Durante algum tempo depois disso, Gail morou a cada uma ou duas semanas na casa de uma amiga diferente.

Tirando o fato de que era mais velha do que a maioria das vítimas do Green River, o estilo de vida de Gail Mathews se assemelhava ao delas. Tinha sido casada, mas estava divorciada ou separada na primavera de 1983 e estava sem sorte.

Nem Gail nem Curt tinham muito dinheiro nem empregos permanentes; eles vagavam enquanto ele apostava em salões de jogos e ela bebia uma cerveja no bar, esperando para ver se Curt ganharia o suficiente para uma refeição e um motel. O extenso vocabulário de Curt refletia sua inteligência e sua educação, mas as drogas ou o álcool o tinham desviado. Os pontos regulares dele eram White Shutters, Trudy e Midway Tavern. De vez em quando, Gail contribuía com dinheiro para o gatinho. Ela nunca disse a Curt onde o conseguia, e ele nunca perguntou. A vida dos dois se tornou uma existência diária. Não tinham carro nem residência permanente.

Na última noite em que Curt viu Gail, as coisas estavam normais — para eles. Tinham ficado no New West por alguns dias, mas o aluguel tinha aumentado, e os dois estavam falidos. Na noite de 22 de abril, estavam na VIP Tavern, alguns quarteirões ao norte do motel. Compartilharam algumas cervejas enquanto Curt jogava Pac Man. Gail o observava, sem falar com mais ninguém na taverna.

Por fim, Curt decidiu ir para a Midway Tavern, que ficava do outro lado do posto de gasolina da Texaco e do Blockhouse Restaurant na Kent-Des Moines Road. Ele esperava que houvesse um jogo de pôquer rolando lá e que tivesse uma noite de sorte.

Gail disse que ia tentar encontrar um jeito de manter o quarto do motel por mais uma ou duas noites. Ele se afastou da VIP Tavern, deixando-a sozinha lá; ela conhecia a garçonete. Faltava mais de um quilômetro para o Midway, então Curt decidiu pegar um ônibus. Esperou no conhecido cruzamento da rua 216 com a rodovia Pac. Desligado, observou o tráfego e notou uma picape Ford azul ou verde passando. Não era nova de jeito nenhum, mas se destacava porque tinha muitas marcas "circulares" de lixa, como se estivesse sendo preparada para uma pintura.

Curt ficou surpreso ao ver Gail sentada no banco do passageiro ao lado de um homem de cabelos claros que parecia ter trinta e poucos anos. Ele estava vestindo uma camisa xadrez que o fazia parecer um "homem que gostava de ficar ao ar livre".

O braço de Curt estava meio levantado para acenar para Gail quando ficou surpreso com a expressão dela. "Parecia atordoada", disse ele ao agente do FBI "Duke" Dietrich mais tarde. "Ela estava olhando para a frente. Foi bizarro. Estava olhando direto para mim, mas era como se não me visse. Tenho certeza de que ela me via — ainda não estava escuro."

Ele acenou de um jeito mais claro, mas Gail não respondeu. Caso fosse uma tentativa de sinalizar que estava em uma enrascada, ele não conseguiu decifrar. Ela se sentara afastada do motorista, bem colada na porta do passageiro. Ele observou a picape virar à esquerda e desaparecer. "Não sei como explicar", disse Curt, "mas senti medo — medo por ela, porque senti que estava em perigo. Atravessei correndo a estrada em direção à picape e tentei alcançá-la, mas o motorista fez uma curva à esquerda e acelerou."

Curt observou impotente enquanto a picape desaparecia. O ônibus passou, e ele entrou, dizendo a si mesmo que estava exagerando. Passou uma hora na Midway Tavern, mas ninguém queria jogar pôquer, então voltou para o quarto do motel. Observou a rodovia por muito tempo, esperando os faróis do carro entrarem no motel ou o som dos passos de Gail esmagando o cascalho. Alguns carros apareceram, mas Gail não voltou naquela noite.

Curt ligou para a polícia para informar o desaparecimento. Ele disse depois que foi informado de que não poderia fazer um relato oficial de desaparecimento já que não era parente dela.

Curt esperou que Gail voltasse ou deixasse um recado para ele na recepção do motel, mas nada aconteceu. Ele parou em todos os lugares ao longo da rodovia aonde eles tinham ido juntos. Ninguém se lembrava de ter visto Gail nos últimos dias. Ele não conseguiu deixar de pensar no Assassino de Green River. Ele e Gail sabiam das garotas desaparecidas e assassinadas, mas ela nunca teve medo. Curt tentou alertá-la sobre pegar carona, porém Gail disse que não deveria se preocupar com isso — ela sabia se cuidar.

Ainda agora se perguntava por que Gail tinha olhado de um jeito tão estranho — ou, melhor, *fingido* que não o viu — quando lhe acenou. De alguma forma, o homem ao volante devia estar controlando Gail. Talvez estivesse segurando uma faca contra o corpo dela para que não ousasse gritar. Talvez uma arma. Por qual outro motivo não teria nem sequer acenado ou sorrido?

Eles estavam juntos havia quase um ano e tinham se tornado próximos. Curt não acreditava que Gail simplesmente o deixaria sem nenhuma explicação. Era verdade que não tinham muito dinheiro, e a vida era difícil, mas os dois sempre acreditaram que, caso se unissem, poderiam sair do buraco em que estavam e construir uma vida melhor. Mas as drogas também eram importantes para Curt, e ele acabou seguindo em frente, sem saber o que tinha acontecido com Gail.

Quando um investigador soube o que havia acontecido com Gail e foi atrás de Curt, ele estava em uma penitenciária no Texas. Quando voltou a Seattle para ser interrogado pelo dr. John Berberich, psicólogo do Departamento de Polícia de Seattle, Curt concordou de imediato em ser hipnotizado. Talvez houvesse algo escondido no seu subconsciente que poderia ajudar a pegar o assassino. Um número de placa ou uma descrição mais completa da picape e do motorista.

Apesar de seus melhores esforços, Curt não conseguiu se lembrar de nada além do olhar estranho e congelado no rosto de Gail na última vez que a viu.

Oito dias depois que Curt viu Gail Mathews na picape de um desconhecido, o mesmo cruzamento foi palco de um aparente sequestro. Marie Malvar tinha 18 anos, era uma linda filipina, a filha querida de uma família grande. Os parentes não sabiam que ela estava na esquina da rodovia com a rua 216 Sul, perto do motel Three Bears, acreditando que estava segura porque o namorado, Richie*, havia se comprometido a anotar em quais carros ela entraria, para garantir que voltaria em segurança depois de um tempo razoável.

O jovem casal observou uma picape escura se aproximar do cruzamento vindo do sul. Quando parou, viram um ponto na porta do passageiro que era mais claro do que o resto da picape, uma camada de pintura primária. Marie falou com o motorista, acenou com a cabeça e entrou, e o veículo do desconhecido voltou para a rodovia.

Como sempre fazia, Richie o seguiu, mantendo a mesma velocidade e parando ao lado, logo em seguida. Pelos gestos dela, parecia que Marie estava angustiada. Não conseguia ouvir o que ela dizia, porém sua gesticulação indicava que queria sair da picape. O motorista diminuiu a velocidade, mas só para fazer a volta no estacionamento de um motel e depois acelerou enquanto se dirigia para o sul. Richie fez o mesmo, mas não conseguiu passar pelo sinal de trânsito na rua 216 Sul. O sinal ficou vermelho, e ele teve que parar. Observou a picape virar à esquerda e seguir para o leste — na direção do Green River. Assim que o sinal abriu, Richie também virou à esquerda.

Por estar a menos de um minuto atrás da picape, Richie achou estranho não ver nenhuma lanterna traseira à frente, nem descendo a colina da Earthworks na rua 216 nem indo para norte ou sul pela estrada Military, que corria paralela à rodovia. Arriscando a sorte, dirigiu para o sul na Military, mas não havia nenhum veículo entre o cruzamento e a estrada Kent-Des Moines alguns quilômetros ao sul. Não parecia haver nenhum lugar em que a picape pudesse ter parado, porque a Military e a rodovia expressa I-5 eram muito próximas e não havia rampas de acesso ao longo dessa seção.

Richie não viu a placa quase invisível que levava a uma rua sem saída estreita do lado direito da Military. Era fácil não vê-la. Ainda mais no escuro. Perplexo, dirigiu de volta até o estacionamento para esperar que o cara da picape levasse Marie de volta.

Mas isso nunca aconteceu.

Como ele e Marie estavam envolvidos com prostituição, Richie hesitou em procurar a polícia. Também ficou muito nervoso na hora de contar ao pai dela, Jose, porque teve medo da sua ira quando soubesse que Richie tinha deixado Marie correr esse risco. Mesmo assim, quando quatro dias se passaram sem nenhuma notícia dela, Richie foi ao Departamento de Polícia de Des Moines. Lá, conversou com o sargento-detetive Bob Fox. Richie informou o desaparecimento de Marie, mas não contou toda a verdade sobre o que ele e Marie estavam fazendo na estrada. Se tivesse contado, Fox, que tinha investigado muitos homicídios na cidade de Des Moines e que estava bem ciente dos casos do Green River, teria reagido de forma diferente. Em vez disso, o jeito evasivo de Richie fez Fox se perguntar se ele mesmo não tinha machucado a namorada ou, o que era mais provável, se Marie Malvar e Richie tinham brigado, e ela o abandonara.

Jose Malvar ficou muito preocupado. Marie não era uma garota que ficava longe de casa por muito tempo e ligava com frequência. Agora havia apenas silêncio. Jose pegou Richie e disse que iriam encontrá-la, exigindo saber o local exato onde estavam quando ela desapareceu.

Jose, Richie e James, o irmão de Marie, começaram no cruzamento onde Richie vira a picape se afastar. Eles avançaram aos poucos para o leste na rua 216, desceram a longa colina sinuosa e, depois, foram e voltaram ao longo da Military. Estavam procurando algum sinal de Marie ou da picape com a marca de pintura primária na porta do passageiro. Eles verificaram as calçadas e as garagens. Não havia muitas casas no lado oeste da estrada Military indo para o norte — só um novo motel imprensado em um pedaço estreito de terra próximo a uma rampa da rodovia expressa I-5. Mas, quando se dirigiram para o sul, havia muitas casas com preços modestos em ambos os lados da estrada.

Em 3 de maio, as árvores estavam todas desfolhadas, e as árvores de corniso, as cerejeiras e as macieiras estavam florescendo. Depois de várias passagens, eles avistaram uma placa de rua no lado direito da estrada: rua 220 Sul. Entrando, encontraram uma rua residencial quase escondida, uma vilazinha com oito ou dez casinhas de fazenda. Na entrada de uma casa perto do extremo norte da rua, todos viram: uma picape velha. Chegaram perto o suficiente para ver a porta do passageiro. Tinha uma mancha de pintura primária.

Eles ligaram na mesma hora para o Departamento de Polícia de Des Moines, e Bob Fox atendeu. Ele e outro detetive bateram à porta enquanto o pai, o irmão e o namorado de Marie observavam. Fox conversou com alguém, fez que sim com a cabeça, fez outra pergunta e repetiu o gesto com a cabeça. Por fim, a porta da frente se fechou, e os detetives de Des Moines caminharam devagar pela entrada.

"Ele diz que não tem nenhuma mulher lá dentro", revelou Fox a Jose Malvar. "Não teve nenhuma mulher lá."

O homem que disse ser proprietário tinha parecido sincero o suficiente para a polícia e não estava nervoso, só curioso para saber por que a polícia estava batendo à sua porta. Fox nem sabia se a picape era a mesma que Richie tinha visto, por isso não forçou muito o interrogatório. Não havia motivo provável para revistar a casinha cujo quintal dos fundos dava para a margem que levava à autoestrada. O cara que morava lá foi simpático, mas firme quando disse que morava sozinho e, na verdade, tinha acabado de comprar a casa.

O namorado e os parentes que procuravam Marie Malvar vigiaram a casa por um tempo, frustrados e ansiosos. Será que Marie estava lá? Será que esteve? Eles lutaram contra a vontade de ir lá e bater à porta, mas acabaram indo embora. Ainda assim, voltaram em horários estranhos para verificar. Era o mais próximo que podiam estar de Marie, ou, pelo menos, era o que pensavam. Onde mais poderiam procurar?

• • •

Os detetives estavam inclinados a acreditar que nenhum dos homens que dirigiam picapes surradas era o assassino que procuravam. No caso dos últimos avistamentos de Kimi-Kai Pitsor e Marie Malvar, os namorados das garotas tinham certeza de que os motoristas os tinham visto de olho nas duas. Não fazia sentido que um assassino fosse tão ousado a ponto de correr esse risco. Era mais provável que Kimi-Kai e Marie tivessem encontrado outra pessoa depois que saíram das picapes.

Uma garota assassinada, que foi encontrada perto da rodovia Pac e da rua 216 Sul quase um ano antes e parecia se encaixar no perfil de vítima do Green River, revelou ser uma vítima independente. O Assassino de Green River não era o único homem perigoso que procurava vítimas na região de Seattle. Patricia Jo Crossman *estava* trabalhando como prostituta e, assim como as outras, estava no meio da adolescência quando morreu de um jeito violento, e o corpo foi jogado de uma varanda no meio de arbustos. Thomas Armstrong iii, de 30 anos, que foi preso e processado por esse crime, tentou convencer o juiz Robert Dixon de que a morte de Patty Jo estava relacionada aos assassinatos do Green River, tentando até mesmo ligar a ex-mulher, Opie, aos assassinatos. O apartamento da ex-mulher foi incendiado um mês depois do assassinato de Patty Jo.

Foram necessários dois julgamentos para condená-lo, mas a promotora Linda Walton argumentou que os detetives não encontraram nenhuma conexão com os casos do Green River. No entanto, havia provas convincentes de que Armstrong tinha matado Patty Jo em 8 de abril de 1982.

Em 8 de abril de 1983, Armstrong foi condenado à prisão perpétua.

E o verdadeiro Assassino de Green River ainda estava livre, fazendo mais vítimas, a maioria delas desaparecia dos motéis e das ruas onde era normal ficarem por um tempo e, depois, irem embora. Os amigos presumiam que tinham mudado de vida.

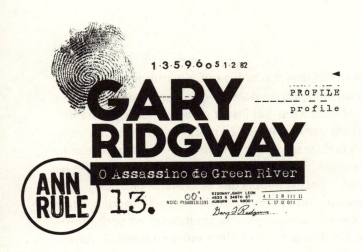

Frenesi homicida

Com tudo que sabemos hoje, o chamado Assassino de Green River, quem quer que fosse, parecia estar em um frenesi homicida, seguindo o caminho que os assassinos em série tantas vezes tomam. Para eles, o assassinato vicia e requer cada vez mais da "substância" para satisfazê-los ou para fazê-los se sentirem, como dois infames assassinos em série disseram, "normais".

O ritmo dele aumentava à mesma proporção que o clima esquentava. Martina Theresa Authorlee, 19 anos, estava no lugar premiado perto do Red Lion em 22 de maio de 1983, mas não em 23 de maio nem em nenhum outro dia depois. Nascida na Alemanha Ocidental, onde o pai servia ao exército, Martina voltou para os Estados Unidos com os pais em 1968 para morar na extensa Base do Exército de Forte Lewis, ao sul de Tacoma. Sua ambição também era desenvolver uma carreira militar, e entrou para a Guarda Nacional e viajou para ter um mês e meio de treinamento básico em 1982. Mas recebeu uma dispensa médica e nunca terminou o período de treinamento na Carolina do Sul. Depois disso, pareceu perder o rumo. Sem explicar aos pais o que havia acontecido, mudou-se para Hillsboro, Oregon, naquele verão, mas ainda ligava para casa duas vezes por mês.

Martina voltou para casa no Dia das Mães de 1983 e passou um tempo com a família. Até onde sabiam, ela pretendia voltar para o Oregon depois da visita de alguns dias. Ela disse que tinha um emprego, mas os pais não sabiam qual era sua atividade. Também não sabiam que ela havia sido presa por prostituição e tinha passado dois dias na prisão em Seattle. Sentiram que ela estava perturbada, mas era uma garota que não falava muito.

Supondo que ela estivesse de volta ao Oregon, não se preocuparam muito até que pararam de receber notícias dela, até mesmo no Natal.

Cheryl Lee Wims, 18 anos, desapareceu em 23 de maio do distrito central de Seattle. Era véspera de seu aniversário. Era uma garota de beleza suave, com aparência tímida. Será que deveria estar na lista? Ou estava muito longe da Strip? Ela teve alguns problemas com uso de drogas, de acordo com a mãe, Ruth Wims, enfermeira, que não conseguia imaginar Cheryl envolvida com prostituição, embora a filha tivesse se tornado um tanto reservada. O pior problema que a mãe já teve com Cheryl foi de falta às aulas.

O único emprego dela que a família sabia era como ajudante de garçom em um restaurante no centro da cidade. Lá, o chefe descreveu Cheryl para os detetives como "quieta, reservada e competente". O nome dela e o de Martina foram acrescentados à lista do Assassino de Green River.

Yvonne Antosh tinha vindo de Vancouver, Colúmbia Britânica, para a Pac Strip. Tinha 19 anos, era uma jovem muito atraente, com cabelos ruivos muito volumosos que caíam como cortinas emoldurando o rosto. E também desapareceu na rodovia. Alguém a reconheceu em 30 de maio, quando estava perto da rua 141 Sul, mas ela nunca mais foi vista depois disso.

Eram tantas que parecia quase impossível não terem sido vistas com quem as estava levando embora. As garotas nas ruas estavam nervosas, olhando duas vezes nos carros para os homens que se inclinavam para perguntar se estavam "saindo". Elas tentavam cuidar umas das outras. Saíam sozinhas, mas as amigas tentavam se lembrar dos carros ou de alguma coisa sobre os johns com os quais tinham saído.

Diversas vítimas suspeitas pareciam desaparecer em grupos, várias em um período muito curto, dos mesmos pontos da rodovia. Era quase como se ele fosse um pescador que descobrira um local bem abastecido e voltava várias vezes até ter "pescado" aquela parte do lago até secar.

Agora, em 1983, suas áreas favoritas de busca eram ao longo da rodovia Pac, com ênfase nas ruas transversais 144 Sul, 188 Sul e 216 Sul.

Constance Elizabeth Naon, 20 anos, dirigia um Chevrolet Camaro de quinze anos que ela costumava estacionar no Red Lion na rua 188 quando estava trabalhando nas ruas. Era uma jovem adorável com traços perfeitos e simétricos e se saía muito bem nas finanças, mas tinha um problema com as drogas, que consumiam seu dinheiro. Também tinha um emprego normal em uma fábrica de linguiças e, em 8 de junho, planejava receber seu salário. Ela ligou para o namorado para dizer que estava a caminho para visitá-lo e que chegaria em vinte minutos. Nunca chegou.

A polícia encontrou o Camaro no estacionamento do Red Lion no fim de junho. Estava empoeirado e cheio de pertences de Connie, mas não havia nada que pudesse dizer onde ela estava ou o que poderia ter acontecido.

Durante muito tempo, foi difícil para a família e os amigos saberem o momento exato em que Carrie Ann Rois, 16 anos, sumiu de vista. Carrie, que parecia a líder de torcida mais bonita de todas as escolas do ensino médio, deve ter desaparecido em meados de julho de 1983. No início, um amigo próximo pensava que ela havia desaparecido em março, mas, mais tarde, o detetive da força-tarefa Mike Hatch conversou com um número suficiente de pessoas para perceber que Carrie tinha sido vista no fim de semana do Memorial Day, e talvez um mês depois disso.

Como uma família pode perder de vista uma filha tão jovem? Era difícil para a mãe, Judy DeLeone, acompanhar Carrie, embora fizesse o possível para controlar a filha emocionalmente frágil e obstinada. Parecia que estava tudo contra elas. Judy se casou duas vezes depois de se divorciar do pai de Carrie, e a família parecia estar sempre de mudança.

Carrie estava no nono ano na Nelson Middle School em Renton em novembro de 1981 quando Judy se casou pela terceira vez. Poucos meses depois, na primavera de 1982, Carrie disse a assistentes sociais que o padrasto a havia molestado. Ela continuou em casa até a segunda vez que relatou que estava sendo abusada sexualmente. Carrie foi morar com o pai biológico, mas os dois também não se davam bem. Carrie alegou que ele bateu nela e deixou galos na sua cabeça. Ela fugiu e acabou no

Centro de Serviço Juvenil. Quando o pai foi notificado, disse: "Mande-a para casa", mas Carrie não quis ir. Ela fugiu de novo, saindo pela porta da frente do centro de detenção.

Carrie sempre teve muitos amigos e tinha uma amiga que fugia com ela. Outros amigos lhes deram um quarto para morar por um tempo. A certa altura, Carrie e a amiga fugitiva moraram na lavanderia da casa de alguém.

Judy DeLeone nunca mais voltou a morar com Carrie, mas sempre se preocupava com a filha. Ela deixou o marido que Carrie denunciou por abuso, mas a filha ainda se recusava a voltar para casa. E então, na noite de Natal de 1982, Carrie ligou para a mãe de um telefone público para dizer que estava com saudade. Judy a pegou, e as duas tiveram uma incrível noite de Natal juntas, conversando e contando as novidades. Mesmo assim, Carrie não queria voltar para casa. Carrie tinha um tutor indicado pelo tribunal, e Judy não podia obrigá-la a voltar para casa. Tentando manter viva a tênue conexão das duas, Judy concordou em levá-la para a casa onde estava hospedada com uma amiga.

De vez em quando, Carrie era colocada em um lar compartilhado e sempre se dava bem com todos. Uma assistente social lembrou que Carrie idolatrava Brooke Shields, com quem se achava parecida, e queria ser modelo um dia. Mas a garota era uma lebre, uma fugitiva que estava sempre pronta para viver no lado selvagem. E também era um paradoxo. Enquanto frequentava a escola Garfield High School em Seattle na primavera de 1983, ela tocava flauta e vestia o uniforme com orgulho na banda marcial. O avô, Ken Rois, tinha comprado a flauta, esperando que o interesse pela música a acalmasse.

Funcionou por um tempo, mas alguém roubou a flauta do armário da escola. Carrie adorava festas e tinha experimentado maconha, cocaína e álcool. Sua melhor amiga e companheira de fuga, Margaret, foi colocada no centro de detenção juvenil de Echo Glen e, quando foi liberada, descobriu que Carrie estava frequentando muitos lugares que podiam ser perigosos, incluindo "My Place", um bar de topless na Strip. Tinha novos amigos, muitos deles Margaret não conhecia.

Margaret estava convencida de que Carrie havia desaparecido em 24 de março de 1983. "Na última vez que a vi", disse a Mike Hatch, "Carrie estava perto da loja Safeway na esquina da rua Rainier e da Genessee. Estava usando uma calça jeans e um casaco castanho com botas marrons altas. Estava usando esmalte rosa ou roxo."

Mas Carrie ainda estava no ensino médio naquela época, e os registros mostram que faltava às aulas algumas vezes por semana. Era uma garota impressionante, com 1,72 metro, olhos verdes e traços tão delicados que qualquer pessoa que a visse se lembraria dela.

Nem a mãe nem o pai dela sabiam onde a garota estava, mas havia todos os motivos para acreditar que estivesse viva em março, abril, maio, junho e pelo menos parte de julho de 1983. Mas estava trabalhando nas ruas, usando o pseudônimo improvável de "Silver Champagne". Ela costumava usar "uma tonelada de maquiagem", de acordo com um estudante universitário que a namorou por um tempo. "Eu lhe disse que era tão bonita que não precisava de maquiagem", disse, "mas ela riu."

Os detetives da força-tarefa descobriram que Carrie e a nova amiga Lisa estavam frequentando a Strip ao longo da área de dois quarteirões da rua 142 Sul à rua 144 Sul no fim da primavera de 1983. Muitas amigas ficavam de olho nela. Várias se lembraram de ouvi-la falar sobre uma experiência peculiar com uma "transa". Embora não tivesse mencionado o nome do homem, disse que ele a levou para longe da Strip, quase até o cume do Snoqualmie Pass, uma área que ficava a oitenta quilômetros do aeroporto, para "ver a neve". As nevascas da primavera não são incomuns nas altas elevações do passo da montanha, como sabem os motoristas que vão esquiar ou dirigir até o leste de Washington.

Carrie tinha voltado do passeio peculiar. As amigas a viram sair de uma picape com segurança, embora um pouco embriagada. Tudo de que se lembrava sobre o motorista era que se tratava de um homem branco que usava um boné de beisebol. Carrie disse que ele era "meio estranho", mas não deu mais detalhes. Elas acharam muito esquisito ela ter concordado em fazer uma viagem tão longa com um *john*.

Elas se lembravam de que a caminhonete era marrom e castanha ou marrom e branca com um trailer. Não era uma picape nova, mas ninguém que viu Carrie sair dela sabia dizer a marca ou o ano com precisão.

Então, em algum momento entre junho e julho de 1983, Carrie Rois desapareceu. O avô voltou de Honolulu para ajudar a procurá-la. Judy DeLeone estava mergulhada na culpa, no remorso e na terrível preocupação. Sempre acreditou que um dia Carrie voltaria para casa, mais velha e mais sábia, e não tão ansiosa por fugir. Mas os meses se passaram, e não houve nenhuma notícia da filha.

Chegou a noite de Natal de 1983, e Judy estava sentada ao lado do telefone, torcendo para que Carrie saísse do esconderijo e ligasse, como no ano anterior. Mas o telefone não tocou.

Ao menos uma outra adolescente tinha desaparecido da Strip do aeroporto no meio do verão de 1983, embora os laços com a própria casa fossem tão frouxos que ninguém informou o desaparecimento. Seu nome era Tammy Liles, e tinha 16 anos em junho de 1983.

Eu morava em Des Moines desde 1963, e a esquina da Pac com a rua 216 Sul era tão familiar para mim quanto a rua principal. Havia muitos motivos para frequentar a área comercial no cruzamento da rodovia. A loja de conveniências Safeway ficava na esquina sudoeste da rodovia, assim como a drogaria Bartell's, uma rede familiar popular de Seattle. Havia uma loja de hidromassagens administrada por uma família com filhos nas mesmas turmas dos meus, e eu comprei uma para o quintal da primeira casa que adquiri sozinha. Quase assinei um acordo que envolvia muito dinheiro para comprar uma casa a um quarteirão de distância do cruzamento da rua 216, mas descobri que toda a área estava prestes a ser desapropriada pela Autoridade Portuária, e as casas seriam demolidas. A maioria das pessoas em Des Moines ia ao viveiro de Furney, com muitos hectares de roseiras, árvores, rododendros e plantas para canteiros, e eu também ia e empurrava um dos carrinhos vermelhos do local para encher de plantas. Ficava perto da parte noroeste.

Os moradores locais não sabiam que o Three Bears era um motel com quartos de alta rotatividade; o lugar parecia aconchegante visto de fora. O mesmo acontecia com o motel New West, que ficava ao lado de um asilo. No início dos anos 1980, esse trecho da velha rodovia não era considerado imoral. Minha família jantava no Blockhouse Restaurant, alguns quarteirões ao sul, para comemorar aniversários, feriados, formaturas e às vezes depois de enterros sombrios e funerais.

Embora fosse uma escritora de *true crime*, não pensava nessa seção da rodovia Pac como parte da Strip; a parte perigosa devia estar vários quilômetros ao norte, perto do aeroporto. Por ironia, a rua 216 Sul era o cruzamento onde sempre me sentia segura depois de dirigir pela estrada escura e sinuosa da base de Kent Valley e do Green River.

Mas eu estava mal-informada. Não tinha a menor ideia de quantas garotas desaparecidas estavam mortas a poucos quarteirões daquele cruzamento, assim como ninguém sabia.

Rose Johnson* era, sem dúvida, uma das mais belas das dezenas de garotas que desapareceram durante o pico de matança do Assassino de Green River de 1982 a 1984. Em muitos aspectos, sua vida antes de cair nas ruas era semelhante à de suas irmãs sacrificadas; em alguns aspectos, era muito pior.

Rose cresceu no extremo sul, abandonou a escola antes de se formar e supostamente foi alvo de incesto de vários homens da família. A mãe, uma mulher de opiniões fortes que tinha raiva da vida, raiva dela e raiva das suas próprias circunstâncias, culpava a filha pelo fim do seu casamento. Em vez de ficar do lado de Rose quando a filha a procurou e disse que o pai a estava molestando, a mãe a viu como uma rival. Acusou a adolescente de tentar seduzi-lo de propósito e ficou do lado do marido.

Enfurecido, ele transformou a vida da filha em um inferno. Ela não tinha privacidade; tirou a porta do seu quarto. Era obrigada a se vestir dentro do closet ou atrás de um lençol. Nunca sabia quando alguém ia entrar. Quando a janela quebrou na época mais fria do inverno, o pai se recusou a consertá-la, e ela sofria com o frio, apesar do papelão que prendeu na moldura vazia. Ele trancou os armários e a geladeira para que ela não encontrasse nada para comer em casa. Cabia a Rose sobreviver de qualquer maneira que conseguisse.

A única coisa que Rose tinha para vender era ela mesma. Ela comprou um carro surrado com um pouco do primeiro dinheiro que ganhou; já que não conseguia ganhar o suficiente para pagar por um quarto de motel, tinha o carro para dormir. Não era tão ruim nos meses de verão.

Rose tinha medo da mãe, mais por causa do veneno que parecia exalar do que por qualquer punição física que a mulher mais velha lhe aplicasse. Mesmo quando o pai finalmente se mudou, Rose não voltou para casa. Ainda era perigoso para ela.

"A primeira vez que encontrei a mãe da Rose", lembrou uma das amigas próximas, "foi na loja Fred Meyer em Burien. Ela foi atrás da Rose bem silenciosa e deu um susto nela. As duas trocaram umas palavras que não foram muito agradáveis. Quando a mulher se afastou, perguntei à

Rose quem diabos era aquela mulher. Me disse que era sua mãe. Não consegui acreditar. Fora muito péssima com a Rose. Dava para ver que a Rose não significava nada para ela."

Rose às vezes parava o carro no estacionamento do motel Red Lion na esquina da rua 188 com a Pac, mas era mais comum deixá-lo em um pequeno terreno cheio de mato próximo ao Don the Barber's na esquina da rua 142 com a rodovia. Don a reconheceu pois ela ia lá com frequência. Enquanto cortava cabelos, ficava observando pela janela que dava direto para o terreno, e viu Rose encontrar *johns* ali dezenas de vezes. Ela trancava o carro, saía com homens diferentes e voltava mais tarde. Don lembrou que a notara porque era muito bonita e muito jovem e, ao contrário da maioria das garotas que andavam pela Strip, nunca a vira com um protetor masculino.

"Não sei por quanto tempo ela estacionou ali", disse Don, "mas um dia simplesmente não estava lá. Nem no outro. Nem em nenhum outro dia. Nunca mais voltou. Quando vi a foto no jornal depois, percebi por que não estava mais lá. Tinha morrido. Ele também a pegou."

O que Don não sabia era uma coisa que o chocaria ainda mais do que o desaparecimento de Rose. O homem que a matou sentou na sua cadeira de barbeiro com frequência por décadas, conversando com simpatia e rindo das piadas de Don.

Assim como muitas das vítimas do Assassino de Green River, Rose cheirava cocaína quando tinha dinheiro. A cocaína turvava os limites rígidos da sua vida e lhe dava uma falsa sensação de que as coisas estavam melhorando. No dia em que desapareceu, ligou para uma amiga e combinou de comprar cocaína.

"Como não apareceu, não pensei muito no assunto", disse a amiga. "Porque as pessoas são assim. Mas, alguns dias depois, uma amiga nossa me ligou e perguntou se eu tinha visto Rose, e disse que tinha falado com ela alguns dias antes. Espalhamos a notícia e tentamos encontrá-la, mas nenhuma de nós voltou a vê-la."

A família não informou o desaparecimento por muito tempo. Quando o fizeram, os familiares vociferaram a raiva pela força-tarefa.

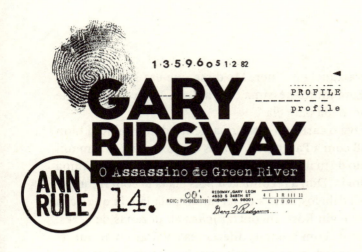

As pessoas não sabiam

O menino cresceu, mas continuava atrasado na escola e na interação social. Os pais se mudaram mais uma vez — de Idaho para Seattle —, e teve que começar tudo de novo, tentar fazer amizades. Agora tinha cerca de 13 anos e ainda fazia xixi na cama na maioria das noites. A mãe estava sem paciência. À beira da puberdade, ficava zangado e excitado quando ela lavava a urina do seu órgão genital. A mãe exercia muito controle sobre ele. Era mais rígida do que o pai. Meio que mandava no pai também, e era quem fazia tudo. Ele e os irmãos a chamavam de "a diretora".

Ela saía para o trabalho vestida para o sucesso, usando belas roupas e joias e com o rosto maquiado com perfeição. Era muito popular e competente no trabalho. Quando ele era menor, em Idaho, sua mãe era gentil, e os dois montavam quebra-cabeças juntos. Mesmo que tivesse passado o dia todo trabalhando no posto de gasolina do pai, meio que se lembrava de que ela havia voltado para casa para cozinhar. Não importava; eles não sentiam fome e tinham muito o que fazer. E ela tentava ajudá-lo com a leitura. "Eu tinha muita dificuldade com a leitura."

Mas a mãe queria que as coisas ficassem muito limpas e esfregava o órgão genital dele depois que fazia xixi na cama. Quando percebeu que era bom sentir mãos tocando o pênis, passou a pensar em sexo com frequência. Não era um assunto mencionado ou explicado em casa, por isso não fez perguntas para saber se o que sentia era normal ou não. Pelas coisas que a mãe dizia, sabia que a masturbação era um dos piores pecados. Pior do que estuprar alguém.

Duas garotas mais ou menos da idade dele moravam bem ao lado da sua casa em Seattle. Tinham uma piscina, e ele as observava de um jeito discreto enquanto elas mergulhavam de maiô. Elas não sabiam que eram observadas, por isso era sempre convidado a se juntar às duas.

Ficava espiando pelas janelas, ou melhor, tentava ver através das persianas. Tinha uma queda por uma das vizinhas, a quem chamava de "uma senhora mais velha", embora tivesse apenas 17 anos. Ele saía com os irmãos mais novos delas e ia à casa delas algumas vezes por semana para ver televisão.

A essa altura, tinha ereções com frequência e quase sempre quando estava na sala de estar. Naquele verão, ela estava vendo TV em uma poltrona, mas ele se sentou no chão e conseguiu puxar discretamente o short para que ela visse o pênis ereto se por acaso lhe olhasse. Pensou que faria com que ficasse impressionada e querendo fazer sexo, mas ela não deu nenhum sinal de que o tinha visto.

Embora a vizinha não parecesse notar que o menino estava se expondo, em sua fantasia pediria que ela fizesse sexo com ele. Ele tinha 14 anos, mas ainda estava no sexto ano, mais alto do que quase todos os outros da turma porque tinha repetido.

Certa vez, olhou pela janela do quarto dela à noite, na esperança de ter um vislumbre dela de calcinha ou talvez até mesmo sem roupa. Descobriu que ela havia baixado todas as cortinas. Ele bateu de leve à janela, pensando que ela poderia sair para se juntarem ou talvez até mesmo convidá-lo para a cama. Mas, de repente, as luzes se acenderam, e deu para ouvir a porta da frente da casa se abrir, seguida do som de passos pesados. O pai dela contornou a casa correndo e quase o pegou. Ele conseguiu correr para casa bem a tempo.

Uma vez, enquanto estava sozinho com uma prima mais nova, a atraiu para a floresta lhe dando uma moeda. Lá, colocou a mão por baixo da saia dela e a tocou entre as pernas. Mas ela o entregou, e ele foi punido.

O sexo ocupava seus pensamentos, mas ele não tinha como descarregar. Tornou-se um *frotteur*, esfregando-se com habilidade nas garotas, ou assim pensava. As mãos dele passavam pelos seios de garotas e mulheres como se fosse por acidente. Às vezes, elas olhavam fixamente para ele como se soubessem o que estava fazendo. Ele tinha que tomar cuidado para não tocar nas mesmas garotas muitas vezes e deixá-las desconfiadas.

Ele estava muito atrasado no ensino e agora tinha problemas até para acompanhar as crianças mais novas. Ficava com raiva na maior parte do tempo, mas não dava para perceber olhando para ele. Não tinha amigos fora da escola e se considerava um "solitário". Ninguém se importava o suficiente com o que estava fazendo a ponto de puni-lo. Podia fazer o que quisesse, e ninguém lhe dizia para não fazer — porque as pessoas não sabiam.

Ele gostava de machucar coisas, de matar pássaros nas árvores frutíferas do quintal. Mas os irmãos também gostavam. Atiravam em pássaros com armas de chumbinho e riam quando as aves caíam no chão. Às vezes, atingiam os alvos, e os pássaros voavam, mas voavam tortos.

Um dia, estava sozinho em casa e com raiva de todo mundo. Um dos gatos da família foi em sua direção, querendo carinho. Mas ele também estava com raiva do gato. E teve uma ideia. A família acampava com frequência e tinha *coolers* de piquenique que fechavam hermeticamente para manter a comida ali dentro fria por mais tempo.

Pegou o gato, forçou-o a entrar no *cooler* e fechou bem a tampa. Ele se obrigou a esperar até o dia seguinte para voltar a olhar ali dentro. O gato estava rígido, morto. Tinha arranhado o interior do *cooler* na luta para sair, mas alguém teria que olhar com atenção para a superfície branca e dura para ver os arranhões. Ficou satisfeito porque o bicho não escapou da asfixia.

A raiva tinha sido saciada, pelo menos naquele momento, e ele se livrou do corpo do gato, embora afirmasse muito tempo depois que não conseguia se lembrar de jeito nenhum do que tinha feito. Eles moravam em uma estrada movimentada, e gatos sempre morriam. Talvez o tivesse jogado na rua e achado que ninguém ia saber a diferença. Talvez o tivesse enterrado em algum lugar ou colocado sob um arbusto onde os galhos mais baixos o esconderiam. Depois de superar a raiva ferindo ou matando alguma coisa, sempre ficava com medo e se apressava para encobrir o que havia feito para que ninguém soubesse.

Ele lavou o *cooler* e o colocou de volta onde o encontrara. Não contou a ninguém sobre o gato, nem mesmo aos irmãos. Imaginou que havia tantos gatos por perto que ninguém jamais ia notar.

Ele tinha 13 ou 14 anos quando descobriu que matar alguma coisa o fazia se sentir forte e importante. Que poder maior alguém podia ter do que decidir o que ia viver e o que ia morrer? Quando as pessoas riam dele, agora tinha segredos que não conseguiam adivinhar.

Ele carregava um canivete para onde quer que fosse desde que estava no sexto ano. O objeto era preto e tinha quatro lâminas que se abriam. Gostava da sensação do canivete no bolso.

Ele planejava o que fazia? Não, tinha certeza que não. Não tinha planejado quebrar todas as janelas da escola; isso "simplesmente aconteceu" quando pegou a primeira pedra. Às vezes se perguntava por que fazia "coisas ruins".

Ou a escola ou a mãe o obrigou a consultar um psicólogo depois que descobriram que havia quebrado tantas janelas de novo. Ele mesmo não sabia ao certo por que fizera isso. Em um minuto, não estava pensando nisso e, no minuto seguinte, estava com uma pedra na mão. E a sensação de ver o vidro se estilhaçar e cair no chão era boa. O psicólogo tentou hipnotizá-lo, mas não funcionou. Ele tinha muito controle sobre a mente. Os pais tiveram que pagar pelo que ele fez e ficaram bravos.

Ele tinha certeza de que também não esperava fazer nada com o garotinho. Estava andando para um baile na escola do ensino médio naquela noite e se viu em um terreno onde havia árvores e arbustos. Quando o menino de 6 anos apareceu, disse que ficou surpreso ao se ver estendendo a mão para puxá-lo para o mato. Ele pegou o canivete e abriu ou talvez já estivesse com a lâmina exposta.

Ele esfaqueou o menino uma única vez, um golpe rápido que perfurou o rim da criança. Quando puxou a faca, o sangue jorrou. Sentiu-se envergonhado por um instante, mas foi embora como se tudo estivesse normal.

Em seguida, correu e se escondeu no porão mais uma vez. Não tinha medo de que o menino morresse; estava muito mais preocupado com a possibilidade de o menino viver e conseguir identificá-lo. Ficou em casa por um bom tempo depois disso. Não queria chamar atenção para si mesmo.

Às vezes se perguntava quais coisas ruins eram piores. Quase parecia que eram piores quando era pego. Se não fosse pego e não fosse punido, conseguia fazer tudo desaparecer da cabeça com mais facilidade. As crianças da escola sabiam que era ele quem quebrava as janelas, e ele desconfiava que alguns o admiravam por isso, que, às vezes, queriam fazer a mesma coisa.

Mas podia ser diferente se soubessem que foi ele quem esfaqueou o menino, porque podiam pensar que foi um ato de covardia. O que as pessoas pensariam dele por machucar uma criança pequena? Podia até ter que ir para o reformatório se as pessoas soubessem que foi ele. No fim, ficou meio orgulhoso por não ter sido pego. Mas também estava com medo de quantos problemas teria se alguém descobrisse. Uma professora encontrou o menino e o carregou para um local seguro, onde uma ambulância e a polícia foram chamadas. O menino sobreviveu, mas não contou quem o havia esfaqueado porque não sabia. Assim, ninguém descobriu, e ele não foi punido.

Coisas ruins acontecendo com as pessoas o excitavam. Um garotinho se afogou na área de natação pública do parque Angle Lake enquanto nadava lá, e ele pensou muito nisso. Ficou muito fascinado quando uma mulher que morava perto deles foi assassinada e imaginou várias vezes os detalhes do que poderia ter acontecido com ela. Era uma noite quente de verão, e ela saiu para dar uma volta no quarteirão só com o roupão de banho — para se refrescar. Alguém a estrangulou com o cordão do roupão.

Ele falava muito sobre esse mistério com o pai. Achava que ela também tinha sido estuprada e continuava repassando diferentes cenários. Talvez tivesse brigado com o marido porque gastou demais ou porque o estava traindo. Talvez fosse um vizinho ou o amante secreto da mulher ou até dois caras trabalhando juntos. Havia muitas possibilidades para se pensar, e ele era tão bom em inventar diferentes motivos, métodos e suspeitos que achou que daria um bom detetive.

No lu_gar errado____
____na hora errada

O padrão dos sequestros estava se movendo para o sul — para a esquina da rua 216 Sul com a Pac. Tanto Debra Bonner quanto Marie Malvar tinham desaparecido perto do motel Three Bears, embora com meses de diferença. E aqueles que moravam em Des Moines não se sentiam nem um pouco distantes da violência criminal como antes, talvez sob a presunção de que estávamos protegidos na nossa pequena cidade que circundava Puget Sound.

Keli Kay McGinness era uma loura impressionante, uma garota rechonchuda de 18 anos com rosto em formato de coração e olhos azuis com uma franja espessa de cílios escuros. Ela dividia o tempo entre o Camp em Portland e a Strip em Seattle, às vezes até viajando para o sul da Califórnia. No início do verão de 1983, ela e o namorado tinham deixado Portland para ver como estavam as coisas em Seattle, cidade natal de ambos.

Quando trabalhavam em Portland, Keli começava na avenida Union no início da noite e, depois, se mudava para o centro da cidade por volta das 23h. Era muito segura de si e parecia mais velha do que era. "Ela ficava acima do nível das garotas das ruas", lembra uma mulher que havia trabalhado no Camp nos anos 1980. "Keli usava um casaco branco de pelo de coelho, e eu nunca soube dizer se usava peruca ou se o cabelo era descolorido, e ela usava muito spray de cabelo. Era muito amiga de uma garota chamada Pammy Avent, cujo nome de rua era 'Annette'. Keli tinha muitos nomes de rua."

Minha correspondente, que era uma mulher madura com uma carreira estabelecida quando me contatou, pediu que sua identidade não fosse revelada enquanto olhava para o passado, para como era o Camp vinte anos antes. É claro que lhe assegurei que eu não revelaria.

"Muitas garotas estavam nas ruas pelo aspecto social, além de [estarem] para ganhar dinheiro — jogando videogame e visitando umas às outras no Fun Center —, mas Keli não. Ela estava focada em ganhar dinheiro. Costumava caminhar sozinha enquanto as outras garotas caminhavam em duplas. Keli tinha um andar empertigado e olhava para todos os carros que passavam por ela."

A última vez que alguém que a conhecia se lembrava de ter visto Keli McGinness foi às 19h30 de 28 de junho de 1983, na esquina agora conhecida da rodovia Pac com a rua 216 Sul. Naquela noite, estava usando um suéter de manga curta bege, calça jeans, um casaco longo de pelo de camelo e um sapato de salto muito alto. O motel Three Bears ficava naquela esquina, e o registro da recepção mostrava que ela havia feito o check-in às 22h.

O namorado de Keli informou seu desaparecimento no dia seguinte, mas o sargento-detetive da polícia de Des Moines, Bob Fox, não estava convencido de que ela havia encontrado um criminoso. Ele tinha visto muitos adultos e adolescentes mais velhos irem embora por conta própria. Disse a um repórter: "Não existe nenhuma lei contra uma pessoa que diga: 'Cansei. Vou embora'. Eu simplesmente não sei e acho que não saberemos até termos notícias dela de uma forma ou de outra".

Keli era tão atraente que as pessoas que a viam se lembravam dela, mas, como Marie e Gail e tantas garotas antes dela, ninguém na Strip a vira.

Houve outros casos que podem ou não estar relacionados à série de desaparecimentos em 1983 e às vítimas assassinadas na última metade de 1982; casos suficientes para deixar os investigadores tensos, pensando em quem poderia estar pelas ruas, sempre de olho em mulheres vulneráveis.

Em 9 de julho de 1983, os policiais de patrulha do condado de King receberam a denúncia de uma secretária de 18 anos que tinha sido estuprada com violência. Era uma vítima clássica: um pouco embriagada, chateada com uma discussão com o namorado, tão chateada que saiu batendo pé do restaurante Anthony's Homeport na marina de Des Moines. Tinha bebido álcool porque carregava uma identidade falsa. Chorando e com raiva, estava em uma cabine telefônica ligando para pedir a amigos uma carona para casa quando um desconhecido em uma picape parou e perguntou se precisava de carona.

Ela fez que não e tentou fechar a porta dobrável, mas o homem a agarrou e a forçou a entrar na picape antes que ela conseguisse reagir.

"Vou levá-la onde você quiser", disse, agora estranhamente educado.

Ela lhe deu o endereço do namorado na elegante Three Tree Point, na esperança de vê-lo no caminho para casa e poder ser salva. O motorista seguiu as instruções, mas passou direto pelo endereço, ignorando seus protestos. Ele se dirigiu à pequena cidade de Burien, agarrou o cabelo dela e disse que a mataria se tentasse escapar. Em Burien, estacionou no terreno de uma escola fechada por tapumes e a estuprou. Lutando contra ele, acabou conseguindo bater na maçaneta da porta e cair cambaleando da picape. Ela correu, e um residente próximo respondeu à batida frenética à porta.

Tratada no pronto-socorro de um hospital, a garota assustada só conseguiu dizer aos policiais que o homem disse que se chamava "John".

"Como ele era?"

Ela fez um gesto negativo. "Não sei. Estava muito escuro."

Não havia nenhum indício de que essa vítima estava trabalhando nas ruas. Ela só estava no lugar errado na hora errada. A descrição que fez da picape era semelhante às que eram vistas na rodovia Pac.

A última localização conhecida de Keli McGinness ficava a cerca de três quilômetros da marina de Des Moines. Dois incidentes perturbadores com nove dias de intervalo. Por ironia, os artigos sobre as duas jovens de 18 anos dividiram espaço na primeira página do *Des Moines News*.

Em 8 de maio de 1983, os detetives do condado de King investigaram discretamente a descoberta do corpo de uma mulher em um local a certa distância do Green River e da Strip. As circunstâncias em torno desse local de desova de corpos eram tão esquisitas e ritualísticas que acharam que devia ser um assassino diferente. E os investigadores foram escrupulosos em não divulgar informações completas sobre o que tinham encontrado. Caso encontrassem o verdadeiro assassino ou um confessor compulsivo, só eles e o verdadeiro assassino saberiam os detalhes.

Carol Ann Christensen, de 22 anos, era mãe solteira de uma filha de 5 anos e estava animada em 3 de maio porque tinha conseguido um emprego depois de muito tempo procurando. Carol Ann morava perto da Pac e fazia compras ali, a pé, porque não tinha carro — mas não era prostituta. O novo emprego era como garçonete na Barn Door Tavern, na esquina da rua 148 com a rodovia. Ficava perto do White Shutters, o restaurante/bar que atraía solteiros, e a apenas dois ou três quarteirões do pequeno estacionamento de trailers onde Carol Ann morava, perto o suficiente para ela caminhar até o trabalho.

Carol Ann só tinha trabalhado um ou dois dias quando não voltou para casa uma noite. A mãe ficou desesperada. Carol adorava a filhinha, Sarah, e não a teria abandonado de propósito. Se pudesse voltar para casa e ficar com Sarah, teria feito isso.

A terrível resposta de onde estava Carol Ann surgiu em poucos dias. O corpo de Carol Ann Christensen foi descoberto em uma área conhecida como Maple Valley, que fica a cerca de trinta quilômetros a leste da Strip. Grande parte do Maple Valley seria construída nos vinte anos seguintes, mas era muito arborizada quando Carol Ann desapareceu. Uma família em busca de cogumelos comestíveis só precisou se afastar um pouco da estrada e entrar em um trecho sombreado de sempre-verdes, samambaias e abetos para encontrar os preciosos cogumelos morel e cantarelo brotando no chão frondoso da floresta.

Eles se esqueceram da caça aos cogumelos quando se depararam com um quadro grotesco. Uma mulher estava deitada de costas meio sentada, mas não dava para ver o rosto. Alguém tinha colocado uma sacola de compras marrom sobre a cabeça. As mãos estavam cruzadas sobre a barriga e cobertas com linguiça moída. Havia duas trutas mortas, limpas e destripadas colocadas na vertical sobre a garganta. Uma garrafa de vinho que antes continha um Lambrusco foi colocada na parte inferior do abdome.

Essa era uma "cena montada", comum a psicopatas sexuais. É uma forma de insultar os detetives, dizendo em silêncio "Me pega! Me pega!".

E, ao mesmo tempo, anuncia: "Olha como sou inteligente, e você nem sabe quem fez isso. Você não consegue me pegar!".

Carol Ann não estava no rio e não fora deixada perto da rodovia Pacific. Não era uma prostituta. Apesar disso, assim como as primeiras vítimas do Green River, tinha sido estrangulada por ligadura, no caso dela com uma corda trançada de plástico amarela brilhante, que o assassino tinha deixado para trás.

Estava vestida com calça jeans; uma camisa do Seattle Seahawks; uma jaqueta branca de poliéster com zíper; e um tênis de corrida azul e cinza. A sacola de compras dizia "Larry's Market", o supermercado sofisticado localizado na Strip.

No início, o assassinato de Carol Ann Christensen foi investigado pela Unidade de Crimes Graves do departamento do xerife, e não pela Força-Tarefa Green River, porque seu estilo de vida e o *modus operandi* da morte eram muito diferentes. Depois, quando o endereço e o emprego indicaram que ela morava e trabalhava bem na zona da matança, era bem possível que pertencesse à lista com as outras vítimas.

Embora seja raro para assassinos em série — e em 1983, o Assassino de Green River *era* chamado assim —, assassinar alguém que eles conhecem não é algo inédito. Carol Ann Christensen pode ter acreditado que estava saindo para um encontro, um piquenique com alguém que ela conhecia e em quem confiava. Estava vestida para um piquenique, e as florestas de Maple Valley, onde ela foi encontrada, eram agradáveis na primavera. Mas embora o corpo não estivesse tão longe da estrada, a floresta era escura e não havia muitas pessoas por perto. Se o homem com quem ela estava tirasse a máscara enganosamente amigável e começasse a machucá-la, os gritos de socorro não seriam ouvidos.

Depois de um tempo, o nome de Carol Ann entrou na lista cada vez maior de possíveis vítimas do Assassino de Green River.

Foi uma sorte os investigadores do condado de King terem seguido a rotina normal de medição de triangulação nas florestas de Maple Valley. Ninguém reconheceria o lugar agora. Ele se tornou um amplo bairro de casas modernas chamado Patrick's Faire.

Não haveria mais nenhum local de desova de corpos encenado de maneira esquisita. O que quer que o assassino quisesse provar, tinha conseguido. Como Pierce Brooks sempre fazia, os investigadores da força-tarefa continuavam tentando se colocar na mente do assassino, pensar como ele pensava, andar por onde ele andava, mas era muito, muito difícil.

Ele não pensava como ninguém que eles pudessem imaginar. Não era louco, disso tinham certeza. Se fosse louco, teria cometido algum erro até então, surtado e feito alguma coisa para ser notado. Em vez disso, ainda estava fazendo seus joguinhos esquisitos e malignos.

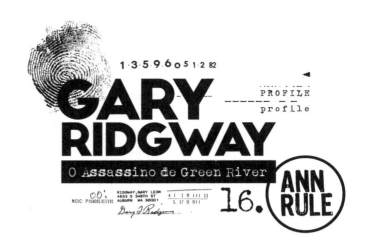

Keli Kay McGinness

Embora o namorado insistisse que Keli Kay McGinness teria entrado em contato com ele se estivesse bem, de todas as jovens que haviam desaparecido, a força-tarefa e as amigas imaginaram que Keli havia escapado. Ela às vezes insinuava que poderia mudar seu estilo de vida e optar por uma coisa mais simples, e tinha dito à mãe que se saísse de Seattle não voltaria.

Ela era bonita e inteligente o bastante para fazer isso. E, de forma surpreendente, Keli tinha um histórico que a deixaria entrar com facilidade em um ambiente de classe alta. Sua vida toda tinha sido um estudo de contrastes. Mas ela amadurecera muito rápido, talvez por ter tido muitas figuras paternas, talvez por ter passado de uma vida de dificuldades para a riqueza e, depois, ter voltado para as dificuldades.

Os pais biológicos de Keli eram atraentes, apresentáveis e tinham dinheiro. O pai era um bonito e falastrão vendedor de carros, muito conhecido no extremo sul do condado de King, e ganhava um bom dinheiro. A mãe era uma bela cantora com grandes esperanças de se tornar uma estrela.

Em 1984, Elizabeth Rhodes, repórter do *Seattle Times*, fez uma reconstrução extraordinária da vida de Keli. Rhodes, que agora é a maior especialista em imóveis do *Times*, não se esqueceu da jovem sobre a qual escrevera duas décadas antes: "Keli não é fácil de esquecer", ela me disse. "Você deve se perguntar onde ela está agora."

Assim como a minha filha, Leslie, Keli nasceu no hospital Virginia Mason, em Seattle. Keli usou muitos nomes de rua e muitas datas de nascimento, mas seu aniversário verdadeiro era 17 de abril de 1965, e, se estiver viva, Keli deve ter quase 40 anos.[1]

A união dos pais durou até ela ter 2 anos e meio; e a mãe, 27. Ao aceitar pequenos shows em bares locais, a mãe de Keli conseguia sustentar as duas, e elas se tornaram muito próximas. Como a canção popular de Helen Reddy, Keli foi uma entre muitas das garotas desaparecidas que desde cedo tinham uma ligação forte com as mães, do tipo "Você e eu contra o mundo".

Dois anos depois, a mãe de Keli se casou com um empresário cuja fortuna estava disparando. Ele estava muito disposto a compartilhar a riqueza com a noiva e a nova enteada. Eles moraram em Queen Anne Hill praticamente em uma mansão, uma casa que custaria bem mais de 2 milhões de dólares hoje. Keli Kay tinha dezesseis cômodos para percorrer e podia se sentar em um assento acolchoado junto à janela e olhar pelas janelas salientes para o centro de Seattle e as balsas em Puget Sound.

A linda garotinha tinha seu próprio cavalo e aulas de equitação, aulas de música, semanas em acampamentos de verão exclusivos para onde iam outras meninas ricas e ortodontia para corrigir sua leve mordida cruzada. O cabelo era castanho à época, e as fotos do ensino fundamental a mostram sorrindo com cuidado para que o aparelho não aparecesse.

Conforme a perspicácia empresarial do padrasto aumentava, os pais de Keli trabalhavam muitas horas. Era comum ela passar mais tempo com a babá e a governanta do que com a mãe e o padrasto, mas era uma criança brilhante, tirava notas altas na escola e ganhava concursos de soletração. Ficava solitária a maior parte do tempo, mas adorava a mãe e ficava muito feliz quando as duas estavam juntas.

"Éramos muito, muito próximas", disse a mãe a Elizabeth Rhodes muitos anos depois. "Eu a amava como filha, mas também era divertido fazer coisas com ela. A melhor coisa sobre Keli era sua personalidade maravilhosa. Era inteligente, rápida e afiada."

A pequena família se divertia muito — viagens ao Havaí e ao México, passeios no iate de quinze metros da baía de Elliott às ilhas de San Juan —, e mãe e filha tinham todas as roupas maravilhosas que queriam. Era um estilo de vida que poucos moradores de Seattle tinham. Só durou

---

1   As idade são correspondentes à data de publicação do livro original nos Estados Unidos, em 2004.

cinco anos. A mãe e o padrasto se divorciaram, e a vida em que Keli Kay havia crescido acabou, uma cortina rápida se fechando no seu mundo de privilégios. Ela e a mãe voltaram a uma existência normal.

Keli Kay tinha quase 11 anos, uma época bem perturbadora para as meninas. Mais do que a riqueza e tudo que vinha com ela, Keli Kay sentiu que o padrasto também tinha se divorciado dela. O pai a havia deixado, e agora outra figura paterna tinha se afastado. Para aplacar os próprios sentimentos, ela culpou a mãe pelo divórcio.

Pouco tempo depois, a mãe se casou de novo. Esse padrasto não era rico e não era uma pessoa muito boa. A mãe chegou cedo do trabalho um dia e o pegou jogando uma cadeira de balanço em Keli. A perna dela já estava machucada por causa de uma surra com um cabide de madeira. Esse foi o fim do casamento; a mãe não ia permitir que ninguém machucasse Keli.

Keli tinha 13 anos, uma idade em que até mesmo meninas de famílias estáveis se rebelam e se tornam "pessoas diferentes". Qualquer pai ou mãe de uma filha adolescente pode atestar isso. E Keli tinha perdido muitas coisas com muita rapidez. Suas notas caíram, e ela começou a fugir de casa — mas só por um ou dois dias. Ela, que sempre tinha sido uma criança obediente e divertida de conviver, tornou-se taciturna e desafiadora. Ainda era inteligente e criativa, mas agora via o mundo através de uma nuvem sombria. A vida a traíra.

Keli também tinha sofrido a pior experiência que qualquer adolescente pode sofrer. Estava trabalhando como babá quando atendeu à porta sem verificar quem estava batendo. Eram cinco adolescentes bêbados e barulhentos. Eles forçaram a entrada, e Keli passou por uma terrível provação de ataque sexual: um estupro coletivo.

Às três da manhã, a mãe recebeu um telefonema para ir a um hospital de Seattle e encontrou a filha de 13 anos traumatizada a ponto de não conseguir falar. Keli conhecia alguns dos meninos e tinha medo deles, porque eram os líderes do grupo mais violento de uma escola de ensino médio local. Ela achava que, se concordasse em testemunhar contra eles no tribunal, eles a machucariam ainda mais. Além disso, estava com vergonha.

Keli escreveu um poema pouco tempo depois, um poema que a mãe só encontrou depois que a filha fugiu de casa para sempre. Elizabeth Rhodes citou no artigo:

> "Olhando para as páginas do passado,
> Todo o sonho da infância está dissipado

Até a caixa de giz de cera na prateleira
Reflete pedaços de mim inteira..."

Keli tinha apenas 14 anos quando escreveu isso, lamentando que "teve que crescer". A vida como ela conhecia tinha acabado, e havia indícios de que crescer não tinha sido a maturação que os anos sempre trazem. Ela terminou o poema assim:

"Mas agora sei na mente e no coração
Tive que para trás tudo deixar
E, quando uma lágrima aparece devagar na visão,
É hora de parar e me perguntar:
Por quê?"
— Keli K. McGinness

E Keli McGinness foi para as ruas, como se a dor fosse diminuir ali de alguma forma. Descoloriu o cabelo e usava roupas que realçavam seu busto avantajado. Se for possível dizer isso, ela era um sucesso trabalhando na Sunset Strip em Hollywood, no Camp em Portland e voltando para casa na Strip de Seattle. Apaixonou-se por um garoto afro-americano dois anos mais velho e engravidou aos 15.

Keli Kay deu à luz dois bebês antes de completar 18 anos. Ao contrário de Mary Bridget, os dois bebês de Keli Kay sobreviveram.

Será que a própria Keli tinha sobrevivido? Provavelmente não; seu status ainda estava no limbo. O primeiro filho, um menino, nasceu na Califórnia. Ela o levou para Seattle para mostrar às duas avós dele. A avó paterna se ofereceu para cuidar do bebê, mas Keli decidiu que ele deveria ser adotado, e foi.

Mas os dois pais adolescentes se arrependeram, e, em seis meses, Keli estava grávida de novo. Eles haviam planejado esse bebê do melhor jeito possível em um estilo de vida que envolvia mudanças constantes e morar em motéis baratos. De alguma forma, eles pensaram que ficar com o segundo bebê tornaria o amor dos dois mais forte e daria às famílias a impressão de que eles eram maduros.

Era uma adorável menininha que combinava as características mais atraentes dos pais jovens. Mais uma vez, a mãe do pai estava disposta a ajudar a criá-la, mas a mãe de Keli nunca tinha conseguido aceitar o namorado da filha. Ela o culpava pelo estilo de vida de Keli e era contra uma união birracial. Keli disse que a mãe era preconceituosa, o que era verdade, mas ela também achava que o namorado de Keli tinha feito algo a ela.

A mãe tinha implorado em vão para Keli deixar as ruas. Não precisava ter um cafetão/namorado. A mãe ia ajudá-la. As duas ainda eram amigas, além de mãe e filha, embora Keli conhecesse melhor o mundo, enquanto a mãe lutava para lidar com o que Keli se tornara. Ainda assim, as duas continuaram em contato, conversando como pessoas com experiências de vida diferentes. Elas se amavam, mas não podiam ajudar uma à outra.

Keli tentou explicar: "Sou prostituta, mãe. Como posso ganhar a quantidade de dinheiro que estou ganhando agora fazendo qualquer outra coisa?".

Como suas conhecidas do Camp lembraram, Keli ganhava muito dinheiro. Quando não estava chovendo e frio, as garotas de Portland e Seattle conseguiam ganhar mais de 3 mil dólares por semana, embora a maior parte fosse entregue aos cafetões. Por ironia, a infância de Keli, quando ela se movimentava com facilidade entre os membros mais ricos da sociedade de Seattle, lhe deu uma imagem refinada que atraía os johns mais ricos.

Mas ela não podia fazer isso e cuidar da filha de quatro meses ao mesmo tempo. Estava indo bem até então, e, entre Keli e o namorado, sempre havia alguém com a bebê. Mas Keli sabia que não tinha condições de ser mãe em tempo integral. Ela levou a bebê para uma agência religiosa de cuidados infantis. Não, ela não queria colocá-la para adoção. Keli pediu que ela fosse colocada em um lar temporário, mas só por tempo suficiente para cumprir uma pena de prisão antiga por prostituição que pairava sobre sua cabeça. Não sabia dizer quando voltaria para pegar o bebê, mas insistiu que iria voltar. Não havia mais ninguém na família dela ou do namorado que pudesse cuidar da criança, embora todos dissessem que a amavam.

Keli McGinness apareceu na prisão em 25 de maio e cumpriu a pena durante sete dias, com a certeza de que a bebê já estava segura em um lar temporário.

Embora os pais desaprovassem — a mãe não conseguia nem dizer a palavra *prostituição* —, o namorado de Keli a pegou na prisão em seu Cadillac conversível de seis anos de uso, e os dois dirigiram até Portland, um padrão regular para eles ao longo do "circuito". Como sempre fazia, esperou no saguão de um restaurante até Keli voltar com o dinheiro que ganhara. Como todos os "namorados" das mulheres desaparecidas disseram, ele "a amava de verdade" e se preocupava com ela, e tinha medo de que algum esquisitão cruzasse seu caminho.

A própria Keli se sentia bem segura, embora soubesse do Assassino de Green River. Ela não entrava em carros; transava em quartos de motel que alugava. Dizia às pessoas que a amavam e aos policiais que a prendiam: "Isso não vai acontecer comigo".

Keli considerava as prisões como parte do custo dos negócios e era filosófica sobre as multas e o tempo de prisão que tinha que cumprir de vez em quando. Mudando habilmente de nome, data de nascimento e carteira de identidade, muitas vezes conseguia sair livre, porque os policiais que a prendiam não conseguiam encontrar o nome atual nos registros. No entanto, às vezes ela era pega, mas dava de ombros e aceitava os decretos da lei, rindo ao dizer: "Você me pegou!". Conhecia a maioria dos policiais e era educada com eles, aceitando o fato de que às vezes eles ganhavam.

Os policiais venceram em Portland em 21 de junho de 1983, e Keli passou três dias na prisão no Oregon. Mas a agenda judicial dela estava lotada, e ela precisava voltar a Seattle para uma audiência no tribunal em 28 de junho. Disse ao advogado que voltaria a tempo para isso, mas não apareceu, e o juiz emitiu um mandado de prisão no nome dela. Segundo o namorado, tinham voltado para Seattle, mas, por algum motivo, Keli não quis ir ao tribunal. Em vez disso, passaram aquele dia juntos.

Em seguida, Keli se hospedou no motel Three Bears. O recepcionista confirmou isso. O quarto custava 22 dólares. Pouco depois das 21h, ela estava na rodovia Pac, caminhando em direção ao restaurante Blockhouse, onde a clientela, a maioria residente de Des Moines atraída pela costela, pelo frango frito e pelo desconto para idosos, estava comendo a sobremesa ou sentada no bar lotado quando o entretenimento ao vivo começou. Ela não conseguiu encontrar nenhum *john* lá, mas os carros que vinham da I-5 pela saída Kent-Des Moines desaceleravam ao vê-la.

Keli McGinness nunca mais voltou para buscar a filha na instituição da igreja. O pai do bebê disse que não recebeu nenhuma das mensagens que a instituição deixou para ele. A filha de 14 meses era nova demais para saber que a mãe tinha morrido e que não havia mais ninguém na família que pudesse cuidar dela. A filhinha de Keli foi adotada quando ninguém foi buscá-la.

A mãe de Keli não a via desde o Dia das Mães de 1981, quando Keli dirigiu até o leste de Washington para vê-la. Torcia para que a filha tivesse decidido fugir para algum lugar distante. Pelo menos isso significaria que ela estava viva.

Um caçador ainda camuflado

Durante o verão de 1983, os jornais da região de Seattle publicaram muitas histórias sobre mulheres que podiam ou não estar desaparecidas, mas essas matérias raras vezes apareciam na primeira página. E não havia dois artigos com os mesmos nomes. Alguns diziam que faltava uma dúzia; outra cobertura questionou se o número poderia chegar a 19. E todos subestimavam o perigo inerente de um caçador mortal que vagava sem controle pelo condado de King. De alguma forma, ele ainda estava se camuflando no ambiente, sem jamais chamar a atenção.

Keli McGinness foi a última a desaparecer em junho, até onde a polícia sabia. Por coincidência, a próxima garota da lista também se chamava Kelly, embora fosse escrito de maneira diferente. Ela se parecia com todas as outras jovens no sentido de que tinha sido abençoada com o frescor da juventude, mesmo aquelas cujas únicas fotos eram as dos registros policiais, nos quais elas pareciam cansadas e tristes.

Kelly Ware, 23 anos, sorria feliz nas fotos que a família apresentou. Tinha cabelos escuros compridos e enormes olhos castanhos. Ela desapareceu em 18 de julho de 1983. Assim como Cheryl Wims, Kelly foi vista pela última vez no distrito central de Seattle, um bairro de etnia mista a alguns quilômetros a leste do centro da cidade, onde as ruas subiam e depois desciam por uma longa colina em direção às margens do lago Washington.

Havia se passado quase um ano desde que os primeiros cinco corpos tinham sido encontrados no Green River, e a única outra vítima localizada que parecia estar ligada ao AGR era Giselle Lovvorn, a loura autoconfiante que tinha Q.I. de gênio e foi descoberta na propriedade deserta ao sul do aeroporto. Com certeza havia muitas outras garotas perdidas em algum lugar, clamando em silêncio para serem encontradas.

Agora, aos poucos, como se a própria terra soubesse do terrível aniversário, ela começou a entregar os restos tristes de mais vítimas que tinham sido deixadas ali.

Em 11 de agosto de 1983, um casal que tinha ido colher maçãs em árvores abandonadas nos mesmos campos cheios de mato onde Giselle Lovvorn havia sido deixada tropeçou em ossos atrás de três casas vazias. Sem perder tempo, o casal ligou para o departamento do xerife.

O que havia atrás das casas abandonadas era só um esqueleto, ainda meio coberto de galhos e lixo espalhados por animais. Mas também havia um crânio. Isso poderia ajudar muito na identificação dos restos mortais.

Enquanto famílias ansiosas assistiam e esperavam tensas, Dick Kraske falou com cuidado aos repórteres. Sim, seu departamento tinha algumas possibilidades de comparar a arcada dentária da falecida com as vítimas conhecidas e suspeitas. A força-tarefa tinha compilado registros do maior número possível de prontuários odontológicos.

As vítimas do Green River, no entanto, não eram as únicas pessoas desaparecidas perto do aeroporto. Um mistério há muito tempo não resolvido era o desaparecimento de Joyce Kennedy, uma bilheteira da Pan American, que tinha se afastado do balcão depois de terminar o turno em 1976. Nunca tinha sido encontrada. Os detetives do Porto de Seattle preservaram seus registros durante sete anos.

Dick Kraske continuava sem fazer comentários aos repórteres sobre o número específico de possíveis vítimas nos casos do Green River porque, na realidade, ele não sabia. Não havia como saber. Em agosto de 1983, muitas das que haviam sumido ainda não tinham sido declaradas desaparecidas. Kraske observou que, oficialmente, havia sete mulheres desaparecidas — que, quando somadas às seis garotas que eles sabiam que estavam mortas, resultavam em um total de treze. Mas três desaparecidas não tinham sumido há tanto tempo para se encontrar no estado de decomposição total da vítima da macieira.

Os prontuários odontológicos mostraram combinações com o crânio que estabeleciam a identidade de Shawnda Leea Summers. Shawnda, que tinha morado em Bellevue, estava desaparecida desde 7 ou 8 de outubro de 1982. A família a tinha procurado em vão por dez meses, e era provável que ela estivesse ali sob as macieiras desde o desaparecimento.

Era impossível determinar a causa da morte. Não havia ossos quebrados, nem fraturas no crânio, nem buracos de bala atravessando os ossos encontrados. Os animais tinham espalhado os pequenos ossos do pescoço que poderiam ter indicado o estrangulamento.

Dois dias depois que Shawnda foi encontrada sob a rota de voo do aeroporto, outro conjunto de restos mortais foi encontrado enterrado nas proximidades. Não foi fácil identificá-lo, e a primeira vítima a ser conhecida só como "Bones" [Ossos] foi adicionada como uma possível vítima da lista do Green River.

Será que ele ia parar de matar, agora que mais duas vítimas tinham sido descobertas? Será que ia descobrir que os investigadores estavam chegando perto demais e ia se sentir em perigo iminente de ser pego? Se fosse fiel à forma de um assassino em série, o chamado Assassino de Green River poderia muito bem estar assustado o suficiente com o fato de que sua obra sombria estava sendo revelada para seguir em frente. Era só uma questão de tempo para que aparecessem mais mulheres desaparecidas. E a cada descoberta aumentava a chance de que tivesse deixado algo de si mesmo para trás sem querer, um pedacinho de alguma prova contundente.

Pelo menos o público estava se tornando mais consciente de que havia alguém ameaçador de verdade circulando. O Departamento do Xerife do Condado de King agora tinha trezentos suspeitos, com os nomes, as descrições e as suspeitas e acusações de testemunhas. Ainda assim, seria problemático se o AGR estivesse escondido em algum lugar dessa lista de suspeitos.

Eu estava tendo uma pequena amostra do que os detetives estavam sofrendo quando recebiam ondas de telefonemas e mensagens. Durante todo o ano de 1983, recebi telefonemas de desconhecidos — pelo menos, um ou dois por noite no início e, depois, cerca de um por semana. Muitas pessoas leram meu livro *Ted Bundy: Um Estranho ao Meu Lado*, publicado dois anos antes do início dos casos do Green River. Eles queriam comparar seus sentimentos aos meus porque eu conhecia bem Ted Bundy — ou pelo menos achava que conhecia. Muitos hesitaram em ligar direto para a força-tarefa, ou ficaram impacientes porque não tiveram uma resposta imediata. Todas as pessoas que ligaram acreditavam saber quem era o Assassino de Green River. Eles não sabiam quantas outras pessoas se sentiam do mesmo jeito. Eu não me importava de ser um canal para informantes frustrados, mas sabia que estava recebendo um número minúsculo de pistas em comparação às que os detetives do xerife estavam administrando.

No início, achei que dava para acreditar na maioria das pessoas que ligavam. Na verdade, no fim da maioria das ligações, admito que eu pensava "Esse tem que ser o cara certo", mas, em seguida achava a próxima pista, e a seguinte, ainda mais convincentes.

Surpreendentemente — ou talvez não —, muitas mulheres estavam entregando os ex-maridos. Algumas até suspeitavam dos homens com quem ainda estavam casadas. Eu já tinha sido detetive de crimes sexuais no Departamento de Polícia de Seattle por um ano e meio. Combinando essa experiência com os catorze anos em que escrevi sobre casos de homicídio e estupro para revistas de detetives, achei que já tinha ouvido de tudo. Estava errada. As pessoas que me ligavam tinham sido casadas ou ainda eram casadas com alguns dos homens mais esquisitos a respeito dos quais ouvira falar. E a maioria morava no extremo sul do condado de King.

Uma mulher disse que o marido sempre voltava das viagens de vendas com saquinhos cheios de pelos pubianos de várias cores. O marido de outra gostava de cortar os cartazes centrais da Playboy e brincar de reorganizar as cabeças e membros decepados. E um ex-marido aparentemente estava escrevendo um livro em primeira pessoa sobre uma prostituta adolescente. A ex-mulher, preocupada, se perguntou se isso era um sinal ruim o suficiente para repensar a reconciliação. Eu não sabia, mas disse a ela que isso, com certeza, teria me feito repensar.

Depois de ouvir dezenas de histórias estranhas, deu para ver que os casos do Green River estavam rapidamente se tornando o desafio mais difícil que qualquer grupo de aplicação da lei poderia encontrar — não porque a força-tarefa não estava obtendo informações suficientes do público, mas porque estava obtendo informações demais.

Para mim, era bem fácil discernir quando a denúncia vinha de um informante perturbado. A mulher que acreditava que o genro tinha matado cem pessoas e escondido os corpos na floresta atrás da casa dele parecia suspeita, ainda mais porque o número aumentava a cada minuto — e meu relógio indicava que estávamos nos falando ao telefone por mais de uma hora.

Médiuns com "visões" ligavam, mas as informações nunca eram precisas o suficiente para ajudar. Barbara Kubik-Patten me ligava muito, reclamando que os detetives da força-tarefa não estavam dando a atenção que ela merecia.

Mesmo assim, muitos dos que ligaram eram pessoas bem racionais muito preocupadas com o fato de que alguém que conheciam fosse o Assassino de Green River. Digitei as informações que pareciam fazer um tipo terrível de sentido e passei adiante. No fim das contas, os detetives da força-tarefa me deram uma pilha das páginas de pistas oficiais para que eu pudesse agilizar o processo de envio de informações sobre possíveis suspeitos. Não esperava ter notícias deles; estavam ocupados demais para falar comigo ou com qualquer outra pessoa que não fosse parente das garotas desaparecidas.

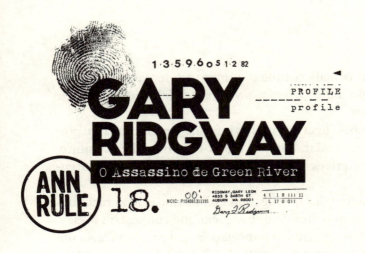

Uma quebra no padrão

Ele não parou de matar.

O fato de mais corpos terem sido descobertos só parecia ter adicionado mais uma dimensão ao jogo do Assassino de Green River. Ele esperou uma semana, depois que Shawnda Summers foi encontrada, para sair rondando de novo.

April Dawn Buttram tinha acabado de se mudar de Spokane para Seattle. Tinha quase 18 anos, uma garota bonita com cabelos louros e bochechas rosadas, que teria ficado à vontade em um jantar de igreja rural ou em uma dança de quadrilha. Tinha pouco mais de 1,50 metro e às vezes chegava a pesar até oitenta quilos, mas tinha emagrecido um pouco. A história dela era muito familiar. Da noite para o dia, April mudou de uma criança obediente para uma adolescente que abandonou a escola, experimentou drogas e álcool e queria ir a festas o tempo todo.

Estava ansiosa para sair de Spokane e ir para Seattle, uma cidade muito mais cosmopolita, e não quis ouvir os argumentos da mãe contra isso. April estava confiante de que conseguiria. Quando completasse 18 anos, poderia sacar uma poupança de 10 mil dólares que um parente tinha feito para ela. Porém, em meados do verão de 1983, April planejou pegar uma carona para Seattle com duas amigas, uma delas tinha permissão para dirigir o carro da mãe na viagem. Nenhuma delas tinha a menor noção dos perigos que poderiam surgir nem tinha muito bom senso.

"Certa noite", relembrou a mãe de April, "eu a peguei saindo pela janela, carregando uma mala. Desisti. Só disse o seguinte: 'Pelo menos, tenha a dignidade de sair pela porta da frente'. E ela fez isso. E nunca mais voltou."

O trio de garotas de Spokane pegou três caronas com homens a caminho de Seattle, mas tiveram sorte até então. Os homens não as machucaram — só ficaram gratos pela carona. Poucos dias depois de chegarem a Seattle, April e as amigas se separaram.

O último avistamento preciso de April Buttram foi em Rainier Valley, no sudeste de Seattle, em meados de agosto de 1983. Ainda tinha 17 anos, mas planejava voltar para Spokane, a quinhentos quilômetros de distância, para sacar o dinheiro da poupança. Não conseguiu. O dinheiro ficou lá, intocado.

April foi declarada desaparecida em 24 de março de 1984, após meses de negação por parte da família. A mãe tinha medo de um dia receber um telefonema dizendo que alguém tinha encontrado o corpo de April, mas só havia silêncio.

Debora May Abernathy tinha 26 anos e fora para Seattle por uma rota tortuosa saindo de Waco, Texas. Era uma mulher pequena e frágil que media 1,50 metro e pesava apenas quarenta quilos. Tinha feições muito atraentes, mas às vezes colocava óculos de aro de tartaruga e parecia uma bibliotecária estereotipada dos velhos tempos, muito esnobe e estudiosa. Ela, o namorado e o filho de 3 anos foram para Seattle no fim de julho de 1983 em busca de um novo começo.

Em pouco tempo, ficaram sem dinheiro. Um casal de bom coração encontrou a família miserável em uma loja e os convidou para morar em um quarto na casa deles até que conseguissem "se estabelecer". Debora, vestindo um macacão cor de vinho, estava indo em direção ao centro de Seattle em 5 de setembro na última vez que o filho pequeno e o namorado a viram.

Tracy Ann Winston faria 20 anos em 29 de setembro de 1983. De todas as jovens que se poderia esperar encontrar na prisão, Tracy parecia a menos provável. Ela, os pais e dois irmãos mais novos se amavam muito. Qualquer um deles faria tudo para protegê-la. Mas Tracy também tinha seus problemas, praticamente desde o momento em que fez 13 anos e mergulhara na puberdade. É uma idade em que os pais costumam se perguntar o que aconteceu com as doces filhas e em que as filhas acham os pais chatos, antiquados e indiferentes. Tracy desapareceu em 12 de setembro.

Os investigadores pensaram ter detectado um padrão. Se o Assassino de Green River fosse responsável por esses desaparecimentos recentes, parecia estar levando as vítimas com uma semana de intervalo, quase sempre durante a semana. Os dias da semana tinham alguma importância ou eram meras coincidências? Contudo, o desaparecimento de Tracy quebrou o padrão. Fazendo uma contagem regressiva, perceberam que ela fora vista pela última vez em um domingo à noite/segunda-feira de manhã entre 23h e 1h. Estivera na prisão do condado de King, no centro de Seattle, sob acusação de vadiagem.

Tracy saiu da prisão depois de pagar fiança e caminhava pela rua Cherry, perto da prisão, quando foi vista pela última vez por um taxista que conhecia e parou ao lado dela. (Não era Melvyn Foster.) Estava precisando de uma carona até o lugar onde estava ficando no extremo norte de Seattle, mas ele disse que tinha uma viagem em outra direção até o aeroporto. Mais tarde, o motorista contou aos investigadores do Green River sobre a conversa.

"Volto daqui a 45 minutos", prometeu a Tracy. "Fica aqui, e eu te levo em segurança para onde você precisa ir."

Tracy havia telefonado para o pai, Chuck Winston, da prisão naquela noite; estava envergonhada por ter sido presa pela primeira e única vez na vida. A experiência a havia chocado tanto que jurou que nunca, nunca faria nada que pudesse levá-la a ser presa de novo. Implorou ao pai e à mãe, Mertie, para não irem buscá-la, dizendo: "Não quero que vocês me vejam aqui, não do jeito que estou. *Por favor*, não venham até aqui".

E eles honraram sua vontade, lutando contra o desejo de entrar no carro e ir correndo até a esquina da rua 9 com a Cherry.

Mertie e Chuck Winston tinham quase a mesma idade de Tracy quando ela nasceu. "Mas eu era uma mulher mais velha", lembrou Mertie. "Naquela época, uma mulher era considerada maior de idade aos 18 anos, mas um homem tinha que ter 21, e eu era alguns meses mais velha que Chuck. A mãe dele sempre me considerou uma 'rameira' que seduziu seu filho."

Tracy nasceu em Tacoma, Washington, mesmo local de nascimento da mãe. Mertie estava trabalhando na companhia telefônica, e Chuck estava se preparando para entrar na Força Aérea, por isso Mertie morava com a avó materna na época do nascimento de Tracy. As circunstâncias eram tais que Mertie não conseguia cuidar de Tracy e trabalhar ao mesmo tempo, mas se apaixonou pelo bebê que tinha covinhas profundas como as de Chuck. Uma assistente social da Catholic Charities tentou ajudar Mertie a decidir o que seria melhor para Tracy.

Na época, parecia que colocar o bebê em um lar temporário era o melhor plano. Mas o coração de Mertie doía por sentir saudade do bebê. Ela gastou todos os centavos excedentes para comprar botinhas, cobertores e vestidinhos para Tracy, e a assistente social providenciou para que fossem enviados à mãe temporária de Tracy. "Descobri depois que a própria mulher tinha uma filha e estava dando as coisas da Tracy para a bebê *dela*", lembrou Mertie. "Por fim, não aguentei. Tracy devia estar comigo o tempo todo, então fui buscá-la e fiquei muito feliz."

Chuck Winston, cujo talento e interesses residiam nas comunicações militares, foi enviado para uma base aérea em Savannah, Georgia, e Mertie e Tracy foram com ele. A família encontrou um pequeno apartamento que tinha sido parte de uma casa antiga. A senhoria era muito simpática, mas o calor opressor e úmido de Savannah era sufocante para qualquer pessoa que tivesse sido criada na região noroeste da costa do Pacífico. O pior, porém, eram as baratas.

"Eu nunca tinha visto uma", disse Mertie. "Nosso apartamento tinha uma cozinha enorme — em comparação com o resto do lugar —, com um grande fogão antigo. Ele ficava tão perto da parede que eu tinha medo de que o fio elétrico pudesse estar se desgastando, então o puxei um pouco para dentro da sala. Que coisa! Havia um buraco enorme na parede, e as baratas saíram inundando as paredes e o chão. Tracy achou engraçado, mas eu surtei e me defendi com um frasco de amaciante. Peguei Tracy, e fomos para um parque até Chuck chegar em casa. Estava segurando Tracy e soluçando, e disse a Chuck: 'Eu preciso ir para *casa!*'. Ele ficou muito calado e disse: 'Tudo bem, vou comprar uma passagem de ônibus e mandar vocês de volta para casa'."

"Aquilo me fez acordar", disse Mertie com um sorriso, "e eu disse: 'Não. Eu aguento'. Só ficamos lá por seis meses. Chuck foi convocado para o Vietnã... para ser lançado no interior à frente das tropas e estabelecer linhas de comunicação. Esses homens tinham uma taxa de mortalidade muito alta, e a Força Aérea notou que Chuck tinha mulher e filha e, em vez disso, o transferiu para Sacramento, Califórnia. Foi lá que nosso filho Chip nasceu quando Tracy tinha 3 anos e meio."

Chuck Winston considerou a possibilidade de uma carreira militar, e Mertie disse que aceitaria qualquer coisa que ele decidisse. Mas, no fim das contas, voltou para a Boeing Airplane Company, e os dois voltaram para casa em Seattle. A sorte deles estava na corda bamba. Em 1967, as ações da Boeing caíram, e "a empresa apagou as luzes em Seattle". Chuck foi demitido pouco tempo depois, porém encontrou um emprego de comunicação corporativa em uma empresa de Fresno. Kevin, o filho mais novo do casal, nasceu em Fresno.

Eles eram uma família típica dos anos 1960 e 1970, com uma casinha em Fresno com um "refrigerador de pântano" em vez de um ar-condicionado e uma piscina infantil inflável no quintal. "Costumávamos viajar de carro para ver as sequoias com as crianças e nos refrescar", lembrou Mertie. "O ar tinha um cheiro tão limpo lá em cima, e me sentia em casa, mas dava para ver as camadas de calor subindo do fundo do vale enquanto voltávamos para Fresno, e as crianças chegavam em casa irritadas e cansadas."

Uma doença na família os levou de volta para a área de Seattle, e eles se estabeleceram em Burien, a poucos quilômetros do aeroporto de SeaTac. Tracy tinha crescido e se tornado uma garota alta e esguia que tinha um vínculo especial com o pai. Chuck lhe ensinou a jogar beisebol, e ela foi uma das duas únicas garotas com permissão para entrar no time da liga infantil masculina no Distrito 7. "Ela conseguia jogar do meio-campo para a base sem quicar uma única vez", disse o pai com orgulho. Com 1,75 metro e setenta quilos, Tracy jogava como atacante no time feminino de basquete do colégio de ensino médio Glacier.

Por mais próxima que fosse do pai, Tracy era uma típica adolescente com a mãe, sempre assumindo uma postura oposta a tudo que Mertie sugeria.

"A situação ficou tão ruim", disse Mertie Winston com um sorriso irônico, "que não podia nem levá-la para fazer compras. Minha mãe a levava, e quando Tracy trazia as roupas para casa, tinha que fingir não haver gostado das coisas de que eu *gostava*. Tracy dizia: 'Você gosta disso?', e eu meio que arrastava a resposta: '... Gosto...'. E depois ela dizia: 'Você não gostou. Você odiou, mas eu vou usar!'."

Era coisa de adolescente, e quase todas as mães reconheceriam. "Tracy costumava me dizer: 'Você se preocupa mais com o que eu visto do que com quem eu sou!'", disse Mertie. "E tudo que eu podia fazer era balançar a cabeça e dizer: 'Você está mudando tão rápido, não sei quem você é...'."

As coisas ainda eram bem normais para uma família com uma adolescente. Mertie e Chuck iam a todos os jogos e atividades escolares de Tracy. Quando havia shows ou outros eventos que Tracy e os amigos queriam assistir, um grupo de mães combinava de levá-los e buscá-los de carro.

Quando Tracy tinha 13 anos, fez amizade com uma garota de 16 que planejava fugir. A garota convenceu Tracy, insistindo que deviam fugir juntas — com o namorado de 18 anos da outra garota. Tracy ficou intrigada com a ideia. O pai da outra garota ligou para Chuck Winston e disse: "Temos um problema".

E tinham mesmo. Tracy sempre acreditou que podia ajudar os amigos com os problemas deles. Quando a garota de 16 anos e o namorado chegaram à Califórnia, ligaram para Tracy e a incentivaram a roubar dinheiro dos pais, pegar um ônibus e ir se encontrar com eles.

Argumentar com Tracy não adiantou. "Eu disse que ela era muito nova para lidar com os problemas deles, já que não conseguia nem lidar com os próprios problemas", disse a mãe.

Chuck tentou falar com Tracy e, pensando que a ajudaria a entender a mãe, disse a ela que tinha sido difícil para Mertie quando Tracy era só uma bebê, que teve que lutar para recuperá-la da Catholic Charities.

"O tiro saiu pela culatra", disse Mertie. "Ela ficou chocada. Agora, tudo que eu fazia não era só errado, era triplamente errado. Ela disse que eu não a amava. Tentei explicar que estava tentando protegê-la porque queria que ficasse segura, não porque não a amava. Mas continuou exigindo que eu provasse que a amava de verdade, deixando-a fazer o que queria."

Em vão, Mertie avisou a Tracy que nem sempre se podia julgar os outros pela aparência ou pelo que diziam, que não podia confiar de maneira automática nas pessoas. "Você não pode confiar cegamente."

"Mãe", retrucou Tracy, "estou surpresa por você ter algum amigo."

Em uma tarde de primavera, enquanto Tracy tentava determinar seu próprio valor, exigiu que a mãe lhe provasse que ela era mais importante para Mertie do que qualquer outra pessoa. Elas se sentaram na varanda da frente dos Winstons enquanto Tracy explicava do que precisava para se sentir bem consigo mesma.

"Quero que você me ame mais do que ama Chip... ou Kevin."

"Ah, Tracy", disse Mertie, "eu amo vocês de maneira diferente. O que você quer de mim que acha que não estou te dando?"

"Quero que você deixe papai, Chip e Kevin e vá embora comigo para vivermos sozinhas", disse Tracy.

Quando Tracy Winston era pequena e ainda não sabia contar, disse à mãe: "Eu te amo nove, dez e *vinte e um!*" — a ideia de uma menininha a respeito do máximo que alguém poderia amar outra pessoa. Mas agora estava com 16 anos, e Mertie tentava explicar como era na época antes que Tracy conseguia se lembrar, o quanto sempre amou a filha mais velha, a única filha, e como lutou para mantê-la quando ela mesma não era muito mais velha do que Tracy. Acima de tudo, Mertie disse que a amava "nove e dez e *vinte e um!*".

E Tracy, que confiava rápido em todas as outras pessoas, não conseguia confiar no amor da mãe, embora a mãe ficasse acordada até tarde para buscá-la no emprego no Dairy Queen de um bairro fronteiriço. "Eu não podia deixar duas crianças fecharem o lugar sozinhas." Mertie suspirou. "Mas ela achava que eu fazia isso para controlá-la, não porque a amava."

Tracy conheceu um homem de 19 anos, portanto mais velho que ela. Era um sociopata furtivo e loquaz que já estava a caminho da prisão. A mãe o detestava, então é claro que Tracy o adorava. Até a irmã dele avisou a Mertie e Chuck que eles deviam manter Tracy longe do cara, se possível. "Ele é um golpista", disse. "Ele é esperto e vai transformá-la, de modo que vocês não vão reconhecê-la."

A irmã dele estava certa. Tracy se apaixonou pelo homem que decidiu prepará-la para se dedicar ao que *ele* queria. "Ela fazia tudo que ele pedia", relembrou a mãe. "E ainda ficava fora o tempo todo — em qualquer lugar, menos em casa, porque não deixávamos que ele lhe ligasse. Tentamos castigá-la... e ela foi embora para poder vê-lo. Achava que era um cara legal e dizia que deveríamos lhe dar uma chance."

"Ele a controlava", lembrou Mertie, "e, mesmo enquanto estava preso no Reformatório Monroe, escrevia cartas horríveis para ela: cartas sexuais, cartas cheias de exigências, cartas que geravam culpa. Eram concebidas para apelar para a noção dela de justiça e de preocupação com outras pessoas, e para provar que não podia viver sem ela. Disse que a amava mais do que qualquer outra pessoa e que ela precisava provar que o amava. Chuck escreveu para o diretor e lhe pediu que impedisse o cara de escrever para uma adolescente, e o diretor disse que não podia fazer isso; tiraria os direitos do preso. E não podia abrir as cartas nem jogá-las fora, porque isso era contra a lei."

Quando o namorado de Tracy foi libertado da prisão, os pais dela enlouqueceram. "Ele ligou para cá uma vez", disse Mertie, "e eu falei um monte de coisas, usando uma linguagem que nunca uso. Falei que ficasse longe de Tracy. Ele nunca mais ligou, mas acho que Tracy estava saindo com ele. Não tínhamos ajuda de ninguém e não sabíamos o que fazer. Descobri que Chuck estava saindo à noite para procurar Tracy. Ele levava um taco de beisebol de alumínio porque tinha que ir a lugares muito ruins. Quando a polícia disse que não podia fazer nada, Chuck, por fim, entrou na Delegacia de Georgetown carregando o taco. Disse que o usaria se fosse necessário, e os policiais responderam que teriam que prendê-lo se fizesse isso."

"Então me sigam", mandou o pai de Tracy.

Dois policiais uniformizados o seguiram até uma casa onde ele achava que os ocupantes estavam escondendo Tracy. Ele bateu à porta e exigiu que mandassem Tracy sair, mas disseram que ela não estava lá. Chuck Winston e os dois policiais vasculharam a casa e descobriram que ela, de fato, não estava lá, mas estivera.

Os pais de Tracy quase nunca sabiam onde a garota estava hospedada. Ela ainda ia vê-los — no Dia das Mães e no Dia dos Pais, no Dia de Ação de Graças e no Natal. Nunca dizia onde estava morando, mas voltava para casa pra jantar.

"Sempre nos despedíamos dela com pacotes de produtos especiais", disse Mertie. "A maioria era comida enlatada, macarrão com queijo. Por um tempo, ela morou com um homem gay que era chef, o que nos pareceu um pouco mais seguro. Chuck a levava para casa, mas, um dia, quando voltou para vê-la, descobriu que não era o lugar onde ela morava de verdade."

A última vez que Mertie viu Tracy foi no Dia das Mães de 1983, e foi uma boa visita. Elas se abraçaram com força, e Mertie disse: "Eu te amo!". E Tracy respondeu: "Eu também te amo!".

Os pais chegaram a um ponto em que perceberam que não podiam seguir Tracy para todos os lugares. Ela estava com quase 20 anos agora, e eles tinham dois outros filhos para criar numa época em que o mercado de trabalho era incerto. Mertie só estava trabalhando na base de comissões, e seu horário não era fixo.

"Não sei se ela se prostituiu algum dia", disse Mertie. "Não consigo imaginar que isso lhe fosse uma coisa normal. Sei que ela não era nem um pouco durona. Falei com uma das carcereiras naquele último fim de semana, quando Tracy estava lá, e ela me disse: 'Ela não tem nada que estar aqui; parece um coelhinho assustado'."

Tracy estava prestes a mudar de vida naquela noite de domingo, quando disse ao pai para não ir buscá-la para não vê-la na prisão. "Ah, papai", disse, "você e mamãe estavam tão certos. Vou me recompor, estudar e tirar o diploma do ensino médio. Vou dar muito orgulho pra você e pra mamãe."

Depois que setembro, outubro e novembro passaram, Mertie Winston teve uma sensação terrível. Não tiveram nenhuma notícia de Tracy depois do telefonema da prisão. Ela disse que ia começar de novo e que teriam orgulho dela. Talvez estivesse dando passos nessa direção e quisesse surpreendê-los com um fato consumado ou pelo menos com uma prova de que estava no caminho certo. Mas quando Tracy não voltou para casa para levar o irmão, Kevin, para pegar doces no Halloween, nem para jantar com a família no Dia de Ação de Graças, Mertie soube que precisava fazer alguma coisa.

"Pensei em ligar para a polícia e informar o desaparecimento, e assim os policiais poderiam consultar o número do documento dela e descobrir onde estava trabalhando ou onde tinha trabalhado nos últimos tempos. Eles aceitaram minha comunicação. Tive que dizer que não sabia onde ela havia morado pela última vez. 'Eu conheço a minha filha', falei à polícia. 'Ela *sempre* liga para casa, mas agora não tem ligado.' Mesmo depois que Tracy tinha saído de casa, ela sempre ligava pelo menos uma vez por semana. Quando três ou quatro semanas se passaram e não houve ligação, sabia que seria uma notícia ruim. Não aceitava no meu coração, mas sabia."

Quando os Winstons receberam um telefonema de Randy Mullinax, que foi muito gentil ao dizer a Chuck que era um dos detetives que trabalhavam na Força-Tarefa Green River, Mertie ouviu o marido dizer "Assassino de Green River?" e sentiu um choque quase físico. Ela sabia o significado daquele telefonema — que Tracy podia ser uma das vítimas, embora Mullinax assegurasse que ainda não havia nada definido e que a ligação era só para fazer um acompanhamento do relato de pessoa desaparecida.

Mertie pegou o telefone e descreveu que Tracy era alta e esguia, que tinha covinhas profundas nos dois lados da boca quando sorria e que era bonita. Mullinax tinha percebido isso quando viu a foto do registro policial de Tracy na prisão do condado de King. Também viu como ela parecia assustada, uma corça capturada por faróis enquanto a câmera da prisão disparava.

Agora que tinham que enfrentar a pior hipótese de todas — que o Assassino de Green River pudesse ter pegado Tracy —, os Winstons estavam apavorados. Quando o nome foi adicionado à lista do Green River, Mertie não conseguiu escapar do medo e da ansiedade que aumentavam a cada dia que passava. Não conseguia mais racionalizar e dizer a si mesma que Tracy estava bem, que talvez tivesse ido para a Califórnia, como os amigos tinham dito para ela ir.

"Na verdade, estava rastejando no chão do quarto, tentando fugir de mim mesma, mas é claro que não conseguia", lembrou Mertie cerca de vinte anos depois. "Acabei encolhida em um canto. Minha amiga, cujo amor por Tracy se igualava ao meu, insistiu para que eu tentasse dormir. Me persuadiu a deitar e massageou as minhas costas, até que acabei adormecendo por pura exaustão.

"Tive um sonho. Estava na escola Evergreen, no ginásio, e devia estar acontecendo um baile. Havia um palco, e as arquibancadas tinham sido afastadas, e havia adultos sentados nas arquibancadas. Aquelas bolas de espelho facetadas giravam no alto e projetavam as luzes na multidão.

"Tracy estava ali na minha frente, com aquele sorriso maravilhoso. Ouvia-a falando, embora não conseguisse ver a boca se mexendo. Ela ficou sorrindo para mim, e eu a ouvi dizer sem parar: 'Estou bem, mamãe. Estou bem, agora. Não se preocupe comigo. Está tudo bem'.

"Acordei com um salto e não sabia onde estava. Acreditava — e ainda acredito — que Tracy estivera comigo no quarto. Foi a maior paz que senti nos últimos 27 anos." Mas Mertie sentiu que Tracy nunca mais voltaria para casa, que nunca mais a veria.

Os meses se alternavam entre se arrastar e voar. "Conversamos com todas as pessoas que pudessem saber do paradeiro de Tracy, perguntando com quem ela estava saindo, onde ela podia ter estado. Seus melhores amigos eram gêmeos e tinham uma rede muito mais ampla do que nós. Recebemos relatos de que ela fora vista em Vancouver, no Canadá, e na Califórnia. Passamos tudo para a Força-Tarefa Green River, por mais insignificante que parecesse, fosse um boato ou um fato. Os detetives trataram as informações com prioridade e importância."

Tracy deve ter encontrado alguém que a tirou da vida para o esquecimento em 12 de setembro.

Mertie ficou mais perturbada do que calma quando Chris, a prima de segundo grau de Tracy, nove meses mais velha, contou que uma vez tinha encontrado Tracy com um homem mais velho. Chris era uma garota magra, loura e, assim como a prima, muito bonita. Ela se lembrou da última vez que tinha visto Tracy e ligou para Mertie e Chuck. Foi na primavera ou no outono de 1983, talvez em algum momento de setembro. Chris estava esperando o ônibus perto da escola que tinha frequentado quando um carro passou e alguém gritou e acenou. Ela reconheceu Tracy, que estava de carona com um homem que Chris não conhecia. O motorista parou, e Tracy disse para Chris entrar, pois lhe dariam uma carona para onde quer que ela fosse.

Chris entrou no banco de trás. Tracy apresentou o homem como "Gary" e disse que era um amigo que a estava ajudando a procurar emprego. Então, Tracy se virou para o homem e brincou: "Chris e eu somos as ovelhas negras da família".

"Oi", disse o motorista de um jeito seco. Era um pouco mais velho do que Tracy, um homem bem indescritível. Chris só se lembrava dos olhos. "Ele não olhou para mim quando entrei", comentou, "mas ficou me vigiando pelo espelho retrovisor. Nunca vou me esquecer dos olhos dele e da maneira como ficou me olhando. Ele me deixou tão nervosa me encarando que inventei uma desculpa para sair do carro."

Ela não conseguia se lembrar do veículo que o homem dirigia, mas Tracy parecia conhecê-lo e, com certeza, não parecia ter o menor medo dele.

Maureen Feeney era e aparentava ser tão irlandesa quanto Mary Bridget Meehan. Ela poderia ter sido babá, estudante universitária ou noviça em um convento. Embora não fosse linda, tinha um rosto bonito e sincero, com belos olhos azuis, e sorria com frequência. Vinha de uma família numerosa e, aos 19 anos, era emocionalmente imatura e ingênua, mas ansiava por aventura e por estar sozinha. Maureen ficou empolgada ao encontrar, em janeiro de 1983, um apartamento de quarto e sala em um porão que ela conseguia pagar. Ela se mudou para Eastgate, um bairro ao sul da rodovia expressa I-90 perto de Bellevue, e passou a trabalhar para a escola Eastside Christian, um lugar agradável para uma garota cuja família estava preocupada com ela.

Maureen nunca tinha saído com ninguém no ensino médio e ainda não tinha um namorado. A melhor amiga lembra que falava com Maureen quase todos os dias por telefone e que ficou surpresa quando a amiga tímida começou a ir a boates e a beber. Não era típico de Maureen, e ela não estava lidando muito bem com o álcool. Às vezes, as palavras ficavam um pouco arrastadas ao telefone.

Assim como tantos adolescentes, a autoimagem de Maureen no ensino médio era muito baixa; embora não fosse anoréxica, às vezes, se cortava com lâminas de barbear — cortes finos e superficiais — em locais dos braços que não apareciam. Uma vez, disse à melhor amiga que tinha ficado sentada na garagem da família com o motor do carro ligado. A mãe a havia encontrado antes que acontecesse alguma coisa.

Maureen adorava o primeiro apartamentinho, mas teve que sair quando o proprietário disse que um parente queria se mudar para lá. Encontrou outro lugar no Distrito Central de Seattle, na esquina da rua 15 com a rua E, bairro de Madison, uma área com taxa de criminalidade muito maior do que Eastgate. Ela disse à mãe que tinha escolhido o novo bairro porque queria trabalhar com crianças carentes. Conseguiu emprego em uma creche e trabalhou lá no fim do verão/início do outono de 1983. A amiga Kathy a visitava quase todos os dias. No fim de agosto, Maureen disse a Kathy que tinha um namorado e parecia animada com isso. Conhecera-o em um ponto de ônibus perto do apartamento. Ela anotou a data do encontro na agenda: "23 de agosto — conheci Eddie J.* hoje!".

Kathy estava ansiosa para conhecer Eddie J. Sabia que era de etnia diferente da de Maureen, mas isso não importava, contanto que fosse legal com a amiga. Mas ele nunca estava lá quando Kathy ia ao apartamento de Maureen. Sempre havia alguma desculpa para justificar sua ausência na casa.

Embora Maureen geralmente passasse os fins de semana na casa da família ou na casa de férias, eles ainda se sentiam incomodados por ela morar no Distrito Central. Seu irmão, Brian, lhe enviou um cheque com uma boa quantia em dinheiro para incentivá-la a voltar para casa, mas ela não quis. Disse a Kathy que ela e Eddie J. estavam indo para a Califórnia.

"Como você vai pagar por isso?", perguntou Kathy.

"Ah, Eddie J. tem muitas maneiras de ganhar dinheiro", respondeu Maureen. "Vamos ficar bem."

Mas ela nunca chegou à Califórnia — pelo menos até onde os detetives conseguiram determinar. Uma semana antes do vigésimo aniversário, Maureen deixou o apartamento para sempre. Era 28 de setembro de

1983. Três anos depois, Eddie J., uma testemunha relutante, disse ao detetive da força-tarefa Kevin O'Keefe, que estava emprestado pelo Departamento de Polícia de Seattle, que Maureen saiu entre 17h e 18h daquele dia. "Ela me disse que estava indo ao Seven-Eleven. Adormeci depois disso e só acordei por volta das onze da noite. Ela nunca mais voltou."

Eddie J. achou que ela podia ter saído à procura de emprego. Ele tinha encontrado um jornal com um anúncio circulado na cômoda de Maureen. Dizia "Procuram-se dançarinas exóticas: 'Sugar's'". O nome "Bob" estava escrito na margem ao lado do anúncio.

Pensar na doce Maureen Feeney atuando como dançarina exótica parecia ridículo para a melhor amiga e para a família. Eddie J. afirmou ter ficado desnorteado em relação a que lugar ela poderia estar e disse que não tinha ideia de suas atividades além do trabalho na creche.

Sua empregadora, entretanto, disse que tinha percebido "uma notável mudança de personalidade" nos dois meses anteriores ao desaparecimento. Poucos dias antes de 28 de setembro, Maureen tinha ido até ela e comentado que não precisaria de um emprego por muito tempo porque estava "ganhando muito dinheiro".

Maureen falou à mãe que planejava largar o emprego na creche porque não conseguia folgas quando precisava. Outro residente no prédio onde Maureen morava disse a O'Keefe que a ouviu discutindo com Eddie J. no corredor na noite em que ela havia desaparecido.

O irmão de Maureen, Brian, e o cunhado procuraram por ela durante muito tempo, colocando cartazes com sua foto em qualquer lugar que achassem que as pessoas poderiam reconhecê-la, pedindo que alguém, *qualquer pessoa,* que pudesse ter uma pista de onde ela estava se apresentasse.

Mas parecia que ela havia entrado no crepúsculo e sido engolida pela noite.

_Como pegar
_____o AGR

Talvez o mais assustador nos assassinatos do Green River fosse o entrelaçamento sombrio dos sumiços e das descobertas de corpos. Como o titereiro devia estar gostando de puxar as cordas! Uma coisa de que os detetives da força-tarefa tinham certeza era que ele estava em algum lugar por aí observando. Se não morasse no extremo sul do condado de King, Washington, com certeza estava chegando e saindo de avião ou de carro para matar repetidas vezes. Devia estar se divertindo vendo tudo pela televisão e pelos jornais.

Nunca seria possível provar de maneira absoluta se *ele* era a pessoa que tinha enviado conselhos úteis para os investigadores do Green River. Mas uma orientação "útil" chegou à delegacia. Estava escrita com uma caligrafia trêmula e repleta de erros de ortografia. O escritor, anônimo, intitulou seu trabalho: "Como pegar o AGR".

Ele explicou que era o AGR e que vinha fazendo muitas coisas para atrapalhar a investigação dos detetives. Por exemplo: se gabava de sair com algo entre vinte e quarenta "prostetutas [*sic*]" que não matou. "Eu precisava delas vivas no caso de ser pego — para dizerem que eu não machuquei nenhuma delas."

"Todos os cliemtes não querem que tirem fotos deles com prostetutas Todos os carros da polícia deviam tê uma pequena câmera (instamatic) Tirar fotos dos cliemtes com garotas. Fora do carro & dentro. Se a mulher morresse ele seria o último visto com ela."

O escritor aconselhou a polícia a ter relações melhores com as mulheres das ruas e a interrogá-las sobre os clientes.

Os detetives já estavam fazendo isso.

"Todos os locais de crime fazem vídeo de pessoas assistindo (Mas não teriam me pego assim)."

Era setembro de 1983. E aconteceram mais três desaparecimentos em um mês. Passaram-se catorze meses desde que o primeiro corpo tinha sido descoberto no Green River.

Dezesseis quilômetros ao sul da Strip, uma estrada sinuosa desce em direção ao outrora verdejante vale do Green River da rodovia Pac até mais ou menos a rua 272 Sul. Perto da base da colina, há uma estrada estreita: a Star Lake. Em meados da década de 1980, os dois lados da estrada eram bem arborizados, apesar de as novas casas e uma escola fundamental estarem a poucos quarteirões de distância. No lado da descida da estrada, cerca de sete metros depois do acostamento, um desfiladeiro profundo desce, terminando em um riacho estreito.

Em 18 de setembro de 1983, o que viria a ser conhecido como o "local de desova da Star Lake" começou a ser revelado. Embora parecesse impossível — e ainda parece —, um transeunte encontrou restos mortais de esqueletos perto de uma árvore no ponto exato onde a barreira começa a descer. Estava tão perto da estrada, como ninguém sentiu o fedor inesquecível e asqueroso de um cadáver humano, sem ter sido enterrado, em desintegração? Como um corpo pode ter ficado lá sem ser descoberto por tanto tempo? Seria possível que alguém tivesse carregado os ossos para lá depois que a pessoa havia morrido?

O mais provável é que o corpo tivesse "se autoenterrado". Muitas das chamadas sepulturas rasas não são sepulturas, mas o resultado natural das estações. Ao longo da estrada Star Lake, conforme o corpo foi se decompondo, voltou à terra, afundando nas folhas de bordo úmidas e marrons sob ele. Tempestades de vento derrubaram mais folhas em cima do corpo. Com chuva, neve e vento, acabou sendo engolido pela terra cada vez mais.

No acostamento da Star Lake, a cerca de quatro metros e meio do corpo, que ficou sem identificação por muito tempo, alguém jogou um monte de lixo com um par de botas de trabalho surradas em cima.

Mas, na primavera, com bênçãos silenciosas ali também, meia dúzia de trílios-do-bosque brancos, uma flor silvestre tão rara que é ilegal colhê-la em algumas áreas, brotou do tapete de folhas.

Yvonne Shelly Antosh, que tinha se mudado da Colúmbia Britânica para Seattle, estava hospedada em um motel na Strip com uma garota que conhecia desde que as duas eram crianças. Nos quase cinco meses desde que desapareceu na rodovia, não havia entrado em contato com a amiga nem com nenhuma outra pessoa que a conhecia.

Nem poderia, pois o corpo de Yvonne tinha sido deixado longe, na esquina da rua 316 Sul com a Auburn/Black Diamond. Há muito tempo só um esqueleto, seus restos mortais foram descobertos em 15 de outubro de 1983.

Connie Naon, cujo carro havia sido encontrado abandonado no estacionamento do Red Lion, também estava morta. Desaparecida em 8 de junho de 1983 na esquina da rua 188 Sul com a rodovia, Connie foi encontrada em 27 de outubro ali perto — na esquina da 191 Sul com a avenida 25 Sul, quase sob a trajetória de voo dos aviões que decolavam para o sul. Tinha sido deixada no mato perto de alguns bordos de folhas grandes em um terreno vazio atrás da sede da Alaska Airlines e do Sandstone Motel and Restaurant.

Dois dias depois, na mesma área, os detetives localizaram os restos mortais de Kelly Ware. Fora vista viva no centro da cidade na rua Madison em 18 de julho e foi encontrada em 29 de outubro na esquina da rua 190 Sul com a avenida 24 Sul.

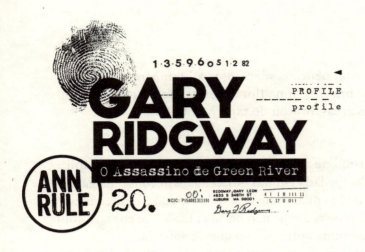

Achadas e perdidas

Enquanto Kelly, Connie e Yvonne estavam sendo encontradas, mais mulheres jovens estavam desaparecendo.

Mary Sue Bello, 25 anos, era mais velha do que a maioria das garotas desaparecidas e se considerava esperta. Desapareceu em 11 de outubro, cinco semanas antes de seu aniversário. Quase todas as pessoas que a conheciam gostavam de Mary, assim como sua família, mas ela havia assumido riscos caóticos na vida desde o momento em que entrara na puberdade. A mãe, Suzanne, chorou um rio de lágrimas por Mary e implorou para que escolhesse um estilo de vida diferente.

Mas Mary apenas riu. Nada iria acontecer a *ela*. Era muito esperta para ser enganada por alguém como o Assassino de Green River.

Qualquer esforço para entender Mary Sue tem que começar anos antes do seu nascimento, porque poucos de nós vêm a este mundo sem sofrer ou se beneficiar do que aconteceu antes.

Apesar de anos de pesquisa, a mãe de Mary, Suzanne Draper Villamin, só conseguiu reunir alguns fatos sobre a própria vida. Até os 10 anos, acreditava que os pais com quem vivia em uma casa confortável na região de Magnolia em Seattle eram seus pais biológicos. Tinha nascido em 1942, em uma época na qual os pais adotivos costumavam optar por não contar aos filhos sobre as reais circunstâncias de seu nascimento. Os Drapers decidiram deixar Suzanne acreditar que era filha legítima. A descoberta lhe causou um choque terrível.

"Eu estava no quinto ano — na turma da sra. Graves", lembrou ela. "Uma das crianças da minha turma ouviu minha mãe dizer à sra. Graves que eu não era filha legítima, que era adotada. Meu colega mal podia esperar para me contar, e isso teve um efeito terrível em mim. Fui para casa e contei à minha mãe o que tinha ouvido e perguntei se era verdade. Ela teve um ataque horroroso, mas admitiu que eu tinha sido adotada. Não quis me dizer nada sobre minha origem e me desestimulou a tentar descobrir."

Tudo que Suzanne sabia era que seu nascimento tinha sido no dia 9 de abril de 1942 em Seattle. Mais tarde, descobriu que seu nome de nascimento era Beverly K. Gillam ou Gilliam. Quando cresceu um pouco, descobriu mais. Os pais eram casados, e ela era a quarta filha da mãe e talvez do pai também. Não tinha certeza. Tinha irmãs gêmeas, cinco anos mais velhas que ela. As duas tinham cabelos louros e olhos azuis.

"Tinha um menino também", disse Sue. "Minha mãe bebia muito — descobri isso. Uma vez, ela deixou os três filhos mais velhos sozinhos enquanto saiu. Houve um incêndio, e eles conseguiram salvar minhas irmãs gêmeas, mas meu irmão morreu. E meus pais se separaram por causa disso."

Em algum momento de 1942, a mãe de Sue foi para o Alasca, mas deixou a menina, que tinha alguns meses de idade, sozinha em uma pensão. Três dias se passaram até que alguém a descobriu e chamou a polícia.

"Fui levada para o Lar Infantil Medina", disse. "Os Drapers me adotaram quando estava com seis meses e, como eu não tinha idade suficiente para me lembrar de nada, me deixaram crescer acreditando que era filha biológica deles."

O pai adotivo era um homem forte e bonito que trabalhava como capataz no depósito de uma empresa localizada em Magnolia, um dos bairros mais desejados de Seattle, e a mulher que ela sempre chamou de "mãe" era dona de casa. A vida com eles era tranquila e feliz. Ela cresceu como filha única, amada pelos pais e pela avó materna. Mas, desde os 10 anos, sempre pensou na família biológica.

"Já tentei tantas vezes encontrar as minhas irmãs", falou. "Mas o Lar Infantil Medina me disse que houve um incêndio e os registros foram queimados. Também procurei em jornais antigos, mas nunca encontrei nada."

Sue Draper engravidou e deu à luz uma menina, Mary Sue, quando tinha apenas 15 anos. "Ah, eu também cometi minha cota de erros", admitiu. "Meus pais me fizeram casar com o pai de Mary Sue. Era 1957, período no qual mulheres solteiras não podiam criar bebês."

Os Drapers sempre foram gentis com Sue e a apoiaram, embora tivessem insistido que ela se casasse com o namorado, que tinha 19 anos. O casamento não durou; o marido foi para a prisão antes de Mary Sue completar seis meses.

"Ele não era um ladrão muito bom", lembrou Sue. "Tentou assaltar uma agência da Savings and Loan, pensando que era um banco. Invadiu a caixa registradora e só conseguiu uma chave de fenda e um centavo. Ele tentou abrir o cofre com a chave de fenda."

Sue e a bebê Mary foram morar com os pais dela. E as decepções recomeçaram. Mary Bello cresceu acreditando que os avós eram seus pais e que Sue era sua irmã mais velha. Foi a mesma situação em que Ted Bundy cresceu — um subterfúgio que saiu pela culatra tanto para Mary Bello quanto para Ted Bundy, deixando-os desconfiados e rebeldes. Nesse sentido, Sue estivera no mesmo barco.

Mary Bello encontrou seu álbum de bebê quando tinha 10 anos — a mesma idade que a mãe tinha quando descobriu os verdadeiros pais *dela*. Mas Mary se comportou de forma mais agressiva e exigente do que Sue. "Ela quis saber por que não tínhamos contado a verdade", lembrou Sue. "Eu não sabia o que dizer. Ela não entendia como para mim tinha sido difícil tentar criar sozinha um bebê quando tinha 15 anos. Mas Mary nunca mais foi a mesma depois que descobriu a verdade."

Quando Mary tinha uns 12 anos, Sue comprou uma casinha do outro lado da rua dos pais, na esperança de criar um lar para a filha. Mas era tarde demais. Mary não se importava com ninguém. Ela fugiu várias vezes, envolveu-se rapidamente com drogas e aprendeu que podia obrigar homens mais velhos a fazer coisas para ela porque era bonita. Mary Bello ainda não tinha 13 anos quando foi enviada para Grand Mound, o reformatório do estado de Washington para garotas adolescentes.

"Essa foi a única educação que teve, embora fosse muito inteligente", lembrou Sue. "Quando voltou para casa, dois anos depois, já estava perdida. Ela voltava para casa de vez em quando, depois ficava brava e ia embora. Quando estava com raiva de mim, ia para a casa dos meus pais. Minha mãe passava a mão na cabeça da Mary e não a repreendia, assim como fazia quando Mary era bebê. Por muitos anos, Mary nunca enfrentou nada. Ia da minha casa para a da minha mãe, para a das amigas, e depois voltava para mim. Sempre havia um lugar para ir quando ficava com raiva da pessoa com quem estava morando."

Mary Bello foi emancipada aos 15 anos. Não era capacitada para nenhum emprego normal. Trabalhou por um tempo no Burger King, mas perdeu o emprego porque os amigos foram até lá e provocaram uma confusão. Era uma garota adorável com pele clara e olhos e cabelos escuros. Tinha 1,74 metro de altura e era esguia, sendo assim, achou mais fácil usar a aparência para ganhar dinheiro do que trabalhar em empregos para jovens ganhando um salário-mínimo.

Quando tinha 19 anos, Mary seguiu a mãe para o Arizona, ficou por um tempo e depois foi para o Texas sozinha. Trabalhou como dançarina exótica em Tucson e fez uma tatuagem discreta; era uma lagosta minúscula gravada em uma nádega. Seu álbum favorito para dançar era *Summer Nights*, de Glen Campbell.

Embora parecesse satisfeita com a vida, Mary sempre se perguntava como era o verdadeiro pai. Ela só o encontrou por pouco tempo uma vez, quando tinha cerca de 16 anos. Naquela época, ele disse que havia "encontrado a religião". Estava pregando nas esquinas e coletando dinheiro "para os pobres". Sue descobriu que ele ficava com o dinheiro para comprar bebidas alcoólicas. Tentou esconder essa informação de Mary, sentindo que seria melhor a filha não saber que o pai era um vigarista.

Aos 19 anos, Mary ainda estava determinada a conhecer o pai. Relutante, Sue Villamin disse onde encontrá-lo no Arizona, mas foi junto até lá e estacionou nas proximidades porque não sabia o que ele ia fazer.

"Ele tentou estuprá-la", disse Sue. "Trancou-a na casa dele e não a deixou sair. Eu estava com um grande pastor-alemão e esmurrei a porta até que o pai dela finalmente a deixou sair. Mary teve que aceitar que não tinha um pai de verdade. Nunca teve."

Lembrando da única filha, os olhos de Sue ficaram marejados. "Mary passou por muito sofrimento. Estava esperando no carro de um homem uma vez, quando ele foi a um restaurante de frutos do mar para comprar comida para viagem. Mas na verdade tinha entrado para roubar o lugar. Apesar de ignorar os planos do homem, acabou sendo presa por roubo também. Foi condenada e teve que cumprir pena na penitenciária feminina de Purdy. Dizia que não tinha sido tão ruim; ficava em uns pequenos 'apartamentos' separados no alto da colina."

Teimosa e obstinada, a adolescente Mary Bello culpou a mãe pelas coisas ruins que lhe aconteceram na sua vida, viciou-se em drogas — heroína e cocaína — e entrou na prostituição para pagar pelo vício. Arriscava-se o tempo todo, certa de que tinha um escudo protetor ao seu redor. Embora Sue Villamin não conseguisse entender por que Mary tinha escolhido aquela vida, as duas começaram a se aproximar quando Mary tinha vinte e poucos anos. Eram amigas agora, e isso fazia sentido porque as duas tinham só quinze anos de diferença de idade.

Mary, apesar de rebelde, era a personificação da bondade. Ajudava qualquer pessoa em necessidade, muitas vezes dando seu último dólar para mendigos na rua. E tinha um senso de humor notório. "Eu ficava muito brava", disse a mãe, "e ela dava um sorrisinho engraçado. E aí não conseguia mais continuar brava."

Mary era boa cozinheira e adorava as festividades, nunca perdia o Dia de Ação de Graças e o Natal com a família. No último Natal da vida, apareceu com os braços cheios de presentes, nenhum deles embrulhado. Em 1982, havia "gastado demais" com todos, mas pareceu encantada quando a mãe e os avós gostaram dos presentes.

Mary Bello tinha medo de confiar nos homens o suficiente para amar qualquer um deles, embora possa ter amado um homem chamado "Jimmy". Ele não era cafetão e gostava dela. Seguindo o padrão que estabeleceu durante toda a vida, morariam juntos por um tempo e depois se mudaria. Contudo, então na casa dos 20 anos, Mary sempre voltava para ele.

Sue Villamin implorou a Mary que parasse de se prostituir, e Mary a olhou como se estivesse falando outra língua. "Ela fora roubada e espancada por *johns* e mesmo assim não desistia", lembrou Sue. "Queria que eu soubesse como era a vida dela. E eu não queria ouvir. Parecia que, quanto mais eu fechava os ouvidos, mais me contava. Ela disse que não gostava, mas que aquilo sustentava seu vício e lhe dava certo tipo de 'poder' sobre os homens. Não sei, talvez por causa do modo como o pai a tinha tratado."

Sue implorou para que encontrasse outra maneira de viver.

"Não", respondeu Mary. "Esse é o jeito que tenho de ganhar dinheiro."

Elas conversaram um pouco sobre o Assassino de Green River, e Mary ridicularizou a preocupação da mãe. "Não se preocupe com isso. Eu consigo evitá-lo. Mãe, ele nunca *vai* me pegar — vou ficar bem. Não quero nem ouvir falar dele!"

E riu, porque era ridículo alguém se preocupar com ela.

Uma coisa que a mãe nunca soube foi que Mary estava muito ciente da ameaça que o chamado Assassino de Green River representava — não tanto para ela, mas para as garotas vulneráveis que tinham acabado de chegar à Strip. Em 12 de setembro de 1983, preocupada, ligou para um detetive da força-tarefa que conhecia e lhe deu uma pista.

"Olha", relatou, "quero que saiba que tive um encontro com um *john* muito estranho. Estou bem, mas ele tem muitas facas no carro e em casa."

O cara era mais velho e dirigia um modelo recente de sedan azul. Ela não sabia a marca do carro nem o número da placa, mas lembrou que a casa ficava na esquina da rua 218 com a Military. O relato de Mary Bello foi verificado e se tornou parte do enorme arquivo permanente dos casos não resolvidos do Green River.

Por fim, Mary e a mãe chegaram a uma espécie de trégua. Mary morava em algum motel da Pac, e Sue em um trailer a cerca de dezesseis quilômetros ao sul na mesma rodovia. Durante todo o verão de 1983, Mary se esforçou ao máximo para superar o vício em heroína, o que exigia que fosse a Tacoma — uma viagem de 24 quilômetros — todos os dias para obter metadona para aliviar os sintomas de abstinência.

"Ela ia de ônibus até o meu trailer", disse Sue. "E eu a levava até Tacoma, a esperava e trazia de volta até o meu trailer, e ela pegava o ônibus de novo."

Sue teve uma sensação fugaz de maldição naquele lindo dia de outubro, como uma cortina cinza esfiapada roçando nas folhas amarelas de bordo. Ela viu Mary de costas enquanto se afastava do trailer em direção ao ponto de ônibus.

"Eu te amo!", gritou Sue.

"Mary olhou para trás e sorriu para mim. Foi a última vez que a vi. Acho que eu também sabia, e não havia nada que pudesse fazer para impedir."

Mary Bello sempre ligava para casa a cada dois dias, não importava onde estivesse. Agora, seu aniversário tinha passado, assim como o Dia de Ação de Graças e o Natal. A avó havia sido diagnosticada com câncer terminal, e todos esperavam que ela ligasse. Precisavam dela. "Ela foi para algum lugar", disse a avó à época, que sempre evitava deixar que verdades difíceis viessem à tona. "Ela vai aparecer. Fiquem de olho, ela vai aparecer."

Muito tempo se passou antes que soubessem onde Mary estava. Sue Villamin guardava especialmente uma citação que ajudava a lidar com a perda de Mary: "Os tempos mudam; o amor não". Ela também tinha um pensamento próprio que outras pessoas podiam seguir: "O castigo para a prostituição não devia ser a morte".

Mas ela não sabia se Mary estava viva ou morta.

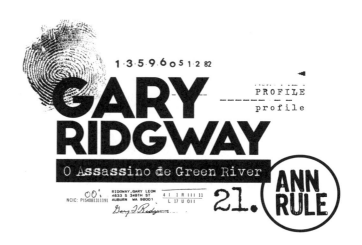

Bonecas_____
___quebradas

As buscas por cenas do crime se multiplicaram no outono de 1983. Sobrecarregada e com pouco orçamento, a Força-Tarefa Green River não tinha só novos desaparecimentos para investigar, os detetives também estavam recuperando os restos mortais lamentáveis que começaram a vir à tona. Cada local de descarte de corpos tinha que ser varrido e peneirado com cuidado, a menor partícula do que podia ser uma prova tinha que ser preservada e rotulada: fibras, cabelos, pedras, lascas de tinta, galhos, unhas soltas, pedaços de osso, pedaços de tecido apodrecido, fragmentos de joias baratas, pedacinhos de papel, um cigarro, fotos e moldes de marcas de pneus, um preservativo. Os detetives queriam muito encontrar alguma coisa que fosse prova física absoluta que pudessem ligar ao homem que estavam procurando nos últimos quinze meses.

Mulheres jovens que estavam à beira da vida meses ou um ano antes foram reduzidas a ossos dispersos, muitas com membros faltando. Exceto por Carol Christensen, nenhuma delas estava totalmente vestida, e a questão sobre Carol ser mesmo uma vítima do Green River continuava sem resposta. O local de descarte do corpo dela obviamente tinha sido encenado, enquanto os últimos corpos encontrados pareciam ter sido apenas jogados. Se o assassino era tão descuidado com as vítimas, os detetives ainda tinham esperanças de que ele pudesse ter sido negligente e deixado algum vestígio.

Podiam não ter as provas físicas de que precisavam, mas havia um padrão definido para o que alguns noticiários chamavam grosseiramente de "locais de desova", um jeito infeliz de descrever onde seres humanos eram deixados.

Se a SeaTac Strip entre a rua 144 Sul e a rua 288 Sul fosse vista como o centro de um círculo gigantesco, era óbvio que o Assassino de Green River estava deixando várias vítimas juntas em três áreas gerais: norte, sul e leste. Ele não podia ir muito longe para oeste sem chegar às margens de Puget Sound. Mas podia se expandir quase exponencialmente nas outras três direções.

As extremidades sul e norte da propriedade da Autoridade Portuária (aeroporto de SeaTac) tinham aspectos que teriam tentado alguém que quisesse esconder o que tinha feito: casas e fundações vazias, ervas daninhas e arbustos altos demais, longos trechos de campos desertos e, sempre, o rugido estridente dos aviões a jato acima. E, é claro, toda essa área ficava muito perto da rodovia Pac.

Quem quer que fosse, o Assassino de Green River parecia ter operado com base na teoria do "agrupamento" — deixando mais de uma garota morta em cada local. Às vezes, havia duas juntas. Às vezes, três. E, em algumas áreas, às vezes, havia seis ou sete, embora essa fosse uma possibilidade sinistra que ninguém que trabalhava no caso poderia sequer imaginar.

Talvez tivesse alguma sensação maluca de que as vítimas não deviam ficar sozinhas, então as deixava com "amigas". Não era provável. Alguém que conseguia matar tantas adolescentes e jovens não se importaria com isso; seu plano de se livrar dos corpos das vítimas tinha que ser uma conveniência ou um símbolo obscuro que significava alguma coisa para ele. E, em termos pragmáticos, teria que se livrar dos corpos o mais rápido possível para não ser pego com um no veículo, em casa ou no quarto de hotel. Era só uma questão de bom senso.

Ele descartava as garotas mortas, mas as continuava substituindo. Pammy "Annette" Avent, que às vezes trabalhava no Camp em Portland, estava de volta a Seattle em 26 de outubro, mas não por muito tempo. Mais tarde, suas amigas perceberam que a tinham visto pela última vez na região de Rainier Valley.

Em 28 de outubro, Patricia Anne Osborn, 19 anos, estava na outra extremidade de Seattle, quase no limite da cidade na avenida Aurora Norte. Os "pontos de transa" em Aurora eram os cruzamentos dos quarteirões 1100, 8500 e 10500. Patricia tinha sido presa três vezes por prostituição em 1983 e estava caminhando pela Aurora quando foi vista pela última vez. Os pais moravam no Oregon e não perceberam que havia sumido. Quando ela não fez contato nas festas de fim de ano, informaram o desaparecimento. Mas ela já estava desaparecida havia três meses.

Pammy era negra, e Patricia era branca — o Assassino de Green River parecia não ter preferência racial. Em vez disso, escolhia a mais vulnerável — e a mais bonita — das garotas que arriscavam a vida toda vez que entravam no carro de um desconhecido.

Se todas essas mulheres fossem suas vítimas, parecia que o AGR estava indo e vindo na rodovia expressa I-5, escapando pelas rampas de saída em toda a extensão da cidade. Também parecia que estava acelerando o ritmo. No caso de assassinos em série viciados em assassinato, são necessárias cada vez mais mortes para conseguirem manter o mínimo de normalidade que apresentam para o mundo exterior.

Era domingo, 30 de outubro de 1983. Por volta das 15h, Delise Louise Plager, 22 anos, era esperada na casa de uma amiga próxima. Um conhecido em comum, que tinha permitido que ela guardasse alguns de seus pertences no seu depósito, esperava no alpendre da amiga dela. Delise queria recuperar alguns itens, incluindo uma fantasia de Halloween que havia prometido levar para casa para o filho da amiga. Devia pegar o ônibus para a casa da amiga perto da esquina da avenida 15 com a Columbian, uma área mais ou menos a noroeste da seção de Rainier Valley em Seattle.

Delise, que desde pequena era chamada de "Missy", estava morando por um tempo com uma amiga. Tinha dois filhos, mas estava com dificuldade para sustentá-los. Estava passando por um período difícil desde sempre. Tinha olhos azuis e cabelos louros e um rosto de proporções perfeitas, um pouco salpicado de sardas, mas os olhos pareciam ter visto de tudo e achado amargamente decepcionante.

Dadas as circunstâncias da sua vida, isso não surpreendia. Missy Plager era amarga e frágil como uma borboleta, mas seu último dia na terra foi dedicado a tentar fazer uma criança feliz. A vida nem sempre é justa e, para algumas crianças mais vulneráveis, a vida é uma experiência triste atrás da outra. Para Missy, praticamente a única coisa que a vida lhe tinha dado foi um nome bonito e algumas pessoas que se importavam de verdade com ela, embora não tivessem conseguido protegê-la por tanto tempo quanto esperavam. Quando a vida ficou mais complicada, tinha muitos nomes. Às vezes, era "Misty" e, às vezes, "Roxanne Dunlap" ou "Carrie Bailey". O verdadeiro nome de nascimento era bem diferente de qualquer um desses. Os pais a tinham chamado de Lisa Veronica. Alguns disseram que o verdadeiro sobrenome era Sansisan.

Antes de Missy e o irmão gêmeo, Jon, completarem 5 anos, a mãe biológica foi considerada inadequada para criá-los. Os motivos eram nebulosos, mas é provável que o consumo excessivo de álcool tenha sido o fator decisivo. Missy nasceu "morta", mas a enfermeira responsável conseguiu ressuscitá-la. Os bebês voltaram para casa em uma situação frágil. O pai biológico partiu quando tinham cerca de 6 meses, e a mãe já tinha uma filha alguns anos mais velha, resultado de uma ligação anterior com outro homem. Os pais de Missy, Dennis e Patricia, se divorciaram no fim daquele ano: 1960.

Missy e Jon foram retirados da primeira família e levados para as instalações da Organização Católica para Crianças. Missy era uma criança bonita e logo foi adotada, mas os novos pais acharam difícil lidar com ela. Talvez por causa da dificuldade em respirar ao nascer, era hiperativa e precisava de paciência e medicamentos especiais.

Na realidade, Missy talvez tenha sofrido mais com o luto e a separação. Tinha perdido o irmão gêmeo que amava. Eles se uniram antes do nascimento, mas foram colocados para adoção em separado. Missy foi formalmente adotada em julho de 1968. Com o passar dos anos, continuou procurando Jon, mas a família que o adotou queria cortar todos os laços com o passado, e Missy não tinha permissão para vê-lo nem para entrar em contato com o irmão. Eles sempre estiveram juntos, o único conforto que tinham. Missy se lembrava com muita clareza do irmão, com quem se preocupava. Uma assistente social gentil descobriu onde ele havia sido colocado e, embora não pudesse dizer a Missy o local, conseguiu dizer à garota que o tinha visto e falado com ele e que o menino estava bem.

Tragicamente, Missy não o encontrou de novo por muitos e muitos anos e chorava inconsolável pelo irmão perdido. Era uma garotinha loura muito bonita, e os pais adotivos, que moravam em um rancho, não esperavam os problemas de personalidade que logo se tornaram evidentes. Eles tinham filhos mais velhos, e sua experiência como pais tinha sido normal e bem serena, mas Missy era sensível, muito barulhenta e nervosa, e tinha muita dificuldade para se concentrar.

No desespero, quando Missy tinha 10 ou 11 anos, os pais adotivos a colocaram na Escola Antoniana para Crianças Especiais em Cheney, no leste de Washington. Era uma instituição católica cuja diretora era a irmã M. Antonia Stare. A família da freira era dona do terreno onde ficava a escola.

As supervisoras de Missy na escola fizeram o melhor pela menina magra que parecia carregar o peso do mundo nos ombros. Tinha perdido a mãe biológica, a meia-irmã e o irmão gêmeo. Embora não soubesse disso, a mãe e o pai tinham se casado de novo com outros parceiros. Tinha outra meia-irmã, filha do pai biológico com uma mulher diferente, mas não sabia disso. Em certo sentido, estando na escola, Missy também perdeu um lar de verdade com os pais adotivos que tentaram com valentia, mas não conseguiram lidar com a hiperatividade e as mudanças de humor.

Missy ia para casa nos fins de semana e só era medicada para transtorno de déficit de atenção e hiperatividade (TDAH) nos sábados e domingos, quando, na verdade, precisava do remédio o tempo todo. Mas a irmã Antonia não acreditava que crianças hiperativas deviam ser tratadas com soluções farmacológicas como a ritalina, ainda mais quando estavam na escola, e, assim, quando Missy voltava no domingo à noite ou na segunda de manhã, passava por abstinência química semana após semana.

Uma vez, voltou de uma visita domiciliar, e a supervisora descobriu que as nádegas de Missy estavam com alguns hematomas. Não era difícil deixar marcas em Missy — sua pele clara era fina e delicada. Ela soluçou enquanto a irmã Antonia tirava fotos dos hematomas. Não estava chorando por causa da dor, mas porque tinha medo de colocar alguém da família ou seus amigos em apuros.

Missy estava pubescente e começou a desenvolver seios minúsculos. Ela sussurrou para a supervisora, Barbara, na mesa de jantar, que alguns meninos mais velhos que ela havia encontrado a beliscaram e caçoaram por causa deles. "Tudo que pude fazer foi lhe dizer que sentia muito", lembrou Barbara, "que sabia que isso devia tê-la magoado e que eles não deviam ter feito aquilo com ela."

No entanto, talvez não tivesse sido unilateral. Por ter sido tão privada de cuidados até os 5 anos, Missy ansiava por contato físico. Durante a maior parte da vida, era incapaz de dizer "não" aos meninos e homens que a abraçavam e beijavam. Ela não teve nem um pouco do carinho normal de que todos os bebês precisam.

Uma das noites mais tristes de que a supervisora conseguia se lembrar foi quando a escola montou um pequeno show. "Acho que Missy não tinha nenhuma esperança de que a família aparecesse, mas a mãe adotiva foi. Missy ficou tão feliz em vê-la que se emocionou e começou a chorar no mesmo instante. A pobre Missy ficou soluçando durante toda a apresentação. Mais tarde, ficou muito orgulhosa de apresentar a mãe aos funcionários. Era óbvio que amava a mãe, que estava se esforçando muito para lidar com os problemas que começaram nos primeiros anos de vida da filha."

Apesar de tudo pelo que Missy passou em sua curta vida, ainda se importava e amava com profundidade. Não era uma alminha endurecida, incapaz de criar laços ou apegos. Thelma "Woody" Johnson, uma voluntária na escola, trabalhava em particular com Missy, ajudando-a com calma a desacelerar e falar mais baixo.

"Woody era maravilhosa com Missy", lembrou a supervisora da menina. "Meu marido sempre se lembra dela como uma criança com 'brilho'. Ainda havia muita esperança e possibilidade ali."

Com o passar dos meses, os problemas emocionais de Missy ficaram mais evidentes, e foi decidido que devia ser transferida para uma unidade residencial onde teria menos direito a visitas domiciliares. Foi angustiante para Barbara e o marido verem Missy fazer as malas para ir embora e não poderem impedir a transferência. Ela pensava que Missy, dentre todas as pessoas, precisava de um lugar onde sentisse que tinha algumas raízes. "Depois que ela se mudou, tive permissão para falar com Missy uma vez por telefone", disse Barbara. "Falei que estava com saudade dela — e estava mesmo."

Anos se passaram sem nenhuma notícia de Missy, e Barbara soube que ela havia sido colocada em Echo Glen, uma instalação perto de North Bend, Washington, para adolescentes que tiveram problemas com a lei ou que precisavam ser mantidos afastados do mundo. "Dava para imaginar o que a tinha levado a esse ponto", lembrou Barbara.

Muita coisa havia acontecido com Missy, e quase nada era bom. Além de hiperativa, Missy tinha um distúrbio de aprendizagem que tornava a escola muito difícil. Estivera em Echo Glen para um tratamento e também havia passado um tempo na Escola Maple Lane para Meninas.

Durante toda a adolescência, manteve vivo o sonho de que um dia encontraria a verdadeira mãe, o pai e o irmão e que se reencontrariam para formar uma família feliz.

Missy ficou mais dura, pelo menos na aparência, mas aqueles que a conheciam percebiam sua vulnerabilidade. Tinha muitas irmãs e mães "substitutas" que lhe davam um lugar para ficar e tentavam lhe dar uma noção de autoestima. Mas era uma hóspede ou inquilina desafiadora. Horrível como dona de casa, não limpava nada, a menos que tivesse que encontrar alguma coisa de que precisava sob uma pilha de roupas ou pratos sujos.

Muitas vezes, parecia que o destino de Missy era morrer jovem. Ela sofreu um acidente de carro terrível em 1977. Quebrou o quadril e o maxilar e fraturou o crânio. Teve que fazer uma traqueostomia para respirar, mas sobreviveu mais uma vez.

Fora da escola e mais ou menos sozinha, Missy fez várias tatuagens, marcas que poderiam tê-la tornado identificável se alguma coisa fatal acontecesse. Tatuou "amor" no dorso da mão, "Frank" no braço, um símbolo de boa sorte no dedo e uma borboleta no joelho. Eram tatuagens amadoras, feitas por um amigo ou por ela própria. Mas tinha uma tatuagem paga no ombro direito: um dragão.

Procurando alguém que pudesse amar, Missy teve dois filhos — uma menina, Nicole, em 1976 ou 1977, e um menino, Darrell, em 1979. Não estava seriamente envolvida com nenhum dos homens que originaram os bebês, mas amava os filhos. Mesmo assim, não tinha preparo emocional para cuidar deles. Tinha perdido aqueles primeiros cinco anos importantíssimos, quando as meninas aprendem a ser mães imitando as próprias mães.

Às vezes, os filhos ficavam com ela, mas, com mais frequência, os amigos que cultivara como família cuidavam de Nicole e Darrell. Afinal, Missy tinha apenas 16 anos quando deu à luz a filha mais velha e 18 quando teve Darrell.

Se sua vida fosse um filme na televisão, teria havido um final feliz para Missy em 1982. Uma garota que conheceu no Capitol Hill de Seattle ao vê-la comentou: "Sabe, você se parece tanto com meu namorado que poderia ser irmã gêmea dele!".

E era mesmo. Missy tinha encontrado o irmão gêmeo que perdera dezessete anos antes. Ele morava em Tacoma e sabia onde o pai deles estava. Seu nome era Dennis, e morava no Texas. Missy ligou para o pai, que a colocou em contato com a mãe, que havia se casado de novo várias vezes e agora morava em Reno, Nevada.

Quando Missy ligou para Patricia, a mãe a convidou para passar o Natal com ela. As duas tinham grandes expectativas por um reencontro sentimental. Em vez disso, foi um desastre. Patricia, que não havia cuidado de Missy nem do irmão gêmeo, estava criando os filhos do namorado/marido. O alcoolismo tinha progredido, e ela não estava pronta de jeito nenhum para assumir a filha que passou tantos anos afastada da sua vida e que agora tinha dois filhos.

Quando Missy tentou contar à mãe como a vida tinha sido difícil e como sentia falta de ter a própria família, Patricia se sentiu culpada e repelida. O fato de Missy ter passado por lares compartilhados e reformatórios para meninas a incomodou. De algum jeito, esperava uma filha adulta bem-sucedida.

Patricia, que trabalhava para uma empresa de revelação de fotos em um quiosque no shopping center, não tinha dinheiro para ajudar Missy a se mudar para perto dela e de seu atual companheiro. Além disso, Missy continuava a mesma como hóspede e deixava tudo uma bagunça. Patricia era próxima da filha mais velha; Missy era mais como um fardo. E, depois de muitos drinques, Patricia disse uma coisa terrível. "Você tem problemas demais", disse para Missy, "talvez fosse melhor se não tivessem te ressuscitado quando você nasceu."

Foi como uma faca no coração de Missy. Ela havia passado a vida inteira contando com aquele sonho e agora percebia que a mãe nem se importava se estava viva ou morta. Pior: a mãe parecia desejar que ela nunca tivesse sobrevivido.

Missy ligou para o pai e lhe disse que as coisas não tinham dado certo em Reno. Estava voltando para a região de Seattle-Tacoma. A mãe comprou uma passagem para ela só de ida como presente de Natal. "Quando foi embora", lembrou a mãe mais tarde, "lhe dei um anel turquesa e prata. Não era caro, mas ela me disse que nunca mais o tiraria."

Era quase 1983, e depois disso Missy pareceu ser levada pela vida. Faltava às consultas com assistentes sociais e conselheiros para falar sobre os filhos e o que seria melhor para eles. Vivia aqui e ali. A meia-irmã (filha do pai com outra mulher) encontrou Missy e disse que estava procurando por ela havia vinte anos. Tinha rastreado a genealogia do pai e encontrado Missy. Joanie* foi até o estado de Washington, e as duas tentaram morar juntas por cerca de duas semanas, mas era tarde demais para estabelecer um relacionamento fraternal. A vida de Joanie fora melhor do que a de Missy, e ela possuía uma carreira sólida e valores diferentes.

Por volta dessa época, Missy tentou suicídio, deixando longas cicatrizes verticais nos pulsos. Alguns amigos a encontraram a tempo, mas ela não acreditava em mais nada. Em 1983 ela odiava os homens. Parecia que todos os homens que conhecera a tinham ignorado ou maltratado. O irmão gêmeo estava no Texas com o pai — ambos em liberdade condicional depois de cumprir pena por algum tipo de fraude —, trabalhando juntos em um restaurante. Havia uma boa chance de sua filha ser adotada, e o filho estava morando com sua amiga Maia, que era a coisa mais próxima de mãe que Missy tinha, mas morria de medo de que o Departamento de Serviços Sociais e Saúde de Washington tirasse Darrell dela também.

No início de 1983, a cada algumas semanas ou um mês, Missy morou com homens diferentes que pensava serem seus amigos — mas não eram. Confidenciou a Maia que percebeu que um homem mais velho estava tentando prepará-la para ser prostituta, deixando-a viciada em drogas, por isso se afastou.

Mas Missy ficou, de fato, viciada em drogas. Comprou algumas em um prédio que tinha sido uma igreja, mas era tudo menos isso no verão de 1983. O local se tornou uma boate "rave" para adolescentes chamada The Monastery. O Departamento de Polícia de Seattle e a Promotoria do Condado de King estavam investigando o sórdido clube escuro e o fecharam dois anos depois, mas era um lugar fácil para menores de idade comprarem drogas em 1983. Missy estava no processo de fazer uma tatuagem grotesca naquele verão — um lobisomem que se estendia de pouco abaixo do queixo até a parte inferior do abdome. Ainda não estava preenchido; só o contorno feio tinha sido traçado.

Por fim, cedeu à pressão de trabalhar nas ruas. Em abril de 1983, morava em um minúsculo apartamento de porão, cujo aluguel barato mal conseguia pagar. Poucos meses depois, ligou para uma advogada que a havia ajudado antes. "Estava viciada em drogas e com medo de perder os filhos", lembrou a mulher. "Fazia algum tempo que não nos falávamos e não sei o que aconteceu... ela estava entusiasmada para voltar à escola e conseguir se formar, mas agora estava decaindo muito rápido. Sempre esteve à procura de aprovação e fracassava na maioria das categorias. Sei que mentiu para a mãe quando deixou Reno, dizendo que tinha um namorado esperando por ela. Mas não era verdade. Ela não tinha ninguém."

Os amigos próximos sabiam que Missy não permitia que *johns* tivessem relações sexuais reais com ela. Ela só fazia sexo oral, dizendo às mulheres mais próximas: "Qualquer outra coisa seria uma violação do meu corpo interno". "Ela saía de carro ou ia para motéis", disse uma amiga que era como uma irmã. "Ela nunca ia para a casa de um *john*."

E, ainda assim, Missy esperava conseguir dinheiro e um apartamento bom o suficiente para levar os filhos para casa. No início do outono de 1983, estava assistindo a aulas para pais, rezando para precisar delas.

Mas ela era um paradoxo. Algumas semanas depois, Missy e a amiga que parecia uma irmã, que também se prostituiu, viajaram para Olympia, em Washington, para ganhar "muito dinheiro" participando de um *ménage à trois*. O *john* não lhes pagou, só ficou rindo das duas. De lá, sem mais nem menos, pegaram um ônibus ou pediram carona até a Virginia ou a Carolina do Norte, onde a outra garota tinha parentes. Lá, as duas se desentenderam e se separaram.

De alguma forma, Missy juntou dinheiro para voltar a Seattle. Quando chegou, foi morar com outra amiga, mas desapareceu no Halloween. Maia informou o desaparecimento quando ela não apareceu para ir ao depósito pegar a fantasia de Halloween. Ela descreveu a figura miúda de Missy, o cabelo louro, as tatuagens, o pequeno anel turquesa, a cicatriz da traqueostomia e a lacuna que tinha entre os dentes frontais superiores do meio. "Os dentes dela são muito bonitos, mas tem um espaço ali."

Pouco antes do Natal de 1983, Dennis, o pai de Missy, recebeu um telefonema estranho em sua casa no Texas. Era uma mulher que gritava: "Pai! Vou pra casa no Natal!". E a ligação foi cortada. Ele não conseguiu identificar de quem era a voz.

Barbara, a antiga supervisora de Missy, se lembrou de ter ouvido que se acreditava que Missy era uma vítima do Assassino de Green River. "Então, claro, chegou o dia horrível em que ouvimos o nome dela no noticiário e vimos o rosto triste em uma foto no jornal", disse Barbara. "Ela não merecia esse destino. Era uma criança doce que tinha muita coisa contra ela. E a tristeza continuou quando lemos que era mãe e que os filhos lhe tinham sido tirados. Nunca soubemos dos detalhes, mas não era de se estranhar que o ciclo se repetisse, como tantas vezes acontece. É importante que alguém, em algum lugar, deixe registrado que ela era uma menina que se importava de verdade, que era importante e que havia passado por tanto sofrimento e tantas perdas na sua curta vida. E não merecia ter uma morte tão horrível."

• • •

Nenhuma delas merecia.

Pammy Avent, Patricia Osborn e Missy Plager eram todas esguias e com ossos pequenos. Kim Nelson, 20 anos, também conhecida como Tina Lee Tomson, tinha quase 1,80 metro de altura e era uma jovem forte. Tinha uma sensualidade taciturna, cabelo louro-amarelado curto e seios fartos que a tornavam ainda mais atraente para os homens que dirigiam por ruas e rodovias em busca de "encontros". Por algum motivo, eram sempre as iscas altas de policiais que atraíam a maioria dos *johns* ao longo da Strip. Talvez porque as garotas altas fossem incomuns e se destacassem da média.

Nascida em Michigan, Tina cresceu como Kimberly Nelson. Tinha abandonado a escola de ensino médio Pioneer High School em Ann Arbor no equivalente ao segundo ano do ensino médio e de alguma forma foi para Seattle, com muitas paradas ao longo do caminho. Em casa, tinha a mãe, Greta; o padrasto, Ed Turner; e irmãs que se preocupavam com ela. O pai, Howard Nelson, morava na Flórida. Mas Tina abusou da bondade dos familiares de modo que não pôde voltar para casa. Ela telefonou para a irmã para dizer que não ia voltar para casa no Natal de 1983 porque não tinha dinheiro para a viagem. A mãe mandou dinheiro, mas Kim nunca apareceu.

Na época em que Tina morava no Noroeste, era a única sustentadora de um cafetão, um homem que ficou transtornado quando ela foi condenada a cumprir pena na Prisão do Condado de King por prostituição no início de outubro de 1983. Reclamou que não sabia como sobreviveria sem o dinheiro que lhe fornecia transando. Estava grávida de três ou quatro meses, mas isso não tinha importância. A gravidez pode ter sido o motivo pelo qual ela não voltou para casa em Ann Arbor para o Natal, mas o mais provável era que nunca mais pudesse voltar para casa.

Depois das festas, o namorado de Kim ligou para a família para perguntar se ela estava por lá. Os parentes disseram que não falavam com ela desde muito antes do Natal.

Kim/Tina tinha tantos nomes de rua que às vezes até ela mesma tinha dificuldade de se lembrar de "quem" era em determinado momento. Ela e a amiga Paige Miley não se conheciam muito bem. Paige conhecia Tina apenas como "Star". Os cafetões das duas eram amigos, e eles transferiam as jovens — que permitiam aos dois não precisarem encontrar empregos honestos — de um lado para o outro, para onde quer que achassem que havia mais dinheiro.

Quando Kim/Tina/Star saiu da prisão pouco antes do Halloween, ela e Paige foram levadas da avenida Aurora, no norte de Seattle, para a SeaTac Strip e se mudaram para o motel Ben Carol. Trabalharam duas noites na Evergreen Truck Stop na rodovia Federal, mas Paige foi presa por Scott Wales, um detetive disfarçado do condado de King. Por fim, foi advertida e solta.

Depois disso, Paige nunca teve certeza absoluta da data em que viu Tina pela última vez. Ou foi no dia do Halloween ou em 1º de novembro. Lembrava-se de que estava chovendo forte às onze da manhã e fazia frio lá fora. Os registros dos detetives Randy Mullinax e Matt Haney mostraram que Paige havia informado o desaparecimento de Tina em 31 de outubro. Claro que ela informou como "Star" Tomson, também conhecida como Tina Tomson. O fato de que a maioria das garotas desaparecidas e assassinadas tinha tantos pseudônimos era mais um fardo com o qual a Força-Tarefa Green River tinha que lidar enquanto os investigadores patinavam, pacientes, em um pântano de informações.

Se Tina desaparecera na manhã de Halloween, o fato teria acontecido apenas vinte horas depois do desaparecimento de Missy Plager. Tina e Paige ficaram conversando pouco antes do meio-dia na esquina da rua 141 com a Pac enquanto o vento chuvoso bagunçava os cabelos das duas. Elas não conheciam muito bem a Strip e não devem ter percebido que estavam bem no marco zero na extremidade sul. Elas sabiam da existência do Assassino de Green River, mas Tina não tinha medo dele. "Star não tinha medo de ninguém", disse Paige. "Ela entrava no carro de qualquer pessoa —acreditava muito que conseguia cuidar de si mesma."

Tina disse que só ia trabalhar o suficiente para "ganhar o dinheiro do aluguel". O aluguel custava apenas cerca de 25 dólares por noite; as duas garotas também tentavam economizar dinheiro cozinhando as próprias refeições no quarto.

Paige pegou uma transa primeiro e saiu com o cara para um encontro no carro. Quando voltou, quinze ou vinte minutos depois, Tina não estava parada na estrada, e Paige achou que ela conseguiu um encontro ou voltou para o motel. Estava tão frio que ela decidiu voltar para o Ben Carol. Mas Tina não estava lá e não voltou — nunca mais.

Dois dias depois, enquanto Paige olhava para um lado e para o outro da estrada encharcada de chuva, uma picape vermelho-escura com capota branca parou, e o motorista sinalizou para ela. "Você não andava com uma garota loura alta?", perguntou ele.

Isso fez os cabelos da sua nuca se arrepiarem. Ela fez um leve gesto afirmativo com a cabeça. Ele lhe ofereceu dinheiro para transarem, mas havia algo que Paige não gostou nele. O homem se recusou a ir para o quarto dela; queria um encontro no carro. Ela não foi.

O caso da garota loura alta cujo nome era "Star" ou Tina Tomson ou Kris Nelson ou Kimberly Nelson foi atribuído a Mullinax e Haney. Paige havia descrito o homem na picape vermelha como branco, em boa forma, com cerca de 1,80 metro, vestindo uma camisa xadrez e talvez um boné de beisebol. Tinha cerca de 35 anos.

De acordo com Paige, "Star" estava vestindo uma calça preta listrada, uma blusa rosa, um casaco comprido de couro preto e tênis Nike azuis na última vez que a viu. Nada mais estava faltando no quarto de motel das duas. A detetive Cherisse "Cheri" Luxa tomou posse das coisas de Star/Tina — algumas roupas, bobes de cabelo, escova de dente, maquiagem — e as apresentou como provas.

Só uma pequena porcentagem dos restos mortais das garotas desaparecidas tinha sido encontrada. O assassino de algum jeito conseguiu esconder a maioria, um fato que provocava imagens horríveis na mente do público e dos detetives da força-tarefa. Ele havia deixado a maioria dos corpos até então descobertos sem enterrar, cobertos às pressas com galhos de árvores ou detritos. Não parecia se importar nem um pouco com os corpos, só os descartava como bonecas quebradas.

Ainda assim, os detetives da força-tarefa descobriram que ele se deu ao trabalho de enterrar a garota morta encontrada em 13 de novembro de 1983, em uma área arborizada a apenas algumas centenas de metros a oeste da rodovia Pac e a cerca de quatro quarteirões do Red Lion. Na verdade, eram duas vítimas — uma jovem cujo útero ainda embalava o feto quase completo. O bebê tinha morrido com ela. A grávida estava deitada de barriga para cima com os joelhos um pouco dobrados para a esquerda. Ela e o bebê não estavam enterrados a mais do que sessenta ou noventa centímetros de profundidade, mas o assassino havia escavado terra suficiente para cobrir o corpo da vítima. O que foi diferente? Será que era porque a garota estava grávida, e isso tornava a violência mais vergonhosa? Será que ele tinha algum sentimento pelas vítimas?

Esse túmulo guardava Mary Bridget Meehan, que tinha perdido os dois primeiros bebês por aborto espontâneo e tinha sido persuadida a dar o terceiro para adoção. Agora ela havia sido privada de dar à luz essa criança ou qualquer outro bebê.

Quantas outras vítimas havia? Será que estavam procurando um maníaco brilhante que conseguia enfrentar investigadores experientes e desprezá-los?

Parecia que sim.

___Preliminares_

Os trabalhos de escola nunca ficaram mais fáceis para ele, embora sentisse alguma satisfação na própria habilidade de ter segredos que todos os alunos que achavam que sabiam de tudo nem imaginavam.

Por mais que fantasiasse fazer sexo com várias garotas e mulheres, não tinha muita sorte nisso. Havia uma garota alguns anos mais velha que morava no condado de Kitsap. Eles ficaram juntos uma vez, e foi a primeira vez que teve relações sexuais de verdade. Sendo muito mais experiente, acabou, como ele percebeu, ridicularizando-o por seu desempenho.

"Por algum motivo", disse mais tarde, "nunca mais fizemos aquilo. Não sei por quê. Simplesmente não fizemos."

Não gostava de ler e não era bom em matemática, mas era muito bom em consertar coisas, e o pai lhe ensinou sobre carros, embora, como em todo restante, demorasse muito mais para aprender do que a maioria das pessoas. Gostava de fazer caminhadas, pescar e estar na floresta. Gostava de ficar sozinho e observar as pessoas que não sabiam que as estava observando.

Trabalhou como ajudante de garçom no Hyatt Hotel perto do aeroporto em 1965 e 1966, depois conseguiu um emprego no Gov-Mart Bazaar, uma loja que vendia itens de saldo comprados em liquidações de estoque de outras empresas. Finalmente teve algumas namoradas no ensino médio, sem que, contudo, conseguisse fazer sexo. Em certo momento, conheceu uma garota que aceitou namorar. Comprou um hambúrguer na lanchonete onde ela trabalhava e, quando deu uma mordida, descobriu que havia no sanduíche um pedaço de papel com nome e número de telefone. Em um encontro, tentou manter uma relação sexual em um cinema drive-in, mas ejaculou prematuramente antes da penetração. Depois disso, eles tiveram relações sexuais com regularidade.

Ele tinha tanta dificuldade com a leitura e as matérias acadêmicas que terminar a escola parecia um processo interminável. Tinha 20 anos quando se formou e não tinha pensado muito no que faria da vida. Considerou ingressar no serviço militar e aprender um ofício lá.

A guerra no Vietnã ainda estava acontecendo, e ele tinha boas chances de ser convocado, por isso ingressou na Marinha. Antes de ser mandado para o posto de serviço em San Diego, casou-se com a namorada fixa, Heather. Tiveram um "casamento militar", como ele descreveu, em Fort Lawton, em Seattle.

Ela era um ano mais nova do que ele. O casamento foi celebrado por um capelão militar em agosto de 1970, e ela se mudou com o marido para San Diego. Os dois pareciam se dar bem durante os meses em que ele estava em treinamento na Califórnia, embora ficasse em um navio vários dias por semana. Quando estava no porto, faziam sexo algumas vezes por dia. Fora isso, não faziam muitas coisas empolgantes, mas ela lhe parecia feliz o suficiente.

E, então, embarcou para o mar por vários meses. Ela ficou sozinha em uma cidade desconhecida em um estado desconhecido. Nenhum dos dois era muito maduro, e ambos começaram a acusar um ao outro de infidelidade. Como escrever era difícil para ele, suas cartas não eram muito diplomáticas.

Na verdade, os dois estavam traindo. Ele não achava que visitar prostitutas quando estava fora de casa contava, pois tinha um impulso sexual muito forte. Tendo criado relacionamentos fugazes com meia dúzia de prostitutas filipinas. Ela estava entediada e sozinha e foi morar com outra jovem — uma garota casada com um fuzileiro naval. E também começou a sair com outros homens.

Ele deu entrada na enfermaria porque sentia dor ao fazer xixi e foi informado de que tinha uma doença venérea. Ficou muito zangado, porque já tivera gonorreia uma vez. Talvez achasse que era como sarampo ou caxumba e que não ia pegar de novo, mas dessa vez estava muito irritado. Pelo visto, os filmes de advertência exibidos pela marinha não o impressionaram. Quase nunca usava preservativo, mas muito tempo depois insistiu que não culpava as prostitutas filipinas. Elas sempre o trataram bem e o apresentaram a práticas sexuais mais exóticas do que a posição de papai e mamãe.

Tinha sido uma criança zangada, e sua raiva aumentou quando se tornou adulto, embora a controlasse com muita rigidez. Ainda estava sendo levado pela vida e não tinha nenhum discernimento das próprias motivações para fazer as coisas.

A noiva se lembrou de que, quando voltou do serviço marítimo, confessou que tinha se sentido tão sozinha que acabou saindo com outros homens. Ele negou de maneira decisiva que algum dia soube com certeza que a esposa havia sido infiel e afirmou que não a questionou quando foi transferido para Washington e ela lhe sugeriu que voltasse para Seattle sozinho.

Ele deixou a jovem esposa em San Diego. Foi um golpe fatal para o casamento. Convenceu-a a voltar para Seattle, mas depois de voltar ficou apenas uma semana e disse "Este casamento não está dando certo" quando saiu para o aeroporto.

Por dentro, ele nunca teve autoconfiança, e ser traído o atingiu com mais força do que a maioria dos homens. Rotulou a esposa de "prostituta", e os dois se divorciaram menos de um ano após o casamento.

Porém não ficou desacreditado com a instituição do casamento. Estava ansioso para conhecer uma mulher em quem pudesse confiar. Logo começou a frequentar lugares onde pudesse encontrar mulheres e namorou três ou quatro delas em rápida sucessão, embora nenhum de seus relacionamentos durasse mais do que alguns meses.

E, depois que descobriu as prostitutas, também virou cliente delas.

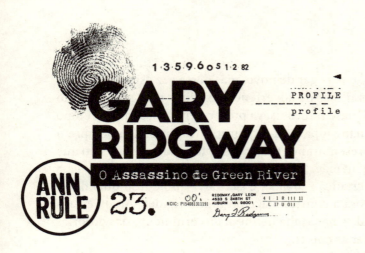

_"Limpem nossa comunidade"____

Demorou um pouco para Jerry Alexander localizar Ray, o antigo namorado de Bridget Meehan. O detetive do Porto de Seattle ainda estava designado para o caso, já que o corpo tinha sido encontrado dentro da jurisdição do seu departamento. No início, Ray estava muito confuso em relação à vida com Bridget, mas a memória dele ficava mais clara a cada contato. Por fim, admitiu que Bridget estava trabalhando na Strip. Quando perguntaram se se lembrava de algum carro específico, lembrou-se dela falando de um cara que dirigia um carro esportivo azul com placa personalizada.

Alexander examinou as placas personalizadas no Departamento de Veículos Motorizados de Olympia e acertou na segunda que parecia adequada. Era de um Karmann Ghia azul cujo proprietário morava a menos de três quilômetros da Strip.

O homem estava na casa dos 30 anos e parecia bem normal, com um comportamento quase delicado. Admitiu de imediato que às vezes pagava por sexo e que estivera com Bridget. "Eu me sinto atraído por garotas com seios grandes e a vi passeando com o cachorro perto da casa do Larry", disse. "Parecia ser solitária."

Não parecia um suspeito; as respostas foram diretas, e os detetives da força-tarefa interrogaram centenas de homens que tinham sido denunciados por informantes ou presos por policiais disfarçadas se passando por "prostitutas". Muitos pareciam muito mais sinistros do que esse cara.

Alexander examinou os registros policiais do homem e obteve resultados meio chocantes. Ele tinha um registro de problemas mentais. Outro detetive o tinha contatado por causa de um relato totalmente desconectado dos assassinatos do Green River. "Ele é um caso 219,5, disse o outro policial. (No estado de Washington, os casos que envolvem cidadãos com problemas mentais são chamados de "220" porque, nos primórdios, os policiais recebiam um bônus de 2,20 dólares por prender esses sujeitos potencialmente perigosos.) "Pensa que é espião, tem tendência suicida e, às vezes, porta uma 9 mm."

Mas é pouco provável que tenha matado Bridget Meehan; tinha um álibi sólido para a época em que ela havia desaparecido.

Conforme 1983 se aproximava do fim, o xerife Vern Thomas implorou aos políticos do condado de King por um financiamento que permitiria a expansão da investigação e, embora alguns ouvissem com preocupação, pelo menos um político revelou duvidar que a imagem do condado seria melhorada se gastasse o dinheiro dos contribuintes na investigação dos assassinatos de "acompanhantes".

Foi um comentário horroroso, mas refletia a opinião de alguns cidadãos. Foi um novembro esquisito. Enquanto algumas pessoas sentiam raiva das garotas que eram obrigadas a trabalhar nas ruas apesar de estarem com medo, havia outro contingente acusando a força-tarefa de não se importar com as vítimas só porque eram prostitutas.

Os cidadãos de bem protestaram, carregando cartazes que diziam "Limpem nossa comunidade!" e "Chega de prostituição!". As mães da Little League caminharam ao lado dos filhos uniformizados, e outras mães empurraram bebês em carrinhos com balões amarrados. No desfile, elas carregaram cartazes que exigiam ação. Uma mulher disse que estava com medo de o Assassino de Green River começar a sequestrar garotas "boas" e matá-las.

Setenta e cinco pessoas lotaram a sala de reuniões do Distrito Escolar de South Central e exigiram que o departamento do xerife se empenhasse mais para manter a prostituição longe de seus filhos.

"Nunca vamos acabar com a prostituição", anunciou o empresário que organizou o encontro, "mas tirem essas mulheres da nossa comunidade!" O empresário hipócrita recuou só um pouco, admitindo que as garotas mortas deviam ser filhas de alguém e que seus pais deviam estar sofrendo.

O tenente Dan Nolan, investigador experiente e dedicado, que estava trabalhando nos casos do Green River havia meses, sugeriu um conceito novo para muitos daqueles cidadãos indignados. Talvez eles pudessem exercer um pouco de pressão sobre os *johns*, em vez de condenar as garotas às quais pagavam para transar.

Para as pessoas reunidas ali, parecia uma maneira muito retrógrada de abordar o problema. Eles assentiram quando alguém disse que todos sabiam que as prostitutas eram a causa do problema. Mulheres "da vida" sem nenhum respeito por si mesmas. Vagabundas. Mulheres promíscuas que escolheram um jeito preguiçoso de sobreviver. Eles já tinham visto prostitutas em filmes e sabiam como elas eram de verdade.

E estavam muito errados. Oferecer sexo em troca de dinheiro não é uma profissão que glorifica as mulheres; é uma profissão nascida do desespero, da pobreza, da alienação e da solidão. Mas um dos homens que patrocinou o protesto dos cidadãos desprezava as prostitutas com facilidade, dizendo: "Elas fazem isso porque gostam muito de sexo".

Para os detetives que praticamente tinham abandonado as próprias famílias na busca desesperada pelo assassino, as críticas que recebiam eram como derramar sal em uma ferida aberta. Pelo lado mais positivo, foi sugerida uma recompensa por informações que levassem à prisão do Assassino de Green River. Começou com uma doação de 500 dólares e, em 25 de novembro de 1983, aumentou para 7.600 dólares.

Era fácil distinguir o que os investigadores tinham feito — ou não — aos olhos de alguns críticos. Especialistas foram chamados para analisar a investigação do Green River até aquele momento, e foram feitas recomendações. Dick Kraske, Dave Reichert, Fae Brooks e Randy Mullinax tentaram aceitar as análises com a mente aberta, mas era difícil para eles. A menos que alguém estivesse nas trincheiras de uma série horrível de casos de homicídio, como essas pessoas poderiam saber como era?

Alguns dos conselheiros que foram chamados para analisar a maneira como os casos tinham sido tratados sabiam, porque estiveram nessa situação. Bob Keppel, que fora detetive do condado de King, foi o detetive principal no caso Bundy e agora estava alocado na Divisão Criminal da Procuradoria-Geral do estado de Washington. No novo cargo, Keppel tinha dado uma segunda olhada em uma série de casos que estavam parados nas rodas emperradas da justiça e levado alguns deles a julgamento e conseguido condenações. Também estava analisando um programa de computador chamado HITS que ia "coletar, comparar e analisar as características importantes de todos os assassinatos e crimes sexuais predatórios em Washington".

Keppel tinha usado um computador quase da "idade da pedra" para tentar peneirar todos os suspeitos que surgiram durante a busca por "Ted". Bob Keppel era um investigador muito inteligente e organizado que estava construindo sua reputação com ênfase em cruzamento de dados de relatos, suspeitos, datas, horários e lugares. Mesmo que os computadores não fossem uma peça fundamental das investigações de homicídio no início dos anos 1980, não eram desconhecidos, e Keppel estava na dianteira nesse departamento. Ele acabou ficando com a Força-Tarefa Green River por muito mais tempo do que esperava.

Apesar de uma calmaria temporária, Keppel e Dave Reichert acreditavam que os homicídios ainda estavam acontecendo. Eles eram o yin e o yang da força-tarefa, sendo que Reichert tinha a tendência de buscar a ação, e Keppel tinha uma abordagem analítica. De vez em quando, frustravam-se, e até irritavam um ao outro, mas os dois estavam dedicados a rastrear a mesma presa e acabavam se entendendo. Se havia uma coisa que Bob Keppel havia aprendido era que nenhum detetive devia se tornar possessivo demais com seu caso em detrimento do objetivo real. E nenhum departamento devia se envolver em uma "guerra territorial" por uma investigação com grande repercussão.

O agente especial do FBI John Douglas, cuja especialidade era traçar perfis, foi para Seattle no fim de 1983 para ver de perto o que estava acontecendo no condado de King. Douglas, por motivos bem diferentes dos casos do Green River, teria sorte se saísse vivo da investigação.

No início de dezembro, desmaiou no quarto de hotel com taquicardia e febre de quase 40 graus. O cérebro estava paralisado, e estava à beira da morte quando outros agentes do FBI verificaram o quarto porque não tiveram notícias dele. John Douglas foi diagnosticado com encefalite viral e não pôde trabalhar nos casos do Green River nem em nenhum outro por seis meses. Naquela situação, sua recuperação da paralisia e da ameaça de lesão cerebral foi incrível. Nos anos que se seguiram, Douglas esteve envolvido em vários casos de grande repercussão, incluindo o assassinato de JonBenet Ramsey, e passou a escrever vários best-sellers.

Antes de adoecer, no entanto, Douglas sugeriu uma técnica que poderia ser bem-sucedida se a força-tarefa um dia ficasse cara a cara com um suspeito viável. Para acalmar sentimentos de profundo embaraço e vergonha e para obter confissões mesmo feias e chocantes, Douglas disse que os interrogadores poderiam separar a pessoa diante deles em duas categorias: "o bom Sam" e "o mau Sam". Isso permitiria que ele se desconectasse do que o "mau Sam" tinha feito.

Era uma ótima ideia — se um dia eles chegassem tão perto. Mas, com a aproximação do Natal de 1983, o moral da Força-Tarefa Green River estava baixo. Os poucos detetives que trabalhavam nos casos reclamavam das mesmas coisas que a Força-Tarefa "Ted" odiava: ficar sentado em um escritório abafado e minúsculo; separar montanhas de papéis, pistas e anotações; tentar encontrar os denominadores comuns que os levassem a um suspeito que pudessem interrogar.

Os detetives que rastreavam o assassino indefinido faziam horas extras havia mais de um ano, mas não recebiam quase nenhum apoio do público porque não prendiam ninguém nem conduziam o caso a um julgamento satisfatório e a uma condenação.

Dick Kraske foi transferido da Divisão de Investigação Criminal no fim de 1983, trocando de emprego com Terry Allman, que comandava a Delegacia do Norte. Frank Adamson assumiu o comando da Força--Tarefa Green River.

As responsabilidades de Kraske na investigação de Bundy eram muitas, e isso continuou durante os casos de assassinato do Green River. Em muitos aspectos, Kraske tinha o emprego mais difícil no caso de assassinato em série mais difícil dos Estados Unidos. "O primeiro ano da investigação foi tudo menos o modelo de cooperação entre agências e entre departamentos", lembrou. "Muito disso pode ser atribuído à ansiedade em relação à liderança e qual seria o compromisso com a investigação. Um dos muitos problemas com o caso Bundy era a 'zona neutra' entre a liderança e a 'pessoa encarregada da investigação'."

Para Kraske, que estivera profundamente envolvido nos casos Bundy e Green River no período de sete anos, isso significava que o próprio xerife deveria estar pronto para assumir a responsabilidade por qualquer coisa que acontecesse nos casos do Green River, bem como ajudar a obter o financiamento de que a investigação precisava muito. Mas houve três xerifes desde o fim dos anos 1970 até 1983, e Kraske sentiu que não tinha apoio de nenhum deles, não até Vern Thomas se tornar o chefe.

O orçamento do Green River para 1982-83 foi de pouco menos de 10 mil dólares. Um dia, no futuro distante, a conta da força-tarefa seria estimada em 30 milhões de dólares, e nem isso seria suficiente. Mas em 1983 isso pareceria o admirável e impossível mundo novo de ciência forense e custos decorrentes.

"Isso não quer dizer que estou abdicando dos erros cometidos durante o meu envolvimento", disse Kraske. "Mas as coisas teriam sido um pouco menos difíceis se a gente soubesse que tinha o apoio que essas investigações exigiam."

Kraske elogiou o xerife Vern Thomas e os representantes do poder executivo Randy Revelle e Paul Barden porque todos estiveram empenhados em ajudar a força-tarefa em sua metamorfose ao longo dos anos.

Anos depois, Dick Kraske comentou com ironia que muitas pessoas talvez acreditassem que tinha se aposentado em 1984, quando deixou a Força-Tarefa Green River. Mas não era verdade. Ele serviu no Departamento do Xerife do Condado de King por mais seis anos, alguns dos seus melhores anos no departamento, embora quase tenha morrido de hemorragia interna em 1985. Os médicos não encontraram nenhuma causa, e acabou se recuperando. Qualquer pessoa que já trabalhou em uma força-tarefa de assassinato em série talvez conseguisse identificar a causa com facilidade. Úlceras, enxaquecas, ataques cardíacos, dores nas costas, acidentes e até câncer pareciam persegui-los.

Com o passar dos anos, essa investigação sem fim provou ser, quase literalmente, uma assassina.

Em novembro de 1983, quando Vern Thomas se tornou o novo xerife, convocou todos que estavam em cargos de comando para discutir um plano de batalha para a segunda força-tarefa. Todos concordaram que precisavam de mais dinheiro e mais pessoal. A transição não foi fácil. Dick Kraske teria gostado de continuar na caça. Homem intenso, defensor dos detalhes, Kraske tinha feito um bom trabalho, mas ele e seus detetives não conseguiram pegar o Assassino de Green River.

De muitas maneiras, Kraske estava trabalhando em desvantagem. O terrível escopo dos assassinatos foi escondido no início, então, nos primeiros anos, a Força-Tarefa Green River não tinha pessoal suficiente. A força-tarefa original tinha somente cinco detetives, com mais três trabalhando em outros homicídios não resolvidos no departamento do xerife. Os oito compartilhavam cinco carros. O computador Apple dos primórdios não era protegido por um filtro de linha. Isso foi em 1982 e 1983. A maioria das pessoas não sabia o que era um computador e estava ainda menos preparada para picos de energia.

"Fomos informados de que, pela ausência de um filtro de linha, os dados inseridos tinham sido eliminados por uma oscilação de energia originada no sistema de elevador do prédio", lembrou Kraske. "Nunca conseguimos voltar a organizar todas as informações que recebíamos em um sistema de recuperação que poderia ter economizado muito tempo valioso."

Maior do que tudo era a agonia que todos em todas as forças-tarefa sentiram ou sentiriam por não conseguirem deter o homem que continuava matando, matando e matando. Tinha consciência de que o Departamento do Xerife do Condado de King estava reunindo esforços para pegá-lo, o Assassino de Green River não foi dissuadido de seu passatempo horrível. Até então, havia escapado. Mesmo enquanto as luzes de Natal brilhavam no enorme pinheiro em frente ao shopping Southcenter Mall, ele perambulava pelas ruas paralelas próximas à rodovia expressa I-5.

Lisa Lorraine Yates desapareceu dois dias antes do Natal de 1983. Era uma jovem de 19 anos muito atraente, com olhos escuros, cabelos louros abundantes e ondulados e, apesar dos problemas, muito amada pela família. A sobrinha, Veronica, dez anos mais nova que Lisa, achava que a tia era adorável como uma princesa.

"Ela era jovem e bonita", lembrou Veronica, "talentosa, amorosa e engraçada. Eu a achava muito legal. Ela foi assassinada quando eu tinha 9 anos. E ela ia me buscar um pouco antes de ser assassinada. Tinha me prometido um piquenique de inverno no parque, e eu estava ansiosa por isso havia muito tempo."

Lisa tinha sido arrastada de casa em casa durante grande parte de sua vida jovem. Tinha morado por muito tempo com a família da irmã, e Veronica considerava Lisa mais como uma irmã mais velha do que como uma tia.

Depois disso, Lisa passou a ganhar a vida de maneira desonesta.

Uma segunda ____
_força-tarefa

Frank Adamson ficou chocado ao saber que seria o próximo comandante da Força-Tarefa Green River. O xerife Vern Thomas lhe disse que Adamson se reportaria diretamente a ele. Isso era bom para Adamson, e o trabalho de Kraske teria se tornado muito mais fácil se tivesse a mesma linha direta de comunicação.

Com dezessete anos no departamento, Adamson tinha trabalhado em quase todas as unidades do Departamento do Xerife do Condado de King, embora tivesse um jeito tão discreto que muitos dos colegas policiais não sabiam. Quando Adamson se tornou o tenente encarregado das Investigações Especiais de Crimes Graves, o tenente Frank Chase era encarregado da Divisão de Homicídios da unidade. Chase tinha uma memória notável para nomes e rostos e ficou surpreso quando percebeu há quanto tempo Adamson estava no departamento. "Como foi que eu nunca te vi?", quis saber.

Adamson só deu um sorriso. Possuía um senso de humor e uma aparência semelhante à de Bob Newhart, só que com cabelo muito mais escuro, e uma abordagem discreta para os problemas. Sua aparência externa era sempre serena, por mais agitado que estivesse por dentro. Era um dos policiais mais espertos do departamento e um dos mais queridos, conseguindo até chefiar a Unidade de Investigações Internas sem fazer inimigos. Nesse cargo, Adamson sabia muitos segredos internos sobre vários policiais e estava ciente dos rumores de que o Assassino de Green River era um policial.

Foi a partir das Investigações Internas que foi convocado para a nova força-tarefa. Adamson, no entanto, era uma contradição — um policial intelectual cuja esposa, Jo, era dramaturga. Adamson amava os poemas de Dylan Thomas e Theodore Roethke; era um policial que tinha pretendido ser advogado. Embora sempre se afastasse das cenas de crime deprimido pela falta de humanidade de um ser humano com outro e pela injustiça cega da tragédia, só Jo sabia disso. Adamson mantinha uma fachada calma e competente.

Embora a maioria das esposas sofresse ao pensar nos maridos entrando no barril de pólvora que era a investigação do Green River, Jo Adamson ficou satisfeita. Ela acreditava no marido e também fervia de raiva com a injustiça infligida às vítimas. "Sou feminista", disse ela ao repórter Mike Barber do *Post-Intelligencer,* "não das radicais, mas fico com muita raiva dessas mulheres sendo assassinadas. O que isso diz sobre a nossa cultura? Um homem matando pelo seu propósito pervertido!"

Os Adamson viviam em Maple Valley, em uma floresta densa, e isso ajudava a amenizar a aspereza da morte e do desastre que é companheira frequente dos policiais. Tinham um bom casamento e admiravam os talentos um do outro. Jo tinha peças de teatro produzidas, e Frank sentia muito orgulho. Ela se impressionava com a honestidade do coração dele. Os dois tinham um filho adolescente, vários gatos grandes e fofinhos e olhos de colecionador para carrilhões e esculturas maravilhosas. Assim como Kraske, Adamson, que tinha 41 anos em 1983, tinha sido fuzileiro naval.

Quando o comando mudou e Adamson, entusiasmado, entrou em cena para comandar a força-tarefa, o sucesso parecia possível dali a alguns meses. Ele agora tinha quarenta detetives, oito vezes mais que a primeira força-tarefa, e se transferiram do espaço sombrio entre os andares do Tribunal do Condado de King para salas mais espaçosas na área de Delegacia de Burien, mais perto dos locais das cenas do crime.

Essa nova força-tarefa também tinha muito mais dinheiro. O capitão Mike Nault, que agora supervisionava a Unidade de Crimes Graves, tinha apresentado ao novo xerife e à força de comando a quantia de dinheiro que achava que a investigação do Green River merecia, e os poderes estabelecidos dobraram o valor. Agora pareciam estar em uma situação boa para todos.

Adamson aceitou que a equipe tinha que começar se atualizando, reavaliando as informações coletadas nos primeiros dezoito meses e seguindo em frente. E, como em qualquer batalha, o comandante e as tropas que foram para a frente estavam frescos e confiantes. Os que foram puxados para trás estavam cansados da batalha. Dave Reichert, Bob LaMoria, Ben Colwell, Rupe Lettich e Fae Brooks continuaram na luta. Adamson sabia muito bem que também teria que lidar com a mídia. As manchetes estavam ficando maiores, e a cobertura dos assassinatos do Green River estava mais frequente conforme a lista de possíveis vítimas aumentava.

"Eu achei de verdade", lembrou Adamson, "que, como eu tinha bons funcionários, o problema seria resolvido em seis meses. Em retrospecto, acho que talvez devêssemos ter resolvido mesmo."

A segunda Força-Tarefa Green River tinha um promotor adjunto sênior designado para trabalhar nos casos com eles. Al Matthews se juntou à investigação no início de 1984. E ficou até 1987.

Quando Adamson se mudou para o novo emprego durante as festas de fim de ano de 1983, Shawnda Summers, Yvonne Antosh, Connie Naon, Kelly Ware, Mary Bridget Meehan e uma vítima não identificada tinham sido encontradas. Muitas, muitas outras mulheres estavam desaparecidas, algumas delas eram vítimas que ainda não tinham sido declaradas.

Cinco dias antes do Natal de 1983, a mãe de Kimi-Kai Pitsor soube onde a filha estava. E Frank Adamson teve que lidar com o primeiro corpo encontrado sob seu comando. Não era um corpo; era só um crânio.

"Tínhamos uma lista de doze mulheres que eram vítimas — vítimas *conhecidas* — e nem todas seriam vítimas do Green River", lembrou Adamson. "Então havia uma lista de mulheres desaparecidas que o Departamento de Polícia de Seattle nos enviou com 22 nomes possíveis. A maioria seria encontrada e, de fato, fazia parte dos casos do Green River. Eu estava na Unidade de Crimes Graves havia apenas quinze dias quando o crânio de Kimi-Kai Pitsor foi encontrado no cemitério de Mountain View. A garota era uma dessas 22 e era uma das mais novas de todas. Mal tinha completado 16 anos. Foi chocante para mim."

O pequeno crânio no cemitério foi encontrado a cerca de trinta quilômetros a sudeste do aeroporto. Podia muito bem ter vindo do cemitério, um corpo desenterrado e espalhado por ladrões de túmulos. Vândalos de cemitérios atacavam com frequência no condado do sul. O local ficava quase no limite da pequena cidade de Auburn. Mas não era um crânio arrancado de um túmulo. Era Kimi-Kai, encontrada a cinquenta quilômetros de onde tinha sido vista pela última vez no centro de Seattle. Estava ao ar livre, não em uma área coberta de mato onde as outras vítimas tinham sido encontradas.

"Achamos que o assassino estava brincando com a gente quando colocou o crânio ali. Alguns investigadores acharam que talvez o corpo estivesse escondido e um coiote o tivesse levado para onde foi encontrado", lembrou Adamson.

Ele chamou voluntários da organização Explorer Search and Rescue para ajudar a encontrar mais restos mortais. "Descemos cem metros em uma ladeira muito íngreme em busca de mais ossos ou roupas. Era tão íngreme que tivemos que usar escadas de caminhão de bombeiros para que a organização Explorer Search and Rescue pudesse se locomover na colina. Fiquei preocupado com as pessoas que estavam na busca — algumas eram crianças. Uma vez, alguém desalojou uma pedra e quase atingiu a cabeça de uma criança."

"Mas não encontramos nada. Foi minha escolha não descer mais porque era muito perigoso. A colina descia até a rodovia 18."

Embora não tivessem encontrado mais nada dos restos mortais de Kimi-Kai, um dentista forense conseguiu combinar os dentes do crânio com o prontuário dentário da garota. A mãe ouviu a notícia sem choque. Tinha aceitado muito tempo antes que Kimi estava morta. Com muita tristeza, sussurrou: "Ela não está sofrendo agora. Não está com frio. Não está com fome. Não está mais sentindo nenhum tipo de dor. Isso estava me atormentando nesses últimos nove meses".

Conforme a força-tarefa de Adamson seguia em frente, os investigadores reconheceram que devia haver muito mais do que uma dúzia de vítimas do Assassino de Green River. O próprio Adamson acreditava nisso. Se o local preferido do assassino não tivesse sido identificado com a descoberta de três corpos no Green River em agosto de 1982, o homem que procuravam teria deixado todas as vítimas ali.

Mas o novo comandante tinha experiência com corpos deixados na água; os gases formados pela decomposição são tão fortes que já tinha visto um corpo em um caso anterior pular para a superfície, embora estivesse preso por correntes a um bloco de concreto.

Adamson teve o pressentimento de que Wendy Coffield e Debra Bonner tinham sido deixadas em um local isolado mais ao norte do Green River, onde as outras três mulheres foram descobertas. "Mas, assim que as encontramos", disse Adamson, "ele não podia mais voltar lá, então teve que encontrar novos lugares para deixar os corpos."

No início de 1984, a primeira missão era garantir que todas as informações que a nova força-tarefa já tivesse e todas as que continuassem a chegar fossem organizadas. "Estávamos sobrecarregados de informações", lembrou Adamson, "e nada estava muito organizado. Os livros do arquivo do caso foram reprojetados para que pudéssemos encontrar as coisas com facilidade. Juntamos as provas físicas. Tínhamos uma sala com pastas do caso que listavam os desaparecimentos, os homicídios e as provas físicas."

No início dos anos 1980, era muito mais difícil reunir provas físicas absolutas que identificassem um assassino do que agora. Vinte e dois anos fizeram uma diferença tremenda. A análise de DNA não era uma ferramenta forense padrão à época. Nem o Sistema de Identificação Automatizada de Impressões Digitais (AFIS) era de uso geral. O antigo sistema de impressão digital do FBI. tinha se tornado arcaico, dependendo principalmente de métodos manuais demorados para combinar cristas, arcos e espirais de suspeitos com as impressões digitais em seus vastos arquivos.

Antes do AFIS, demorava dois meses para os departamentos de polícia receberem relatórios sobre as cópias enviadas para análise de correspondência em uma solicitação normal. Os fundos para cumprir a meta de automação do bureau — treze anos em construção — não foram incluídos no orçamento nacional. O FBI ainda precisava de 40 milhões de dólares para informatizar completamente o sistema, e o estado de Washington ainda não estava preparado para essa conexão.

No início, a Força-Tarefa Green River usou o sistema de identificação de impressões digitais do Alasca. Os testes de sangue e outros fluidos corporais eram pré-DNA. Tudo que os criminalistas conseguiam fazer era diferenciar se as amostras submetidas eram de seres humanos ou de espécies animais. Conseguiam identificar se a amostra tinha vindo de um secretor ou de um não secretor (o que significa que uma pequena porcentagem dos humanos não "vaza" seu tipo de sangue nos fluidos corporais). No caso de sujeitos que *eram* secretores, os criminalistas conseguiam determinar os tipos sanguíneos. Isso parecia muito à época.

A única coisa certa, e era certa desde que o dr. Edmond Locard de Lyon, na França, administrou o primeiro laboratório criminal do mundo, era o Princípio da Troca. Formulada nos primeiros anos do século xx, a teoria de Locard se tornou a base para qualquer investigação de qualquer cena de crime: todo criminoso deixa algo de si mesmo na cena do crime, por mais minucioso que seja, e leva consigo algo da cena do crime, mesmo que seja infinitesimal. Todas as novas gerações de detetives — e programas de televisão como *csi* — trabalham com o princípio de Locard. Mas cada década traz consigo ferramentas mais sofisticadas para ajudar os detetives a encontrarem as minúcias que resolvem crimes.

Conforme a investigação do Green River seguia nos anos 1980, houve muitos avanços na ciência forense. O primeiro, entretanto, exigia que boa parte de cada substância fosse testada — cabelo, sangue, sêmen, produtos químicos, tinta e assim por diante —, porque os diversos processos de laboratório destruíam as amostras enviadas.

Mesmo assim, a segunda Força-Tarefa Green River estava muito otimista no início de 1984. Afogados em pistas do público, de prostitutas e moradores de rua e de médiuns, os detetives investigaram e catalogaram todas. No entanto, precisavam ter um sistema para estabelecer prioridades.

"Tínhamos as categorias 'A', 'B' e 'C'", explicou Adamson. "Os As tinham que ser examinados o mais rápido possível e eliminados de forma conclusiva antes de prosseguirmos. Os Bs eram pessoas que podiam ser bons suspeitos, e certamente precisávamos dar uma olhada, mas poderíamos demorar um pouco mais para alcançá-los. Os Cs podiam ser suspeitos, mas com esses não tínhamos muito com o que prosseguir e sentíamos que não era muito importante nos aproximarmos deles em um futuro próximo."

Um dos problemas que Adamson tentava gerir era a tendência natural dos detetives de se fixarem em apenas um suspeito. Os detetives de homicídios são humanos como qualquer outra pessoa e não são infalíveis, embora o trabalho exija que eles gerem provas irrefutáveis para que o promotor possa apresentar ao júri.

"Eu sempre dizia à minha equipe que precisávamos nos lembrar de não ficarmos míopes", disse Adamson. "Quando um detetive ficava muito focado em um único suspeito, eu lembrava que todos nós ficávamos 'obcecados' por certas pessoas. Um de nós podia estar certo, mas não era possível que todos nós estivéssemos certos."

Dave Reichert ainda estava convencido de que Melvyn Foster era o Assassino de Green River. Outro detetive tinha certeza de que o assassino era um advogado de Kent, cuja clientela incluía um número desproporcional de mulheres no "comércio de vícios". O advogado morava muito perto de onde os primeiros cinco corpos foram deixados no rio, e esse suspeito uma vez passou um tempo em uma cidade da Califórnia onde havia vários assassinatos de mulheres não resolvidos.

"Eu já tinha visto aquele advogado, que estava na casa dos 40 anos, algumas vezes", disse Adamson. "Ele estava sempre vestido de um jeito imaculado — nem um fio de cabelo fora do lugar. Eu pensava: 'De jeito nenhum esse cara vai entrar no rio, se molhar, se sujar e depois aparecer no tribunal'. Eu tinha descido até o rio com sapatos sociais e, um mês depois, ainda dava para ver a sujeira neles, e eu não entrei na água. O verdadeiro assassino teria que entrar lá no lodo e na lama."

O advogado suspeito depois foi assassinado por um inquilino insatisfeito de um dos prédios de apartamentos miseráveis que possuía.

Todos os investigadores sentiram profundamente, e foi difícil abandonarem suas crenças. Havia muitas pessoas esquisitas que chamavam a atenção deles. Até mesmo Adamson logo teve seu próprio suspeito "preferido", assim como todos tinham os seus. Na verdade, ele teve três suspeitos preferidos. Parte do público não se importava com quem era o Assassino de Green River. As pessoas só exigiam uma prisão em breve.

Na maioria das vezes, todos os majores e superiores no departamento do xerife estavam muito ocupados com tarefas administrativas para saírem a campo, mas todos eram obrigados a cumprir o "serviço externo" no intervalo de alguns meses. "Eu saía e verificava diversas delegacias, respondia ao que estava acontecendo no condado. E usei esses momentos para passar de carro pela casa de três caras", disse Adamson. Ele não tinha certeza do que poderia ver e não achava que teria sorte suficiente para encontrá-los fazendo alguma coisa incriminadora no instante em que passava, mas se sentiu compelido a ver o que estavam fazendo.

Um dos principais suspeitos de Adamson era um homem mais velho que uma jovem prostituta relatou ser um "cliente" muito peculiar. Ela concordou em se encontrar com o homem em um motel na rodovia, e ele era um pouco mais velho do que os *johns* de sempre. No início, parecia simpático. Até a levou à loja de móveis e departamento House of Values e lhe disse que podia comprar todas as roupas que quisesse. Depois, levou-a para a casa dele, que ficava perto do Green River. Tinha uma propriedade de bom tamanho com muitos hectares de terra e um celeiro.

Mas, depois que o homem — Ingmar Rasmussen* — levou a garota para sua casa, se recusou a levá-la de volta para a estrada. Manteve-a lá por uma semana, mostrando um crachá especial da polícia. Ela não sabia se acreditava nele ou não. Ele lhe mostrou seu celeiro com o maior orgulho. Sentindo-se desanimada, viu que uma área das paredes era coberta de fotos de mulheres. Foram feitas fotos dela também. Ficou pensando se as suas iriam acabar na parede. Pior, ficou pensando onde ela própria poderia acabar.

Rasmussen obviamente estava bem de vida e não a machucou, mas ela se sentiu presa pois, de fato, era sua prisioneira. Por fim, levou-a de volta ao motel onde haviam se encontrado. Quando contou aos detetives sobre o homem rico com o celeiro cheio de fotos de mulheres, o relato parecia que era fruto de uma imaginação hiperativa. No entanto, ela conseguiu levar os detetives até a extensão de terra de Rasmussen e apontar a casa grande e o celeiro que ficavam no vale do Green River.

Em um ardil para dar uma olhada lá dentro, o capitão Bob Evans certa vez dirigiu sozinho até a casa de Rasmussen em um Cadillac branco sem identificação. Bateu à porta e, quando Rasmussen a abriu, Evans disse que seu carro havia quebrado. O rico fazendeiro foi preso sob a acusação de suspeita de cárcere privado e foi emitido um mandado de busca e apreensão para a propriedade.

Os investigadores da força-tarefa viram que havia uma porta redonda no teto do celeiro, presa com grandes estacas. Eles invadiram o celeiro, imaginando quais descobertas misteriosas poderiam fazer. Mas foi uma decepção. "Não encontramos nenhuma foto lá", disse Adamson, "embora tenhamos encontrado uma das câmeras de Rasmussen e, quando o filme foi revelado, as fotos da nossa informante estivessem ali."

Se fosse um filme de terror, o celeiro isolado de Ingmar Rasmussen teria sido o lugar ideal para um assassino em série esconder as vítimas. Mas era o mundo real, e ele, como tantos outros, foi tirado da lista de suspeitos.

Era um sujeito um pouco pervertido, sem dúvida, e tinha levado jovens prostitutas ao celeiro para fazer sessões de fotos. Um investigador particular contratado por Rasmussen, que estava preocupado, disse a Adamson que as fotos estavam no celeiro o tempo todo, mesmo durante a busca, mas o velho as tinha tirado da parede e colocado-as em uma gaveta.

"Tínhamos nos tornado muito bons em cenas de crime ao ar livre", disse Adamson com ironia, "mas estávamos enferrujados para trabalhar em cenas internas e não vimos as fotos".

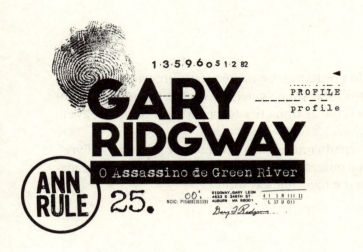

___Assassinos em série não_ param, eles aceleram_

Embora os cidadãos conservadores do sul do condado de King tendessem a culpar o negócio da prostituição e do vício pela sombra na vida deles, não se incomodavam em se envolver. Em resposta às reclamações, o chefe do poder executivo do condado de King, Randy Revelle, convocou uma reunião na prefeitura de Tukwila. Por ironia, embora Revelle, o xerife Vern Thomas e o capitão Frank Adamson tivessem comparecido para responder às perguntas e ouvir as preocupações, só quatro moradores apareceram. Os líderes da investigação e um bando de repórteres estavam presentes, mas ninguém mais parecia se importar.

Uma pessoa perguntou se o departamento do xerife achava que o assassino voltaria a atacar, e Frank Adamson respondeu com um inequívoco "Sim".

O Assassino de Green River não tinha motivo para parar de matar. Até onde os detetives sabiam, ele não havia nem chegado perto de ser capturado e devia, na verdade, estar gostando do "sucesso". De acordo com a história, os assassinos em série não param — eles aceleram. A menos que esses assassinos sejam presos e encarcerados por outros crimes ou se tornem fisicamente incapazes de perseguir vítimas ou morrem, eles continuam. Em casos raros, uma mudança radical de vida — casamento, divórcio ou doença grave — pode interromper sua obsessão por destruir vidas.

Sendo assim, é claro que o homem que procuravam voltaria a matar. E eles temiam que fosse em pouco tempo. E estavam certos.

・　・　・

Mary Exzetta West desapareceu do bairro de Rainier Valley em 6 de fevereiro de 1984. Tinha um rosto doce e um sorriso tímido. Morava com a tia e sempre tomava cuidado para voltar para casa na hora certa. Tinha deixado a casa da tia no meio da manhã daquela segunda-feira. Dali a exatamente um mês, Mary ia completar 17 anos, mas nunca chegou a isso. Em seis meses, ela teria dado à luz um bebê, mas pouquíssimas pessoas sabiam que estava grávida. Ela não sabia o que ia fazer quando a barriga começasse a aparecer.

Era estranho tantas vítimas do AGR terem morrido tão perto do aniversário. Não tinha como ele saber quando as vítimas haviam nascido, já que as pegava quando cruzavam seu caminho, quando estava no modo de matar. Tinha que ser apenas uma coincidência sinistra.

Passaram-se vinte meses, e o número de vítimas continuava aumentando. Muitas pessoas estavam ansiosas e inquietas, inclusive o próprio homem, embora os homens e as mulheres que o procuravam não soubessem disso. O grupo Women's Libbers acusava com veemência a Força-Tarefa Green River e a polícia em geral por não tentarem protegê-las, já que não pegavam o Assassino de Green River.

O AGR não era escandaloso; só queria aumentar um pouco a aposta e tornar o torneio do terror mais interessante.

Em 20 de fevereiro, o repórter do *Post-Intelligencer* Mike Barber, que havia escrito muitos artigos sobre os casos do Green River, recebeu uma carta enviada para o departamento de notícias locais que lhe fora endereçada. Tinha chegado em um pequeno envelope branco liso com o carimbo do correio de Seattle.

O endereço digitado estava incorreto:

Seattle postintelligencer
fairview n john
PO Box 70
Seattle WA 98111

・　・　・

Na verdade, o endereço pertencia ao *Seattle Times*, mas de alguma forma a carta chegou ao *Post-Intelligencer*. O remetente tinha escrito "muito inportanti" no envelope.

Barber leu a mensagem que estava no envelope, que não tinha nenhum espaço entre as palavras e, a princípio, parecia incompreensível. Olhou várias vezes para entender qual poderia ser o "código", se é que, de fato, havia um código. E, ainda assim, não fazia muito sentido.

Aos poucos, começou a traçar linhas diagonais entre o que poderiam ser palavras e as informações se tornaram mais claras, embora o escritor fosse inculto ou tentasse aparentar ser.

oquevocê precizasabesobreohomidogreenriver

nãojogafora

1 primeiro umbrassoquebradodeslocadoporque

2umapretanoriotinhaumapedranavaginaporque

3porquealgumasnoriooutrasemsimadosolooutrasabaixodosolo

4segurosquemrecebeu

5quemganhacommortes

6caminhãoforadoestadopaitinhapintadoounorio

7algumasteveaunhacortada

8elefezsexodepoisqueelasmortaelefuma

9elemastigachiclete

iochanceprimeirachantageouele

iivocêtrabalhamimouninguém

i2achoquemudoumodoagir

empresarioouvendedor

i3reservacarroemotel

i4homemvistomalagrandesaindomotelestavapesadaprecisouajudachave-carroestradai8quem

i5estavasozinhocomanelemiscelanea

i6policialforaestado

i7nãomatarmeiodiaolhandoparafora

i8umatinhacicatrisesantigas

i9mamãetomouvinholombroscocompeixeedespejoulá

20algumadrogaouvenda

2icabeçaencontradaquemencontrouondeestáoresto

22quandomorreramdiaounoite

23oquerasgouabocaseráquefoitruque

24porquetiraralgumasroupasedeixaroresto
25assassinousapelomenosumanel
26homemcorretoréumhomem
27motoristadecaminhãodelongocursovistopelaúltimavezcomuma
28algumastinhamarcadecordanopescoçoe.nasmãos
29umapretanoriosófedia
30todasestranguladasmascommétodosdiferentes
31umapretanoriotinhatrabalhadometrô
32amaioriatinhacafetãoapostandonelas
33modelosdeacompanhanteforçouelaspormedodamorte
34talvezcafetãosevingoudelas
34quemencontraosossosepraqueservem
35homemcomrevolveroufaca
36alguémpagoupramatarumaoutrasparaesconder
37matarquemelassãoouoqueelassão
38algumamortediferentedasoutras
39ohomempoderiatrabalharpraalguémlá
40quetipodehomeméisso

haviaumlivroabandonadocartasdadenney
elepertenseaumpolicial

A carta estava assinada: "mechamedefred".

"Me chame de Fred." Bem, isso estava bem claro, embora fosse improvável que o informante se chamasse Fred de verdade. A carta devia ter sido escrita por alguém que queria brincar de detetive. Estava apresentando motivos que qualquer um poderia pensar, mas também estava dando muitas informações que não eram conhecidas em geral. Depois que Barber terminou de tentar separar as palavras para lhes dar algum sentido, entregou a carta a Dave Reichert.

A pedido de Bruce Kalin, especialista em provas da força-tarefa, Tonya Yzaguerre, examinadora de impressões latentes do departamento do xerife, examinou a carta em busca de impressões digitais. Usando o processo de ninidrina — que usa produtos químicos e calor e pode mostrar impressões deixadas até mesmo décadas antes —, Yzaguerre encontrou uma que foi guardada na esperança de que, algum dia, coletassem impressões digitais de uma cena de crime ou local de descarte de corpos relacionado ao Green River. Ela mandou a carta para o FBI, para que John Douglas avaliasse o conteúdo e na esperança de que a máquina de escrever usada pudesse ser identificada.

O laboratório do FBI achou que a máquina de escrever era uma no estilo Olympia com espaçamento horizontal de 2,60 milímetros por caractere e usava fita de tecido.

Apesar do autor da carta ter se referido a informações até então não publicadas, como "Uma negra no rio tinha uma pedra na vagina. Por quê?" e "Mamãe tomou um vinho tinto lombrosco com peixe e despejou lá", John Douglas escreveu para Bruce Kalin que não sentia que o verdadeiro Assassino de Green River tinha escrito a carta.

"Minha opinião é que o autor do comunicado escrito não tem nenhuma ligação com os homicídios do Green River. O comunicado reflete um sujeito de inteligência mediana que está fazendo uma tentativa débil e amadora de conquistar alguma importância pessoal manipulando a investigação. Se esse sujeito fez declarações relativas à investigação que ainda não foram divulgadas à imprensa, teria que ter acesso a essas informações [via] Força-Tarefa."

Quanto às ligações informando à força-tarefa onde os corpos poderiam ser encontrados, Douglas também estava cético. "O interlocutor não é específico o suficiente para se estabelecer como o 'Assassino de Green River'. No entanto, tem a capacidade de ser um imitador."

Douglas disse que a Unidade de Ciências Comportamentais do FBI descobriu que pouquíssimos assassinos em série desse tipo tinham se comunicado com a mídia ou com uma equipe de investigação. Quando verdadeiros assassinos em série ligavam, davam detalhes muito específicos para aumentar sua credibilidade. "Isso faz parte da necessidade pessoal deles", destacou. "Por terem sentimentos de inadequação e falta de autoestima, precisam se sentir poderosos e importantes."

Douglas aconselhou os detetives da força-tarefa a exigirem que o homem que lhes ligou fornecesse instruções mais precisas sobre um suposto local específico de desova de corpos. E depois deveriam ficar deliberadamente longe desse local. "Isso vai irritá-lo e demonstrar que vocês são estúpidos e ignorantes e não sabem seguir instruções simples. Ele será obrigado a repreendê-los por telefone e/ou supervisionar sua investigação no local 'errado' da cena do crime."

Douglas ainda duvidava que o redator da carta ou o informante por telefone pudesse ser o verdadeiro AGR. Mas havia a ameaça de um imitador perigoso.

Isso era tudo de que a força-tarefa de Adamson precisava. Outro assassino em série. A verdadeira questão era quantas pessoas que não faziam parte da própria força-tarefa sabiam sobre as pedras triangulares colocadas na vagina de algumas das primeiras vítimas e também sobre a garrafa de vinho — na verdade, um Lambrusco — e os peixes deixados no corpo de Carol Christensen? Eu sabia, mas nunca contei a ninguém o que alguém da força-tarefa havia me contado. Alguns repórteres do Seattle Times também descobriram, mas não publicaram. Essas informações não eram de conhecimento geral e não tinham sido mencionadas nem em jornais nem na televisão.

Era quase impossível dizer se a carta que Mike Barber recebeu era real. Pensando agora, acredito que era. Mas havia tantas pistas chegando — para a Força-Tarefa Green River, para jornalistas reconhecidos e, sim, para mim.

Em 2003, enquanto examinava as enormes pilhas de material que eu tinha guardado durante 22 anos, encontrei um envelope quase idêntico ao que Barber recebeu. Estava endereçado a

Sra. Ann RULE
a/c POST-Intelligence
6th & Wall
Seattle, Wasjington
98121

Com carimbo do correio de Seattle em 24 de abril de 1984, fora enviada dois meses após a primeira carta. Esse endereço do P.I. estava correto. O erro na grafia de Wasjington tinha sido corrigido com uma caneta. Na parte de trás, dizia:

"Andy Stack"
GREEN RIVER

E em tinta:

G-R (209)

• • •

Alguém no *P.I.* tinha rabiscado o número da minha caixa postal e encaminhado. Não há nada dentro do envelope agora, e não posso dizer com certeza se havia quando o recebi. Não sei quem escreveu "Andy Stack" no verso do envelope, mas esse foi o pseudônimo que usei por quase quinze anos quando escrevi para a revista *True Detective* e suas quatro revistas irmãs de crimes reais. Poucas pessoas sabiam disso à época. O "209"? Não tenho a menor ideia de quem escreveu isso nem do que significava. Será que era a 209ª pista que o *P.I.* recebia? Ou será que significava alguma coisa para a pessoa que tinha enviado?

O envelope misterioso foi enviado em um momento em que eu recebia tantas informações de leitores e pessoas interessadas nos casos do Green River que mal conseguia acompanhar. Como sempre, passei as informações que pareciam mais prováveis para a força-tarefa.

Uma coisa que eu não sabia era que havia alguém que registrava as minhas aparições públicas, alguém que costumava ficar a dois ou três metros de mim, observando. Ao longo dos anos, dei muitas palestras na região de Seattle, e as pessoas sempre perguntavam sobre o Assassino de Green River. Várias vezes comentei sobre a sensação de que devo ter sentado à mesa de um restaurante ao lado dele ou parado atrás dele na fila do supermercado. Mas isso era só raciocínio lógico e dedutivo. A maioria das vítimas tinha sido sequestrada a cerca de um quilômetro ou mais de onde eu morava, e muitos corpos também tinham sido encontrados na mesma proximidade. Todos que morávamos na área sul do condado de King tínhamos a estranha sensação de que podíamos conhecê-lo ou, pelo menos, que devíamos tê-lo visto sem saber quem era.

Em meados dos anos 1980, estava tão confiante quanto Frank Adamson e Dave Reichert de que era apenas uma questão de quantos meses seriam necessários para fazer uma prisão, e muitas vezes fazia previsões de cabeça, garantindo ao público que acreditava que o assassino seria pego na Páscoa ou no Dia de Ação de Graças... ou, com certeza, no próximo Natal.

Eu acreditava nisso, sem nunca pensar que aquele homem tão esquivo pudesse estar sentado em um auditório escuro, ouvindo.

Um esporte norte-americano

Quando a carta enviada a Mike Barber foi revelada, tentei fazer o papel de criptógrafa. Não tenho dúvidas de que foi escrita pelo verdadeiro Assassino de Green River, um homem que sabia muitas coisas secretas, mas tinha gramática e ortografia muito limitadas:

Traduzida pela autora:

O que você precisa saber sobre o homem do Green River
Não jogue fora.

1. Primeiro um braço quebrado ou deslocado. Por quê?
2. Uma negra no rio tinha uma pedra na vagina. Por quê?
3. Por que algumas no rio? Outras sobre o solo? Algumas embaixo do solo?
4. Seguro. Quem recebeu?
5. Quem ia [ganhar] com as mortes?
6. Caminhão é de fora do estado. Meu pai pintou [isso] ou [está] no rio.
7. Algumas tiveram as unhas cortadas.
8. Ele fez sexo depois que elas [estavam] mortas. Ele fuma.
9. Ele mastiga chiclete.
10. [Há uma] chance de que a primeira o chantageou.

11. Você trabalha [para] mim ou para ninguém.

12. Acho que ele mudou o M.O. Empresário ou vendedor.

13. Reserva de carro e motel.

14. Homem visto [carregando] mala grande para fora do motel. [Era] pesada [e ele] precisou de ajuda. As chaves [e] a carteira de identidade [estão na] Estrada 18.

15. Onde tão perto de algum anel e miscelânea?

16. Policial de fora do estado.

17. Não mato em nenhuma área. Olhe dentro [e] fora.

18. Uma tinha cicatrizes antigas.

19. Mamãe [ou um] Maple [Valley] bebeu vinho tinto Lombrosco, alguns peixes descartados lá.

20. Alguma droga ou venda?

21. Cabeça encontrada. Quem encontrou? Onde está o resto?

22. Quando [elas] morreram? Dia ou noite?

23. O que rasgou as bocas, ou é um truque?

24. Por que tirar algumas roupas e deixar [o] resto?

25. O assassino usa pelo menos um anel.

26. O homem do mercado imobiliário é um homem.

27. Motorista de caminhão de longo curso visto pela última vez com uma.

28. Algumas tinham marcas de cordas no pescoço e nas mãos.

29. Uma negra no rio só tinha odor.

30. Todas estranguladas, mas com métodos diferentes.

31. Uma negra no rio tinha trabalhado no metrô.

32. A maioria tinha cafetões apostando nelas.

33. A modelo acompanhante as afastou do medo da morte.

34. Talvez o cafetão tivesse se vingado delas.

35. 34   (sic) Quem encontra os ossos? Para que eles estão lá?

36. Homem com revólver ou faca.

37. Alguém pagou para matar uma. As outras são [para] escondê-la.

38. Mortas [por serem] quem elas são. Ou é [por causa] do que elas são?

39. Alguma morte diferente [do] resto?

40. Pode ser [um] homem [de] Portland. [Ou] alguém [que] trabalhou lá.

41. Que tipo de homem é esse?

Havia um livro deixado no cartaz da Denney. Não esse. Lá fora [das portas]. Pertence a [um] policial.

. . .

Talvez o AGR não fosse às minhas palestras com muita frequência. Talvez morasse muito longe. Embora nós, da área do condado de King ao sul, ainda tendêssemos a acreditar que vivíamos em cidades pequenas e seguras — Des Moines, Riverton, Tukwila, Federal Way, Burien —, nosso mundo havia mudado. Em 1984, o Aeroporto Internacional de SeaTac era conhecido como Aeroporto Internacional de Jackson em homenagem ao senador Henry Jackson, e, no decorrer de um ano, dez milhões de pessoas chegavam e saíam por lá. Duzentas e cinquenta mil pessoas levavam amigos, parentes e colegas de trabalho para pegarem seus voos ou os buscava. Se o distrito escolar Highline, que abrangia as escolas dos meus filhos, fosse incorporado como uma cidade, seria a quarta maior do estado de Washington.

Schuyler Ingle, repórter do *Seattle Weekly* com uma ótima destreza para pesquisas, olhou para esses números e percebeu que 150 mil pessoas passavam pela área da Strip por mês. Transientes, sim, mas de todas as classes da sociedade, tanto muito ricas quanto muito pobres, englobando tudo entre os dois extremos. Eles ficavam em 4500 quartos de motel ou dormiam em qualquer lugar que conseguiam.

O tenente Jackson Beard chefiava a Equipe Proativa da nova força-tarefa. Havia policiais à paisana na Strip na maioria das noites. Policiais femininas vestidas e maquiadas para parecerem prostitutas caminhavam ao lado da estrada pelo menos uma noite por semana. Policiais masculinos tentavam ficar de olho nelas, esperando o sinal de que um *john* tinha mordido a isca. A Strip tinha se tornado um lugar desconfortável tanto para as verdadeiras prostitutas quanto para os clientes, que teriam que descobrir um jeito de contar às esposas e/ou namoradas por que tinham sido presos.

Mais cedo ou mais tarde, os detetives da força-tarefa tinham certeza de que pegariam o Assassino de Green River em uma rede. Caso ainda estivesse por lá, iria abordar a mulher errada. As iscas da Equipe Proativa estavam se concentrando muito mais em prender e questionar os *johns* do que as garotas que ganhavam uma miséria nas ruas.

Mas, se parassem o *john* certo, como saberiam que era ele? Ainda não sabiam — a menos que ele se entregasse o suficiente para conseguirem um mandado de busca para a casa ou o carro do sujeito. A menos que ele tivesse guardado lembranças das vítimas ou fotografias. A menos que a ciência do DNA tivesse progredido muito além de onde estava em 1984.

Ele estava lá fora. Mas, até onde sabiam, não era um entre as dezenas de homens que foram presos por fazerem propostas às policiais disfarçadas.

Em meados de março de 1984, provavelmente observou com alguma satisfação a mobilização de um grupo de mulheres que se auto-denominavam Coalizão de Mulheres para Acabar com os Assassinatos do Green River. Elas planejavam marchar para "retomar a noite" e declarar sua percepção relativa à inadequação da Força-Tarefa Green River. A elas se juntou um grupo de San Francisco chamado Coletivo de Prostitutas dos EUA.

"Estamos pedindo a todas as mulheres que acabem com a farsa da investigação dos assassinatos do Green River", disse Melissa Adams, da coalizão, em entrevista coletiva. "Agir é responsabilidade de todas nós, e devemos agir agora — porque as mulheres estão morrendo."

Os homens não tiveram permissão para participar da marcha no centro de Seattle que começou no Pike Place Market, seguiu pela primeira avenida até a University, passou pela terceira avenida e terminou na praça Prefontaine, perto do Tribunal do Condado de King. No entanto, foram incentivados a assistir e demonstrar apoio. A filial local da Organização Nacional para Mulheres e vários grupos de abuso doméstico e infantil apoiaram a coalizão.

Duas prostitutas de verdade foram importadas para o comício, uma de San Francisco e uma de Londres, mulheres que substituiriam as trabalhadoras locais que estavam com muito medo ou vergonha de serem identificadas pela multidão. Isso aconteceu na década de 1980 e em uma era diferente. As Women's Libbers costumavam ser escandalosas porque achavam que não havia outro jeito. "A questão é o assassinato de mulheres", disse Adams. "Mas estamos demonstrando união com as prostitutas que são vítimas desse assassino — e vítimas de uma sociedade sexista."

"A violência contra as mulheres é um esporte norte-americano."

Talvez fosse. Com certeza, embora o novo milênio tenha chegado, muitas mulheres ainda estão sendo sacrificadas pela violência doméstica. Mas a coalizão tinha escolhido o alvo errado, e não era a Força-Tarefa Green River, cujos membros ansiavam muito mais por pegar o homem que estava matando mulheres jovens, se possível, do que as mulheres que marchavam com faixas que as desacreditavam. Ter seus esforços extras e sua frustração quase arrasadora chamados de "uma farsa" era difícil de engolir, embora tivessem se acostumado a ser diminuídos.

Dave Reichert, que estava com a força-tarefa por mais tempo — quase dois anos inteiros —, deve ter sentido com mais força o impacto do escárnio. Era difícil continuar quando tantas pistas evaporavam e se transformavam em nada, quando apostas seguras consideradas suspeitas eram liberadas de qualquer conexão com os casos do Green River e iam embora.

"O que estamos descobrindo", disse Reichert, "é que os departamentos de polícia não estão organizados para lidar com um caso como esse. Não aparece nada assim com muita frequência."

Isso era verdade. Mas, naquele momento, Seattle tinha dois cercos de assassinatos em série quase consecutivos. Primeiro, Ted Bundy — e agora o Assassino de Green River. A força-tarefa de Frank Adamson foi reorganizada, dando a detetives específicos a responsabilidade por certas vítimas: Dave Reichert ficou encarregado pelas investigações das mortes de Wendy Coffield, Debra Bonner, Marcia Chapman, Cynthia Hinds, Opal Mills e Leann Wilcox. Jim Doyon e Ben Colwell ficaram com os casos de Carol Christensen, Kimi-Kai Pitsor, Yvonne Antosh e a mulher conhecida apenas como Ossos #2. Rich Battle e Paul Smith cuidariam dos assassinatos de Giselle Lovvorn, Shawnda Summers e Ossos #8. Jerry Alexander e Ty Hughes investigariam os movimentos e as pessoas conectadas a Mary Bridget Meehan, Connie Naon e Ossos #6.

Essas, é claro, eram apenas as vítimas cujos restos mortais tinham sido encontrados. O sargento Bob Andrews, chamado de "Grizzly" pelos colegas detetives, ia cuidar das mulheres desaparecidas com Randy Mullinax, Matt Haney e Tom Jensen. Rupe Lettich faria o acompanhamento de todos os casos de homicídio, mas ainda havia muito trabalho — o fluxo intenso de pistas e nomes de suspeitos que vinham do público sem nenhum planejamento. Cheri Luxa, Rob Bardsley, Mike Hatch e Bob LaMoria tentariam lidar com essa parte e passar tudo para os investigadores mais prováveis.

Até o dia em que, esperava-se, um suspeito fosse identificado, preso e condenado, o público não teria ideia de como todos trabalhavam de um jeito desesperado, andando pelas calçadas, fazendo dezenas de milhares de telefonemas, falando com pessoas que diziam a verdade, com aquelas que nublavam a verdade para adequá-la a si mesmas e com outras que inventavam mentiras. Era como tecer uma tapeçaria elaborada do tamanho de um campo de futebol, inserindo cada ponto minúsculo à medida que novas informações começavam a coincidir com as antigas.

O tempo todo sem saber qual peça central — qual rosto — ia surgir no meio da tapeçaria.

Eles fizeram tudo sem reclamar e, aparentemente, sem se irritar com as críticas. Mas às vezes as zombarias eram excessivas. Mulheres gritando que a nova Força-Tarefa Green River não estava se esforçando irritaram o tenente Danny Nolan. Se alguém sabia o quanto estavam se esforçando, esse alguém era Nolan. Ele possuía uma cara de paisagem e um senso de humor irônico.

Mas não achava a Coalizão de Mulheres engraçada. Suas manifestações e marchas interrompiam a ordem dos trabalhos da força-tarefa, que já tinha problemas suficientes. Cookie Hunt, uma mulher baixa e corpulenta, cega de um olho, era uma das críticas mais severas. Ela organizou uma manifestação que durou a noite toda em frente à sede da força-tarefa e, em seguida, se instalou em uma antiga escola de ensino fundamental. Cookie era tão fervorosa em sua cruzada e tão inocente que era mais fácil sentir pena dela do que se ofender. Mas ela estava lutando contra o alvo errado.

Ninguém achava que Cookie era prostituta; ela só estava tentando ajudá-las. Eu costumava lhe oferecer carona quando a via parada sob a chuva na rodovia. Ela aceitava a contragosto, porque sabia que eu era amiga dos detetives e escrevia coisas positivas a respeito deles.

Frank Adamson também se preocupava com Cookie. Ele aceitava as críticas de maneira mais filosófica do que a equipe. Em uma noite de chuva forte, vendaval e tempestade, não suportou ver as manifestantes caminhando na chuva fria. Então, convidou-as para entrar e disse que podiam fazer uma manifestação lá dentro e dormir no corredor. Elas aceitaram. Alguns dos outros detetives da força-tarefa se perguntaram como Danny Nolan ia reagir ao ver as "*libbers*" quando chegasse para trabalhar de manhã.

"Vou lhe dizer como", disse Adamson com um sorriso. "Ele vai entrar, dar uma olhada e não vai dizer uma palavra. Fica de olho."

Ele conhecia seu tenente. Nolan viu o corredor cheio de manifestantes adormecidas, passou pelo primeiro escritório, que era o de Adamson, entrou no próprio escritório ao lado e bateu a porta. Poucos minutos depois, voltou para Adamson, furioso, e disse: "O que diabos você pensa que está fazendo?".

Os detetives que observavam se dobraram de tanto rir. Tinham mesmo que aproveitar quando podiam; havia poucos motivos para rir.

Cinco dias após a marcha da coalizão, a previsão de Reichert e Keppel se cumpriu; os homicídios continuavam, e o Assassino de Green River fez outra vítima. Cindy Smith tinha 17 anos, mas parecia mais jovem. Se Keli McGinness se parecia com Lana Turner, Cindy Smith se parecia com Punky Brewster.[1] Todas as garotas desaparecidas eram singulares, eram todas atraentes, mas de tipos muito diferentes. E todas muito jovens.

Cindy Smith saíra de casa e estava morando na Califórnia, preocupando a mãe, Joan Mackie. Joan ficou aliviada quando Cindy ligou em meados de março de 1984 para dizer que estava voltando para casa. Estava noiva e feliz e queria voltar para a família. Joan mandou dinheiro para a viagem e ficou encantada ao ver Cindy. "Ela nem chegou a desfazer a mala", lembrou a mãe. "Estava com muita pressa para ver o irmão."

Era o primeiro dia da primavera, 21 de março, quando Cindy desapareceu. Estava indo para o trabalho do irmão, e na última vez que alguém a viu ela estava na esquina da rodovia expressa Pacific Sul com a rua 200 Sul. Por ironia, tinha vindo da Califórnia para encontrar seu assassino no primeiro dia em casa.

Cindy era branca. Até onde os investigadores da força-tarefa sabiam, havia vinte garotas brancas desaparecidas e catorze garotas negras. Em 20 de abril de 1984, descobriram um total de quatro conjuntos de ossos não identificáveis, e, sem o crânio e a mandíbula completos, não podiam ter certeza se eram os restos mortais de vítimas caucasianas ou afro-americanas. Eles não sabiam se tinham encontrado todas as vítimas do Green River. Havia vários nomes na Lista de Vítimas/Desaparecidas do

---

1 Lana Turner foi atriz de Hollywood (1925-1995), considerada símbolo sexual nas décadas de 1940 e 1950. Punky Brewster era a personagem principal da série *Punky, a Levada da Breca*, que esteve no ar de 1984 a 1988.

Green River com um asterisco ao lado, que significava "não está na lista oficial". Muito provavelmente, havia nomes que deviam ter sido informados e nunca foram.

Todos os especialistas nesse "novo" tipo de assassino diziam que ele nãopararia de matar por conta própria. *Serial killers* não desistem. Mas alguma coisa deve ter mudado na vida do AGR, tornando-o menos faminto por assassinatos, ou dificultando seus rituais. Talvez tivesse menos privacidade. Talvez estivesse feliz, o que parecia improvável.

Na verdade, podia estar um pouco assustado. Embora os investigadores ainda não tivessem percebido, ele já havia caído em uma das armadilhas armadas na Pac e tinha sido interrogado pelo detetive Randy Mullinax, que estava trabalhando nessa assustadora investigação de assassinato em série quase desde o início. Mullinax notou a frequência com que estava na estrada e como seus olhos seguiam as garotas na rua. Ele pegou as informações do sujeito, escreveu um relatório de investigação de campo e o dispensou. Era só um rosto entre tantos e não parecia ser um suspeito viável. O homem admitiu que gostava de pagar por sexo, mas tinha um histórico de trabalho sólido, um endereço local e não parecia ser o tipo procurado.

O homem quieto não ficou muito preocupado em ser parado. Achou que o policial não se lembraria dele. Na verdade, estava errado. Os radares de Mullinax tinham se ligado, e ele se lembrava bem daquela parada, embora não soubesse dizer por quê. Só um sentimento "suspeito" de um policial dos velhos tempos.

Na verdade, o homem confiante foi detido de novo, admitindo dessa vez para o detetive Larry Gross que contratava prostitutas, mas não parecia ser um tipo ameaçador, só mais um cara de camisa de flanela xadrez e boné de beisebol, um operário solteiro que trabalhava muito.

Segundo casamento

Depois que a primeira esposa o deixou, ele começou a procurar companhia feminina. Tinha vinte e poucos anos quando desfilou de carro pelo "circuito" em Renton, uma cidade da Boeing a cerca de onze quilômetros a leste de Burien e Tukwila, onde havia crescido. Nos fins de semana, o circuito ficava cheio de carros que circulavam pela escola e pelos cinemas repetidas vezes, passeando com as janelas abertas e música tocando. Eram principalmente estudantes, mas alguns dos motoristas eram um pouco mais velhos. Era um lugar casual para conhecer pessoas.

Conheceu uma mulher chamada Dana Brown* quando a viu e parou perto do carro dela no Renton Loop. Apresentaram-se e trocaram números de telefone. Era bem diferente da sua ex-mulher. Dana era baixa e muito, muito gorda. Tinha um rosto doce, mas nunca tinha namorado de verdade quando estudava no colégio de ensino médio Mount Tahoma em Maple Valley porque todos os meninos queriam namorar líderes de torcida. Ela foi muito simpática e ficou empolgada com o interesse dele.

Achou-o divertido e engraçado, e ele gostou dela pois estava agindo como se o considerasse um homem maravilhoso. Ela não pareceu notar que ele não era muito inteligente. Depois que tinha saído da escola e do serviço militar, a maioria das pessoas parecia aceitá-lo como uma pessoa normal, e não como alguém a ser deixado para trás. Seu ego precisava da atenção que obteve de Dana depois do que aconteceu no casamento. Não demorou muito para que fossem morar juntos na casa minúscula dele em Maple Valley Heights. Era isolada, e os cabos de energia zuniam sobre o quintal, fazendo com que muitas pessoas se desviassem do local, ainda mais quando o noticiário da televisão tinha dito que os cientistas alertaram que morar perto demais de cabos de energia podia causar câncer.

Ele trabalhava desde que tinha idade suficiente e agora tinha começado a trabalhar na Kenworth Truck Company. Não ganhava muito dinheiro, mas aprendeu muito sobre a pintura de gigantescos equipamentos de caminhões que eram vendidos por centenas de milhares de dólares. O trajeto de dezesseis quilômetros por estradas secundárias de Maple Valley era fácil no início dos anos 1970; demorou muito para que os construtores começassem a escavar grandes áreas nas florestas perenes ao redor de Seattle para acomodar conjuntos habitacionais com nomes como Firwood Heights e Cedar Mist Estates.

Maryann Hepburn* não via Dana havia anos, embora se lembrasse dela do ensino médio. O sobrenome de Maryann era Carlson à época, e ela era veterana na Tahoma, dois anos mais velha que Dana. "Sabe como as garotas mais novas meio que se apegam a você no ensino médio?", perguntou. "Bem, eu era presidente do Clube das Garotas e estava acima do peso. Duas alunas do segundo ano — Dana e Carol — também eram gordas, e toda vez que eu me virava, lá estavam elas, minhas tietes rechonchudas do segundo ano. Acho que eu estava provando para elas que era possível ser gorda e popular ao mesmo tempo. Então, eu conheci as duas e fui simpática com elas, mas há uma grande diferença entre alunos do segundo ano e do último ano do ensino médio."

Dana e a família se mudaram para o estado de Washington deixando um dos estados do Sul, onde tinham uma pequena fazenda. Maryann ia para casa com Dana de vez em quando e dava para ver que os Browns gostavam muito de música country. "O pai, que era muito mais velho que a mãe, tocava violino, e Dana tocava violão. Eles tinham um grupo chamado Country Fiddlers ou alguma coisa assim, e às vezes tocavam músicas no rádio e iam para rodeios ou sei lá o quê, onde os violinistas competiam."

"Depois de se formar em Mount Tahoma, Maryann Hepburn foi para a faculdade de administração no centro de Seattle e perdeu contato com Dana. "Conheci meu marido em um encontro às cegas, e ele era de Miami, por isso nos mudamos para lá por um tempo", disse ela. "Eu odiava tudo naquele lugar. Era plano, quente e úmido. Fiquei muito feliz ao voltar para Washington. Foi pouco depois disso que Dana me ligou."

Dana disse que estava casada e tinha ligado para dizer a Maryann que acabara de ter um filho: Chad*. "Ele era muito, muito prematuro", disse Dana, "e eu tive que fazer uma cesariana de emergência porque o bebê não estava respirando direito, ou o coração estava muito lento, uma coisa assim."

Chad estava em uma incubadora no hospital Children's Orthopedic em Seattle, e Dana disse que não tinha como ir visitá-lo. O marido trabalhava à noite, e eles só tinham um carro. Maryann, que tivera uma filha seis meses antes, sentiu pena de Dana e se ofereceu para levá-la de carro.

Enquanto Dana a conduzia em direção ao berçário da Unidade de Terapia Intensiva Neonatal (UTIN), ela avisou à amiga: "Ele é um pouco pequeno".

"Ele era tão pequeno", lembrou Maryann, "que acho que não pesava nem um quilo. Nunca tinha visto um bebê tão minúsculo. Foi um milagre que tenha conseguido sobreviver."

Mas Chad sobreviveu e, por fim, adquiriu peso suficiente para os pais poderem levá-lo para casa. Maryann e Dana, reunidas, descobriram que tinham muito mais em comum do que no ensino médio. Os maridos trabalhavam para empresas que eram quase vizinhas e eram sujeitos que gostavam de cortar lenha juntos ou pescar enquanto as esposas se visitavam.

Maryann nunca soube com certeza quando Dana tinha se casado, mas sabia que ela era a segunda esposa. Teve a impressão de que os dois se casaram depois que Dana engravidou, mas não importava, porque pareciam felizes juntos. "Gostava dele", disse Maryann. "Os olhos brilhavam, e ele tinha um grande sorriso. Qual é a palavra? Carismático. Era carismático. E queria muito que as pessoas gostassem dele — tanto que fazia de tudo para encantá-las. Era o tipo de cara que ia parar e ajudar se seu carro quebrasse na beira da estrada, sempre ansioso para dar uma ajuda. Dana era do mesmo jeito, querendo fazer amizades."

Parecia a Maryann que o marido de Dana fazia piadas sobre coisas que a maioria das pessoas queria esconder. Transformou as próprias derrotas em histórias engraçadas. Sempre se lembrava de estar ao lado dele no quintal em Maple Valley Heights quando ele riu e disse: "Bem, eu me casei com uma loura magra e não deu certo, então dessa vez me casei com uma morena gorda para mudar a minha sorte".

Os dois casais costumavam se reunir nos fins de semana para jantares em que cada um levava um prato. Nenhum deles tinha muito dinheiro, por isso comiam muito espaguete e caçarolas de carne moída. Também não bebiam muito, mas às vezes tomavam uma taça de vinho barato. As mulheres riam e diziam que se davam muito bem porque ambas estavam acima do peso e tinham maridos muito magros. O que incomodava tanto no ensino médio não parecia mais importar.

Os dois casais também iam à igreja juntos. Havia um pastor que estava tentando começar uma nova congregação Batista do Sul, e era um orador dinâmico e um proselitista ambicioso, batendo de porta em porta para atrair novos fiéis para sua igreja. Não havia uma igreja de verdade ainda, e eles realizavam os cultos de domingo e quarta-feira no Aqua Barn, um complexo em Maple Valley que tinha uma piscina e um estábulo que alugava cavalos.

O marido de Dana costumava se levantar para ler as escrituras em voz alta para a congregação. "Era muito magro", lembrou Maryann Hepburn. "O cabelo era penteado sobre a testa, e ele parecia um menino vestindo um terno de homem, mas era muito sério na igreja."

As opiniões do pastor eram bem arcaicas em um mundo onde os direitos das mulheres estavam começando a vir à tona. Pregava que as esposas e filhas seriam excluídas do céu se não obedecessem aos maridos. Elas não tinham permissão para usar a cor vermelha nem para cortar os cabelos. "As mulheres não eram nada aos olhos dele", disse Maryann. "Não tínhamos permissão para dar aulas na escola dominical, ser diretoras de corais nem fazer nenhum trabalho em que tivéssemos alguma autoridade. O marido de Dana acreditava em tudo que o pastor dizia, mas meu marido discordava. Quando o pastor nos disse que éramos 'cristãos de domingo', porque não íamos a todos os cultos que a igreja oferecia, foi o fim para nós."

O marido de Dana, no entanto, seguia os decretos do ministro à risca, e ela não parecia se importar. Fazia o que lhe era mandado fazer. Ele e Dana tinham se mudado para uma casinha em Burien e estavam fazendo uma reforma. Dana escolheu um lindo tom de azul para pintar o banheiro, mas ele proibiu. "Vai ser branco", disse com firmeza. "Tudo aqui tem que ser branco."

E era branco mesmo.

A sogra de Dana era quase o oposto dela. Mary era vendedora no departamento masculino da loja JCPenney em Renton. Era uma morena de 40 e tantos anos que sempre se vestia de maneira impecável, com acessórios perfeitos. Os amigos a descreviam como "muito bem arrumada". Tinha muito orgulho do cargo gerencial na hierarquia da JCPenney.

A sogra de Dana comprava todas as roupas do marido, assim como fazia com as dos filhos. Sempre sabia com antecedência das liquidações da Penney e também usava o desconto de funcionária. Embora isso irritasse Dana, fazia sentido Mary comprar as roupas do marido dela.

Mary também não aprovava Dana. Sua limpeza não correspondia aos padrões de Mary, e ela sentia que a nora não cuidava muito bem de Chad. Era um menino frágil com cabelo louro-avermelhado que sempre parecia estar com o nariz escorrendo. Tinha herdado as alergias do pai e precisava tomar remédios, mas era tão cheio de energia que nunca engordava.

Dana queria ter outro filho, mas o marido não queria. Por mais que amasse Chad, não achava que os dois teriam recursos para criar dois filhos. Queria que Dana fizesse laqueadura.

Com o passar dos anos, Dana ganhou ainda mais peso e se sentia infeliz com isso. O marido não reclamava muito, no entanto, sabia que se fosse mais magra isso o agradaria mais. Por fim, abordou o assunto da cirurgia de redução do estômago. No fim dos anos 1970, esse era um procedimento novo, quase experimental. Mas Dana queria, e, por fim, ele a encorajou a prosseguir com a operação.

A cirurgia bariátrica teve um resultado espetacular — talvez até demais. Em poucos meses, Dana passou de plus size para o tamanho 40. Nunca tinha usado roupas tão pequenas. De repente, tornou-se uma mulher muito atraente, e os homens ficavam atônitos ao vê-la. Isso deixou o marido um pouco nervoso. Jamais havia pensado na possibilidade dela o deixar, porém agora muitos homens a estavam notando. "Os caras começaram a procurar Dana", disse Maryann, "e isso nunca tinha acontecido."

"Dana também estava trabalhando na Penney's. A sogra conseguiu o emprego para ela. Apesar de terem problemas, Dana e o marido estavam sempre lá, visitando, e a sogra ficava cuidando de Chad com muita frequência."

A essa altura, Dana e a família tinham se mudado de novo. Tinham morado em três ou quatro casas no extremo sul do condado de King, enquanto a família Hepburn continuava onde estava. A casa nova ficava na estrada Star Lake. Assim como a casa de Maple Valley Heights, ficava em uma área muito isolada, no fim de uma estrada sem saída.

Durante uma das refeições compartilhadas — na casa em Star Lake —, os anfitriões desapareceram após o jantar, deixando Maryann e o marido, Gil, na casa com as crianças. Os convidados tiraram a mesa e esperaram. Demorou um pouco antes de Dana entrar com um sorriso engraçado no rosto. Ela puxou Maryann para o lado e sussurrou: "Aposto que você não consegue adivinhar o que acabamos de fazer".

A amiga ficou perplexa, Dana riu e disse que ela e o marido tinham saído para fazer amor ao ar livre — ele gostava assim. Maryann pensou que não era muito educado o anfitrião e a anfitriã fazerem isso, mas deixou passar. Dana estava tão feliz com a nova aparência que parecia anos mais nova, quase como se estivesse tendo uma adolescência tardia.

Os dois casais gostavam de música country e de ir a um local chamado The Beanery na rodovia East Valley, perto de Kent. Quando o marido de Dana tinha que trabalhar à noite, Gil Hepburn levava Maryann, Dana e uma amiga em comum, Diane, para o bar de música country.

"Foi aí que as coisas começaram a piorar no casamento de Dana", disse Maryann. "Gil dançava com nós três, e nos divertíamos muito no início. Mas Dana começou a sair com um cara. Sempre dizia ao marido que ia passar a noite na casa de Diane porque era tarde demais para voltar sozinha enquanto ele estava trabalhando."

Tudo explodiu quando, certa noite, o marido de Dana ligou para a casa de Diane pedindo para falar com a esposa. Ao saber que não estava lá — que não tinha passado a noite na casa de Diane —, ficou aturdido. A esposa tranquila e gorda, que fazia o que o pastor ordenava e só queria cuidar da casa e ser mãe, tinha se tornado uma *femme fatale*. Quando o marido, perplexo, questionou, Dana disse que Diane estava mentindo, que era Gil quem estava traindo Maryann, e todos estavam tentando encobrir isso. Dana também ia ao Eagles' Lodge e muitas vezes voltava para casa bem depois das duas da manhã, preocupando ainda mais o marido.

A essa altura, a cirurgia bariátrica de Dana estava funcionando mais do que deveria. Ela não estava recebendo nutrientes suficientes para sobreviver, e seu peso despencou. Ela não teve escolha a não ser reconectar o canal alimentar. Se não fizesse isso, ia morrer. O marido insistiu que ela fizesse laqueadura enquanto estava sob anestesia, e ela concordou. Um filho era suficiente.

Mas o casamento estava destruído. O homem que nunca havia se encaixado em lugar nenhum agora tinha duas esposas que o tinham traído e não conseguia perdoar a nenhuma. Na primavera de 1981, o divórcio foi finalizado. Teria que pagar uma pensão alimentícia para Dana e ficaria com a guarda de Chad nos fins de semana e em algumas férias. Ele detestava dar seu dinheiro suado a Dana. Isso o deixava furioso.

Havia subido na vida, nos empregos, e na compra de casas cada vez mais caras, contudo continuava errando com as mulheres. As prostitutas eram mais fáceis do que tentar escolher uma mulher e chamá-la para sair.

_Reforços para a Força-Tarefa_____

Desde o começo da sua passagem como comandante da Força-Tarefa Green River, o capitão Frank Adamson reconheceu que não era um experiente investigador de homicídios. Se havia pessoas que pudessem aumentar a eficácia da força-tarefa com seus conhecimentos, gostaria de trazê-las a bordo. Bob Keppel foi emprestado de novo da Procuradoria-Geral do estado de Washington. Keppel, com a experiência na Força-Tarefa "Ted" e a capacidade de organizar informações diferentes, podia ser um importante acelerador e um crítico meio frio. Ótimo.

O FBI enviou Gerald "Duke" Dietrich, que era um agente especial bem-humorado e enganosamente tranquilo do escritório do bureau em San Francisco. Dietrich era especialista em sequestros e homicídios de crianças. Certa vez, conectou um gravador a uma lápide para capturar os delírios sexuais de um necrófilo. Ele e sua ex-parceira, a agente especial Mary Ellen O'Toole, tinham um histórico invejável de solução de crimes na Califórnia.

Adamson também contatou Chuck Wright, supervisor de liberdade condicional do estado de Washington. Wright dava cursos na Universidade de Seattle sobre criminosos violentos e desvios sexuais. Adamson estava procurando alguém dentro do sistema de liberdade condicional que pudesse avaliar com rapidez os suspeitos — que agora eram chamados eufemisticamente de "pessoas de interesse". Muitos dos homens que a força-tarefa estava analisando tinham histórico criminal. A experiência de Wright seria de grande ajuda na busca por criminosos sexuais no sistema, e poderia trabalhar com Adamson e o dr. Chris Harris, psiquiatra forense, como mais uma mente para tentar entender o assassino que procuravam.

O xerife Vern Thomas perguntou a Amos Reed, então chefe do Departamento de Correções, se a força-tarefa poderia "pegar emprestado" Chuck Wright para atuar como contato. Reed respondeu: "Claro".

"A primeira coisa que vi na estante de livros de Frank Adamson foi o *Manual de Diagnóstico e Estatística de Transtornos Mentais* da Associação Americana de Psiquiatria", lembrou Wright. "Eu nunca tinha visto um policial que tivesse aquele 'livro de receitas' para usar como ferramenta — e Adamson não só o tinha, como também o tinha lido. Nós dois éramos leitores e nos demos bem logo de cara."

Wright foi autorizado a entrar na sala dos fundos da sede da força-tarefa, onde o "mapa dos corpos" era mantido, coberto com uma lona para que nenhum repórter pudesse vê-lo por acidente. "O mapa estava perfurado com um número absurdo de alfinetes coloridos. Cada alfinete representava um corpo, e aquelas bolinhas coloridas aparentemente infinitas me chocaram. Como podia haver tantos corpos, e nós, cidadãos normais, nem mesmo sabermos disso?"

Todos os locais de descarte de corpos tinham sido filmados. No início, havia som nas fitas, mas os policiais que tinham que lidar com os horrores que encontravam, muitas vezes, xingavam ou usavam palavrões para acalmar os próprios sentimentos. Wright sugeriu: "Temos que pensar que um dia pode haver um júri que vai ver essas fitas e ouvir os palavrões, e isso não vai ajudar o promotor".

"O som foi apagado", lembrou.

Chuck Wright percebeu como era difícil identificar o que era prova e o que tinha sido jogado fora em pilhas de lixo: roupas íntimas femininas, bitucas de cigarro, latas de cerveja etc. Só para garantir, levavam tudo.

Apesar das coisas que viu durante os muitos anos como oficial de liberdade condicional, Wright teve uma série de experiências singulares quando trabalhou com a força-tarefa. Certa noite, quando o sol de inverno se pôs, acompanhou dois investigadores à paisana até uma floresta que ficava mais escura a cada passo, conforme as árvores se fechavam atrás deles. Houve um relato de que dois corpos estavam escondidos ali. "Estava muito escuro", lembrou, "e perguntei 'Vocês não estão com medo?', e eles sussurraram 'Não', mas, quando me virei com a lanterna, vi que os dois estavam com as armas em punho — só para garantir."

Caminharam um pouco mais para dentro do "buraco negro". "Dei mais um passo e senti meu pé passar por um material macio, e meu tornozelo e minha perna ficaram molhados com um líquido quente", disse Wright. "Meu coração parou, e minha mente disparou. Eu também xinguei: 'Que merda! Acabei de afundar o pé em um corpo'. Mas era só um tronco podre."

Uma coisa que impressionou Wright foi a preocupação dos policiais do condado de King com as mulheres nas ruas. "Estacionamos na SeaTac Strip e notamos uma van parando à nossa frente. O motorista fez um gesto para uma jovem, e ela foi até a janela do motorista para conversar. Em pouquíssimo tempo, ela deu a volta e entrou no lado do passageiro, mas, antes disso, olhou para trás e sorriu para nós. Fiquei surpreso, mas o policial com quem eu estava também sorriu para ela. Quando a van deu partida, o mesmo aconteceu com nosso carro disfarçado. Seguimos a van, ficando bem atrás, e paramos quando ela parou. O subxerife que estava comigo explicou que tentavam vigiar os *johns* e as acompanhantes para ter certeza de que as mulheres estavam seguras.

"Depois que terminaram, nós seguimos a van de volta até a rodovia. Quando a garota saiu, olhou para nós e deu para saber, pela linguagem corporal, que ela estava bem. Pelo menos naquele momento, aquela garota estava segura."

A Equipe Proativa estava desenvolvendo um relacionamento com as prostitutas, além de protegê-las, e quando os detetives precisavam de informações sobre um dos homens que as pegaram, as mulheres forneciam. Embora as garotas desaparecidas fossem, na maioria, muito jovens e inexperientes, algumas prostitutas *eram* espertas e tinham aprendido a lidar com as demandas pervertidas de certos clientes, incluindo *bondage* e disciplina, "esportes aquáticos" e necrofilia.

Um dos aspectos da necrofilia surpreendeu Chuck Wright, que pensava ter abordado quase todas as perversões na aula que dava sobre desvios sexuais. Como estavam investigando assassinatos, os detetives da força-tarefa conversaram com prostitutas que estavam dispostas a realizar as fantasias mais grotescas de homens que queriam fazer sexo com mulheres mortas. Uma "especialista" disse que providenciou uma sala com caixão, velas tremeluzentes e música triste de órgão. Ela passava pó em si mesma até ficar pálida como leite e inseria cubos de gelo na vagina para parecer uma mulher *fria* de verdade, o oposto do que a maioria dos homens poderia desejar. Disse que ganhava 500 dólares por essa performance especializada.

A polícia de Seattle fez uma batida em um serviço de acompanhantes e prendeu dois homens por promoverem a prostituição. Nas provas apreendidas, encontraram fichas com nomes, endereços, conexões comerciais e preferências pessoais dos clientes. Embora a maioria dessas informações nunca fosse divulgada, fizeram uma busca por clientes marcados como "perigosos", e os que tinham preferências violentas foram entregues à Força-Tarefa Green River.

Esses *johns* foram adicionados à lista de "pessoas de interesse", e alguns dos chamados cidadãos respeitados ficaram chocados ao serem contatados pelos detetives por seus segredos mais profundos. Mas nenhum deles poderia estar ligado aos assassinatos do Green River.

As mulheres que ganhavam muito dinheiro eram a exceção, claro. Wright se lembrou de entrevistas com algumas famílias das garotas desaparecidas, muitas memoráveis por causa da completa apatia que percebeu. "Eu estava com dois policiais que tentavam verificar se uma jovem adolescente estava 'só' desaparecida ou se era uma vítima do Assassino de Green River", disse. "Quando o pai abriu a porta, entramos em uma casa tão bagunçada que nenhum de nós se sentou. O lugar estava repleto de latas de cerveja, e a fumaça do cigarro enchia a sala a ponto de meus olhos começarem a lacrimejar. Quando um dos policiais lhe perguntou sobre a filha desaparecida, o homem ficou indiferente. Disse que não tinha ideia de onde ela estava. Quando o policial comentou que ela havia sumido mais de dois meses antes, segundo o boletim de ocorrência, o cara disse que ficou surpreso com a notícia. Mas não pareceu surpreso de verdade. Pelo visto, estava acostumado com o sumiço dela; disse que não costumava saber onde a filha estava. Foram tantas as 'fugas' que parou de se preocupar com seu paradeiro ou bem-estar.

"Quando voltamos para a viatura, não conseguimos falar nada, apenas fazer um gesto negativo de indignação com a cabeça. Como podia um pai não saber nem se preocupar com a filha? Seu caso tinha uma tristeza embutida. Mais tarde, descobrimos que estava trabalhando nas ruas em algum lugar da Califórnia. Pelo menos estava viva e talvez em um lugar melhor do que se estivesse na casa do pai."

Wright passou a conhecer bem os membros da força-tarefa. Percebia que alguns eram "velocistas" que queriam pegar o infame assassino em série e fazer isso *agora*. "Outros eram corredores de longa distância muito bem treinados — e era disso que Adamson precisava, porque estava claro que seria um longo percurso."

Ninguém sabia por quanto tempo.

Provavelmente, o conselheiro mais ilustre a embarcar na força-tarefa foi Pierce Brooks. Ele era, claro, o gênio investigativo dos assassinatos em série nos Estados Unidos. Embora já estivesse ocupado com o lançamento do VICAP, sigla em inglês para o Programa de Apreensão de Criminosos Violentos, trabalhando com o FBI em Quantico, e estivesse oficialmente aposentado da polícia, Brooks ainda não tinha diminuído o ritmo. Tinha sessenta e poucos anos, e sua saúde não era das melhores; tinha se submetido a uma delicada cirurgia arterial e teria adorado ficar com a esposa, Joyce, na casa no MacKenzie River, a leste de Eugene, Oregon. Em vez disso, estava sempre viajando entre Eugene; Quantico; Huntsville, Texas; e Seattle.

Brooks e eu trabalhamos juntos na força-tarefa VICAP e, com John Walsh, testemunhamos sobre a ameaça dos assassinatos em série nos Estados Unidos em uma audiência do subcomitê judiciário do Senado dos EUA no início de 1983. Os senadores Arlen Spector e Ted Kennedy foram dois membros do comitê que pareciam concordar com o que tínhamos a dizer.

Agora Brooks tinha ido a Seattle para avaliar a investigação em progresso do Green River. Passou duas semanas analisando a quantidade impressionante de informações coletadas até então pelas duas primeiras forças-tarefa. Sua recomendação era que a investigação devia continuar e com a maior equipe possível. Se pegar esse assassino significava duplicar a força de trabalho, que assim fosse. Todos os arquivos públicos, boletins de ocorrência, denúncias, pistas ou possíveis informações deveriam ser coletados e colocados no sistema de computador que possuíam.

Voltando ao primeiro assassino em série que havia perseguido, embora em uma época em que nem ele usava esse termo, Brooks pensou em Harvey Glatman, o chamado Lonely Hearts Killer [Assassino dos Corações Solitários]. Glatman era um homem feio com orelhas grandes que morava em um apartamento barato em Los Angeles. Não tinha nenhum apelo para as mulheres que conheceu por meio do clube Lonely Hearts e matou uma que rejeitou seus avanços e só queria ir para casa. Depois disso, atraía as vítimas em Los Angeles fingindo ser fotógrafo profissional. Tirava fotos das vítimas ingênuas, algumas nos locais onde foram amarradas e amordaçadas, dizendo que estava fotografando capas para revistas de detetives. Mas depois levava as jovens indefesas para o deserto, onde as estrangulava, e permanecia ali depois para tirar mais fotos.

Glatman tinha ensinado muita coisa a Pierce Brooks sobre assassinos como o do Green River. "Não acredito que esse assassino tenha selecionado os locais de desova dos corpos ao acaso", disse Brooks a Vern Thomas, Frank Adamson e Bob Keppel. "Se fez isso, é o assassino em série mais sortudo de todos os tempos. Ele conhece muito bem, ou perfeitamente, o local onde vai se livrar das vítimas antes dos assassinatos."

"Por enquanto, vamos nos concentrar nos quatro locais de agrupamentos de cadáveres mais proeminentes: aeroporto norte, aeroporto sul, Star Lake e Green River. São locais muito arborizados, meio escondidos, e a princípio dá para pensar que é o ponto ideal para alguém levar alguma coisa para esconder — um corpo, nesse caso específico — qualquer coisa valiosa. Nesse caso, a coisa valiosa era o corpo."

Brooks sabia o que estava falando. Explicou que os corpos das vítimas e a relação do assassino com elas eram o que lhe dava poder. Precisava do sigilo e do conhecimento de que era o único a saber onde as pobres garotas mortas lhe esperavam.

"É uma situação de risco muito alto", continuou, "entrar em uma área desconhecida muito arborizada sem saber nada sobre a localização. Só não acredito que o assassino tenha ido ao local com a vítima na primeira vez que esteve lá. Tento me colocar no lugar dele. Aqui eu sou forasteiro na área. Se eu quisesse descartar um corpo e estivesse descendo uma bela colina sinuosa carregando esse corpo, esse provavelmente seria o *último* lugar onde eu ia parar."

Um forasteiro não saberia o que havia no sopé da colina, quem poderia estar se aproximando ou, no caso de um local de depósito ilegal de lixo, se alguém poderia chegar e pegá-lo. Não, ele teria que estar muito familiarizado com o lugar para onde ia levar um corpo. O local do Green River — o primeiro — teria sido mais incerto para alguém que não estivesse familiarizado com a área. Havia pescadores ao longo das margens e moradores que pegavam um atalho para casa.

Brooks tinha certeza de que o assassino morava ou trabalhava ali perto. E conhecia aquele trecho do rio como a palma da mão. Ele pediu aos detetives da força-tarefa que descobrissem quem morava por ali, trabalhava perto de forma permanente ou tinha trabalhado por ali em um projeto temporário. Como as vítimas do Green River tinham desaparecido em vários momentos do dia e da noite, sugeriu que verificassem os sindicatos para saber os cronogramas de trabalho, as empresas de táxi para saber a localização e os turnos dos motoristas, registros militares das diversas bases ao redor de Seattle e Tacoma.

"Sempre senti que essa pessoa poderia estar ou ter estado no serviço militar", disse Brooks. Mais do que qualquer médium e a maioria dos detetives e agentes especiais do FBI, Brooks conseguia traçar uma imagem mental, um perfil do assassino em série que todos caçavam. Tinha quase certeza de que era só *um* assassino trabalhando sozinho.

"É provável que seja caucasiano — boa chance de ser militar ou ter uma conexão militar, é do tipo que gosta de viver ao ar livre, é um tanto solitário, mas com certeza não é um introvertido total. Não acredito que uma pessoa que pega prostitutas nas ruas seja o tipo que entra em um bar de solteiros e tenta transar com algumas das garotas. Acho que esse cara é um pouco inseguro nesse sentido, não tem uma boa cantada — é por isso que procura prostitutas, que, na minha opinião, são as vítimas mais fáceis."

Brooks especulou que o AGR podia ser um assassino treinado, que aprendeu essa habilidade secreta no serviço militar. "Em outras palavras, pode ser treinado em sobrevivência, sabe como matar e de um jeito rápido. Ele não é mutilador, não tem nenhum interesse nisso. Sua gratificação sexual é só com a matança."

Dois homens trabalhando juntos? Brooks disse que era possível. Já tinha acontecido. A presença de dois homens explicaria como corpos pesados podiam ter sido carregados por uma longa distância para cima e para baixo de colinas e para dentro da floresta.

Mesmo na investigação mais organizada, Brooks comentou que a maioria dos assassinos em série era capturada por acaso. Eram pegos por causa de uma infração de trânsito ou porque os carros tinham algum equipamento defeituoso, e só então os policiais verificavam os mandados e percebiam que tinham fisgado um peixe muito grande.

Frank Adamson e sua equipe não se importavam com o modo como iam pegar o AGR, contanto que o pegassem.

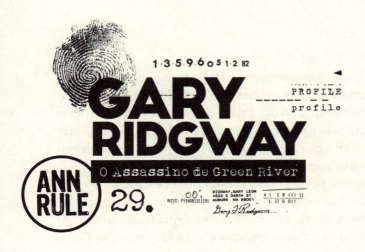

Recuperação de corpos

Na primavera de 1984, o fluxo de registros de mulheres desaparecidas diminuiu muito, e depois pareceu parar por completo. Havia a sensação cautelosa de que talvez a torrente de homicídios do Assassino de Green River tivesse acabado. Agora, o ímpeto da investigação tinha mudado. Era como se tivesse dividido a disputa com os detetives em duas partes: a fase do assassinato e a fase da recuperação dos corpos. Até meados de março, a força-tarefa só tinha encontrado catorze desaparecidas.

Em fevereiro e março, um novo local de agrupamento de cadáveres veio à tona, e uma área de descarte anterior rendeu mais um fragmento de um corpo. Em 19 de fevereiro, uma mandíbula humana parcial foi descoberta no cemitério de Mountain View em Auburn, perto de onde o crânio de Kimi-Kai Pitsor tinha sido encontrado. Ela não foi vinculada à identidade de nenhuma das vítimas de imediato.

Em 31 de março de 1984, um homem e o filho estavam caminhando quando encontraram os restos mortais de uma mulher em um ponto novo, longe do aeroporto e da estrada Star Lake. Esse local ficava na rodovia 410, dezenove quilômetros a leste da cidade de Enumclaw e cerca de 48 quilômetros a sudeste da SeaTac Strip. A topografia e a vegetação ao longo da 410, no entanto, eram típicas de áreas pouco povoadas no oeste de Washington: florestas de abetos, arbustos densos, isolados. Por ironia, o White River corria nas proximidades.

A conexão com a investigação do Green River parecia remota para Frank Adamson. Era muito distante dos lugares onde outras vítimas tinham sido deixadas, e os animais tinham arrastado a maioria dos ossos. Não havia nem o suficiente para fazer uma identificação certeira. Nem todos os corpos encontrados nas florestas de Washington poderiam ser vítimas do AGR. Ainda assim, os ossos foram guardados, e os voluntários da organização Explorer Search and Rescue foram levados para vasculhar a área em busca de outras provas.

Mais surpreendentes foram as descobertas a leste de Seattle. O local de descarte de corpos mais recente ficava no caminho para o Snoqualmie Pass, o cume da montanha para onde Carrie Rois, de 15 anos, fora levada pelo desconhecido na picape. Mas Carrie, agora desaparecida, tinha voltado em segurança daquela viagem. No Dia dos Namorados, um soldado do exército que fazia parte de um comboio para o Yakima Firing Range estava usando uma parada na estrada em uma área arborizada quando encontrou um esqueleto que repousava sob o penhasco na base do monte Washington. O local ficava perto do riacho Change Creek, alguns quilômetros a leste do vilarejo de North Bend, na saída 38 da rodovia I-90. A I-90 conectava Seattle e a costa ao leste de Washington. O pessoal do xerife e os voluntários da organização Explorer Search and Rescue vasculharam a área, também conhecida como Homestead Valley Road, em busca de qualquer coisa que pudesse ajudar a identificar o esqueleto feminino.

Bill Haglund, investigador-chefe do Instituto Médico Legal do Condado de King, tentou, sem sucesso, comparar os dentes característicos da vítima do Dia dos Namorados, que tinham uma grande lacuna entre os dois dentes frontais superiores, com os prontuários odontológicos que o IML tinha arquivado.

A mulher ficou conhecida apenas como Ossos #8. O médico-legista dr. Don Reay determinou que a mulher, que tinha cabelos castanhos, era caucasiana e tinha quase 30 anos ou um pouco mais. Os braços e os ossos da parte inferior da perna estavam faltando, tinham sido provavelmente arrastados por animais. Reay estimou que sua estatura era mediana. Estava morta fazia de três a seis meses.

Isso foi tudo que Reay divulgou. Ele estava tentando, como todos na força-tarefa, proteger o máximo possível de informações para eliminar os confessores compulsivos. Quanto menos informações específicas o público em geral soubesse, melhor, embora os cidadãos também devessem ser avisados do perigo. Era uma faca de dois gumes.

Um mês depois, em 13 de março de 1984, outro esqueleto apareceu a trezentos metros de distância, sem as mãos e parte de um braço. Um homem que procurava musgo para vender a floristas tropeçou nele. Mais uma vez, os exploradores ocuparam a área, vasculhando a vegetação rasteira em uma seção de 1,5 quilômetro de ambos os lados de um trecho agora pouco usado da antiga I-90. Encontraram calcinhas na região, mas não tiveram certeza se estavam ligadas ao esqueleto, que tinha ficado ali por dois a quatro meses.

Bill Haglund conseguiu identificar essa segunda mulher. Era Lisa Lorraine Yates — Lisa, que prometera levar a sobrinha a um piquenique em breve. Foi uma das últimas garotas a desaparecer — dois dias antes do Natal, três meses antes de seus restos mortais serem encontrados.

Esse local de desova de corpos no contraforte das montanhas Cascade ficava bem longe da SeaTac Strip e da avenida Aurora Norte. O monte Si (também conhecido como "Twin Peaks", em homenagem à popular série de televisão) se erguia como um gigante, com florestas de abetos que escalavam até cintilantes bancos de neve branca no topo dos picos. Perto dali, a nova rodovia fervilhava de tráfego, grande parte composto de enormes caminhões vindos de toda parte dos Estados Unidos. A maioria dos motoristas parava na saída 34 para fazer uma refeição farta no Ken's Truck Stop, onde podiam tomar banho, hospedar-se em um motel ou até mesmo cochilar na cabine dos caminhões. O Ken's era o paraíso dos caminhoneiros, e a comida era tão boa que a maioria dos viajantes regulares também parava ali. O acampamento Waskowitz, onde alunos do quinto e sexto ano das escolas públicas de Highline acampavam, também ficava ali perto.

E se o Assassino de Green River fosse um caminhoneiro? Não seria o primeiro assassino em série assim, o trabalho ideal para um homem que queria evitar ser descoberto se livrando das vítimas em áreas isoladas. Essa foi uma das sugestões que o autor da carta anônima tinha enviado a Mike Barber do *P.I.*

O novo agrupamento de cadáveres abriu mais possibilidades. Frank Adamson ordenou uma busca minuciosa e entediante entre o delta sul do rio Snoqualmie e a encosta íngreme que ficava ao sul. Os exploradores não encontraram nada de interessante.

Havia duas maneiras fáceis de chegar ao local de descarte de corpos em North Bend. Uma era indo para leste na I-90 saindo de Seattle, atravessando a primeira ponte, e a outra era viajando para nordeste ao longo da rodovia 18, um trecho muito mais isolado da estrada que formava a hipotenusa de um triângulo de estradas logo ao norte de Tacoma para Auburn, Kent e Maple Valley, terminando a alguns quilômetros a oeste de North Bend. Era uma estrada de duas pistas com algumas pistas de passagem, recuos e florestas que quase chegavam até a estrada. Os dois corpos recém-descobertos estavam na ponta leste da rodovia 18. Havia um "plano" geográfico na mente de um assassino furtivo? Haveria mais locais de agrupamento de cadáveres que pudessem se conectar e formar um padrão? Só o tempo diria.

Vários corpos tinham sido encontrados ao sul do aeroporto de SeaTac e também ao norte das pistas. As descobertas seguintes também foram ao norte do aeroporto e mais perto do marco zero na esquina da Pac com a rua 144 Sul.

Era o primeiro dia da primavera, 21 de março de 1984. Cindy Smith tinha acabado de desaparecer em Seattle, embora seu desaparecimento ainda não tivesse sido informado. Bob Van Dyke, zelador de três campos de beisebol na esquina da Avenida 16 Sul com a rua 146 Sul, estava tirando o mato na preparação para a temporada seguinte quando seu labrador foi correndo até ele com um osso na boca.

"Eu sabia o que era, mas esperava que não fosse", disse Van Dyke.

Era um osso de quadril humano. Van Dyke ligou para a Polícia do Porto de Seattle porque os campos de beisebol estavam naquela jurisdição, e esses ligaram para a Força-Tarefa Green River. O tenente Jackson Beard chegou ao local assim que conseguiu reunir detetives e voluntários da organização Explorer Search and Rescue. Um cão de busca de corpos os conduziu, primeiro, a uma floresta de pinheiros a trinta metros depois da cerca de um dos campos. Havia um esqueleto humano lá. Era de uma mulher jovem destinada a ser a Ossos #10.

A busca que se seguiu foi a maior até então na investigação do Green River; sessenta voluntários da organização Explorer Search and Rescue caminharam ombro a ombro ao longo de vários quarteirões. O tenente Danny Nolan se juntou a Beard para coordenar os esforços dos exploradores.

No dia seguinte, Chris Clifford, adestrador de cães, e seu cão de caça — apropriadamente chamado de Sorrow [Tristeza] — localizaram outro corpo na mesma área. Sorrow era um cão de busca entusiasmado, mais habilidoso em busca de corpos do que em encontrar pessoas vivas. Cachorros treinados para encontrar pessoas parecem ser bons em buscas de pessoas vivas ou mortas, mas não em ambas — uma característica que pode ser determinada com facilidade quando ainda são apenas filhotes. No entanto, descobrir um cadáver não era uma vitória para Clifford nem para Sorrow.

"Essas caçadas são muito deprimentes", disse Clifford. "E não são muito gratificantes. Sorrow também tem uma reação estranha. Tipo 'Ei, isso não é divertido'. Quando encontra alguma coisa morta, ele fica bem hesitante. Ele para. Virei a esquina e o vi parado ali, congelado."

Sorrow tinha encontrado Cheryl Lee Wims, 18 anos, desaparecida do centro de Seattle havia exatamente dez meses.

Por mais tristes que fossem as descobertas de corpos, a força-tarefa do capitão Frank Adamson sentia que estava se aproximando do homem que tinha destruído vidas de maneira tão imprudente. Certamente, com a recuperação dos restos mortais de dezoito vítimas, alguma coisa ia surgir. Enquanto os investigadores vasculhavam a área a oeste do aeroporto, sentiram que estavam a apenas algumas horas de encontrar alguma prova física que os levaria até o culpado.

Apesar disso, enquanto escrevo este livro, já se passaram exatamente vinte anos. *Vinte anos,* e eu nunca escrevo um livro até que um caso, ou uma série de casos, seja julgado. Nunca houve um homicídio misterioso com tantos becos sem saída e labirintos.

As manchetes dos recortes de jornais que guardei sobre as descobertas de março de 1984 são irônicas, dada a queda vertiginosa de Howard Dean como candidato democrata em março de 2004. Também era um ano eleitoral duas décadas atrás, e os comentaristas políticos estavam igualmente ansiosos para tirar conclusões precipitadas sobre as eleições seguintes, embora soubessem que várias coisas na vida podem mudar com muita rapidez: "Sem dúvida agora: Hart é o homem a derrotar — Gary Hart é o líder óbvio para a indicação presidencial democrata de 1984!" (*United Press International*).

Apesar das grandes esperanças, as indicações de Howard Dean e Gary Hart não aconteceram; nem a captura iminente do Assassino de Green River.

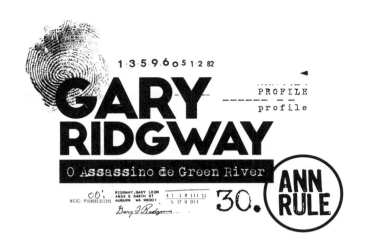

Suspeitos ideais

A força-tarefa já havia avaliado e eliminado milhares de suspeitos: todos os As, Bs e muitos dos Cs. Tinha concluído que não havia escassez de homens perigosos ou peculiares no sul do condado de King em 1984.

O gerente de um motel em Kent chamado Douglas Jeffrey tinha ficha criminal decorrente de uma condenação por estupro treze anos antes, e nem seus empregadores sabiam. Um homem bonito, com mulher e filho, tinha um sorriso lindo e um jeito cativante. A filosofia dos anos 1970 e início dos anos 1980 era que criminosos sexuais podiam ser tratados no hospital Western State, reabilitados e liberados na sociedade sem o uso de medidas drásticas como castração química ou cirúrgica.

Jeffrey, com uma vida familiar aparentemente estável, parecia se sentir muito à vontade com a reabilitação. Tinha sido declarado psicopata sexual tratável e enviado para o hospital psiquiátrico em vez de para a prisão. Ele participou do tratamento aprovado no programa para agressores sexuais: terapia de grupo.

No entanto, quando Jeffrey foi liberado e considerado um cidadão responsável, começou a provar que a terapia de grupo tinha feito pouco, ou nada, para mudar seus padrões profundamente arraigados. Só tinha aguçado seu apetite. Durante mais de dois anos, entrava em apartamentos e casas na seção East Hill de Kent. As mulheres acordavam nas primeiras horas da manhã com um homem pairando sobre a cama com uma meia de náilon sobre o rosto, formando uma máscara grotesca que escondia as verdadeiras feições. Algumas estimativas apontam para mais de cem estupros. Ele usava uma faca para ameaçar as mulheres já apavoradas a se submeterem aos seus caprichos e, depois, pedia dinheiro e joias.

Às vezes, carregava uma câmera com obturador temporizado para tirar fotos de si mesmo e das vítimas durante os ataques sexuais. Também tinha um *pager* para alertá-lo quando era chamado de volta para o motel onde trabalhava.

Finalmente capturado, Jeffrey se declarou culpado de dezessete acusações de estupro, roubo e sequestro no Tribunal do Condado de King. Becky Roe, chefe da Unidade de Violência Sexual da Promotoria, recomendou que recebesse duas penas consecutivas de prisão perpétua. "Não acho que criminosos sexuais violentos sejam tratáveis", disse de maneira sucinta.

Douglas Jeffrey tinha vagado pela cidade onde as primeiras vítimas do Green River foram encontradas. Tinha uma aparência benigna que fazia as mulheres jovens confiarem nele. Será que também poderia ser um assassino, além de um estuprador implacável? Talvez, mas acabou sendo descartado como suspeito do Green River.

No verão de 1983, um homem de 19 anos chamou um amigo de 20 anos para ajudá-lo a matar a própria mãe. A mulher, de 39 anos, morreu sufocada na parte de trás da van surrada em que moravam. Mais tarde, o filho admitiu aos detetives que também tinham matado quatro mulheres na parte sul do condado de King e até descreveu as áreas onde tinham deixado os corpos. Disse que odiava mulheres, começando pela mãe. Mas, depois, revogou as confissões sobre o assassinato de garotas adolescentes. Os dois homens foram condenados a longas penas de prisão e, depois, removidos da lista de possíveis assassinos do Green River.

Era muito difícil não se empolgar com suspeitos que pareciam se encaixar com perfeição. Eu mesma caí nessa armadilha inúmeras vezes. Alguns anos depois de iniciada a investigação do Green River, recebi várias cartas de um homem que morava em Washington, D.C. Ele era advogado lá. Eu verifiquei a informação. O homem dava a entender que tinha as respostas para o que havia acontecido com todas as mulheres assassinadas e disse que me enviaria fitas que me convenceriam.

Mas, depois, me disse que desempenhou um grande papel no escândalo de Watergate e que Carl Bernstein e Bob Woodward dependiam dele para obter informações. Ao ouvir isso, comecei a duvidar da veracidade e até da sanidade do homem. Era simples demais e não convencia.

Quando as fitas chegaram, consistiam em horas e horas do meu informante testemunhando um culto misterioso que, segundo dizia, sequestrava mulheres de seus pontos para que fossem sacrificadas. Ele tinha se escondido nas sombras, explicou, enquanto observava pessoas encapuzadas estrangulando mulheres jovens à luz de uma enorme fogueira. A área que descreveu era semelhante à floresta onde muitos restos mortais das vítimas tinham sido encontrados, mas existem bosques e florestas para todo lado além dos limites da cidade de Seattle. Meu "especialista" sabia muitos nomes das vítimas, e suas descrições físicas estavam corretas, mas essas informações estavam nos jornais. Estava tão obcecado que achei que tinha passado da fantasia de "Watergate" para uma fantasia de "Green River".

E aí eu comprei um exemplar de *Todos os Homens do Presidente,* e, com certeza, meu correspondente *tinha* sido importante no contato dos autores com Garganta Profunda. O nome do homem era incomum, e pude confirmar que era quem dizia ser, que morava onde dizia morar — em um bairro residencial de Washington — e que atualmente ocupava um cargo de certa responsabilidade. Suponho que pudesse estar dizendo a verdade sobre as duas investigações dignas de nota, mas estava mais inclinada a achar que Watergate o havia perturbado.

Só para ter certeza de que não estava desviando o olhar de informações importantes, levei as "fitas do sacrifício no culto" para Dave Reichert e contei o que sabia sobre o homem que as enviara. Avisei ao informante que suas revelações agora estavam em mãos adequadas, e ele aprovou. E segui em frente. Se a informação fosse boa, Reichert lidaria com ela. Nunca mais tive notícias. Caso não dispusesse de tempo para ouvir horas e horas de alguém tagarelando sobre cultos e sacrifícios humanos, não posso culpá-lo.

Uma das pessoas que me ligavam com mais insistência era uma mulher que morava na região sul do condado. Tinha certeza de que o ex-marido era o Assassino de Green River. Eu tinha ouvido muitas mulheres com a mesma impressão sobre os ex-maridos, mas essa era implacável. Embora não seja de conhecimento geral, a carteira de motorista de Marie Malvar tinha sido encontrada no aeroporto de SeaTac semanas depois de seu desaparecimento. Ou ela mesma a havia perdido lá, ou a bolsa tinha sido roubada, ou o sequestrador queria fazer parecer que ela havia viajado de avião de maneira voluntária para longe do namorado e da família.

A mulher que ligou, chamada Sonya*, estava obcecada pelos casos do Green River, assim como estava convencida de que uma grande empresa de varejo norte-americana a estava espionando. Este último fato me pareceu um delírio paranoico. Nos casos do Green River, ela se concentrava especificamente em Marie Malvar. Isso também podia fazer parte de um mundo de fantasia. Sentia tanto medo que se mudava com frequência, deixando um número de telefone diferente toda vez que ligava.

"Fui com meu marido até o aeroporto para levar a mãe e o pai dele nos portões B", disse Sonya, sem fôlego. "Meu marido tirou alguns cartões do que eu achava que era a minha carteira. Peguei o que pensei ser a minha carteira de motorista, mas, quando olhei, não era a minha. Havia uma foto de uma garota na casa dos 20 anos com cabelos escuros compridos. Tinha quatro nomes, mas tudo que vi foi o sobrenome que começava com 'Mal' antes dele pegar a carteira de volta. A carteira foi dada para o nosso bebê brincar, mas depois que os pais foram embora, estendeu a mão para pegar e percebeu que o bebê tinha deixado cair. Ele ficou procurando, desesperado, no chão, mas nos disseram que tínhamos que sair do terminal porque estavam fechando as portas."

A carteira de motorista de Marie *tinha* sido encontrada perto do portão B-4 no aeroporto por Michael Meadows, um operário de manutenção da American Building Maintenance (ABM), enquanto estava passando o aspirador em 27 de maio de 1983, e ele entregou no departamento de Achados e Perdidos, que depois entregou à Força-Tarefa Green River. Mas Sonya insistiu que o aeroporto tinha perdido a carteira e que a força-tarefa não sabia disso. Um tempo depois, ela entrou na internet e conversou com uma autodenominada detetive particular do Texas, que também tinha se conectado a uma sala de bate-papo onde os assassinatos do Green River eram discutidos com frequência.

Era o tipo de caso que atraía aspirantes a detetives. Todos em Seattle pareciam ter uma teoria, mas o boato prevalecente ainda era que o Assassino de Green River era um policial. Quatro dos nomes que as pessoas me deram dizendo que "com certeza absoluta é o AGR" eram detetives que eu conhecia havia anos. Depois de um tempo, se eu pensasse bem no assunto, quase poderia começar a me perguntar se eu os tinha conhecido *de verdade*.

Eles também tinham ex-esposas, e duas mulheres diferentes ligaram para falar sobre dois policiais diferentes com quem tinham sido casadas. Uma até disse de um jeito tímido: "Ann, você o conhece. Você almoçou com ele".

Isso foi um pouco assustador, mas eu tinha almoçado com centenas de detetives ao longo dos anos. Eu odiava jogos de adivinhação e fiquei grata quando os nomes dos policiais foram esclarecidos.

Nenhuma técnica forense era considerada estranha demais para se experimentar na busca pela identificação das vítimas ou do próprio assassino. Alguns dos detetives estavam abertos para ouvir médiuns. Radiestesistas (que buscam água no solo com um galho bifurcado) foram encorajados a tentar localizar corpos, e vários informantes foram hipnotizados para ver se o inconsciente revelaria informações mais específicas.

Betty Pat Gatliff era escultora forense em Oklahoma. Assim como um punhado de antropólogos e artistas forenses, o forte de Betty Pat era colocar rostos em crânios onde não havia mais carne. Parece um tipo horrível de arte, e não era uma coisa que eu jamais achei que pudesse observar, muito menos fazer. Conheci Betty Pat uma vez em uma conferência de ciência forense em que eu estava apresentando um seminário sobre Ted Bundy, e ela me ligou quando foi a Seattle. Me convidou para acompanhá-la ao consultório do legista dr. Don Reay, que ficava em Harborview, o hospital do condado. Um pouco relutante, aceitei. No consultório do legista, olhei para as quatro caixas que continham os ossos numerados das vítimas desconhecidas enquanto ela selecionava um crânio. Lembrei a mim mesma que esses ossos tinham sido mulheres jovens que mereciam ter a identidade conhecida e ter serviços funerários e um enterro ou uma cremação decente.

Betty Pat começou com o crânio dos restos mortais encontrados em setembro de 1983, ao lado da Star Lake. O corpo tinha sido limpo a vapor e esterilizado. Tentando vê-lo pelos olhos de Betty Pat, percebi que nem todos os crânios são iguais. Havia muitas características individuais. As maçãs do rosto salientes desse sugeriam uma herança indígena.

Betty Pat me mostrou como prendia borrachas de lápis comuns na parte do rosto. Ela descobriu que a espessura combinava com a pele e o tecido subjacente da maioria das pessoas. Depois, começou a adicionar uma "carne" semelhante à argila para realçar as feições. Claro, se a pessoa fosse muito gorda ou muito magra, esse método podia não ser preciso, mas não havia como saber, porque não sabíamos de quem era o rosto que estávamos tentando trazer de volta.

Batendo com cuidado na argila, Betty Pat preencheu o espaço entre as borrachas, e o rosto de alguém apareceu *mesmo*. Quando ficou satisfeita, acrescentou olhos de vidro castanho-escuros, sobrancelhas e uma peruca escura.

Nós recuamos, pensando: *Quem é você?*

Mas esse não era um modo infalível de identificação. É impossível saber quanto tecido mole — lábios ou a ponta do nariz — tinha existido ali. Características de gênero e raça podem ser determinadas por mandíbulas, testas e dentes, então é mais fácil saber a cor do cabelo e dos olhos a acrescentar, mas nem sempre.

Será que essa mulher fazia as sobrancelhas? E a maquiagem e o comprimento do cabelo? Era liso ou encaracolado? O artista forense Frank Bender, da Filadélfia, diz que "conversa" com os crânios em que trabalha e tem uma noção incrível de quem eram e como eram. Betty Pat Gatliff confiava mais na estrutura óssea.

Embora não soubéssemos disso na época, estávamos trabalhando em Gail Mathews — cujo namorado a tinha visto andando na picape velha com um desconhecido e fingiu não vê-lo. Ela devia estar com muito medo para não pedir ajuda. O rosto de argila agora estava calmo e inescrutável.

Mais tarde, quando vi uma fotografia de Gail, percebi que tinha lábios muito grandes, como se tivesse exagerado nas injeções de colágeno. Mas não se usava colágeno como cosmético em 1983; os dela eram exuberantes de um jeito natural, tão cheios que não teríamos como recriar seu rosto real.

Gail não foi a única vítima desovada perto da Star Lake. Em 31 de março de 1984, seis meses depois que os restos mortais foram descobertos ali, um coletor de cogumelos se movia por entre as árvores que davam sombra ao longo da ravina e encontrou um crânio humano no lado leste da estrada. Ele saiu da floresta e ligou para o xerife do condado de King. Em pouco tempo, Frank Adamson reuniu a equipe de detetives e voluntários da organização Explorer Search and Rescue. Era outra região muito, muito difícil de investigar. O homem que havia descartado tantos corpos parecia preferir encostas íngremes, e essa era uma das mais íngremes. Talvez fosse mais fácil ele rolar as vítimas colina abaixo, para longe de olhos curiosos. Caso o assassino fosse, de fato, o cara visto em várias picapes diferentes, poderia até ter um guincho ou degrau que o ajudava a baixar as vítimas da traseira da picape. Mas o plano não era perfeito. As árvores prenderam as garotas mortas e as impediram de cair até o fim.

Aquele foi um dia infinitamente cansativo para Adamson, dificultado pelos repórteres que tentavam entrar na floresta em busca de provas ou até mais corpos. A última coisa que ele precisava era de várias pessoas da imprensa bagunçando qualquer prova naquele local.

Não demorou muito para encontrar o resto do esqueleto que acompanhava o crânio. Mas, à medida que a busca avançava, os investigadores da força-tarefa descobriram outros dois esqueletos mais abaixo na encosta. E mais outros. As árvores mais próximas de cada local de descarte de corpos foram pintadas com tinta laranja para que tivessem um ponto central para as medições de triangulação. Os detetives marcaram as árvores mais próximas aos restos mortais: 1, 2, 3, 4, 5.

Esse acabou sendo um dos lugares preferidos do assassino para se livrar das mulheres que não queria mais. Em linha reta, ficava a cerca de um quilômetro do Green River, onde as primeiras cinco vítimas tinham sido encontradas.

A própria floresta, geralmente silenciosa, exceto pelo som distante e impetuoso do riacho Mill na base da ravina, parecia bem remota. Mas o local ficava perto da Pac, embora a rua 272 ficasse bem mais ao sul de onde a Strip terminava. A leste, dezenas de caminhões de leite da Smith Brothers' Dairy iam e vinham, e jovens famílias estavam construindo casas ao longo da rua 55 Sul e da Star Lake. Teria sido difícil o assassino levar um corpo para lá durante o dia. Depois de escurecer, era possível que ninguém o tivesse visto.

Durante todo o fim de semana, os repórteres importunaram Adamson como mosquitos. Na época, ele não tinha um porta-voz para fugir das perguntas e, aonde quer que fosse, tropeçava em um repórter. Era um homem que raramente ficava impaciente ou mal-humorado, mas aqueles dois dias foram péssimos. Quando voltou à sede da força-tarefa, Cookie Hunt o estava esperando, depois de seguir seus passos na Star Lake. "Cookie era muito intrometida", disse Adamson. "Quando voltei para o escritório, eu tinha 128 ligações e mensagens e estava de saco cheio. E achei que estava muito briguenta naquele dia."

Ele estava exausto. Todos estavam. Pela conta oficial, agora eram vinte corpos. Adamson suspeitava que essa era apenas a ponta do iceberg. Quando o dr. Don Reay e Bill Haglund informaram as identidades das últimas vítimas localizadas, ficou claro que o assassino estava trabalhando com uma organização que parecia maníaca. Como Pierce Brooks havia suspeitado, era óbvio que o AGR tinha locais de desova particulares esperando antes de sair para matar.

Primeiro, usou o Green River, depois os quarteirões desertos ao redor do aeroporto, depois a rodovia 410 perto de Enumclaw e o contraforte da montanha na saída da rodovia 18 e, por fim, Star Lake. Pode haver ainda mais locais de agrupamento de cadáveres.

As vítimas de Star Lake foram identificadas como Terry Rene Milligan, desaparecida na Strip em 28 de agosto de 1982 — encontrada em 1º de abril de 1984; Delores Williams, desaparecida na Strip em 8 de março de 1983 — encontrada em 31 de março de 1984; Sandra Kay Gabbert, desaparecida na Strip em 17 de abril de 1983 — encontrada em 1º de abril de 1984.

(E, quando, por fim, identificaram Gail Mathews, perceberam que ela havia sido levada da Pac apenas cinco dias depois do desaparecimento de Sand-e Gabbert. Talvez alguma coisa tivesse assustado o assassino, e precisou deixar o corpo de Gail muito perto da estrada. Isso explicaria o porquê dela haver sido encontrada primeiro. Mas ninguém sabia que era Gail até que fosse identificada em fevereiro de 1985, quase dois anos depois.)

O quarto corpo encontrado na Star Lake foi identificado na terceira semana de abril por Bill Haglund no Instituo Médico Legal, usando registros odontológicos. Era Alma Ann Smith, a garota quieta e solitária que estudava no sétimo ano em Walla Walla. Tinha ido para Seattle muitas vezes porque o pai morava perto de lá, alternando entre a casa da mãe e a do pai.

Eles não encontraram Marie Malvar nem Keli Kay McGinness, que também tinham desaparecido na primavera de 1983.

O Assassino de Green River estava se tornando quase lendário, um personagem fictício não muito diferente de Freddy Krueger em *A hora do pesadelo* ou Jason em *Sexta-feira 13*, filmes da época que os adolescentes se aglomeravam para assistir a um elenco de jovens atores atuando como vítimas de um assassino furtivo que os afastava da multidão um por um e, depois, os assassinava. Mas o que era deliciosamente assustador na tela do cinema era sombrio e grotesco na vida real.

Se o assassino estava lendo jornais e vendo televisão — e a força-tarefa tinha quase certeza de que estava —, provavelmente estava sorrindo; ele agora estava sendo comparado a John Gacy, Wayne Williams e Ted Bundy em termos de contagem de corpos. E estava liderando o bando.

Na verdade, havia tantas garotas desaparecidas e tantas que haviam sido encontradas que me peguei me referindo a elas pelo número na sequência dos desaparecimentos. Fiquei horrorizada quando percebi. Nunca mais quis fazer isso, então fiquei acordada a noite toda com um grande pedaço de cartolina, jornais, tesouras e fita adesiva. Anexei as fotos ao cartaz e escrevi os nomes, descrições, a data em que desapareceram e a data em que foram encontradas. Muitas ainda tinham um espaço em branco na última categoria. Mas eu tinha memorizado os nomes e os rostos, os quais ficariam para sempre gravados na minha mente como seres humanos reais e não apenas números.

Frank Adamson, leitor de poesia, conhecia bem o trabalho de T.S. Eliot e percebeu que abril de 1984 foi, de fato, "o mês mais cruel", pelo menos em termos de número de corpos de mulheres que estavam sendo descobertos.

Barbara Kubik-Patten, que sentia de verdade que estava recebendo mensagens das garotas mortas dizendo onde outras vítimas podiam ser encontradas, sentia que Mary Bridget, Kimi-Kai, Opal e uma garota loura que não conseguia identificar estavam conversando com ela e estavam muito frustradas porque os detetives da força-tarefa não lhe davam atenção. O único investigador que tinha paciência para ouvi-la era Jim Doyon, a quem Frank Adamson chamava de "um amor de pessoa".

Em 15 de abril de 1984, Kubik-Patten saiu me procurando até me encontrar onde eu estava jantando no domingo na casa de um amigo. Eu tinha deixado o número do telefone na minha secretária eletrônica para o caso de meus filhos precisarem de mim. Assim como a maioria dos detetives da força-tarefa, eu estava ficando cansada da insistência de que a mulher tinha visões mediúnicas, mas que ninguém lhe dava ouvidos.

Impaciente por ela ter interrompido meu raro jantar fora, acabei dizendo: "Sabe, Barbara, suas visões são muito vagas. Acho que você vai ter que encontrar um corpo de verdade se quiser convencê-los. A maioria dos detetives não se impressiona tanto com médiuns."

Eu sabia que ela estava aparecendo em locais de descarte de corpos e atrapalhando as equipes de investigação que tentavam reunir provas enquanto afastavam a imprensa e espectadores curiosos. Em certa ocasião, Kubik-Patten e uma amiga abriram caminho pela floresta perto de onde havia uma busca por corpos. Elas encontraram os restos mortais de um animal, que acreditavam ser humano, e cutucaram. Infelizmente, despertaram um ninho de vespas. A amiga, que era alérgica a abelhas, foi picada, e as duas tiveram que fugir, desesperadas.

Na quarta-feira, após a ligação de Kubik-Patten, um operador de escavadeira da equipe de madeireiros encontrou ossos humanos em uma floresta densa de propriedade da Weyerhaeuser Company. Os ossos estavam espalhados em uma área de cinco metros quadrados na extremidade norte da rodovia 18, perto de North Bend, e em uma área onde duas vítimas tinham sido localizadas dois meses antes.

Os registros odontológicos e a descoberta de uma mandíbula inferior levaram a uma rápida identificação. Os ossos eram de Amina Agisheff, 37 anos, que estava esperando um ônibus no centro de Seattle e era a primeira mulher da lista de desaparecidas. Foi uma resposta surpreendente a muitas perguntas sobre seu desaparecimento. Era uma mãe dedicada de três filhos, alguém que *nunca* se envolvera com prostituição.

Apesar de os restos mortais de Amina terem sido encontrados perto de esqueletos anteriores, os parentes não conseguiam acreditar que ela se encaixava no perfil de vítima do Green River, nem os detetives. Era muito velha, para começar, e nunca tinha sido nada além de uma mãe amorosa e responsável para os filhos. Sua origem étnica era russa, e fazia parte de uma família que sempre mantinha contato. Nascida em Nova York, estudou em Paris, foi professora montessoriana e garçonete na Old World Delicatéssen em Ballard, o bastião escandinavo em Seattle, muito, muito longe da SeaTac Strip. A ideia de que pudesse estar envolvida com prostituição era inconcebível para todas as pessoas que a conheciam. Quem quer que tenha matado Amina pode muito bem ter pegado carona no movimento do Assassino de Green River de propósito.

Barbara Kubik-Patten, acompanhada dos dois filhos mais novos, correu para a área perto de North Bend no meio-dia seguinte. Barrada pela fita amarela que marcava o local de busca de quarta-feira, entrou na floresta em um ponto muito semelhante que ficava a meio quilômetro de distância — também um recuo de cascalho da rodovia 18 — e começou a busca. Mais tarde, informou que foi a voz de Kimi-Kai Pitsor que lhe disse para ir até lá.

E ela encontrou um corpo.

Kubik-Patten correu para onde os detetives ainda estavam examinando o local onde o esqueleto espalhado de Amina Agisheff tinha sido encontrado. Aproximou-se de Rupe Lettich, um dos investigadores que não acreditava em suas mensagens do outro mundo, e lhe puxou a manga da camisa. Foi enxotada, sob a alegação de que não deveria entrar na área que estava sendo vasculhada. Ela continuou tentando chamar a atenção, mas Lettich a ouvira dar informações falsas muitas vezes. Só quando Frank Adamson chegou foi que encontrou alguém que a escutou. Pois ele sabia que Kubik-Patten procurava por uma entrada na floresta que combinasse com o local de Agisheff. "Ela teve que entrar em um bosque de amieiros perto do recuo para encontrar o corpo", lembrou Adamson. "Os restos mortais estavam cobertos com um saco de lixo de plástico verde e havia outros ossos de animais. Foi muito extraordinário ela *ter* encontrado o corpo."

Com a descoberta dessa vítima desconhecida por Kubik-Patten em 19 de abril de 1984, uma estranha coincidência, a investigação se tornou ainda mais inescrutável. O esqueleto sob o saco de lixo verde não foi identificado com facilidade, e ela ficou conhecida, de um jeito miserável, como Ossos #14. Muito tempo se passou antes que fosse identificada como Tina Marie Thompson, de 22 anos. Mais esperta do que muitas das garotas sequestradas, tinha cabelos e olhos castanhos e se parecia muito com a comediante Carol Burnett. Era alta e muito magra.

Mas havia *duas* Tinas. Essa Tina não era Tina Tomson, também conhecida como Kim Nelson, também conhecida como Star, a loura desaparecida da SeaTac Strip no Halloween anterior. *Ela* ainda estava desaparecida. Tina Marie *Thompson* havia desaparecido em 26 de julho de 1983 e não tinha sido declarada desaparecida por algum tempo.

Será que o assassino poderia saber que matou duas jovens cujos nomes eram tão parecidos? Provavelmente não.

Mas, mesmo assim...

Tive que admitir que estava chateada por Kubik-Patten ter encontrado um corpo quatro dias depois de lhe dizer que isso era o necessário para que obtivesse credibilidade junto à Força-Tarefa Green River, sem nunca sonhar que ela iria mesmo conseguir. Quase me perguntei se ela contava com algum conhecimento distorcido sobre os assassinatos. Os investigadores devem ter se sentido do mesmo jeito. Pois lhe aplicaram um teste de polígrafo, no qual, aliás, ela passou. Também argumentaram que não era *tão* incrível o fato dela ter encontrado ao acaso uma vítima. Ela havia ido para a próxima saída onde alguém poderia sair da estrada, e esses recuos eram convenientes para o assassino; ele tinha usado muitos deles. Era mais provável que o raciocínio dedutivo a tivesse levado a escolher o local para a busca, e não vozes fantasmagóricas.

Durante vários dias, Barbara Kubik-Patten foi manchete nos jornais de Seattle, algo que ela parecia querer nos dois anos anteriores. Ela explicou a Mike Barber do *Post-Intelligencer* que tinha visto o Assassino de Green River *duas vezes.*

O primeiro encontro, claro, havia sido no próprio Green River, onde viu o carro branco fugindo em alta velocidade. Agora, quase dois anos depois, conseguiu dar a Barber uma descrição mais exata. Disse que ouviu um grito perto do rio, e ela e um amigo, cujo nome não foi revelado, viram assassino alto, mas só de perfil, quando ele atravessou uma clareira e entrou em um carro. "Ele é branco", disse com firmeza, "tem cabelos castanhos, pernas finas e não tenho certeza da idade, mas dá passos largos — com braços compridos que balançam devagar."

Ela até pediu a um desenhista que fizesse um desenho de como imaginava o assassino. Lembrou que o carro dele era "envenenado". Disse que chegou a uma velocidade de cem quilômetros por hora enquanto tentava alcançar o carro, mas ele fazia curvas como um motorista profissional. A questão é onde essa façanha automobilística tinha ocorrido. Qualquer pessoa que dirigisse a essa velocidade na Frager Road acabaria no rio. As estradas que subiam a colina tinham curvas tão estreitas que ninguém conseguia ir tão rápido sem bater.

Barbara Kubik-Patten anunciou que o Assassino de Green River era um "gênio absoluto" em desovar corpos, e sentia que o criminoso possuía algum tipo de treinamento especial que lhe permitia ser mais esperto que o laboratório criminal da polícia. Também sentia que o esqueleto que havia encontrado e o de Amina Agisheff continham provas físicas que permitiriam que os detetives o pegassem.

Kubik-Patten acreditava que tinha se vingado e continuou a aparecer nas cenas do crime e a vasculhar as fotos das vítimas nos jornais para poder manter um "contato" mais próximo com elas.

Era uma série interessante de assassinatos em termos de números absolutos e estava se tornando mais estranha com muita rapidez.

31.
_____Pais
sem cônjuges_

Ele *estava* gostando da cobertura da mídia. Adorava receber atenção, tendo sido subestimado a vida toda pela maioria das pessoas, inclusive os pais.

No início dos anos 1980, tinha sido traído por duas esposas — "a loura magrinha e a morena gorda", embora tivesse brincado sobre mudar a sorte ao escolher diferentes tipos de mulheres para namorar. Tinha aprendido sobre prostitutas quando estava no serviço militar, mas elas também o traíram, transmitindo-lhe uma doença venérea. Como um conhecido o descreveu mais tarde: "Ele não era o tipo mais brilhante", mas tinha aprendido muito sobre interação social. E ainda tinha um forte impulso sexual, o que exigia muitas parceiras. Tinham lhe ensinado desde criança que a masturbação era vergonhosa.

Ele encontrou uma mina de ouro em uma organização para divorciados com filhos e a explorou com habilidade. Namorou uma dezena ou mais de mulheres que conheceu lá. No início, Darla Bryse* acreditou que conhecer o novo namorado no Parents Without Partners [Pais sem cônjuges] tinha sido uma coincidência. Em muitos aspectos, as experiências de vida dela eram bem semelhantes às das vítimas do Assassino de Green River, assim como eram muito parecidas com as das outras namoradas dele no PWP. Ela havia sofrido abuso e traição, mas alguma coisa nela ainda queria confiar nas pessoas.

Nascida em Santa Rosa, Califórnia, filha de uma dona de casa e de um dono de posto de gasolina e operário da construção civil, lembrava-se da infância como um período apavorante e sem amor. "Eu era a mais velha e sabia que tinha duas irmãs", disse, "mas uma foi embora. Essa é a única coisa de que me lembro antes de estar na primeira série. Meus pais deram minha irmã mais nova para parentes distantes."

Embora uma das avós morasse com eles, Darla fazia a maior parte da comida e do trabalho doméstico. Os pais tinham uma vida social ativa, frequentando hotéis e boates. Bebiam muito e tinham pouco tempo para cuidar dos filhos. "Um homem casado com uma das amigas da minha mãe abusou de mim de um jeito físico — sexual — e emocional quando eu era muito nova", disse Darla. "Acho que minha mãe sabia, mas nunca fez nada."

Darla nunca sentiu que tinha muito controle sobre a vida, embora se mostrasse durona e tivesse formado uma gangue de adolescentes. "Na verdade, eu colocava lâminas de barbear no cabelo", admitiu. "Mas acho que eu só estava procurando um grupo do qual fazer parte."

O primeiro filho era um menino nascido fora do casamento. Foi entregue a parentes. Darla ainda não tinha 20 anos quando se casou com o primeiro marido, Jimmy*. Era muito apaixonada por ele e ficou muito feliz quando os dois se casaram em janeiro. Ela logo engravidou e deu à luz uma menina em outubro. Teve outro filho no ano seguinte. "Eu não queria engravidar de novo tão cedo", disse. "Tinha dois filhos pequenos com menos de dois anos e uma compulsão de manter a casa absolutamente limpa, mas Jimmy ficou bêbado na noite de Natal e, embora eu tivesse implorado para não fazer isso, ele quase me estuprou. E eu soube na mesma hora que tinha engravidado. E engravidei mesmo."

Darla não conseguia lidar com três bebês. Quando o bebê começou a gritar sem parar certa noite, teve que lutar contra a compulsão de jogá-lo na lareira. "Foi sorte o Jimmy ter voltado mais cedo do trabalho. Eu sentia que estava louca."

Estava sofrendo de depressão pós-parto, mas não era um distúrbio emocional reconhecido com facilidade nos anos 1970. Jimmy a trancou em um hospital estadual durante três meses e pediu o divórcio em silêncio. "Eu era tão ingênua e tão burra", lembrou Darla. "Não queria o divórcio — eu o amava — nem sabia como conseguir um advogado. Ainda saíamos de vez em quando, e eu achei que íamos voltar. E aí meu pai foi me visitar e me mostrou um documento jurídico. Jimmy tinha ido ao tribunal, e eu nem sabia que o divórcio tinha ido tão longe. Jimmy ficou com a casa, com as crianças, com tudo..."

Jimmy começou a namorar outra mulher, e Darla não suportava vê--los juntos. Ela deixou Santa Rosa e se mudou para Seattle com a irmã. Era uma jovem muito bonita e conseguiu um emprego com facilidade — como dançarina em um bar lésbico no porão da Smith Tower, na área do bairro de Pioneer Square em Seattle. Nesse ponto da vida, ela não se importava muito com nada. "Aprendi sobre as 'árvores de Natal' — anfetamina dexadrine e blackberry flips", comentou sobre a introdução às drogas. "Uma garota que trabalhava no bar se apaixonou por mim, mas eu disse que não curtia aquilo."

Darla ainda sentia saudade de Jimmy e voltava para Santa Rosa sempre que podia para visitar os filhos, na esperança de que pudessem voltar a ficar juntos. Ele parecia feliz em vê-la e se ofereceu para lhe alugar um apartamento. Darla visitava os filhos e se sentava ao lado do telefone no próprio apartamento, esperando Jimmy passar por lá. Tinham ficado íntimos de novo, e Darla acreditava que Jimmy ainda a amava. "Engravidei *de novo*", lembrou, fazendo um gesto de tristeza com a cabeça. "Achei que ele iria ficar feliz quando contasse, mas Jimmy disse: 'Não é meu'. E *era* dele. Eu não estive com ninguém fora ele."

Durante toda a vida, Darla procurou o amor. A reação cruel do ex-marido ao que pensava ser uma notícia alegre a jogou no pior desespero que sentiu. "Tomei o sedativo Seconal com tudo que consegui encontrar para comprar sem receita e desmaiei. Eu devia ter morrido, mas minha mãe chegou sem avisar. Ela estava indo à missa, e as mulheres tinham que cobrir a cabeça naquela época. Veio pegar um lenço emprestado e me encontrou. E assim minha vida foi salva, e eu ainda estava grávida. Agradeço a Deus por isso, agora, porque aquela menina é muito importante na minha vida."

Por ter tentado suicídio, Darla foi internada mais uma vez em um hospital estadual. Depois de liberada, foi morar com amigas, evitando os homens por quase oito anos. Tinha decidido colocar a filha para adoção, sentindo que não era uma mãe adequada. "Mas minha melhor amiga me convenceu do contrário", disse. "E nós a criamos juntas. Sou muito grata por não ter deixado Libby* ir embora... ela é tudo pra mim."

Darla voltou para o estado de Washington e trabalhou para o governo e para empresas de serviços públicos. Foi conselheira de carreiras por um tempo e, depois, vendedora da Avon.

Sozinha de novo com trinta e poucos anos, Darla optou por fazer laqueadura. Tinha dado à luz cinco filhos, e todos, exceto um, estavam sendo criados por outras pessoas. Queria voltar a namorar e temia engravidar de novo. A esterilização lhe deu uma liberdade que nunca teve, e ela passou por um período de promiscuidade. "Eu estava bebendo muito na época e acho que queria provar que podia satisfazer um homem, e descobri que podia, embora eu nunca tivesse tido um orgasmo. Pela primeira vez na vida, *eu* estava no comando dos relacionamentos. Isso me deu uma espécie de poder sobre os homens. Estava bonita, e eles se derretiam perto de mim."

As aventuras com homens duraram apenas seis meses, e ela jurou que seria uma mãe melhor para Libby. Seu estilo de vida mudou drasticamente desde a época em que dançava em um bar lésbico e pegava homens. Querendo uma atividade saudável que pudesse compartilhar com Libby, Darla começou a participar do Parents Without Partners no fim dos anos 1970. Ela morava em West Seattle e participava de atividades em grupo destinadas a ajudar mães e pais solteiros a lidarem com a paternidade e manterem uma vida social. A maioria dos membros do grupo morava na parte sul do condado de King.

"Nós nos encontrávamos na casa das pessoas para conversar, fazíamos jantares em que cada um levava um prato ou íamos a bailes no centro comunitário", lembrou Darla. "Libby e eu fizemos muitas caminhadas e acampamentos com a PWP. Eu ainda bebia, mas fizemos muitos amigos, e era saudável nós duas fazermos exercícios ao ar livre e subirmos trilhas na montanha. Era um bom grupo de pessoas."

"Foi lá que eu o conheci — no Parents Without Partners."

Darla tinha notado por duas vezes o pai solteiro divorciado em outras funções do PWP e o achou atraente, contudo, era um homem comprometido que estava morando com outra mulher do grupo. Ficava com o filho, Chad, de 7 anos, nos fins de semana e o levava para a maioria dos piqueniques e caminhadas. Estava claro que sentia muito orgulho do menino, que morava com a mãe, Dana, durante a semana. Ele e Darla muitas vezes se inscreviam nas mesmas atividades em que as crianças eram bem-vindas, para poderem incluir Chad e Libby, que estava com 12 anos.

Em certo fim de semana, o grupo estava caminhando em trilhas no contraforte do Snoqualmie Pass, perto de Issaquah, e Darla começou a analisá-lo. Ela o achava muito bonito e musculoso. Tinha cerca de 30 anos, era cinco anos mais novo do que ela. "Ficamos sozinhos na trilha e começamos a conversar. Eu o achei muito agradável, era engraçado de um jeito tranquilo, pois era muito reservado. Nós dois percebemos que nos demos bem, mas ele ainda estava morando com outra pessoa, então o negócio não ia dar em nada."

Uma noite, isso mudou. "Comecei a flertar com ele, e ele correspondeu", lembrou Darla. "Eu disse que estava interessada nele. Não demorou muito para ele terminar com a outra garota. Ele saiu da casa dela e foi morar comigo. Em um estalar de dedos. Isso foi em maio de 1981."

Ele pagava a parte dele nas despesas do lar e, embora não a ajudasse a limpar a casa, fazia a parte de jardinagem. Darla o achava um homem muito gentil, embora não fosse muito sentimental. "Não me lembro se alguma vez me deu um presente, mas acho que comprou alguns cartões."

Eles não tinham muita coisa em comum. Ele nunca lia livros, e Darla era leitora, muito fascinada por livros sobre crimes verdadeiros. Lia a revista *True Detective* desde a época em que estava no começo do ensino médio. Até onde tinha conhecimento, ele não lia essa revista. Ele não tinha o menor interesse em filmes, mas os dois viam televisão juntos à noite. Fora do PWP, tinha poucos amigos, embora fosse próximo de um dos irmãos. Costumava levar Darla para visitar os pais, que moravam a alguns quarteirões da Pac.

Embora tivesse poucos interesses, Darla o considerava um parceiro sexual excepcional. "Eu diria que seu hobby era o sexo", lembrou. "Ele queria fazer amor pelo menos três vezes por dia."

Ela não se opunha a isso, embora tivesse ficado um pouco envergonhada no início pelo desejo dele de fazer sexo ao ar livre, no carro ou em lugares onde poderiam ser descobertos com facilidade. À época, ele dirigia uma picape cor de vinho com capota branca e sempre deixava um cobertor na cabine para o caso de encontrar um local interessante para transar.

"Cheguei ao ponto em que não me incomodava fazer sexo ao ar livre", disse Darla com uma risada. "Uma vez, estávamos acampando perto do Yakima River e estávamos nos agarrando na margem, aí uma canoa cheia de gente passou remando e nos viu. Eles riram e acenaram, e nós também acenamos. A essa altura, me sentia tão à vontade e tão desinibida com ele que isso não me incomodou."

Darla às vezes levava o almoço para ele no trabalho. Muitas vezes, entravam em um dos enormes caminhões estacionados ali para fazer sexo na área de dormir da cabine, atrás do banco do motorista. Nunca foram pegos.

Ele continuava forçando os parâmetros do perigo. Gostava da área do Southcenter Mall. Darla não se importava de fazer sexo na picape no estacionamento da Levitz Furniture Store, mas ficou muito nervosa quando ele disse que tinha encontrado um novo lugar. "Havia um lugar onde os homens carregavam os caminhões no Southcenter", lembrou. "Havia uma barreira de cimento, um tipo de cerca com uns três metros de comprimento e meio baixa. Ele insistiu que fizéssemos sexo na grama do outro lado dessa cerca, e eu ouvia os homens trabalhando a poucos metros de distância. Podiam ter olhado na nossa direção e nos visto, mas ele não estava preocupado com isso."

Ele era *apaixonado* por atividades ao ar livre e adorava acampar e pescar, embora Darla não se lembrasse de tê-lo visto levar peixes para casa. Juntos, os dois colecionavam todo tipo de equipamento para acampar — barracas, churrasqueiras, sacos de dormir e tudo mais de que precisassem. Muitas vezes, acampavam por uma semana no mato. Vestindo só uma toalha fina porque gostava de vê-la nua, Darla preparava as refeições no fogão externo.

Além de pescar, gostava de cavar em busca de garrafas velhas ao longo de ferrovias desertas. Ele bebia muito pouco e não fumava. Parecia ser um companheiro perfeito. "Era arrumado, limpo e atencioso. Era muito, muito musculoso — muito forte."

Eles eram muito francos um com o outro nas discussões sobre sexo, admitindo as fantasias que tinham. Ambos tinham experiência com diversos parceiros, embora, até onde Darla sabia, ele fosse fiel a ela enquanto moravam juntos.

Certa vez, quando estavam acampando sem os filhos no matagal de Cle Elum, na Floresta Nacional de Wenatchee, concordaram em experimentar *bondage*. Darla não se opôs a ser amarrada a uma árvore nem a ser "presa por uma estaca" no chão com os pulsos e tornozelos amarrados, "contanto que fosse seguro".

Ele ficou excitado com isso e até extrapolou o conceito básico colocando uvas e outras frutas dentro da vagina enquanto ela estava indefesa. Ambos acharam excitante a relação inovadora, e ele manteve a promessa de não machucá-la. Não era um relacionamento comum, mas os dois eram adultos, e isso não era da conta de ninguém.

No entanto, havia alguns aspectos daquele homem que perturbavam Darla. Ele nunca disse que a amava com muitas palavras. Ela teria gostado, mas, se tivesse que lhe pedir para dizer, não teria significado algum. O mais preocupante era que ele queria voltar ao tribunal e obter a guarda integral do filho, Chad. "Chad era um bom garoto", disse Darla, "mas era hiperativo, e achei que não aguentaria tê-lo por perto o tempo todo."

Conforme o namorado foi ficando mais entusiasmado em obter a guarda do filho, Darla tomou uma decisão. "Me lembro de quando lhe falei que precisava terminar. Era perto do Natal de 1981. Estávamos no nosso quarto, e eu estava sentada no chão enquanto ele estava sentado na ponta da cama. Falei que não ia conseguir lidar emocionalmente com a criação do Chad em tempo integral. Eu tinha quatro filhos que não estavam comigo e não ia conseguir assumir Chad."

Surpreso, ele levantou a cabeça e olhou para ela. "E você nunca diz que me ama", acrescentou ela.

Os olhos dele se encheram de lágrimas. "Mas eu te amo", disse.

"Falei que era tarde demais para me dizer isso naquele momento. Ele se sentiu mal, eu sei, mas não estava com raiva. Ele saiu da minha casa, e nós terminamos, mas continuamos amigos."

Depois que ele saiu, Libby, a filha de Darla, disse que tinha alguma coisa nele que a deixava "nervosa". Ela negou ter sido molestada ou dito alguma coisa imprópria, mas, certa vez, foi ao quarto para falar com ela, e Libby sentiu que tinha alguma coisa errada nisso. Darla ficou perplexa; considerava-o atencioso e de fácil convivência. Sabia que Libby teria contado se ele tivesse feito alguma coisa desagradável.

No início de 1982, ele ligou para Darla para dizer que tinha comprado uma casa em Des Moines, perto da rodovia Pac. Era um pequeno rancho. Ele ficou muito orgulhoso e convidou Darla e uma das amigas dele para uma grande festa de inauguração. Ele também chamou pessoas com quem trabalhava e outros membros do PWP.

"Quando chegamos lá", disse Darla, "ele tinha servido alguns refrescos, e a casa estava toda limpa. Mas ninguém mais foi à festa. Senti pena, e ficamos tentando fingir que não havia nada de errado, mas dava para ver que estava magoado. Ele nos mostrou a casa e o quintal. Me lembro de que havia dois grandes abetos no quintal. Toda vez que dirigia pela I-5 depois disso, dava para localizar a casa olhando para aquelas árvores." Ela lembrou que o quintal terminava em uma encosta que descia até o acostamento da I-5, a rodovia interestadual. O rugido do tráfego constante na rodovia parecia um oceano durante uma tempestade.

A única vez que Darla o viu demonstrar raiva foi depois do rompimento. Depois do fiasco que foi a festa de inauguração da casa, ele convidou Darla e Libby para jantar. Darla perguntou se Libby podia levar uma amiga, e ele disse que tudo bem. "Libby estava na adolescência, e você sabe como as garotas podem ser tolas nessa idade", lembrou Darla. "Por alguma razão, ela e a amiga deram risadinhas na mesa de jantar. Disse a elas para se acalmarem pois ele havia se esforçado muito para preparar o jantar para nós, mas elas só precisaram se entreolhar para rir ainda mais."

"Bem, ele ficou furioso. Perdeu a cabeça. Nunca o tinha visto ficar nem um pouco bravo. Não sei se achou que elas estavam rindo dele ou o quê, mas gritou com elas. E assustou Libby. Nunca mais voltamos à casa dele depois disso."

Não muito depois daquele jantar infeliz, o ex de Darla começou a namorar outra mulher do PWP — Trish Long*. Darla ouviu um boato, cerca de um mês e meio depois, de que ele havia contraído o vírus do herpes e se considerou sortuda por ter escapado. Mesmo assim, lembrava-se dele como um cara legal e lhe desejava sorte. Darla havia cometido alguns erros na vida, mas não considerava que ele fosse um desses erros. Em cinco anos, Darla conheceu um homem com quem acabou se casando. Não esperava ouvir falar muito do antigo namorado depois de 1981. Eles tinham começado a viver em mundos diferentes.

_Nenhum homicídio é_____ normal

Em meados de maio de 1984, houve uma trégua para a força-tarefa e para as mulheres que andavam pela rodovia, sempre olhando para trás, sempre perguntando aos *johns*: "Tem certeza de que você não é o Assassino de Green River?". E aquelas que perguntavam deviam saber que não receberiam uma resposta verdadeira, caso fosse.

Pelo menos nenhum novo desaparecimento foi informado, mas isso não significava muita coisa. Frank Adamson temia que o Assassino de Green River pudesse continuar o padrão de inúmeros sequestros e assassinatos de abril a outubro, e os detetives da força-tarefa se prepararam para ter mais problemas, mesmo enquanto mantinham a Equipe Proativa na estrada com iscas e vigilância. O silêncio deixava todos nervosos. Onde estava o "assassino do clima quente"?

Os pais que esperavam uma notícia das filhas desaparecidas viviam ansiosos dia após dia, tensos cada vez que o telefone tocava. Quase um ano havia se passado desde que o colega de trabalho de Judy DeLeone tinha certeza absoluta de que vira a filha dela, Carrie Rois, viva e bem no parque Seward, em Seattle. Ela chegou a ir até ele, dizendo: "Lembra de mim? Sou Carrie, você trabalha com a minha mãe".

Judy mergulhou em uma depressão tão profunda que Randy Mullinax e Linda Barker, presidente do Amigos e Familiares de Vítimas de Crimes Violentos, um grupo de apoio ativo na área de Seattle por mais de uma década, ligaram para Mertie Winston, cuja filha Tracy estava desaparecida desde setembro do ano anterior. Sugeriram que as duas mulheres conversassem. Linda temia que Judy se suicidasse.

"Eu não sabia o que fazer", lembrou Mertie, "mas concordei em ligar para ela. Comecei dizendo 'Não sei o que falar pra você'. Acabamos conversando por três horas seguidas. Eu estava fazendo biscoitos quando Linda ligou e me pediu para ligar para Judy. Acabei queimando pelo menos três fornadas de biscoitos porque Judy e eu ficamos muito envolvidas na conversa. Estávamos entre as poucas pessoas que conseguiam entender o que todos os pais estavam passando. Judy e eu começamos a nos apoiar. Chegamos a um ponto em que acreditávamos que nossas filhas estavam juntas, que tudo que tinha acontecido com uma tinha acontecido com a outra. A gente procura maneiras de ser otimista, e dissemos a nós mesmas que Carrie e Tracy estavam vivas e bem e que iam voltar para casa."

Em 7 de maio de 1984, a Força-Tarefa Green River investigou o assassinato de uma mulher de 38 anos chamada Kathy Arita, cujo corpo foi encontrado perto do lago Fenwick. A localização se encaixava — estava a apenas 800 metros do Green River —, mas nada mais combinava. Ela era funcionária da Boeing, desaparecida havia três dias, e mãe de um filho de 17 anos. O corpo estava totalmente vestido quando foi encontrada. Logo foi eliminada como vítima do Assassino de Green River. Várias outras mulheres mortas surgiram na mesma área nos anos seguintes, todas foram investigadas como um possível caso relacionado ao AGR. No entanto, os casos se mostraram desconectados, parte de uma previsível taxa de homicídios em Seattle e no condado de King — normal. Não, ninguém pode chamar *nenhum* homicídio de normal.

Embora a violência contra as adolescentes da SeaTac Strip parecesse estar, no mínimo, em um hiato, havia estupradores em série e assassinos ativos em outras áreas, e os investigadores da força-tarefa do condado de King viajaram por todos os Estados Unidos para conversar com detetives de outras jurisdições: Anchorage, Alasca (onde o padeiro Robert Hansen admitiu ter matado dezessete mulheres na década anterior, caçando algumas delas com arco e flecha. Os seres humanos eram apenas "presas" para ele); em Los Angeles, um cinegrafista freelancer de televisão, que tinha sido suspeito de quatro estupros em Seattle, foi acusado de três assassinatos na Califórnia.

Cada vez que uma onda de assassinatos em série de mulheres eclodia — e pareciam estar aumentando nos Estados Unidos —, os detetives do Green River se perguntavam se aquele poderia ser o homem que estavam procurando e que tinha se mudado. Se fosse isso, ele tinha deixado muitas tragédias para trás a serem descobertas. Em 9 de maio, o investigador-chefe do Instituto Médico Legal, Bill Haglund, confirmou que os ossos encontrados perto de Enumclaw, na saída da rodovia 410, eram de Debora May Abernathy, que viera de Waco, Texas, e que nunca teria deixado o filho para trás por vontade própria.

Estranhamente, um homem que andava perto do cruzamento da rodovia 18 com a rodovia estadual 167, a muitos quilômetros de onde o corpo de Debora foi deixado, encontrou a carteira de motorista do Texas a cerca de três metros do acostamento. Detetives que revistaram a área três meses depois descobriram a certidão de nascimento do filho dela. O assassino tinha jogado os documentos de dentro do veículo de maneira acidental ou deliberada. Era mais provável que tivesse feito isso de propósito para se livrar de qualquer conexão com o cadáver que tinha escondido no mato.

Quando a mãe foi notificada de que Debora estava morta, comentou com tristeza: "Ela era uma garota muito boa".

Eu me lembro de ser entrevistada sobre o Assassino de Green River e assassinos em série em geral por um repórter do *San Francisco Chronicle* em maio de 1984. Eu não estava em Seattle; estava em Eugene, Oregon, assistindo ao julgamento de Diane Downs pelo assassinato de um de seus filhos e tentativa de assassinato de outros dois. Guardei o artigo resultante de Susan Sward e Edward Iwata porque incluía a cobertura dos assassinatos do Green River — era a primeira vez, na verdade, que alguém da mídia fora de Seattle reconhecia que eles estavam ocorrendo. Esse jornal agora está amarelado e seco, as bordas se esfarelam quando o desdobro.

Parece estranho ler meus comentários para Iwata enquanto eu expressava minhas ideias sobre quem poderia ser Assassino de Green River e o que o motivava: "[Ele] tem uma inteligência superior ou é tão esperto ou malandro que compensa qualquer [falta de] inteligência que possa ter. [...] A personalidade antissocial sempre parece sincera. A fachada é perfeita".

No mesmo artigo, o agente especial do FBI Bob Ressler comentou: "Em sua maioria, eles são muito, muito humanos. A maioria é normal na aparência e na conversa, e, com certeza, não é insana nem esquisita. Eles não ficam presos a correntes nem amarrados em camisas de força, e é isso que os torna tão perigosos".

A cobertura da mídia estava acelerando, não só no Oeste de Washington e Portland, Oregon, mas se espalhando para outros estados. Por fim, em 23 de maio de 1984, Frank Adamson e a força-tarefa conseguiram um braço direito muito importante, uma porta-voz inteligente e graciosa: Fae Brooks. Fae conhecia os casos do Green River tão bem quanto qualquer outra pessoa. Ela e Dave Reichert tinham trabalhado neles desde o início. Como contato com a mídia, ela conseguia bloquear a imprensa com muito tato, sem irritar os repórteres.

Fae Brooks ingressou no Departamento do Xerife do Condado de King em 1978 como oficial de patrulha, realizando uma ambição de longa data. Já tinha sido secretária jurídica, mas o tio era subchefe de polícia em Washington, D.C., e ela também queria ser policial. Começou a patrulhar na Delegacia de Burien, que agora abrigava a Força-Tarefa Green River, e logo se tornou detetive na Unidade de Agressões Sexuais. Brooks também tinha sido recrutadora do departamento. Ela rejeitava a ideia de que era difícil uma mulher, uma afro-americana, subir na hierarquia. "Contanto que você seja uma oficial competente, quem você é não faz nenhuma diferença."

Ela provou isso — e muito mais — subindo na hierarquia ao longo dos anos.

Em 26 de maio, os repórteres clamaram de novo por informações. Mais ossos foram encontrados, dessa vez perto do Jovita Boulevard, não no condado de King, mas cinco quarteirões adentro do condado de Pierce. O crânio ainda tinha um aparelho ortodôntico de metal nos dentes. Colleen Brockman, 15 anos, que acreditava que os homens que a pegavam na rodovia SeaTac e às vezes a levavam para jantar se importavam de verdade com ela, havia passado um ano e meio sem ser descoberta. O destino que sua amiga "Bunny" temia tinha alcançado Colleen.

Em 16 de junho de 1984, o número oficial de vítimas do Green River era de 26. Dezoito identificadas; o restante apenas ossos.

Tracy Winston ainda estava desaparecida, além de Kase Ann Lee, Debra Lorraine Estes, Denise Darcel Bush, Tina "Star" Tomson/Kim Nelson, Shirley Sherrill, Becky Marrero, Mary Bello, Carrie Rois, Patricia Osborn, Marie Malvar, April Buttram, Pammy Avent, Mary Exzetta West, Keli Kay McGinness, Martina Authorlee e Cindy Ann Smith. Talvez alguns dos ossos não identificados provassem ser das desaparecidas. Talvez não.

E, quase com certeza, havia desaparecimentos de mulheres jovens que nunca tinham sido informados, garotas que não tinham parentes próximos nem amigos ou que se acreditava estarem morando em outro lugar ou viajando.

Havia novas pistas chegando e algumas suspeitas não resolvidas em relação a suspeitos anteriores. Em julho de 1984, Melvyn Foster disse aos repórteres que os investigadores lhe deram uma "carona" de sua casa em Lacey até Seattle, pagaram-lhe um almoço e passaram várias horas mostrando fotos de dezenas de mulheres e fazendo perguntas. "Foi tudo muito civilizado", comentou com desenvoltura. Ele ficou feliz de compartilhar sua experiência e seu conhecimento. Parecia bem satisfeito com o fato de os detetives da força-tarefa não terem conseguido prender um suspeito viável.

Foster se gabou para Barbara Kubik-Patten que ele e Dave Reichert agora eram "bons amigos" e que Reichert ia lhe mostrar todos os locais de descarte. Ainda tinha uma espécie de relação de amor e ódio com a polícia. Foster queria muito fazer parte da polícia e continuou a oferecer seus serviços como "consultor" para qualquer departamento que quisesse ouvi-lo. A casa do pai ficava no condado de Thurston, então procurou Neil McClanahan e Mark Curtis, detetives de alto escalão no departamento do xerife, e se ofereceu para ajudá-los a "limpar Olympia da prostituição", capital do estado de Washington. Um lugar que sugeriu que investigassem foi o "Banho Romano", onde comentou que ele próprio fazia sexo com mulheres. Curtis e McClanahan checaram com o condado de King sobre a situação de Foster e foram instruídos a seguir em frente e ouvir Foster se quisessem.

Ele logo seria inocentado pela Força-Tarefa Green River de qualquer conhecimento distorcido sobre os casos e, finalmente, retirado da lista de suspeitos durante o comando de Frank Adamson.

"Compramos o carro de Mel por 1 200 dólares e o vasculhamos ao enésimo grau — usando até os criminalistas do FBI", lembrou Adamson, "mas não encontramos nada. Havia uma marca de mão no porta-malas do carro, uma pequena impressão, e ficamos pensando se era de uma mulher pequena ou de uma criança. Era da filha dele. Nós o liberamos porque fomos muito meticulosos na busca feita no veículo."

De vez em quando, Foster tinha problemas com a lei, em geral alguma briga. Uma vez, puxou uma faca para um motorista que o cortou no trânsito. Ainda assim, logo sumiu das manchetes, porque não era mais um suspeito.

Os pais de Wendy Coffield processaram o estado de Washington por negligência em não manter um registro cuidadoso da filha. Esperavam que ela fosse encarcerada por vários anos para ter um ambiente mais seguro e estavam com raiva por ter sido liberada para uma instalação sem grades e sem portas trancadas. No fim, o processo não foi a lugar nenhum.

No sábado, 31 de julho de 1984, recebi o telefonema de um homem chamado Randy, que disse que morava em San Francisco com a avó. Disse que tinha lido *Ted Bundy: Um Estranho ao Meu Lado* e decidiu me ligar para falar de dois homens que havia conhecido na prisão: Richard Carbone e Robert Matthias. Randy disse que tinha certeza de que eles tinham matado pelo menos algumas das vítimas do Green River e também lhe disseram que tinham roubado um banco em Seattle. Ele me deu descrições muito detalhadas de Matthias e Carbone, até das tatuagens de prisão. Estava frustrado porque disse que ligou para a força-tarefa e deixou uma mensagem para Bob Gebo, detetive de homicídios da polícia de Seattle emprestado para a investigação do Green River, e que ainda não tinha recebido uma resposta. Expliquei quantas pistas os investigadores da força-tarefa tinham que seguir e que eu tinha certeza de que Gebo entraria em contato assim que pudesse.

Três dias depois, tive notícias do próprio Matthias. Ele disse que Randy tinha lhe dado meu número. Alegou ter medo de estar correndo risco de morrer em uma viagem de volta a Seattle com detetives. Falei para não se preocupar; que tinha retransmitido a mensagem e sido informada de que o detetive Paul Smith, da força-tarefa, iria a San Francisco para falar com ele.

Matthias me ligou várias vezes, me contou sobre a infância disfuncional e confessou ter matado algumas das vítimas do Green River. Mas começou a chorar quando tentei descobrir datas, épocas e locais perto de Seattle. Admito que, no começo, quase acreditei na história, porque ele foi muito, muito convincente. "Me diga uma coisa", indaguei, "porque estou curiosa. Se estivesse envolvido na situação, você teria que ser lindo, dirigir um carro muito bom ou ter uma excelente lábia, porque as garotas estavam com tanto medo que não entravam no carro com qualquer um."

"Duas de três", disse ele. "Não gosto de me gabar, mas sou bonito. E pareço ser muito, muito legal. Consigo fazer as pessoas confiarem em mim e se sentirem à vontade comigo nos primeiros cinco minutos de conversa. O principal é a maneira como falo. Pareço muito ingênuo quando quero. Mas minhas tatuagens às vezes as confundem, e eu tenho que falar mais rápido."

Não confiava de verdade em Matthias, mas ele sabia o suficiente sobre os casos do Green River para eu manter o canal de comunicação. Ainda assim, estava ficando óbvio para mim que ele queria mais descobrir coisas comigo do que me dizer a verdade. Evitei de propósito lhe dar localizações ou informações sobre as vítimas. Matthias achava que todas eram morenas bonitas, e eu o deixei pensar isso. Também estava errado sobre a maneira de morrer. Mencionou o uso de revólver e disse que haviam sido espancadas e cortadas, além de estranguladas.

Meia hora depois, Richard Carbone ligou, ou alguém dizendo ser Carbone. A voz era muito parecida com a de Matthias. Ou só um dos dois presos estava fazendo as ligações, ou as vozes e as "confissões" tinham sido ensaiadas. Carbone, no entanto, afirmou que ele e Matthias tinham matado mulheres em três estados: Minnesota, Oregon e Washington. "A gente colocava as garotas no porta-malas do carro que tinha roubado por último e depois a gente desovava."

Assim como Matthias, estava preocupado com a viagem de volta para Seattle se os dois fossem extraditados da Califórnia e queria que eu garantisse que estariam seguros. Será que eu poderia me apresentar como uma testemunha extra? Ele expressou a preocupação de que os dois seriam inundados pela imprensa e "pelos fãs quando formos levados para Seattle e isso chegar aos jornais. Tem um monte de gente doente por aí", ressaltou com humildade, "que fica feliz de se associar a pessoas como nós".

Ao olhar para as dezoito páginas em espaço simples que datilografei com as ligações de Matthias e Carbone e que depois enviei para o detetive Bob Gebo, percebo que devo ter comprado as histórias dos dois o suficiente para ouvi-las por tanto tempo. Mas, como disse Matthias, ele tinha "uma excelente lábia".

Paul Smith, Ed Streidinger (também emprestado pela unidade de homicídios de Seattle) e Randy Mullinax pegaram um avião para San Francisco para interrogar Carbone e Matthias. Os dois foram interrogados em separado, é claro. Um disse que tinha matado onze, e o outro achava que deviam ter matado dezesseis. Claro que estavam fazendo uma cortina de fumaça.

Mullinax tinha aconselhado as famílias de muitas vítimas e visto sua dor e seu pavor. Ele tinha um ombro sólido com o qual as famílias podiam contar e disse a muitas mães que elas podiam visitá-lo sempre que precisassem fazer perguntas ou só para conversar. Agora, olhava com aversão para o homem que estava sentado à sua frente porque sabia que estava mentindo; Matthias estava errado quanto aos fatos. O detetive que costumava ser taciturno esticou o braço por cima da mesa e agarrou o preso loquaz pelo colarinho. "Escuta aqui, seu filho da puta", disse Mullinax. "Tem famílias *morrendo* por aí, esperando para ter notícias das filhas. Não se atreva a brincar com as esperanças e as emoções delas."

Os dois homens admitiram que tinham mentido sobre a coisa toda. Tinham imaginado que seria uma boa maneira de fugir, achando que seriam extraditados para Seattle, pois cada um seria vigiado apenas por um detetive. O plano exigia que um dos dois criasse uma distração enquanto o outro roubava as chaves das algemas.

Quando Randy Mullinax contou isso a Mertie Winston mais tarde, ele riu, porque a dupla era tão burra que não percebeu que cada um teria três ou mais guardas e porque os dois nunca tinham considerado que, além disso, estariam acorrentados.

Mertie percebeu que Mullinax quase teria acolhido os idiotas que estavam dando um jeito de fugir. Ela comprou para Randy uma placa que dizia "*Make my day*", em referência ao filme *Perseguidor Implacável*, e ele logo a pendurou sobre a mesa na sede da força-tarefa.

A investigação já estava em curso havia muito tempo, e a maioria das famílias sabia como os detetives estavam se dedicando, como estavam emocionalmente envolvidos. Mas havia alguns pais que reclamavam. Costumavam ser os que não cuidavam das filhas.

Mertie Winston e Randy Mullinax cresceram no mesmo bairro na extremidade sul, embora nunca tivessem se conhecido. Ela sabia da família dele, e ele sempre perguntava dos filhos dela. Ela sabia que ele lhe ligaria caso houvesse alguma notícia sobre Tracy. Dave Reichert também parecia se importar muito com as famílias que esperavam, numa agonia quase acima do que era possível suportar. Alguns dos investigadores da força-tarefa admitiram que precisavam ficar emocionalmente afastados. Havia muita dor acumulada entre as famílias, e eles sentiam que não iam conseguir fazer o trabalho se ficassem presos a essa dor.

"Eu costumava levar cookies de chocolate para a força-tarefa quando ela estava sediada na antiga escola do ensino médio", disse Mertie. "Mas era difícil para mim, porque era a mesma escola que Tracy tinha frequentado quando as coisas eram muito diferentes. Eu tinha que passar perto da sala de aula dela e ouvir o mesmo sinal tocando quando as aulas acabavam. Eu não conseguia ficar lá por muito tempo. Eu não ficava à vontade naquela escola. Ela trazia muitas lembranças à tona."

Cidadãos e políticos ficaram inquietos com o custo de manter uma força-tarefa intacta quando ainda não tinha prendido um suspeito. Não estava acontecendo como nos programas de televisão.

Houve um boato de que poderia haver cortes de pessoal e recursos na força-tarefa. Até então, o orçamento do condado de King tinha usado quase 2 milhões de dólares para financiar a investigação do Green River, e alguns achavam que isso não era politicamente correto, já que não tinha havido nenhum resultado positivo em mais de dois anos. O xerife Vern Thomas explicou que era muito cedo para avaliar o que a equipe de quarenta pessoas havia realizado.

O fato é que nunca houve uma série de assassinatos tão difíceis de resolver quanto os do Green River. O Departamento do Xerife do Condado de King não estava equipado para fazer isso no início, e nenhum outro departamento dos Estados Unidos estaria. Sim, o condado de King tinha trabalhado nos assassinatos de Ted Bundy, mas só três das vítimas de Bundy foram encontradas dentro da sua jurisdição, três eram casos da polícia de Seattle, um era um caso do condado de Thurston, e uma garota havia desaparecido em Corvallis, Oregon. As vítimas subsequentes de Bundy foram sequestradas em Utah, no Colorado e na Flórida. No fim, Bundy nunca foi acusado no estado de Washington e foi condenado, claro, na Flórida e executado lá.

O Assassino de Green River estava atacando principalmente em Seattle e no condado de King, e parecia fazer isso com impunidade. Aqueles que o caçavam sabiam que ele não era um super-homem, mas seus homicídios, que pareciam ocorrer entre pessoas desconhecidas, com tantos nomes e identidades, eram os mais difíceis de resolver.

Precisavam de tempo. Tempo para o computador ser programado. Tempo para acompanhar as dez mil pistas que tinham chegado à força-tarefa àquela altura. Em outubro de 1984, o computador de 200 mil dólares entrou em operação, uma tremenda ajuda para a força-tarefa manter o controle das coisas, como quantas vezes determinado nome podia aparecer nos boletins de ocorrência. Um nome vital poderia aparecer em referências cruzadas de pistas e até mesmo de *johns* não ameaçadores.

Muitas coisas aconteceram durante o verão e o outono de 1984, e os ataques à força-tarefa se tornaram mais violentos com o passar dos meses. Era difícil aguentar. Sempre seria difícil aguentar.

Frank Adamson tinha bons motivos para não revelar nenhum fato descoberto pela força-tarefa, e ele e seus detetives engoliram as reclamações do público que dizia que nada estava acontecendo. Todos sabiam que se preocupavam com as vítimas e com as famílias; aceitar os insultos lançados contra eles era parte do trabalho.

Mas outra coisa *não* estava acontecendo, uma coisa esperançosa. Os desaparecimentos tinham parado.

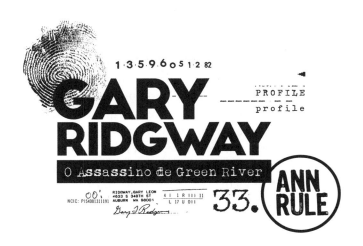

_O pequeno mundo__ do assassinato em série___

Dave Reichert, o detetive que tinha cuidado do primeiro caso do condado de King, o assassinato de Debra Bonner, agora era responsável por resolver vários dos assassinatos mais recentes e estava impaciente para fazer isso. Tinha trabalhado dia e noite durante anos, aparecendo em quase todas as fotos de cenas de busca de corpos. Os fartos cabelos castanhos, agora salpicados aqui e ali com fios grisalhos, caíam sobre os olhos enquanto cavava e peneirava terra em um matagal ou outro. Assim como todos, estava procurando alguma coisa que o assassino pudesse ter deixado para trás. Só uma conexão mágica irrefutável com o assassino indefinido, que ainda conseguia escapar.

Eles estavam entrando no terceiro ano, e a máquina de matar ainda estava solta, mesmo que parecesse ter desacelerado. Isso não aliviava a sensação de Reichert de que devia haver alguma coisa que podia ter feito, devia ter feito, no início do jogo. Mais do que a maioria dos investigadores, Reichert revisava tudo que fora feito para encontrar sua presa, procurando alguma conexão que tinha passado despercebida. Quando caminhava por onde sabia que o assassino havia pisado, seguia o decreto de Pierce Brooks para se colocar na mente do assassino, para pensar como ele pensava.

Não era uma abordagem fácil para um devoto frequentador da igreja, um homem de família acostumado a estabelecer metas positivas e alcançá-las. Cada detetive tinha sua personalidade.

Bob Keppel era analítico, capaz de recuar e ver como a investigação devia ser organizada. Não que não sentisse a dor das garotas mortas e das famílias; o que acontecia é que era capaz de deixar isso de lado por um momento e mergulhar na própria experiência de lidar com assassinos em série. Se às vezes era rude nas críticas, era porque parecia mais importante resolver problemas óbvios de comunicação, manutenção de registros e correspondência de informações que poderiam ser vitais do que segurar a mão de alguém.

Frank Adamson era muito inteligente, muito gentil e perito em lidar com os detetives. Não tinha um traço do ego que prejudica a capacidade de muitos oficiais de comando de aceitar ajuda ou conselho. O que quer que pudesse funcionar, Adamson recebia de bom grado.

Randy Mullinax parecia ser o melhor em consolar as famílias, uma qualidade que às vezes queria não ter, e era um investigador zeloso.

Todos trabalhavam muito, lado a lado com os jovens voluntários da organização Explorer Search and Rescue. As buscas na primavera e no verão eram mais fáceis, porque raramente chovia. Mesmo assim, abetos, amieiros e alguns bordos de folhas grandes bloqueavam o sol enquanto eles se moviam pela floresta cheia de sombras, mas os dias eram mais longos e não havia neblina. O som dos passos era abafado pelo espesso tapete de folhas e gravetos em decomposição sob os pés.

No outono de 1984, Frank Adamson pediu aos cidadãos que estavam indo para o mato que ficassem atentos a algum sinal das pelo menos quinze jovens que ainda estavam desaparecidas. Corpos abandonados há muito tempo, deixados na floresta ou em outros lugares isolados, muitas vezes, são descobertos por trilheiros, colhedores de cogumelos ou caçadores. As folhas caem, e os galhos ficam nus e vazios contra o céu de chumbo, facilitando a visibilidade. A neve faz as vinhas de amoras caírem. Homens com botas pesadas atravessam a vegetação rasteira e mudas de árvores enquanto procuram faisões, veados e alces.

O que estava escondido seria encontrado em algum momento. Se havia alguma emoção que ainda penetrava as florestas tranquilas, era a solidão de alguém isolado de casa, da família, do amor e do sol para sempre. As garotas desovadas perto do aeroporto de SeaTac estavam em um local mais bonito sob os bordos que ficavam dourados em outubro. Isso, claro, era um pequeno conforto para as famílias.

Um nome tinha sido removido da lista — o de Mary Bello —, e sua mãe, Sue Villamin, vivia com a esperança renovada de que Mary estivesse viva e bem e apenas tivesse desistido da vida em Seattle. Talvez não tivesse conseguido lutar contra o vício em heroína, no fim das contas. Era melhor pensar que Mary ainda estava viciada do que ter certeza de que estava morta.

A pequena tatuagem de lagosta de Mary era incomum, e um policial em Odessa, Texas, tinha certeza de ter visto Mary dançando em uma boate em Odessa alguns meses depois que seu desaparecimento foi informado. Ela, às vezes, usava o pseudônimo de Roxanne Dunlap, e esse foi o nome que o policial de Odessa reconheceu.

Ainda assim, Mary não ligava para casa havia um ano, e faltavam só dois meses para o segundo Natal sem ela. Sue Villamin sabia que, não importava o que acontecesse, Mary teria encontrado um jeito de ver como ela e os avós estavam, mesmo que não quisesse ser encontrada.

Na sexta-feira, 12 de outubro de 1984, um homem que colhia cogumelos cantarelo e morel na rodovia 410, treze quilômetros a leste de Enumclaw, uma área já conhecida como um dos locais de descarte de corpos do Assassino de Green River, encontrou um crânio e ossos bem espalhados. Alguns eram de animais, mas muitos eram humanos. A força-tarefa e os "macacos da floresta", os jovens da organização Explorer Search and Rescue que trabalhavam muitas horas como voluntários em todos os locais de desova de corpos, entraram em cena para coletar provas e encontrar até os mínimos ossos. Infelizmente, todos tinham se tornado habilidosos nisso, enquanto caminhavam ombro a ombro por uma área de busca muito ampla. Quando alguma coisa era encontrada, ensacavam e colavam com uma fita contendo as iniciais do oficial de provas, a data, a hora e o local. A terra era peneirada para encontrar pedaços minúsculos de qualquer coisa que o assassino pudesse ter deixado para trás, alguma coisa pertencente à vítima ou a ele mesmo. Eles tinham aprendido a verificar as tocas e os túneis de animais grandes e pequenos e encontraram cabelos, ossos pequenos e objetos brilhantes. Até então, não havia uma equipe de busca no país que pudesse trabalhar em um local de desova de corpos externo melhor do que a Força-Tarefa Green River, embora o trabalho não tivesse nenhuma recompensa até aquele momento.

De macacão e botas, Bill Haglund, investigador-chefe do Instituto Médico Legal, era reconhecível por qualquer pessoa que assistisse ao noticiário. Assim como Frank Adamson, Dave Reichert, Jackson Beard, Randy Mullinax, Dan Nolan, Rupe Lettich, Cheri Luxa, Matt Haney, Sue Peters, Mike Hatch, Jon Mattsen, Matt Haney e Fae Brooks.

Mas, em geral, era Haglund quem podia dar a palavra final sobre a quem pertencia o mais novo conjunto de restos mortais. Depois de consultar os prontuários dentários nos arquivos, percebeu que Mary Bello nunca deveria ter sido retirada da lista de possíveis vítimas. O avistamento em Odessa, Texas, deve ter sido de outra pessoa. Ela havia sido encontrada um ano depois do desaparecimento. Desaparecida em 11 de outubro de 1983 — encontrada em 12 de outubro de 1984.

Dois policiais, um homem e uma mulher, bateram à porta do trailer de Sue Villamin e disseram que sua filha estava morta. Ela estava muito atormentada para se lembrar do nome deles.

"Eu meio que fiquei arrasada durante um ano", disse Sue. "Minha mãe não viveu nem um mês depois que descobriu. Sei que não era o tipo de mãe que queria ser para Mary. E achei que um dia ela ia sossegar e ter filhos, e eu seria melhor com eles no papel de avó. Mas nunca tive a chance de fazer isso.

"Levei algumas das cinzas de Mary para casa. E eu gostava de tê-las ali, mas elas também me deixavam triste. Um dos meus amigos me disse que isso era muito difícil para mim. Fui ao Green River, fiz uma oração e coloquei suas cinzas lá com delicadeza.

"Ela não teve um funeral. Meus pais tinham medo de que seus amigos soubessem o que ela andava fazendo. Mas o nome de rua dela não era 'Draper', então ninguém nunca descobriu."

Viúva, sem os pais adotivos e a filha, sem nunca encontrar a família biológica, Sue morava sozinha em 2004, exceto pelo cachorro Chico, em um apartamento no centro de Seattle. Tinha se tornado próxima da viúva do pai, que estava na casa dos 90 anos.

Não demorou muito para que outro corpo fosse encontrado. Martina Authorlee não voltou a Oregon em maio de 1983. Estava lá na saída da rodovia 410, com Mary Bello e Debbie Abernathy, perto do White River. Um caçador encontrou o corpo de Martina em 14 de novembro de 1984.

No acostamento da rodovia, os detetives encontraram as páginas encharcadas de uma coleção de pornografia — revistas voltadas para sadomasoquistas e um romance de bolso escrito por um escritor com pouco talento, mas uma compreensão grotesca do gosto de seus leitores. Foi coincidência o material obsceno estar ali perto dos restos mortais? Ou será que o Assassino de Green River o jogou ali para provocar aqueles que estavam há um ano atrás dele seguindo seus rastros antigos?

Dave Reichert e Bob Keppel não estavam no condado de King em meados de novembro de 1984, quando os restos mortais de Martina Authorlee foram identificados. Estavam longe, em Starke, Flórida, em uma missão que parecia saída de *O Silêncio dos Inocentes.*

Ted Bundy nunca aceitava falar com Bob Keppel à época em que Keppel era um jovem detetive do condado de King que trabalhava nos assassinatos de mulheres no Noroeste, aqueles que ficaram conhecidos como "Os assassinatos de Ted". Ted era inteligente o suficiente para saber que, quanto menos dissesse a Keppel e seu parceiro, Roger Dunn, melhor, e ele sentiu prazer ao evitá-los quando foi solto sob fiança durante as festas de fim de ano de 1975.

Em 1984, entretanto, Ted estava no corredor da morte na Prisão Raiford, a penitenciária do estado da Flórida, esperando a execução pelo assassinato de Kimberly Leach, de 12 anos. Ele estava, em essência, silenciado — não era mais capaz de duelar com detetives nem de obter vantagem de oportunidades de tirar fotos com repórteres. Ele se considerava *o* especialista em assassinatos em série e me dizia em cartas, de maneira paternalista, que eu "não entendia de verdade os assassinos em série" e estava "totalmente errada" nas conclusões sobre a motivação e os perfis psicológicos desses criminosos. Gostava de dar pistas sobre coisas que podia me dizer e depois recuava, curtindo a provocação.

Eu não sabia que Ted já tinha encontrado um público mais ao seu gosto, ao qual poderia expor suas teorias: Keppel e Reichert. O Assassino de Green River estava ameaçando quebrar o recorde de Ted, tanto no número de vítimas quanto nos anos em que conseguiu escapar da prisão. Conhecendo Ted, isso o alarmava e frustrava. O Assassino de Green River devia ter matado mais mulheres do que Ted e continuava livre para matar mais. Além do nervosismo por perder seu "trono", Bundy precisava mais uma vez pontificar, repreender, aconselhar e destacar seu domínio superior da mente criminosa. E existia plateia melhor do que os detetives de primeiro escalão do condado de King?

Ele também acreditava que, enquanto ainda fosse útil para a lei e a ordem, poderia evitar a cadeira elétrica. Não tinha muito a perder, nem Keppel e Reichert. Talvez Bundy entendesse melhor a maneira como a mente do Assassino de Green River funcionava do que um homem normal. Talvez até lançasse uma luz sobre os Assassinatos de Ted que poderia dar algumas respostas para os pais das próprias vítimas.

Ted enviou uma carta a Bob Keppel no outono de 1984, e o ex-advogado de Ted, John Henry Browne, encaminhou a carta com uma mensagem de Ted para Frank Adamson e Keppel. Ted queria ajudar na investigação do Green River. "Ele queria dar sua opinião", lembrou Adamson. "Enviei Keppel e Reichert a Starke para entrevistar Bundy. Achei que ele podia dar a Keppel alguma coisa que nos permitiria acusar Bundy aqui em Washington. Não achei que pudesse ajudar nos nossos casos. Clifford Olson [o assassino em série canadense de crianças] também entrou em contato com Adamson e Danny Nolan para oferecer suas ideias."

Adamson disse a Keppel e Reichert para irem em frente, para ver o que Bundy tinha a dizer. No mínimo, tinha tanto a oferecer quanto os médiuns que ainda descreviam "água, árvores e montanhas".

E assim, em 16 e 17 de novembro de 1984, sem nenhum alarde, Bob Keppel e Dave Reichert se encontraram com Ted Bundy em algum lugar nas entranhas da prisão mais temida da Flórida. Algumas opiniões de Bundy se provaram exatas, algumas eram erradas, e outras eram a ostentação de um ego enorme, mas preso.

A pedido do capitão Gary Terry, do Departamento do Xerife do Condado de Hillsborough em Tampa, Flórida, Reichert e Keppel também fizeram perguntas a Ted sobre um homem de Tampa que tinha sido preso naquela semana como principal suspeito dos assassinatos em série de nove mulheres jovens que trabalhavam nas ruas de Tampa e São Petersburgo. Bobby Joe Long, técnico na área médica, mais tarde admitiu vários estupros e assassinatos em um depoimento de 45 páginas. Sua queda aconteceu quando sequestrou uma adolescente que trabalhava em uma loja de donuts, manteve-a cativa durante dias enquanto a agredia sexualmente, e depois a soltou. Ele acreditou nas promessas de que ela não ia contar nada a ninguém.

Por mais estranho que possa parecer, o mundo do assassinato em série é bem pequeno; investigadores e especialistas acabam se conhecendo, assim como os assassinos em série costumam se corresponder entre si. Bob Keppel manteve uma correspondência com Bundy e o interrogou de novo antes que Bundy tivesse o último encontro com a cadeira elétrica. No fim, Bundy só ofereceu teorias que um dia poderiam ser validadas, mas não conseguiu levar Keppel nem Reichert até a porta do Assassino de Green River.

· · ·

Ainda havia muitas jovens desaparecidas, e 1984 terminou sem que nenhum outro corpo fosse descoberto. E, ao que parecia, terminou também sem novos desaparecimentos. Um terceiro Natal vazio se passou para as famílias que esperavam.

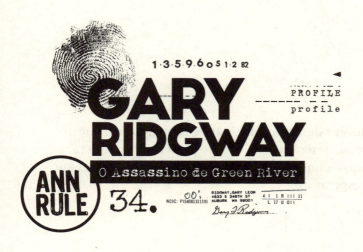

____Um começo de ano_ tranquilo

E então chegou 1985, e, nos Estados Unidos, o ano novo começou com tranquilidade. Como 20 de janeiro caiu no mesmo domingo que a maior competição de futebol americano do ano, a cerimônia de posse de Ronald Reagan para o segundo mandato foi adiada em um dia em deferência ao Super Bowl xix. Reagan tomou posse por juramento, mas com discrição, enquanto o San Francisco 49ers derrotava o Miami Dolphins. Ele concordou gentilmente em esperar até 21 de janeiro para realizar as festividades públicas.

O ano de 1985 não foi um grande ano para notícias sobre crimes violentos, e praticamente nenhum leigo fora do Noroeste tinha ouvido falar do Assassino de Green River. O vicap ainda não tinha decolado, então o problema de conexões viáveis entre as agências de aplicação da lei em todo o país continuou. Era bem possível que o Assassino de Green River *tivesse* se mudado para outra região, já que os assassinos em série são peripatéticos por característica. Ou estava morto. Podia muito bem estar na prisão. Podia até ter sofrido uma mudança radical na vida, uma coisa tão profunda que abafou sua compulsão por matar — mesmo que fosse só por um tempo.

Um assassino em série é, literalmente, "viciado" em matar. Já ouvi alguns deles expressarem isso dessa maneira. Tanto Bobby Joe Long quanto Ted Bundy falaram isso. Seu "barato" é matar, e, quanto mais arraigado o vício, mais vítimas são necessárias para alimentar o hábito.

Frank Adamson e os integrantes da força-tarefa só podiam esperar que, se ainda estivesse vivo, o Assassino de Green River escorregasse antes de matar mais jovens.

Em janeiro de 1985, o consultório do dr. Don Reay divulgou mais alguns detalhes sobre os quatro conjuntos de ossos desconhecidos que ninguém havia reivindicado. A pélvis da primeira vítima do Star Lake apresentava indícios de que já tinha sido fraturada, e um braço era deslocado. Isso poderia ter acontecido enquanto ela lutava contra o assassino, mas a cunhada de Gail Mathews ficou nervosa ao ler essa nova informação porque se lembrou de que Gail tinha quebrado a pélvis em um acidente de barco em 1980. Ela estava certa de se preocupar. Bill Haglund anunciou que os especialistas forenses obtiveram as radiografias de Gail em um hospital de Seattle e conseguiram a equivalência total com a pelve esquelética. Também estava no meio das provas um pequeno fragmento de pele de onde os criminalistas conseguiram obter uma impressão digital parcial — o suficiente para comparar com uma impressão conhecida. O dedo de Gail tinha deixado uma marca na carne. Ossos #2 pertencia a uma mulher sombriamente bela que aspirava a ser artista. "Ela era muito boa em arte", disse o ex-marido sobre a mulher que tinha vindo de Crescent City, Califórnia, para Seattle. "Era uma jovem adorável, com os pés no chão."

Ken Mathews tinha a guarda da filha pequena, e Gail costumava visitá-la. A última vez que a visitou foi no fim de março de 1983. Eles tinham se separado sem rancor. "Ela meio que ficou confusa", disse. "Não tinha uma casa de verdade e não tinha muitas amigas. Era meio solitária."

Gail não tinha nenhum registro de prostituição, embora morasse na rodovia Pac Sul. Sua família não tinha informado de modo oficial seu sumiço até um ano depois que o namorado soube que Gail havia desaparecido, porque houve vários "avistamentos" errôneos que os fizeram achar que ela estava bem. Na verdade, ela estava morta havia meses quando começaram a se preocupar, em abril de 1984. O local de descarte de corpos no lago Star Lake tinha começado a revelar alguns segredos terríveis, mas o crânio de Gail não tinha sido identificado porque seus prontuários odontológicos não estavam nos arquivos do Instituto Médico Legal.

Um mês depois, em 10 de março, um homem que dirigia um veículo de três rodas parou em uma curva acentuada a leste da antiga pedreira do lago Star Lake. Ele desceu da moto e voltou para a floresta em direção a uma ravina íngreme, procurando uma nova área onde pudesse dirigir. Quando seus olhos percorreram a encosta que levava ao local onde o riacho tornara a terra úmida e pantanosa, alguma coisa lhe chamou a atenção, mas seu inconsciente tentou evitar o óbvio. Avistou um objeto redondo, meio coberto de musgo. Será que era um capacete de futebol americano?

Ele sabia que não era. Mas não queria descer sozinho até a ravina para verificar. Entrou em contato com um amigo que estava dirigindo nas proximidades, e os dois homens voltaram para olhar para a coisa redonda que estava meio atolada no pântano. Juntos, desceram a colina de lado, agarrando-se às árvores para não cair. Era o que temiam: um crânio humano.

Estava muito escuro para uma busca em grande escala, mas a Força-Tarefa Green River foi lá no dia seguinte, logo após o nascer do sol. Os detetives se encontraram às 7h30 e discutiram o plano. O assassino que tinham seguido por tanto tempo havia escolhido um local tão ideal que tinham certeza de que se tratava de mais uma vítima sua.

Mas quem era? Podiam ser os restos mortais de mais de uma dezena de jovens. A KIRO-TV já estava lá, e os outros canais estavam chegando, os repórteres com o microfone na mão ligado aos caminhões com satélites de transmissão. Os detetives tentaram ignorá-los; como sempre, eram uma presença intrusiva no ambiente desolado de outro resgate de corpo.

A água das chuvas da primavera escorria sem parar colina abaixo e se acumulava no lamaçal na base da ravina. As condições eram perfeitas para o repolho-gambá, uma planta nativa com flores amarelas-creme enormes e folhas grandes. Linda de longe, ela emite um odor adocicado e enjoativo quando colhida por trilheiros incautos, um odor que se agarrava a eles durante dias.

Dave Reichert e Mike Hatch procuraram outra maneira de entrar no pântano enquanto outros detetives olhavam para o crânio que não estava muito longe de onde Sand-e Gabbert e o esqueleto de um cachorro tinham sido enterrados cara a cara. Os ossos tinham sido espalhados por animais, e eles encontraram costelas — 23 ao todo —, um osso do braço, um fêmur e duas clavículas. Enfiaram as mãos em tocas de animais e encontraram ossinhos ali. O crânio tinha seis dentes faltando na mandíbula superior e oito na mandíbula inferior. E, depois, localizaram dentes espalhados.

Randy Mullinax ajudou Bill Haglund a embalar os restos mortais. Oito horas depois de começarem a busca no pântano perto do lago Star Lake, Haglund anunciou que tinha uma identificação positiva. Às 15h22, sabiam que Carrie Rois, de 15 anos, estava no local de descarte do Star Lake, com o corpo preso no riacho lamacento na base da ravina. "Silver Champagne", que de fato era bem parecida com Brooke Shields, estava morta havia muito tempo.

Mas a mídia, ansiosa para saber quem eles haviam encontrado, teria que esperar. Randy Mullinax e Mike Hatch notificaram a advogada de defesa das vítimas, Linda Barker, e marcaram um encontro com ela. Juntos, foram até os escritórios da UPS, onde Judy DeLeone estava trabalhando. Ela não devia ouvir as notícias pelo rádio nem ver pela televisão. Tinha esperado quase dois anos, torcendo para que Carrie estivesse segura e voltasse para casa.

Mas, em algum momento, Judy tinha que saber. Quando levantou o olhar e viu os dois detetives e Linda Barker entrando no escritório, seu rosto empalideceu. Soube sem que eles lhe dissessem nada.

Mullinax garantiu que Steve Rois, o pai de Carrie, também fosse notificado o mais rápido possível. Pelo menos no caso dessa vítima, podiam ter certeza de que nenhum dos pais tinha sido informado pelo noticiário. Eles tentaram bravamente fazer isso com todos os pais, mas às vezes os repórteres exaltados chegavam primeiro.

Quando Mullinax ligou para Mertie Winston para dizer que Carrie tinha sido encontrada, ela quase teve colapso. Ela e Judy DeLeone conseguiram se convencer de que as filhas estavam juntas e sendo tratadas da mesma forma pelo destino. Quando Mertie soube que Carrie tinha sido encontrada morta, foi o mesmo que ouvir que era Tracy. No fundo, sabia que Tracy também tinha morrido. Só não sabia onde o assassino de Tracy a tinha escondido.

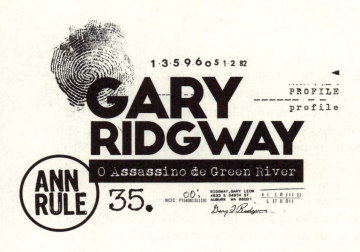

Vida nova

Ele *teve* algumas mudanças drásticas no estilo de vida em 1985, e isso pode ter feito diferença no escopo de suas atividades na rodovia Pac e na avenida Aurora Norte. Suas viagens solitárias, com certeza, foram reduzidas. O filho, Chad, estava crescendo e ficando mais ciente do que acontecia ao seu redor, e o homem com tantos segredos tinha se tornado cada vez mais social. Sentia-se à vontade porque tinha prevalecido sobre todos durante muito tempo. Começou a se sentir invencível.

Desde que tinha descoberto o Parents Without Partners, nunca lhe faltara companhia feminina. Havia atividades em grupo no bairro West Seattle e no extremo sul todas as noites da semana, bem como nos fins de semana. Namorou uma dezena ou mais de mulheres que conheceu lá. Também conheceu mulheres no trabalho, mas não eram tão receptivas. Uma mulher lembrou que ele ultrapassava as fronteiras do espaço pessoal.

"Tinha acabado de começar a trabalhar lá — por volta dos anos 1980 —, e ele veio por trás de mim e começou a massagear os meus ombros", relatou. "Não fiquei nem um pouco à vontade com aquilo. Tentava não ficar sozinha com ele. Era só uma intuição, mas era real."

"Trabalhávamos juntos na área de reformas. Ele falava sobre jardinagem, encontros de troca, vendas de garagem. Me contou um pouco dos seus casamentos, [dizendo] que estava no terceiro. Estava sempre tocando as mulheres no trabalho e uma vez foi repreendido por assédio sexual. Ficou chateado e me perguntou: 'Você *acredita* nisso?'."

Ela acreditava, mas não disse nada.

Ele sempre conversava com as mulheres que moravam no mesmo bairro e parecia amigável. Mas a maioria era casada e só o conhecia como vizinho. Uma mulher, Nancy, que morava a um quarteirão de distância, trabalhava na VIP Tavern na rodovia. Ele não bebia muito, às vezes uma Budweiser ou o que quer que estivesse nas torneiras de chope nas tavernas, mas costumava parar no Midway ou nas tavernas VIP. "Ele sempre foi bem calado, mas também agradável," relembrou Nancy, "e algumas vezes me deu carona para casa. Como nunca bebia muito, me sentia segura de pegar carona com ele... até uma noite."

Em vez de levá-la direto para casa, ele lhe perguntou se se importaria de parar na casa dele por alguns minutos. Ela não viu nenhum mal nisso e se lembrava com clareza de estar sentada no sofá, bebendo uma cerveja. Estavam papeando sobre qualquer coisa, e, de repente, ele mudou de assunto para o Assassino de Green River.

"Na época, era um assunto popular", lembrou. "Ele ficou muito sério, a ponto de ficar fisicamente tenso. Me perguntou o que eu achava do assassino e do que ele estava fazendo. Respondi que, se eu fosse prostituta, encontraria um jeito diferente de ganhar dinheiro. Ele perguntou o que achava das prostitutas. 'Você não acha que estamos melhores sem elas?'."

"Nesse ponto, sinais de alerta piscaram à esquerda e à direita. Achei que era do meu interesse dizer: 'É. Com certeza, estamos. Pelo menos as ruas estão sendo limpas.'"

Ele pareceu muito nervoso quando explicou que a polícia não estava fazendo o trabalho direito, e ela percebeu um estresse estranho na voz dele, um *tremor* sob a voz normal: "Estamos muito melhores sem elas [as prostitutas] sujando as ruas".

Nancy agora estava em alerta; ele havia mudado muito e estava quase vibrando com a tensão. "Ele sabia que eu conhecia alguns médiuns. Me perguntou se algum dos médiuns sabia quem era o Assassino de Green River. Respondi que muitos médiuns tinham ideias relacionadas ao assunto, mas que ninguém estava falando."

"Por quê?", insistiu.

Ela respondeu que, "para começar, a polícia não acreditava neles. Em segundo lugar, eles não querem morrer".

Ele perguntou o que ela queria dizer com aquilo.

Nancy o analisou, escolhendo as palavras com cuidado. "Os médiuns temem que, se contarem a alguém quem é o Assassino de Green River, serão mortos antes que a polícia tome alguma medida, por isso não estão dizendo nada — e nunca dirão."

Nancy manteve a voz suave enquanto dizia de um jeito casual que estava cansada e precisava muito ir para casa. Será que ele se importava? "Ele pareceu relaxar um pouco e disse que podíamos ir a qualquer hora. Falei que precisava ir naquele momento. Me levantei para ir embora, mas ele continuou sentado."

"Você seria prostituta?", perguntou, os olhos perfurando os dela.

"De jeito nenhum!"

"Isso é ótimo", comentou, finalmente sorrindo e parecendo relaxar um pouco. "Achei que você não seria mesmo. Você já foi?"

"Claro que não", retrucou ela. "Você já foi?"

"Que idiotice", comentou.

"Tão idiota quanto você perguntar para mim."

Agora que tinha se levantado, disse "Vamos" e andou em direção à porta. Mas, enquanto dirigiam pelos poucos quarteirões até a casa dela, ele tocou no assunto do Assassino de Green River de novo, e ela ficou tensa. Ele ressaltou que quem estava matando as garotas estava fazendo um favor à cidade.

"Falei das famílias, dizendo como era triste que algumas delas tivessem filhos pequenos que iam crescer sem mãe", lembrou Nancy. "Ele disse que as prostitutas deviam pensar nisso antes de saírem para as ruas e me perguntou se eu tinha mudado de ideia e 'concordado' com as prostitutas."

"Claro que não! Eu só acho triste quando a gente pensa nas famílias. Mães e pais que nunca mais verão as filhas. Crianças que não vão conhecer a mãe. Eu só sinto pena deles."

"Eles estão melhores sem elas," comentou de um jeito seco.

Nancy se arriscou.

"Você acha mesmo isso?"

Ele a encarou quando os dois pararam na garagem e disse:

"Não! Claro que não. Ninguém merece morrer. Certo?"

Mas ele ficava voltando ao assunto, enquanto Nancy se movia devagar em direção à porta do passageiro.

"Quer ouvir um negócio engraçado?", perguntou.

"Claro."

"Fui levado pelo FBI e interrogado durante *oito* horas sobre o Assassino de Green River."

"Fiquei chocada e disse: '*O quê?*'. Mas ele parecia estar meio orgulhoso disso, e apenas riu e disse: 'É. Dá pra acreditar?'."

Ele explicou que a polícia tinha encontrado o número de telefone de uma das garotas desaparecidas na agenda telefônica dele, mas que só tinha esse número porque era amigo da irmã dela. Estava bem calmo nesse ponto e agiu como se fosse engraçado ser um suspeito.

Disse que ligou para a mãe ir buscá-lo na delegacia. "Na época, não liguei os pontos", disse Nancy. "Ele sempre foi legal comigo, sempre muito educado, abria portas para mim e nunca saiu da linha. Quando vi sua foto pela primeira vez no noticiário [anos depois], não consegui acreditar."

Muito tempo depois de ter vendido a casa e se mudado para o Havaí, ela se sentiu grata por ter dado as respostas certas na última noite em que ele a levou para casa.

...ary Leon Ridgway admitted to taking the lives of 48 women, ...ound in South King County, where Ridgway grew up, lived and ...ne woman just five years ago. He also told investigators that ...rief details about the 44 victims whose remains have been ide...

1 Wendy Coffield
Age: 16
Missing: July 8, 1982
Found: July 15, 1982

2 Gisele Lovvorn
Age: 17
Missing: July 17, 1982
Found: Sept. 25, 1982

3 Debra Bonner
Age: 23
Missing: July 25, 1982
Found: Aug. 12, 1982

4 Marcia Chapman
Age: 31
Missing: Aug. 1, 1982
Found: Aug. 15, 1982

5 Cynthia Hinds
Age: 17
Missing: Aug. 11, 1982
Found: Aug. 15, 1982

6 Opal Mills
Age: 16
Missing: Aug. 12, 1982
Found: Aug. 15, 1982

7 Terry Milligan
Age: 16
Missing: Aug. 29, 1982
Found: April 1, 1984

S. 128th St

99

S. 146th St.

12

24

8 18

27 28

△

S. 188th St.

509

2

DES

MOINES

181

Puget
Sound

32

1 3

4

S. 272nd St.

15

16

RIDGWAY'S
FORMER
HOME

7 19 26

17

21

320th St.

FEDERAL

20

t four of whom have been identified. Many of their bodies we
ked. Most died in the 1980s, but Ridgway admitted to killing
arliest victim may have been killed in the 1970s. Here are the
ed.

II

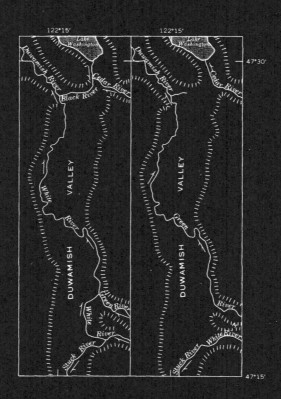

___Judith___

Depois que se mudou da casa de Darla em West Seattle em dezembro de 1981, ele teve apenas algumas semanas solitárias. Era noite de Natal quando apareceu em uma festa do Parents Without Partners no White Shutters Inn na rodovia Pac e se juntou a uma mulher chamada Sally Cavetto*. Parecia um tanto emocionado e chateado, uma raridade no caso dele. Sally se lembrou depois que ele murmurou várias vezes que "quase tinha matado uma mulher". Na época, presumiu que quis dizer que quase atropelou um pedestre.

Sally não ficou preocupada porque nada de ruim tinha acontecido. Ela manteve um relacionamento com ele até maio ou junho de 1982, até que outra mulher do PWP disse que tinha contraído herpes dele e suspeitava que ele estava saindo com prostitutas. Sally terminou o namoro.

Sem parar, continuou a selecionar mulheres para encontros românticos na fonte infinita de solteiras do PWP. Ficou noivo de outra mulher, e os dois marcaram a data do casamento: junho de 1984. Mas ele foi dispensado mais uma vez. Muitas das namoradas logo percebiam que ele saía com várias mulheres no mesmo período. Além disso, parecia estar pegando prostitutas.

Sua energia para encontros sexuais era bem conhecida. Todas as namoradas sabiam que ele queria sexo várias vezes ao dia e preferia fazer isso ao ar livre, de forma exibicionista. Na verdade, o fato de ele exigir relações sexuais com tanta frequência levava todas as mulheres a acreditarem que ele *estava* sendo fiel, pelo menos no início. E, depois, elas percebiam que ele tinha uma capacidade que parecia infinita de desempenho sexual. Mas, em termos emocionais, parecia superficial, sem disposição ou incapaz de demonstrar um afeto real.

E, então, conheceu uma mulher chamada Judith no início de 1985. Os dois tinham um histórico em comum de relacionamentos fracassados. Depois de dezenove anos, o primeiro casamento dela acabou sendo uma decepção chocante. Ela, finalmente, tinha aceitado que o primeiro marido, de quem se divorciou em 1984, era bissexual e muito inclinado a ser totalmente gay. Ela não conseguia aceitar as sugestões dele de levar homens para casa para compartilhar a cama. Tinha 40 anos e não tinha tanta certeza da própria atratividade, para começar. Ter um marido que preferia homens magoou ainda mais seu ego. A família parecia estar se desintegrando ao seu redor. Ela não tinha certeza do que a filha mais velha estava fazendo para ganhar dinheiro e tinha medo de perguntar. Não queria saber a resposta.

Judith morava em um apartamento perto da Pac com uma amiga e a filha mais nova, de 18 anos. Ela não queria ser nada além de esposa de alguém, uma boa mãe e manter uma casa organizada. Esperava se casar de novo um dia e começou a frequentar um grupo chamado Seattle Singles, mas não conheceu ninguém lá que parecesse ter futuro. Sempre havia mais mulheres solteiras do que homens solteiros. Além disso, os homens rondavam as mulheres mais jovens e mais magras do grupo.

A colega de quarto de Judith a convenceu a frequentar uma das noites de country do pwp no White Shutters, e, por fim, concordou em ir, embora fosse tímida e achasse que ninguém ia falar com ela nem convidá-la para dançar. Era fevereiro de 1985. Ela sempre se lembrava da data porque conheceu um homem naquela noite que mudou sua vida de um jeito radical. Era aniversário dele, e ele disse que a empresa para a qual trabalhava lhe dera uns dias de folga para comemorar.

Ela ficou impressionada com a estabilidade do emprego do cara quando ele disse que trabalhava no mesmo lugar desde que tinha saído do ensino médio: quinze anos. Ele mencionou que era solteiro, dono da própria casa e, embora andasse com uma picape velha e marrom com algumas manchas de ferrugem, o carro era limpo e tinha um trailer atrás. Ele parecia bem agradável e, definitivamente, estava interessado nela. Os dois gostavam de música country, e, quando saiu do White Shutters naquela noite, ela se sentiu feliz depois de muito tempo.

Ele era quatro ou cinco anos mais novo do que Judith, mas isso não parecia incomodá-lo. Judith tinha conhecido Dana, sua ex-esposa, antes mesmo de conhecê-lo, e não parecia haver nenhum ressentimento entre os dois. Isso era um bom sinal, pensou. Ele a convenceu a se juntar ao Parents Without Partners, e Judith logo estava curtindo uma vida social ativa.

Ela nunca havia trabalhado, e suas habilidades eram como "dona de casa". Quando o conheceu, estava cuidando de uma mulher com dois filhos e também limpando casas para pagar as contas. Não tinha planejado enfrentar a vida sozinha aos 40 anos, e sua situação financeira não era fácil. Sentia saudade de ter a própria casa para cuidar. Talvez a filha mais velha não estivesse descontrolada se tivesse um lugar para onde voltar.

A bondade e a masculinidade daquele homem impressionaram Judith. Ela o achava atraente, embora não considerasse a aparência o atributo mais importante em um homem. Era calado, mas também era divertido. No início, só o via uma vez por semana nas reuniões do PWP, mas, depois, ele começou a ligar e convidá-la para sair. Ele estava trabalhando no turno da noite na primavera de 1985, por isso os encontros eram, na maioria das vezes, para jantar no fim da tarde.

"Costumávamos ir ao McDonald's na rodovia", Judith lembrou depois para os detetives Sue Peters e Matt Haney. "Eu estava voltando para casa [do trabalho], e ele estava indo trabalhar. Ficávamos sentados de mãos dadas, comíamos um hambúrguer. Depois, ia para o meu apartamento ou para a casa dele. Isso foi depois. Só fui à casa dele depois de alguns meses. Não no início."

Judith não era o tipo de mulher que pulava na cama com um homem até que o conhecesse de verdade, por isso não passou a noite na casa dele nos primeiros dois ou três meses que namoraram. Além disso, ainda estava magoada e insegura em relação a si mesma desde a época em que o ex-marido levava homens para casa.

"Ele me tratava de um jeito tão gentil e perfeito. Estou me lembrando agora de uma vez que estávamos acampando em uma das montanhas ou nos parques ou nas árvores ou em algum outro lugar. Greenwater, acho que era isso, onde só dá para ver as estrelas e tudo mais. Estávamos sentados na parte de trás da picape e conversando, e eu disse que não estava acostumada com um homem me desejando. E, sabe como é, coisas pessoais. E ele foi delicado. Não se apressou nem forçou a barra. Não era ousado nem nada. Todas as relações sexuais que tivemos [foram], sabe como é, lentas e tranquilas."

Greenwater era uma bela área arborizada, subindo a rodovia 410 a leste de Enumclaw, ao longo do White River.

Com o passar do tempo, Judith começou a confiar nele e ficou aliviada porque sua atenção estava voltada só para ela, e pois aquele homem, com certeza, não era nem um pouco gay. Não bebia mais do que uma ou duas cervejas; nunca o viu bêbado. De vez em quando, ele comprava vinho do tipo que vem em uma caixa com uma pequena torneira na lateral.

Tinham interesses semelhantes — música country, é claro — e muitas vezes iam a vendas de garagem e brechós. Os dois gostavam de ir às feiras de trocas nos fins de semana no Midway Drive-In Theatre na rodovia Pac com a rua 240 Sul. Tinha conhecimento do quanto ele gostava de ficar ar livre e de acampar, e Judith ansiava por isso.

Chad, o filho pequeno, tinha o próprio quarto na casa do pai para quando ficava lá nas visitas dos fins de semana. Ao contrário de Darla, Judith não se esquivava da possibilidade de que, se ficassem juntos, o filho seria uma grande parte da vida dele, embora a ex-mulher tivesse a guarda principal. Ele, por outro lado, não se opunha ao seu gosto por gatos. A mãe dele sempre teve gatos. Judith sentia que os dois pareciam se encaixar.

Ele era "o melhor homem" que conhecera em muito tempo. "Legal, doce, gentil", disse Judith. Levou-a para conhecer os pais, que foram simpáticos com ela, assim como os irmãos. "Eram a 'melhor' família."

Não tinha nenhum hobby específico nem interesse por esportes, embora de vez em quando fosse pescar e sempre acampasse. Mas fazia isso com ela. Não possuía amigos próximos do sexo masculino nem do feminino. *Ela* era sua melhor amiga, e isso a fazia se sentir muito segura. Os dois faziam tudo juntos. As únicas outras pessoas de quem falava eram do trabalho. Ele tinha muito orgulho do trabalho.

Uma coisa que não mencionou foram os encontros inesperados que tivera com os detetives do xerife do condado de King alguns anos antes dos dois se conhecerem. Era uma parte de sua vida que não tinha nada a ver com Judith, e pretendia mantê-la assim. A maioria tinha acontecido antes mesmo de conhecê-la, então não era como se estivesse mentindo para ela.

Judith não tinha ideia de que o namorado tinha sido parado na estrada duas ou três vezes. Os policiais do Porto de Seattle o haviam abordado em 29 de agosto de 1982. Estacionado em uma rua sem saída, ele estava a apenas trinta metros dos locais onde foram encontrados corpos muito tempo depois, e não estava sozinho. A conversa com Randy Mullinax foi em 23 de fevereiro de 1983, e Jim Doyon o interrogou em abril de 1984 na frente do KFC na Pac, quando parecia estar contratando uma prostituta. Sentiu-se à vontade pois tinha sido muito simpático e sincero com os dois detetives. Sim, ele admitiu que às vezes contratava prostitutas e disse que conhecia Kim Nelson, também conhecida como Tina Tomson. Mas muitos caras pegavam prostitutas na Strip.

Todos os policiais o liberaram, então estava sereno na convicção de que não suspeitavam de nada. Sabia que não havia provas suficientes para prendê-lo. Estava solteiro na época, um cara com um bom emprego estável. O que ele fazia não era da conta de ninguém. Judith não entenderia, então por que se preocupar em lhe contar algo relativo a isso?

Mas Ralf McAllister, da Força-Tarefa Green River, estava em campo e o pegou de novo em fevereiro de 1985, o mesmo mês em que conheceu Judith. Isso foi depois que Penny Bristow teve coragem suficiente para registrar uma queixa contra ele três anos após o fato. Foi um pouco mais arriscado, porém conseguiu explicar tudo quando Matt Haney o interrogou sobre o ataque a Penny em 1982. Ele admitiu de imediato que tentou sufocá-la, mas foi só um reflexo ao ter seu pênis mordido pela prostituta durante o sexo oral. A maioria dos homens teria reagido do mesmo jeito. Tinha doído pra diabo, porém logo voltou a ser racional.

E a garota chamada Penny não quis acusá-lo formalmente. Sem uma testemunha de acusação, não tiveram escolha a não ser deixá-lo ir embora. Na verdade, estava certo ao presumir que não havia nada de concreto em relação a ele. Contudo, ainda não sabia que o terceiro incidente o havia elevado ao nível de candidato "A".

"Ele, com certeza, era um dos principais suspeitos que tínhamos", disse Frank Adamson. "Nós o seguimos e vigiamos, vendo-o parar e conversar com prostitutas. Nós o observamos enquanto as encarava. Conversamos com elas e não encontramos ninguém que ele estivesse machucando naquela época. Mas com certeza era um suspeito. Mais tarde, conseguimos conectá-lo a várias prostitutas, conversando com as amigas delas. Sabíamos de seu grande envolvimento com prostitutas, mas não achávamos que as estava matando."

No incidente de 1985, o novo namorado de Judith até concordou em fazer um teste no detector de mentiras, e Norm Matzke fez um teste de polígrafo com ele. Matzke, que era o polígrafo do xerife havia muito tempo, seguindo os passos do pai, não achava que aquele homem fosse o responsável pelas mortes do Green River. O pulso permaneceu estável, ele não suou nem uma gota, e a pressão arterial não oscilou.

Ele tinha certeza de que era possível enganar o polígrafo sofisticado, mas decidiu que, na próxima vez que lhe pedissem, se recusaria a fazer o teste do detector de mentiras. Não fazia sentido ser temerário.

Em algum momento de maio ou junho de 1985, Judith concordou que deveriam morar na mesma casa. Ele ainda estava morando na casinha que dava para o barranco sobre a I-5. Construída em um terreno de bom tamanho, com espaço para o material de acampamento, era uma casinha bonita. Judith estava emocionada por estar morando na própria casa de novo. Estava com um homem que nunca faltava ao trabalho e sempre ia direto para casa para encontrá-la. Quando tinha que fazer horas extras, ligava, e ela gostava disso. Passou quase três décadas sem se atrasar para o trabalho mais do que um punhado de vezes, e eram só dois ou três minutos.

Era tão atencioso que nem pedia que Judith se levantasse e preparasse o café da manhã quando trabalhava no primeiro turno. Dizia que ia parar no Denny's ou em algum outro restaurante 24 horas a caminho do trabalho. Entregava os pagamentos para ela, que cuidava das contas, mas sempre se certificava de que tinha dinheiro suficiente quando saía para o trabalho para pagar o café da manhã e o almoço e encher o tanque de gasolina.

Quando a filha mais nova de Judith, seu namorado e seus bebês precisaram de um lugar para morar até se reerguerem, ele concordou que poderiam ficar na casa com eles. Ela percebeu que poucos homens teriam feito isso. Era alguém com quem podia contar, embora não parecesse ansioso para se casar de novo. Ela imaginava que isso aconteceria algum dia.

Nesse meio-tempo, o relacionamento deles era muito tranquilo. Acampavam, assistiam à televisão juntos e se entregavam a uma paixão mútua: colecionar, restaurar e vender coisas que outras pessoas haviam jogado fora ou vendido barato. "Somos acumuladores", disse Judith.

"Gostamos de guardar coisas. Não gostamos de ver coisas indo para o depósito de lixo. Sempre íamos a feiras de trocas. Fazíamos vendas de garagem. Ah, era ótimo, porque meu ex-marido nunca me deixava fazer vendas de garagem. Nós nos divertíamos muito fazendo isso juntos."

Ambos ficavam surpresos com algumas coisas que as pessoas jogavam fora no depósito de lixo e com as "pilhas de objetos gratuitos" deixadas para trás na feira de trocas Midway Swap Meet no final de um fim de semana. "Chad e ele olhavam as pilhas de objetos gratuitos", disse Judith com ternura, "e, às vezes, encontravam alguma coisa que precisava ser consertada. Levávamos as coisas para casa e consertávamos... como uma bicicleta. Temos todos os tipos de bicicletas. Ele consertava uma bicicleta depois de obtê-la de graça e a vendia para uma criança que ficava feliz de comprar uma bicicleta por cinco ou dez dólares. E um brinquedo. Pegava um brinquedo, com o qual talvez os netos fossem gostar de brincar."

Eles descobriram que poderiam lucrar mais se realizassem vendas de garagem e quintal frequentes em casa do que alugando um espaço na feira de trocas. Os vizinhos se acostumaram a ver o anúncio de "Venda de Quintal" quando o tempo estava bom.

Pat Lindsay, que trabalhava nos correios, tinha vendido a casa para ele em 1981 e ainda morava ali por perto. Embora alguma coisa nele sempre provocasse uma sensação estranha em Pat, gostava de Judith e costumava conversar com ela durante as vendas de quintal. "Eles sempre faziam vendas de quintal e tinham filhotes de gatinhos. Judith amava seus gatos", lembrou Pat. "O que acho engraçado é que ele não parecia se lembrar de mim. Mesmo tendo lhe vendido a casa, não fui reconhecida pelo meu rosto, nem ligada a esse fato quando passei lá durante uma venda de quintal. Fui tratada como uma desconhecida total por ele."

Certa vez, antes de Judith se mudar para lá, Pat lembrou que ele abordou dois homens da vizinhança e pediu ajuda para arrancar o tapete de um dos quartos. "Disse que tinha chutado uma lata de tinta vermelha ou derramado de algum jeito e que precisava tirar o carpete de lá e trocá-lo. Eles o ajudaram a colocá-lo na picape, sem jamais ter explicado como conseguiu derramar tanta tinta."

Depois de colocar o tapete na picape, não teve problemas para retirá-lo quando chegou no depósito de lixo de Midway, próximo à estrada Orilla. Os homens notaram que havia uma espécie de guincho com cabos e um engate aparafusado ao caminhão.

Apesar de todas as coisas que os dois encontraram nos "mergulhos na caçamba de lixo" ou vasculhando as vendas de outras pessoas em busca de "coisas" gratuitas, ele nunca comprou nenhum presente para Judith. Ela não se importava. Ela derreteu e redesenhou as alianças do primeiro casamento. Quanto a comprar joias, não era algo que compraria para surpreendê-la.

"Fazíamos tudo juntos", disse ela, explicando que nunca recebia presentes dele. Ele não era esse tipo de pessoa. "Fazíamos compras juntos."

Eram tantas as coisas que ela havia feito pela primeira vez na vida. Fez a primeira viagem de avião quando foi levada a Reno. Adorava acampar, fosse nos acampamentos do Leisure Time Resorts, onde eles dividiam a associação com os pais dele, fosse em lugares difíceis. "Bem no início do nosso relacionamento", lembrou, "fomos acampar no Okanogan, pois conseguiu uma semana de folga. Foi [muito] divertido e encantador. Ele era tão adorável e gentil — não fazia muito tempo que eu o conhecia."

Eles voltaram do maior condado de Washington e do Pasayten Wilderness que levava ao Canadá pela rodovia North Cascades, e ela ficou maravilhada com a grandiosidade da vista e da Ross Dam, com águas límpidas e azuis. "Nunca tinha acampado", explicou Judith.

Visitaram vários pontos de acampamento do Leisure Time, especialmente o local depois da Ken's Truck Stop na saída da I-90, mas também aqueles em Ocean Shores, na Pacific Coast de Washington; Crescent Bar em Concrete, Washington; e Grandy Creek. No Leisure Time, podiam parar o trailer e conectar a eletricidade e a água e ter churrasqueiras.

Os dois acabaram se casando no jardim da casa dos vizinhos em 12 de junho de 1988. Judith foi quem deu o ultimato para que firmassem um compromisso permanente. "Eu disse que, depois de três anos, não se livraria mais de mim. 'Vamos nos casar!'. Ele aceitou."

The Bob Havens sediou o evento, e a maioria das pessoas que moravam na mesma rua compareceu. Todo mundo gostava de Judith. Era uma mulher doce, e ele era um vizinho bem bom.

Logo compraram uma casa maior em Des Moines, e Judith começou a trabalhar para ajudar a pagar a hipoteca. Ela costurava em uma máquina comercial para uma empresa de equipamentos de mergulho local e, mais tarde, trabalhou na creche Kindercare, ambas empresas de Des Moines. Ele manteve o emprego de pintor. Tinha muito orgulho do trabalho, mas sempre se limpava com cuidado antes de voltar para casa. Não tinha uma mancha de tinta quando saía da fábrica e até penteava o bigode para ter certeza de que todas as manchas de tinta tinham sumido.

Eles, com certeza, estavam subindo na vida. Judith estava feliz no casamento e gostava de estar com os pais e os irmãos do marido. Ela se preocupava muito com as filhas, principalmente a mais velha, que tinha partido para a Costa Leste, mas sabia que podia contar com o marido.

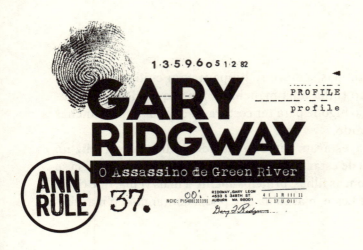

Jogos macabros

A primeira metade de 1985 continuou a ser um período de inatividade em Seattle em relação a novos desaparecimentos no caso do Green River, e isso era um sinal positivo. As manchetes diminuíram e agora eram, na maioria, releituras de histórias anteriores. Quase todos acreditavam que o terrível assassino havia partido, e algumas pessoas esperavam que estivesse morto. Mas os investigadores da força-tarefa não queriam isso. Caso estivesse morto, muitas perguntas ficariam sem resposta para sempre. Havia uma boa chance, no entanto, de que ele tivesse mudado sua base de operações — para um estado vizinho, Oregon.

Parecia que o Assassino de Green River tinha confundido a força-tarefa. Às 12h17, em 13 de junho de 1985, um trabalhador operava uma escavadeira na Bull Mountain Road, perto da área de Tigard/Tualatin, no Oregon, limpando o terreno para a plantação de uma fazenda de árvores ali. Tigard fica a cerca de treze quilômetros ao sul de Portland, uma saída rápida da rodovia I-5. Enquanto o operador da escavadeira olhava preguiçoso para a terra que tinha acabado de virar, levou um susto de repente, vendo o que só podiam ser ossos humanos. Ele tinha descoberto restos de esqueletos.

Os subxerifes do condado de Washington correram para o local e encontraram um crânio, o que pareciam ser duas pélvis e alguns ossos de costela. O crânio tinha um defeito óbvio: um buraco deixado por um projétil ou por um procedimento cirúrgico. O Instituto Médico Legal do Condado de Multnomah disse que o orifício era proveniente de uma cirurgia realizada muitos anos antes.

Os restos mortais de um dos corpos pertenciam a uma mulher negra que teria de 1,55 a 1,62 metro de altura e vinte e poucos anos. Antropólogos forenses estimaram que os ossos estavam enterrados ali havia pelo menos um ano. Um dia depois, a mulher foi identificada como Denise Darcel Bush pelo legista de Portland, em cooperação com a Oregon Health Services Dental School, a Divisão de Ciência Forense e o consultório médico do dr. Don Reay em Seattle. No entanto, só a mandíbula superior estava disponível. Embora os dentes superiores fossem suficientes para fazer a identificação, parecia estranho nenhum dos exploradores conseguir localizar a mandíbula inferior.

Havia apenas a calvária (a parte arredondada superior) do crânio dela. Mas era o crânio da única vítima que já havia passado por uma cirurgia no cérebro. Denise Darcel estava desaparecida desde outubro de 1982, quase três anos antes. Onde tinha estado por dois anos?

(Estranhamente, sua mandíbula inferior tinha sido deixada perto de Seattle, embora isso só fosse descoberto depois de mais cinco anos. Em 1990, o maxilar inferior e o implante de drenagem que carregava o excesso de fluido do seu cérebro foram encontrados perto de Tukwila, não muito longe da Strip. Por que o assassino havia separado o crânio em duas partes e as colocado a trezentos quilômetros de distância uma da outra? Para confundir os detetives que o caçavam?)

O assassino estava fazendo jogos macabros com a força-tarefa. Não poderia haver dúvida disso. Mais ossos foram localizados uma semana depois. Quatro detetives da Força-Tarefa Green River dirigiram até o campo de Tigard enquanto a busca por restos mortais continuava: Frank Adamson, Dave Reichert, Frank Atchley e Ed Streidinger.

Adamson concordou em se reunir com um subxerife do condado de Washington, Oregon, no local da descoberta do corpo. "Ele não tinha ido ao local e não tinha certeza de onde ficava, mas tinha o número do orelhão mais próximo", lembrou Adamson. "Mas eu sabia. A região era nova para mim, mas muito semelhante aos locais de descarte de corpos em Washington. Vi o ponto de recuo na estrada. Parecia familiar. Era o tipo de local preferido do Assassino de Green River. E aí vi o número no orelhão. Eu sabia que ali tinha que ser o ponto onde os restos mortais tinham sido encontrados. Encostei e esperei o subxerife local."

Levou uma semana para que fosse feita a identificação absoluta do segundo corpo, que estivera desaparecido por dois ou três anos. Eles tinham encontrado um crânio completo, uma costela, uma parte da pélvis, um braço, um dente e uma seção parcial de vértebras. Quando o nome foi anunciado, foi chocante. Era Shirley Marie Sherrill, que não tinha desaparecido de Portland, mas de Seattle. Seu assassino a havia conduzido — viva ou, mais provavelmente, morta — até ali para enterrá-la.

Ainda mais intrigante foi a descoberta, dois dias depois, de outros restos mortais. Quando o solo nos campos de Tigard/Tualatin foi revirado, depois varrido, peneirado e revistado, encontraram mais dois esqueletos. Tinham localizado mais um "local de desova". As duas últimas garotas não foram identificadas.

Quando a noite caiu, um cartaz de néon ali perto piscou e apagou: Jiggles. Era um clube para homens, não muito diferente do Sugar's em Seattle. Seu significado não era óbvio em junho de 1985.

O número oficial de vítimas do Green River era de 26. Dezoito foram identificadas; o restante era chamado apenas de "Ossos". Em 28 de junho de 1985, o FBI entrou oficialmente na investigação. As vítimas tinham sido levadas para o outro lado da divisa estadual entre Washington e Oregon. Ninguém sabia se estavam vivas ou mortas quando isso aconteceu.

O verão de 1985 foi tranquilo, como se todos em Seattle e Portland que se importavam com as vítimas do Assassino de Green River — e, sem dúvida, alguns não se importavam — estivessem aguardando nervosamente.

E aconteceu uma coisa perto de Portland que fez os investigadores se perguntarem, ainda mais do que as descobertas dos corpos de Tigard/Tualatin, se o homem que rastreavam tinha mudado seu centro de operações para o Oregon. Faria sentido. As coisas ficaram muito quentes para ele em Seattle. Alguns dos que pararam na Strip eram infratores reincidentes, embora a força-tarefa não tivesse conseguido reunir provas suficientes contra os mesmos para fazer uma prisão convincente. Talvez o assassino tivesse mesmo se mudado.

Em 4 de setembro de 1985, duas jovens embarcaram em um ônibus da Greyhound para Portland. As duas, Moira Bell* e Kitty Cain*, se conheceram em um programa de reabilitação de drogas em Seattle e, quando saíram, decidiram ir para o sul. Eram muito jovens, entre 15 e 16 anos, mas muito familiarizadas com o lado sórdido da vida, embora os rostos bonitos fossem suaves e quase infantis.

Elas mal tinham chegado a Portland quando os policiais locais as capturaram e enviaram um pedido de mandado de prisão pelo rádio. Kitty Cain foi mantida na prisão, mas não foi encontrado nenhum mandado no nome de Moira Bell, e ela foi levada de volta para a estação rodoviária. Estava cansada e sem dinheiro e fez várias ligações a cobrar para Seattle para homens que conhecia. Sem ajuda, puxou conversa com um homem que conhecia apenas como "B.B.". Os dois consumiram cocaína suficiente para Moira sair às ruas por três horas para ganhar dinheiro para pagar um motel. Com o suficiente para pagar por um quarto, Moira dormiu a noite toda e a maior parte do dia seguinte.

Em 5 de setembro, ela estava trabalhando na rua Union por volta das 22h com outra garota que conhecia. Não foi uma boa noite. Por volta da meia-noite, um *john* lhe puxou uma faca, porém ela conseguiu fugir. Às 3h, começou a discutir com B.B. Não tinha o suficiente para pagar por um quarto, por isso ainda estava na Union uma hora depois.

Um táxi azul, uma perua com o logotipo da empresa na porta e uma luz em cima, parou no meio-fio perto de Moira, e o motorista disse: "Quer um encontro?".

Ela lhe perguntou o que desejava, e os dois concordaram em sexo oral por vinte dólares. Ela analisou o interior do táxi enquanto se locomoviam: um painel azul-marinho, bancos de vinil azul-marinho com encostos de cabeça, transmissão automática, um taxímetro antigo com uma bandeira branca e um pacote de cigarros no painel. Não estava com medo. Havia adquirido o hábito de memorizar o ambiente. O que estava fazendo para sobreviver era estúpido e perigoso, porém Moira era muito inteligente.

O táxi seguiu para o sul, e o motorista estacionou sob uma ponte. Entregou a Moira uma nota de vinte dólares, que ela enfiou na bota direita. Ela não usava pílulas anticoncepcionais, porém sempre carregava preservativos. Quando se abaixou para colocar um no pênis ereto do cliente, ele, de repente, agarrou o cabelo dela com a mão direita e pegou uma faca com a esquerda.

"Faz o que eu mandar, senão vou te matar", disse baixinho.

Ela o levou a sério, deixando-o prender seus pulsos nas costas com fita adesiva. Depois, prendeu os braços dela ao corpo na altura dos cotovelos. Estava indefesa. O motorista a forçou a descer até o piso do carro, onde teve que se ajoelhar. Ele seguiu para a rodovia indo para o norte e, depois, para o oeste.

"Me desculpe", perguntou, "mas o que você vai fazer comigo?"

"Tudo que eu quiser. Faz o que eu mandar e não vou te matar."

Enquanto seguiam pela escuridão pouco antes do amanhecer, o taxista às vezes a ameaçava com a faca e às vezes verificava as amarras para ter certeza de que não tinham se afrouxado. Por fim, ela ouviu o som de cascalho quando a perua saiu da estrada e estacionou. O motorista se inclinou e apalpou as botas dela — queria o dinheiro de volta.

"Está na minha bota direita", lhe informou.

"Cala a boca! Não mandei você falar."

Em seguida, ele contornou o carro até a porta do passageiro e a puxou com brutalidade para o ar frio. Ele agarrou a parte da frente do vestido dela, baixando até a cintura. Os esforços para tirar o vestido dela soltaram a fita onde os cotovelos estavam presos ao corpo. Mas os pulsos ainda estavam amarrados com firmeza, e ela não conseguiu lutar contra ele enquanto tinha sua calcinha, a meia-calça e o sutiã arrancados, deixando-a nua, exceto pelo vestido na cintura.

Ele a obrigou a ficar sobre o capô do veículo e a estuprou com violência. Quando a tirou do capô, deu dois socos em seu rosto, deixando-a tonta, e ela começou a cair. Isso o irritou, e ele deu mais dois socos, dessa vez na coluna.

Ela estava sangrando, e o estuprador estava furioso por ter sujado a mão com o sangue da prostituta. Ele entrou no táxi, pegou um pano e limpou a mão. A mulher estava imóvel no chão, esperando que ele simplesmente fosse embora e a deixasse ali, onde quer que estivesse. Porém o homem se sentou calado no banco do motorista pelo que pareceu "muito tempo" para ela. A vítima torceu de forma desesperada para que seu agressor não voltasse.

Contudo ele voltou. Quando foi até ela, deu para ver que tinha trocado de roupa; agora usava um macacão de náilon azul com um bolso inclinado fechado com zíper. De um jeito metódico, rasgou a fita adesiva dos pulsos e terminou de arrancar o vestido. Ele grunhiu enquanto usava a meia-calça para estrangulá-la, mas a meia-calça se rasgou em duas. Ele enfiou a mão no bolso de trás para pegar um lenço azul. Mais uma vez, colocou uma ligadura em volta do pescoço dela e apertou, mas, embora a bandana fosse mais forte, também foi rasgada.

"Eu fingi que estava morta", disse Moira mais tarde a uma agente do FBI. "Ele voltou e se sentou no banco do motorista de novo. Depois de um tempo, voltou e verificou meu pulso e meu pescoço. E disse: 'Desculpa, mas terei que matá-la. Você pode abrir o bico'."

Moira ficou imóvel como a morte, sem oferecer nenhuma resistência quando foi agarrada pelos tornozelos e a arrastada por cima das pedras e ervas daninhas ao longo de uns 25 metros até a beira de um barranco íngreme. "Era uma queda de uns dez metros, mas ele me empurrou. Fiquei mole e continuei fingindo que estava morta. Rolei só até a metade do caminho porque alguma coisa, talvez uma árvore, sei lá, me pegou."

O estuprador esperou no alto do barranco, fumando um cigarro enquanto a observava. Depois, desceu até onde ela estava deitada, "morta". Mais uma vez, verificou a pulsação sob o braço e no pescoço. Deve ter sentido o coração, porque a empurrou de novo até ela parar na base do barranco em posição fetal, ainda sem se mover. Foi quando notou que o homem estava fumando outro cigarro, decidindo o que fazer. E ele voltou mais uma vez.

"Ele me apunhalou no peito — até o fundo. Arranquei a faca com as duas mãos, mas, depois, fiquei totalmente mole. Dessa vez, quando verificou meu pulso, prendi a respiração e acho que ele não sentiu nada."

Ele subiu a colina para fumar. E, depois, pela última vez, rastejou até onde ela estava deitada, lançando pedras e terra para baixo. Ela estava ficando boa em não respirar e avaliou se estava morrendo. Ele não sentiu nenhum sinal de vida e puxou um grande tambor de óleo para colocar na frente do corpo, como se estivesse tentando escondê-la da estrada acima. Porém acabou mudando de ideia e se afastou, e arrancou uns punhados de grama alta, que jogou por cima dela.

Ela não ouviu o motor do carro ligar nem o barulho do cascalho. Calculou que ele estava lá em cima, esperando para matá-la. Quando o céu ficou rosa e depois azul, ela ouviu três apitos de trem, o último indo para o oeste. Foi aí que percebeu que estava na Columbia Gorge, em algum lugar perto da Horsetail Falls.

Quando amanheceu, Moira se arrastou cheia de dor até a estrada lá em cima. Havia um carro no recuo, que a fez agradecer a Deus por não ser o táxi azul. Saiu cambaleando em direção ao carro e disse: "Fui esfaqueada e estuprada, e foi o taxista que fez isso!".

Depois de vários dias se recuperando no hospital de Portland, Moira Bell trabalhou com artistas da polícia e com o FBI para criar um esboço do homem que estava tão determinado a matá-la. O esboço resultante se parecia muito com um dos retratos falados do Green River feitos no condado de King.

O problema era que os quatro retratos de maior circulação não eram nem um pouco parecidos. Um mostrava um rosto fantasmagórico com um queixo comprido e cabelo "no comprimento hippie", outro tinha um rosto largo com cabelo curto muito encaracolado, o terceiro tinha cabelo curto penteado para a frente e acne, e o último tinha um pescoço desproporcional e comprido e olhos semicerrados com pálpebras caídas.

Moira estimou que o estuprador devia ter entre 25 e 30 anos, 1,75 a 1,77 metro de altura, magro, com cabelos cor de areia na altura dos ombros, olhos azuis e uma feição avermelhada ou com cicatrizes de acne, além de um bigode fino.

Algum desses retratos falados era mesmo parecido com o AGR?

Talvez fosse um mestre do disfarce, ou pelo menos usasse perucas para mudar a aparência.

A provação de Moira fez cair uma ficha na minha memória. Uma das muitas mulheres que me ligaram, com a voz trêmula, embora tivessem se passado décadas desde seu encontro com um homem do qual nunca esqueceria, me contou uma história muito semelhante, só que tinha acontecido dez anos antes de Moira se esconder na base de uma ravina e seis anos antes de os casos do Green River aparecerem em Seattle.

"Eu só tinha 19 anos", disse Cheryl, "e era 1975. Eu achava que não tinha outro jeito de ganhar a vida depois do divórcio. Eu estava trabalhando no centro de Seattle para um lugar chamado Artists and Models. Era uma 'fora da lei' — isso significa trabalhar sem cafetão. Eu não conhecia a cidade muito bem na época, mas morava perto da rua 23 com a rua Cherry. Eu provavelmente estava trabalhando na rua Pike.

"Um homem, que parecia ter a minha idade, me chamou para o carro e perguntou: 'Posso te pagar para fazer sexo comigo?'. Respondi que sim.

"Antes de entrar no carro, verifiquei a maçaneta da porta para ter certeza de que funcionava por dentro — eu sempre fazia isso. Parecia tudo bem, e eu entrei. Ele dirigiu por cerca de vinte minutos, e era estranho. Não disse uma palavra e também não ligou o rádio. Meu radar estava a 150%, mas não havia nada para detectar. Pensei comigo mesma que ele era 'desanimado' e percebi que tinha cometido um erro terrível.

"Estávamos em uma estrada de mão dupla, não na rodovia, e chegamos ao campo antes que eu percebesse. Não sei se estávamos ao norte ou ao sul de Seattle. Ainda não tenho certeza. Ele entrou em uma espécie de trilha, não exatamente uma estrada, mas parecia que alguns carros haviam passado por ali. No minuto em que parou, saí do carro e comecei a correr, depois pulei por um barranco. Era íngreme, mas consegui me desacelerar um pouco me agarrando na grama e no mato. Não havia nada sob os meus pés, por isso eu sei que não caí até o fundo — eu devia ter descido uns três metros.

"Dava para vê-lo lá em cima, me procurando. Estava iluminado por trás pela lua. O pé estava no para-choque do carro, e ele fumava um cigarro — não com nervosismo, só parado ali, fumando, tentando me encontrar."

Ela ainda estava com um medo terrível dele, mas também sentia medo de escorregar mais fundo no barranco e cair sem saber a que distância. Ela ainda conseguia ver parte do carro e aquele homem.

"Depois de muito tempo, ele disse: 'Sobe aqui. Não vou te machucar'.

"Eu estava com muito medo, mas subi de volta e entrei no carro. Ele não pediu de novo para fazermos sexo. Também não falou nada no caminho de volta, mas me levou até uma esquina perto de onde ficava o meu apartamento e me deixou ir embora."

Vinte e cinco anos depois, ela viu a fotografia de um homem muito mais velho e o reconheceu na mesma hora. Tinha a mesma constituição, médio a magro, um homem de altura mediana, e os olhos eram iguais, com as pálpebras tão pesadas que os cílios não apareciam. Quando viu uma fotografia dele de perfil, o coração dela se contraiu de verdade. Essa fora sua visão enquanto ele dirigia em silêncio no carro durante a noite.

Uma pergunta se repetia na mente de Cheryl: "Por que ele não me matou?".

Ela havia sobrevivido e começou a endireitar a vida do jeito que costumam fazer muitas pessoas que acreditam que passaram por uma experiência de quase morte. Voltou para Portland, onde viveu a maior parte da vida, terminou a faculdade e encontrou uma profissão na qual trabalhou durante vinte anos. Mesmo assim, a lembrança da silhueta do homem contra a lua nunca foi embora.

As lembranças de Cheryl sobre seu terror se repetiram muitas vezes ao longo dos anos, quando as mulheres me ligavam ou escreviam. Fiquei bem convencida de que existiam cerca de vinte a quarenta mulheres que tinham chegado perto da morte pelas mãos do Assassino de Green River, mas a vontade de sobreviver ou talvez a pura sorte as salvou.

Outra garota que não teve a mesma sorte foi encontrada quatro dias depois que Moira Bell escapou do estuprador. Em 8 de setembro, um professor que acompanhava uma turma em visita ao parque Seward, em Seattle, encontrou uma coisa que os alunos não deveriam ver. O lugar é um enorme parque arborizado que se estende como um polegar até o lago Washington, alguns quilômetros a leste do distrito de Rainier. Um crânio humano, despojado de carne há muito tempo, estava escondido lá. Era um local muito mais urbano do que a maioria dos lugares onde tinham sido encontrados restos mortais. As equipes de busca, especialistas em cenas de crime externas havia muito tempo, percorreram o parque e descobriram um esqueleto inteiro nas sombras da base de um abeto. Não havia roupa nenhuma nas proximidades.

Era Mary Exzetta West, que estava grávida aos 17 anos e com medo do que ia fazer. Não tinha voltado para a casa da tia em 6 de fevereiro de 1984 e deve ter ficado naquele lindo parque durante todo o ano e meio em que estivera ausente.

Caçada ao caçador

A Força-Tarefa Green River continuou a ser alternadamente atacada e ignorada pela mídia. Recebeu uma verba federal de um milhão de dólares em novembro de 1985, e todos esperavam que uma prisão fosse ocorrer logo em seguida. Quando isso não aconteceu, os contribuintes e os políticos começaram a reclamar. O chefe do poder executivo do condado de King que apoiava a força-tarefa, Randy Revelle, estava fora do cargo e não parecia que o novo homem, Tim Hill, apoiaria tanto uma investigação muito cara que ainda não tinha dado nenhum fruto.

O FBI escreveu um resumo dos casos para isolar padrões que pudessem ter escapado à detecção. Amina Agisheff ainda era considerada a primeira vítima, levada em 7 de julho de 1982; Cindy Ann Smith, a mais recente jovem sequestrada, foi vista pela última vez em 21 de março de 1984. Sabia-se da morte de 26 vítimas caucasianas, dez afro-americanas e uma indígena-americana. Das que ainda estavam desaparecidas, cinco eram caucasianas, três afro-americanas, uma hispânica e uma asiática.

"Acredita-se que todas as vítimas sofreram estrangulamento manual ou por ligadura, sendo que a ligadura era do assassino ou da roupa da vítima", dizia o resumo do FBI. "Uma possível vítima que sobreviveu ao ataque, Moira Bell, do Oregon, foi atingida com uma faca e também estrangulada."

O agrupamento em que a Força-Tarefa Green River estava se concentrando durante as festas de fim de ano de 1985 não era novo; o local de descarte de corpos do cemitério de Mountain View parecia ter contido quase tantas vítimas quanto o agrupamento do lago Star. Outro crânio parcial foi encontrado em 15 de dezembro, ossos não identificados em 30 de dezembro e outros em 3 e 4 de janeiro de 1986. O AGR não só ainda estava livre, como também parecia que não havia fim para o número crescente de mortes. O dr. Don Reay e Bill Haglund acreditavam que dois dos conjuntos de restos mortais pertenciam a uma mulher negra de 20 a 30 anos que tinha entre 1,55 e 1,63 metro de altura e uma mulher branca de 14 a 17 anos que tinha entre 1,63 e 1,73 metro de altura.

Um mero acaso tinha levado os exploradores de volta ao cemitério de Auburn. Um funcionário do cemitério descobriu um carro Lincoln Continental surrado em um bosque abaixo dos locais dos túmulos. Descobriram que era um veículo roubado e tinha sido empurrado para uma ravina onde ficava quase invisível sob um cobertor de folhas caídas. Ao investigar o roubo do automóvel, também foram encontrados ossos.

Seria uma justiça poética se o dono do Lincoln fosse o assassino. Mas não era. O carro de luxo tinha sido roubado na rua em frente a uma taverna em Tacoma que pertencia ao proprietário registrado do carro, e os investigadores do Green River não encontraram nenhuma prova que o ligasse às garotas mortas no cemitério. O ladrão do carro nunca foi encontrado.

Alguns dos detetives mais espertos do Noroeste tinham trabalhado nesse caso ingrato durante três anos e meio. Quase 8 milhões de dólares tinham sido gastos, e ainda não havia nada para apresentar. Agora, a força-tarefa tinha crescido ainda mais. Dez agentes adicionais do FBI foram designados para os casos do Green River. Isso podia significar que alguma coisa grande estava para acontecer, ou podia significar que a força-tarefa estava prestes a fazer um último grande esforço para encontrar sua presa.

Frank Adamson, que não gostava de fazer declarações que pudessem ser usadas contra ele, parecia quase otimista de que 1986 seria o ano em que o Assassino de Green River seria derrotado.

Eu mesma acreditava que a "raposa" — na verdade, "o lobo" — seria encurralada e punida. Por causa do aumento da mão de obra na força-tarefa, me senti mais otimista e me lembro de ter dito a um grande público em um seminário nos primeiros meses de 1986: "Tenho certeza de que ele será pego antes do Dia de Ação de Graças — talvez até a Páscoa". E, assim como fiz várias vezes antes, tive que engolir as minhas palavras.

Eu não tinha tanta certeza e não tinha informações privilegiadas, mas a lei das médias me convenceu de que ninguém conseguiria escapar do olho desse furacão de policiais de primeira linha. Além disso, a ciência forense parecia ter "avançado até onde podia" — pelo menos na minha cabeça. O computador de 200 mil dólares estava na ativa, e os criminalistas estavam sempre combinando perfis de cabelos e fibras e resolvendo outros casos. Antropólogos forenses conseguiam estabelecer raça e sexo a partir de crânios descobertos, e odontologistas conseguiam combinar marcas de mordidas com agressores, e dentes com prontuários odontológicos. Enzimas sanguíneas já podiam ser isoladas para mostrar a probabilidade racial.

Embora tivesse se passado menos de um ano desde que as comparações de DNA no sangue tinham resolvido o primeiro caso de homicídio no mundo, os testes de DNA para todas as jurisdições policiais estavam no horizonte. A Força-Tarefa Green River tinha um fundo de contingência de cerca de 5 mil dólares para testes de DNA, se parecesse viável.

Ed Hanson, membro da força-tarefa emprestado pela Patrulha do Estado de Washington, teve uma ideia que tornava muito mais fácil o trabalho de triangulação das medidas em um local de descarte de corpos. Por causa das colinas íngremes e das ravinas profundas e das centenas de metros que os detetives tinham que percorrer várias vezes para marcar a localização de um corpo, Hanson pensou que seria muito mais econômico e produtivo contratar topógrafos profissionais para fazer essa parte do trabalho. E, claro, estava certo.

Agora devia ser apenas uma questão de meses.

Tendo se recuperado totalmente da meningite que quase o matara alguns anos antes, John Douglas atualizou seu perfil do Assassino de Green River e era um dos agentes do FBI disponíveis em Seattle em janeiro e fevereiro de 1986. Nesse ponto, Douglas alegou ter uma taxa de sucesso de 77% nos 192 casos criminais que ele mesmo tinha avaliado "depois que todas as pistas tinham sido esgotadas".

Seu segundo olhar para o Assassino de Green River era muito próximo do primeiro perfil que tinha traçado antes. Douglas tinha quase certeza de que o AGR estava em boa forma física e era um homem que vivia ao ar livre, embora talvez bebesse e fumasse. "Ele não é muito organizado", disse Douglas. Devia ser um motorista noturno que dirigia veículos conservadores. Lembranças e troféus seriam importantes para ele, além de recortes de jornais sobre seus crimes. Com essas coisas, poderia reviver as energias emocionais dos assassinatos.

Quantos anos esse homem tinha? Douglas disse "entre 20 e 30 anos. No entanto, não existe esgotamento para esse tipo de assassino." E acrescentou: "Esses homicídios refletem ira e raiva... Ele não vai parar de matar até ser pego".

Todos os detetives da força-tarefa ainda tinham um suspeito preferido — ou dois ou três. Frank Adamson continuava de olho em três homens que lhe pareciam os candidatos mais prováveis a serem o Assassino de Green River. Sempre que Adamson estava "de serviço", fazia questão de passar pelas casas onde esses homens moravam. Todos os três moravam perto do Green River ou da Pac Strip. Um era o fazendeiro rico e excêntrico que manteve a jovem prostituta em cativeiro e colecionava fotos de mulheres jovens, embora a força-tarefa nunca tivesse conseguido encontrar essas fotos no enorme celeiro. Outro era um frequentador conhecido da Strip que fora parado e interrogado pelo menos três vezes e tinha crescido perto da rodovia. O terceiro era um caçador de peles, um homem que usava armadilhas para pegar os animais, que gostava de viver ao ar livre e que também morava perto da rodovia.

Adamson nunca viu nada de suspeito ao passar devagar pelas casas, mas pensava muito neles. Queria ter certeza de que os caras ainda estavam por ali. "O Assassino de Green River foi muito ativo durante 1982 e 1983", comentou. "Fora de controle, de verdade, com duas ou três vítimas por mês. E, depois, pareceu parar — pelo menos por aqui. Fico pensando no motivo."

No início de 1986, Adamson releu o perfil feito por Douglas, bem como os perfis feitos por John Kelly, conselheiro de Nova Jersey que também era conhecido por ser certeiro em suas avaliações de suspeitos. Adamson precisava saber qual dos três principais suspeitos se encaixava com mais perfeição nos parâmetros dos perfis.

John Kelly logo dispensou Ingmar Rasmussen, o homem mais velho com um celeiro supostamente cheio de fotos de mulheres. "Acredito que era um homem idoso e solitário que queria uma mulher para morar junto e cuidar dele", escreveu. "Ele [uma vez] até publicou um anúncio em busca dessa mulher. A casa era importante; se sentia seguro por trás da pesada porta de madeira. Acredito que a casa era muito mais importante para ele do que o rio ou a floresta. [...] Era muito conservador e preocupado com sua riqueza e seu sucesso e não colocaria nada disso em risco indo até o rio ou a floresta com cadáveres ou os transportando por longas distâncias. Se [ele] fosse o Assassino de Green River, aquela garota nunca teria escapado da sua casa."

O segundo perfil de suspeito era o do homem dócil que os detetives da Equipe Proativa encontraram várias vezes na estrada enquanto ele conversava com prostitutas. Ele tinha admitido, claro, que tentou sufocar a garota que "o mordeu". Mas Kelly também não achava que ele fosse viável como suspeito, apesar da forte convicção do sargento Frank Atchley de que sim, e das suspeitas mais hesitantes de Adamson.

"Ele tinha um emprego de tempo integral [...] com o qual estava satisfeito", escreveu Kelly. "Acredito que o Assassino de Green River só podia ter um trabalho que o levasse com frequência aos locais de descarte de corpos ou além deles. A quantidade de energia e tempo envolvidos para perseguir e selecionar, pegar e controlar, matar, transportar e arrumar essas prostitutas não podia ter sido gasta por alguém que tinha que manter um emprego em tempo integral com horário fixo."

"Também parece que tinha uma mãe autoritária e perfeccionista. Que, no entanto, lhe dava atenção suficiente para provar que se importava com ele e não o abandonou."

E esse homem tinha passado no teste do detector de mentiras.

Do trio de "As", a escolha preferida de John Kelly era o caçador de peles. Ele baseou isso na infância do homem, quando a mãe se importava mais com o álcool do que com ele, às vezes abandonando-o para ser criado por outras pessoas e às vezes se comportando de maneira inadequada, deixando-o dormir na sua cama e ver suas relações sexuais com uma série de homens.

O caçador, que também era pescador e, além das armadilhas, também caçava com armas de fogo, ficava totalmente à vontade na floresta e na água, e Kelly fez uma comparação com a maneira como ele empalhava e montava suas presas animais e a maneira como os locais de desova dos corpos eram arrumados. Embora Kelly tivesse dedicado um ou dois parágrafos ao velho e ao homem com emprego estável, escreveu de forma bem convincente em três páginas com espaço simples sobre os motivos pelos quais escolheu o caçador como principal candidato para ser o Assassino de Green River.

Adamson tinha sido levado ao caçador de peles por um oficial graduado do Departamento de Polícia de Bellingham, Washington, que achava que ele devia ser considerado um provável suspeito. Seu nome era Barney Tikkenborg*, um homem de meia-idade e ávido caçador que conhecia bem as regiões onde as vítimas do Green River tinham sido encontradas. Outros caçadores comentaram que Tikkenborg era obcecado por matar cães e sentia prazer em usar diferentes métodos para matá-los: armadilhas, rifles, garrotes, facas e furadores de gelo.

Os registros da força-tarefa no computador foram verificados, e Adamson ficou surpreso ao descobrir que duas outras pessoas ligaram para informar suas preocupações em relação a Tikkenborg. Um informante tinha trabalhado com ele como finalizador de cimento, sua outra ocupação. Durante os oito anos em que trabalharam juntos, Tikkenborg passava a maior parte do tempo na floresta, montando armadilhas para animais com o objetivo de obter peles. "Ele é muito forte e atlético — consegue correr para trás tão rápido quanto para a frente — e adora matar coisas", dissera o informante. "Uma vez, comprou um kit cirúrgico médico com diferentes bisturis. Disse que ia tentar cortar a barriga e tirar os bebês não nascidos dos animais prenhes que pegava."

Tikkenborg também tinha exibido sua biblioteca macabra, com livros e revistas sobre anatomia humana e vários métodos para matar pessoas. Além disso, outros funcionários brincavam com ele sobre as prostitutas que pegava, as quais parecia encarar, assim como a todas as mulheres, como meros objetos. Dez anos antes, ficou furioso porque uma universitária local supostamente tinha lhe passado uma doença venérea.

Tikkenborg viajava na sua picape à noite e guardava uma luz vermelha de polícia no carro. Também exibia um par de algemas e um distintivo policial em forma de estrela. Dizia que tinha roubado isso e uma arma de um carro da polícia em Auburn. Muitas vezes, ia trabalhar depois de passar a noite toda "caçando com armadilhas", e tanto ele quanto a picape tinham "um odor fétido".

A coisa mais esquisita que o colega de trabalho de Tikkenborg lembrou, entretanto, foi a vez que Tikkenborg apareceu com um manequim que disse ter encontrado na floresta. Depois disso, manteve-o na picape, coberto com uma lona, e, muitas vezes, cortava-o com os bisturis.

Em novembro de 1985, os investigadores da força-tarefa interrogaram um agente de Controle da Vida Selvagem do Estado de Washington que trabalhava para o Departamento de Caça. Ele se lembrava muito bem de Barney Tikkenborg.

Sua atividade de caça com armadilhas atingiu o pico entre 1976 e 1981, mas, depois disso, diminuiu. Durante os anos mais ativos, Tikkenborg chegou a operar até 125 armadilhas registradas. Além disso, era um dos quatro caçadores que frequentavam a área do Green River naquela época.

O agente da vida selvagem disse que as outras áreas de armadilhas de Tikkenborg ficavam perto de Enumclaw, North Bend, e na área de Seattle-Tacoma. Ele era obrigado por lei a manter registros de todos os animais que matava e era "um fanático guardião de registros. Sua folha de cálculo para a temporada de armadilhas de 1979-1980 mostrava que ele tinha matado 103 gatos e setenta cães".

Em 1978, o caçador foi preso em Mercer Island, onde montar armadilhas era ilegal. Certa vez, colocou decalques caseiros nas portas da picape Ford verde, para dar a impressão de que era um agente da vida selvagem. Isso lhe dava a chance de montar armadilhas fora da temporada. Quando o agente de verdade conversou com os detetives da força-tarefa, disse que tinha avisado a Tikkenborg que as peles de animais foram obtidas fora da temporada e seriam apreendidas pelas autoridades, a reação do homem foi surpreendente: "Ele desabou a chorar".

Desde que o nome de Barney Tikkenborg saltou para a categoria "A" da força-tarefa, os detetives tinham localizado e entrevistado pessoas que conheciam suas atividades, e uma imagem doentia foi ficando cada vez mais detalhada. Sua crueldade com os animais e sua preocupação com o sadismo e a morte tinham sido percebidos por muita gente.

No início de janeiro de 1986, Frank Adamson leu mais um arquivo sobre Tikkenborg, desta vez do interrogatório feito com um conhecido do caçador. Dizia que ele matava animais com um picador de gelo enfiado na coluna vertebral na base do crânio. Esse conhecido também disse que o caçador era obcecado por sexo e atraído pelo perigo.

Os investigadores do Green River descobriram que Tikkenborg tinha sido uma criança hiperativa que corria pela vizinhança e, uma vez, esteve perto de se afogar. A mãe, que se divorciou quatro vezes, escolheu um jeito estranho de mantê-lo dentro de casa. Ela o fez usar um vestido. Isso o envergonhava tanto que ele nunca saía de casa. De acordo com um policial que conhecia Tikkenborg, ele ouviu de um dos irmãos do caçador que a mãe, uma vez, tentou matá-lo quando era criança porque não o queria.

Em silêncio e com cuidado, os oficiais da força-tarefa e os agentes do FBI se espalharam para falar com meia dúzia ou mais de testemunhas que conheciam Barney Tikkenborg. Tentariam realizar interrogatórios simultâneos para que a notícia de que estavam indo ao encalço do caçador não chegasse até ele ou à mídia.

Outro caçador de peles lembrou que Tikkenborg o levara à floresta para mostrar métodos de montagem de armadilhas. Observou-o enquanto Tikkenborg puxava seus laços montados. E concordou em ir com os detetives às áreas onde Tikkenborg tinha colocado armadilhas. Não tinha certeza se conseguiria encontrar os pontos exatos de novo, mas disse que ia tentar. Tikkenborg sempre usava pontos de referência naturais e números de postes ao longo das estradas para localizar as armadilhas e mantinha um caderno de folhas soltas listando a posição de cada uma.

Durante todo o dia 23 de janeiro de 1986, os detetives percorreram estradas que eram muito familiares. Foram primeiro para a área de Enumclaw, chegando a alguns quilômetros de onde os corpos de Debbie Abernathy, Mary Bello e Martina Authorlee tinham sido encontrados. A testemunha em potencial também os levou ao Green River, a cerca de quatrocentos metros do local onde o corpo de Wendy Lee Coffield fora encontrado flutuando. Em seguida, foram para o cemitério de Mountain View e para a estrada Star Lake, onde o informante disse que Tikkenborg tinha colocado armadilhas no fundo e no topo da ravina.

Por fim, foram até áreas próximas à Jovita Road e ao Soos Creek, e o caçador novato apontou o local exato onde Colleen Brockman, a garota com aparelho nos dentes, tinha sido descoberta. Os restos mortais de Yvonne Antosh tinham sido deixados do outro lado da estrada.

Tikkenborg combinava mais com os perfis de John Douglas e os de John Kelly do que qualquer outro suspeito. As provas circunstanciais estavam se acumulando, e, pela primeira vez em muitos meses, Frank Adamson se sentiu empolgado com a possibilidade de que a longa caçada estivesse acabando. Essa empolgação aumentou quando um dos agentes do FBI designado para o caso, que vinha de uma família que conhecia armadilhas no seu estado natal da Flórida, explicou sobre "pedras de afogamento".

Ele disse que não era incomum caçadores submergirem a caça em água fria para preservá-la. Para manter as carcaças abaixo da superfície da água, toras e grandes pedras eram colocadas em cima delas. "Às vezes, colocam pedras menores dentro das cavidades corporais para garantir que as presas não sejam carregadas rio abaixo", disse o agente.

O tempo estava acabando. Um repórter de uma estação de rádio de notícias de Seattle estava observando a Força-Tarefa Green River havia meses e percebeu o foco em Barney Tikkenborg. Ao seguir as unidades da polícia, viu quem *os policiais* estavam seguindo, e era Tikkenborg, que estava visitando as áreas de alguns locais conhecidos de descarte de corpos. Quando o repórter se aproximou de Adamson e perguntou por que Tikkenborg estava sob uma vigilância tão pesada, Adamson lhe suplicou para não publicar nenhuma notícia sobre o caçador. Sim, eles o estavam observando de perto, mas se isso chegasse até a mídia, o suspeito teria a oportunidade de se livrar das provas antes que a força-tarefa conseguisse obter um mandado de busca.

O repórter disse que ficaria calado em relação à história, mas só se Adamson o deixasse fazer a primeira entrevista caso eles prendessem Tikkenborg. Pego entre a cruz e a espada e tendo, mais uma vez, que evitar o enxame da mídia, Adamson prometeu ao repórter que ele seria o primeiro informado quando uma prisão fosse feita.

"Eu disse *prisão*", lembrou Adamson, "mas o repórter presumiu que seria avisado antes de conseguirmos um mandado de busca. Nunca prometi isso — nem poderia. Eu nem tinha certeza de quando íamos conseguir um mandado de busca. Ele me ligou e disse que ia sair da cidade e perguntou se era uma boa ideia. Eu não podia dizer nada. Quando chegamos mais perto, a mídia enlouqueceu."

O repórter, sentindo que alguma coisa estava para acontecer, decidiu ficar em Seattle, só por garantia.

Em 6 de fevereiro, os agentes especiais do FBI Duke Dietrich e Paul Lindsay e os detetives da força-tarefa Matt Haney e Kevin O'Keefe partiram no início do dia para falar com a mãe e o padrasto de Barney Tikkenborg. Na sede do Green River, Frank Adamson estava escrevendo um depoimento para obter mandados de busca para a casa de Tikkenborg, a casa da mãe, suas duas picapes e outra picape localizada na casa da sogra, que foi cortada em duas com um maçarico de acetileno e, depois, queimada.

Os itens específicos que os pesquisadores da força-tarefa procuravam eram roupas femininas, sapatos, joias e bolsas, cadernos e outras documentações das atividades de montagem de armadilhas de Tikkenborg, armas como picadores de gelo, facas, garrotes, bisturis e revólveres, recortes de jornais ou fotografias das vítimas do Green River, vestígios de provas como cabelos, fibras, sangue ou "partículas", impressões digitais latentes das mulheres mortas e desaparecidas e implementos e soluções que seriam usados para limpar as provas do crime de homicídio. Adamson também listou amostras de controle de carpetes, tecidos e lascas de tinta de diversas superfícies, pisos, móveis, cortinas e roupas — todos para serem comparados a fibras e partículas encontradas nos restos mortais das vítimas.

No fim das contas, não houve necessidade de um mandado de busca na casa da mãe e do padrasto de Tikkenborg. Mick e Ruthie Legassi* concordaram de imediato em assinar um formulário de consentimento para a busca. Não tinham nenhuma objeção a detetives vasculhando a casa. E estavam bem-dispostos a serem interrogados. Paul Lindsay e Kevin O'Keefe interrogaram a mãe de Tikkenborg, enquanto Dietrich e Haney falaram com o padrasto.

Mick era o quarto marido de Ruthie e admitiu que, no início, seu filho se ressentia por ele ter se casado com Ruthie. O jovem Barney Tikkenborg morou com o pai até os 15 anos. Depois, morou com os Legassi e com outros parentes. Não era o tipo de pessoa que demonstrava sentimentos, exceto quando falava sobre caça e pesca, então o padrasto nunca sabia se mudar da casa de um parente para outro o incomodava.

No início, Barney teve problemas por roubar coisas e teve um ou dois desentendimentos com a lei por causa de furtos e assaltos que disse a Legassi ter cometido "pela emoção". Foi expulso do serviço militar depois de ser condenado pelo furto de um baú no quartel.

No início, Barney Tikkenborg não teve muita sorte com as mulheres. O primeiro casamento só durou um ano, e ele ficou "abalado" quando a esposa o deixou por outro homem. Foi para o Alasca para caçar e pescar por um ano, mas, quando voltou, se casou de novo — com uma garota canadense. Era filha da atual esposa do pai — não uma meia-irmã, mas uma irmã de consideração. Quando foi preso por roubo de novo, ela também o deixou.

Tikkenborg experimentou o casamento pela terceira vez. Teve uma filha com essa esposa, e os três moravam na área de Seattle, onde ele trabalhava como finalizador de cimento. Mas, de vez em quando, era preso por roubo e tinha que cumprir pena. A terceira esposa o deixou enquanto estava na prisão.

Duke Dietrich trabalhou muito para acompanhar essa árvore genealógica complicada e difícil porque vários deles se casaram diversas vezes. No fim dos anos 1970, o padrasto de Tikkenborg disse que Barney namorou uma caixa do supermercado localizado perto de Jovita Canyon. Ela havia crescido em uma fazenda em Enumclaw e, embora os dois não tivessem se casado, apresentou Barney à quarta e atual esposa. Moraram primeiro dentro dos limites da cidade de Kent, perto da rua 192. E pareciam ter um bom casamento. Caso Barney provocasse a esposa falando sobre outras mulheres, a resposta vinha de bate-pronto.

"Eles são praticamente iguais", disse Legassi. "Ela não aceita nenhuma merda dele."

O padrasto de Tikkenborg não se lembrava de Barney ter feito comentários sobre prostitutas de um jeito ou de outro. Sim, ele chegou a mencionar os assassinatos do Green River uma ou duas vezes, mas só de passagem. "Uma vez disse que havia um maluco à solta. Conversamos um pouco sobre o assunto."

O mais próximo que Tikkenborg chegou de demonstrar seus sentimentos em relação a mulheres perdidas foi quando colocou um adesivo na picape que dizia "Garotas boas vão para o céu; garotas más vão para toda parte". Mas era só uma piada.

Legassi disse que Barney não via nada de errado com suas atividades de caçador e ganhava um bom dinheiro com isso — administrando trezentas armadilhas ao mesmo tempo. "Ele disse que seríamos invadidos por criaturas se ninguém as pegasse." Lembrou-se de que Barney capturava ratos-almiscarados, castores e linces nas florestas profundas, guaxinins na área do aeroporto e coiotes perto de Enumclaw.

"Como ele os mata?", perguntou Dietrich baixinho.

"Enfiando picadores de gelo na parte de trás do cérebro ou pisando no peito", disse Legassi. Acrescentou que Barney costumava usar uma pequena pistola, mas tinha parado porque fazia muito barulho. Sim, ele sabia que às vezes o enteado atirava em cães na floresta para que não caíssem nas armadilhas e rasgassem seus animais. Mas sempre teve animais de estimação em casa, tanto cães quanto gatos. "Ele me disse que atirar em cachorros na floresta era 'puramente profissional'."

Mick Legassi confirmou que Ruthie certa vez colocou um vestido no filho porque a tinha desobedecido e ido até um riacho, e ela temia que o então menino se afogasse. Mas foi só naquela vez. Não conseguia se lembrar se Barney, alguma vez, teve mudanças de humor ou agiu como louco.

Resumindo, Legassi achava que o enteado era um cara legal. "Caso fosse o Assassino de Green River — e acho que não é", disse com firmeza, "bem, ele me contaria!"

Frank Adamson obteve o mandado de busca, e, mais tarde, naquela noite de quinta-feira, 6 de fevereiro de 1986, detetives e agentes do FBI invadiram a casa de Tikkenborg, localizada em uma pequena rua particular a um quarteirão da rodovia Pac. Os vizinhos assistiram em choque enquanto uma figura encapuzada, que presumiram ser Barney, era levada em um carro da polícia, e detetives e agentes carregavam itens para serem testados.

A figura encapuzada não era Barney Tikkenborg. Ele tinha sido detido no caminho para casa depois de um trabalho de acabamento de cimento perto do Snoqualmie Pass, quando o carro em que estava ficou espremido entre unidades policiais sem identificação que, de repente, piscaram luzes azuis nos painéis. Com as armas em punho, vários membros da força-tarefa e agentes do FBI ordenaram que saísse do carro do chefe.

A esposa, Sara*, estava sendo pega no emprego no mesmo momento. Ambos foram transportados para a sede do FBI no centro de Seattle.

Vários vizinhos dos Tikkenborgs foram persuadidos por equipes de televisão a fazerem comentários diante das câmeras. Suas palavras soaram como as de todos os vizinhos em todos os assassinatos, incêndios, desastres naturais ou tragédias chocantes em qualquer bairro de qualquer cidade. "Não consigo acreditar. Eles são um casal tão legal. Vizinhos tão bons. [...] Isso não acontece em um bairro como o nosso."

Se alguma vez uma operação policial foi comprometida por um exército determinado de repórteres e fotógrafos, foi essa. Helicópteros pairavam no alto com holofotes iluminando a cena, e repórteres atrapalhavam os investigadores da força-tarefa. Na sede da força-tarefa, Fae Brooks fez o possível para aplacar os repórteres que a cercavam. "Não fizemos nenhuma prisão. Estamos conversando com um suspeito."

O direito do público de saber, e de saber de imediato, tinha o mesmo peso na mente da mídia e conflitava com a necessidade urgente da força-tarefa de fazer o que tinha que ser feito.

Dadas as informações que a Força-Tarefa Green River tinha reunido sobre Barney Tikkenborg, a causa provável para um mandado de busca tinha sido encontrada. Mas o incidente de Tikkenborg foi um enorme desastre de relações públicas. E não havia razão para isso acontecer. Sem o brilho das luzes estroboscópicas e a intrusão dos microfones, o mandado de busca poderia ter sido cumprido em silêncio, sem uma atenção indevida à família que morava ali.

Tikkenborg foi interrogado durante várias horas por Jim Doyon da força-tarefa e por um agente do FBI. E negou ter algum conhecimento sobre os assassinatos do Green River, o que não era surpreendente. Claro que esperavam isso. Nenhum suspeito diria "Eu fiz! Eu matei todas elas!" na primeira vez que fosse interrogado. Tikkenborg estava com raiva, e a esposa estava com raiva. Ele se ofereceu para fazer um teste no detector de mentiras.

E passou. Passou de verdade. Foi um golpe pesado para a força-tarefa e para Frank Adamson. Ele tinha tanta certeza, e seus conselheiros especialistas concordavam. Todos acreditavam ter capturado o homem certo. E agora parecia que todo o raciocínio dedutivo estava errado. Diante disso, não tiveram escolha a não ser libertar Tikkenborg.

Os criminalistas continuaram a avaliar as possíveis provas retiradas da casa: todos os itens manchados de sangue que esperavam encontrar, claro, todos os fios de cabelo e fibras. Mas, no fim, Barney Tikkenborg foi eliminado como suspeito dos assassinatos do Green River três meses depois.

Ao ler os jornais do dia seguinte e ligar a televisão, com certeza parecia que a longa investigação tinha chegado ao fim. As manchetes foram um esplendor; as primeiras páginas inteiras dos dois jornais de Seattle alardearam a notícia, e jornais locais menores ecoaram a história. Alguns davam o nome e o endereço de Tikkenborg, e outros não. Alguns apresentavam uma foto da casa dele com o endereço bem visível em uma placa do lado de fora.

Frank Adamson enfrentou a ira do repórter que tinha concordado em esconder o furo de reportagem. Adamson se encontrou com o jornalista e lhe explicou a verdade — só havia se comprometido em lhe a primeira chance de uma entrevista *depois* que a prisão fosse feita. Do jeito que estava, a situação tinha saído totalmente do controle dele, e só aumentava o frenesi da imprensa e das rotas aéreas.

"Quando o encontrei em um restaurante em Fremont, claro, estava muito chateado", disse Adamson. "Mas acabamos prendendo o suspeito, levamos o cara para a sede do FBI e ele passou no teste do polígrafo. Isso foi a minha derrota. Fizemos a busca, recebemos uma atenção ruim e foi uma oportunidade para os políticos planejarem se livrar de mim porque era um ponto fraco. Concentramos grande parte da nossa energia e da energia da imprensa no cara errado. Me senti como se estivesse em cima de uma tábua com alguém serrando a outra ponta."

Tecnicamente, Adamson ficou na força-tarefa de dezembro de 1983 a janeiro de 1987, mas ele sentia para que lado o vento estava soprando. Tinha começado acreditando que ele e seus detetives, com certeza, resolveriam os assassinatos das garotas mortas, mas estava exausto, levando golpes por todos os lados. Era irônico. O público e a imprensa que gritaram que a força-tarefa deveria *fazer* alguma coisa agora estavam ansiosos para condená-los porque eles *tinham* feito alguma coisa que acabou sendo errada.

Como os membros da força-tarefa esperavam, Tim Hill, o novo chefe do poder executivo do condado de King, achava que sempre era melhor "gastar menos", e a investigação do Green River estava drenando os cofres do condado.

"Os casos chamaram a atenção", disse Adamson, "mas as despesas da força-tarefa também. As pessoas reclamaram. Depois da busca na casa de Tikkenborg, as coisas pioraram. Não senti que era o fim só porque não conseguimos provar que essa pessoa específica tinha matado. Havia outros suspeitos."

Isso era verdade, mas estar na Força-Tarefa Green River agora era difícil.

Tanto a mídia quanto os detetives estavam sendo julgados com rigidez. Mais de dois meses após a busca na casa de Barney Tikkenborg e a investigação abortada sobre sua vida, o *Los Angeles Times* publicou um longo artigo na primeira página da edição de domingo desaprovando a "quase histeria" causada pela cobertura televisiva de Seattle na detenção de um suspeito inocente e por ataques a jornalistas televisivos e à força-tarefa. No entanto, o artigo do *Los Angeles Times* também publicou os nomes reais do caçador de peles e da sua esposa, perpetuando, ao que parece, a atenção voltada para eles.

Provando que Tikkenborg não tinha nenhum problema com a lei desde 1967, o casal indignado processou três meios de comunicação e acabou recebendo 30 mil dólares.

E, o tempo todo, *ele* devia estar assistindo à cobertura das notícias com alegria. Ele sabia quem era o verdadeiro Assassino de Green River e gostava do fato de sua persona de assassino desconhecido estar recebendo tanta atenção da mídia. Gostava ainda mais de ver os membros da força-tarefa acabarem passando vergonha. Os policiais *tinham* falado com ele, porém estava convencido de que não tinham nenhuma pista. Pois havia convencido a polícia de sua inocência, e os policiais saíram correndo atrás de outra pessoa.

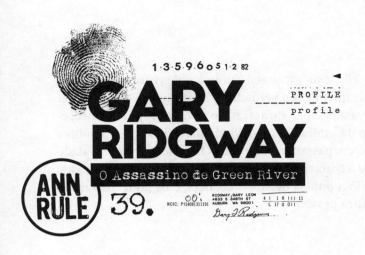

_Todos os homens eram suspeitos_____

O parque Cottonwood fica logo ao norte da ponte Meeker na estrada Frager, um pequeno trecho de grama pobre e rala entre a estrada e o rio nos anos 1980, com algumas mesas de piquenique cinza, lascadas pelo excesso de umidade e pela falta de manutenção. Fica perto de Des Moines, mas nunca ouvi falar de alguém ter ido lá para fazer um piquenique ou nadar. Além disso, todos que moravam na região se lembravam de que Wendy Lee Coffield, Debra Lynn Bonner, Cynthia Hinds, Opal Mills e Marcia Chapman tinham sido encontradas a menos de oitocentos metros de distância no rio. Isso fez com que Cottonwood parecesse um parque fantasma, e já não era muito atraente para começo de conversa.

Em março de 1986, dois funcionários do Departamento de Parques de Kent descobriram o que pareciam ser ossos humanos na base de uma grande árvore no parque. Havia ossos suficientes para saber que era uma mulher jovem, mas não o suficiente para identificá-la com a ciência forense disponível à época. Não havia crânio, mandíbulas nem dentes, só um torso e uma coluna humanos. Foram necessários mais treze anos para saber que essa era a única parte de Tracy Winston encontrada. O DNA mitocondrial, que compara o sujeito desconhecido com a composição do DNA de uma possível mãe, confirmou, em 1999, que a jovem deixada no parque Cottonwood era a filha alta e com covinhas de Chuck e Mertie Winston, a garota que tinha jurado mudar de vida poucas horas antes de morrer.

Fazia anos que Mertie sabia que a única filha havia morrido, porém a confirmação da morte provocou uma dor quase impossível de suportar. Era sempre assim. A longa espera deve ter contribuído para o derrame de Mertie quando era jovem, mas ela lutou para se recuperar — e conseguiu. Quando soube a verdade, pareceu irônico que Tracy estivesse tão perto de casa o tempo todo, embora seus movimentos a tivessem levado bem ao norte de Seattle.

"Não vou tentar adivinhar por que isso aconteceu com Tracy e conosco", disse Mertie em 2004. "Deus tinha o propósito de que a tivéssemos por tão pouco tempo: 19 anos, 11 meses e duas semanas."

A primavera de 1986 revelou o que o Assassino de Green River acreditava ter escondido para sempre. Em 2 de maio de 1986, um funcionário da Echo Glen, que procurava um adolescente fugitivo perto de uma saída da rodovia 18, ao sul da junção da 18 com a rodovia 90, olhou para baixo e viu alguns ossos desgastados. Era Maureen Feeney, que havia desaparecido em 28 de setembro de 1983. A família havia informado o desaparecimento dois anos e oito meses antes dessa descoberta. Maureen estava muito feliz por morar sozinha perto de Bellevue. Mas foi atraída para uma vida perigosa em Seattle. Por ironia, o corpo não tinha sido deixado muito longe do seu primeiro apartamento.

Em junho de 1986, o crânio de Kim Nelson e alguns ossos foram encontrados não muito longe, em uma área de floresta densa perto da saída 38 na I-90. Kim, também conhecida como Tina Tomson, estava a apenas alguns quilômetros de onde Delise Plager e Lisa Yates foram encontradas no início de 1984. Agora os parentes iam saber por que ela não tinha voltado para casa em Ann Arbor no Natal. O pai de Kim morreu alguns meses antes da filha ser identificada, e uma das irmãs sofreu um colapso nervoso depois de lidar com tantas tragédias. Até que a identificação formal dos restos mortais de uma vítima de assassinato aconteça, os parentes se agarram a uma pequena centelha de esperança em meio a uma ansiedade avassaladora. Depois disso, a esperança vai embora, e vem outra fase do luto com a qual lidar.

Oficialmente, não houve mais nenhum novo desaparecimento na área de Seattle, e o público parecia ter ficado entediado com uma investigação que parecia não ter fim nem respostas. Em novembro de 1986, eu ainda estava convencida de que em breve estaria escrevendo um livro sobre os assassinatos do Green River. Como salvei todos os calendários rabiscados desde 1972, é fácil olhar em retrospecto e ver o que eu estava fazendo há trinta anos. E algumas palavras trazem de volta imagens de eventos como se tivessem acontecido na semana anterior.

Em novembro daquele ano, aceitei o convite de um subxerife do condado de King que eu não conhecia para fazer um tour pelos locais de descarte de corpos perto da North Bend. Achei que era uma oportunidade de conhecer a topografia e a vegetação das áreas onde o Assassino de Green River tinha deixado suas trágicas vítimas. Eu tinha comido muitas vezes na Ken's Truck Stop, e todos os meus filhos tinham passado uma semana na primavera no acampamento Camp Waskowitz, mas eu nunca tinha entrado na floresta por aquelas estradas tão estreitas que pareciam trilhas.

Era um dia sombrio e sem sol, e toda a luz desapareceu bem antes das 16h. Devo admitir que comecei a ficar nervosa, assustada, quando o policial entrou em uma área que mais parecia uma paisagem lunar do que as florestas dos contrafortes do Snoqualmie Pass. Ali, me veio a sensação de que eu não conhecia esse homem, e no fundo da minha mente estava o conhecimento de que muitas pessoas acreditavam que o Assassino de Green River era um policial. Pensando se eu tinha sido muito idiota de sair por aí no carro de um policial que não conhecia, avisei que não queria ver mais nenhum local de descarte de corpos.

Mas esse era o clima da época. Todas as mulheres do condado de King estavam meio nervosas, e todos os homens eram suspeitos.

Havia um bom motivo para ficar desconfiada. Hope Redding* não era uma adolescente que pedia carona nem uma mulher que frequentava as ruas. Seu estilo de vida era bem diferente do das vítimas do Assassino de Green River. Era uma mulher profissional, casada e muito cautelosa, porque já fora vítima de agressão sexual. Depois disso, jurou que nenhum homem faria isso de novo, mesmo que tivesse que morrer lutando contra ele. Ela seguia todos os manuais de segurança que existiam e, em quase todas as circunstâncias, nunca entrava no carro de um desconhecido.

Em 1986, Hope estava voltando de carro do trabalho para casa por uma estrada escura na área de Maple Valley, no condado de King. O carro engasgou e parou, e nada do que fez produziu resultado. Pouco tempo depois, uma picape diminuiu a velocidade e parou no acostamento. Ela observou o motorista se aproximar do carro e verificou as trancas das portas. Ótimo. Todas trancadas. Ele estava dizendo alguma coisa pela janela do lado do motorista, e ela abriu a janela alguns centímetros.

"Abra o capô", gritou. "Sou muito bom com carros."

Parecia seguro o bastante. Não era comum ter um celular em 1986, e ela não tinha como pedir ajuda. O marido não saberia onde procurá-la. Precisava confiar naquele homem para dar uma olhada sob o capô, ou ia acabar tendo que caminhar quilômetros no escuro para encontrar um telefone ou passar uma noite fria trancada no carro. Ela abriu o capô.

O desconhecido prestativo não era um homem muito grande; não parecia mais alto do que ela e não parecia musculoso. Escutava o desconhecido batendo nas coisas enquanto tentava descobrir qual era o problema. O tempo passou, e ela percebeu que havia passado vinte minutos ou mais que tentava ajudá-la. Por fim, fechou o capô e voltou para a janela.

"Não consigo consertar", disse. "Precisa de umas peças que não tenho, mas posso te dar uma carona até um lugar onde você vai poder ligar para alguém vir te buscar."

Hope se sentiu culpada por ter duvidado dele no início. Quantos desconhecidos ficariam na chuva fria por tanto tempo tentando ajudar alguém? Ela assentiu, pegou a bolsa e o seguiu até a picape.

Ele não disse muita coisa enquanto os dois se dirigiam para um cruzamento onde ela sabia que havia um 7-Eleven, e ele nem olhou para ela. O homem tinha sido tão bom que ela decidiu que deveria lhe dar alguma coisa pelo tempo que passou tentando ajudá-la. Abriu a bolsa e começou a procurar a carteira. O motorista olhou alarmado para ela.

"Ele pirou", ela disse. "Acho que pensou que estava pegando um revólver. Devido ao nervosismo dele, fechei a bolsa."

Agora ela começou a se sentir um pouco irrequieta enquanto eles aceleravam pela noite. Ela percebeu que devia ser porque tinha acabado de quebrar a regra de não entrar no carro de um desconhecido. Viu o 7-Eleven à frente e se preparou para saltar da picape. Mas ele não diminuiu a velocidade, e logo a loja de conveniência ficou para trás, e a estrada à frente era ainda mais escura e menos familiar. Perguntou-lhe para onde estava indo, mas só ouviu um grunhido.

"Comecei a xingá-lo", lembrou Hope. "E nunca xingo ninguém. Mas eu estava gritando, mandando parar e me deixar sair. Dei uma cotovelada nas costelas dele com toda a força que consegui."

O homem lhe olhou com raiva, e Hope percebeu que ele nunca tivera a intenção de parar. Ele virou várias esquinas, até ela ficar desorientada, sem saber onde estava. A estrada em que estavam agora terminava em um tipo de ferro-velho. "Eu bati e lutei dentro da cabine da picape", disse. "Caímos pela porta, e continuei lutando contra ele no chão. Eu provavelmente estava na melhor condição que já estive na vida — fazia aeróbica três vezes por semana — e não ia deixar que me dominasse. Ele ficava me chamando de 'vadia', e percebi que estava com muita raiva."

Enquanto eles rolavam e tombavam no chão lamacento, ela o viu passar a mão livre no chão, tentando alcançar alguma coisa, uma pedra talvez, para bater na cabeça dela. E ele estava tentando colocar o outro braço em volta da garganta dela para pressionar a traqueia.

"Fiz o que tinha que fazer", disse Hope. "Afundei os dentes o mais fundo que pude no seu braço, e então fui solta."

Ela correu para a escuridão que os rodeava e se escondeu. Ouviu-o cambaleando por ali, procurando por ela, e prendeu a respiração. Por fim, desistiu e foi embora. Ela conseguiu seguir as luzes e encontrar um telefone, mas Hope Redding teve pesadelos por muito tempo. E, muitos anos depois, quando reconheceu uma foto do homem que poderia tê-la matado, ligou para a Força-Tarefa Green River.

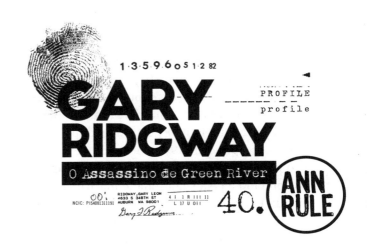

____Sua hora estava chegando__

Embora Frank Adamson fizesse o possível para parecer otimista em relação à investigação do Green River, não era fácil. O ano de 1986 estava quase acabando, e não pareciam estar mais perto de prender o assassino do que antes. A força-tarefa estava sendo reduzida, e Adamson teve que dar a vários detetives a má notícia de que seriam transferidos. Vinte e cinco por cento da força-tarefa foi embora.

O chão sob seus pés estava ficando cada vez mais instável. Estava frustrado, decepcionado, chateado com o circo que se tornara a busca na casa do caçador de peles, triste por todas as moças que ainda não tinham sido vingadas. E sabia que sua hora estava chegando.

"Vern Thomas me ligou e disse: 'Não quero ouvir nada. A decisão está tomada, Frank. Você pode continuar no comando, ou pode ser promovido a major'."

Thomas, que não durou muito mais no cargo de xerife, ofereceu a Adamson a oportunidade de comandar o novo distrito policial que seria criado em Maple Valley. A alternativa tácita para Adamson era que estaria fora da força-tarefa de qualquer maneira.

"Escolhi a segunda opção", lembrou Adamson, "e Vern disse: 'Você fez a escolha certa'."

Foi bom deixar de lado a batata quente. Frank Adamson foi o comandante da Força-Tarefa Green River que durou mais tempo. Tinha começado em novembro de 1983 e deixou a força-tarefa oficialmente em janeiro de 1987.

O capitão Jim Pompey estava no departamento desde 1972 e foi promovido a capitão em 1983, tornando-se o afro-americano no cargo mais alto no departamento do xerife. Era encarregado pela equipe da SWAT do condado e pela sua unidade marítima. Agora tinha ido chefiar a reduzida Força-Tarefa Green River em meio a rumores de que seria absorvida pela Unidade de Crimes Graves, onde evaporaria em silêncio. Ele admitiu que não estava a par dos casos do Green River, enquanto Frank Adamson, Dave Reichert, Jim Doyon, Randy Mullinax, Sue Peters, Matt Haney e dezenas de outros detetives que viveram e respiraram a história do Green River durante anos estavam familiarizados com todos os aspectos.

Matt Haney se juntou à Força-Tarefa Green River em 1º de maio de 1985, substituindo Paul Smith quando este foi diagnosticado com leucemia. Sue Peters, a novata que atendeu ao chamado sobre o segundo local de descarte de corpos do Green River em agosto de 1982, era detetive em 1986 e também entrou na força-tarefa. Mesmo com o número de investigadores reduzido, Jim Pompey ia comandar a nata.

Conforme a Força-Tarefa Green River continuou a encolher por causa de cortes no orçamento, o condado de King encontrou dinheiro no orçamento para "reabilitar" o próprio Green River — em parte para tirar o ônus colocado sobre ele pelos 36 assassinatos não resolvidos e as dezenas de mulheres desaparecidas. A Divisão de Recursos Naturais e Parques do condado contratou o artista Michael McCafferty para criar um plano mestre que mudaria a imagem do Green River ao longo de todo o seu curso de cinquenta quilômetros. McCafferty sugeriu várias estações educacionais, algumas esculturas de bronze, replantio para "ajudar os peixes" e um pequeno memorial de flores pretas e roxas para homenagear as vítimas de assassinato. Essa última sugestão — não solicitada — de McCafferty alarmou a Comissão de Artes do Condado de King. "É inadequado", disse um membro da comissão. "Esse [assassino em série] ainda não foi capturado. O homem pode pensar que é um memorial para ele. Se tivesse sido preso, nossa sensação poderia ser diferente."

O que ninguém comentou foi a esperança de que os assassinatos fossem esquecidos e que o Green River voltasse a ser conhecido pelas águas ondulantes, pelas corridas de salmão, pelas garças-azuis-grandes e pela serenidade. Honrar os mortos faria as pessoas se lembrarem para sempre do que tinha acontecido.

Linda Barker, falando em nome das famílias das vítimas, achou a ideia de um memorial muito adequada. "A sociedade e a comunidade precisam dizer que essas garotas são valiosas e que suas mortes significam alguma coisa para nós."

No fim, o projeto de dez milhões de dólares foi executado com uma ciclovia e uma pista de corrida ao longo do rio, um campo de golfe perto da ponte da rua Meeker... mas nenhuma lembrança das vítimas do Green River.

Jim Pompey, o novo chefe da Força-Tarefa Green River, era um cara ótimo, com uma risada estrondosa que dava para reconhecer de imediato. Formado pelo programa de segurança pública da Universidade Estadual de Washington (WSU), era um "puma", como eram chamados os egressos, dedicado. Entusiasta do treinamento físico, exercitava-se várias vezes por semana levantando pesos em uma academia perto do Distrito de Burien. Meu filho, Mike, treinava com Pompey e outro policial afro-americano, membro da Unidade K-9.

"Eu me lembro de que era um cara muito forte", lembrou Mike. "E estava sempre tentando conseguir mais bonés e camisetas da universidade WSU. Toda vez que eu ia para Pullman, ele me pedia para trazer alguma coisa que tivesse o puma Wazzu, mascote da universidade."

Não era de surpreender que Pompey também fosse um excelente nadador e mergulhador, habilidades úteis quando chefiava a unidade marítima. Seattle e o condado de King têm água em quase todas as direções, e resgates de pessoas afogadas são comuns.

Pompey sentia que estava à altura do desafio de pegar o Assassino de Green River, embora não fosse um trabalho que teria procurado por vontade própria. Assim como acontecia a todo novo comandante, chegou animado e entusiasmado, embora o moral entre os detetives ainda estivesse baixo. Até Dave Reichert, que estava com a investigação desde o primeiro dia, às vezes se perguntava se conseguiriam pegar o homem que tinha escapado por tanto tempo. Seria justo dizer que isso se tornou um desafio de vida pessoal para Reichert.

• • •

Alguns dos suspeitos proeminentes dos primeiros dias tinham sido eliminados havia muito tempo; outros permaneciam na categoria "A", enquanto alguns tinham subido a escada da dúvida até um ponto onde parecia prudente olhar para eles por outro ângulo. E sempre havia a chance de que os detetives da força-tarefa encontrassem um suspeito novo, um nome que nunca tinham ouvido.

Um dos primeiros suspeitos, quando reavaliado, começou a parecer muito mais interessante. O computador de última geração, conquistado a duras penas por Frank Adamson, Bob Keppel, o xerife Vern Thomas e o ex-chefe do poder executivo do condado Randy Revelle, era uma ferramenta nova e quase milagrosa. Demorou para os funcionários inserirem no computador os milhares e milhares de dados de pistas e relatórios de investigação de campo, as informações sobre as vítimas e os possíveis suspeitos. Ele continuava procurando conexões entre as vítimas e conexões entre as vítimas e os possíveis suspeitos.

Um nome que chamou a atenção dos detetives foi o homem de boas maneiras que dirigia picapes e gostava de ver as prostitutas na Strip. Parecia estar intimamente ligado à investigação. O sargento Frank Atchley sempre o achara intrigante. Matt Haney notou que o nome dele estava aparecendo cada vez mais no computador.

- A Polícia da Autoridade Portuária de Seattle, que patrulhava o terreno do aeroporto, havia listado o "nome de rua" de uma mulher bonita que estava no estacionamento com ele em 1982. Era um pseudônimo de Keli Kay McGinness, a bela loura que ainda estava desaparecida depois de deixar o motel Three Bears.
- Era, claro, o homem que tinha começado a estrangular Penny Bristow depois de dizer que ela o havia mordido durante o sexo oral. Aliás, o próprio admitiu que o incidente havia acontecido.
- Jim Doyon o havia interrogado em frente ao KFC na Strip, perto do cruzamento onde a maioria das mulheres mortas e desaparecidas tinham sido vistas pela última vez.
- Esse mesmo homem morava ao sul da rua 216 na estrada Military. Na verdade, morava na casa em que o pai e o namorado de Marie Malvar tinham visto o sargento-detetive de Des Moines Bob Fox interrogar o proprietário. Fox foi embora, convencido de que Marie não estava na casa dele e nunca estivera.

- Costumava dirigir picapes mais velhas, e todas correspondiam às descrições dadas por testemunhas ou mulheres que tinham escapado de um homem que acreditavam ser o Assassino de Green River.

A pedido dos vizinhos, até eu tinha desistido do nome desse homem no início de 1987. Provavelmente, havia outras pistas que o envolviam em algum lugar do computador.

Ainda assim, em muitos aspectos, ele não se encaixava nos parâmetros do perfil padrão do assassino em série. Parecia bem casado e feliz, proprietário de uma casa e com um filho pequeno. Em 1984, tinha passado no teste do polígrafo sobre assassinatos de mulheres jovens. E tinha um emprego estável na mesma empresa — a Kenworth Truck Company, onde fazia pinturas personalizadas — por mais de duas décadas.

Não era o típico assassino em série — que costumava ser solitário sem um relacionamento duradouro com uma mulher. Não ficava pulando de um emprego para outro. Não vinha de um lar desfeito. Tinha crescido no extremo sul do condado de King, e sua escola ficava a poucos quarteirões da Strip, assim como a casa dos pais.

Ele cortava o cabelo no Don the Barber desde que estava no ensino médio. Trabalhara em hotéis e lojas de excedentes de produção na Strip quando adolescente e, quando adulto, fazia compras lá.

Seu nome era Gary Leon Ridgway, tinha 37 anos, e era alguns meses mais velho que Dave Reichert. Haney sentiu que o nome aparecia vezes demais no computador para ignorar, mas, mesmo assim, eram todas provas circunstanciais. Não havia nenhuma prova física para determinar que Gary Ridgway era mais do que um cara um pouco assustador que estava solteiro durante os anos de pico em que o assassino matou a maioria das vítimas: 1982 a 1984. Os investigadores do Green River tinham encontrado muitos caras que eram assustadores e que, casados ou solteiros, gostavam de encarar prostitutas e pagar para fazer sexo com elas.

Cinco anos antes, Melvyn Foster parecia perfeito como suspeito. Um ano antes, o caçador parecia certo, mas provou ser inocente. E essa crença deu à força-tarefa a pior notoriedade até então. Vários outros homens pareciam candidatos mais prováveis a ser o AGR do que esse cara, homens de quem o público nunca tinha ouvido falar. E, ainda assim, Gary Ridgway merecia um olhar mais atento.

Quando olhei para o primeiro caderno que caiu das caixas de arquivo sobre os assassinatos do Green River que eu tinha guardado por mais de vinte anos, fiquei surpresa ao ler minha própria impressão rabiscada em uma página inteira:

Gary Leon Ridgway — Provas físicas? Pode ter laços com a vítima do GR
Estudou em Tyee
Turma de 1967 ou 1968, vire O em 220 21859 32

Metade dessas anotações estava errada. Mas, pensando, ou tinha alguma coisa que a força-tarefa podia querer ver, ou preenchi uma das folhas de pistas que eles tinham me dado, ou, o que era mais provável, digitei o que os vizinhos me disseram quando nos encontramos depois que eles me ligaram em algum momento de 1987.

Dezessete anos antes, me sentindo bem idiota por brincar de detetive, usando óculos escuros e um cachecol, pedi um carro emprestado e passei pela casa de Gary Ridgway na avenida 32. Não foi difícil chegar lá; à época, eu morava na esquina da rua 18 Sul e da rua 240. Não havia nada incomum na casa dele. Não havia ninguém por perto, e as janelas estavam cobertas por cortinas ou persianas. Caso estivesse no quintal, não saberia; não fazia ideia de sua aparência.

Eu não tinha ideia, em 1987, de que os investigadores da Força-Tarefa Green River estavam muito à minha frente. Nunca me disseram, de uma forma ou de outra, se alguma das informações que passei a eles foi útil. Na verdade, não esperava que fizessem isso.

Na verdade, investigadores da força-tarefa e policiais uniformizados vinham observando Ridgway de um jeito intermitente havia meses.

No início, Matt Haney tinha escolhido Ridgway como seu suspeito preferido e, quanto mais descobria sobre ele, mais entusiasmado ficava. Haney provavelmente trabalhou em mais departamentos de polícia e em mais missões do que qualquer policial com menos de 50 anos. Começando no Departamento de Polícia de Kent, investigou um homicídio que envolvia a primeira "testemunha protegida pelo governo" dos Estados Unidos a ser arrancada de suas raízes no crime organizado da Costa Leste. Haney tinha vinte e poucos anos à época. Em seguida, foi para o Departamento do Xerife do Condado de King, onde primeiro foi subxerife de patrulha, depois detetive de homicídios e um dia chegou a encarregado das Operações Especiais (K-9s e Apoio Aéreo), além de oficial de treinamento.

Haney conversou com Pompey e os promotores adjuntos do condado de King, Marilyn Brenneman e Al Matthews, compartilhando suas convicções de que a força-tarefa deveria agir — obter um mandado de busca, se necessário — para descobrir mais sobre Gary Ridgway.

Brenneman e Matthews estavam entusiasmados com o foco em Ridgway. Pompey também queria monitorar as idas e vindas de Ridgway. Até então, a vigilância não tinha rendido muita coisa. Ele ia trabalhar e voltava para casa. Às vezes, parava para comer em restaurantes de fast-food. Isso era quase tudo.

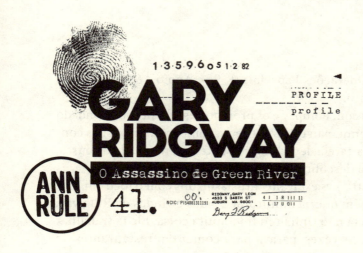

_Green River
Gary___

Em 8 de abril de 1987, a sensação de invulnerabilidade de Gary Ridgway foi severamente abalada. Ele não tinha ideia de que estava sendo vigiado e, com certeza, não esperava o cumprimento de um mandado de busca na sua casa, no seu armário no trabalho e nos três veículos que tinha à sua disposição naquele momento — a sua própria picape Ford, a picape Dodge do pai e o Dodge Dart que a esposa, Judith, dirigia. O mandado de busca redigido por Matt Haney e aprovado pelos promotores adjuntos Al Matthews e Marilyn Brenneman também especificava que havia uma causa provável para o próprio Ridgway entregar amostras do seu cabelo.

A busca, feita de maneira discreta e rápida, correu bem. Haney e Doyon levaram Gary Ridgway à sede da polícia de Kent, onde o fotografaram e ensacaram amostras coletadas dos cabelos e dos pelos pubianos como provas. Embora o cabelo não seja a fonte ideal para encontrar o DNA, se houver folículos capilares (marcas de pele) presentes, a identificação é possível. Quase como uma reflexão tardia, Matt Haney pediu a George Johnston, do laboratório criminal da Patrulha do Estado de Washington, que colhesse uma amostra do interior da boca e da bochecha de Ridgway. A gaze contendo a saliva foi ensacada, etiquetada e congelada para um dia no futuro distante em que poderia ser importante.

Sue Peters ficou um pouco chateada por investigar só o armário de Ridgway na Kenworth, que, à época, não parecia ter nada vital para o caso. Ela ensacou e etiquetou o macacão branco, marcado por uma miríade de manchas de tinta.

Outros policiais pegaram cordas, lonas, muitas amostras de tinta, alguns fios e fibras de carpete.

Gary Ridgway sempre sentiu orgulho do emprego na Kenworth e da imagem que tinha lá, ou que acreditava ter. Era um funcionário confiável e pontual e conseguia seguir as instruções do computador para misturar a tinta que estilizava as grandes plataformas. Mas às vezes sua dislexia dificultava a lembrança dos números nos computadores associados a trabalhos de pintura especializados. Em um dia ruim, podia arruinar alguns trabalhos por se confundir com um friso de três cores e ficava furioso consigo mesmo. Um dia, "arruinou vários caminhões" porque confundiu as sequências. Ele até teve um período de três dias em que acrescentou os produtos químicos errados à tinta. Pior de tudo, às vezes pintava o caminhão totalmente errado. Os patrões sempre o deixavam fazer de novo, e ele repetia sem protestar. Um de seus apelidos na fábrica era "Contramão", o que lhe causava ódio. Mas não podia demonstrar a raiva no trabalho porque tinha medo de ser demitido. Na sala de descanso dos funcionários, alguns colegas o consideravam religioso demais, a ponto de ser fanático, enquanto lia a Bíblia em voz alta. Ele era um paradoxo: às vezes, era muito abusado com as funcionárias e as deixava nervosas quando se aproximava por trás. Outras vezes, passava pelas fases de pregação, onde declamava sua opinião sobre prostitutas e mulheres perdidas até que a saliva voasse da boca.

Depois que os investigadores da força-tarefa revistaram seu armário, Ridgway ganhou outro apelido no trabalho. Embora as buscas de abril de 1987 tivessem sido realizadas com pouco alarde e, para alívio de Jim Pompey, sem invasão da mídia, outros funcionários da Kenworth sabiam que os detetives o tinham interrogado, revistado seus pertences e tirado fotos da sua picape no estacionamento da empresa. Ninguém achava de verdade que fosse capaz de matar mais de três dezenas de prostitutas, mas havia a semelhança das iniciais que imploravam por piadas: "G.R." para Gary Ridgway e "G.R." para Green River. Ele logo se tornou "Green River Gary" na Kenworth.

Era só uma piada, porém ele não achava nenhuma graça. Mesmo assim, o cumprimento do mandado de busca não prejudicou sua carreira na Kenworth; era um funcionário muito confiável.

John O'Leary também trabalhava na Kenworth, mas estava muito mais avançado na hierarquia corporativa do que Ridgway jamais poderia estar. O'Leary era um corredor de longa distância muito dedicado entre meados dos anos 1980 e início dos anos 1990, e ele e seu companheiro de corrida se interessavam por casos de crimes reais. "Nos treinamentos de noventa minutos a duas horas", lembrou, "passávamos muito tempo falando sobre o caso Bundy enquanto líamos os diversos livros. Também conversamos muito sobre o caso do Green River, já que estava sempre nos noticiários."

"Mais tarde, me tornei diretor financeiro das fábricas da Kenworth em Tukwila e Renton de 1997 até o fim de 2000. Embora não fosse amigo de Ridgway, com certeza sabia quem ele era. Era de conhecimento geral que ele tinha sido um dos suspeitos do Green River, mas foi inocentado."

Jim Pompey ficou aliviado por Matt Haney ter conseguido esconder os detalhes das buscas de abril de 1987. Até a mídia, que seguia os passos dos detetives, parecia humilhada após o caos das buscas na casa de Tikkenborg.

Foram necessárias várias semanas para que todos os testes de provas retiradas da casa, do armário e dos veículos de Ridgway fossem concluídos e eles soubessem se alguma prova física utilizável havia surgido. Nesse ínterim, Ridgway, apesar de ter um novo apelido, voltou à vida cotidiana. Não ameaçou processar ninguém, e a grande maioria do público de Seattle nem estava ciente de seu momento sob os rígidos holofotes.

Al Matthews, o promotor que trabalhou com a força-tarefa durante quatro anos, ficou tão decepcionado quanto Matt Haney e Sue Peters quando teve que lhes dizer que não havia provas físicas suficientes para obter um mandado de prisão para Gary Ridgway. Tinham feito tudo que podiam, mas a parte Ridgway da investigação do Green River teve que ser arquivada até que viesse à tona alguma coisa que se sustentasse no tribunal.

Haney estava convencido de que não havia acabado para sempre. Sempre que podia, verificava as conexões entre Gary Ridgway e as vítimas do Green River.

O ano de 1987 foi ótimo para a ciência forense. Um artigo de 21 de setembro publicado em Londres, Inglaterra, foi intitulado "Amostra genética aponta suspeito de assassinato".

Pela primeira vez, um departamento de polícia em algum lugar do mundo tinha usado uma técnica científica conhecida como "impressão digital genética". Na determinação de resolver os assassinatos com estupro de duas adolescentes ocorridos dois anos e meio antes no vilarejo de Enderby, condado de Leicester, investigadores ingleses coletaram amostras de sangue e saliva de mais de 5 500 homens adultos que viviam na comunidade. Depois de testes exaustivos e da eliminação de todos os outros sujeitos, acusaram um padeiro de 27 anos pelos crimes.

O geneticista Alex Jeffreys, da Universidade Leicester, descobriu que o DNA — ácido desoxirribonucleico — encontrado nos cromossomos de todos os seres vivos pode ser mapeado como uma série de fitas, exclusivas para cada pessoa. Em 1987, o teste foi eficaz com sangue seco de até cinco anos e sêmen seco de até três anos. A chance de que dois humanos tivessem padrões idênticos era entre 30 bilhões e 100 bilhões para um. Parecia muito *Admirável Mundo Novo*, e os testes de DNA ainda não estavam nem um pouco aperfeiçoados. Além disso, o custo podia ser proibitivo. Mas, quando Gary Ridgway foi interrogado e revistado em 1987, Matt Haney não tinha nada a perder ao coletar uma amostra de sua saliva.

De maneira inesperada e trágica, a Força-Tarefa Green River teria mais um comandante. Jim Pompey foi dar um mergulho com o detetive Bob Stockham, o irmão de Stockham, e Roger Dunn, que, como Bob Keppel, eram os detetives do condado de King que tinham ido ao encalço de Ted Bundy em meados dos anos 1970. Dunn agora administrava sua própria empresa de investigação particular.

Eles estavam mergulhando em Richmond Beach, no extremo norte de Seattle, onde Pompey ia usar um novo arpão para pescar. Mas, assim que desceram a profundidades próximas a trinta metros, Pompey começou a ter problemas com o regulador do tanque de oxigênio. Stockham viu que o comandante do Green River estava à beira do pânico e tentou ajudá-lo a chegar à superfície, mas eles se separaram, e Pompey subiu rápido demais.

O resgate da Guarda Costeira levou Pompey de helicóptero para o hospital de Seattle, e ele parecia estar recobrando a consciência. Mas um dano terrível tinha sido feito nos pulmões. Ele não sobreviveu o suficiente para ser colocado na câmara de descompressão.

Quando "Doc" Reay fez a autópsia em Jim Pompey, descobriu que ele havia sucumbido a uma embolia pulmonar. Ainda não tinha 40 anos e estava em uma forma física melhor do que qualquer um na força-tarefa, mas tinha morrido.

O tenente Greg Boyle assumiu as rédeas e, depois, passou-as para Bobby Evans em dezembro de 1987. A nomeação para a Força-Tarefa Green River cobrou seu preço de todos os homens jovens. Danny Nolan morreu de uma doença sanguínea semelhante à leucemia, assim como Paul Smith. Ralf McAllister teve um ataque cardíaco sério e morreu em sua cabana no Snoqualmie Pass. Um detetive se aposentou depois de um colapso emocional. Os detetives de homicídios vivem sob tanta pressão e estresse que a taxa de desgaste por morte súbita é maior do que na maioria dos empregos, mas o caso do Green River parecia estar cobrando um preço ainda maior.

A mesma coisa acontecia com os pais e mães das jovens vítimas de assassinato, especialmente com os pais. O fracasso percebido por não ter sido capaz de proteger os filhos corrói os pais que não conseguiram salvar aqueles que mais amavam. Aconteceu nos casos Bundy e estava acontecendo nos casos do Green River. O luto das famílias costuma ser tão profundo que elas perdem a vontade de viver. O número de mortes causadas pelo Assassino de Green River se estendia muito além da contagem de suas vítimas.

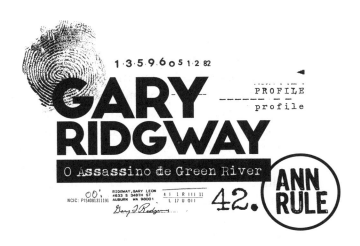

_Desaparecimentos do outro lado___ da divisa

Pelo menos quatro mulheres desaparecidas que correspondiam ao tipo de vítima preferido pelo Assassino de Green River tinham vindo da área de Portland. Trina Hunter, a mulher cujos parentes a mantiveram trancada em um sótão, foi encontrada em um pântano perto de Vancouver, Washington, e seu assassinato ainda não estava resolvido. Dois dos conjuntos de restos mortais na área de Tigard/Tualatin ainda não tinham sido identificados, mas os detetives de Portland duvidavam que o AGR estivesse operando em sua jurisdição. Era uma afirmação difícil, dadas as viagens constantes das prostitutas de Portland a Seattle, e vice-versa.

Se a polícia de Portland e do condado de Multnomah hesitava em aceitar que talvez tivesse que formar uma força-tarefa própria, ninguém poderia culpá-la. É uma velha piada entre os detetives de homicídios que, em um caso "fracassado", eles podem arrastar o corpo para o outro lado da divisa de um condado ou estado e deixar outro departamento resolver o crime. Com todos os aborrecimentos que os investigadores de Washington enfrentaram nos últimos cinco anos com o caso Green River, nenhuma outra jurisdição os invejava.

Enquanto isso, as prostitutas começaram a desaparecer das ruas de Vancouver, na Colúmbia Britânica — a apenas quatro horas de carro ao norte de Seattle. Na verdade, toda a Costa Oeste parecia crivada pelo mais novo flagelo identificável conhecido na história do crime: o assassino em série. E Portland tinha seu próprio cerco. Em meados do verão de 1987, mais prostitutas estavam desaparecidas em Portland. Os relatórios de incidentes pareciam muito familiares. Uma jovem foi pega enquanto caminhava em direção ao 7-Eleven para comprar cigarros. O motorista parecia inofensivo e bem agradável. No entanto, passou direto pelo bairro dela e, ao saírem da área urbana, pisou forte no acelerador e disse que sempre quis levar uma mulher para a floresta, amarrá-la e fazer sexo com ela. Quando atingiu velocidades próximas a cem quilômetros por hora, ela decidiu arriscar. Qualquer coisa seria preferível a ficar sozinha com aquele homem que era claramente perigoso. Ela acionou a maçaneta da porta, usando o cotovelo, e pulou do carro em movimento. Ela caiu com violência na estrada. Embora estivesse gravemente ferida e sangrando, estava viva quando um motorista de caminhão a encontrou caída na rodovia e chamou a ambulância.

Um mês depois, em 7 de agosto de 1987, uma mulher de Portland que também trabalhava na rua Union pediu ajuda desesperada, gritando: "Estupro! Socorro... Estupro!". Os moradores próximos correram para as janelas. No estacionamento do Denny's bem abaixo, viram um homem curvado sobre uma mulher nua, levantando o braço várias vezes. No entanto, quando a alcançaram, ela estava morrendo devido a facadas no tórax.

Por mais horrível que fosse seu assassinato, estava longe de ser o pior. Os detetives do Oregon rastrearam a placa do carro que uma testemunha conseguiu memorizar e a ligaram a Dayton Leroy Rogers, de 33 anos. Rogers, um conhecido mecânico de automóveis nas vilas de Woodburn e Canby (cerca de quarenta quilômetros ao sul de Portland), era casado e tinha um filho pequeno. Mas também tinha um histórico de agressões sexuais de muitos anos anteriores. Esteve preso e, depois, foi diagnosticado como doente mental, mas escapou do sistema de condicional do Oregon. Era conhecido pelas prostitutas como fetichista de pés, fã de *bondage* e um cliente que ficava excitado quando provocava dor.

Quando um corpo feminino em decomposição foi encontrado na floresta Molalla em 31 de agosto, no condado de Clackamas, Oregon, os detetives se lembraram das tendências sexuais de Rogers. Era um conhecido sádico e morava a menos de 24 quilômetros de distância. Quando policiais e cães conduziram uma busca nauseante na fazenda de madeira de 36 mil hectares, encontraram mais seis corpos femininos. Quatro deles estavam a cinquenta metros um do outro em uma encosta quase vertical. Estavam cobertos com arbustos e, depois, foram enterrados por conta própria à medida que ervas daninhas e arbustos cresciam por cima e ao redor deles.

O dr. Larry Lewman, legista do estado do Oregon, examinou os duzentos registros odontológicos que o legista do condado de King reuniu depois dos assassinatos do Green River, em busca de correspondências com as sete vítimas encontradas entre 31 de agosto e 5 de setembro de 1987, na remota área de floresta a dezesseis quilômetros a sudeste de Molalla, Oregon. Conseguiu identificar a maioria por meio de tratamentos odontológicos, embora alguns dos prontuários tivessem mais de dez anos. Mas nenhum era das mulheres desaparecidas nos arquivos do Green River. Todas, exceto uma dessas vítimas conhecidas, tinham vínculos com a prostituição. Uma delas jamais seria identificada. A pior parte, porém, era o fato de que o assassino tinha cortado os pés das vítimas, provavelmente com um serrote.

A Força-Tarefa Green River enviou detetives para a floresta Molalla para ajudar a vasculhar o local de descarte de corpos ao ar livre, um agrupamento onde as vítimas do estado de Washington tinham sido encontradas. E é claro que eles se perguntaram se poderiam encontrar provas que ligariam esses assassinatos aos casos do Green River. Já que o homem que procuravam tinha parado de fazer vítimas no condado de King, ele poderia muito bem ter se mudado para o sul pensando em começar do zero.

Rogers mal parecia um assassino. Não era muito alto, tinha uma constituição esguia e rosto de bebê. Com certeza, pareceria inócuo para as mulheres que o encaravam pela janela do carro. Também era alcoólatra e nunca ia a lugar nenhum sem um estoque de garrafas minúsculas de vodca — o tipo usado em aviões. Várias dessas garrafas foram encontradas perto dos corpos na floresta Molalla.

Mas será que Dayton Leroy Rogers podia ser o Assassino de Green River? Não era provável. Alguns elementos eram iguais, mas outros eram muito diferentes. Até onde os investigadores da força-tarefa sabiam, Rogers não tinha viajado para Washington. Embora a maioria das vítimas do condado de King só tenha sido encontrada depois que havia virado apenas esqueletos, nenhum dos ossos apresentou sinais de furo ou quebra por projéteis ou facas. Nenhuma das primeiras vítimas encontradas tinha sido esfaqueada, elas eram mais novas do que as vítimas de Molalla e não havia indicação de que os pés tivessem sido cortados. Não, a área de Portland tinha seu próprio assassino em série.

Depois da primeira onda de interesse por parte dos detetives do condado de King, eles perceberam que Rogers não era o homem que procuravam. Era um assassino em série, com certeza, mas não aquele que estavam caçando havia tanto tempo.

Dayton Leroy Rogers foi julgado e condenado à prisão perpétua.

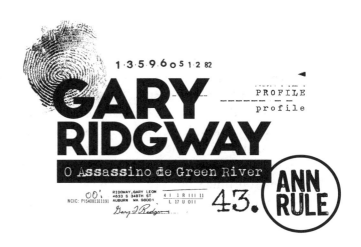

Mais do que coincidências

Em 1988, completava-se o centenário do assassino em série mais famoso de todos os tempos. Jack, o Estripador, tinha perseguido infelizes damas da noite em Londres exatamente cem anos antes. O mais estranho é que ninguém interessado nos assassinatos do Green River pareceu notar isso. Pelo menos, não houve artigos de "aniversário" nem comentários sobre o assunto na televisão. O Velho Jack era um sovina em comparação com a contagem do AGR; tinha feito menos de meia dúzia de vítimas, mas sua fama aumentou em progressão exponencial ao longo dos anos por nunca ter sido pego.

Os detetives da Força-Tarefa Green River esperavam com fervor que isso não acontecesse com o homem que estavam procurando.

Qualquer um que investiga homicídios, ou escreve a respeito, logo descobre que há coisas que acontecem que parecem ser muito mais do que coincidências, são acontecimentos e descobertas quase inexplicáveis. É mais do que a mão de uma vítima saindo do túmulo, ou, mais provável, se estendendo para fora do outro mundo. A afirmação de que o assassino "vai aparecer" nem sempre é verdade. Pessoas escapam impunes de homicídios o tempo todo. Mas às vezes as provas e as vítimas são descobertas por meios tão improváveis que parecem quase milagrosos, e eu não questiono isso.

Em 30 de maio de 1988, Debra Lorraine Estes, que tinha 15 anos de idade quando sumiu, já estava desaparecida havia quase seis anos. Houve momentos de esperança. Uma de suas tias, que morava na Virginia, era conhecida como vidente, mas as mensagens que recebia eram muito mais fundamentadas do que uma coisa etérea. Ela havia recebido dois telefonemas — um em 1985 e outro em 1986. A jovem que ligou disse que era sua sobrinha e que precisava de ajuda. A tia de Debra ouviu o ruído de fundo e o som de moedas sendo jogadas em um orelhão.

"Preciso de ajuda", disse a garota. "Vou até onde você está."

A pessoa que ligou disse que era Debra e sabia até os nomes dos primos da Virginia, embora só os tivesse visto uma vez e não os conhecesse muito bem. Ela acertou os nomes. Mas desligou de repente nas duas ligações. Na segunda vez, gritou antes que a linha caísse.

Será que era Debra? Talvez ela estivesse sendo mantida em cativeiro e tivesse conseguido chegar a um telefone duas vezes. Mas por que não ligou para os pais em vez de ligar para uma tia que mal conhecia? Ou era Debra de algum lugar além da vida, fazendo contato com a única parente que era sensível a comunicações fantasmagóricas?

O mais provável era que fosse um piadista cruel, uma pessoa mórbida que gosta de tornar a dor dos parentes das vítimas ainda mais aguda.

Carol Estes se agarrou à esperança de que a filha estava em algum lugar. Ela disse a Linda Barker que, se não pudesse ter a filha de volta sã e salva, esperava que Debra pudesse, de alguma forma, ser a garota que ia derrubar o assassino e levar à sua prisão. "Quero que ela resolva o caso."

Em 20 de janeiro de 1988, Tom e Carol Estes apareceram no programa de *Oprah Winfrey* pedindo informações de alguém — qualquer pessoa — entre os espectadores que pudesse ter visto Debra. Embora o programa tenha um público enorme, só receberam quatro pistas. Todas eram vagas, menos uma. Uma pessoa que ligou viu uma garota dançando em um cais no Sudeste, uma garota que se parecia com Debra. Outra tinha visto uma garota passando, mas não conseguiu dar informações específicas. A informação mais provável veio de um centro de reabilitação em New England, onde jovens perturbados recebiam ajuda. Debra podia ser uma das frequentadoras.

Mas não era Debra.

• • •

Assim como qualquer cidade com uma população crescente, Seattle e os arredores do condado de King atraíram incorporadores com planos de construir casas e complexos de apartamentos nos subúrbios onde não havia nada além de florestas e contrafortes de montanhas. A rodovia Federal, que ficava a mais da metade do caminho entre Seattle e Tacoma, era considerada um local perfeito para a construção de prédios de apartamentos, e isso podia ser realizado com um financiamento criativo que alavancasse uma quantia pequena de investimento inicial.

Em 1981, uma empresa chamada Western Hill começou a construir o que, a princípio, seria chamado de The Bluffs na esquina da rua 348 com a primeira avenida Sul na rodovia Federal. O terreno para o complexo foi aberto em uma densa floresta de abetos. O trabalho começou em 1981, mas parou no início de 1982, quando a empresa foi levada à falência.

Para Bruce McCrory, arquiteto paisagista, o projeto da Western Hill foi memorável de várias maneiras. Foi a primeira vez que criava um projeto completo, desde o terreno até edifícios e paisagismo. Ele o chamava de "meu bebê" e, pelo menos no sentido arquitetônico, era mesmo.

McCrory foi ao local da construção do complexo de apartamentos quase todos os dias durante mais de um ano. Mais de duas décadas depois, era difícil ele determinar o ano exato em que encontrou um desconhecido na parte sudeste do terreno. A escola Panther Lake Elementary ficava a quinze metros de distância daquele ponto, e o parquinho e o campo de futebol ficavam colados nos jardins paisagísticos, tornando o local muito atraente para famílias com crianças pequenas. A área tinha sido designada como um "lote infantil", onde, um dia, seriam construídos gangorras, trepa-trepas e balanços.

Podia ser um fim de semana quando McCrory encontrou o homem que não se lembrava de ter visto no terreno. "Ele estava vagando pelas áreas desmatadas havia pouco tempo na parte sudeste, perto do terreno da escola."

Antes que o desconhecido o notasse, McCrory fez uma pausa, fora do seu campo de visão. "Eu me lembro dele cutucando o chão com alguma coisa", lembrou. "Por que ele estava cutucando o chão? Essa pergunta ficou me incomodando enquanto tentava me lembrar. Ao mesmo tempo em que fazia breves descrições nas únicas quatro [fotos] restantes das centenas que tirei, me lembrei. Ele estava furioso, agitando os braços, batendo no chão, chutando a terra. Então, ele me notou e começou a cutucar o chão. Acho que as normas sociais prescrevem que respeitemos demonstrações particulares e constrangedoras de emoções."

E McCrory fez isso.

"Achei que era o engenheiro de solo e, como seu veículo estava perto de onde eu estava, ele teria que passar por mim. Perguntei se *era* o engenheiro de solo, e ele respondeu: 'Podemos dizer que sim'."

O homem passou por ele, obviamente sem querer falar mais, caminhou até o carro, que podia ser uma picape, embora McCrory não tenha certeza, jogou o graveto e uma mochila na traseira e foi embora.

McCrory teria esquecido desse estranho incidente, que acabou em alguns minutos, se não fosse por uma segunda lembrança que veio depois. O time de softball da sua empresa estava treinando no campo da escola Panther Lake em 1981 ou 1982. "Quase fomos derrubados pelo fedor de um animal morto. Em certo ponto", disse McCrory, "perambulei por ali, tentando identificar a fonte. A área que pensei ser o local era o atual lote infantil do terreno dos apartamentos. A lembrança está ligada a uma referência sobre Ted Bundy feita por um dos meus companheiros de equipe."

A lembrança entrou no subconsciente de Bruce McCrory, deixando-o com uma sensação assustadora de medo por causa do cheiro de carne em decomposição. Ele estava ciente dos assassinatos do Green River que começaram em 1982 e da investigação que continuou pelos vinte anos seguintes, mas não tinha acompanhado os casos de perto.

Só em 1987, a construção no local recomeçou, e, enquanto isso, a terra desmatada continuou como estava, exceto por algumas plantas nativas de baixo crescimento que pontilhavam a terra nua. Quando o complexo foi concluído, o nome mudou para Fox Run, e os prédios de apartamentos foram pintados de um amarelo ensolarado em contraste com o verde-escuro das florestas de abetos que os cercavam. Em 30 de maio de 1988, trabalhadores usavam uma escavadeira no canto, onde uma cerca de 1,8 metro evitava que as crianças entrassem no estacionamento. Ali havia uma enorme pedra entre dois altos abetos. Parecia o local perfeito para um balanço, apesar de ser um pouco sombrio.

Eles encontraram alguma coisa no pequeno orifício destinado aos postes do conjunto de balanços. Não foi uma rocha que a escavadeira atingiu; foram ossos. Pela pequena circunferência exposta, não foi possível os trabalhadores identificarem se eram ossos de humanos ou animais. Todo o trabalho foi interrompido, e a polícia do condado de King foi contatada.

Com cuidado e devagar, Bill Haglund, do Instituto Médico Legal, repetiu o que fizera tantas vezes antes, trabalhando de um jeito lento para evitar mais danos ao esqueleto que estava ali a apenas 45 centímetros sob a superfície havia muitos anos. Ele encontrou um quadril esquerdo, joelhos, tornozelos, uma escápula, alguns ossos cervicais da parte superior da coluna e um crânio. Os dentes estavam intactos. Se fosse uma das garotas desaparecidas, Haglund logo saberia. Tinha estudado as radiografias odontológicas das garotas ainda desaparecidas muitas vezes e pensou ter reconhecido uma coroa familiar. Mas não disse nada enquanto juntava tudo que restava da vítima: os ossos, as roupas desbotadas, as unhas, alguns fios de cabelos e fibras. Na verdade, algumas provas físicas foram encontradas com o corpo: um suéter preto apodrecido com gola em V com fios metálicos brilhantes e um sutiã de cor escura. E, nesses itens, havia lascas de tinta. Lascas de tinta branca.

Pela comparação com as radiografias odontológicas arquivadas, os restos mortais foram identificados. Haglund estava certo. Era Debra Lorraine Estes, desaparecida havia seis anos. Se os operários tivessem cavado a alguns metros de distância, as chances de ela ter sido encontrada seriam mínimas.

Os investigadores se perguntaram se havia algum jeito de saber se o assassino tinha simplesmente deixado o corpo no terreno dos apartamentos onde o trabalho havia sido interrompido em setembro de 1982 ou se ele o tinha enterrado. A primeira opção era mais provável; caminhões cheios de terra e escavadeiras tinham despejado a terra do aterro ali em 1987, e os trabalhadores nunca tinham notado os ossos, que deviam estar cobertos de arbustos e ervas daninhas.

Por volta das 7h30 da manhã seguinte, antes que alguém pudesse falar com Tom e Carol Estes, Fae Brooks e Dave Reichert deixaram o escritório para realizar uma tarefa temerosa. Às 8h10, estavam na porta dos Estes. Carol Estes sorriu, feliz por vê-los, e depois seu rosto empalideceu. Ela sabia o que devia tê-los levado até ali tão cedo. Eles tinham encontrado Debra.

Não importa há quanto tempo um ente querido tenha morrido. O fechamento derradeiro de uma porta de esperança é agonizante. Carol Estes conversou por telefone com Bill Haglund e pediu para ser levada ao local onde o corpo de Debra tinha sido encontrado. Eles a desencorajaram, mas ela foi inflexível.

Linda Barker, agora trabalhando no Texas com uma fundação criada para ajudar vítimas de crimes, ligou para se certificar de que o advogado da vítima estava a caminho para ajudar os pais de Debra. A família convidou Dave Reichert para ser um dos portadores do caixão no funeral de Debra, e ele aceitou de imediato. Também concordaram em deixar a Força-Tarefa Green River filmar o funeral, caso o assassino aparecesse.

O escopo da investigação do assassinato de Debra teria que ser amplo. Quantas centenas de operários, motoristas de caminhão, eletricistas, encanadores e carpinteiros estiveram no terreno do Fox Run nos últimos seis anos? Os detetives obtiveram listas mestras de empreiteiros e subempreiteiros e, em seguida, executaram operações no computador para ver se eles apareciam nos arquivos da polícia como conhecidos das vítimas do Green River ou como um dos *johns* interrogados nas ruas.

As lascas de tinta — que eram pouco mais do que manchas — encontradas nas roupas de Debra Estes foram analisadas por Skip Palenik nos laboratórios da Microtrace em Elgin, Illinois. A capacidade de Palenik de encontrar provas vitais beirava a genialidade. Além da tinta, alguns materiais com os quais o renomado microscopista trabalhou foram fibras de papel, fios de cabelo, cristais e quantidades ínfimas de terra industrial, combustíveis, pólen, solo, cimento, drogas, madeira e matéria vegetal. Com sua poderosa gama de microscópios, seu conhecimento e sua experiência, Palenik era o especialista definitivo de que os investigadores da força-tarefa precisavam. Depois de terem ficado enterradas durante anos, será que as esferas de tinta quase invisíveis na blusa de Debra podiam ser identificadas e comparadas a uma fonte conhecida? Podiam. Palenik encontrou correspondências com uma tinta cara — Imron, fabricada pela DuPont —, que era usada em veículos comerciais. Começou a peneirar as empresas cujos padrões de excelência exigiriam uma tinta desse calibre. Uma forte possibilidade era a Kenworth Truck Company.

E por quanto tempo Debra Estes tinha ficado sob o solo do terreno? Isso era importante, porque permitiria que os detetives descobrissem se ela havia sido enterrada pelo assassino ou acidentalmente por caminhões levando carga após carga de terra de aterro. Um dos principais nomes em outra área científica que auxilia nas investigações criminais estava disponível para ajudar. O professor Fio Ugolini, cientista do solo de Florença, Itália, estava dando aulas na Universidade de Washington e concordou em ir ao local de descarte do corpo com o detetive Cecil

Ray para colher amostras da terra de lá. Ugolini garantiu aos investigadores que nenhuma terra tinha sido acrescentada depois que o corpo de Debra foi colocado no solo. "O corpo estava lá desde 1982", afirmou.

Essa era uma informação extremamente importante. Sem dúvida, Debra tinha saído do Stevenson Motel em 20 de setembro de 1982, encontrado seu assassino naquela noite e sido levada para o lote infantil no complexo de apartamentos inacabado. O motivo para o nome dela ter sido adicionado ao livro de registros do motel Western Six, junto ao de Rebecca Marrero, que, de fato, *esteve* lá nos dias 1º e 2 de dezembro, pouco mais de dois meses depois, pode ter sido uma piada de mau gosto. Ou podia ter sido um disfarce por parte do Assassino de Green River.

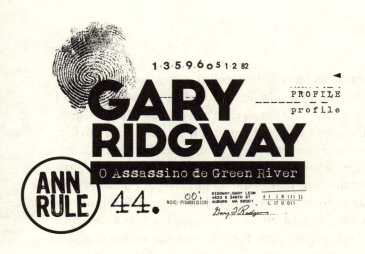

__Manhunt__

De meados até o fim dos anos 1980, os assassinos em série estavam agindo em várias regiões nos Estados Unidos e no Canadá. A polícia de Honolulu estava investigando o assassinato de quatro mulheres entre o fim da adolescência e o início dos vinte anos, todas brancas, que tinham sido mortas entre a primavera de 1985 e abril de 1986. Nenhuma era ligada à prostituição. Era difícil conectá-las aos assassinatos do Green River.

O mais provável era que o assassino em série de San Diego ou, mais provavelmente, os *assassinos* tivessem começado uma maratona assassina na terceira semana de julho de 1985. A "strip" de San Diego era um longo trecho do El Cajun Boulevard. Norm Stamper, o segundo em comando do departamento de polícia daquela cidade, que se tornou chefe de polícia de Seattle três anos depois, se lembrou de ter sido chamado pelo promotor de San Diego para analisar a investigação multiagência em uma série de talvez 44 assassinatos de mulheres de rua na cidade e no condado. Havia boatos sobre um policial desonesto, e o promotor estava bem preocupado com a possibilidade de envolvimento da polícia nas mortes e/ou desaparecimentos de um punhado de vítimas.

Essa especulação foi alimentada pelas declarações de primeira página de Donna Gentile, uma prostituta calorosa, simpática, que possuía uma verdadeira paixão pela justiça. Ela conhecia policiais dos dois lados da lei e falava abertamente sobre isso. Mas seu senso de autopreservação era defeituoso. Ao perceber, por fim, que tinha ido longe demais, expressou preocupação com a própria segurança porque era uma agitadora que deixava as pessoas nervosas.

Era tarde demais. Pouco depois de Donna Gentile ser entrevistada para o noticiário noturno da televisão, desapareceu. Seu corpo estrangulado foi encontrado nas colinas a leste de San Diego. Tinha sido abusada sexualmente, e seus pulmões estavam cheios de cascalho aspirado, indicando que o assassino os tinha enfiado de propósito na garganta dela. Teria sido uma mensagem para outras prostitutas?

Stamper leu todos os arquivos de casos e entrevistou todos os detetives que trabalhavam nos casos de San Diego. Ficou claro que a Força-Tarefa de Homicídios Metropolitanos de San Diego, composta, assim como a Força-Tarefa Green River, de investigadores da cidade, do condado e de promotores, era lamentável e insuficiente. Trabalhando em segredo em um prédio de escritórios não identificado em Mission Valley, os detetives de San Diego não tinham certeza se estavam trabalhando em homicídios ou em investigação interna. A maioria era talentosa, mas inexperiente. Levaram muito tempo, por exemplo, para perceber que o diagrama desenhado por um policial de uma cena-chave de homicídio estava um pouco desequilibrado. Na verdade, estava invertido. Descobriu-se que o subxerife do condado que o desenhou era disléxico e tinha esboçado toda a cena ao contrário.

Como os detetives de Seattle tinham mais do que sua cota de experiência no rastreamento de assassinos em série, os investigadores de San Diego viajaram até Washington para fazer perguntas sobre a eficácia de formar uma força-tarefa e como diferentes agências policiais poderiam trabalhar bem em conjunto para resolver assassinatos em série.

Os detetives do condado de King tinham muita sabedoria inestimável para partilhar com os de San Diego. Com certeza, a Força-Tarefa "Ted" provou que, quanto mais agências envolvidas, melhor. Mas a Força-Tarefa Green River ainda não podia confirmar que ter o Departamento do Xerife do Condado de King, o Departamento de Polícia de Seattle, a Patrulha do Estado de Washington, a Polícia do Porto de Seattle e o FBI trabalhando para resolver mais de quarenta homicídios era a melhor maneira. Ainda não tinham capturado o homem, contudo, tinham aprendido muito ao dar com a cara na porta várias vezes.

Talvez as duas jurisdições estivessem procurando o *mesmo* homem, um assassino que morava em Seattle ou San Diego optando por fazer vítimas nas principais cidades mais ao norte e ao sul da Costa Oeste.

Uma comparação entre o cronograma dos assassinatos do Green River no estado de Washington e o dos assassinatos em série de San Diego foi interessante. O período de pico em Seattle parecia ter sido entre 1982 e 1984, e os assassinatos de vítimas semelhantes na Califórnia começaram em 1985. Em agosto de 1988, as autoridades do condado de San Diego tinham descoberto corpos e restos mortais de 26 mulheres, a maioria das quais tinha o mesmo perfil das vítimas do condado de King. Outros oito corpos de mulheres foram deixados na cidade de San Diego.

Diante de mais de trinta assassinatos não resolvidos de prostitutas em menos de três anos, os investigadores de San Diego ficaram felizes em partilhar informações com o condado de King, e vice-versa. Em setembro de 1988, algumas semanas depois de voltarem para a Califórnia, as autoridades de San Diego prenderam um homem que havia levado uma jovem prostituta que trabalhava no El Cajun Boulevard para um local deserto em Mission Valley e exigido seus 40 dólares de volta depois de terem feito sexo. Ameaçou a mulher com uma espingarda. Enquanto ela tentava argumentar, ele perguntou: "Você não vai chorar e implorar como aquela garotinha mexicana?".

A única vítima hispânica que parecia corresponder à sua referência era Melissa Sandoval, cujo corpo tinha sido encontrado em Rancho Bernardo no mês de maio daquele ano. Os membros da força-tarefa disseram apenas que ela havia morrido "como resultado de meios criminosos", mas não tinha sido baleada.

O homem foi detido sob fiança de 100 mil dólares.

Depois de analisar a Força-Tarefa de San Diego, Norm Stamper pediu duas mudanças importantes. Primeiro, toda e qualquer alegação de má conduta policial — desde confraternização com prostitutas até comportamento criminoso — seria investigada pela Procuradoria-Geral do Estado da Califórnia. Em segundo lugar, como a maioria dos assassinatos de prostitutas tinha se originado na cidade de San Diego, o departamento de polícia forneceria recursos e mão de obra adicionais para a força-tarefa. Depois de entrevistas exaustivas, Stamper selecionou seis detetives adicionais para completar as investigações de assassinato.

No fim, Gary Schons, um promotor brilhante da procuradoria-geral, foi nomeado para supervisionar a investigação sobre a suposta má conduta policial. Ele inocentou a força de San Diego de qualquer envolvimento com os assassinatos de prostitutas.

Dave Reichert estava interessado nas aparentes semelhanças entre as vítimas do Green River e as de San Diego. Ele embarcou em uma das muitas viagens aéreas que fizera ao longo dos anos para outras jurisdições e conversou com os detetives em San Diego. Se houvesse um jeito de vincular um suspeito do condado de King ao de San Diego, seria possível comparar horas e datas. Mas nada veio da conexão com a Califórnia, embora Norm Stamper não tivesse certeza de que essa fosse uma porta fechada.

O homem condenado pelo assassinato de Donna Gentile era um ex-fuzileiro naval e mecânico, um viajante que gostava de dirigir para cima e para baixo na Costa Oeste. Citando fibras e outras provas de vestígios, os detetives de San Diego conseguiram implicá-lo em quase duas dezenas de casos. Ele está completando 27 anos preso, cumprindo a pena de prisão perpétua em uma penitenciária da Califórnia.

Ninguém na Força-Tarefa Green River sabia, no fim dos anos 1980, que um dos homens com quem conversaram várias vezes na rodovia perto do aeroporto de Seattle tinha estado em San Diego. Na verdade, aquela foi a primeira vez que se sentiu traído pela esposa e começou a contratar prostitutas. No entanto, isso foi muito antes do início dos assassinatos em série nos dois estados. E uma verificação do paradeiro do homem preso em San Diego em setembro de 1988 indicou que ele nunca estivera no condado de King.

O capitão Bobby Evans, que certa vez convencera Ingmar Rasmussen de que seu Cadillac havia quebrado para poder entrar na casa do fazendeiro rico e encontrar algum sinal das primeiras vítimas desaparecidas do Green River, agora era o chefe da Força-Tarefa Green River. Mas a tocha, passada tantas vezes, estava enfraquecendo, e todos os detetives que trabalhavam com exclusividade no caso Green River corriam o risco de serem engolidos pelo departamento de Crimes Graves até que a própria força-tarefa não existisse mais.

Em 7 de dezembro de 1988, no que tinha todos os sinais de ser um último esforço para conseguir que o público norte-americano desse informações vitais sobre possíveis suspeitos do Green River, uma maratona de televisão chamada Manhunt... *A Chance to End the Nightmare* [Caçada humana... uma chance de acabar com o pesadelo] foi transmitida. O programa, no formato do *America's Most Wanted* [Os mais procurados dos Estados Unidos], resultou dos esforços de Myrle Carner, uma detetive de assaltos da Unidade de Crimes Contra Pessoas do Departamento de Polícia de Seattle.

O programa mostrava entrevistas com as famílias das garotas assassinadas e informações sobre dezenas de homicídios em outras jurisdições policiais, todos sem solução. Patrick Duffy, que alcançou a fama na televisão com seu papel como "Bobby" em *Dallas*, apresentou o especial enquanto vários detetives voluntários atendiam telefonemas. A irmã de Duffy era policial em Seattle, e eles tinham uma ligação trágica com as famílias das vítimas. Os pais, Terrence e Marie Duffy, foram assassinados em 18 de novembro de 1986 por dois adolescentes durante o roubo do bar da família, The Lounge, em Boulder, Montana. Kenneth Miller e Sean Wentz, que se acredita terem disparado a espingarda serrada que matou os Duffys, foram condenados a 180 anos de prisão em 1987.

Não é de surpreender que Patrick Duffy tivesse fortes motivações pessoais para tentar encontrar assassinos que estavam soltos por aí. O programa foi ao ar nos Estados Unidos e no Canadá, atraindo milhões de telespectadores.

O agente especial do FBI John Douglas enfrentou as câmeras para dar o perfil do homem que procuravam, e Dave Reichert, meio nervoso, permaneceu sentado ao seu lado. Reichert advertiu o Assassino de Green River de que teria que pagar pelos crimes e pediu que se entregasse para enfrentar a punição.

A falta de pistas e informações nunca foi o problema dos investigadores do Green River. Pelo contrário, as montanhas de ligações, cartas e e-mails quase os enterraram. Ainda assim, tiveram que esperar que a única pista vital que havia escapado deles por mais de sete anos pudesse vir do programa *Manhunt*. Dezesseis mil pessoas ligaram naquela noite e nas semanas seguintes, oferecendo quase dois mil novos suspeitos. A maioria era inútil. No entanto, o programa resultou em uma possível nova direção que deixou a força-tarefa com uma esperança renovada.

Mais de um telespectador ligou com informações sobre William Stevens II, sugerindo que ele era "estranho o suficiente" para ser o Assassino de Green River. "Billy" Stevens tinha 38 anos, estudava na faculdade de direito da Universidade Gonzaga em Spokane e estava prestes a sentir o brilho desconfortável e quente dos holofotes da força-tarefa. No início, Stevens parecia o suspeito menos provável de todos. Estava no último ano da faculdade de Direito e tinha sido eleito duas vezes para o prestigioso cargo de presidente da Student Bar Association. Tinha amigos e admiradores naquele grupo e parecia um vencedor, embora um pouco excêntrico. Mesmo assim, seu nome começou a aparecer nas notícias sobre o Green River em janeiro de 1989.

Seguindo a dica de um telespectador, Stevens foi preso na casa dos pais em Spokane após o programa *Manhunt*. Os policiais do condado de Spokane apreenderam 26 placas de carro diferentes e 29 revólveres em seu quarto. Várias placas tinham sido emitidas para departamentos municipais e órgãos policiais. Ele também tinha uma viatura policial disfarçada do condado de Snohomish, que comprou em um leilão e equipou como unidade policial padrão, algemas e uma motocicleta semelhante às usadas pela polícia.

Stevens era o mais velho de três filhos, todos adotados por um farmacêutico afetuoso de Spokane e a esposa. Billy Stevens tinha menos de uma semana quando o levaram para casa, e se transformou de uma criança gordinha em um homem parecido com um urso, alto e pesado com uma barriga grande. Usava óculos de armação escura e tinha cabelos castanhos encaracolados. Na verdade, parecia-se muito com um dos quatro esboços muito diferentes do Assassino de Green River conforme a descrição das testemunhas de possíveis sequestros.

Assim como Dick Kraske se lembrava de ter tirado as impressões digitais de Melvyn Foster quando Foster foi preso pela primeira vez em Seattle, Tom Jensen, da Força-Tarefa Green River, se lembrava de ter investigado Stevens em um caso de roubo no condado de King nove anos antes. Quando Jensen ouviu o nome, não teve problemas para se lembrar do ladrão de fala mansa e obeso que tinha interrogado. Em 1981, Billy Stevens estava detido em uma unidade de trabalho interno na Prisão do Condado de King, faltando cinco meses para terminar de cumprir a pena. Certo dia, deveria levar o lixo para fora, mas simplesmente seguiu em frente.

Os objetos de roubo de Stevens eram o que o tornavam mais interessante como suspeito do Green River, assim como onde os tinha roubado: um uniforme da polícia, spray de gás lacrimogêneo, dispositivos de vigilância, coletes à prova de bala e outros equipamentos policiais levados de uma loja na rodovia Pac, uma empresa localizada do outro lado da rodovia do Blockhouse Restaurant, na esquina da Midway Tavern e logo depois do quarteirão do motel Three Bears. O próprio Stevens morava em um apartamento próximo dali à época.

Agora, tinha sido preso com revólveres, placas de carro emitidas para veículos policiais *e* um carro da polícia. Por causa do rumor constante de que as vítimas do Green River tinham sido assassinadas por um policial, a coleção de equipamentos e armas de Stevens logo o colocou na categoria "A". Não era apenas um "suspeito"; Stevens parecia bom o suficiente para ser um "suspeito viável", embora a força-tarefa tivesse o cuidado de manter essa denominação para si mesma pelo maior tempo possível. Stevens se encaixava com perfeição em muitas das facetas que os policiais buscavam em um suspeito.

E por um bom motivo. O rosto que Billy Stevens apresentava ao mundo era só uma fachada. Na verdade, ele era um vigarista no nível do filme *O Grande Impostor*. Ferdinand Waldo William Demara Jr. enganou muitas pessoas que acreditavam, de fato, no que sua aparência sugeria. Vigarista brilhante, "Fred" Demara conseguia se disfarçar com sucesso como um monge, um cirurgião da marinha canadense (que, de fato, realizou cirurgias complicadas com sucesso), um pesquisador de câncer, um subxerife e um professor. Demara, que nunca se formou no ensino médio, muito menos na faculdade ou na escola de medicina, tinha uma carreira de trinta anos, embora, às vezes, fosse preso por fraude, furto, desfalque e falsificação. Se tivesse escolhido seguir qualquer uma de suas "carreiras" de maneira legítima, poderia ter se formado com facilidade. Em vez disso, era uma fraude, um homem que alguns consideravam uma verdadeira personalidade múltipla.

A mesma coisa acontecia com William Stevens ii. Ele teve uma sólida formação jurídica depois dos anos na Gonzaga, mas nunca conseguiria ser aprovado na ordem em nenhum estado que verificasse seu passado. Tinha ficha criminal suja. Também tinha estudado psicologia na Universidade de Washington em Seattle e alegava ter se formado em farmacologia em 1979. Dizia ter sido segundo-tenente e policial militar do Exército dos Estados Unidos e ter se candidatado ao Departamento de Polícia de Seattle para se tornar explorador. Em vez disso, por todos os anos na Gonzaga, e mesmo antes disso, ele deveria estar na prisão.

A infância de Stevens pareceu ser bem tranquila. Nascido em Wallace, Idaho, em 6 de outubro de 1950, foi adotado por William e Adele Stevens e criado em um bairro silencioso ao norte do limite da cidade de Spokane, frequentando escolas jesuítas e se formando no colégio de ensino médio Gonzaga High School em 1969. O pai foi dono da farmácia University Pharmacy, a um quarteirão de casa, por trinta anos, na esperança de que o filho homônimo assumisse o negócio um dia. O jovem Billy não era muito próximo dos irmãos adotivos, consumido pelos próprios hobbies e interesses. Era fã da polícia desde cedo, fascinado pelo estilo de vida e parafernália policial. Inúmeros assassinos em série são tietes da polícia, ansiosos para andar nos mesmos círculos que os policiais de verdade.

Embora tivesse passado alguns verões trabalhando na drogaria da família, Stevens nunca quis ser farmacêutico. Tinha tentado, sem sucesso, entrar para o Departamento de Polícia de Seattle, mas tinha um péssimo registro no trânsito.

Stevens era um dos suspeitos mais interessantes a chegar à frente daquela maratona de investigação. Sua foto apareceu pela primeira vez na mídia no fim de janeiro de 1989, quando o fugitivo algemado foi denunciado no Tribunal do Condado de King. Seus advogados pediram ao juiz Donald Haley que libertasse Stevens sob fiança porque os pais idosos estavam doentes e precisavam de ajuda. "Nossa posição", disse Craig Beles, citando o sucesso de Stevens na faculdade de Direito, "é que Bill é um exemplo notável do que a reabilitação pode fazer."

O juiz perguntou, com certa ironia, por que Stevens não respondeu aos dois mandados de prisão em 1981. Stevens explicou que tinha dado informações à polícia sobre seus companheiros de prisão e temia que, como "delator", sua vida estivesse em perigo, por isso tinha ido embora do local de trabalho interno e estava com medo de voltar.

Na verdade, ele nunca havia sido informante da polícia.

Onde *esteve* entre 1981 e 1985, quando se matriculou na faculdade de direito em Spokane? Stevens provou que tinha um estilo de vida tão nômade que não foi fácil rastrear os muitos lugares onde morara. No momento, entretanto, estava seguro atrás das grades de novo na Prisão do Condado de King, terminando de cumprir a pena que tinha abandonado dez anos antes.

A Força-Tarefa Green River descobriu que Stevens tinha cruzado a fronteira canadense e ido para a Colúmbia Britânica logo após sua fuga em 1981. Lá, permaneceu "hóspede" de um casal de Vancouver por cerca de quatro meses. O casal consentiu que ficasse lá a pedido de um amigo comum. Eles o conheciam como "Ernie", porém, depois mudou o nome para "John Trumbull". Explicou que estava abrindo um negócio de importação. Nunca parecia ter muito dinheiro, mas também explicou isso, dizendo que estava esperando que o financiamento fosse liberado. Não pagava aluguel, mas comprava mantimentos e ajudava com a louça e com o trabalho doméstico. Os senhorios o consideravam um hóspede amável e educado.

"Era muito organizado, arrumado e bom de conversa", lembrou o dono da casa. "Vestia-se bem e dava a impressão de ser militar. Dormia em um sofá na sala e passava o tempo vendo TV e lendo."

Perto do fim da permanência de Ernie/John com o casal canadense, ele fez várias viagens noturnas. Dizia que estava indo para Seattle. Então, no fim do verão de 1981, o visitante foi embora. Eles não tinham certeza para onde ele tinha ido.

O rastro de William Stevens/John Trumbull foi retomado em um bairro residencial a sudoeste de Portland. Ele comprou uma casa em Southwest Crestline Drive por 108 mil dólares, com tijolos romanos, garagem dupla e um porão com luz natural. Para ajudar na hipoteca, ele às vezes aceitava inquilinos no apartamento do porão.

A força-tarefa analisou um mapa do Oregon e viu que a casa ficava a menos de oito quilômetros do local de descarte de corpos de Tigard/Tualatin, onde os restos mortais de quatro jovens tinham sido encontrados, e a menos de dois quilômetros da localização do crânio de Shirley Sherrill e do crânio parcial de Denise Darcel Bush.

O modo como Stevens se sustentava era uma incógnita. Também era um mistério se ele era um perigo para as mulheres. Quando eu vasculhava as centenas de e-mails e anotações que fiz durante telefonemas sobre o Assassino de Green River, às vezes encontrava circunstâncias e pistas que pareciam coincidir. Lembro-me de encontrar algo que me pareceu assustadoramente ligado à época em que William Stevens morava perto de Tualatin.

Alguns anos depois da fase de descobertas de corpos e ataques a mulheres por supostos estranguladores na área de Portland, recebi um telefonema de uma mulher que morava no condado de Washington, Oregon. Estava envergonhada e me fez prometer que não revelaria seu nome. Prometi-lhe segredo.

"Estou casada agora", explicou, "e não levo o mesmo tipo de vida. Mas *na época* eu pegava homens em bares e tavernas e bebia muito.

"Conheci um cara em uma taverna perto de Beaverton [a alguns quilômetros de Tigard e Tualatin]. Tive a impressão de que era mais alto do que a média e lembro que ele tinha uma daquelas grandes fivelas de cinto estilo country. Dirigimos até um campo que ficava bem longe do lugar onde o peguei. E... bem, nós fizemos sexo ao ar livre em um campo em algum lugar. Depois, comecei a andar de volta para a picape, e, de repente, ele estendeu o braço e me agarrou pelo cotovelo. Olhei para baixo e vi que quase tinha caído no que parecia ser uma cova aberta. O pior é que havia uma mulher lá dentro, e acho que estava morta.

"Quando voltei para o meu carro, fiquei tão grata por estar viva que tentei tirar tudo aquilo da minha cabeça. Mas sei que tinha uma sepultura e que tinha alguém nela."

O "campo" de que a mulher se lembrava fica perto da estrada Bull Mountain, e ela acreditava que era para lá que o homem a havia levado.

Passei a informação para a Força-Tarefa Green River, uma entre as milhares de possibilidades que os detetives documentaram, mas ocultei o nome da mulher. Caso achassem que valia a pena acompanhar, poderia contatá-la e verificar se estava disposta a falar-lhes sob a condição de permanecer anônima. Não sei se ela ligou para eles alguma vez, apesar de eu ter insistido para que o fizesse.

Quando o nome de William Stevens foi mencionado, lembrei de outra mulher do Oregon que tinha escrito para mim. Ela me disse que se chamava Marisa e que já tinha sido prostituta em Portland. Tinha descrito um homem mais baixo e mais magro do que Bill Stevens parecia ser, mas o terror e o choque podem distorcer essas percepções.

A lembrança de Marisa de seu encontro com um desconhecido, no entanto, era precisa. Não sei seu nome verdadeiro, mas tudo que ela me contou sobre a vida no The Camp do início a meados dos anos 1980 foi validado pelos arquivos oficiais da polícia.

Marisa viveu uma vida correta por muitos anos, e as pessoas que a conheceram depois dos anos 1980 como uma bem-sucedida mulher de carreira nunca imaginariam como tinha sido sua vida anterior. Tinha trabalhado nas ruas vinte anos antes porque se queimou gravemente em um acidente em uma empresa que tinha aberto e estava cansada de passar fome e atrasar o aluguel.

Em 1983, tinha 30 anos, mas parecia ter 19. "Eu me lembro de estar na esquina da terceira avenida com a rua Taylor por volta das onze da noite, no centro de Portland, quando ele fez sinal para eu entrar", lembrou. "Eu estava tentando juntar dinheiro para o aluguel." Marisa costumava trabalhar em hotéis caros, mas os domingos chuvosos eram sempre lentos, e ela quebrou sua primeira regra de segurança indo para as ruas. As decorações de Halloween não tinham sido retiradas, então podia ter sido no início de novembro. Ela entrou em uma picape Ford vermelha brilhante, que estava limpa e nova. "O que se dizia nas ruas era que o AGR dirigia uma picape velha e surrada, então achei que estava segura. Além disso, falei para mim mesma que o AGR estava em Seattle."

Ela quebrou sua segunda regra, compartilhada pela maioria das prostitutas: *nunca* saia do centro da cidade. Mas Marisa estava em uma noite de sorte e tinha ganhado quase todo o dinheiro do aluguel. Não havia outras garotas naquela noite, por isso decidiu aceitar mais uma transa. "Perguntei no que ele estava interessado. Ele não respondeu. Ficou calado e dirigiu com determinação em direção à I-5. Achei que era timidez. Falei que não queria sair do centro. Ele disse que não se sentia à vontade por causa dos policiais e que queria ir para sua casa."

Ela estava prestes a quebrar a terceira regra das ruas: nunca vá à casa de ninguém. "Pensei: Que diabos! Posso quebrar uma regra porque estou em uma maré de sorte."

O homem nem olhou para ela enquanto disparava pela rodovia I-5, em direção ao sul, e pegou uma saída perto de Tigard. "Ele entrou na garagem, e a porta automática se fechou." Eles entraram na casinha de dois quartos.

Ela presumiu que pediria sexo oral; a maioria dos homens pede. Ele assinou um cheque de 80 dólares e lhe deu. Ela viu o nome "Robert Thomas". Achou que devia ser motorista de caminhão, porque eles costumavam usar cheques, mas ficou intrigada por ele permanecer distante e parecer desinteressado em sexo. "Na verdade, não conseguiu fazer o negócio subir. Eu pensei: Bem, que diabos! — você me trouxe até aqui para nada!"

De repente, o desconhecido saltou da cama, pegou um rifle atrás da porta e o apontou para ela. "Minha vida passou diante dos meus olhos", lembrou Marisa. Ela presumiu que ele estava chateado por não conseguir uma ereção. Então, começou a falar alto e rápido, dizendo que ia devolver o cheque, e correu para o banheiro, trancando a porta. Estava nua, havia quebrado a quarta regra. Desesperada, se vestiu às pressas, o tempo todo gritando do outro lado da porta que estava procurando o cheque dele.

Agora vestida, abriu a porta do banheiro e o encontrou parado ali com o rifle apontado para sua cabeça. Jogou o cheque em cima dele, dizendo "Aqui! Toma. Agora me deixa ir embora!".

Ela estava tentando trazê-lo de volta à realidade, porém não estava funcionando, e ele não tinha intenção de deixá-la ir embora. Ela correu em direção à porta da frente, mas descobriu que tinha três fechaduras. A mulher se perguntou o motivo pelo qual um homem que vivia em uma vilazinha tranquila precisava de três fechaduras. Enquanto lutava para girar o ferrolho, ele começou a bater na cabeça dela com a coronha do rifle.

Marisa se virou quando ele começou a rir como um louco. "Parecia uma criança em um brinquedo na Disneylândia, com os olhos iluminados e felizes. A cada golpe do rifle na minha cabeça, ficava mais feliz. Era um psicopata", escreveu. "Ele estava gostando daquilo! É assim que ele goza! *Eu me lembro dos óculos grandes, do mesmo estilo que usa hoje... e do penteado... e da estatura... não é um homem muito grande... também não tão pequeno... aquele mesmo olhar furtivo idiota que tem hoje. Com aquele brilho astuto nos olhos.*"

Era evidente para Marisa que fora levada até aquela casa para ser morta, no entanto, ele estava deixando o tempo passar. "Não estava batendo o rifle com toda a força, só no estilo gato e rato."

Ela lembrou que tinha um spray de gás lacrimogêneo no bolso da frente e esguichou no rosto dele, mas os óculos bloquearam a maior parte. "Ele me bateu pela esquerda, depois pela direita, depois pela esquerda, depois pela direita, e espancou muito os meus antebraços. Por fim, arrancou o spray de gás lacrimogêneo das minhas mãos e começou a borrifar em meu rosto. Comecei a rezar. Meus olhos ardiam com uma dor insuportável, mas eu piscava com frequência para ver o que ele estava fazendo."

Ela voltou a atenção para a porta da frente, formando uma imagem mental de onde estavam as fechaduras. Ela se lançou contra a porta para tentar abrir outra fechadura — o trinco. Ele continuou a borrifar o spray de gás lacrimogêneo. "Peguei uma almofada no sofá perto da porta para proteger o rosto. Eu o deixei pensar que estava ganhando para que não batesse com mais força. Isso me daria tempo para a terceira fechadura."

Mesmo assim, estava perdendo as forças e sentia que ia morrer. "Estava muito machucada, e meus olhos, pegando fogo."

O agressor estava claramente se divertindo. "Essa parte é muito assustadora; vê-lo excitado por machucar alguém que não machucaria nem uma mosca: eu."

Ela sabia que tinha que sair dali, porque o spray de gás lacrimogêneo e seus ferimentos a estavam derrubando. E então, por um instante, ele também pareceu se cansar. Com os olhos quase totalmente fechados pelo inchaço, ela girou o trinco mais uma vez.

"Para minha surpresa, destrancou, e a porta se abriu. O 'AGR' também ficou surpreso." Marisa correu às cegas pela rua e passou por quatro casas onde batia e gritava: "Por favor, socorro!". Era por volta de meia-noite e meia, porém uma mulher abriu a porta para ela e a levou até o banheiro, onde ela lavou os olhos.

A polícia chegou, e Marisa disse que um assassino estava com a amiga dela como refém em uma casa próxima. Com medo de que os policiais não acreditassem se soubessem que ela era prostituta, ela mentiu e disse que ele tinha buscado as duas em um ponto de ônibus no centro de Portland. Tentou mostrar a casa a eles, mas mal conseguia ver, e todas as casas eram parecidas. Não havia nenhuma picape estacionada do lado de fora. Enquanto estava no alpendre da mulher que a ajudou, Marisa viu um grande letreiro bem na saída Tigard/Tualatin da rodovia. Ele piscava: Jiggles. Ela já tinha ouvido falar do lugar; era uma boate de topless com dança erótica.

A polícia desistiu da busca depois que ela admitiu que não tinha nenhuma amiga em nenhuma das casas da vila.

"Por favor, entenda", ela me escreveu, "vivendo como trabalhadora sexual, sentia que tinha desistido dos meus direitos como cidadã e não era digna de proteção. Estava fazendo uma coisa ilegal, embora fosse para minha sobrevivência."

Os policiais levaram Marisa de volta ao centro de Portland até seu carro. As chaves do carro tinham sumido, e ela precisou gastar tudo que tinha ganhado no início da noite para pagar um chaveiro de madrugada, mas tudo que queria era ir para casa. Sua amiga Tatiana,* que também trabalhava nos melhores hotéis em Portland, cuidou dela por alguns dias até que os hematomas começaram a curar, e ela conseguiu voltar a se mover sem dor.

Anos depois, quando viu o noticiário de Seattle e reconheceu o homem de algemas, ficou enjoada. Uma artista que se lembra de detalhes, Marisa sempre acreditou que tinha escapado do Assassino de Green River. "Conhecíamos muitas das garotas assassinadas", escreveu. "Nunca pensamos que elas tivessem família. A maioria usava drogas: metanfetamina e maconha. É triste dizer que aquelas garotas não tiveram uma chance no mundo, mesmo em tão tenra idade. Muitas eram tão viciadas em drogas que podiam ter morrido de overdose. Fico pensando naquelas que desapareceram e não estão na lista do AGR. A maioria era muito doce. Ainda eram crianças, de certa forma."

Marisa frequentou a associação para sem-tetos New Beginnings em 1985, saiu das ruas e mudou completamente de vida.

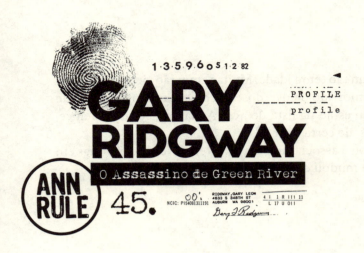

____Um homem com muitos__ segredos

Uma mulher que, com certeza, conheceu Bill Stevens foi Sarina Caruso, 44 anos à época em que alugou o porão da casa em Crestline Drive de setembro de 1984 a janeiro de 1985. Ela conhecia Stevens como "John L. Trumbull" e, embora o achasse um tanto estranho, não suspeitava que pudesse ser perigoso. Caruso, que tinha acabado de se divorciar, trabalhava como auxiliar de enfermagem e se considerava sortuda por encontrar um apartamento que custava apenas 200 dólares por mês.

À época em que o conheceu, ela nunca viu Stevens/Trumbull com uma namorada, embora, às vezes, ouvisse vozes femininas em seus aposentos no andar de cima no meio da noite. Ele era noturno e costumava fazer churrasco no quintal às 2h ou 3h da madrugada. Não tinha amigos, e ela achava que podia ser um policial disfarçado ou um agente da CIA. Usava vários uniformes diferentes que faziam parecer que trabalhava para a empresa de gás, para a de eletricidade ou como reparador. Mas tinha uma coleção de armas de fogo e parecia fascinado pelo crime — a ponto de pendurar cartazes de "Procura-se" pela casa toda. Usava sapatos com solas de crepe, o que lhe permitia se movimentar de maneira tão silenciosa que, de repente, aparecia atrás dela sem que conseguisse ouvi-lo se aproximando. Ele também tinha muitos equipamentos telefônicos, uma fotocopiadora e outros equipamentos que dizia usar para analisar impressões digitais. Uma de suas diversas idiossincrasias era que nunca permitia que alguém o fotografasse.

Caruso não se preocupava muito com os modos excêntricos dele, mesmo quando Stevens roubou sua motosserra e sua certidão de casamento. Preocupou-se muito mais ao descobrir que roupas que ela havia jogado fora estavam vestindo uns manequins dele. E mais ainda quando ele cortou os manequins em pedaços.

Quando encontrou buracos de bala na parede do quarto de Stevens, Sarina Caruso avisou que planejava se mudar. Stevens/Trumbull sempre disse a ela que era perito em colocar "escutas" secretas e se ofereceu para colocar uma no ex-marido dela. Agora estava pensando se havia aparelhos de escuta escondidos no apartamento *dela*.

No último dia em que o viu, Sarina tinha voltado para pegar o restante de seus pertences, e ele disse: "Como estão seus nervos hoje?". E começou a trancar todas as portas. Nervosa, deixou que a conduzisse até o porão, onde ele mostrou o quarto secreto que havia ali, um quarto escondido atrás de uma estante de livros que se abria quando ele apertava um botão. Embora ela tivesse ocupado a maior parte do porão, ele agora demonstrava como tinha conseguido abrir uma porta secreta para a área dela que não podia ser aberta pelo outro lado.

Isso foi a gota d'água. Sarina pegou suas coisas e foi embora, mas não antes de Stevens insistir que ela levasse uma dezena de fitas de vídeo pornográficas como presente de despedida.

Sarina Caruso se lembrava da voz estridente de Stevens e de que ele transpirava muito. "Havia umas coisas com as quais não me sentia à vontade", disse a repórteres mais tarde, "mas só achava que ele era esquisitão e antissocial. Eu me sinto burra, agora. Com certeza, não achei que ele podia ser um assassino."

Talvez não fosse, mas William Stevens ii era um homem com muitos segredos. Os colegas que estudaram com ele em Gonzaga ficaram chocados com sua prisão por fuga e roubo. Um advogado formado havia alguns anos que tinha trabalhado com ele na Student Bar Association se lembrava de Stevens como "muito dedicado" às funções do grupo, mas disse que parecia pouco comprometido com os estudos de Direito. Ele faltava muito às aulas. Mesmo com os colegas da faculdade, Stevens era misterioso. Mais tarde, perceberam que ninguém tinha um número de telefone para entrar em contato com ele.

Eles não tinham a menor ideia de que a maior parte da vida de Stevens era uma mentira muito elaborada. Para dar a si mesmo um status oficial, usou um cruzamento de uma cidade a 27 quilômetros ao sul de

Spokane — Spangle — onde ele tinha placas de carros registradas nos Serviços de Emergência e Unidade de Resgate de Spangle. Às vezes fingia ser o diretor da EMS em Spangle e, às vezes, dizia que era o chefe de polícia. A cidade não era grande o suficiente para manter um serviço de resgate nem um departamento de polícia.

Um colega da faculdade de Direito sabia que Stevens ficava intrigado com a ideia de estar de alguma forma envolvido na aplicação da lei. "Ele me disse que, depois de terminar a faculdade, seria oficial motociclista da Patrulha do Estado de Washington", disse o homem. "Era esquisito. Por que ele ia se formar na faculdade de Direito se era isso que queria fazer?"

Outros estudantes de Direito achavam Stevens sociável e agradável, e sempre ocupado. Mas ninguém jamais pensou nele como uma ameaça; só era diferente.

Os investigadores da Força-Tarefa Green River e os detetives do condado de Spokane passaram toda a primavera e metade do verão de 1989 investigando a vida de Stevens nos oito anos anteriores. Satisfeitos por terem mais do que o suficiente para seguir adiante, em 12 de julho obtiveram mandados de busca para duas residências em Spokane. Uma era a casa onde Billy Stevens havia crescido e onde ainda tinha um quarto no porão, e a outra era uma casa alugada de propriedade dos pais. Os mandados de busca eram muito longos e complicados, listando datas e horários dos desaparecimentos das vítimas, seguidos do paradeiro de Stevens nesses períodos. Parecia que seus passeios constantes pelas rodovias do Noroeste o colocaram por perto no período em que muitos sequestros aconteceram. Os mandados também especificavam todos os tipos de parafernália policial, registros, recibos de cartão de crédito, livros e fotos suspeitos, fitas de vídeo e outros itens que esperavam encontrar entre os pertences de Stevens.

Havia, no entanto, mais motivos do que apenas sua proximidade com as cenas dos crimes. Stevens tinha expressado seus sentimentos em relação a prostitutas a alguns conhecidos. Um deles — talvez o amigo mais próximo e ex-colega de turma na Gonzaga — era advogado e defensor público adjunto do condado de Spokane e se chamava Dale Wells, também tinha 38 anos e era solteiro. Wells admitiu para os detetives do condado de Spokane que ele e Stevens eram amigos próximos e sempre discutiam casos criminais, em especial os crimes de Ted Bundy. Outro assunto que interessava a Bill Stevens era a prostituição. Ele tinha acusado prostitutas para Wells e dito que elas espalhavam Aids.

"Ele falava muito delas", disse Dale Wells, enfatizando que Stevens tinha demonstrado um "ódio extremo" por qualquer pessoa que resistisse a ele e, muitas vezes, falava de seus inimigos percebidos: "Eles precisam ser assassinados".

Embora Stevens parecesse não ter relacionamentos românticos com mulheres, Dale Wells estava envolvido com uma mulher de quem gostava muito — e ela dele. Parecia ser um homem sensível e honrado e ficou muito preocupado quando Stevens se tornou o principal suspeito nos casos de assassinato do Green River. Wells, cuja carreira era dedicada a representar indigentes, muitos dos quais achava que tinham sido falsamente acusados, ficou aflito por trair o amigo.

Por outro lado, era advogado, tinha jurado cumprir a lei e sentia que deveria contar aos investigadores o que sabia. Também lamentou ter dado a Stevens dois revólveres, sendo que um era uma pistola calibre .45. Isso resultou em acusações federais contra Stevens por ser um criminoso foragido em posse de arma de fogo.

Não houve provas de que Stevens repreendeu Dale Wells por se voltar contra ele. Ele talvez nem soubesse que Wells havia desertado e passado para o outro lado. E ainda tinha a fanfarronice que marcava sua personalidade. Ele teve que ser colocado em uma seção de isolamento na Prisão do Condado de King depois de dizer a um juiz que tinha duzentas páginas de anotações de seus interrogatórios com outro detento que era um assassino condenado. Stevens disse que planejava usar essas informações em uma dissertação para ajudá-lo a conseguir o doutorado em psicologia. Isso o colocava na categoria de "dedo-duro", mais do que suficiente para torná-lo um pária na prisão.

Quando questionado sobre como se sustentou durante os oito anos de liberdade depois da fuga da prisão em 1981, Stevens disse que ganhava a vida comprando e revendendo carros e que estava se candidatando a uma licença de concessionário.

Delegados e detetives cumpriram os mandados de busca em Spokane e saíram com mais de quarenta caixas e sacolas, muitas contendo material pornográfico, dezenas de fotos de mulheres nuas em poses sexualmente explícitas, algumas com Stevens, e 1 800 fitas de vídeo. Os detetives teriam que ver todo aquele material em busca de um rosto familiar. Talvez algumas das imagens das vítimas do Green River pudessem ter sido capturadas na enorme coleção de Stevens.

Ninguém invejava os detetives que foram escolhidos para a tarefa de vasculhar o material proibido e bestificante que o estudante de Direito que parecia agradável conseguira esconder na casa dos pais e na propriedade alugada. Se as fotos de algumas vítimas *estivessem* nas caixas e sacolas, quais seriam as chances de estarem reconhecíveis? Muitas das adolescentes mortas tinham tingido o cabelo, usado perucas e mudado a maquiagem a ponto de ser quase impossível identificá-las nas fotos de registros policiais. A coleção de vídeos pornôs amadores pouco nítidos de Stevens dificultava o reconhecimento dos rostos familiares.

O próprio Stevens, ainda detido na Prisão do Condado de King pelas acusações anteriores, emitiu uma declaração que chegou exatamente sete anos depois do dia em que se acredita que o corpo de Wendy Coffield foi desovado no Green River. Se ele sabia que aquela data era um aniversário sombrio, não mencionou. Em vez disso, ficou indignado e atordoado. "Não sou o Assassino de Green River", disse por meio do advogado. "Eu e minha família não fomos tratados com justiça pela Força-Tarefa Green River. Ela me fez parecer uma pessoa muito má, e eu não sou isso. As pessoas precisam saber que eu nunca machuquei ninguém na vida.

"Se eu soubesse alguma coisa sobre o assunto, já teria contado à força-tarefa há muito tempo, mas agora tenho medo de ter me tornado a desculpa para o tempo e o dinheiro que ela gastou.

"Vou discutir o assunto de maneira ordeira e honrada em um tribunal de justiça.

"A força-tarefa colocou a mim e à minha família em um pesadelo que eu não desejaria a ninguém. Quero cumprir os meses restantes de pena e continuar a vida.

"Obrigado."

A família dele *estava* passando por um "pesadelo", embora não fosse causado pelos investigadores da força-tarefa. Eles só estavam fazendo seu trabalho. O irmão de Bill Stevens cuidava dos pais idosos. A mãe, Adele Stevens, tinha morrido no início de julho, e William Stevens Sr. tinha câncer cerebral em estágio avançado. Ninguém seria capaz de estimar a dor emocional que Billy Stevens lhes causara ao longo dos anos.

Todos que acompanharam a praga de sete anos do Assassino de Green River tinham escolhido um suspeito preferido. Eu também. Em julho de 1989, estava convencida de que William Jay Stevens II era o assassino em série que a força-tarefa havia caçado por tanto tempo. Tudo parecia corresponder às minhas ideias preconcebidas de quem era o assassino: um homem caucasiano de meia-idade, muito inteligente, um sociopata com carisma e astúcia, talvez alguém que fingia ser policial, alguém que viajava sempre e gostava de fazer joguinhos com policiais de verdade.

Desviei um pouco das minhas apostas quando fui contatada por repórteres, embora eu tivesse dito que acreditava que logo haveria acusações sobre os assassinatos do Green River. Eu tinha um contrato para escrever sobre o Assassino de Green River e estava pronta para começar o livro.

Tive ainda mais motivos para acreditar que havia escolhido o verdadeiro Assassino de Green River alguns meses depois. Na sexta-feira, 21 de setembro de 1989, dirigi quinhentos quilômetros de Seattle a Spokane, onde ia apresentar uma série de seminários no fim de semana para a convenção da Associação de Prevenção ao Crime do Estado de Washington. Daryl Pearson, do Departamento de Polícia de Walla Walla, estava encarregado de contratar palestrantes para a plateia composta por policiais, juristas, oficiais de liberdade condicional e a mídia. Eu tinha dado uma entrevista por telefone para o *Spokesman Review-Chronicle* de Spokane que saiu no jornal pouco antes da convenção. Entre outros assuntos, respondi a perguntas sobre a probabilidade de os investigadores do Green River estarem chegando a uma prisão. Eu, com certeza, não sabia, mas era um assunto que os leitores sempre questionavam. Dessa vez eu me sentia tão confiante quanto alguns membros da força-tarefa e falei isso, embora não mencionasse o nome do suspeito.

A convenção foi realizada em um hotel de Spokane, e fiquei um pouco surpresa ao descobrir que teria que fazer minha apresentação de slides de duas horas sobre assassinos em série — apresentando o caso Ted Bundy — *quatro* vezes no sábado e duas vezes na manhã de domingo. Embora eu esperasse falar uma vez por dia, havia tantos participantes que todos os assentos ficavam ocupados em todas as sessões, mesmo quando as portas dobráveis entre duas salas de reunião eram abertas para duplicar o tamanho da sala.

Reconheci muitos rostos na multidão, mas era impossível notar todas as pessoas nas seis plateias diferentes. Como de costume, comecei com slides da infância de Bundy, Jerome Brudos (The Lust Killer — O Assassino da Luxúria), Randy Woodfield (The I-5 Killer — O Assassino da I-5) e vários outros assassinos em série sobre os quais escrevi. Depois, passei para a progressão deles saindo da exposição e/ou do voyeurismo para o estupro e o assassinato. No fim de cada sessão, respondi às perguntas da plateia. Gostaria que minha memória fosse melhor, mas não sei dizer se Dale Wells assistiu a algum dos meus seminários. Se esteve lá, não houve nada que chamasse minha atenção.

Quando voltei para casa no domingo, estava exausta.

Na terça-feira de manhã, a senhoria de Dale Wells destrancou o pequeno apartamento que ele alugava. Ela não o via entrando nem saindo havia alguns dias, e a mulher com quem saía sempre estava muito preocupada porque não estava conseguindo contatá-lo.

Ele estava lá, deitado no colchão d'água sem lençol, mas estava morto. Em algum momento do fim de semana anterior, matou-se com um tiro de espingarda na cabeça. Ninguém que o conhecia percebeu nenhum sinal de que estava deprimido ou perturbado o suficiente para cometer suicídio.

No dia seguinte, recebi um telefonema do detetive Jim Hansen, do Departamento do Xerife do Condado de Spokane. Ele me perguntou o que eu podia contar sobre Dale Wells. Perplexa, falei que não conhecia ninguém chamado Dale Wells. Hansen me disse que Wells provavelmente tinha cometido suicídio em algum momento do sábado. Não tinha deixado nenhum bilhete de suicídio, mas fiquei chocada quando Hansen disse: "Mas ele deixou uma carta endereçada a você...".

Expliquei que estivera em Spokane naquele sábado e perguntei a Hansen o que dizia a carta. Ele a leu para mim e disse que me enviaria uma cópia. Pela primeira vez, descobri quem era Dale Wells e que ele tinha sido intimado a comparecer perante um grande júri nomeado para decidir se William Stevens II seria julgado como fugitivo em posse de arma de fogo. Hansen disse que não havia nenhuma indicação de que o próprio Wells estivesse envolvido em nenhuma atividade criminosa.

Quando recebi uma cópia da carta de Wells para mim, não estava datada e parecia ser o rascunho de uma carta na qual havia trabalhado durante algum tempo, riscando seções e adicionando trechos para ser mais claro. Pode ter sido escrita meses antes de ele se matar em 22 ou 23 de setembro de 1989.

"Assunto: Seu Projeto sobre o Assassino de Green River
Prezada Sra. Rule:

Pelo que sei, você está escrevendo um livro sobre o Assassino de Green River com data de publicação agendada para este verão. Também sei, com base em relatos da imprensa, que você não acredita que o AGR esteja sob custódia. Acredito que você esteja enganada a esse respeito, pois o homem que acredito ser o AGR está sob custódia por acusações sem relação com os assassinatos.

A base das minhas suspeitas em relação à identidade do AGR é um tanto análoga às suas suspeitas sobre ele: Ted Bundy, que não fez uma confissão direta, nem mesmo para amigos próximos, mas havia uma miríade de circunstâncias suspeitas que teriam um significado considerável para um observador perspicaz.

Como não acompanhei os assassinatos na imprensa conforme ocorreram, gostaria que você me enviasse uma cópia antecipada do que escreveu até agora, para que eu possa entender melhor o modus operandi do assassino e os antecedentes das vítimas.

Obrigado
Atenciosamente, D.D.W."

Naquela época, cerca de quinze anos antes, eu não tinha escrito nada além de notas, porque ninguém havia sido acusado dos assassinatos do Green River. E eu não tinha planos de publicar um livro no verão de 1989 ou 1990, se era isso que Dale Wells queria dizer.

Acima de tudo, fiquei triste por Wells não ter entrado em contato comigo ou com alguém para falar de sua ansiedade e de sua depressão. Porque meu único irmão tinha cometido suicídio, e depois de ser voluntária na Clínica de Prevenção do Suicídio, sempre achei o suicídio a maneira mais triste de morrer. Talvez pudesse ter aliviado a mente de Wells em relação a alguns sentimentos de culpa percebidos sobre a situação de Bill Stevens. Talvez pudesse ter ouvido suas suspeitas. O mais provável era que não houvesse nada que eu pudesse ter feito. Era óbvio que ele acreditava que Stevens era um assassino em série com quem ele fizera amizade sem saber, assim como eu fizera amizade com Ted Bundy sem saber. Ele pode ter se sentido culpado por não ter falado nada antes. Pode até ter se sentido culpado por contar aos detetives que Stevens odiava prostitutas. Nada disso deveria ter sido suficiente para ele tirar a própria vida.

No fim, tudo que pude fazer foi tentar consolar a namorada de Dale Wells e sua senhoria quando me ligaram, mas só pude fazer isso em termos gerais, porque não conheci o homem por quem choravam.

O comandante da Força-Tarefa Green River, Bob Evans, que *conheço* desde que era policial de estrada, disse aos repórteres que estava claro para ele que a carta de Wells para mim comparava Stevens a Bundy, mas que seus detetives não tinham certeza do significado da carta. "É só mais uma reviravolta bizarra", disse, "no que provavelmente é o caso mais bizarro deste país."

Os investigadores do xerife do Condado de Spokane e a Força-Tarefa Green River tiraram pilhas de papéis e arquivos do apartamento de Wells, mas nunca encontraram nada que ligasse Wells ou Stevens aos assassinatos do Green River.

William Stevens II foi transferido para o condado de Spokane alguns dias após o suicídio de Dale Wells. Ele só tinha mais um mês para cumprir a pena do condado de King. No entanto, ele e o advogado se recusaram terminantemente a discutir os assassinatos do Green River com a força-tarefa, bloqueando qualquer progresso no caso durante meses.

Robert Stevens, que era veterano da marinha com dezessete anos de carreira, se apresentou em defesa do irmão com fotos dele de férias na Costa Leste com os pais. As datas nas fotos e nos recibos de cartão de crédito de várias cidades pareciam validar que Bill Stevens não estava no estado de Washington durante a maior parte de 1982, em especial nos dias vitais de julho.

Após um exame exaustivo da coleção de pornografia, armas e parafernália policial de Stevens, não foi encontrado nada que o ligasse aos casos do Green River. Relutante, a força-tarefa aceitou que o principal suspeito até agora também não era o homem que procuravam.

Robert Stevens convocou uma coletiva de imprensa para dizer que estava furioso com a força-tarefa por revistar a casa dos pais e pela provação que a família tinha passado por causa da publicidade em torno da situação.

Evans rebateu: "Não é minha culpa que ele [Bill Stevens] é um fugitivo e que disse aos amigos que queria fazer coisas com prostitutas, além de ter colecionado distintivos e equipamentos da polícia. Caso me furtasse a verificar isso, deveria ser demitido".

Em 6 de dezembro de 1989, Stevens se declarou culpado perante o juiz estadual Justin Quackenbush, por ser um criminoso foragido em posse de arma de fogo. Em uma barganha, duas acusações semelhantes por armas de fogo foram rejeitadas, e o promotor Ron Skibbie recomendou uma pena padrão de dois a oito meses de prisão. O juiz aceitou o pedido, mas disse que ia determinar a condenação. A pena máxima era dez anos de prisão, multa de 250 mil dólares e três anos de liberdade supervisionada.

No fim, a condenação de Stevens não importou. Ele foi diagnosticado com câncer no fígado e no pâncreas enquanto ainda estava na prisão e foi colocado em liberdade condicional. O homem que tinha sobrepeso no passado pesava menos de quarenta quilos quando morreu em setembro de 1991, aos 41 anos. Estava irreconhecível como o homem cuja foto tinha aparecido nas primeiras páginas da Colúmbia Britânica à Califórnia, Washington e Oregon a Idaho. Mesmo assim, foi preso por roubo no último ano da sua vida conturbada. Era um vigarista consumado que nunca usou sua inteligência superior para nada, a não ser dar um golpe atrás de outro.

Será que Bill Stevens tinha sido responsável por alguma das agressões sexuais ou mortes de mulheres jovens em Washington e Oregon? Não sei. Será que era o Assassino de Green River?

Não. Ele gostava de assustar as mulheres como tinha assustado a inquilina no Oregon. Eu não ficaria nem um pouco surpresa se ele tivesse planejado assustar a mulher que deixou o bar de Beaverton com um desconhecido. O "corpo" na "cova aberta" que ela viu podia muito bem ser só um dos manequins de Stevens.

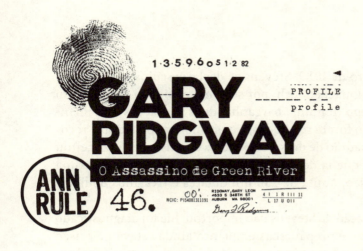

Dentes, fibras, tinta

Em 1990, a Força-Tarefa Green River estava com os dias contados, a mão de obra e os ativos foram desviados para a Unidade de Crimes Graves do condado, e, em seguida, os detetives foram redistribuídos com discrição. A força-tarefa de Frank Adamson chegou a ter setenta pessoas, incluindo pessoal de apoio administrativo, mas a de Bobby Evans só tinha dezessete, e era muito mais fácil desmontá-la sem alarde.

Quinze milhões de dólares e uma tremenda quantidade de trabalho e dedicação não capturaram e dominaram o verdadeiro assassino. Alguns dos melhores detetives dos Estados Unidos tinham assumido o papel, cheios de energia e confiança, e depois saído. Um dos agentes especiais do FBI — Paul Lindsay — tinha certeza de que encontraria o homem que tinha assassinado pelo menos quatro dezenas de mulheres. No fim, Lindsay disse a Frank Adamson: "Capitão, estou humilhado".

Os outros que tinham resistido por tanto tempo deviam se sentir do mesmo jeito.

Dave Reichert, o jovem detetive de 1982, agora tinha algumas rugas no rosto, e o cabelo estava grisalho. Foi promovido a sargento e retirado da força-tarefa. Quando Mertie Winston, mãe de Tracy, se encontrou com ele, implorou-lhe para que não desistisse de procurar o homem que tinha matado sua filha e tantas outras, Reichert tentou explicar que não estava desistindo — ele nunca faria isso —, mas estava em uma posição de comando e não conseguia comandar as pessoas com quem havia trabalhado.

Alguns investigadores da força-tarefa tinham se aposentado, outros tinham morrido, e muitos tinham desanimado. Nos dezoito meses anteriores, dois dos suspeitos mais prováveis tinham sido inocentados. Era difícil acreditar que eles um dia iam cumprir outro mandado de busca que não fosse uma amarga decepção.

De vez em quando, outro crânio aparecia em algum lugar esquecido por Deus, mas o público agora parecia cansado disso. Mesmo enquanto a possibilidade de William Stevens ser o AGR ainda existia em outubro de 1989, os restos mortais de uma mulher que estava desaparecida desde 1983 foram encontrados ao sul do aeroporto de SeaTac. O esqueleto estava a cinquenta metros dos restos mortais de três outras vítimas: Mary Bridget Meehan, Connie Naon e Kelly Ware. Um funcionário da Alaska Airlines o encontrara quando estava cortando arbustos, e a clínica do dr. Reay tentou estabelecer de quem o crânio de olhos vazios tinha sido.

Durante o longo cerco do Green River, Bill Haglund se tornou especialista em comparar as mandíbulas e os dentes das garotas desaparecidas com as centenas de registros odontológicos que tinha reunido. A odontologia forense é uma técnica que surgiu como uma ferramenta significativa da ciência forense. Os dentes de um ser humano são únicos — não tão individuais quanto o DNA ou as espirais e saliências das impressões digitais, mas, mesmo assim, únicos. Tamanho, formato, posição na boca e dentes lascados, quebrados e faltando contêm uma espécie de história silenciosa de quem a pessoa é ou era. Além disso, as vítimas de assassinatos e crimes sexuais costumam ter marcas de mordidas que podem ser usadas para identificar os agressores.

Em seu trabalho como investigador-chefe do Instituto Médico Legal do Condado de King desde 1983, Haglund foi chamado várias vezes para encontrar um nome e uma vida que se encaixassem nos tristes ossos assolados primeiro por um assassino e depois por animais e pelos elementos naturais. Apesar de seu trabalho sombrio, era um prazer conhecê-lo: um homem gentil com um grande senso de humor.

Uma noite em cada época de Natal, eu me reunia com minha vizinha Cherisse Luxa, a antiga integrante da força-tarefa que supervisionava os registros das vítimas ainda desaparecidas do Green River e fazia sua parte cavando e peneirando nos campos. Ansiávamos por um convite para jantar na casa de Bill e Claudia Haglund, na extremidade norte da cidade. Os animais de estimação e os hobbies de Bill costumavam ficar no porão e em gaiolas. Ele criava jiboias.

Embora eu tenha medo de ratos e de certas aranhas grandes e peludas, nunca tive medo de cobras, então um dos meus rituais mais estranhos das festas era tirar foto com a jiboia de mais de seis metros de Bill Haglund. Como poucos convidados do casal Haglund para jantar, incluindo Cherie, gostavam de passar um tempo perto dos animais de estimação, Bill ficava feliz em colocar uma das cobras em volta do meu pescoço. Era meu terceiro ou quarto Natal lá quando descobri que, embora as jiboias não sejam venenosas, elas têm dentes. Felizmente, a jovem cobra que estava segurando mordeu Bill, e não a mim. Ele riu, mas eu devolvi rapidamente seu mais novo animal de estimação.

Sempre que vejo as fotos de Haglund com aparência sombria em um local de descarte de corpos, me lembro do quanto ele se preocupa com as famílias das vítimas e como tem um coração acolhedor. Muito depois da pior parte da saga do Green River ter ficado para trás, ele passou meses trabalhando para as Nações Unidas na Bósnia-Herzegovina e em Ruanda, ajudando a identificar vítimas desconhecidas de terrorismo que haviam sido enterradas em valas comuns. Cheri Luxa também foi para a Bósnia e até resgatou alguns gatinhos croatas.

Haglund tinha reunido mais de duzentos conjuntos de prontuários odontológicos, especialmente de mulheres da área de Seattle, mas alguns incluíam pessoas desaparecidas na Flórida, em Oklahoma e em Montana. Ele identificou Debra Estes porque tinha memorizado sua característica dentária única — uma coroa de aço inoxidável. Agora tinha reconstruído a mandíbula da última possível vítima. Uma garota desaparecida de 19 anos chamada Andrea Childers foi inicialmente adicionada à lista do Green River em abril de 1983, mas foi retirada quando os registros na fronteira canadense notaram que alguém com o mesmo nome cruzara para a Colúmbia Britânica um ano depois.

Assim como os de Missy Draper, os registros odontológicos de Andrea, que tinha olhos escuros, mostravam uma lacuna clara entre os dentes superiores do meio. Haglund analisou os dentes do crânio e percebeu que Andrea não tinha ido para o Canadá; estava escondida perto da Strip havia seis anos. Era a vítima número 41.

Apesar de cães farejadores e pesquisadores terem vasculhado a área onde os restos mortais de Andrea foram encontrados anos depois, eles não a viram. "Quando alguém é enterrado", disse o capitão Bobby Evans, "a menos que você saiba que há um túmulo ali, é possível passar direto sobre o local e nem saber." Evans acreditava que havia muito mais vítimas a serem encontradas do que qualquer um imaginava. "Há pelo menos oito, e estou convencido de que há mais."

Andrea tinha crescido no sul da Califórnia, mas se mudou para Seattle quando tinha 16 anos para morar com o pai e a madrasta. Era muito próxima da avó de 85 anos, que chorou ao se lembrar da última vez que a tinha visto. "Andrea queria ser dançarina. Dava aulas e era muito boa ensinando exercícios de dança", lembrou Helen Koehler. "Ela veio para uma festa de aniversário atrasada [em 1983] — seu aniversário era em 29 de março. Estava usando um lindo vestido e um longo casaco cinza. Fiz um bolo de chocolate. Ela me beijou, como sempre, e depois foi embora."

Outros médicos-legistas poderiam ter descartado registros odontológicos antigos que pareciam não ter mais nenhuma relevância, mas não Bill Haglund e o dr. Don Reay. "Esse caso todo é tão estranho", disse Haglund, "que estou quase paranoico quanto a descartar qualquer coisa."

Nenhum dos comandos da Força-Tarefa Green River — de Dick Kraske a Frank Adamson, de Jim Pompey e Greg Boyle a Bob Evans — tinha jogado nada fora. Os primeiros computadores eram tão modernos quanto uma máquina de costura movida a pedal, mas o mais novo sistema de computador era uma maravilha e continha fotos e textos e até imagens de bilhetes rabiscados em caixas de fósforos e pedaços de papel rasgado. Nove mil provas permaneceram nos arquivos do Green River.

Tente imaginar sua própria vida como se você tivesse guardado cada corpete, salvado cada carta, tirado fotos de cada joia que teve, cada roupa, amostras de terra do quintal de cada residência, todos os seus dentes de leite perdidos, cachos de cabelo, todos os artefatos dos seus dias na Terra. Isso pode lhe dar uma ideia da profundidade e da amplitude dos arquivos do Green River. A seção de cada vítima tinha pelo menos duas mil páginas; algumas tinham dez vezes mais do que isso. E, como bem sabe qualquer pessoa familiarizada com os arquivos da polícia, muitos interrogatórios promissores terminam em decepção, mas o texto de cada um estava preservado.

Tom Jensen ingressou na Força-Tarefa Green River em 1984, e houve uma época em que havia cinquenta detetives trabalhando com ele. Agora, por muito tempo, Jensen era o único "guardião da chama". Jensen é um homem amigável, de aparência escandinava, com cabelo e bigode louro-escuro. Por muitas vezes, deve ter desejado outra atribuição, porque este era um caso tortuoso. Contudo, acabou ficando pois estava preocupado com o que aconteceria com os casos se fosse embora. Mais tarde, Jim Doyon se juntou a ele, mas as fileiras e mais fileiras de arquivos deviam ser intimidadoras. Como dois detetives poderiam ter esperança de seguir todas aquelas pistas?

O simples fato de a força-tarefa ter sido dissolvida não significava que não chegavam novos relatos. Esposas, ex-esposas e namoradas continuavam a me ligar durante a década de 1990, cada uma convencida de que os homens que um dia amaram eram, na verdade, assassinos em série — e provavelmente o Assassino de Green River. Passei as informações mais confiáveis para Tom Jensen, sabendo que tudo que ele podia fazer era alimentar os fatos no computador, na probabilidade de surgir uma combinação com as informações que outra pessoa havia relatado.

Apesar da intromissão de repórteres locais inescrupulosos publicando informações que a força-tarefa queria que fossem mantidas em segredo, os investigadores do Green River conseguiram manter algumas cartas escondidas. "Ficamos entusiasmados com umas contas microscópicas de vidro rosado que o laboratório criminal detectou em algumas das vítimas", lembrou Frank Adamson. "Pareciam muito raras. Estávamos achando ótimo no início, mas o laboratório do FBI nos disse que, na verdade, eram muito comuns. Quase todo mundo que dirige em rodovias tem algumas no carro. As contas vinham do material refletor em sinais de trânsito ou na tinta usada para pintar as linhas centrais."

Em fevereiro de 1988, o FBI listou as semelhanças entre as vítimas do Green River com o caso que chamaram de "Greenmurs: CASO PRINCIPAL #771". Talvez todas as garotas mortas não fossem conhecidas em muitos lugares dos Estados Unidos, mas o Bureau reconheceu essas mortes como algumas das mais importantes que a Unidade de Ciências Comportamentais já ajudara a investigar.

A Unidade de Ciências Comportamentais observou que todas as vítimas tinham sido encontradas ao ar livre e que havia poucas e preciosas provas físicas nos locais. As roupas de algumas das garotas mortas foram espalhadas perto dos corpos; a maioria estava nua. O público não sabia que Opal Mills era a única vítima cujo corpo continha vestígios de um grupo sanguíneo diferente do dela. O sêmen na vagina era de um homem com sangue tipo O; Opal tinha sangue tipo A.

Moira Bell, que sobreviveu ao ataque em Horsetail Falls, no Oregon, descreveu a fita adesiva bege de cinco centímetros de largura usada para prender seus pulsos e braços. Ela também se lembrava de que a faca usada para esfaqueá-la era de cozinha de açougueiro francês, com cabo reto de madeira e lâmina reta, com cerca de vinte centímetros de comprimento em forma triangular e mais larga perto do cabo.

Muitas das vítimas tinham fibras minúsculas no corpo. Com uma ferramenta chamada espinarete, os técnicos do laboratório criminal (como a especialista em fibra residente do laboratório da Polícia do Estado de Washington Ocidental, Chesterine Cwiklik) conseguem encontrar todos os tipos de combinações com fibras minúsculas. Na verdade, algumas das provas mais fortes contra Ted Bundy foram cinco fibras distintas que puderam ser ligadas a ele, encontradas na van que usou em 1979 para sequestrar Kimberly Leach, de 12 anos, o assassinato pelo qual pagou na cadeira elétrica da Flórida. Fibras de tapete também ajudaram a condenar Wayne Williams, o Assassino Infantil de Atlanta.

Na sala de provas do Green River havia: fibras acrílicas azuis, fibras acrílicas verdes, fibras acrílicas vermelhas, fibras pretas de poliéster e fibras verdes parecidas com as de carpete, todas encontradas com os restos mortais das vítimas. Missy Plager e Alma Smith tinham pelos de cachorro "azuis" nos restos mortais.

Curiosamente, também foram encontradas partículas de tinta em oito vítimas: esmalte vermelho, esmalte marrom médio, "laca de nitro-celulose com primer fragmentário cinza-claro" metálica azul médio e tinta metálica azul médio. "Nenhuma das partículas de tinta descritas é típica de — nem consistente com — nenhum tipo de sistema de acabamento de veículo motorizado original", relatou Skip Palenik. "Não é possível determinar uma fonte ou origem específica dessas partículas." E dezoito vítimas tinham cabelos que não saíram da cabeça nem do corpo de nenhuma delas.

Tinha havido pelo menos oito avistamentos de veículos — cinco picapes diferentes, uma perua verde e duas peruas azuis: entre elas, uma picape grande de fabricação americana de cor clara, 1960-64; uma (possivelmente Ford) de 1970-77 talvez branca sobre azul; uma picape mais antiga GMC ou Chevrolet dos anos 1960, verde-turquesa; uma picape cor de vinho; uma picape marrom de dois tons — e assim por diante. Algumas testemunhas relataram vários pontos "lixados" pintados com primer, como se as picapes estivessem em processo de uma nova pintura. Havia uma preferência definitiva por picapes, e todos os veículos eram de fabricação norte-americana. Nenhum deles era novo em folha, e muitos tinham trailers ou lonas na traseira.

Quando se tratava de descrever o homem (ou homens) visto pela última vez com as vítimas, a variação era ainda maior. As testemunhas tendem a ser menos observadoras quando estão angustiadas ou com medo, claro. Na maioria das vezes, erram a altura. E, algum tempo depois, seria descoberto que muitas das mulheres que o AGR encontrou, as mulheres que fugiram, nunca informaram o caso. Estavam muito assustadas ou em um ramo no qual não viam a polícia com bons olhos.

Todas as testemunhas da área de Seattle disseram que o suspeito era caucasiano com um cabelo entre louro e castanho-claro e tinha entre 1,72 e 1,80 metro de altura. Quase sempre era descrito como tendo trinta e poucos anos. E costumava usar uma camisa xadrez e às vezes um boné de beisebol. A maioria das testemunhas que viram as garotas mortas e desaparecidas pela última vez achava que o homem com quem elas saíram tinha um bigodinho ralo. Em essência, era o "Sr. Mediano" dirigindo por uma estrada movimentada em uma picape indefinida.

Mas quem era ele? E onde ele estava?

Assim como a maioria das pessoas, tendia a acreditar que o Assassino de Green River estava morto ou na prisão. De vez em quando, os noticiários divulgavam histórias sobre o surgimento de um assassinato em série em algum estado distante do Noroeste, e eu me perguntava se ele estava lá agora. Mas, geralmente, o suspeito era preso, e não era ninguém que se encaixasse na descrição do condado de King.

Tom Jensen e Jim Doyon comandavam o enorme computador da Força-Tarefa Green River e, depois, os computadores de última geração que assumiram o trabalho conforme a tecnologia avançava. Eles ficavam de guarda sobre os arquivos empilhados até o teto que continham um fluxo que parecia interminável de pistas e informações, muitas delas perturbadoras e macabras. E ainda não tinham encontrado o homem.

Gary Leon Ridgway admitted to taking the lives of 48 women, found in South King County, where Ridgway grew up, lived and one woman just five years ago. He also told investigators that brief details about the 44 victims whose remains have been ide

1 Wendy Coffield
Age: 16
Missing: July 8, 1982
Found: July 15, 1982

2 Gisele Lovvorn
Age: 17
Missing: July 17, 1982
Found: Sept. 25, 1982

3 Debra Bonner
Age: 23
Missing: July 25, 1982
Found: Aug. 12, 1982

4 Marcia Chapman
Age: 31
Missing: Aug. 1, 1982
Found: Aug. 15, 1982

5 Cynthia Hinds
Age: 17
Missing: Aug. 11, 1982
Found: Aug. 15, 1982

6 Opal Mills
Age: 16
Missing: Aug. 12, 1982
Found: Aug. 15, 1982

7 Terry Milligan
Age: 16
Missing: Aug. 29, 1982
Found: April 1, 1984

S. 128th St

99

S. 146th St.

12

24

8 18
27 28

S. 188th St.

509 2

DES
MOINES

Puget
Sound

181

32

1 3

S. 272nd St.

15

16

RIDGWAY'S
FORMER
HOME

7 19 26

17

21

320th St

FEDERAL

20

III

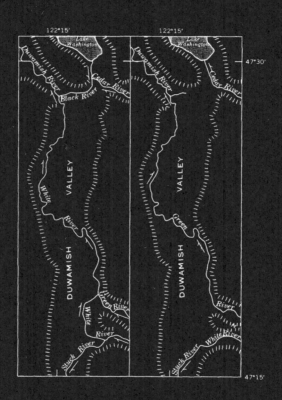

"Nós prendemos o Assassino de Green River"

2001. Era um novo século, e ele não tinha se mudado, pelo menos não para muito longe. Gostava da vida no condado de King e tinha anos de antiguidade no emprego que não pretendia perder. Tinha uma boa esposa. Era uma dona de casa que cuidava das coisas, pagava as contas, mantinha a casa organizada e confiava nele.

Isso lhe dava uma base sólida. Não importava mais que, durante grande parte da vida, as pessoas o tivessem considerado lento ou burro. Isso era um bônus, porque ele tinha enfrentado os fortões, e os derrotado com facilidade. Os jornais estavam cheios de histórias sobre quantos detetives tinham tentado pegá-lo e quantos milhões de dólares tinham gastado — e agora todos tinham sumido, e ele estava morando em uma casa nova grande com um ótimo quintal. Tinha tentado aumentar a aposta no jogo escrevendo e lhes dando dicas, mas parece que os policiais não conseguiram conectá-lo a essas informações úteis. Pelo que podia imaginar, quando foram bisbilhotar a Kenworth e vasculhar sua casa foi só porque ele tinha sido parado na rodovia com muita frequência. Sabia ser apenas um dos muitos homens que passeavam pela Strip. Não tinham conseguido provar nada mais do que isso. Ele tinha passado nos testes do detector de mentiras, e isso diminuiu o ritmo deles. O restante foi porque ele tinha estudado os motivos pelos quais outros caras tinham sido pegos e se certificou de não cometer erros.

Chegaram tão perto que isso o irritou um pouco, mas foram embora de mãos abanando. E aí, quem era burro agora? Ele ainda podia dirigir pelos lugares onde havia deixado as mulheres e reviver o que tinha feito com elas sempre que quisesse. Estava se escondendo à vista de todos, indo para Renton para trabalhar na Kenworth como sempre, e, embora os caras do trabalho às vezes ainda o chamassem de Green River Gary, isso não era tão ruim. Era uma piada; ninguém sabia até que ponto eles estavam certos.

Ele tinha lido muito sobre Ted Bundy e sabia que Bundy era considerado praticamente um gênio. Mas Bundy não durou muito e não chegou nem perto do número de "assassinatos" do Green River Gary.

Gary e Judith Ridgway tinham se mudado muitas vezes e sempre compravam casas melhores. Em 2001, moravam na rua 348 Sul, com um endereço no bairro West Hill em Auburn. A casa era melhor do que qualquer coisa que os pais jamais tiveram. Ele deixou Judith decorá-la do jeito que quisesse. Ela gostava de coisas de "mulherzinha", como bonecas, flores artificiais, mantas de crochê e coisas rendadas com babados no sofá e nos braços das poltronas. Os dois gostavam de comprar e tinham cerca de uma dezena de tudo por causa dos encontros de trocas e das vendas de garagem que frequentavam na maioria dos fins de semana. Judith exibia as coisas de que gostava, e eles guardavam o que sobrava em caixas e latas nos quartos desocupados.

O quintal era vistoso, com muitas sempre-vivas, rododendros, samambaias e flores. Judith amava as próprias flores, e ele mantinha o gramado com uma boa aparência. Dentro de casa, tinha mais plantas caseiras do que qualquer pessoa que conheciam.

As filhas de Judith agora estavam sozinhas, e o filho dele, Chad, estava na Marinha. Ele e Judith podiam fazer praticamente tudo que quisessem. Tinham um trailer muito sofisticado, ele possuía uma picape praticamente nova, e ela, um bom sedã. Dali a mais dez anos, ele conseguiria se aposentar, e os dois poderiam sossegar pelo resto da vida. Eles tinham alguns investimentos, o plano de aposentadoria da empresa e a previdência social. Judith gostava dessa sensação de segurança; até guardava dinheiro escondido em casa e no trailer — pilhas de notas de cinco e dez dólares — para que eles sempre tivessem dinheiro para comer e para abastecer o carro.

Ela não sabia tudo sobre o marido, claro. Havia muita coisa que desconhecia. Essa era a vida *dele*, eram coisas que o faziam sentir-se bem. Não que não fosse fiel a ela. Todos os homens traíam. O que ela não sabia não poderia magoá-la.

Havia coisas que ele também não sabia. No fim das contas, a força-tarefa não estava morta de verdade; em linguagem de computador, estava em "modo de espera". Se estivesse morta e enterrada como ele pensava, a sala no último andar do Tribunal do Condado de King não estaria mais cheia de pastas pretas, provas físicas e centenas e centenas de milhares de páginas de informações para acompanhar.

Frank Adamson foi transferido para o novo Centro de Justiça Criminal ao sul do aeroporto para se tornar chefe da Divisão de Investigação Criminal; Bob Keppel concluiu o doutorado, escreveu alguns livros que foram bem-recebidos e ministrou um curso bem popular chamado Homicídio na Universidade de Washington durante os anos 1990. Dave Reichert tinha subido na hierarquia do departamento do xerife.

No início de 1997, houve grandes mudanças no departamento do xerife. O xerife Jim Montgomery recebeu uma oferta de emprego para ser chefe de polícia em Bellevue e aceitou. Isso significava que o condado de King tinha uma vaga para xerife. Frank Adamson rejeitou a oferta do chefe do poder executivo do condado de King, Ron Sims. Adamson estava ansioso para se aposentar, assim como vários outros oficiais de comando que Montgomery considerou.

Dave Reichert tinha quase 50 anos, e o cabelo, embora ainda fosse espesso, estava ficando grisalho com muita rapidez. Sua empolgação com cargos mais elevados continuava, e desejava ser o xerife do condado de King. Ficou feliz em aceitar a nomeação de Sims em 1997. Adamson apoiou Reichert, assim como muitos outros no departamento do xerife. Eu me lembrei de como Reichert tinha trabalhado arduamente na Força-Tarefa Green River e fiquei feliz de ajudar a arrecadar dinheiro para sua campanha quando a eleição para xerife aconteceu. Ele provou ser um político nato; um homem maduro, bonito e seguro em vez do "Davy", que tinha sido em 1982. Venceu a eleição com facilidade e, por fim, estava em posição de reabrir a caça ao homem que tinha fugido dele e de dezenas de outros durante quase vinte anos.

Ao contrário da maioria dos homens que tinham sido xerifes, Reichert costumava usar o uniforme completo, em vez de um terno formal. Ele ainda era policial e tinha se mantido em ótimas condições físicas, malhando e levantando peso como sempre. Durante a convenção da Organização Mundial do Comércio que provocou tumultos em Seattle em 2000, as câmeras dos noticiários pegaram Reichert perseguindo saqueadores que tinham acabado de quebrar a janela de uma joalheria. Era reconfortante, em uma época de caos, ver o próprio xerife nas ruas, lidando com a ilegalidade. Ele admitiu com um sorriso, no entanto, que não conseguia mais correr tão rápido quanto vinte anos antes.

Se Gary Ridgway era obcecado por matar jovens miseráveis, Dave Reichert era obcecado por rastreá-lo e vê-lo preso e condenado. Não era uma competição de verdade. Ao longo dos anos, sempre acreditei que Reichert, Randy Mullinax, Tom Jensen, Jim Doyon, Matt Haney e Sue Peters, um dia, pegariam o Assassino de Green River. Como novo xerife, Reichert às vezes me dizia: "Ann, vamos pegá-lo — e aí você vai poder escrever o livro".

E eu sempre respondia: "Eu sei e vou escrever".

Conforme o mundo mudava de milênio, os investigadores que trabalharam nos casos do Green River por tanto tempo tinham tirado o foco dos homens de quem mais suspeitavam de 1982 a 1984. Mas era difícil esquecer alguns. Tom Jensen continuou de olho em Gary Ridgway. "Por que ele não vai embora — se muda para a Califórnia ou qualquer outro lugar?", se perguntava. "Acredito que ele pensa que se safou. Não tem nenhuma necessidade de ir embora." Jensen acreditava que, quando Ridgway passou no polígrafo, sentiu que estava livre.

Depois que a força-tarefa foi reativada, Reichert e Jensen suspeitaram que estavam vigiando o homem certo, embora Melvyn Foster ainda estivesse por perto e às vezes conversasse sobre o caso. As pessoas que não estavam falando sobre isso eram os membros da Força-Tarefa Green River. Se a prisão era iminente, o público não fazia ideia.

O dia 30 de novembro de 2001 era uma sexta-feira, e o vento fustigava com violência enquanto uma forte chuva caía, tornando o horário de rush no início do fim de semana ainda pior do que o normal. No fim da tarde, a tempestade ficou mais intensa. A maré estava alta, e as ondas de Puget Sound batiam bem alto sobre a minha sacada. Mas havia alguma coisa a mais no ar, quase indefinível. Uma onda de rumores, mal distinguíveis a princípio, de outros sussurros de que algo grande podia estar acontecendo no caso do Green River. Esses rumores, claro, tinham virado gritos de megafone várias vezes nos últimos vinte anos e, depois, tinham diminuído.

Meu telefone tocou com frequência naquela tarde, e repórteres e policiais que eu conhecia perguntavam: "Você ouviu falar que ele pode ter sido pego?".

Eu não tinha ouvido. Todos nós sabíamos quem era "ele" sem falar em voz alta. Eu não tinha ouvido nada. Mas alguma coisa *estava* acontecendo. Por volta das cinco da tarde, as três principais redes de TV enviaram repórteres e cinegrafistas à minha casa. Eu costumava ser uma "figura" confiável para qualquer história conectada a assassinatos em série ou aos casos do Green River quando as fontes oficiais estavam fechando o cerco. E, no momento, o departamento do xerife não estava dizendo nada, mas os repórteres tinham rastreado os detetives até a fábrica da Kenworth e a casa de Judith e Gary Ridgway perto de Auburn.

Meu telefone tocou de novo por volta das seis. A secretária eletrônica atendeu. Era Dave Reichert, com a voz cheia de entusiasmo mal contido. "Nós o pegamos, Ann", disse. *"Nós prendemos o Assassino de Green River!"*

Para mim, foi um daqueles momentos em que sempre vou me lembrar de onde estava quando ouvi a notícia. Pearl Harbor. O assassinato de Kennedy. A prisão de Ted Bundy. A explosão do ônibus espacial Challenger. E agora, depois de dezenove anos e meio: *"Nós prendemos o Assassino de Green River!".*

Salvei a fita com a voz triunfante e ainda assim incrédula de Dave Reichert me dizendo que o que parecia impossível finalmente tinha acontecido.

Eu tinha escrito dezenove livros enquanto esperava a história do Green River terminar em uma prisão, sempre pensando que esse, com certeza, seria o meu próximo livro, sempre decidindo não jogar fora nenhum dos arquivos de informações — só para garantir. Como escritora policial, fiquei exultante. E, no entanto, a prisão de Gary Ridgway foi o início de uma espécie de terror que ninguém que acompanhou a história do Green River jamais poderia ter imaginado.

No fim, nada ficaria escondido, não seria omitido nenhum detalhe hediondo daquela que se tornaria a história mais difícil que já tive que contar.

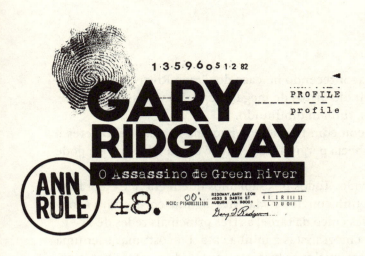

Apetites antigos

Levou tanto tempo, e, quando aconteceu, todas as peças irregulares se encaixaram com perfeição. Mesmo assim, a prisão tinha sido precipitada. Os investigadores não estavam prontos para dar o pulo. Por ironia, as próprias ações de Ridgway foram um entrave para os planos deles, e os detetives tiveram que avançar.

Em 16 de novembro de 2001, Gary disse à esposa, que a picape estava com pouca gasolina, e recebeu trinta dólares para encher o tanque. Ela não costumava dar mais dinheiro do que ele precisava para comprar o café da manhã ou o almoço. Mas, nesse dia, os trinta dólares na carteira de Ridgway despertaram apetites antigos.

Ele diminuiu a velocidade quando avistou uma jovem atraente passeando de um jeito provocante ao longo do meio-fio da rodovia Pac. Pegou o dinheiro e acenou para a garota. Ela lhe perguntou o que queria comprar. Ele falou — e foi preso na mesma hora. Gary Ridgway tinha sido enganado por uma prostituta isca, uma policial disfarçada que trabalhava em outra unidade e não sabia dos planos da força-tarefa. Foi acusado de vadiagem por prostituição, mas logo foi solto sob fiança.

• • •

Ele não ficou preocupado de verdade, pensando que isso só ia custar a taxa de reboque da picape. Judith nunca tinha duvidado da sua palavra, e ele poderia explicar que era um caso de identidade trocada. Ela confiava totalmente nele e nunca questionava suas explicações. Ele não tinha a menor ideia de que seu nome tinha se tornado o número um em uma lista sombria.

Poucos detetives que tinham trabalhado nos assassinatos do Green River desde o início continuaram até ver o final. Assim como a passagem de vinte anos muda todas as vidas, aposentadorias, transferências, novos empregos, doenças e mortes dizimaram a lista dos investigadores que tinham iniciado a busca por justiça em 1982. Só aqueles que estavam na casa dos 20 e 30 e poucos no início ainda estavam no departamento do xerife. Apesar de todos os atores de mais de 60 anos que interpretam detetives em programas policiais de televisão, existem poucos sexagenários que ainda usam um distintivo na vida real.

Conforme entrava o milênio, a maioria dos investigadores que tinham trabalhado nos casos do Green River durante anos tinha mudado o foco dos homens dos quais suspeitavam de 1982 a 1984. Mas alguns eram quase inesquecíveis.

Havia muitos detetives que nunca tinham considerado Gary Ridgway um suspeito confiável nos assassinatos do Green River, preferindo aqueles com personalidades mais complicadas e sofisticadas. E havia um punhado que sempre achou que o homem de aparência mansa e comum era exatamente em quem deviam se concentrar.

Randy Mullinax, que fez parte da primeira e da segunda forças-tarefa, tinha dispensado Ridgway depois que ele passou em dois testes do polígrafo. Mullinax adotou a carreira de policial quase como uma reflexão tardia. Um dos vários irmãos que cresceram na comunidade de Boulevard Park, no extremo sul, ele se casou aos 20 anos e foi trabalhar em Burien, Washington, mas não por muito tempo. "Fiquei cansado de usar as costas", lembrou, "e de ficar na chuva, então fui para a faculdade."

Mullinax fez alguns cursos de ciências policiais como disciplinas eletivas e logo se viu fisgado. Ele havia sido contratado pelo Departamento do Xerife do Condado de King em janeiro de 1979. Sue Peters e Mullinax entraram para o departamento do xerife com uma diferença de três anos um do outro e trabalharam juntos na investigação do Green River nos anos 1980.

Peters também nunca tinha pensado muito na polícia como carreira. Ela sempre planejara ser professora de educação física, mas quando se formou em educação física na Universidade Central de Washington descobriu que não havia muitos empregos como professora na sua área. Não ficou decepcionada de verdade, porque outra carreira estava atraindo sua atenção havia anos. Desde criança, Peters passava os verões a leste das montanhas Cascade em Ritzville, Washington, onde a avó era subxerife na zona rural do condado de Adams. Naquela época, as policiais só trabalhavam com presidiárias ou como governantas na prisão, mas, mesmo assim, Peters ficou fascinada com a aura de mistério do trabalho policial. Quando adolescente, pendurava cartazes de "Procura-se" na parede do quarto, e não os de estrelas do rock. Peters se formou na academia de polícia em maio de 1982, dois meses antes de o corpo de Wendy Coffield ser encontrado boiando no Green River. Como jovem subxerife, juntou-se a Dave Reichert no segundo local de descarte de corpos do rio, mas Peters só foi designada para a Força-Tarefa Green River em 1986. Depois de trabalhar na patrulha por três anos, saiu disfarçada com uma equipe proativa de narcóticos que investigava o tráfico de drogas em escolas do ensino médio —passava-se por adolescente com facilidade. Ela também investigava casos de agressão sexual.

Ralf McAllister, que morreu por causa de um ataque cardíaco repentino — e cuja esposa, Nancy, assumiu seu lugar na força-tarefa — sempre foi um dos que achavam que Ridgway provavelmente era o Assassino de Green River. Frank Atchley era um dos poucos que compartilhava dessa convicção. Mas foi Matt Haney, que estava absolutamente convencido de que Ridgway era culpado e o rastreou com obstinação em 1986 e 1987, quem ficou mais decepcionado quando o interesse pelo pintor de caminhões diminuiu.

"Tudo se encaixou quando Randy e eu fomos para Las Vegas, e, como último recurso, concordamos em hipnotizar Paige Miley para ver o que ela conseguia se lembrar sobre o homem que lhe perguntou a respeito de 'Star' [Kim Nelson/Tina Tomson]", lembrou Haney. "E as instruções dela para o artista da polícia nos deram um desenho que parecia Ridgway. Randy e eu tínhamos sido designados para rastrear o dono da picape vermelha bordô com capota branca e descobrimos que Ridgway tinha uma picape assim. Foi essa que a família de Marie Malvar encontrou na garagem dele."

Paige Miley insistiu que tinha memorizado o número da placa da picape vermelha, anotado em um pedaço de papel e ligado para a primeira Força-Tarefa Green River. Infelizmente, o detetive cujo nome ela deu não se lembrava se tinha seguido a pista, e, três anos depois, mesmo sob efeito da hipnose, Paige não conseguia se lembrar. Ela acreditava que começava com *K* e tinha *1,* seguido de quatro ou cinco números. Não era informação suficiente para rastrear. Nos primeiros dois anos, houve uma avalanche de pistas tão grande que ninguém podia ser responsabilizado por contratempos involuntários que, em retrospecto, se tornaram importantes.

Naquela época, Tom Jensen, guardião do computador, foi um dos detetives que dispensou Ridgway dando de ombros. Foi inflexível ao considerar que os dois testes aprovados de Gary Ridgway no polígrafo provavam que ele não podia ser o Assassino de Green River, dizendo ser irrelevante qualquer crença continuada de que ele era o assassino.

Haney sabia que Randy Mullinax estava cansado de ouvir o nome de Ridgway. "Randy e eu éramos, e somos, grandes amigos, e ele é um bom detetive, porém não achava que Ridgway era o assassino e não teve coragem de investigá-lo por mais tempo. Ele deixou a força-tarefa em 1986 ou 1987."

Ele perdeu Mullinax como parceiro naquele ano, mas ganhou uma nova parceria. "Sue Peters veio transferida e se tornou minha parceira", Haney, agora chefe de polícia de Bainbridge Island, Washington, se lembrou de ter ficado entusiasmado. "Sue é a melhor detetive de homicídios do Departamento do Xerife do Condado de King", disse, "a melhor interrogadora."

Haney deixou a equipe do condado de King depois que a força-tarefa foi dissolvida e foi recrutado por dois departamentos de polícia do Alasca, primeiro em King Salmon na baía de Bristol e depois em Homer. Os nativos aleútes não gostavam de policiais, mas Haney foi bem-recebido. Achavam que se tratava de um "nativo de fora", quando, na verdade, ele é meio-coreano. "Sou um filho da guerra", disse com um sorriso, "adotado em 1956."

Ele amava o Alasca, mas depois de seis anos cedeu ao desejo da família por menos neve e mais luz do dia no inverno e voltou para o estado de Washington. Logo foi contratado como tenente pelo chefe Bill Cooper do Departamento de Polícia de Bainbridge Island. Ele tinha trabalhado para o novo departamento por apenas duas semanas quando, em meados de outubro de 2001, recebeu um telefonema de plantão de Sue Peters.

"Preciso falar com você", disse ela.

"Ótimo", disse Haney. "Vamos almoçar em breve."

"Não, Randy e eu temos que falar com você *hoje à noite.*"

Eram 21h, mas o que estava na cabeça de Peters era urgente. Haney concordou em pegar a balsa para o continente e encontrar Peters e Mullinax perto da meia-noite na casa deste último no sul do condado de King. Se Haney fosse do tipo que se vangloria e diz "Eu avisei", essa seria a hora de fazer isso.

"Quando cheguei lá, Sue e Randy estavam sentados perto da lareira", lembrou Haney, "e Sue disse: 'Matt, você estava certo o tempo todo. Estamos nos concentrando em Gary'. Mullinax fez que sim com a cabeça. 'É o Ridgway. Temos o DNA.'"

"Foi ótimo poder contar a ele", disse Peters mais tarde, "porque [Gary] era alguém com quem ele tinha 'trabalhado' por um tempo. Nossa equipe ia voltar a se unir, mas não tínhamos nem um minuto para assimilar".

Haney se lembrou de uma reunião que Dave Reichert tinha convocado seis meses antes com todos os ex-membros da força-tarefa para discutir a possibilidade de que um teste avançado de DNA pudesse funcionar nos fluidos corporais e nos cabelos encontrados nos corpos de Opal Mills e Carol Christensen. Matt Haney e Jim Doyon tinham levado Gary Ridgway ao Departamento de Polícia de Kent catorze anos antes, quando vários mandados de busca, sob a direção de Haney, foram cumpridos nas propriedades da família de Ridgway. Embora o juiz tivesse achado, à época, que seria muito invasivo exigir uma amostra de sangue de Gary Ridgway, ele permitiu a parte do mandado que buscava fios de cabelo da cabeça e da região púbica e acrescentou: "Amostras de saliva serão permitidas".

Felizmente, os repórteres não tinham pensado em vigiar as instalações da polícia em Kent, e foi lá que George Johnston, criminalista do WSP, entregou a Ridgway o pequeno quadrado de gaze e pediu que ele o mastigasse. Haney e Doyon supervisionaram a retirada e a arrancada de amostras de cabelo, e todas essas possíveis provas físicas permaneceram intocadas em um congelador.

Mas Haney não ouviu mais nada depois disso. Agora ele descobriu que, em março de 2001, Tom Jensen tinha enviado amostras biológicas de seis vítimas ao Laboratório Criminal da Patrulha do Estado de Washington na esperança de que os criminalistas encontrassem sêmen e pudessem isolar o DNA. A cientista forense Beverly Himick comparou os esfregaços vaginais de Marcia Chapman com o DNA conhecido de Gary Ridgway e obteve uma correspondência positiva. Tufos de pelos pubianos de Opal Mills também carregavam o DNA dele.

No laboratório do WSP, a criminalista Jean Johnston também tinha obtido uma correspondência positiva. Ela relatou que um pouquinho de esperma em um esfregaço vaginal do corpo de Carol Christensen era tão consistente com o DNA de Ridgway que só uma pessoa no mundo inteiro, exceto um gêmeo idêntico, teria aquele perfil de DNA.

Sue Peters explicou a Haney que Dave Reichert estava prestes a iniciar uma força-tarefa secreta para vigiar e, com sorte, prender Gary Ridgway. E Haney era o detetive que melhor conhecia Ridgway, aquele que sempre estivera convencido de que ele era o Assassino de Green River.

"Precisamos de você de volta conosco", disse Peters. "Mas você não pode contar pra ninguém — nem pro seu novo chefe. Ele tem que te emprestar sem saber de nada. Sem fazer perguntas."

O chefe Bill Cooper não gostou muito de deixar Haney voltar para o condado de King sem um bom motivo, mas Haney fez um gesto negativo com a cabeça e disse que não podia contar o motivo. Cooper, por fim, perguntou:

"Tem alguma coisa a ver com o seu passado?"

"Tem", respondeu Haney.

"Está bem. Pode ir. Depois, você me conta."

Em novembro de 2001, surgiu a força-tarefa renascida. Haney, Peters e Mullinax estavam mais perto do coração da investigação do Green River do que qualquer investigador jamais estivera — perto demais, talvez, para que um dia parassem de pensar nisso de vez. Essa história tocava como uma canção subliminar no cérebro deles 24 horas por dia, mês após mês.

Também havia vários detetives na investigação reativada que eram adolescentes no início do fluxo de assassinatos que parecia interminável. A Força-Tarefa Green River ficou mais uma vez recarregada de energia, mas de forma tão silenciosa que o público não percebeu sua vitalidade, e, em meados de novembro, a investigação começou a fazer barulho. Por ironia, o homem que agora estava no centro da visão deles acreditava que estava livre. Gary Leon Ridgway, o pintor de caminhões, tinha retornado havia muito tempo às suas antigas tormentas e obsessões sexuais.

• • •

A rodovia Pac era um ambiente muito menos amigável para as prostitutas do que vinte anos antes. Os motéis baratos estavam ainda mais baratos ou tinham desaparecido, e havia muitos outros hotéis de luxo construídos perto do aeroporto. Casey Treat, pastor que se tornara popular pelas aparições na televisão, presidia um enorme complexo de igrejas que tinha construído no extremo sul da antiga Strip, e a maioria dos negócios e lojas legítimos tinha se expandido.

Mesmo assim, havia adolescentes cujo objetivo para estar na estrada era óbvio — algumas eram prostitutas de segunda geração, filhas e sobrinhas de moças perdidas dos anos 1980. Uma delas era a filha de Keli McGinness, que tinha sido adotada quando Keli nunca mais voltou para buscá-la. Tinha se tornado uma mulher bonita, ainda mais adorável do que a mãe, de quem nem conseguia se lembrar. Sue Peters, que foi designada para o caso de Keli, encontrou a filha em vez da mãe. A menina estava viva e bem, mas correndo tanto perigo em potencial quanto a mãe tinha corrido. Peters fez o possível para persuadir a jovem a entrar em contato com a família de Keli.

Havia outros padrões circulares que tinham surgido na busca de vinte anos pelo Assassino de Green River. Seria possível que rastrear as semelhanças ajudasse a construir um caso circunstancial contra Gary Ridgway para somar aos resultados positivos de DNA que a força-tarefa obteve?

Parecia que sim.

Os detetives designados para a nova força-tarefa clandestina estudaram com atenção todas as informações anteriores coletadas de Ridgway, procurando qualquer coisa que pudesse ter sido perdida, avaliando seu passado à luz do que agora sabiam e procurando a motivação que poderia ter tido para matar dezenas de mulheres. Ele se casou três vezes, mas os investigadores do Green River que localizaram as duas primeiras esposas foram informados de que a mãe dele nunca tinha deixado de administrar a vida do filho.

A primeira esposa, Heather, não era uma "loura magra" como ele alegara certa vez. Ela fora uma adolescente morena com excesso de peso, e o casamento tinha sido bom nos primeiros meses. Ela lembrava que o casal havia feito alguns amigos em San Diego, com quem jogavam cartas e visitavam com frequência.

"O pai dela e eu nunca conseguimos entender por que Heather tinha se casado com Gary", disse a mãe de Heather. "Quando estavam namorando, ele vinha à nossa casa e ficava sentado lá como um toco.

Nunca comia, nunca dizia uma palavra. Um dia, ficou sentado em uma cadeira por cerca de oito horas — e não falou conosco. Nem se levantou para ir ao banheiro, na verdade. Mas imaginamos que Heather devia ter visto alguma coisa nele que não conseguíamos ver. Ele parecia ser afetuoso com ela e, quando esteve nas Filipinas, nos mandou uma daquelas pinturas de veludo de Natal. Parece estranho dizer agora, mas pensávamos que pelo menos Heather estaria segura com ele como marido e achávamos a mãe dele muito simpática."

Heather tinha se surpreendido, porém, ao ver como Gary ficava chocado com o preço das coisas em San Diego. "Ele nunca teve que pagar por nada", disse. "A mãe, Mary, sempre comprava tudo. E ele também tinha medo de que as pessoas roubassem as coisas dele. À noite, não só trancava o nosso carro, mas também tirava o rádio e o que dizia serem peças muito caras do motor porque achava que alguém podia roubá-las."

A opinião de Heather sobre Mary Ridgway mudou radicalmente depois que o jovem casal voltou, apesar de separados, de San Diego, quando Gary saiu da marinha. Era verdade que Heather não tinha ido de carro com ele até Seattle, mas isso aconteceu porque ela estava fazendo um curso na escola em San Diego e Gary não quis esperá-la terminar. Ele queria voltar para a mãe.

"Quando Heather viajou de avião algumas semanas depois, Mary não queria que eles tivessem o próprio apartamento", lembra a mãe de Heather. "Queria que eles morassem em um trailer na propriedade dela, e os dois acabaram se mudando para a casa dela e de Tommy. Mary comandava o galinheiro — eu sentia pena do marido. Ela fazia Gary lhe entregar o salário, e ele e Heather tinham que procurá-la para conseguir alguns dólares por dia."

Mary Ridgway guardava o talão de cheques de Gary e tinha que aprovar todas as compras que quisessem fazer. Ela nem deixou a nora furar as orelhas sem sua permissão. "Heather viu que a situação não ia mudar. Fez as malas e voltou para San Diego — e mora lá desde então", disse a mãe. "Gary se agarrava a tudo que os dois tinham. Demos todos os eletrodomésticos que você possa imaginar — torradeira, batedeira, liquidificador, coisas assim —, e ele ficou com tudo. Mas Heather tinha uma cama branca muito bonita, e a avó fez um dossel. Heather queria isso. Bem, liguei para Mary Ridgway para perguntar sobre o dossel, e ela gritou comigo. Nunca ouvi uma pessoa tão furiosa quanto nesse dia."

Gary exigiu que Heather devolvesse os anéis, embora o diamante fosse quase pequeno demais para ser visto, e o conjunto tivesse custado apenas cem dólares. Heather permaneceu em San Diego por trinta anos e nunca mais viu Gary.

Jim Doyon, Matt Haney e Carolyn Griffin conversaram profundamente com a segunda esposa de Gary Ridgway, Dana, em setembro de 1986. Embora Heather tivesse ficado apenas um ano com ele, Dana ficou sete e deu à luz o único filho dele: Chad. "Eu era governanta, secretária — fazia tudo por ele —, lavava toda a roupa. Mas nunca vi seu salário nem nada. Nunca vi seus contracheques. Passávamos a maioria dos fins de semana na casa dos pais dele. Gary nunca desejou ter amigos."

Heather nunca mencionou nenhuma exigência sexual incomum, mas Gary foi mais aventureiro com a segunda esposa. Embora Dana dissesse que odiava, ele insistia em sexo anal e às vezes amarrava as mãos e os pés dela com um cinto de roupão. Ela não se importava muito porque não a machucava.

Mas certa vez ele a sufocou. Os dois tinham saído para algum lugar, e ela bebeu cerveja demais. "Eu estava um pouco bêbada", disse Dana aos detetives, "e saí da van e tropecei. Comecei a estender a mão para a porta, e a próxima coisa que eu vi foi que ele estava com as mãos no meu pescoço e me sufocando por trás."

As mãos na garganta ficaram cada vez mais apertadas, e Dana disse que começou a gritar. "Percebi que era ele e comecei a lutar. Gary, por fim, me soltou e meio que me empurrou. Quando recuperei o equilíbrio, contornou a van e tentou me convencer de que havia outra pessoa que tinha fugido. Tentei fazê-lo chamar a polícia, mas ele não quis ligar."

Ela explicou a Jim Doyon que Gary primeiro colocou o antebraço em volta do pescoço dela em um "estrangulamento do tipo policial" e, em seguida, agarrou a garganta com as duas mãos. Isso a machucou e a assustou porque ele estava sendo muito mais rude do que o normal. "Ele sempre gostou de se aproximar de mim de um jeito furtivo e me assustar. Escondia-se na esquina ou algo assim e me assustava. Estava sempre vindo por trás de mim e me segurando dessa maneira — não para me machucar, só para me agarrar. Gary gostava de ver até que ponto era capaz de andar sem fazer nenhum barulho — e conseguia!"

Como faria mais tarde com Darla, sua namorada de trilhas do Parents Without Partners, Gary gostava de sexo oral nos próprios veículos e, em especial, gostava de fazer sexo ao ar livre. Dana se lembrava dos cobertores estendidos em uma área arborizada perto da Ken's Truck Stop, perto da velha rodovia I-90. E tinha outros lugares preferidos — Greenwater, a leste de Enumclaw e perto do Green River. Eles costumavam andar de bicicleta ao longo da Frager Road, perto do rio.

"Vocês chegaram a parar para fazer sexo ao longo do Green River?", perguntou Doyon.

"Nossa, sim... em muitos lugares", respondeu Dana, um pouco envergonhada.

"Onde?"

"Nas margens, na grama alta."

Agora Matt Haney e Jim Doyon revisitavam a enorme quantidade de provas circunstanciais que tinham descoberto catorze anos antes, mais uma vez incrédulos porque não havia resultado na descoberta de provas físicas absolutas com os mandados de busca de 1987.

Em setembro daquele ano, Haney e Doyon buscaram Dana no início da manhã e começaram uma longa e sinuosa viagem enquanto ela os conduzia a vários locais aonde Gary a levara durante o casamento. Os pelos da nuca se arrepiaram quando perceberam que estavam sendo levados para um tour pela maioria dos locais de agrupamento de cadáveres, embora não tivessem dito isso a Dana. Primeiro, seguiram para o nordeste pela rodovia 18 até chegarem à junção da I-90, depois viraram em direção a North Bend e à estrada perto do Ken's Truck Stop. Dana apontou os lugares onde ela e Gary tinham parado para fazer sexo ao ar livre. Eles também chegaram perto de depósitos de lixo não oficiais e de um local onde Gary gostava de deslizar pelas encostas cobertas de neve em uma boia de pneu. Seguindo para o sul, alcançaram a área a leste de Enumclaw ao longo da rodovia 410.

Dana havia até comentado que a estrada Mountain View Cemetery Road era o atalho preferido de Gary, embora não tivesse reconhecido o local de descarte de corpos do lago Star Lake. Novas construções fizeram com que parecesse diferente do que era um ou dois anos antes. Ela indicou muitos locais ao longo da rodovia Frager onde ela e Gary faziam sexo: próximo à PD&J Meat Company, sob uma grande árvore perto da ponte da rua Meeker e no parque Cottonwood.

Quando Haney perguntou se ela e Gary já tinham ido a alguma área perto do aeroporto de SeaTac, ela confirmou. "Costumávamos colher amoras e maçãs perto das casas vazias — perto das luzes da pista."

Assim como Heather, que viera antes dela, Dana logo percebeu que Mary Ridgway mandava na família. Se Gary quisesse comprar uma caminhonete com dinheiro da própria conta bancária, Mary não o deixava sacar o dinheiro até que ele concordasse em comprar a picape que ela e o pai tinham escolhido. Já Tommy Ridgway, pai de Gary, tinha pouca influência na família. Mary gritava e o repreendia a maior parte do tempo. Certa vez, ficou com tanta raiva do marido que quebrou um prato na cabeça dele. Dana sentia pena do sogro.

Embora Mary Ridgway sempre criticasse as tarefas domésticas de Dana ou a acusasse de negligenciar a saúde de Chad, as duas mulheres chegaram a uma paz precária porque Gary era muito dedicado à mãe. Ele se preocupava com ela e buscava sua aprovação.

Estranhamente, assim que Dana e Gary foram morar juntos em 1972, Mary Ridgway disse ao filho que estava recebendo telefonemas ameaçadores e obscenos. "Gary dava carona para ela até o carro dela [no trabalho] e se certificava de que estava tudo bem", disse Dana. Gary até disse a Dana que um homem tinha se exibido para sua mãe.

"Você nunca soube quem estava ameaçando a mãe dele?"

Dana fez um gesto negativo.

"Não. Não. Mas o negócio foi tão longe que ela arranjou uma arma e a carregava sempre. Havia alguém — um homem — ligando e fazendo insinuações pelo telefone."

Dana não mencionou nada sobre o suposto ciúme de Gary quando saía para dançar com as amigas ou ficava até o fechamento do Eagles' Lodge, e eles não perguntaram. De acordo com ela, o casamento terminou por motivos mais mundanos. "Não havia comunicação", disse. "Não havia um relacionamento de verdade. Sentia que ele só queria alguém para manter a casa limpa, fazer compras e cozinhar. Ele ficava sempre na garagem com os carros, trabalhando neles, fazendo alguma coisa. Tudo que queria era comida e sexo, e só. Sempre que conversávamos, acabava em uma discussão."

Jim Doyon perguntou se o marido alguma vez a desrespeitou verbalmente ou a criticou. "Ele alguma vez te chamou de vadia ou de puta quando vocês estavam fazendo sexo? Tentou te dar um tapa? Te derrubar? Te manter sob controle, digamos assim? Te desprezar?"

E Dana negou. "Não, não. Ele gostava de fazer uns joguinhos. Me perseguia pela casa e me pegava no corredor e tirava as minhas roupas ali. Você sabe, umas coisas assim."

O que quer que Gary Ridgway pudesse ter feito com desconhecidas, não tinha levado nenhuma fantasia grosseira e pervertida para casa — pelo menos com as duas primeiras esposas. Muitos homens têm curiosidade em relação ao *bondage*, poucos com a asfixia, e essa atividade só aconteceu uma vez com Dana. Até o momento, a investigação da vida doméstica indicava que ele era um pouco egoísta, dominador com as esposas, mas submisso à mãe.

Mary Ridgway tinha administrado grande parte da vida do filho — finanças, tarefas domésticas das esposas, cuidados com o filho, roupas, compras importantes —, e, sem nenhuma surpresa, as duas primeiras esposas se ressentiram disso, embora ambas reconhecessem que as habilidades de leitura dele eram as de um aluno do terceiro ano e que a burocracia o confundia.

Tudo foi diferente com a terceira esposa. Em vez de ficar ressentida com a sogra, Judith Ridgway a admirava. E Judith ficou com Gary durante vinte anos. Na verdade, Judith parecia ter assumido o papel de Mary como cuidadora de Gary. Os investigadores do Green River descobririam que ela era tudo menos dominadora, mas, em muitas áreas do terceiro casamento, Judith lidava com o dinheiro como se Gary fosse uma criança que não conseguia lidar com as tarefas diárias da vida. Embora fosse um trabalhador pontual e fixo na Kenworth, era ela quem pagava as contas e lhe dava dinheiro para gastar. Ambos eram pessoas frugais que preferiam economizar dinheiro a gastá-lo.

Mary Ridgway morreu de câncer de cólon no verão de 2001, e a essa altura Judith havia assumido o controle das coisas que Gary não conseguia fazer bem.

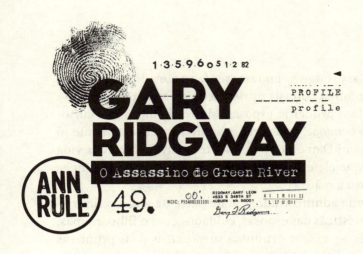

A armadilha se fecha

Quando Matt Haney voltou para a Força-Tarefa Green River por empréstimo do novo cargo na Bainbridge Island, esperava fazer parte da equipe que ia prender e interrogar Gary Ridgway. Era o "especialista em Ridgway" da equipe. Assim como havia orquestrado com cuidado os mandados de busca e varredura da propriedade de Ridgway em abril de 1987, agora tinha esboçado as perguntas que faria a Ridgway quando este fosse preso. Como Ridgway havia solicitado sexo à policial isca, o ritmo da força-tarefa foi acelerado; temiam que ele tivesse voltado a procurar vítimas. Ele já havia sido preso — no início dos anos 1980 —, e isso não o impediu de matar. Haney trabalhou horas extras, querendo se certificar de que teria uma abordagem organizada para sua parte na equipe de interrogatório depois da prisão.

E então, o tenente Jim Graddon chamou Haney para informar que ele tinha sido removido da lista de pessoas que iam interrogar Ridgway. "Você vai ser substituído por Jim Doyon", disse Graddon sem emoção.

Evidentemente, tinha acontecido uma reunião entre os chefes na qual a decisão foi tomada. Haney não brigou com Doyon e se perguntou se o decreto de última hora era por ele não ser mais oficial do condado de King. Suspeitava que haviam decidido que seria melhor se alguém de dentro do departamento do xerife fizesse a prisão de Ridgway.

Foi uma decepção amarga para Haney, ainda mais depois de ter tirado uma licença tão repentina do novo emprego na polícia da Bainbridge Island para voltar a ajudar na investigação do Green River. Porém aceitou a nova missão que Reichert e Graddon lhe deram. Haney não estaria lá para ver o desfecho da sua convicção de que Gary Ridgway era o Assassino de Green River. Em vez disso, ia acompanhar Sue Peters e interrogar Judith Ridgway no momento exato em que Gary Ridgway estivesse sendo preso, e tentaria tirá-la de casa antes que a mídia a alcançasse.

Pouco depois, Dave Reichert e Norm Maleng, promotor do condado de King, iriam convocar uma coletiva de imprensa para anunciar que Ridgway tinha sido capturado. Tudo seria realizado com os relógios sincronizados, numa coreografia tão meticulosa quanto a de uma invasão militar.

Ridgway não tinha ideia de que a armadilha da qual tinha escapado durante duas décadas estava prestes a se fechar. Ele foi trabalhar como sempre na manhã de sexta-feira, 30 de novembro. Haney e Sue Peters já tinham contatado os supervisores da fábrica da Kenworth para avisar que haveria uma atividade policial naquela sexta-feira, mas que ninguém na Kenworth deveria ser alertado.

Primeiro, Peters e o detetive Jon Mattsen foram de carro até a fábrica da Kenworth para interrogar Ridgway. Ele estava sob vigilância havia semanas, mas não sabia disso. Quando o chefe disse que alguém queria lhe falar sobre o projeto de um caminhão, ele caminhou em direção aos dois detetives sem dar nenhum sinal de reconhecê-los. Não se lembrava de Peters nem de Mattsen por conversas anteriores e pareceu surpreso ao saber que eram do departamento do xerife.

Eles o interrogaram sobre Carol Christensen, dizendo que a filha agora crescida queria saber mais sobre ela e que estavam acompanhando o caso da mãe. Ridgway não pareceu nervoso enquanto olhava de um detetive para o outro respondendo às perguntas, os olhos claros piscavam por trás dos óculos grossos. Sim, ele confirmou que conhecia Carol Christensen da Barn Door Tavern.

"Você saiu com ela?", perguntou Sue Peters.

Ele não tinha certeza. Tinha sido muito tempo atrás. Lembrava-se de ter conversado com ela na Barn Door. Parecia ter a impressão de que os dois investigadores estavam procurando uma testemunha que pudesse ser útil em um julgamento algum dia, caso alguém fosse acusado pelo assassinato de Carol Christensen. Ele sempre gostou de apresentar suas teorias sobre casos de assassinato não resolvidos e agora parecia relaxado, mesmo quando a conversa continuou por quase duas horas. Nenhuma gota de suor escorria da testa, e sua linguagem corporal demonstrava pouca tensão.

A pergunta seguinte era muito importante para Peters e Mattsen. Em evidência desde maio de 1983 estava o DNA que o assassino de Carol Christensen havia deixado dentro da vagina. "Você teve algum contato sexual com Carol Christensen?", Peters perguntou do jeito mais casual possível.

Ele gesticulou levemente a cabeça. "Não... Não tive, não."

Bingo. Essa era a resposta errada em termos da verdade, mas era a resposta de que precisavam para prendê-lo como o Assassino de Green River. Mesmo assim, ainda não era a hora. Gary Ridgway sorriu para os dois detetives quando eles saíram na manhã chuvosa. Imaginou que a única coisa pela qual podiam pegá-lo seria mentir para um juiz em relação a abordar a prostituta falsa duas semanas antes.

Depois que os agentes saíram, ele foi para o refeitório, onde se sentou no lugar de costume. Gostava de rotinas previsíveis. As mudanças o incomodavam, mas ele nem tinha detectado a leve cintilação nos olhos dos investigadores quando negou ter tido relações sexuais com Carol Christensen. Embora os colegas de trabalho o tivessem provocado um pouco sobre os policiais estarem lá e tivessem perguntado se era mais alguma coisa sobre o Green River, ele ficou calmo ao dizer "não". Tinha certeza de que a polícia acreditava nele.

Bebeu a xícara de chá de costume, mas estava um pouco enjoado; ignorou o brownie com cobertura e o saco de amendoins que Judith tinha colocado na sua marmita.

Naquele último dia de novembro de 2001, estava trabalhando no turno das 7h às 15h e saiu alguns minutos depois das 15h, seguindo, sob o clima pesado, em direção à picape, sem perceber que havia uma câmera registrando tudo em silêncio, quadro após quadro. Randy Mullinax e Jim Doyon estavam aguardando fora do seu campo de visão e notaram que ele olhou por cima do ombro e ao redor do estacionamento, quase como se esperasse alguém. Mesmo assim, deu um pulo quando eles se aproximaram e disseram que estava preso por assassinato e leram os seus direitos.

O detetive Paul Smith não viveu para ver Gary Ridgway ser preso; o procedimento de transfusão de medula para combater a leucemia o deixara vulnerável à infecção que ceifou sua vida quando mal tinha passado dos 40 anos. Mas agora Doyon e Mullinax colocaram as algemas de Smith nos pulsos de Ridgway em um gesto simbólico que reconhecia a dedicação de Smith aos casos do Green River. Mais tarde, eles deram as algemas à viúva de Smith.

Mullinax e Doyon levaram Gary Ridgway para o Centro de Justiça Regional em Kent, onde foi fotografado vestindo uma camisa xadrez e calça jeans — o traje que tantas testemunhas descreveram. O rosto não apresentava nenhuma expressão. Tinha estatura mediana, constituição mediana, aparência totalmente mediana, um homem que não se parecia com o que acreditavam que ele era: o mais infame e prolífico assassino em série conhecido nos Estados Unidos.

No alpendre de uma casa grande em uma rua tranquila de Auburn, Sue Peters e Matt Haney chegaram à porta de Judith Ridgway no mesmo instante em que o marido estava sendo preso. Passava um pouco das 15h de sexta-feira quando ela os deixou entrar e os conduziu pela sala de estar lotada, passando pela bicicleta ergonômica de Gary. Pareceu um pouco surpresa ao ver os dois detetives, mas com certeza não estava chocada. Ela pensou que estavam lá para discutir a recente prisão de Gary na rodovia. Sabia que era só um engano, porque foi o que ele lhe disse.

"Queríamos lhe contar que Gary estava sendo preso por alguns dos assassinatos do Green River antes que os repórteres chegassem", lembrou Sue Peters. "E deu para ver que ela não sabia por que estávamos lá."

Em uma sexta-feira normal, Gary estaria em casa dali a alguns minutos, perguntando sobre o dia dela, contando sobre o dele. Em vez disso, estava em uma sala de interrogatório no Centro de Justiça Regional sendo inquirido por Randy Mullinax e Jim Doyon. Ela ainda não sabia disso.

Judith não se opôs a ser interrogada e concordou em deixar Haney e Peters gravarem tudo. Sue Peters começou perguntando se ela sabia que os detetives tinham falado com o marido no início do dia.

"Sim", disse Judith com um aceno de cabeça, mas não sabia o motivo.

"E o que gostaríamos de fazer é confirmar algumas informações que ele forneceu", disse Peters, "além de fazer algumas perguntas sobre seu passado com Gary e partir daí. Está bem?"

"Está bem." Era uma mulher pequena e delicada de quase 60 anos, nem gorda nem magra, com cabelos castanho-claros e pouca maquiagem. Matt Haney a achou uma imagem quase copiada das duas primeiras esposas de Gary, nenhuma delas com o talento da falecida mãe para maquiagem e moda.

A pedido de Peters, Judith se lembrou da primeira vez que viu Gary no White Shutters e da paquera subsequente. Estavam juntos desde 1985.

"Que tipo de homem ele era [na época]?"

"Ah, o melhor. Simpático, doce, gentil. [...] Ele volta para casa e ainda somos melhores amigos." Ela explicou que Gary tinha poucos amigos, só alguns homens com quem conversava no trabalho, embora não socializasse com eles. Preferia estar com ela.

"E quanto a amigas... ou conhecidas, não um relacionamento, mas uma amizade?", perguntou Peters.

"Não. Não sei de nenhuma."

"Então vocês basicamente ficam em casa e fazem suas coisas?"

"Isso. Quando estou no supermercado, você sabe, fico de olho nas horas. Eu sei quando ele está voltando para casa e quero estar aqui todos os dias quando chega." Judith não conseguia se lembrar de nenhum problema no casamento ou nas uniões anteriores dele, nada mais do que pequenas discussões que ele podia ter tido com Dana, a mãe do filho dele. Quando Chad era pequeno, a mãe de Gary o pegava na creche para levá-lo a Gary e Judith para as visitas de fim de semana.

"Você sabe por que os dois se separaram?"

"Ah, ela [Dana] era uma cantora de country e ficava na rua até tarde com a banda e com grupos, e ele ficava em casa fazendo papel de babá. Não sei todos os detalhes", disse Judith.

"Ele mencionou que foi traído. Você sabe alguma coisa a respeito disso?"

"Ela devia ficar com algumas pessoas da banda, talvez. Não tenho a menor ideia."

Quanto à primeira esposa de Gary, Judith não sabia quase nada. Tinha ouvido falar de uma briga por causa da mobília, mas pensou que podia ter sido a ex-namorada do irmão de Gary. Agora que pensava nisso, ela não achava que tinha sido Heather que exigira os móveis.

"Tem alguma coisa específica que você pode achar sobre qualquer uma das ex-esposas que poderia tê-lo deixado zangado com elas?"

"Zangado *de verdade*? Não uma raiva muito séria. Ele nunca ficou bravo."

"Está bem. Ele tem um temperamento ruim?"

"Não."

"Você já o viu descontrolado e zangado... ou violento?"

"Violento não — ele levantou a voz para mim uma vez. Foi uma coisa boba. Não me lembro exatamente do que era."

"Ele já te bateu ou te agarrou alguma vez? A polícia já respondeu a um chamado por violência doméstica em uma das suas residências?"

"Não! Pelo amor de Deus, não. Não." Judith pareceu chocada com a ideia. "Só estou tentando entender melhor o relacionamento", explicou Sue Peters.

"Ele é o máximo", disse Judith com firmeza. Ela ainda não tinha perguntado por que eles a estavam interrogando. Ela e Gary se davam muito bem, sempre tinha sido assim.

"Como é a relação de Gary com Chad?"

"Ah, é maravilhosa. Ele é incrível", disse Judith. "Eles apertam as mãos, se abraçam. No aniversário, mando dinheiro para ele. Esquecemos o aniversário dele [este ano] porque estava acontecendo muita coisa com a mãe do Gary, quando ela estava doente. Chad é como o pai. Está nos fuzileiros navais há oito anos em Pendleton, na Califórnia."

Judith disse que aquele ano — 2001 — tinha sido difícil para Gary. A mãe morreu de câncer, e, no fim, ele e Judith se revezaram como acompanhantes para que ela pudesse ficar em casa. O pai tinha morrido em 1998 após uma batalha contra o mal de Alzheimer. Depois que o pai faleceu, ela e Gary escolheram a casa atual porque ficava em um terreno afastado e tinha quartos extras. "Pensávamos que íamos cuidar da mãe dele porque o pai havia morrido e a mãe tinha ficado doente."

"Ele [Tommy Ridgway] ficou em casa ou foi para uma instalação externa?"

"Ele ficou em casa a maior parte do tempo, e eu ia ajudar a mãe dele, ajudar a cuidar do pai dele. E Gary passava para ver o pai todos os dias depois do trabalho. E a mãe colocava um copo de suco ou café ou um biscoito na mesa para ele e dizia 'Oi'. Depois que o pai morreu, ele ainda passava todos os dias para verificar se a mãe estava bem e para consolá-la." Mas Mary Ridgway foi diagnosticada com câncer. "Deram dez meses para a mãe, que morreu em exatamente dez meses."

Judith falava rápido e sem fôlego, como se tivesse medo de um espaço vazio na conversa, em que lhe contariam algo que não queria ouvir, ao mesmo tempo que acrescentava traços positivos ao retrato do marido perfeito, o filho perfeito. Gary e os dois irmãos tinham colocado a casa dos pais à venda. Judith sentia que o irmão mais novo de Gary sempre recebia mais atenção da mãe, mas se apressou em acrescentar que Mary era "a sogra mais doce que existia".

Mary tinha tomado as principais decisões da família, já que Tommy, o pai de Gary, era um homem quieto. O irmão mais velho de Gary estava encarregado da propriedade dos pais, mas Judith não tinha certeza do que ele fazia — era um tipo de empresário que trabalhava em um "prédio grande" no centro de Seattle, enquanto o irmão mais novo era mais um "homem da montanha".

Peters perguntou sobre o hobby de Gary e Judith de procurar vendas de garagem, feiras de troca e itens descartados que pudessem usar. "Vocês não têm nenhuma área específica aonde vão sempre, onde, você sabe, as pessoas descartam coisas — tinha uma na rodovia 18 e na I-90..."

Intrigada, Judith fez um gesto negativo. "Ah, não, nós nunca vamos a lugares assim. Quando íamos nessa direção, era para o acampamento, Leisure Time Resorts."

Os dois adoravam acampar e tinham comprados modelos de picapes e trailers cada vez melhores até chegarem ao modelo Coachman Classe C de oito metros que Peters e Haney tinham visto no quintal. Seus banheiros antes eram só "uma lata de sardinhas", disse Judith com uma risada, mas agora tinham um trailer de 22 mil dólares com o próprio banheiro. Eles passavam longos fins de semana e férias em acampamentos em vários pontos de Washington e ao longo da costa do Oregon. Há muito tempo, tinham ido até ao Canadá.

Peters mudou de assunto.

"Você ficou chateada quando batemos à porta e mencionou que tinha acontecido alguma coisa com Gary há pouco tempo — na rodovia Pacific. O que você sabe sobre isso, Judith?"

"Ele me disse que parou e teve que fechar a janela da picape — a traseira — e foi preso por isso."

"Ele contou por que foi preso?"

"Bem, não exatamente, mas o policial que ligou e falou comigo disse que ele estava 'contratando uma prostituta'. Eu disse: 'Não é possível'. Não parece algo que ele faria."

"O que o policial te disse exatamente?"

Peters e Haney perceberam que Judith era, de fato, ingênua e confiante ou estava tentando esconder a verdade.

"Que alguns maridos saem e fazem coisas..." Ela agora lutava para manter a compostura.

"Que as esposas não sabem?", perguntou Haney.

"Aham."

"Isso te chateou?"

"Ah, sim. Fiquei um pouco abalada, mas ele não faria nada assim. Ele é simpático. É uma pessoa simpática. Provavelmente só olhou para alguém e sorriu."

"E você acha que o policial pode tê-lo prendido só por isso?", perguntou Peters.

"Ele é sempre simpático. Mesmo quando passa por alguém, em uma loja ou fazendo compras, e, você sabe, ele sorri e diz 'Olá'."

Judith lembrou que Gary tinha ligado da prisão. Ela perguntou se estava bem, ele respondeu que estava e que não tinha feito nada. Ela foi buscá-lo assim que foi solto. Ele tinha corrido da prisão até o Kmart, e juntos pegaram a picape no estacionamento.

"Vocês tiveram alguma conversa sobre a situação quando ele chegou em casa? Quero dizer, ele te contou algo?"

"Não." A esposa de Gary parecia incrivelmente passiva e tolerante, e Peters pressionou um pouco. Mas Judith insistiu que entendia por que a janela traseira podia estar aberta e que ele tinha que parar para fechá-la. "Ele dirige pela SeaTac todos os dias, mas agora não pode mais."

"Você ficaria surpresa", perguntou Peters com cuidado, "se ele estivesse tentando sair com uma garota na estrada, uma prostituta?"

"Sim, isso me surpreenderia *muito*. Isso ia me magoar, e, você sabe, eu ia me perguntar o que fiz de errado ou...".

"Ou o que *ele* fez de errado. Não necessariamente você, certo?"

Judith agora estava muito nervosa. Questionada se Gary já tinha sido preso por pegar uma prostituta, ela se lembrou vagamente de alguma coisa parecida anos antes, pouco antes de se casarem. "Ele estava voltando para casa, e alguém viu a mesma picape passando, e eles o pararam e prenderam."

Peters se virou para Matt Haney e lhe pediu que lembrasse a Judith a respeito de um acontecimento de abril de 1987, quando ele obteve mandados de busca para a casa de Judith e Gary perto da rodovia Military, para a fábrica da Kenworth, para o armário de Gary e até mesmo para a casa dos pais dele.

Haney assentiu, reconstruindo alguns detalhes daquele dia. Judith estava trabalhando na creche em Des Moines à época. Por fim, ela permitiu que essa lembrança voltasse. A primeira casa que dividia com Gary *tinha sido* revistada, e os policiais a buscaram no trabalho naquele dia. Mas ela nunca acreditou que Gary tivesse feito alguma coisa errada e não pensou nisso depois.

"Você se lembra dele alguma vez lhe dizendo, antes do mandado de busca, que tinha sido preso em uma época anterior?", perguntou Peters.

"No início dos anos 1980 — que ele foi preso por pegar prostitutas?"

"Não. Que época dos anos 1980?"

"Maio de 1982", respondeu Matt Haney.

"Eu não o conhecia nessa época."

"Então essa é uma informação nova que você nunca soube?", indagou Peters. "Isso é correto?"

"É."

"Ele já disse alguma coisa para você sobre prostitutas, tipo, que elas são um lixo, ou que gosta de conversar com elas, ou que são apenas pessoas comuns, ou 'Qual é o *seu* sentimento?'. Sabe o que ele pensa das prostitutas ou já houve algum comentário dele a esse respeito com você?"

"Nunca falamos sobre elas." A confiança absoluta de Judith no marido tinha sido abalada, mas ela ainda estava fazendo o possível para descrevê-lo como um homem bom.

"Ele tem algum [sentimento] sobre uma etnia específica? Ele trata negros e brancos da mesma forma?", perguntou Peters. "Como ele se sente em relação aos negros... ou filipinos?"

"Não importa a cor de alguém, ou..."

"Essa é a *sua* opinião", comentou Peters. "Qual você acha que é a opinião do Gary?"

"Bem, ele trabalha com todos os tipos de pessoas diferentes no trabalho e conversa com eles e tudo mais."

A mulher diante dela se recusava totalmente a enxergar a realidade, lutando para manter o próprio mundo inteiro mesmo quando tinha se partido em cacos e começado a se desintegrar, mas Sue Peters sabia que tinha que fazer certas perguntas. "Estou fazendo essas perguntas pra descobrir qual é o tipo dele, porque eu não o conheço, e você o conhece."

"Ele é compreensivo. É gentil. Fala manso... e está sempre sorrindo."

Matt Haney perguntou a Judith sobre a área onde ela morava quando conheceu Gary, e os detetives perceberam que ficava a apenas um ou dois quarteirões de onde a maioria das garotas mortas tinha desaparecido. Judith descreveu os encontros em restaurantes de fast-food na Strip e as viagens para acampamentos em áreas sombriamente familiares.

Mas ela foi inabalável na insistência de que Gary raras vezes, ou nunca, ia a algum lugar sozinho, exceto para o trabalho. "Nós conversamos mais cedo sobre o seu relacionamento com Gary", começou Haney, "e eu sei que todos os casamentos têm altos e baixos."

"Ele me faz sentir uma nova mulher todos os dias", interrompeu Judith na mesma hora. "É assim que me sinto. Ele faz com que me sinta bem."

"Como é que ele faz isso?", perguntou Haney.

"Apenas sendo ele mesmo. Ele entra e diz: 'Olá, cheguei', com um grande sorriso e me dá um abraço e um beijo, e [pergunta] 'Quais são as novidades?'. Ou, anos antes, ele sempre me perguntava o que precisava ser consertado e, sabe, eu dizia 'A torneira está vazando', e ele consertava, ou era a máquina de lavar." Ela falava cada vez mais rápido, com medo de deixar Matt Haney interrompê-la. "Ele sempre me fez sentir muito bem, porque é sempre sorridente, feliz e agradável."

"Então, durante dezesseis anos, vocês nunca tiveram nenhum bate-boca?"

"Não, só uns pequenos altos e baixos, você sabe."

"Você foi ao tribunal com ele outro dia?", perguntou Sue Peters.

"Não, era de manhã cedo."

"Ele se declarou culpado ou inocente?"

"Ele disse que se declarou culpado", respondeu Judith baixinho.

"Por que ele faria isso?"

"Porque", disse ela com a voz trêmula, "seria necessário muito dinheiro para os advogados."

"Quanto custou para ele se declarar culpado? Ele teve que pagar custas judiciais?"

"Teve que pagar uma multa. Eram 700 dólares. Ele disse que os advogados teriam custado mais do que isso. [Ele pagou] para não ter que contratar advogados e pagar muito mais, gastar muito dinheiro."

"Então, para você", perguntou Matt Haney, "esse incidente ficou para trás?"

"Eu acredito e confio nele."

Haney tinha conversado com Mary e Tommy Ridgway alguns dias depois da busca de 1987, e eles formaram uma barreira sólida contra a polícia. Na opinião deles, o filho estava sendo apontado injustamente. Mas, quando Haney destacou as mentiras que Gary havia contado, a atitude deles mudou. Ainda assim, os pais, assim como Judith, continuaram se recusando a enxergar a realidade, e quando a força-tarefa não encontrou nenhuma prova sólida para prender Gary, o desagrado foi "deixado para trás".

Judith agora dizia que nunca tinha feito perguntas que pudessem tê-lo chateado, ou, talvez mais assustador, cujas respostas teriam destruído o casamento perfeito. Eles estavam conversando havia meia hora quando Sue Peters perguntou a Judith sobre sua vida sexual com Gary. Meio desconcertada, Judith descreveu como bem normal, embora Gary desejasse relações sexuais com um pouco mais de frequência do que ela.

Não, ele não era pervertido e não assistia a filmes pornôs. Talvez, no início do relacionamento, tivessem assistido a filmes desse tipo uma ou duas vezes. Ela achava que podia ter pegado alguns emprestados de um parente, mas foi mais por curiosidade. Gary não comprava livros nem revistas de mau gosto. Ele nunca a amarrou para fazer sexo, e Judith pareceu surpresa com essa pergunta. Quanto ao "sexo ao ar livre", por que eles fariam isso se tinham camas confortáveis em casa e no trailer?

"Está bem", disse Sue Peters. "Alguma vez ele fez alguma coisa que te deixou desconfortável?"

"Não, *nunca.*"

Por fim, Haney e Peters perguntaram a Judith se ela se lembrava de que havia muitas provas circunstanciais em 1987 para levar os detetives a acreditarem que Gary podia ser o responsável pelas mortes das vítimas do Green River. "Você conhece [os casos] do Green River? Acompanhou tudo ao longo dos anos?"

"Vi fotos e quantas vítimas... E, sabe, é triste."

"Tem alguma informação na sua casa sobre o Green River?", perguntou Peters. "Algum livro ou revista?"

A resposta de Judith foi surpreendente. "Tem. Eu mantive e escondi, sabe, no fundo de uma gaveta, guardei. Não foi opção do Gary. Foi opção minha. Eu só guardei tudo, dobrei e escondi."

Eles estavam bem no ponto do interrogatório em que parecia que Judith Ridgway ia contar alguma coisa importante quando a campainha tocou, seguida pelo telefone. Os três ficaram tensos. Eram 15h42 quando tiveram que pausar a fita. Haney e Peters sabiam que a mídia devia ter descoberto a prisão de Gary e que todos estariam tentando conseguir o furo para o noticiário das cinco.

Judith atendeu ao telefone. Por sorte, era uma das suas cunhadas, e, sem deixá-la falar, Judith disse rápido "estou ocupada" e desligou. Mas, depois, foi até a porta da frente, onde alguém batia de um jeito insistente. Sue Peters conseguiu chegar na frente antes que ela fosse atacada pela pergunta de um repórter ansioso. Judith ainda não sabia que Gary tinha sido preso, e encurralá-la com um microfone para ouvir sua reação inicial seria cruel. As câmeras dos noticiários captaram apenas um vislumbre do rosto surpreso de Judith na porta, depois cortaram rapidamente para Peters antes que ela fechasse a câmera com firmeza. O que Peters tinha a dizer para Judith seria avassalador. A mulher merecia um tempo para absorver a notícia que mudaria sua vida para sempre.

Eles voltaram a gravar e a discutir o caso do Green River, mas o telefone tocava o tempo todo, até que Matt Haney perguntou a Judith se eles podiam desconectá-lo por um tempo.

"O que está acontecendo?", perguntou Judith, de repente desconfiada. "Eu não tenho o direito de saber?"

Haney e Peters disseram que estavam tentando contar a ela. "Gary era um suspeito do Green River naquela época", disse Peters, falando sobre abril de 1987, "e há pouco tempo enviamos muitas amostras dessas mulheres para o laboratório de crime para fins de identificação por DNA. Acontece que temos três casos agora — confirmados — em que o DNA de Gary foi deixado dentro delas, o que significa que ele fez sexo com elas. O DNA dele foi deixado em três prostitutas. Então, mais uma vez, ele é o foco da investigação da Força-Tarefa Green River. E agora temos o recente incidente na rodovia Pacific no dia 16, e era uma isca da polícia disfarçada, e Gary estava tentando contratá-la para fazer sexo — por trinta dólares. Sei que isso deve ser chocante para você..."

"Aham", disse Judith, com o rosto pálido.

"Você pode... É possível que ele tenha feito sexo com essas mulheres? Quer dizer, você acredita nisso?"

Judith negou, agora chorando. Mas admitiu que Gary tinha guardado alguns dos artigos escritos sobre o Assassino de Green River. Chocada e quase em silêncio, Judith concordou em continuar respondendo às perguntas na gravação. Ela não sabia que os investigadores da força-tarefa tinham seguido seu marido e claramente não tinha ideia de que ele estava dirigindo em estradas vicinais e fazendo desvios no caminho para o trabalho. Achava que ele acordava antes das 4h só para ter certeza de que ia chegar na hora ao trabalho às 6h30.

Ele não tomava banho de manhã, só fazia a barba, tomava um chá ou um café e ia embora. Presumia que ele ia ao Denny's para comer panquecas. Tinha certeza de que Gary nunca tinha alugado um depósito, e nada em nenhuma das casas deles lhe era proibido. Judith ficava repetindo que não existia segredos para ela. Mas havia tanta coisa sobre o marido que obviamente ela não sabia. Tinha ficado aturdida.

As comportas se abriram, e Judith agora respondia às perguntas estremecendo com o significado por trás delas. Não, ele nunca tinha tentado estrangulá-la. Nunca a assustara, a não ser quando dava a volta pela lateral da casa e dizia "Buu!".

"Sei que você se preocupa muito com ele e não o conhecia no início dos anos 1980", disse Sue Peters agora. "Se isso for a julgamento, como você se sentiria em testemunhar falando o que nos contou? Sobre o homem que você conhece."

"O homem que conheço é maravilhoso", disse Judith com calma.

"Então, você se importaria de testemunhar sobre isso no tribunal — sobre as coisas que você sabe do Gary?"

"Eu diria a eles que tudo é bom nele. Ele tem sido o máximo. Eu o amo."

"Ela estava em choque", lembrou Sue Peters. "Penso que ela não tinha ideia de que isso podia acontecer. Estava chateada e ficava negando que podia ser verdade."

Era difícil não sentir pena de Judith Ridgway. Gary tinha aparecido e levado amor para a sua vida quando estava arrasada pelo fim vergonhoso do primeiro casamento. Mais que tudo, ela se apegou ao paraíso da própria casa e do quintal, do marido em quem confiava. Agora, Peters e Haney disseram que teria que fazer a mala pois um mandado de busca seria cumprido na casa e no terreno.

"Vamos te levar para um hotel", disse Peters.

"Meus gatos... os gatinhos...", protestou Judith.

"Vamos dar um jeito de que sejam alimentados e bem-cuidados", disse Matt Haney. E foram.

Judith não pôde voltar para casa por mais de uma semana, escondida da imprensa sensacionalista em um quarto de hotel. E, quando voltasse para casa, nunca mais seria a mesma. Nunca mais seria sua casa de novo. Sem Gary para levar o sustento para casa, ela não conseguiria mantê-la.

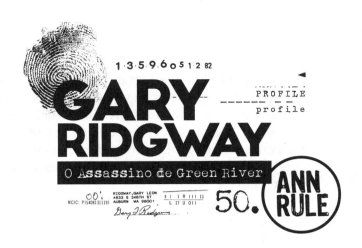

Um homem quase
sem__ expressão

Gary Ridgway poderia nunca mais voltar para casa. Ele agora estava com 52 anos, e as fotos que Randy Mullinax e Jim Doyon tiraram dele no Centro de Justiça Regional mostravam um homem quase sem expressão, exceto por uma ruga vertical que se aprofundou com o passar dos anos e dividia sua testa ao meio. Combinado com as pesadas pálpebras superiores, o vinco lhe dava uma aparência quase maligna. Em algumas fotos, usava calça jeans e a conhecida camisa xadrez. Em outras, usava só uma bermuda branca. Uma foto, por causa da suspeita de que essa tinha sido a arma usada para tirar dezenas de vidas, era apavorante: o braço direito do cotovelo para baixo. Não parecia musculoso, e a mão em si mostrava dedos retorcidos pelo início da artrite.

Finalmente confrontado com a realidade, o homem que consideravam um lobo predador tinha uma presença dócil. Mas, naquele ponto, ele se recusava a responder às perguntas de Mullinax e Doyon e parecia determinado a continuar sem responder. Queria falar com um advogado.

Ridgway foi colocado em uma cela de "ultrassegurança" na Prisão do Condado de King, no alto da colina atrás do tribunal e do Prédio de Segurança Pública, onde os guardas ficariam de olho nele 24 horas por dia. Sua foto de registro policial estava na primeira página de todos os jornais de Vancouver, Colúmbia Britânica, San Francisco pela manhã, com especulações de que poderia ser culpado de muitos homicídios não resolvidos nessas regiões.

Olhei para a foto nos jornais de Seattle em 1º de dezembro de 2001 me perguntando se já tinha visto aquele rosto, e não posso dizer que o reconheci. Mas minha filha reconheceu. Leslie me ligou e disse em voz baixa: "Mãe, você lembra que eu te contei daquele homem que foi às nossas sessões de autógrafos? Aquele que se encostou na parede e ficou te observando? Aquele que não disse nada e não comprou nenhum livro?".

"Lembro", respondi.

"Era ele."

"Era quem?", perguntei.

"Gary Ridgway. Ele é o homem que vi." Ela fez uma pausa. "Ele estava até na plateia uma vez quando você, dando uma palestra em uma livraria, disse 'Ninguém sabe quem é o Assassino de Green River nem sua aparência. Pelo que sei, ele pode estar sentado aqui hoje à noite'. Acho que estava."

As pessoas costumavam rir quando eu falava isso. Era um jeito de deixar o público à vontade e ao mesmo tempo fazer com que eles percebessem que os assassinos em série não parecem ser monstros. Mas, com certeza, parei para pensar quando percebi que Ridgway devia estar sentado em um auditório escuro de uma escola de ensino médio em Burien, Auburn ou Tacoma enquanto eu mostrava slides de outros assassinos em série sobre os quais tinha escrito.

Apesar da euforia que Dave Reichert expressou durante a entrevista coletiva que tinha convocado, o porta-voz dele, John Urquhart, foi cauteloso, como sempre. "O que estamos dizendo é que não pegamos o Assassino de Green River", disse aos repórteres mais tarde. "O que estamos dizendo é que prendemos um suspeito da morte de quatro mulheres que, por acaso, constam na lista de vítimas do Green River. Não sabemos quem matou as outras 45 mulheres. Ponto. Estamos afundados no trabalho de investigação."

E, de fato, estavam. Não tinha acabado e ainda ia durar muito tempo. Cada caso, cada garota morta, a maioria das quais teria entre trinta e quarenta e poucos anos em 2001, seria examinada mais uma vez. No momento, as autoridades só tinham provas suficientes para vincular Ridgway a quatro assassinatos, e até esses podiam ser só barulho. Mas Norm Maleng, promotor do condado de King, acompanhou a força-tarefa em cada etapa do planejamento da prisão, fortalecendo com habilidade todos os pontos fracos. Eles iam continuar fazendo isso. Agora era uma questão de dar um passo de cada vez.

Primeiro, haveria extensas buscas por possíveis novas provas. Quando Ridgway foi preso, os peritos criminais já estavam preparados para usar seus conhecimentos de ciência forense. "Sabíamos com alguns dias de antecedência que ele seria preso, por isso estávamos preparados para fazer buscas em quatro casas, incluindo aquela onde ele tinha morado por tanto tempo na estrada Military", disse um dos técnicos.

Eles teriam pouca luz do dia, e seria preciosa; em Seattle, em dezembro, o sol se põe antes das quatro da tarde. O tempo estava péssimo enquanto a chuva caía pesada e implacável, e ventos violentos fustigavam os galhos de sempre-vivas, fechando algumas ruas e derrubando os cabos de energia, mas o céu escuro não conseguia abafar a alegria da força-tarefa. Tinha acontecido uma grande revelação em uma investigação da qual quase todos tinham desistido. Ao mesmo tempo, aquilo tinha trazido de volta as lembranças de tantas jovens mortas havia muito tempo, sendo que alguns corpos ainda não tinham sido encontrados.

Membros da Equipe de Resposta à Cena do Crime da Patrulha do Estado de Washington foram designados para fazer buscas completas nas casas onde Gary Ridgway havia morado nos últimos vinte anos. Os técnicos forenses esperavam encontrar ligações entre o suspeito e muitas vítimas além das quatro. Ele tinha morado na casinha perto da rodovia Pacific durante todos os anos de pico dos desaparecimentos; suspeitavam que essa casa pudesse conter a maioria dos segredos.

Já fazia muito tempo que Ridgway não ocupava mais a casa agora cinza-azulada perto da estrada Military, e a família que morava ali em 2001 mal falava inglês. Eles estavam preparando o jantar quando a equipe do WSP chegou, surpresos por encontrarem uma equipe de peritos criminais prestes a invadir a casa de dois quartos.

"Tínhamos que comunicar que precisavam sair", lembrou Cheryl Rivers, uma técnica. "É assim que tem que ser."

Usando macacões, luvas de látex e "sapatinhos hospitalares" para cobrir os sapatos, para eles próprios não eliminarem provas sem querer, a equipe do WSP entrou em ação. Nos anos 1980, os antigos vizinhos de Ridgway tinham ficado perplexos com a forma como ele possivelmente tinha derramado tinta vermelha suficiente para destruir um tapete. Havia um ar de expectativa quando os peritos criminais arrancaram os tapetes atuais. Eles viram fibras de vários tapetes antigos embaixo, mas, quando testaram as camadas em busca de sinais de sangue ou fluidos corporais, os resultados foram negativos.

Foi decepcionante. Os investigadores do Green River suspeitavam que Ridgway tinha levado suas vítimas para um dos quartos, talvez o quarto de hóspedes. Mas eles sabiam que ele dividiu a casa da primavera até o fim do outono de 1982 com um casal para ajudar a pagar a hipoteca. Tinha criado um espaço para si mesmo — uma combinação de quarto/depósito — na garagem, morando lá durante a semana e desaparecendo todo fim de semana. Teria sido difícil, senão impossível, levar garotas para casa nesses meses. Ainda assim, ele tinha morado sozinho por dois anos antes de Judith se mudar para lá.

Embora os peritos criminais tivessem chegado até os forros do carpete, os pisos nus e os rodapés, não encontraram nada de valor probatório. Vasculharam as paredes em busca de sinais de que tinham sido repintadas, mas o que quer que tivesse acontecido ali já havia passado muito tempo. Parecia impossível não haver nenhum sinal das garotas infelizes presas sozinhas com um assassino, seus gritos — se é que aconteceram — abafados pelo rugido constante da autoestrada logo depois do quintal. Nem o espaço apertado sob a casa tinha qualquer pista.

Por fim, os peritos criminais terminaram, e a família perplexa que ocupava a residência teve permissão para voltar. Será que essas pessoas ao menos sabiam o que podia ter acontecido na casa onde moravam? Como não compreendiam muito bem inglês, era difícil dizer. O condado ia, claro, substituir e consertar os tapetes e rodapés rasgados, restaurando a casa ao que era antes.

Em seguida, as equipes da patrulha estadual seguiram vários quilômetros para o sul, para a casa provisória dos Ridgway em Des Moines, perto do Salt Water State Park e da casa grande em Auburn. Cada mudança tinha sido para um bairro melhor, e a casa atual era muito maior e mais cara. Nas buscas em Des Moines e Auburn, eles procuraram suvenires, fotos, cabelos, fibras, impressões digitais ou sangue, lembranças das vítimas, joias escondidas, roupas manchadas de sangue, armas, qualquer coisa que pudesse ligar Ridgway às vítimas com provas físicas sólidas. Gary era casado com Judith havia muito tempo, mas ela não era suspeita, embora tivesse morado com ele em todas aquelas casas.

A maioria dos assassinos em série não resiste a manter um estoque de itens para lembrá-los dos crimes. E Judith nunca questionava o marido sobre nada. Teria sido meio fácil esconder alguma coisa dela, guardando em vigas ou atrás de placas de isolamento.

Eles não encontraram nada assim.

Ridgway estava na prisão, e Judith estava escondida em um hotel, ainda atordoada pelo modo como sua vida tinha sido pausada. Os únicos ocupantes restantes da casa em Auburn eram os felinos. Havia gatos e filhotes por toda parte, brincando e correndo, e os criminalistas tinham sido instruídos: "Não deixe os gatinhos saírem!".

Eles tiveram o cuidado de fechar as portas para que os animais ficassem seguros. O objetivo da equipe era encontrar o máximo possível de provas sem causar danos à casa. Se necessário, havia técnicas para radiografar as paredes depois. "Minha impressão era que a casa era muito boa", disse um dos investigadores forenses, "mas a decoração era antiquada, desatualizada e parecia que tinha sido decorada com coisas dos anos 1970, embora não fosse tão velha. Era muito feminina. Não havia nenhuma indicação de que um homem morasse ali. Era entulhada de plantas, bugigangas, bonecas, guardanapos de crochê e coisas das quais algumas mulheres gostam. Todas as superfícies planas eram cobertas com itens colecionáveis e 'coisas'. Não havia nada dele ali."

A maioria da decoração remetia a outra época, mas parecia ser uma casa confortável onde uma família norte-americana comum poderia viver. Havia mantas de crochê multicoloridas com o familiar padrão de zigue-zague estendido sobre as costas de sofás e poltronas reclináveis, almofadas floridas, gatos de cerâmica em tamanho real no chão, um centro de entretenimento de carvalho totalmente equipado, arranjos de flores artificiais, madeira empilhada perto da lareira e gravuras emolduradas de anjos, flores e navios. Uma moldura continha vinte fotos de família. Mary Ridgway estava em várias, usando óculos de gatinho com o cabelo preto penteado em um estilo alto e bufante. Havia fotos de Chad quando criança e algumas que deviam ser de Gary e dos irmãos na infância.

A mobília era revestida e sólida. Nada parecia novo, mas parecia aconchegante. "Eles eram grandes acumuladores", disse um dos técnicos. "Havia muito de tudo naquela casa de dois andares, mas era limpa, sem poeira e razoavelmente arrumada na sala de estar e na área da cozinha."

O quarto principal tinha uma linda colcha floral, e o armário duplo era cheio de roupas do casal, passadas e penduradas com cuidado em cabides que apontavam para a mesma direção e sapatos alinhados com capricho na parte de baixo.

Quando a equipe da cena do crime foi para os outros quartos, no entanto, eles abriram as portas e recuaram, atordoados. "Caramba!", sussurrou um deles.

Todos os espaços disponíveis, exceto os caminhos, estavam cheios de pilhas altas de *coisas*. Obviamente, esses quartos não eram habitados, só serviam como depósito de itens que tinham sido embalados e guardados ou talvez revendidos. Os dois cônjuges pareciam consumidos pelo desejo de guardar coisas como fazem os esquilos, apenas para tê-las. Os investigadores forenses tinham ouvido dizer que eram frequentadores assíduos de encontros de troca, mas isso era esquisito. Os quartos eram bem-arrumados, mas abarrotados. O casal deve ter passado horas organizando e empilhando os pertences de segunda mão.

A sala de estar e jantar e a cozinha estavam salpicadas de bugigangas, mas esses quartos estavam tão lotados que os técnicos da Patrulha do Estado de Washington não conseguiram começar a processá-los em busca de possíveis provas e ficaram gratos por isso não fazer parte da sua tarefa; os detetives da força-tarefa teriam que examinar as caixas e as latas.

Embora Judith tivesse dito que raras vezes ficava longe de Gary, ela visitava parentes de vez em quando. Os técnicos do wsp sabiam que muitas vezes havia manchas que os suspeitos não pensavam em limpar. Em cada casa que examinaram, os membros da equipe procuraram impressões digitais latentes e manchas de sangue sob superfícies protegidas, ao longo das bordas das prateleiras e na parte inferior das mesas. Os porta-retratos costumam ser uma boa fonte de impressões parciais.

Eles levantaram vários para comparar, mas isso também foi uma decepção.

Do lado de fora da casa de Auburn, os investigadores reviraram com cuidado a terra ao redor de rododendros e outros arbustos, levantando a grama e deixando quadrados e retângulos cavados em uma organizada escavação em grade. Judith tinha ficado chateada com a ideia de que seu amado poodle pudesse ser desenterrado de seu túmulo, então eles tiveram o cuidado de enterrá-lo de novo. "Eles estavam cavando o quintal todo", comentou um técnico do estado, "mas tentando não matar as coisas que cresciam ali."

Mesmo em um dezembro cinzento, qualquer pessoa interessada em jardinagem poderia dizer que era um quintal cuidado com carinho, e os vizinhos dos Ridgways disseram aos detetives e repórteres que jardinagem era um dos principais assuntos de Gary durante as conversas por cima do muro. Ele mantinha o gramado em ótimo estado, e ele e Judith passavam muito tempo trabalhando lado a lado nos canteiros do jardim. Toda a terra movida nas amplas escavações foi substituída, mas não foi encontrado nenhum osso enterrado. Onde quer que estivessem os corpos das vítimas ainda desaparecidas, não estavam escondidos no âmago dos terrenos nem das antigas casas de Gary Ridgway.

Depois de ter permissão para voltar para casa, Judith Ridgway foi até a delegacia do xerife em Burien e esperou com paciência para ver alguém. Parecia tão perdida e tímida que um oficial do Serviço Comunitário e uma voluntária que sempre ajudava nas tarefas clericais a abordaram para saber se podiam ajudá-la. Ficaram surpresos ao ouvir o sobrenome dela.

"Ela viera para descobrir como poderia pedir indenização pelos danos causados na casa depois que foi revistada", lembrou a voluntária. "Parecia confusa com tudo que tinha acontecido. Ela nos disse que a polícia queria que testemunhasse contra o marido, mas que não podia fazer isso — estava muito assustada com a ideia de ficar diante de tantas pessoas no tribunal. Ficamos com pena dela."

Da prisão, Ridgway escreveu para Judith em seu estilo característico, com palavras unidas e erros ortográficos. Colegas de prisão fizeram cópias das cartas, na esperança de vendê-las como itens de colecionador, talvez no eBay, sem saber que, em termos judiciais, o conteúdo pertencia a ele, e não a eles. Gary disse a Judith que os anos com ela foram os mais felizes da sua vida. E, embora possa muito bem ser verdade, os investigadores não estavam convencidos de que ele tivesse parado de perseguir e espreitar prostitutas durante os muitos anos em que estiveram juntos.

Como era previsível, a fiança dele foi negada quando o caso foi levado ao juiz. Gary Ridgway não apareceu ao vivo, mas renunciou a esse direito e deixou os advogados Mark Prothero e James Robinson, da Associação de Advogados para Acusados, falarem por ele. Quanto às informações que o público esperava com avidez, não havia muitas. Eles nem tiveram um vislumbre de Ridgway sendo conduzido pelos corredores de mármore do tribunal sob a custódia de vários policiais armados.

Em 5 de dezembro, Gary Ridgway foi formalmente acusado de quatro crimes de homicídio qualificado pela morte de Marcia Chapman, Opal Mills, Cynthia Hinds e Carol Ann Christensen. Todos os cadáveres, exceto o de "Cookie" Hinds, tinham fornecido um DNA que combinava com o de Ridgway, mas as provas circunstanciais ligando Hinds aos outros casos eram avassaladoras. Mais uma vez, Ridgway permaneceu na cela de ultrassegurança, talvez com medo de enfrentar a fúria do público. Em termos jurídicos, ele não era obrigado a comparecer a essas audiências iniciais, mas, em algum momento, teria que sair e fazer alguma barganha.

O promotor Norm Maleng anunciou que não ia negociar com Ridgway. Caso fosse condenado, enfrentaria a pena de morte ou a prisão perpétua, sem possibilidade de liberdade condicional. Ele disse que os promotores adjuntos sênior Jeff Baird e Marilyn Brenneman representariam a promotoria na maratona de procedimentos judiciais que se seguiriam.

Sem um réu para filmar, a mídia se voltou para as entrevistas habituais que acompanham todo crime de grande repercussão. Os vizinhos e colegas de trabalho dos Ridgway expressaram seu choque de que alguém na rua ou no local de trabalho deles tivesse sido preso por aqueles crimes hediondos. Lembravam-se de um homem quieto que parecia ansioso para fazer amizades, tendo reações muito parecidas com as que Matt Haney evocou quando vasculhou o antigo bairro de Gary em 1987.

A única coisa que Ridgway fez para incomodar os vizinhos da sua propriedade em Auburn foi derrubar muitos dos altos abetos no grande terreno, mas foi escolha dele. E, de volta à rua 218 e avenida 32 Sul, vizinhos que moraram ali nos anos 1980 lembraram que ele tentou organizar uma vigilância do quarteirão visando a prostitutas, dizendo que suspeitava que as trabalhadoras do sexo e seus *johns* estavam estacionando nas proximidades, deixando agulhas e preservativos na rua. Parecia obcecado com a perversidade das prostitutas, embora fosse improvável que uma rua tranquila atraísse a prostituição.

Na fábrica da Kenworth em Renton, os colegas de trabalho de Ridgway perceberam que tinham acertado quando se referiram a ele como "G.R." e "Green River Gary". Além da tendência de invadir o espaço pessoal das funcionárias, era uma figura um tanto patética na Kenworth, um homem lento que tentava ser sociável. "Fazia o possível para ser simpático", disse um colega de trabalho. "Você o via descendo pelo corredor sorrindo e todo feliz. Caso não soubesse seu nome, dizia: 'Oi, amigo!'. Se estivesse parado ao lado da máquina de café e você passasse, te parava e te comprava uma xícara de café. No refeitório, se sentava com grupos e participava da conversa, mas não contribuía muito. Ele só queria fazer parte dos grupos."

Outros funcionários da Kenworth se lembraram das transformações esquisitas de Ridgway de um fanático por citações bíblicas para um homem que fazia comentários sexuais obscenos enquanto estava sentado no refeitório. Nos dois modos, suas ações eram inadequadas, mas não ameaçadoras. Algumas pessoas que o conheciam disseram "Eu avisei", mas não muitas. A maioria ficou pasma ao ver o homem a quem ninguém prestava muita atenção em destaque no jornal televisivo do horário nobre.

Houve rumores de que a esposa e os irmãos de Ridgway tinham ido visitá-lo na prisão, mas não foram comprovados.

Jon Mattsen entrevistou o irmão mais novo de Ridgway, que agora vivia na propriedade dos pais falecidos. Embora Gary o tivesse ajudado uma vez a conseguir um emprego na Kenworth, era óbvio que os irmãos não eram próximos, nem um do outro nem do irmão mais velho. Dois anos mais jovem do que Gary, Tom Ridgway parecia não saber quase nada sobre ele, sua vida, suas motivações, seus medos ou que hobbies podia ter. "Sei que ele sempre tinha alguma namorada em algum lugar", disse Tom a Mattsen, mas não sabia muito mais sobre os três casamentos de Gary além do que Mary Ridgway lhe contara.

Havia uma estranha desconexão entre os irmãos Ridgway, quase como se tivessem sido criados em um vácuo onde os laços familiares significavam pouco. As últimas vezes que Tom e Gary estiveram juntos foram no funeral da mãe e, alguns anos antes, no funeral do pai. Pressionado a se lembrar de qualquer outra interação, Tom se lembrou de que tinha pedido a Gary para encontrar uma peça para seu Suzuki Samurai, uma picape 4x4 projetada para dirigir em estradas de terra. "Minha vida gira em torno daquele carro", disse, e Mattsen ergueu os olhos de um jeito brusco para ver se estava falando sério. Parecia que sim.

Tom disse que Gary devia estar muito bem de finanças, porque tinha 35 anos que estava na Kenworth, "e ele é avarento e gosta de mergulhar no lixo. [...] Ele ia à noite até Levitz, onde jogavam mesas com tampo de vidro [quebrado] na lixeira, e as pegava. 'Ah, só precisa de um tampo de vidro. Vou [pegar] um vidro e colocar ali', e tinha uma mesa nova. E, assim, ganhava trinta dólares por um objeto que conseguia de graça".

O irmão mais novo de Gary afirmou de maneira assertiva que o irmão estava sempre com Judith e só lia revistas gratuitas do supermercado, como os anúncios de emprego da *Little Nickel*. Quanto às prisões de Gary por abordar prostitutas, nunca tinha ouvido falar. Tom não tinha a menor ideia da vida sexual de Gary. Na verdade, sabia tão pouco sobre o próprio irmão que uma entrevista com um desconhecido na rua poderia ter gerado mais informações.

"O que você acha de tudo que está acontecendo?", perguntou Mattsen, se referindo às prisões do Green River. "Você acha que ele poderia ser responsável por..."

"Bem, tudo é possível, mas não consigo imaginar isso. Porque ele é o oposto do que eu sou, sabe. Eu sempre fui o mais agitado."

Tom disse que Gary tinha sofrido muito com a morte dos pais, mas era porque não estava cuidando deles... Ele, Tom, e sua esposa eram os cuidadores, disse, de modo que Gary pareceu surpreso ao descobrir o quanto os dois estavam perto da morte.

Gary Ridgway virou uma curiosidade na prisão, mas não era um presidiário popular. Alguns homens nas celas próximas lembravam que era agradável o suficiente e não causava problemas, mas nenhum deles tinha nenhum respeito por um homem que havia matado dezenas de mulheres jovens. Mais tarde, aqueles que conseguiram chegar perto o suficiente urinaram em frente à cela dele para que as poças amarelas fluíssem na sua direção.

Ele recebeu a visita de um dos veneráveis advogados de defesa criminal de Seattle — Tony Savage, um homem gentil e descabelado cuja barba castanha característica dos anos 1960 agora estava branca. Durante décadas, Savage era conhecido por aceitar vários casos infames em que a pena de morte parecia certa. Era uma voz forte na defesa e sempre foi contra a pena de morte. Savage havia defendido dezenas dos clientes mais odiosos de Washington — sem a esperança de que fossem absolvidos, mas para salvar a vida dessas pessoas. Era um homem brilhante e gentil que parecia exausto pelas décadas em que tinha lidado com réus acusados de crimes horríveis, mas era bom e, se consentisse em representá-lo, Ridgway não teria uma chance melhor.

Questionado sobre o estado de espírito de Gary Ridgway nos dias após a prisão por assassinato, Savage disse: "Acho que está indo muito bem, considerando a pressão que está sofrendo".

Será que Ridgway podia pagar por alguém como Tony Savage? Provavelmente não, a menos que Savage fizesse a defesa de graça ou fosse nomeado como defensor público. Era difícil imaginar como qualquer advogado conseguiria se preparar para um julgamento em que o número de vítimas poderia chegar a quase cinco dezenas. Quanto tempo demoraria o julgamento? Anos, com certeza.

Se Savage fosse defender Ridgway, precisaria de ajuda, de uma banca inteira de advogados e assistentes jurídicos. Gary e Judith Ridgway tinham algum patrimônio em casa, embora ninguém soubesse quanto, e vários veículos. Havia a casa deixada por Mary e Tommy Ridgway, à venda por 219 mil dólares. Mas o valor da venda tinha que ser dividido em três, e, supostamente, os três irmãos já tinham discutido essa divisão da propriedade. Até milionários podem ir à falência se precisarem pagar pelos melhores advogados de defesa criminal durante anos.

Parecia irônico agora que Ridgway não quisesse pagar um advogado para defendê-lo na acusação de vadiagem por prostituição. Em termos realistas, os julgamentos que estavam por vir custariam cerca de 12 milhões de dólares. E a maior parte devia vir dos contribuintes do condado de King.

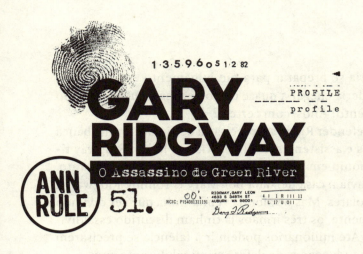

Agora que Gary Ridgway tinha se tornado réu, e não apenas o suspeito que muitos detetives e chefes no departamento do xerife tinham desprezado muito tempo antes, as lembranças dos investigadores mudaram. Todos, do xerife para baixo, tinham entrado no movimento "Ridgway é culpado", e a maioria afirmava que estava convencida da culpa dele o tempo todo.

Os críticos apontaram discrepâncias e erros, um fenômeno em todos os casos de assassinato de grande repercussão. Embora Dave Reichert hesitasse em revelar informações demais sobre a investigação contínua, costumava comentar que tinha sido o "principal detetive" na investigação do Green River desde o início. Ele foi, de fato, o primeiro detetive do condado de King a ser designado para uma posição de liderança, mas só nos casos de Debra Bonner, Opal Mills, Cynthia Hinds e Marcia Chapman. Ninguém questionou que ele havia trabalhado de um jeito obstinado ao lado dos membros da força-tarefa nas dezenas de casos que se seguiram até ser nomeado sargento em 1990. Mas, claro, não houve um único "principal detetive", e muitos outros foram designados como "líderes" conforme o número de casos de homicídio não resolvidos aumentava ao longo dos anos.

Matt Haney tinha redigido os mandados de busca de 1987 para os veículos e as propriedades de Gary Ridgway e designou Reichert para cuidar da varredura da primeira e mais suspeita casa da rua Military.

Jim Doyon e Ben Colwell eram encarregados de investigar Carol Christensen, Kimi-Kai Pitsor, Yvonne Antosh e a mulher conhecida apenas como Ossos #2. Rich Battle e Paul Smith cuidaram dos assassinatos de Giselle Lovvorn, Shawnda Summers e Ossos #8. E Jerry Alexander e Ty Hughes, investigadores do Porto de Seattle, acompanharam os movimentos de pessoas conectadas a Mary Bridget Meehan, Constance Naon e Ossos #6.

No início, o sargento Bob "Grizzly" Andrews e Randy Mullinax eram responsáveis pelas mulheres que ainda estavam desaparecidas. Mullinax provavelmente foi o mais diligente em manter as famílias informadas e consolá-las. Sue Peters cuidou da investigação de Keli McGinness. E, é claro, houve vários comandantes da Força-Tarefa Green River — de Dick Kraske a Jim Graddon. Dave Reichert estava afastado dos casos do Green River havia quase onze anos quando, como xerife, reativou a força-tarefa no outono de 2001.

Embora Reichert fosse um foco natural para a mídia — o primeiro policial a passar por todos os postos do departamento até se tornar xerife —, ele não podia receber o crédito nem a culpa por tudo que acontecera nos vinte anos anteriores. Como era de se esperar, houve ganhos enormes e erros vergonhosos cometidos na caça a um homem entre pelo menos 40 mil suspeitos. Reichert e Tom Jensen não acreditavam na culpa de Ridgway, mas os testes de DNA os convenceram. Agora, Reichert nomeou Bruce Kalin, que tinha trabalhado em uma Força-Tarefa Green River anterior, para chefiar o restante da investigação de Gary Ridgway.

Dois itens dentre as provas reais e circunstanciais que poderiam muito bem ter contribuído para o caso contra Gary Ridgway, infelizmente, tinham sido perdidos. Quando a mão fechada de Opal Mills foi aberta em agosto de 1982, os investigadores viram um cabelo castanho caucasiano e liso — sem dúvida arrancado da cabeça do assassino —, igual ao de Gary Ridgway. Tinha sido ensacado, lacrado, etiquetado... e perdido. De qualquer maneira, em 1982, o marcador da raiz do cabelo não poderia ser combinado com o DNA de Ridgway. Quinze anos depois, talvez fosse possível.

O número da placa de carro que Paige Miley, amiga de Kim Nelson, tinha dado a um dos primeiros membros da força-tarefa também tinha se perdido. Isso podia muito bem ter levado até Gary Ridgway dezenove anos antes, mas quando Paige foi hipnotizada, não conseguiu encontrar o número no subconsciente.

Matt Haney ficou decepcionado porque dois membros da força-tarefa não interrogaram Mary e Tom Ridgway em profundidade quando a casa deles foi revistada em 1987, nem fizeram um relatório escrito da conversa, se é que houve alguma. Agora, os pais de Gary estavam mortos, e qualquer coisa que eles poderiam ter informado sobre o modo como a mente do filho funcionava estava perdida para sempre.

Os mais duros críticos da investigação do Green River foram os especialistas em DNA que denunciaram a longa espera do departamento do xerife para utilizar a mais nova ciência forense para cercar Ridgway. Com a força-tarefa dissolvida havia muito tempo, não existia ninguém no escritório de Reichert para perceber que a amostra de saliva que Matt Haney, Jim Doyon e o criminalista George Johnston do WSP tinham obtido de Gary Ridgway em abril de 1987 e congelado poderia ter sido testada em 1996. Embora a nova técnica conhecida como STR-PCR (reação em cadeia da polimerase com repetições curtas em tandem), que exigia quantidades minúsculas de material de teste, estivesse em vigor desde então, o departamento do xerife não enviou amostras de teste dos suspeitos para o laboratório criminal do WSP até março de 2001, e o laboratório estadual já vinha usando o STR-PCR havia quase dois anos.

Uma única célula de um fragmento de amostra agora podia ser amplificada de maneira exponencial, produzindo bilhões de cópias de DNA em poucas horas. No entanto, é necessário um "cientista espacial" ou equivalente para entender o DNA, e deve ter havido um atraso de três a cinco anos no isolamento do perfil de DNA de Gary Ridgway.

Infelizmente, não só o pedido de Jensen estava vários anos atrasado, como o laboratório de patrulha estadual estava sobrecarregado com pedidos de outras agências. O laboratório estadual, por necessidade, priorizava as amostras dos casos que já tinham datas de julgamento.

Howard Coleman, CEO da GeneLex, uma empresa de testes de DNA com sede em Seattle, disse que seu laboratório vinha usando a nova técnica para o laboratório criminal da Polícia do Estado de Indiana havia cinco anos. Se Jensen e Reichert tivessem pensado em enviar o DNA do Green River para um laboratório particular, teria sido caro, mas Ridgway poderia ter sido preso muito antes. "Não há uma resposta para não [termos solicitado os testes antes]", disse John Urquhart. "É uma confluência de fatores. Para começar, o laboratório criminal da Patrulha do Estado de Washington é nosso laboratório principal." Urquhart continuou dizendo que a despesa de um laboratório particular não era o principal motivo do atraso; era mais porque Tom Jensen estava trabalhando como o único detetive do Green River. "Ele tinha muita coisa para fazer."

Qualquer equipe de investigação que enfrentasse os desafios de pelo menos quatro dezenas de assassinatos em série teria cometido erros e julgamentos equivocados. Tudo que Reichert podia fazer era torcer para que não tivesse havido novas vítimas durante os anos em que os testes de DNA poderiam ter sido realizados. Mas a retrospectiva é sempre mais fácil, e os investigadores da força-tarefa renovada entraram em 2002 confiantes de que descobririam provas que condenariam Gary Ridgway nos julgamentos por vir.

O importante é que eles agora tinham um suspeito sob custódia e acusado de quatro crimes de homicídio qualificado. Se tudo funcionasse bem, a força-tarefa poderia expandir essas acusações para incluir várias outras vítimas. O chefe do poder executivo do condado, Ron Sims, anunciou uma ajuda financeira em 8 de dezembro de 2001. O governo federal contribuiria com 500 mil dólares para ajudar a pagar os testes de DNA nos casos de 45 vítimas em que ainda não havia acusações.

De volta à casa da família Ridgway em Auburn, duas meias de Natal ainda estavam penduradas na lareira, com os nomes "Gary" e "Judith" bordados, mas o casal não ia compartilhar o feriado. Em vez disso, Ridgway compareceu ao tribunal para ser acusado pelos quatro crimes de homicídio qualificado. Os espectadores do tribunal e da televisão ficaram um tanto surpresos ao verem o homem de aparência calma em uniforme branco com "Ultrassegurança" estampado nas costas da camisa. Aquele era o infame Assassino de Green River? Ele se parecia mais com Caspar Milquetoast.[1]

Ele se declarou "inocente" e foi levado de volta para a cela.

O capitão Bruce Kalin agora comandava a mais nova Força-Tarefa Green River, e o xerife Reichert acrescentou um sargento, D.B. Gates, e mais dois detetives para aumentar o número de investigadores para dez. Pouco tempo depois, ele reforçou ainda mais a força-tarefa. Os oficiais de comando do departamento do xerife, os membros da força-tarefa e a equipe da promotoria realizavam reuniões frequentes para discutir

---

1 Personagem da história em quadrinhos *The Timid Soul.*

como deveriam proceder. Matt Haney lembrou que admirava a atitude da força-tarefa em que todos, não importava o cargo, eram encorajados a dizer o que pensavam e sugerir maneiras de proceder. E todos ouviam. "Tentamos pensar 'fora da caixa'", disse Sue Peters. "Não importava se a sugestão era estranha ou esquisita. Não íamos proceder do modo que sempre foi feito — como sempre tinha sido feito. Essa era uma investigação muito incomum, e íamos fazer o que fosse necessário."

E iam fazer isso da maneira mais secreta e cautelosa possível. Um dos primeiros objetivos foi tentar localizar as dezenas de veículos que já tinham pertencido a Gary Ridgway. Os frequentes avistamentos dele em picapes sugeriam que algumas das vítimas podiam ter sido mortas ou transportadas nesses veículos. Eles encontraram uma picape Ford preta 1977 em Johnstown, Pensilvânia, onde morava o atual proprietário, um soldado que esteve alocado em Washington. Eles pagaram 2 500 dólares para comprá-la de volta. Vários veículos de Ridgway tinham sido esmagados e virado sucata, mas alguns ainda existiam e podiam conter provas físicas reveladoras.

Todos os itens que podiam se tornar provas úteis — lixo nos locais de descarte dos corpos, o conteúdo das caixas e sacolas na casa dos Ridgway — foram fotografados, ensacados e rotulados: milhares de joias, contas, botões, amostras de cabelo, cortes de tecido, caixas de fósforos, bitucas de cigarro, garrafas intactas e quebradas, fragmentos de ossos encontrados em envelopes nas casas de Ridgway, um possível osso de crânio no aspirador de pó, latas vazias e roupas rasgadas e apodrecidas. A lista era infinita, assim como as fotos que foram gravadas em DVDs. Judith e Gary tinham comprado centenas de anéis, broches, brincos e pulseiras baratos em feiras de troca e vendas de garagem, de modo que seria difícil descobrir se algum deles tinha pertencido às vítimas.

Ao longo dos últimos trinta anos, li mais de mil arquivos de casos de homicídio. A maioria podia ser colocada em um único fichário ou talvez dois, embora cada um tivesse dez ou doze centímetros de espessura. E eram casos que exigiam muito trabalho de detetive. O arquivo de *cada* vítima do Green River continha informações importantes e detalhes. Compreender o trabalho que os primeiros investigadores tinham feito e o que a última força-tarefa ainda ia fazer era o mesmo que contar todos os padrões mutáveis de fragmentos de vidro em um caleidoscópio.

O esforço despendido por tantos detetives e especialistas forenses foi incrível.

No início de março de 2002, a Força-Tarefa Green River se mudou para novos escritórios em um prédio de vidro e concreto de propriedade do condado de King. Ficava perto do Boeing Field, o menor aeroporto de Seattle, e a poucos quilômetros da Strip e da Kenworth. Era impossível estimar quanto tempo eles ficariam lá. Agora havia catorze investigadores. Ninguém de fora da força-tarefa sabia qual via de investigação estava sendo seguida, embora Dave Reichert tivesse feito uma visitação pública para mostrar a nova sede do Green River. Além disso, não havia nenhuma informação sobre o andamento dos processos em que não havia acusações.

O detetive Graydon Matheson estava organizando as provas que eles tinham reunido. Kevin O'Keefe foi emprestado de novo do Departamento de Polícia de Seattle, e a detetive Katie Larson era a porta-voz. De vez em quando, conversava com Katie e Sue Peters, mas não sobre o caso do Green River. Eu sabia que não podia perguntar, e elas não podiam falar, então nem tentava. Uma das muitas coisas que Sue não me disse foi que o macacão que ela havia recuperado do armário de Gary Ridgway na busca na fábrica da Kenworth em 1987 provou ser uma mina de ouro de provas irrefutáveis. Tinha minúsculos pontos de tinta que Skip Palenik descobriu serem microscopicamente idênticos aos encontrados em três vítimas adicionais: Wendy Coffield, Debra Estes e Debra Bonner.

Em 27 de março de 2002, Ridgway foi acusado de mais três crimes de homicídio qualificado por causa do que foi encontrado nesse macacão. A tinta borrifada geralmente seca no ar, deixando esferas infinitesimais que mal se consegue ver a olho nu. Muitas cores de tinta que tinham sido usadas nas tarefas de Gary Ridgway de personalização de caminhões foram detectadas nos jeans amarrados em volta do pescoço de Wendy Coffield, no suéter preto enterrado com Debra Estes e nas roupas de Debra Bonner. A composição química da tinta era idêntica à da tinta DuPont Imron usada na Kenworth nos anos 1980. Era uma tinta muito cara, e poucas empresas a usavam à época.

A passagem do tempo e os enormes avanços na ciência forense foram uma grande vantagem para os investigadores do Green River. Com o passar dos anos, um grupo de detetives aproveitou o trabalho daqueles que os precederam. Como disse Matt Haney: "Se não fosse pelo grande trabalho inicial dos primeiros detetives e do Instituto Médico Legal do Condado de King, as provas que capturaram Gary Ridgway podiam ter sido perdidas — e precisávamos delas. Felizmente, o DNA foi preservado, e as cenas de crime foram tratadas com muito profissionalismo".

E agora havia sete acusações de homicídio qualificado contra Gary Ridgway. Mas quando é que ele ia a julgamento? No fim de 2002, hesitei em lançar um livro sobre outro caso porque não queria estar longe de Seattle quando o julgamento de Gary Ridgway começasse. Em termos práticos, parecia improvável que fosse em breve, porque a equipe de advogados estrelas de defesa, que agora incluía não apenas Tony Savage e Mark Prothero, mas também Todd Gruenhagen, David Roberson, Suzanne Elliott e Fred Leatherman, queria a revelação dos arquivos intermináveis que a Força-Tarefa Green River tinha reunido antes de prender seu cliente. Podia levar anos. Até então, eles tinham recebido 420 mil páginas de arquivos, e era só o começo.

Além do mais, havia rumores de que eles pediriam uma transferência. Fiquei pensando se havia algum tribunal dentro das divisas do estado de Washington onde os assassinatos de Ridgway e do Green River não fossem bem conhecidos, e se transferir o julgamento ia facilitar na hora de encontrar jurados que já não tinham formado uma opinião.

Em junho de 2003, parecia que Ridgway seria julgado no condado de King. Ann Harper, defensora pública do condado de King, disse que seu escritório estava usando o caso do "Unabomber" Ted Kaczynski como modelo para alocar pessoal para a defesa. Ridgway pagaria por um advogado, mas receberia no total oito advogados, sete investigadores e meio, dois escrivães e seis auxiliares jurídicos.

Quanto ao julgamento, Paul Sherfry, chefe administrativo do Tribunal do Condado de King, esperava enfrentar no tribunal uma situação muito parecida com o julgamento de O.J. Simpson, fazendo malabarismos com as famílias, a mídia e os espectadores. A convocação do júri seria enviada a dez mil eleitores registrados no condado, uma lista enorme que depois seria reduzida a quinhentos jurados em potencial. Cobrir o julgamento de Ridgway não seria como as dezenas de outros que observei no antigo tribunal, onde podia chegar às 9h20 e esperar encontrar um assento em um dos bancos de carvalho duros com espaço suficiente para escrever no meu bloco de papel amarelo pautado.

Ainda assim, o julgamento não parecia iminente. Dizia-se que a primeira data provisória para começar era julho de 2004. Mais uma vez, mantive o livro sobre o Assassino de Green River em banho-maria enquanto escrevia mais dois livros e fiz uma turnê pelos Estados Unidos.

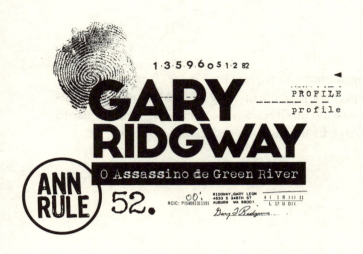

Uma decisão angustiante

O que estava acontecendo nos bastidores vinha sendo mantido em segredo total. Não muito depois de Gary Ridgway ser acusado de três crimes adicionais de homicídio qualificado pelas mortes de Debra Estes, Debra Bonner e Wendy Coffield, seus advogados entraram em contato com o promotor Norm Maleng para perguntar se Ridgway poderia evitar a pena de morte caso oferecessem uma proposta na qual ele se confessaria culpado das acusações originais e mostraria aos investigadores da força-tarefa onde estavam os corpos que ainda não tinham sido descobertos.

Foi uma decisão difícil para Maleng e os cinco promotores adjuntos, Jeff Baird, Patricia Eakes, Bryan McDonald, Ian Goodhew e Sean O'Donnell. O Estado podia prosseguir com o julgamento e buscar a condenação e a pena de morte só para sete das que Maleng achava serem mais de cinquenta vítimas. As outras não seriam vingadas, e suas famílias nunca saberiam com certeza o que havia acontecido com elas. Por causa do longo processo de apelação, o réu, agora com 54 anos, podia até morrer antes de ser executado.

Se a promotoria aceitasse a oferta da defesa, o caso estaria encerrado e não haveria julgamento. Mas, depois de tantos anos, eles teriam respostas. "O pesadelo mais duradouro da comunidade estaria acabado, e as famílias e os sobreviventes das vítimas dos assassinatos sem acusação, por fim, encontrariam alguma justiça e resolução", lembrou Jeff Baird em seu resumo. "Ridgway seria responsabilizado por todos os assassinatos que tinha cometido, não só por alguns selecionados."

Parte do acordo bloquearia qualquer chance de Ridgway apelar nas quatro dezenas de penas de prisão perpétua sem possibilidade de liberdade condicional, e ele morreria na prisão. A aceitação da oferta, entretanto, cobriria *apenas* o condado de King e seria automaticamente nula se Ridgway deixasse de incluir todas as vítimas dentro de seus limites. Ela não se aplicaria a nenhum assassinato que ele pudesse ter cometido em outros condados ou estados.

Em muitos aspectos, era uma decisão angustiante para o Estado. Todos que viram a agonia e a tragédia de uma série de assassinatos não resolvidos de mulheres jovens ao longo de 22 anos queriam ver Gary Ridgway enfrentar o júri de seus pares, vê-lo se sentar no tribunal e encarar as terríveis provas do que tinha feito. Mas ele só seria processado por sete assassinatos; não havia como encontrar mais provas físicas que o ligassem a todas as garotas mortas.

Em 13 de junho de 2003, a promotoria e a defesa firmaram um acordo. O Estado não ia buscar a pena de morte, mas Ridgway teria que se declarar culpado de homicídio doloso qualificado por todos os homicídios que havia cometido no condado de King. E isso não significava só as 49 vítimas da lista oficial. Caso tivesse matado antes de 1982 ou depois de 1985, também teria que admitir esses assassinatos.

O acordo não foi revelado ao público. A equipe de acusação de Norm Maleng, o xerife Dave Reichert e a força-tarefa teriam que se reunir com os sobreviventes antes de fazerem isso e, mesmo antes de falarem com as famílias das vítimas, precisavam interrogar Gary Ridgway para saber se ele pretendia manter as promessas.

Em meados de junho de 2003, os rumores começaram. Onde estava Ridgway? Uma coisa era certa: não estava mais na Prisão do Condado de King. Katie Larson, falando pela força-tarefa, admitiu que ele tinha sido transferido de cela, mas que todas as informações sobre seu paradeiro tinham sido protegidas por um juiz. Ela admitiu que sabia onde estava, mas não tinha liberdade de dizer. Larson garantiu ao público que Ridgway estava em uma instalação segura e que não havia necessidade de se preocupar com uma possível fuga. "Ele tem direito à privacidade", disse Larson, embora a maioria dos cidadãos não se importasse muito com a privacidade de Ridgway.

Seu esconderijo mais provável era o hospital Western State em Steilacoom, uma instituição psiquiátrica estadual. Alguém que poderia muito bem saber me disse que Ridgway precisava de tratamento para doenças mentais e que as autoridades o tinham levado para a ala de alta segurança de Steilacoom tarde da noite, mas isso não era verdade.

Repórteres tentaram encontrá-lo verificando se Ridgway estava preso na Prisão do Condado de Pierce, na Prisão do Condado de Snohomish ou no Hospital Estadual. Se estivesse, tinha sido registrado com outro nome.

Porém, uma coisa parecia estar acontecendo. Membros da Força-Tarefa Green River e voluntários da organização Explorer Search and Rescue foram vistos em áreas acidentadas onde os corpos das vítimas tinham sido encontrados e em regiões semelhantes ao redor do condado de King. Já fazia muito tempo que os investigadores do Green River não eram uma atração no noticiário noturno, mas, de repente, voltaram a ser vistos com frequência. Estavam de volta para procurar alguma coisa que poderiam ter deixado passar antes, ou seria possível que a promotoria tivesse feito algum tipo de acordo com a defesa — a vida de Ridgway em troca de informações para encontrar mais vítimas?

Larson disse que eles estavam só fazendo "buscas de rotina", com base na análise de casos e acompanhamento de pistas que vieram do público. E, ainda assim, eram vistos em algum lugar de algum bosque todo fim de semana. No entanto, as sete ou oito horas que os exploradores passavam todo dia escalando ravinas profundas não tinham rendido nada.

Mas alguma coisa tinha que estar acontecendo. Ao longo de julho e de agosto, e no outono, as equipes do Green River eram vistas na área sul do condado ou perto de North Bend. Usavam calças jeans e camisas, roupas civis com bonés de beisebol ou outros chapéus para protegê-los do sol excepcionalmente quente do verão. A maioria das áreas que vasculhavam estava seca como poeira, mas às vezes tinham que cavar na lama espessa — essas eram as escavações mais difíceis.

Katie Larson, que era uma loura bonita e esguia, trabalhava em dobro; ela se juntava aos escavadores durante o dia e depois encarava as câmeras, mas se recusava a ser específica em relação ao que estavam procurando ou quem os tinha direcionado para determinado local. Impedidos de chegar tão perto quanto gostariam, os cinegrafistas de televisão usavam lentes teleobjetivas para mostrar os homens e mulheres trabalhando com pás, espátulas, ancinhos, baldes e peneiras. Reconheci muitos membros da força-tarefa, mas os demais eram estranhos para mim. Era de se esperar — estive ausente, em julgamentos no Texas e na Flórida, e não conhecia a maioria dos investigadores mais jovens. Dois repórteres de jornais locais que tinham assombrado a força-tarefa durante anos tentaram cruzar a fita amarela da "cena de crime" em um local perto de Des Moines e foram afastados. Admito que também fiquei tentada a descer a colina e observar, mas não fiz isso porque não queria atrapalhar e porque seria constrangedor ser convidada a me retirar.

Em particular, a nova força-tarefa tinha apelidado o detetive de polícia de Seattle Kevin O'Keefe de "homem dos ossos" oficial. Ele tinha um talento infalível para distinguir de imediato se um osso era animal ou humano. "Encontramos muitos ossos de cães, gatos e animais selvagens", disse Sue Peters. "Nós os jogávamos para Kevin, e ele nos dizia na mesma hora o que era. Mas, uma vez, jogamos o que pensávamos ser um osso de animal, e ele disse: 'Uau... me passa esse com cuidado. Esse é humano'."

Em 16 de agosto de 2003, encontraram ossos humanos na floresta perto de Enumclaw. Foram identificados como pertencentes a Pammy Avent, a melhor amiga de Keli McGinness no Camp em Portland. As duas tinham voltado para Seattle em 1983 só para desaparecer. Keli ainda estava desaparecida; o último avistamento de Pammy foi em 26 de outubro daquele ano. Para a família de Pammy, foi ao mesmo tempo uma conclusão e o fim de todas as esperanças.

Em 23 de agosto, os detetives da força-tarefa revisitaram um lote de 120 por 30 metros perto da estrada Kent-Des Moines, terreno que tinha sido verificado em junho, mas, à época, eles foram entravados por um emaranhado de trepadeiras de amoras do Himalaia com três metros de altura. Agora, as trepadeiras espinhosas tinham sido removidas com facões, e eles conseguiram dividir o lote em um padrão de grade.

E ali encontraram dezenove ossos humanos. Eles não tinham ideia se eram de uma ou de várias pessoas, muito menos de quem eram os ossos. Demoraria um pouco para obter os resultados dos testes de DNA mitocondrial, e muitas mães das vítimas tinham morrido ao longo dos 22 anos desde o início dos assassinatos. As mudanças de estação ao longo de tantos anos tinham acobertado as garotas desaparecidas com mais profundidade do que o assassino as tinha enterrado. Parecia um milagre que algum de seus pobres ossos tivesse sido encontrado.

Em setembro de 2003, os investigadores da Força-Tarefa Green River localizaram mais ossos em Snoqualmie, perto de North Bend e da I-90, outro local familiar de agrupamento de cadáveres ao longo dos anos. Em 16 de setembro, o Instituto Médico Legal do Condado de King identificou que pertenciam a April Dawn Buttram. Era a garota de 17 anos de Spokane cuja mãe a pegou saindo pela janela, fugindo para ter uma vida mais emocionante em Seattle. Ela não tinha encontrado o que estava procurando. Só encontrou a morte. April tinha desaparecido quase vinte anos antes da semana em que seus ossos foram encontrados.

Marie Malvar tinha partido havia mais alguns meses, levada pelo estranho na picape vinho que partiu noite adentro, embora o namorado tivesse tentado segui-la. O trauma do desaparecimento, exacerbado pela certeza do pai de que tinha encontrado a casa do assassino, mas não podia entrar, tinha destruído a família.

O ex-comandante da força-tarefa Frank Adamson acreditava que Bob Fox, do Departamento de Polícia de Des Moines, devia ter levado a preocupação do pai e do namorado de Marie Malvar mais a sério em 1983, quando os dois o levaram até a casa onde Ridgway morava. Eles tinham certeza de que a picape vermelha-escura estacionada na garagem era o veículo do sequestrador. Se os policiais de Des Moines tivessem entrado, não poderiam ter salvado Marie, mas era possível que tivessem encontrado provas de um crime e impedido mais mortes.

Durante muito tempo, a família Malvar se reunia no dia 1º de abril para comemorar o aniversário de Marie e rezar pelo seu retorno em segurança. Agora não fariam mais isso. Os pais de Marie tinham se divorciado havia muito tempo, e o pai morava nas Filipinas, tinha se casado de novo e tinha uma filha a quem deu o nome da sua Marie desaparecida. A mãe estava na Califórnia, doente e sofrendo de demência, com Marilyn, a única irmã de Marie, cuidando dela. Os quatro irmãos dela estavam espalhados.

Mas, por fim, os exploradores tinham encontrado os restos mortais de Marie, apenas ossos agora, em uma ravina profunda perto de Auburn, onde alguém a descartara. A cada nova descoberta de esqueletos parciais escondidos no mato, os rumores ficavam mais fortes. Ridgway devia estar dizendo aos exploradores da força-tarefa onde procurar; eles não podiam ser tão certeiros nas descobertas, a menos que alguém as tivesse mapeado.

Os rumores estavam corretos, é claro, mas não se espalharam muito. Os advogados de Gary Ridgway tinham conseguido negociar com sucesso na luta para salvar a vida dele. Mas meses se passaram antes que alguém anunciasse isso de maneira oficial.

Ainda havia notícias chocantes por vir. Durante todo o verão de 2003, o mistério sobre o local onde Gary Ridgway estava abrigado permaneceu. Ele não estava em nenhuma prisão, nenhum hospital, nenhuma penitenciária. Pelo menos não havia registro da sua presença, e parecia impossível que alguém tão infame quanto um suspeito de ser assassino em série pudesse ficar escondido durante meses. Houve novos relatos inquietantes: Ridgway estaria abrigado em um apartamento de dois quartos sob estrita vigilância. Claro que não podia ser verdade. Como ele poderia estar vivendo em luxo depois do que era suspeito de ter feito?

Por fim, quando a fofoca se espalhou, Katie Larson foi instruída a anunciar onde ele estava. Gary Ridgway não estava residindo em um apartamento confortável. De jeito nenhum. Estava morando *com* os investigadores da Força-Tarefa Green River — no complexo de escritórios onde eles trabalhavam todos os dias. Era o último lugar que alguém tinha pensado em procurar. Nenhuma agência policial jamais tinha dado um passo tão ousado. Durante as frequentes sessões de *brainstorming*, alguém teve a ideia, e os detetives e promotores que tinham zombado da ideia no início começaram a adotá-la. A essa altura, Ridgway estava sob custódia havia seis meses e não tinha revelado nenhum segredo, já que estava protegido pelo seu contraforte de advogados. Na prisão do condado, outros presos viam o que estava acontecendo e eram rápidos em contar uns aos outros e aos visitantes o que Ridgway estava tramando e quem estava indo visitá-lo. Mas agora tudo tinha mudado.

A fim de entrar na cabeça da única pessoa no mundo que podia dizer a quem tinha machucado, por que e onde tinha escondido os corpos, os investigadores da Força-Tarefa Green River decidiram fazer algo fora do comum. Embora não parecesse se importar com a vida de mais ninguém, Ridgway queria viver. Isso acontece com a maioria dos assassinos em série cuja própria sobrevivência é fundamental. A portas fechadas, os promotores e a equipe de defesa chegaram mais perto de uma decisão que todos poderiam aceitar.

Foi difícil para os detetives. Nenhuma equipe investigativa jamais concordou em passar tanto tempo com um assassino de sangue frio. Mas lá estava ele, a dez metros da mesa de Sue Peters, dormindo em um colchão em uma sala vazia e bem vigiada. Era uma presença constante e maligna. Quando Peters ia trabalhar, Ridgway gritava "Oi, Sue!", e ela se forçava para responder com alegria. Ele aprendeu o nome da maioria do pessoal do escritório da força-tarefa e parecia pensar que seriam como seus dias na Kenworth, onde estava sempre sorrindo e tentando conversar com as pessoas.

Era como ter o fictício dr. Hannibal Lecter morando no fim do corredor, embora ele fosse um "Lecter" muito menos carismático. Isolado, mas não muito, em termos de amenidades da vida, Gary Ridgway era um cativo — mas também tinha um público cativo. Assim como Ted Bundy se deliciava com a atenção destinada a ele pelos detetives da Flórida depois de sua captura em 1978, Ridgway agora podia discutir os detalhes horríveis dos seus crimes. Ele era meio que um campeão macabro. Tinha registros dos quais ninguém mais gostaria de se gabar.

Até o momento da prisão, Ridgway tinha sido uma nulidade, um homenzinho chato de inteligência escassa, uma piada, alguém para provocar e, o pior de tudo para seu ego, alguém para ignorar. Mas a partir de meados de junho de 2003 se colocou à disposição como um sujeito que estava preparado para passar por longas horas de interrogatório, dia após dia após dia. Ele adorava isso. Sempre tivera prazer em demonstrar sua perícia na arte de assassinar e estava falando com seu público ideal: os mesmos detetives que tinham encarado sua obra mortal durante tantos anos. Sabia que psiquiatras e psicólogos, detetives de homicídios e agentes do FBI estavam curiosos em relação a ele e gostava de ser o centro das atenções.

Para os interrogadores, era um trabalho exaustivo, nojento, chocante, frustrante e horrível. E às vezes, sim, entediante, já que Ridgway costumava se repetir ou tropeçar desajeitado enquanto vasculhava sua memória em vão.

Depois que o público descobrisse onde ele estava morando e que estava admitindo os crimes, haveria outra revelação chocante sobre Gary Ridgway. Um dos rostos nas fotos com teleobjetiva dos carros cheios de investigadores que entravam na floresta e nas montanhas deveria ser familiar. Qualquer pessoa que assistisse à televisão ou lesse jornais conhecia aquele rosto. Gary Ridgway acompanhava os investigadores da força-tarefa no que eles chamaram de "viagens de campo". *Ele estava escondido à vista de todos.*

Exceto quando estavam em bosques profundos, Ridgway nunca tinha permissão para sair das unidades policiais; isso poderia permitir que alguém o reconhecesse. Mas estava lá, um espectador interessado e também um guia que conduzia os detetives de volta aos pontos onde havia desovado os corpos das vítimas mais de vinte anos antes. Para saber tudo que lhes era necessário, os detetives tiveram que permitir que ele revisitasse os locais aos quais havia retornado com frequência ao longo dos anos de liberdade. Ele se iluminava, sorrindo com a expectativa, quando se aproximavam das áreas de seus troféus.

E ninguém de fora da investigação jamais suspeitou.

Ridgway era vigiado por todos os lados e impedido por algemas com correntes presas a outra corrente na cintura, além de ferros nas pernas. Não havia a menor chance de escapar. Ele andava em um veículo da polícia trancado com dois detetives que o acompanhavam e mais dois em um carro atrás. Os promotores e os advogados dele também participavam das buscas.

"Ele nunca sabia quando íamos", lembrou Sue Peters. "Podíamos acordá-lo antes do nascer do sol ou levá-lo no meio de um interrogatório. Não havia nenhum aviso prévio. Ele gostava das viagens de campo, mas não podíamos evitá-las. Precisávamos saber o que ele estava revivendo."

Na maioria das vezes, os interrogatórios eram conduzidos por quatro detetives do Green River: Randy Mullinax, Sue Peters, Tom Jensen e Jon Mattsen. De vez em quando, psiquiatras passavam horas com Ridgway, e a dra. Mary Ellen O'Toole, da Unidade de Ciências Comportamentais do FBI, viajava para falar com Gary com sua voz suave e feminina, os olhos sem piscar enquanto ele falava de suas fantasias pervertidas. "Ficávamos aliviados quando o FBI ou os médicos o interrogavam", comentou Peters. "Isso nos dava algum tempo longe dele."

Era compreensível. Muito tempo depois, já era difícil assistir às entrevistas, filmadas em DVD, sem precisar ter estado lá, mascarando a repulsa que vinha com a recitação insensível dos crimes. O interrogatório costumava ser realizado em segmentos de uma hora e meia a duas horas.

Uma dupla de detetives ficava sentada em uma mesa redonda com tampo de fórmica em frente a Ridgway, que ficava algemado até mesmo dentro da sede da força-tarefa, embora pudesse mover as mãos o suficiente para fazer anotações ou beber água. Ele usava um "uniforme" da prisão, geralmente vermelho vivo, às vezes, branco. Em uma mesa retangular, fora do campo de visão da câmera, membros da equipe de defesa de

Ridgway ouviam e observavam. Uma lona de pintor cinza amassada cobria a parede atrás do réu, embora outros detetives pudessem observar e ouvir o que estava acontecendo pelo sistema de circuito fechado de televisão.

"Aprendemos rapidamente a lidar com ele", lembrou Peters. "Ele gostava de falar de dezesseis a dezoito horas por dia, mas nenhum de nós queria ouvi-lo por tanto tempo. A princípio, parecia pensar que estava comandando o show. Quando lhe demos uma opção do que queria no café da manhã ou no almoço, ele teve uma ideia errada e achou que tinha algum tipo de controle, mas, depois disso, comia tudo que decidíamos que tinha que comer."

Quando era mais comunicativo, Ridgway recebia pequenas recompensas — um jantar com salmão ou panquecas extras, alguma coisa que quisesse ler —, embora a dislexia dificultasse essa parte.

Eles estabeleceram uma rotina. A maioria das sessões de interrogatório matinal começava pouco depois das 8h com uma recitação do que o réu tinha comido no café da manhã: "Panquecas, um ovo, salsicha", dizia Ridgway com um sorriso. E depois ele avaliava a qualidade do sono durante a noite, enquanto os detetives fingiam interesse. Parecia estar dormindo muito bem, com todas as marcas medonhas registradas na sua memória. Mas, como tudo isso era relacionado a ele, as lembranças das mortas não o incomodavam.

Nunca tinham incomodado.

Assistir às fitas de vídeo que capturaram cada palavra dos interrogatórios de Gary Ridgway durante aqueles quatro meses de 2003 teria sido uma experiência perturbadora para qualquer pessoa, com centenas de horas de lembranças grotescas de um homem que parecia totalmente inofensivo descrevendo o assassinato de dezenas de mulheres em uma voz hesitante e sem emoção. Assim como todos os criminosos, no início minimizou os crimes, só admitindo aos poucos os detalhes monstruosos. Embora tivesse uma grande motivação para dizer a verdade — sua vida —, disse que sabia que era um mentiroso patológico.

"Ridgway também sugeriu outro motivo pelo qual mentiria ou minimizaria sua conduta", escreveu Jeff Baird, policial-chefe do julgamento, no resumo das provas para o promotor. "Ele acreditava que uma autora popular de 'crimes verdadeiros' iria escrever um livro a seu respeito e queria se mostrar da melhor maneira possível."

No início, Ridgway negou qualquer premeditação para os assassinatos, alegando que matava quando estava furioso. A culpa era das vítimas, porque elas pareciam não estar gostando do sexo com ele ou o faziam se apressar. "Quando fico bravo, tremo. Às vezes, me esqueço de respirar, e as coisas ficam borradas", contou.

Claro, a raiva também não era culpa dele; ele colocava a culpa por não ter sido promovido na Kenworth nas mulheres, que conseguiam os empregos melhores e mais fáceis. Os dois primeiros divórcios foram culpa das ex-esposas, assim como os pagamentos de pensão alimentícia que tinha que fazer para Chad, embora *ele* não quisesse o divórcio no início. Coisas insignificantes o enfureciam; quando comprou a casa, os vendedores eram tão mesquinhos que tinham levado todas as lâmpadas. Todas essas coisas dificultavam seu sono, e ele disse que a única maneira de liberar a "pressão" era matando mulheres.

Isso não era verdade, e seu raciocínio capcioso logo vacilou. Ele queria matar por matar, embora nem ele soubesse o motivo. Ele repetiu várias vezes: "Tudo que eu queria era fazer sexo com elas e matar elas".

Era óbvio, desde o início, que Ridgway não conseguia se lembrar dos rostos das vítimas nem dos nomes. Sua memória não era totalmente confusa, mas era compartimentada. Ele se lembrava de todos os veículos que tinha possuído, das casas em que havia morado quando era criança, dos vários turnos na Kenworth — basicamente, de objetos inanimados. (Ted Bundy também era assim. Ele podia chorar por causa de um carro amassado ou de uma bicicleta abandonada, mas não por um ser humano.)

Gary Ridgway tinha mapas na cabeça e uma nítida recordação de onde havia deixado os corpos, mas as garotas mortas pareciam ser intercambiáveis na sua mente. Quem eram ou o que poderiam ter se tornado não fazia diferença para ele. Elas só existiam para agradá-lo sexualmente por um curto período de tempo e depois eram descartáveis.

Algumas ele deixou ir por vontade própria, dizendo: "Você é bonita demais para um cara que nem eu". Mas isso, explicou, era só para ter testemunhas, caso precisasse, de que era um cara legal.

"Algumas vezes o desejo de matar não aparecia. Podia ser quando eu tinha um dia muito bom no trabalho. Alguém tinha me dado um tapinha nas costas: 'Você fez um bom trabalho hoje', o que era uma raridade. Podia ser no meu aniversário... ou talvez eu simplesmente não tivesse tempo de matar elas e levar elas para algum lugar."

Os detetives descobriram maneiras de estimular a memória de Ridgway. Eles faziam o possível para mantê-lo na linha e relembrar uma vítima de cada vez. Quando a linha de pensamento começava a se dispersar, traziam-no de volta. Sue Peters costumava mostrar fotos das garotas vivas para ele, e Ridgway gesticulava negativamente com a cabeça. Elas não eram reconhecíveis. Ele nunca se preocupou em olhá-las, na verdade. No entanto, reconhecia fotos de locais de descarte de corpos, dizendo que cercas, árvores ou sinais de trânsito o ajudavam a localizá-los.

Os investigadores usaram formas inovadoras para fazer o preso gago e inexpressivo falar. Ele parecia intimidado pela força dos interrogadores do sexo masculino, talvez mais responsivo às interrogadoras do sexo feminino, mas não havia muita diferença nas respostas entre os dois. Podia se sentir poderoso em relação às vítimas, mas elas eram alvos fáceis. Agora, parecia um rato.

"Pense nisso como um trabalho de pintura", disse Tom Jensen, enquanto tentava desencadear a lembrança de Ridgway em relação aos crimes. "O que você faz primeiro?"

"Bem, a gente prepara o objeto. Passa as fitas e tal."

"Então, como você se preparava para pegar as mulheres?"

"Eu perguntava se elas estavam 'saindo' e dizia o que eu queria e acenava o dinheiro para elas, e decidíamos tudo." Disse que sempre lhes oferecia mais do que recebiam, mas isso não importava, pois, de qualquer maneira, não teria que pagar.

Algumas vítimas foram assassinadas ao ar livre, no chão, depois que ele estendia um cobertor que carregava na picape. Algumas morreram na parte traseira da picape. À época em que morava sozinho na casinha cinza perto da Military, sua preferência era levar as mulheres — a quem, por ironia, chamava de "damas" — para casa. Ele as acalmava de maneiras diferentes. "Muitas delas me perguntavam se eu era o Assassino de Green River quando eu pegava elas", disse Ridgway. "Eu respondia 'Não, claro que não. Eu pareço o Assassino de Green River?'. E elas diziam: 'Não parece, não'. Elas sempre achavam que era um cara grande e alto — cerca de 1,90 metro, oitenta quilos."

Havia mulheres que se recusavam a "sair" com Ridgway porque temiam que fosse um policial disfarçado. Ele aliviava essas preocupações guardando cerveja na picape e oferecendo, e elas relaxavam, porque um policial não faria isso.

Ele pensava em quase tudo. Para aplacar o medo das garotas assustadas, mantinha alguns brinquedos de Chad no painel. Queria parecer um zé-ninguém, um cara bacana que era pai solteiro. Mantinha maços de cigarros para lhes dar. Às vezes, preparava as garotas saindo com elas algumas vezes, oferecendo-se para ajudá-las a conseguir empregos, para se tornar um cliente regular com quem podiam contar ou deixá-las usar seu carro. "E elas pensavam, sabe, 'Esse cara se preocupa comigo' e... não era verdade. Eu só queria colocar ela no veículo e, depois de um tempo, matar ela."

Mesmo quando levava as garotas para casa, mostrava o quarto do filho com brinquedos e suvenires, mantendo o disfarce de normalidade. Quando estava na casa perto da rodovia Pac, Ridgway disse que normalmente pedia às mulheres que fossem ao banheiro para lavar a "vagina" enquanto observava pela porta aberta. Além da palavra grosseira, ele não sabia como descrever a anatomia feminina. Usava a palavra *vagina* quando se referia à *vulva*. Ele insistiu que nenhuma das jovens prostitutas se opunha a que ele as observasse pela porta aberta do banheiro.

Ele também as incentivava a urinar antes do sexo. Dessa forma, não iam molhar a cama quando ele as matasse. Dentro ou fora de casa, ele descobriu que ter relações sexuais "de quatro" lhe dava uma vantagem física. Penetrar nelas por trás — mas nunca, insistiu, para penetração anal — lhe dava uma vantagem física. Depois de ejacular, ele às vezes dizia "Estou ouvindo alguém", e elas levantavam a cabeça para ouvir. Ou inclinavam a cabeça para trás enquanto pegavam a roupa. Com a garganta exposta e estendida, era fácil pressionar o antebraço direito contra a laringe e cortar a respiração, sufocando-as.

"Se estivéssemos ao ar livre, perto do aeroporto, elas olhavam para cima quando um avião passava, e era aí que eu fazia", disse com naturalidade. "Se meu braço direito ficasse cansado, eu usava o esquerdo, e se elas lutassem, eu colocava as pernas em volta delas. Eu dizia que, se parassem de lutar, eu soltaria elas. Mas eu sempre matava."

Era uma experiência assustadora para qualquer um que estivesse assistindo e ouvindo. A voz de Ridgway era tensa, como se sofresse uma grande pressão, e as palavras saíam em rajadas. Mesmo assim, ele parecia bem à vontade para responder às perguntas da investigação.

Como as vítimas não significavam nada, ele não tinha preferência em relação à raça ou ao tipo de corpo. Ele já tinha "saído" com algumas das mulheres, mas conhecê-las não fazia nenhuma diferença. "Eu só queria matar elas. Se elas mandavam eu ir logo, eu ficava zangado. E matava."

Muitas das garotas tinham implorado pela própria vida, dizendo que tinham filhos em casa, uma família para cuidar ou, de um jeito bem sincero: "Não quero morrer". Mas isso não importava para ele, claro. Nada que as mulheres infelizes pudessem fazer dissuadia Ridgway dos seus objetivos. "Algumas morriam com facilidade", lembrou, "e outras lutavam muito, mas todas morriam." Ele estimou que nem mesmo a luta mais violenta tinha durado mais do que dois minutos.

Ele nunca tinha usado revólver nem faca para matar. "Teria sido uma bagunça, e elas podiam gritar."

"Por que você as sufocava?", lhe perguntaram.

"Porque era mais pessoal e mais gratificante do que dar um tiro."

Ele ficava indignado com as jovens que lutavam, deixando marcas de mordidas ou arranhões. Ele tinha mudado para ligaduras, que davam mais proteção aos braços — qualquer coisa que estivesse à mão ou que ele tivesse preparado: toalhas, cintos, elásticos, cordas, gravata, meias, cabos de transmissão, até mesmo sua camiseta.

Só uma das garotas que Ridgway levou para casa lutou com força suficiente para escapar do quarto, conseguindo alcançar a porta da frente. Estava a centímetros da liberdade quando ele a pegou e a matou na sala de estar. Embora fosse impossível saber qual vítima tinha sido, era provável que fosse Kim Nelson, também conhecida como Tina Tomson.

Se não fossem atacadas quando estavam totalmente desprevenidas, algumas das mulheres que ele matou poderiam muito bem tê-lo vencido. Tina Tomson era muitos centímetros mais alta do que ele e tinha o mesmo peso. Marie Malvar era pequena, mas o machucou muito, arranhando-o até sangrar e deixando cicatrizes sobre as quais ele teve que derramar ácido para esconder. Marie o deixara muito zangado — tanto que ele disse que decidiu deixar o corpo dela sozinho em um lugar diferente das outras garotas. Mais tarde, tentou encontrá-la, mas estava consumido por uma raiva tão cega quando a desovou que não conseguiu encontrá-la de novo por muito tempo.

Embora Ridgway afirmasse que sua raiva era uma reação natural por ter sido traído pela segunda esposa, os interrogadores sabiam que, durante o período após o divórcio de Dana, ele tivera muitas parceiras sexuais consensuais. Isso não importava. Ele ainda vagava pelas estradas, sempre procurando prostitutas.

Ele descreveu como planejava com antecedência como ia se livrar dos corpos ainda quentes das vítimas que sufocava no quarto, protegendo o colchão com plástico no caso de elas urinarem ou evacuarem na hora da morte. "Se isso acontecesse, eu teria que limpar", disse com suavidade, "e lavar a roupa. Eu não fechava os olhos delas nem tocava no rosto. Eu arrastava elas para fora de casa em um plástico ou um tapete verde velho que eu tinha e colocava elas na picape. Eu desovava elas na mesma hora."

Uma vez, ele colocou uma mulher pequena em um baú de metal azul que pertencia ao filho, Chad.

"O que você fez com esse baú?"

"Vendi depois em uma feira de troca."

Onde quer que tenha formado sua ética — ou falta de ética — no sexo, ele alternava entre obsceno e puritano. Ele explicou que considerava a masturbação um pecado maior do que contratar prostitutas. Às vezes, não tinha escolha a não ser procurar as mulheres nas ruas. Ele não gostava de "rótulos" e se ofendia quando algum interrogador o chamava de estuprador em série. "Não sou um estuprador em série", reclamou. "Sou um *assassino* em série."

As horas de perseguição de Ridgway dependiam do turno em que ele estava trabalhando na Kenworth, do período de férias ou se os funcionários da Kenworth estavam em greve. Ele podia verificar as datas vendo os horários de trabalho. Suas próprias lembranças só eram precisas na memória em relação ao tempo quente ou frio, úmido ou seco, quando pegava sua presa.

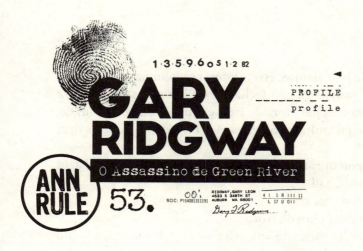

O Outro Gary

Certa manhã, alguns dias depois que Gary Ridgway iniciou suas confissões à Força-Tarefa Green River, Jon Mattsen e Tom Jensen ficaram intrigados ao notar a mudança na atitude de Ridgway. De um jeito meio mecânico, Ridgway lhes deu o cardápio do café da manhã, mas, em vez de sorrir e dizer bom-dia, se virou e se sentou de costas, com os olhos fechados.

Era 18 de junho de 2003, e sua voz estava cheia de raiva quando ele disse que tinha acordado durante a noite e começado a pensar. "*O Outro Gary* veio à minha mente", disse.

Eles se perguntaram quem seria o "Outro Gary", mas logo ficou óbvio que ele estava se referindo a uma pessoa mais forte e mais raivosa do que tinha demonstrado até então.

O *Outro Gary*, disse, estava furioso por causa do poder e do controle que os detetives tinham sobre ele. "Vocês estão tentando me controlar, mas eu nunca dormi com uma mulher morta. Claro, transei com elas algumas vezes. O 'Novo Gary' quer que eu filtre isso."

Era evidente que o homem com quem eles tinham conversado até aquela manhã era o "Novo Gary", um homem sensato, agradável e cooperativo. O "Outro Gary", que também era o "Velho Gary", não queria falar sobre os assassinatos e se ressentia de ser controlado.

"Eu matei elas porque quis", disse o Velho Gary. "Eu estava com raiva. Matei 49 ou cinquenta pessoas entre 1982 e 1985. Matei muitas por causa da ira e da fúria que eu sentia pela minha ex-mulher."

Agora o Velho Gary queria sair e encontrar os corpos das vítimas. *Ele ia ordenar para onde eles iam.* O homem de olhos fechados gaguejou ao dizer: "Eu odiava elas — odiava".

Tinha começado, disse ele, com Wendy Coffield. "Eu estava cagando para onde matava elas. Eu estava cagando para elas e para suas joias. Carol Christensen não significava nada para mim. Os peixes que botei nela eram para atrair animais. Eu arrastava elas pelos pés. Nem todas me irritaram. Algumas eu não estava com tanta raiva para matar."

Ou se tratava de outra personalidade lutando para sair do "Novo Gary" de 2003, ou era uma tentativa desajeitada de se apresentar como uma personalidade múltipla. "Eu fazia sexo com elas depois. Não eram humanas, eu acho. Eu estava pouco me lixando. Mordi [uma delas] no peito. Eu não sabia que Mary estava grávida. O Novo Gary é um covarde."

Ridgway parecia zangado de verdade enquanto vomitava confissões imundas durante meia hora, com os olhos bem fechados. Jensen e Mattsen perceberam o método duplo de interrogatório que o réu estava sugerindo. Talvez nem ele pudesse contar tudo que tinha feito, a menos que pudesse se esconder atrás do "Velho Gary". Para eles, estava ótimo assim. Eles fingiram reagir a esse homem furioso.

"O homem que falou conosco ontem, o Novo Gary, era um homem de verdade", disse Tom Jensen, mas a personalidade que agora estava no palco não acreditava nisso. O Velho Gary estava no comando e insistia que não permitia que as mulheres o controlassem. "Fiz sexo com todas elas, menos com a grávida. Joguei fora uma sacola com latas [pela ponte] na rua 216. Talvez tivessem impressões digitais."

Ele continuou a falar do quanto odiava as mulheres, intercalando o monólogo com detalhes sobre as provas. "Deixei algumas joias embaixo de uma árvore perto do IHOP. Estou no comando agora e não vou aceitar isso. Tirei três ou quatro fotos de mulheres sob o Red Lion e depois rasguei. Escrevi para o *Times* ou para o *P.I.* Não percam tempo olhando embaixo das minhas casas."

"Matei duas damas depois que conheci Judith."

Ridgway, qualquer que fosse a versão dele, xingava com frequência, embora o domínio de palavras escatológicas não fosse muito extenso. "Velho Gary" ou "Novo Gary", ambos tinham um vocabulário limitado. Ele se lembrava de ter matado uma vítima no chão da van branca, usando uma corda bem apertada. "Todas elas são lixo para mim — lixo."

"Por quê?", perguntou Jensen.

"As mulheres sempre tiveram controle sobre mim. Elas me usavam. Às vezes eu chorava, mas essa era a parte boa de mim. Agora sou o Velho Gary. As joias sumiram. Deixei na Kenworth ou no aeroporto e em uma Laundromat. Deixei algumas em uma parte coberta de um poste de luz e em uma emenda de concreto ao lado do Safeway, depois mijei em um canto perto da cerca."

Eles o deixaram desabafar enquanto ele pulava de um assunto para o outro, sem ter certeza se era uma atuação. "Essa 'queimadura' no meu braço não é ácido", disse. "Foi onde Marie Malvar me arranhou. Eu tinha marcas de arranhões nas costas... Uma vez, deixei cair [uma vítima] de cabeça para fora na traseira da picape."

Jon Mattsen perguntou sobre o local de agrupamento de cadáveres perto da saída 38 perto de North Bend, mas Ridgway não tinha certeza. "Rolei uma colina abaixo no lago Star Lake", disse. "Não matei cachorro nenhum. Eu tinha o controle dessas vadias. Eu não tinha o menor amor. Ninguém *me* amava. Então fodam-se todas elas! O Novo Gary é muito mole. Ele não machuca ninguém."

"O que o Velho Gary vai nos contar?"

Ainda de costas para os detetives que o interrogavam, os olhos de Ridgway continuavam fechados. "Matei uma dama negra em Ballard e uma perto de um hospital. Levei duas para um cemitério perto de Washelli, e tem uma perto do Kmart e uma perto da Leisure Time. Levei uma cabeça para o estacionamento da Allstate no Oregon. A cabeça tinha cabelo louro. Tem três partes distintas de ossos naquela estrada com nome engraçado [estrada Bull Mountain em Tigard], mas eu tinha uma cabeça que perdi."

Esse Ridgway que aparentava estar furioso disse a eles que usava luvas e trocava os tênis por sapatos na Kenworth na tentativa de despistá-los. Ele trocou os pneus da picape Ford 1975 para que não pudessem ser rastreados. Recortou algumas matérias de jornal para ter informações do que a força-tarefa estava fazendo e disse que tinha lido quatro páginas de um livro com informações sobre provas. Ele deu dois brincos para a filha de uma namorada. Agora passou para a garota que escapou: Penny Bristow.

"Teve uma dama que estrangulei sem matar — na rua 188. Dama bonita. Cabelo escuro. Eu deixei ela lá, nua, e peguei sua bolsa, mas não tinha dinheiro nenhum. Às vezes eu pegava as carteiras e botava o dinheiro no meu bolso."

Ele mencionou uma mulher com quem conversou perto do aeroporto e fez "sexo em um motel".

"Eu peguei ela mais tarde e levei ela para algum lugar e matei. Tenho certeza."

Ele devia estar se referindo a Keli McGinness, que nunca tinha sido encontrada. Pode ter sido a cabeça decepada dela que ele levou para o Oregon, perdendo-a em um bueiro perto do edifício Allstate.

O Velho Gary estava em um surto de fúria, mas agora era esporádico. "Eu não abracei nem beijei elas de jeito nenhum. Eu estava cagando para elas. Fiz sexo com um cadáver [perto de onde Connie Naon foi encontrada]. O outro Gary [o Novo Gary] está todo fodido. Se quiser saber o que eu fiz, fala comigo. Eu que fiz tudo isso. Às vezes eu rasgava a identidade delas na rodovia e jogava fora. Naquele curto período, eu estava no controle. Sou eu que tenho o diabo na cabeça. O Novo Gary não queria que eu aparecesse. Não tenho mais ira, mas fiquei com raiva ontem à noite. Não tenho mais nenhuma ira.

"Estou no controle, agora. Você colocou palavras na boca dele. Estou pouco me lixando para dormir com elas. O número de vítimas *veio* de mim. Não sei se o Novo Gary pode voltar. Eu matei elas no S.I.R. [o autódromo Seattle International Raceway], na universidade Green River College, na 410, em Riverton, na rodovia 18. Não atirei em nenhuma mulher. Duas na estrada Black Diamond, na estrada Carnation..."

Ele hesitou.

"O velho... O novo acabou de voltar."

A voz de Gary Ridgway estava mais suave, soando cansada, mas ele deu a entender que tinha mais coisas para dizer. Mattsen e Jensen tentaram trazer o Velho Gary de volta, mas ele não quis aparecer. Era incerto que Ridgway fosse uma personalidade múltipla. Parecia mais verossímil que tivesse visto muitos filmes sobre personalidades múltiplas. E, no Noroeste, houve uma cobertura em massa das fitas do "Hillside Strangler" [Estrangulador das Colinas] — Kenneth Bianchi, preso em 1980 pelos assassinatos em série de mulheres jovens em Los Angeles e Bellingham, Washington. Bianchi tinha feito uma dupla personalidade muito convincente. A atuação de Ridgway não chegava nem aos pés.

Mesmo assim, a sessão foi muito produtiva, embora repugnante. Fosse o Velho Gary ou o Novo Gary, ele tinha admitido inúmeros assassinatos provocados pela sua fúria contra as mulheres em geral. Tinha planejado os assassinatos e o descarte dos corpos das vítimas.

Ainda não eram 9h30 e ele tinha enchido a sala de interrogatório com confissões horríveis. O homem que Mattsen e Jensen encontraram, a princípio, parecia ter acabado de falar, mas o Novo Gary queria contar mais coisas. Queria falar sobre a morte de Giselle Lovvorn, a gênia de 17 anos cujo corpo foi encontrado no extremo sul do terreno deserto do aeroporto.

"Chad estava comigo quando a peguei", disse. Foi em um fim de semana, e o filho estava ficando com ele.

Jensen e Mattsen trocaram um rápido olhar. Isso parecia muito inaceitável para qualquer pai. Mas Ridgway continuou falando, e no momento era "o Novo Gary", na verdade. Mas garantiu que tinha deixado Chad — com 8 ou 9 anos à época — na picape enquanto levava a mulher que ele chamava de "LaVerne" para bem longe do campo de visão. O sexo acabou logo, explicou, depois ele a estrangulou com o antebraço quando um avião sobrevoou os dois.

"Para ter certeza, amarrei minhas meias pretas e passei em volta do pescoço dela torcendo o nó com um galho até que ele quebrou."

"Ela lutou contra você?", perguntou Mattsen.

"Não consigo lembrar."

"Como você pôde matar uma mulher na frente do seu filho?", perguntou Jensen.

"Eu estava no comando", disse Ridgway, mas na voz suave do Novo Gary. "Estávamos fora do campo de visão."

"Quanto tempo você passou longe de Chad?"

"Uns cinco ou dez minutos. Quando voltei, Chad perguntou para onde a garota tinha ido. Falei que ela morava ali perto e tinha resolvido ir para casa a pé." Ele lembrou que levou o filho para algum lugar, depois voltou sozinho para levar o corpo da garota para o meio do mato.

Eles fizeram uma pausa. Se Ridgway não precisava de uma pausa, os dois detetives, com certeza, precisavam.

Enfrentando os interrogadores, o Gary normal ainda estava com eles. Ele parecia não entender que, qualquer que fosse a persona interpretada, suas confissões eram odiosas. Tinham que convencê-lo de que nada os chocava, mas não era verdade. Por mais experientes que fossem os interrogadores de Ridgway, era praticamente impossível não se surpreender com a total e absoluta falta de sentimento que demonstrava.

Ele parecia não se sentir à vontade em dar detalhes da sua relação sexual com os cadáveres das mulheres que tinha matado e, pela primeira vez, falou sobre suas perversões, evitando perguntas que parecia prever.

"Temos provas de necrofilia", disse Mattsen com calma. "Você não seria a primeira pessoa nem a última a fazer isso."

"É... Eu menti sobre isso. Eu tinha que enterrar elas e levar elas para longe para não voltar a fazer sexo com elas. Eu tinha muita vontade de fazer isso. Era uma liberação sexual pela qual eu não tinha que pagar. Talvez isso me desse poder sobre elas."

Ridgway admitiu ter retornado aos corpos de cerca de dez das mulheres que tinha deixado perto da Strip. "Era um bom dia, quando eu saía à noite do trabalho e ia fazer sexo com ela. E durava um ou dois dias até eu não poder mais — até as moscas chegarem. E aí eu enterrava elas e cobria. E depois procurava outra. Às vezes eu matava uma em um dia e matava outra no dia seguinte [e] não tinha motivo para voltar."

Ele voltava para uma vítima para ter relações sexuais com o corpo, embora o filho de 8 anos estivesse dormindo na picape a dez metros de distância. Quando lhe perguntaram o que aconteceria se o filho se lembrasse disso e ameaçasse contar, ele não soube responder.

"Você o mataria?"

"Não... talvez."

Penny Bristow, a única garota que escapou de Gary Ridgway, sempre sentiu que ele só a desejava se estivesse morta e que o sexo com uma pessoa viva não importava. Apesar de exigir sexo oral, ele não tinha ereção. "Nem sei por que ele tirou a roupa", disse. "Seu rosto parecia branco, úmido e frio. Os braços e todo o resto estavam frios. As mãos dele. Ele era uma pessoa muito diferente e meio que me fez pensar que, se ele me matasse, já que não estava interessado em mim sexualmente antes disso, teria tentado ter relações sexuais se eu estivesse morta."

A dra. Mary Ellen O'Toole pode ter chegado mais perto de descobrir os eventos da primeira infância que tiveram um impacto arrasador na maneira como Gary Ridgway via as mulheres e o motivo pelo qual desenvolveu as aberrações que o consumiam. O'Toole tinha explicado no início que a Unidade de Ciências Comportamentais do FBI não tinha tempo para analisar os casos de todos os assassinos em série encaminhados e que não se importavam com o número de vítimas que um homem poderia ter feito. "Não são todas igualmente interessantes para nós", disse ela. "Eu precisaria submeter você ao que chamo de 'processo de verificação'."

Foi um desafio ao qual Ridgway mal conseguiria resistir. Ele sempre quis ser interessante e estava ansioso para apresentar suas perversões a ela.

"Com que idade você percebeu que tinha alguma coisa errada com você?", perguntou O'Toole.

Ele achava que era quando tinha cerca de 10 anos. Seus "sinais de alerta" foram sua memória ruim, sua respiração e os seus problemas de alergia e depressão. A dra. O'Toole falou que não era isso que ela queria dizer; estava mais interessada nos seus comportamentos parafílicos, um termo que teve que explicar, começando com "transtornos de personalidade", que ele parecia entender, e ligando aos desejos sexuais anormais que ele havia praticado: frotteurismo, exposição, perseguição, voyeurismo, estupro, assassinato para liberação sexual e, por fim, necrofilia.

Embora negasse por muito tempo, Ridgway sentia que os corpos das vítimas "pertenciam" a ele. Enquanto não fossem descobertos e removidos pelos detetives da Força-Tarefa Green River, os corpos eram dele. "Uma pessoa linda que era minha propriedade — hum, minha *posse*", disse ele para O'Toole, "uma coisa que só eu sabia e que sentia falta quando eram encontradas ou quando eu perdia elas."

"Como você se sentia, Gary, nos anos 1980, quando os corpos eram encontrados e levados, naquela época em que foram descobertos?", perguntou O'Toole. "Como você se sentiu?"

"Parecia que eles estavam pegando uma coisa minha que eu tinha botado lá."

Foi por isso, explicou mais tarde, que levou alguns dos esqueletos inteiros ou parciais para o Oregon. Era para confundir os detetives da força-tarefa, porque não queria que eles encontrassem e removessem mais nenhum de seus pertences. Ele sempre desejou poder encontrar alguns dos antigos poços de mina "sem fundo" que ainda existiam no sudeste do condado de King para ter um lugar seguro para deixar os cadáveres das vítimas. Os corpos eram um fardo que queria se livrar e um tesouro que queria manter.

O'Toole estava especialmente interessada no relacionamento dele com a falecida mãe e tinha bons motivos para suspeitar disso. Gary Ridgway, de fato, teve um relacionamento inadequado com Mary Ridgway. Quando ele tinha 13 ou 14 anos, ela o humilhava e o estimulava sexualmente depois que ele fazia xixi na cama, algo que acontecia pelo menos três vezes por semana e às vezes todos os dias. "Ela me disse: 'Por que você não é como [seus irmãos]? Eles não fazem xixi na cama. Só bebês fazem xixi na cama. Você nunca vai crescer?'. Ela me degradou. Eu não sentia muito amor naquela época."

Mas a mãe passava quinze minutos ou mais ensaboando, lavando e secando seu pênis e os testículos, embora ele muitas vezes ficasse ereto quando ela fazia isso. Ela também aparecia seminua na frente dele, e, embora se sentisse deprimido e envergonhado, ele admitiu para O'Toole que ficava sexualmente excitado. "Bem, aqui está uma mulher como as que apareciam em revistas sujas — ela tem pernas macias, corpo e seios macios, pele firme... seios e barriga lisa, e eu provavelmente vi ela, talvez entrei no banheiro [quando ela estava] no vaso. Não tinha pênis nem nada parecido. [Ela era] uma pessoa que podia excitar a gente, me excitar um pouco."

Ridgway admitiu que espiava os seios da mãe quando o roupão se abria, olhando até ver os mamilos. Ele também ficava "de pau duro" quando ela media a virilha dele para comprar calças do tamanho certo na Penney's, onde trabalhava. Ele não tinha certeza se ela percebia sua ereção, mas a mãe sempre falava para o pai e os filhos sobre medir os clientes do sexo masculino no trabalho da mesma maneira e sentir que o pênis deles ficava ereto.

Ele insistiu que nunca tinha tocado na mãe, embora o fato de estar tão perto dela fisicamente quando estava nu e ela estava semidespida o fizesse querer tocar em uma mulher. Ela nunca o pegou se masturbando. Ele fazia isso depois da escola, trancado no banheiro, antes que ela voltasse do trabalho às 18h. "Acho que ela nem falava sobre masturbação. Ela achava indecente falar sobre isso."

Ele não se lembrava de ter ficado ressentido com a mãe, embora admitisse que às vezes pensava em esfaqueá-la.

Muito provavelmente estimulado pelo toque inadequado da mãe, Ridgway admitiu que começou a perseguir garotas e mulheres quando tinha cerca de 12 anos. Ele se escondia enquanto as observava no bairro ou na aula, depois as seguia e olhava para elas do outro lado da rua. "Eu ficava de pau duro e pensava na mulher com um objetivo: descobrir onde ela morava. E aí, de manhã, eu passava pelo mesmo caminho e observava ela."

Ele admitiu a compulsão não apenas de matar mulheres, mas também de ter relações sexuais com elas depois de mortas. Ele ressaltou que não tinha revisitado todas as vítimas após a morte. Aquelas que tinham lutado contra ele e o ferido o irritavam, e ele as punia, deixando-as sozinhas em algum lugar deserto.

"As louras eram especiais", contou Ridgway. "E acho que tinha pelo menos quatro ou cinco louras. Não me lembro de fazer sexo depois que matei elas. Sempre gostei de louras com seios fartos. Eram as prostitutas caras e eram meu objetivo especial — sair e pegar uma dama loura, meter e matar ela. Era o tipo que estava no topo da lista."

Keli McGinness, que nunca tinha sido encontrada, era a mais linda, a loura que realizava as fantasias dele. A detetive Sue Peters procurava Keli havia muito tempo. Ridgway insistiu que tinha pegado seiscentas ou setecentas mulheres e, apesar de analisar as fotos das 49 vítimas conhecidas, muitas vezes afirmava que não conseguia se lembrar quais tinha matado nem onde.

"Você a levou para sua casa?", perguntou Sue Peters. "Você a matou na picape ou a matou na floresta em algum lugar durante um encontro?"

"Tive que matar ela na parte de trás da picape."

"Isso foi o que você nos disse no início."

"Bem, eu provavelmente te disse na minha casa, se eu pudesse ter levado ela para a minha casa."

Peters insistiu.

"Você se lembra de levar Keli McGinness para sua casa? [...] Essa é aquela com seios grandes. Você se lembra de ter se deitado com ela na sua cama?"

"Não lembro, não." Seu jeito vago era frustrante.

"Onde você se lembra dela?"

"Na parte traseira da picape Dodge cor de vinho."

"E quando você a pegou na Pac — eu nem me importo *onde* na rodovia —, para onde a levou para transarem e depois matá-la?"

Ele suspirou enquanto vasculhava sua memória suspeita.

"Lá na área do aeroporto onde eu matei..." Ele sabia que tinha jogado vôlei perto de onde a matara, mas não conseguia localizar o assassinato em si na própria mente. "Eu me lembro vagamente de ter matado alguém naquela área — pelo menos uma ou duas."

"Onde está o corpo dela?"

"O corpo está na Leisure Time."

"Você tem 100% de certeza? Porque antes você deu 50% de chance de ela estar no Leisure Time."

"Vou dar 75%, pelo menos. A dama loura eu levei para lá. Não pode ter sido April, porque agora eu sei onde April estava."

"Onde estava April?"

"Acho que April estava no lago Fenwick."

E assim continuou uma série aparentemente interminável de diálogos. Ele disse que desovou Keli McGinness no meio de um campo desmatado perto de Auburn. Disse que levou a cabeça dela para o Oregon e a perdeu em um bueiro no estacionamento da Allstate. Se ele sabia mesmo, não ia contar.

Era muito estúpido e muito cruel.

Ridgway sabia que pegara uma garota negra baixinha e magra na região da avenida Rainier, embora, claro, não soubesse dizer quando tinha sido nem conseguisse se lembrar do rosto dela.

"Tinha alguma coisa errada em um dos pés", comentou. "Era mais fino que o outro e era engraçado."

"Ela teve dificuldade para entrar na picape?", perguntou um detetive.

"Teve."

"Você a ajudou?"

"Não."

Essa era a pequena Mary Exzetta West, 16 anos, que estava grávida havia pouco tempo e com medo, em 1984. Ele não se lembrava do rosto dela, mas lembrava que tinha deixado o corpo no parque Seward depois de matá-la.

Ele olhava para os investigadores dia após dia, bebendo água, fazendo anotações no bloco amarelo, o rosto tão afável e confiável quanto o do Pillsbury Doughboy.[1] Mas os investigadores sentiam a energia maligna por trás dos olhos dele, e sempre era bom sair da sede da Força-Tarefa Green River, sentir o ar puro e perceber que ele era uma aberração, ao contrário da grande maioria dos seres humanos.

E ele tinha sido pego, preso para que nunca mais pudesse matar.

---

1   Mascote publicitário da empresa Pillsbury Company, fabricante de massa refrigerada de biscoitos e pães.

"Nunca fechava os olhos delas"

Embora Gary Ridgway dissesse que tinha deixado todas as vítimas deitadas de costas, ele acrescentou: "Eu não olhava para o rosto delas. Estava escuro".

"Os olhos delas estavam abertos?", perguntou Jon Mattsen.

"Não. Não sei. Eu nunca fechava os olhos delas", disse outra vez. "Eu tirava as roupas delas depois que tinha morrido, mas nunca toquei nos rostos delas."

Ele se lembrou de uma mulher que sufocou na parte traseira da picape. Tentou trazê-la "de volta à vida" com compressões torácicas fechadas.

"Mas não consegui."

Às vezes, na própria casa, ele dizia que colocava sacos plásticos sobre a cabeça das garotas mortas para ver se conseguia detectar alguma respiração restante nelas.

"Mas elas nunca acordaram."

"Por que você tentou ressuscitar essa única mulher?", perguntou Tom Jensen.

"Entrei em pânico. Não sei por quê. Era dia."

"Quem era?"

"Sei lá. Uma mulher branca."

Ridgway admitiu ter matado Linda Rule, a garota loura cujo esqueleto foi encontrado perto do hospital Northgate, um homicídio que não tinha sido atribuído a ele. Por algum motivo, ele disse que ateou fogo ao cabelo dela depois que estava morta, mas ficou com medo de alguém ver ou sentir o cheiro da fumaça e apagou.

Muitas mulheres jovens tinham morrido, a maioria sem nenhum aviso prévio. Gary Ridgway não se importava com elas, mas os detetives da força-tarefa as conheciam tão bem quanto qualquer pessoa que conheceram na vida e se importavam profundamente com cada vítima. Conforme Ridgway descrevia os últimos momentos delas, outros rostos surgiam na consciência dos quatro investigadores: todos os pais, irmãs e irmãos, até os filhos das garotas desaparecidas. Cada detetive lidava com as memórias das vítimas à sua maneira; alguns se permitiam lembrar dos detalhes das vidas perdidas e outros tinham que manter uma distância emocional para assegurar o próprio equilíbrio.

E, no entanto, dia após dia, eles voltavam para a sala abafada para ouvir Gary Ridgway vomitar mais veneno e, quase pior, ouvi-lo discutir os crimes com uma lembrança totalmente desprovida de emoção em relação ao que havia feito.

Os interrogatórios tinham que ser realizados e continuaram sem muita trégua durante mais de cem horas. Lá fora, era um verão excepcionalmente bom em Seattle, as pessoas estavam tomando banho de sol ao longo de Puget Sound, e as flores estavam desabrochando. Para os detetives da força-tarefa e o prisioneiro, a maior parte das aventuras ao ar livre eram as viagens de campo sombrias a locais de descarte de corpos.

"Aquela que cobri com uma sacola era especial", admitiu Ridgway, ao falar de Carol Christensen. Ele a conhecia, gostava da moça, e ela fora boa com ele. Sabia que Carol tinha uma filha e que estava animada com o novo emprego, mas, em termos de chance de sobrevivência, isso não importava. Ele se lembrava de pegá-la perto do emprego na Red Barn Tavern e levá-la para sua casa. Segundo ele, os dois desfrutaram de intimidade sexual, mas no dia 3 de maio ela estava com pressa de voltar para casa. "Eu não estava satisfeito", lembrou. "Isso me deixou com raiva. Fiquei por trás dela e sufoquei ela com o braço."

Depois disso, vestiu Carol Ann de novo, percebendo que tinha colocado o sutiã ao contrário, mas não importava. Ele explicou que parou para beber o vinho Lambrusco. Em seguida, pegou a garrafa vazia, a truta que alguém lhe dera e a linguiça quando levou o corpo de Christensen para a floresta em Maple Valley. Nos primeiros dez dias de interrogatório, enfatizou que não estava "montando" o cenário do corpo como os agentes do FBI deduziram. "Deixei o peixe e a linguiça para atrair os animais. Eu não queria essas coisas porque não cozinhava."

Pela primeira vez, Ridgway demonstrou um pouco de remorso. "Virei o rosto dela para cima, coloquei a sacola de compras sobre a cabeça e me deitei com ela", disse. "Eu chorei porque tinha matado ela."

Por tudo que era sagrado, Gary devia ter sido pego naquela tarde. Enquanto saía da estrada em direção à floresta onde estava o corpo de Carol Christensen, disse que viu uma viatura do WSP saindo da estrada ao lado. "Parei no primeiro sinal de trânsito e liguei a seta para virar. Olhei pelo espelho para saber se ela [a viatura] tinha entrado na estrada de onde eu tinha acabado de sair, mas ela não entrou e não prestou atenção em mim."

Por pura coincidência, Matt Haney, que era um novo contratado do condado de King à época, parou a unidade de patrulha para falar com outro policial a menos de um quilômetro de distância quando a central avisou pelo rádio sobre o corpo na floresta.

Mas Gary Ridgway tinha escapado. Pelos riscos que correu e pelo grau de atividade policial que o perseguia, ele teve uma sorte diabólica. Ou talvez, apesar de seus protestos iniciais, tivesse sido muito cuidadoso. Confessou que teve medo de ser pego depois do primeiro assassinato. Mas não depois disso. Embora não conseguisse se lembrar de Wendy Coffield, lembrava que a vestira de novo e que os botões da blusa eram do tamanho de "moedas". Christensen foi apenas a segunda vítima que ele vestiu de novo.

Vinte anos antes, Ridgway imaginava que nunca seria pego. Tinha aprendido a cortar as unhas das vítimas para não deixar nada da própria pele sob as unhas delas. Tirava as roupas das vítimas e as jogava em caixas da Goodwill[1] para que os detetives não tivessem nenhuma mancha de sêmen para testar. Apesar de não entender como funcionava o teste de DNA, sabia que podiam descobrir alguma coisa dessa maneira e que isso podia ajudá-los a capturá-lo. E, embora afirmasse a princípio que só tinha colocado o peixe e a linguiça com o corpo de Carol Christensen para atrair animais predadores, ele o fizera para tornar a cena do corpo

---

1   Goodwill Industries International Inc. é uma organização sem fins lucrativos que fornece vários programas comunitários para pessoas com dificuldade de conseguir emprego.

diferente. Isso afastaria os policiais e os provocaria. Ele achou que a polícia não ia conectá-lo a um corpo que estava em um lugar diferente, com pistas diferentes.

No começo, estava certo. Porém ele *tinha* deixado o DNA para trás, seu sêmen no corpo dela. E esse foi um dos maiores erros que tinha cometido. Ele não percebeu que era uma bomba-relógio, embora só tivesse explodido em 2001.

Sua pesquisa para aperfeiçoar os crimes continuou. Ele não só se esforçava muito, disse, para remover todos os vestígios de si mesmo das vítimas, da casa e das picapes, como também começou a "plantar provas". Espalhava bitucas de cigarro e mascava chiclete nos locais de agrupamento de cadáveres. (Ele não fumava nem mascava chiclete, mas pegava tudo em outros lugares.) Pegava panfletos de motéis e contratos de aluguel de automóveis que encontrara no aeroporto e os jogava nos locais de descarte dos corpos para fazer os detetives acreditarem que estavam procurando alguém que viajava. Ele até deixou um pente usado em cabelos afros, achando que os investigadores iam suspeitar de um cafetão negro. E foi Gary Ridgway quem deixou a carteira de motorista de Marie Malvar no aeroporto de SeaTac para que as pessoas achassem que ela viajara por vontade própria. E, é claro, admitiu que tinha escrito cartas para o *Post-Intelligencer*, para Mike Barber e outros, com pistas falsas sobre quem poderia ser o Assassino de Green River.

Talvez sua jogada mais inteligente para evitar suspeitas tenha sido não ter conversado com ninguém sobre o que tinha feito. Ele não tinha amigos próximos e não sentia necessidade de se gabar. A maioria dos assassinos acaba se sentindo compelida a falar sobre os crimes, nem que seja só para dizer que evitou a detecção com muita inteligência. Ridgway não. Ele obtinha satisfação suficiente verificando os locais onde tinha deixado os corpos anos antes. Ele disse aos detetives que ficou fascinado por ter encontrado alguns esqueletos quase intactos em áreas onde esperava que os animais os desmantelassem, e outros, deixados em campos abertos, tinham desaparecido por completo.

Mais tarde, Ridgway diria que havia mentido para os detetives da força-tarefa nos primeiros dez dias dos interrogatórios do verão de 2003. Às vezes era difícil dizer se ele tinha esquecido a verdade, confundindo de fato as vítimas umas com as outras, ou se estava mentindo abertamente. Às vezes insinuava que Wendy Coffield não tinha sido o primeiro assassinato, que, quando disse à mulher que estava namorando no PWP no fim de 1981 ou no início de 1982 que "quase matou uma mulher", ele tinha de fato matado uma mulher. Ele até tinha a vaga sensação de que poderia ter assassinado uma mulher nos anos 1970, mas não tinha certeza.

Gary Ridgway tinha motivos para manter os interrogadores atentos. Quanto mais demorasse para fazer uma confissão formal de culpa no tribunal, mais tempo poderia ficar longe da prisão. Suas acomodações não eram luxuosas, mas eram muito melhores do que uma cela de prisão desoladora. E, ali, ele ainda podia falar sobre os assassinatos e pontificar sobre todos os aspectos dos homicídios.

Ridgway não era louco — seus advogados nem sugeriram uma defesa por personalidade múltipla — e, com certeza, não era um gênio. Na verdade, seu teste de Q.I. deu um resultado normal baixo. No entanto, ele podia ter sido um *idiot savant*, alguém de inteligência muito baixa que demonstra um brilhantismo notável em uma área específica. (Por exemplo, um *idiot savant* pode ser um prodígio musical ou capaz de memorizar os números na lateral de todos os vagões de carga em um trem comprido que passa, mas tem problemas de desenvolvimento em todas as outras áreas da inteligência.)

Pensamentos violentos pareciam ter feito parte de seus processos mentais durante a maior parte da vida.

Desde o início da adolescência, Ridgway tinha estudado o assassinato, contorcendo-o e girando-o na mente. Em algumas das entrevistas com Mary Ellen O'Toole, ele passou horas discutindo as motivações para assassinatos, seus pensamentos em relação a como alguém que não era ele tinha assassinado uma vizinha quarenta anos antes, e oferecendo insights. Ficava a pergunta: será que ele tinha matado aquela mulher? Não dava para saber.

Ele descreveu o ato de esfaquear o menino de 6 anos quando ele tinha 15 ou 16. Surpreendentemente, um dos investigadores da força-tarefa localizou essa criança — agora um homem de 46 anos que morava na Califórnia. Ele se lembrava bem do incidente. O homem se lembrava de estar usando botas, chapéu de cowboy e pistolas de brinquedo no cinto, quando um garoto muito mais velho lhe perguntou se queria construir um forte. Ele concordou e o seguiu até a floresta.

"Depois, ele disse: 'Sabe, tem umas pessoas por aqui que gostam de matar meninos como você'." Ele agarrou o braço do garoto e o conduziu mais para dentro da floresta. De repente, o adolescente o apunhalou através das costelas até o fígado.

"Perguntei por que ele tinha me matado. Eu tinha visto muitos filmes de caubói, sabe", disse a vítima de Ridgway, "e vi aquele sangue todo jorrando de dentro de mim. Estava [sangrando] em profusão, já escorrendo pela perna até dentro das botas. A cada batida do coração, o sangue era bombeado. A frente da minha camisa estava toda encharcada. E ele começou a rir e tinha um sorriso no rosto. Ele ficou ali por um minuto, com o canivete na mão, e eu não queria que ele me apunhalasse de novo. Mas ele se aproximou de mim e só limpou o canivete — os dois lados da lâmina — uma vez no meu ombro e duas vezes no outro ombro. Ele fechou [o canivete] de novo e disse: 'Eu sempre quis saber como é matar alguém'.

"E aí começou a descer aquela colina e estava rindo, meio que levantando a cabeça, sabe, e rindo muito alto."

Ridgway disse aos interrogadores que tinha lido muitas revistas e livros policiais no passado. Fiquei chocada ao saber que ele leu a revista *True Detective* e outras revistas de detetives para as quais escrevi no início da carreira — ainda mais desconcertada ao ouvir meu nome saindo da sua boca enquanto Ridgway falava com o dr. Robert Wheeler, o psicólogo que lhe perguntou quais livros ele tinha lido.

"Li tantos que todos eles vêm juntos. Eu leio muito", disse. "*Zodiac*, dois ou três da Ann Rule, e mais um monte. Mas não quero falar de algo que não tenha aprendido com eles." Ele explicou que tinha lido meus livros para aprender como não agir no tribunal. Estava estudando todos os erros que outros réus tinham cometido ao entrar no tribunal quando deviam ter ficado calados. Ele não queria fazer isso.

Eu não queria fazer parte dos processos de pensamento de Gary Ridgway. Sempre existe a chance de que indivíduos perturbados e obcecados leiam alguma coisa que escrevi, e aceito isso como parte de ser uma escritora de crimes verdadeiros, mas escrever sobre Ridgway foi o esforço mais difícil que empreendi, e não tinha nenhuma vontade de estar dentro da cabeça dele nem de ouvi-lo dizer o meu nome. A pura crueldade que o consumia e sua total incapacidade de sentir empatia por qualquer coisa viva são inconcebíveis, uma nuvem negra de maldade que era muito difícil de apagar da minha própria memória.

•   •   •

Quando Gary Ridgway teria parado de perseguir e matar mulheres era uma pergunta óbvia — se é que parou. De 1982 até 1984 houve um pico, sem dúvida, mas é quase impossível assassinos em série simplesmente pararem. Eles costumam acelerar.

Ao conversar com o dr. Robert Wheeler, Gary Ridgway disse que a última vez que matou foi em 1985. Ele insistiu que o período de extrema ira, raiva e frustração tinha durado só três anos. "Depois de 1985 eu tinha uma nova esposa que cuidava de mim", disse. "Eu fazia jardinagem e outras coisas para ajudar com a raiva."

"De repente, em 1985", perguntou Wheeler, incrédulo, "quando ficava com raiva, você cortava a grama?"

"Isso."

Considerava que ao lado de Judith tinha uma vida boa, passando férias em Las Vegas ou Reno, apostando um pouco. Eles foram à Disneylândia. Estava tentando esquecer tudo sobre o período ruim em que estivera sozinho e que matava mulheres. Porém, ficou com raiva de novo quando os investigadores da força-tarefa cumpriram os mandados de busca em 1987. Ficou chateado porque foram até o trabalho dele e disseram que eram da Força-Tarefa Green River. Àquela altura, ele estava tentando se esquecer de todas as coisas relacionadas aos assassinatos.

O maior medo de Ridgway no verão de 2003 era não poder levar os detetives até os corpos das vítimas que ainda estavam desaparecidas, que sua memória pudesse falhar. Se isso acontecesse, achava que seria executado, porque pensariam que ele estava mentindo e deixando de cumprir sua parte do acordo de confissão.

Tinha pensado muito na pena de morte. Percebeu que isso ia demorar uns sete ou oito anos, e leu sobre injeções letais. "É um processo em que você vai dormir e o coração para, então há muito pouca dor."

Wheeler perguntou se ele se preocupava com a própria morte. Ridgway respondeu que sim, mas imaginou que, se dissesse a verdade e orasse, iria para o céu. Outros presos lhe disseram que seria pior ficar preso pelo resto da vida. Ainda assim, considerando todas as coisas, ele queria viver.

Ele tinha medo de morrer, disse ao dr. Wheeler, e queria tirar todos os assassinatos da consciência.

"Confessar e tentar ajudar as famílias e dar o melhor que posso nisso."

"E por que você quer ajudar as famílias?"

"Porque elas gostam de conclusões. Querem saber em que lugar a filha ou a esposa foi enterrada."

"Com todo respeito, sr. Ridgway", disse o dr. Wheeler com cuidado, "mas por que você não ajudou as famílias em 1985?"

"Porque eu não queria ir pra cadeia."

Os pensamentos de Gary Ridgway sempre se voltavam para si mesmo. Ele disse que chorou muito, a princípio atribuindo isso ao número de vidas que havia tirado.

"Você tirou muitas vidas, ainda mais em algum momento antes de 1990. [...] Por que está chorando por causa disso agora, e não antes?"

"Bem, porque eu estraguei tudo. Estraguei tudo quando matei elas. Talvez deixando muitas provas na época."

Ridgway disse que nunca pensou em escapar, embora fantasiasse que haveria um terremoto em que ele poderia sair andando da prisão. Mas sabia que haveria um preço pela sua cabeça e ninguém se importaria se estaria vivo ou morto para receber a recompensa de "100 mil dólares". E para onde poderia ir? Ele não falava nenhuma língua estrangeira.

A única coisa que tinha para ansiar eram as "viagens de campo" para procurar corpos, embora os detetives não o deixassem sair do carro com frequência. Ele ainda gostava da experiência de sair pelas mesmas estradas que tinha percorrido para desovar os corpos das vítimas.

Claro, uma das maiores ansiedades de Gary Ridgway foi aliviada durante essas viagens de campo, quando teve sucesso ao guiar os exploradores da força-tarefa até os restos mortais de Pammy Avent. Pistas diziam que Pammy estava morando em Hollywood, ou Denver, tinha dado à luz uma menina e até mesmo que ainda trabalhava como prostituta em um motel na área de Seattle. Mas ela não esteve em nenhum desses lugares. Ridgway levou os investigadores até a rodovia 410, a leste do Milepost 26. Depois de seis dias escavando e rastelando, encontraram Pammy ao lado do tronco de cedro caído, já que a passagem das estações a enterrara 15 centímetros abaixo do solo da floresta.

Sem falhar, ele conduziu repetidas vezes os detetives da força-tarefa a locais isolados onde as vítimas do Green River tinham sido descobertas ao longo dos anos desde 1982. Para testar a veracidade, alguns dos locais aonde o levaram eram "locais falsos", onde nenhuma mulher jamais tinha sido encontrada. Ele nunca errava. Não havia a menor dúvida de que Gary Ridgway era o Assassino de Green River. Conhecia fatos sombrios que ninguém mais poderia saber, e sua própria vida dependia de encontrar as vítimas desaparecidas de verdade. E agora parecia que ele, de fato, nunca teria que entrar na sala da forca nem na câmara de injeção letal na Penitenciária do Estado de Washington em Walla Walla.

No entanto, o que enfrentaria podia ser pior do que a forca. Em novembro de 2003, Gary Ridgway teria que se confessar culpado de homicídio doloso qualificado pela morte de 48 mulheres jovens, e fazê-lo na presença daqueles que amavam essas vítimas. E, em dezembro, as punições seriam aplicadas. Ouvir a sentença podia ser mais fácil do que ouvir as palavras desses sobreviventes.

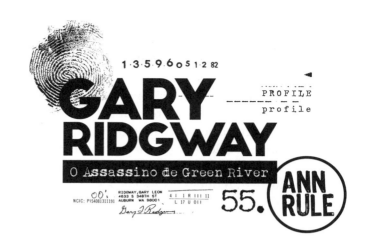

____Culpado__

Gary Ridgway deveria se confessar culpado de 48 acusações de homicídio em 5 de novembro de 2003. O promotor Norm Maleng e o xerife Dave Reichert e suas equipes realizaram uma reunião à qual compareceram quase todas as famílias das vítimas. Para que não houvesse surpresas no tribunal, queriam que as famílias soubessem por que tinham escolhido o caminho que estavam tomando e discutissem os motivos para eles aceitarem a confissão de culpa de Ridgway. O Estado tinha concordado com a oferta da Defesa em junho, mas o sigilo absoluto foi mantido. Aceitar a confissão de culpa por homicídio doloso qualificado, quando a pena de morte pode ser invocada, viola os estatutos porque, em essência, permite que o réu cometa suicídio. *Esse* acordo judicial ia salvar a vida de Ridgway, eliminando a possibilidade de execução. Durante cinco meses, o réu tinha cooperado com a Força-Tarefa Green River, embora alguns investigadores achassem que ele ainda estava minimizando os crimes.

A maioria dos sobreviventes aceitou a escolha de Norm Maleng em prol do acordo judicial; alguns não. Queriam ver Ridgway morto. Sempre quiseram.

Não tinha sido uma decisão fácil para Maleng, nem popular entre alguns eleitores, mas não era a política que o guiava. No fim, sabia que estava fazendo o melhor para a maioria das pessoas. Se a promotoria tivesse continuado com o que seriam julgamentos e apelações intermináveis, Maleng duvidava que muitas perguntas daqueles que ainda estavam de luto pelas filhas teriam sido respondidas. Ele conhecia a dor de perder um filho. Em um dia de inverno em 1989, sua filha, Karen Leslie Maleng, de 12 anos, morreu em um acidente de trenó em uma rua pública coberta de neve. Os moradores de Seattle se lembravam disso e da coragem silenciosa do promotor diante de tamanha tragédia.

Naquela primeira quinta-feira de novembro, a sala do tribunal do juiz Richard A. Jones estava cheia de familiares e amigos, investigadores e da mídia, que tinham passado por uma avaliação pesada de segurança. Ridgway entrou arrastando os pés, vestindo o uniforme da prisão, de costas para o público, um homenzinho de aparência inofensiva com óculos grossos de aro escuro.

A voz de Gary Ridgway estava calma e sem emoção quando reconheceu que entendia que tinha renunciado aos seus direitos a um julgamento em troca de evitar a execução. Ele disse "Assinei, sim" quando Jeff Baird lhe perguntou várias vezes se havia assinado uma cláusula ou outra com suas iniciais. Sim, ele sabia que não teria júri, nenhuma apelação, nenhum novo julgamento, nenhuma esperança de voltar a ser solto. Porém continuaria vivo. Agora era um autômato, mantendo as costas para o público com cuidado, e não parecia mais uma ameaça.

Mas a profundidade da sua perversão logo destruiria essa imagem ilusória. Embora a defesa tivesse dispensado rapidamente a leitura de Baird de todas as dezesseis páginas de acusações, o público ouviu o suficiente.

O juiz Jones tinha pedido a Ridgway que informasse, com suas próprias palavras, por que se declarava culpado de 48 acusações de homicídio, e ele obedeceu, embora a confissão tivesse mais termos jurídicos do que costumava usar.

A equipe do promotor jamais conseguiria descrever o que Ridgway fizera de "maneira antisséptica", advertiu Baird ao juiz e aos espectadores. A linguagem seria explícita e perturbadora, assim como tinham sido as centenas de horas de entrevistas gravadas. Agora, o público tinha ouvido algumas das piores representações das fantasias de Gary Ridgway.

Enquanto Baird lia a declaração de Ridgway em voz alta, houve suspiros abafados e rostos enlutados na multidão do outro lado da divisória do tribunal. "Eu matei as 48 mulheres listadas na segunda informação editada do estado. Na maioria dos casos, quando matava essas mulheres, não sabia o nome delas. Na maioria das vezes, as matei na primeira vez que as encontrei e não tenho uma boa memória dos rostos. Matei tantas mulheres que é difícil saber a ordem...

"Matei todas elas no condado de King. Matei a maioria delas na minha casa perto da estrada Military e matei muitas na minha picape, não muito longe de onde as peguei. Matei algumas ao ar livre. Eu me lembro de deixar os corpos das mulheres nos locais onde cada uma foi encontrada. [...] Escolhia prostitutas porque odeio a maioria das prostitutas e não queria pagar por sexo. Também escolhia prostitutas como vítimas porque eram fáceis de pegar sem serem notadas. Sabia que não seriam declaradas desaparecidas de imediato e talvez nunca fossem. Escolhia prostitutas porque achava que poderia matar quantas quisesse sem ser pego."

O resumo das provas seria divulgado depois. Baird e os outros promotores tinham peneirado de maneira brilhante milhares de páginas de acompanhamentos e declarações policiais e transformado em um documento pavoroso que narrava os crimes de um homem consumido pela crueldade que matou durante mais de quarenta anos.

Isso não pareceu incomodá-lo; Ridgway respondeu "Culpado" com a voz monótona 48 vezes enquanto os nomes das garotas mortas — e quatro que não tinham nome — eram lidos em voz alta. Ou ele não se importava com elas, ou não se comovia de jeito nenhum. Provavelmente, a primeira opção. Nem uma única vez, ao discutir seus crimes, Ridgway pareceu sentir algum remorso ou arrependimento ao falar com os detetives sobre os assassinatos que tinha cometido; toda dor emocional que tinha sentido foi pelas perdas *dele*. Não havia como descrevê-lo em palavras, mas agora estavam vendo o que ele era: um predador errante que tinha aperfeiçoado as técnicas para atrair as vulneráveis com o mesmo vazio desanimado que demonstrava no tribunal, matando-as com eficiência ao roubar o ar delas, permitindo-se menos do que uma hora para carregá-las na picape — a caminho do matagal onde ia desová-las.

Todas as criaturas vivas mereciam coisa melhor, e elas eram humanas sacrificadas para satisfazer o apetite sexual dele e aplacar sua raiva, uma raiva cuja causa parecia obscura até para ele. Gary Ridgway demonstrava ter uma capacidade quase infinita como máquina de matar.

Conforme as acusações eram lidas, ficou claro que havia algumas vítimas inesperadas e até então desconhecidas que vieram depois das jovens que se tornaram familiares para aqueles que acompanhavam os casos do Green River. Nos meses de interrogatório, os interrogadores de Ridgway descobriram que os assassinatos não tinham parado em 1984 nem em 1985. Depois que Judith foi morar com ele, as chamas da raiva foram um pouco reprimidas, mas não extintas. Ele continuou a contratar prostitutas e a parar em pontos escuros ao longo da Strip, observando as garotas, procurando as presas. Nos fins de semana, comparecia a encontros de troca e vendas de garagem com a esposa inocente, acampava e fazia jardinagem. E raramente faltava ao trabalho. Mas ainda encontrava tempo para seu passatempo preferido: matar.

E matar era tudo que ele queria. As ereções espontâneas da adolescência tinham desaparecido havia muito tempo na década de 1980. As mulheres que saíam com ele tinham que fazer sexo oral para endurecer seu pênis o suficiente para que ele conseguisse ficar atrás delas para a relação sexual. Mais importante: precisava daquela posição para poder estrangulá-las com o antebraço. Caso não morressem pelo estrangulamento, ele ficava de pé em cima delas para terminar o serviço.

Havia aperfeiçoado a parte do assassinato e, com o passar dos anos, ficou melhor em esconder as garotas mortas. Deve ter sido motivo de orgulho para ele o fato de terem demorado tantos anos para encontrar algumas das vítimas da onda de assassinatos de 1982 a 1984. Ele parecia ter alterado os planos para despistar os detetives com o passar dos anos — nos anos 1990, provavelmente após a virada do século.

O corpo de Cindy Smith, a garota "Punky Brewster" que tinha acabado de voltar da Califórnia, feliz e noiva, não foi encontrado durante 39 meses. Crianças brincando em uma vala perto do Green River Community College em junho de 1987 pegaram um graveto para cutucar uma pilha de escombros. Elas gritaram e correram para casa quando um crânio humano rolou dali. Com os registros odontológicos, Cindy foi identificada quase de imediato. Ridgway estava confiante de que poderia levar os investigadores da força-tarefa até onde ele havia deixado o resto do corpo, mas titubeou. Estava confuso porque tinha certeza de que tinha deixado Cindy como ponto focal inicial para começar outro local de agrupamento de cadáveres, e o fato de não conseguir localizar os corpos que considerava sua propriedade o aborreceu. Por fim, ficou claro que novas estradas tinham sido construídas, alterando a topografia da área. Ele só conseguiu localizar o local de descanso de Cindy por meio de fotos aéreas. Depois de fazer isso, ele relaxou a olhos vistos.

● ● ●

A segunda vítima que ele descartou naquela região se encaixava na descrição do local da corrida de automóveis Saskatchewan International Raceway (S.I.R.), mas não estava na lista do Green River. Patricia Barczak tinha 19 anos quando foi vista pela última vez em 18 de outubro de 1986. Uma jovem bonita e alegre, com cabelos castanhos e densos na altura dos ombros, tinha acabado de concluir um curso na escola de culinária e estava a caminho de realizar o sonho de se tornar confeiteira de bolos de casamento. Como a maioria das garotas da sua idade, Patty era meio ingênua quando se tratava de homens. Pouco antes de desaparecer, estava namorando um homem que a levou a acreditar que ele tinha uma carreira de sucesso trabalhando no Millionair's Club. Por morar em Bellevue, não sabia que o tal clube, com *millionair* escrito sem o *e* em inglês, não era um espaço social exclusivo, mas sim um abrigo para pobres e desabrigados, um antigo estabelecimento de Seattle que fornecia refeições e empregos diurnos para homens em situação de rua. Depois de descobrir que o namorado tinha exagerado quanto ao próprio status, teve problemas para tirá-lo de sua casa e de sua vida. Para evitá-lo, Patty tinha que se encontrar com as amigas em outro lugar, só para tomar um ar fresco, esperando em vão que ele já tivesse ido embora quando voltasse. Porém ele não tinha uma casa para onde ir e reivindicou o sofá do apartamento que Patty dividia com as colegas de quarto. Ele se tornou um dos primeiros suspeitos no caso dela.

A mãe preocupada disse ao detetive Jim Hansen, de Bellevue, que Patty não tinha ido buscar o contracheque na loja Winchell's Donut, onde trabalhava. Quando Hansen encontrou muitos de seus pertences, incluindo a mochila cheia de itens pessoais e religiosos importantes para ela, de posse do "namorado", ficou em dúvida, embora o detetive não conseguisse ligá-lo ao desaparecimento dela de jeito nenhum.

Por isso, Patty Barczak não tinha sido incluída na lista de vítimas do Green River. Quando seu crânio foi encontrado em fevereiro de 1993, a duzentos metros da rodovia 18, perto da entrada da S.I.R., o capitão do xerife Mike Nault duvidou que ela pudesse ser uma vítima do Green River. A época não era certa; o perfil do AGR dizia que ele gostava de deixar os corpos das vítimas no mato, onde poderia revisitá-los e fantasiar. O crânio de Patty estava ao ar livre, perto de uma rodovia.

Mesmo assim, a garota que não ligava para a mãe inquieta havia sete anos partilhava certas características com as outras vítimas. Os animais podem muito bem ter movido o crânio de onde tinha sido colocado.

Havia uma chance remota, mas possível, de ela ter conhecido o Assassino de Green River. Mas foi impossível determinar a causa da morte porque nenhum outro osso foi encontrado. O crânio foi enterrado em um caixão de criança.

Ridgway não tinha visto as notícias em 1993, quando o crânio de Patricia foi encontrado, e isso o perturbou. Ele pretendia surpreender os investigadores da força-tarefa lhes dando esse novo agrupamento de cadáveres, oferecendo pelo menos uma nova vítima. Embora não se importasse com os nomes, rostos ou vidas, orgulhava-se de manter o controle sobre os corpos. E estava perdendo esse controle. Por fim, conseguiu verificar que tinha deixado Patricia Barczak perto da saída da S.I.R. na rodovia e a menos de oitocentos metros do crânio de Cindy Smith. Referia-se a ela como sua "Dama da S.I.R.", assim como chamava outras vítimas de nomes como a "Dama do tronco" e a "Dama da torre de água". Ele lembrou que Patty estava um pouco acima do peso e tinha cabelos escuros, o que, para ele, era uma descrição detalhada. Só ele sabia se tinha deixado corpos completos ou apenas as cabeças. Nos últimos anos, tinha decapitado muitos corpos, deixando a cabeça a muitos quilômetros de distância do torso para confundir a força-tarefa.

Uma das vítimas antes desconhecidas que Gary Ridgway apresentou aos interrogadores foi Roberta Hayes, 21 anos. Ela era "Bobby Joe" para a família. Tinha bochechas arredondadas e um sorriso largo, lembrando Sally Field no seu papel em *A Noviça Voadora*. Apesar da vida difícil, Bobby Joe parecia mais jovem do que era. Mas tinha vivido e perdido muito em duas décadas, sempre buscando o amor e um lugar permanente para ser seu lar. Foi criada pelo pai e pela madrasta, mas saiu sozinha de casa aos 12 anos, mal preparada para o desafio das ruas. Bobby Joe pode ter fugido do trabalho doméstico e da responsabilidade de cuidar de filhos em casa. Mas, ainda assim, deu à luz o primeiro filho aos 15 anos e mais quatro nos seis anos seguintes, todos entregues a agências estaduais para serem adotados.

Bobby Joe sempre aparecia na casa dos avós maternos no Natal e no próprio aniversário. Dizia que queria morar com eles, e enquanto estava lá as coisas eram ótimas. Mas a atração das ruas sempre a levava embora. Ela era duas pessoas, na verdade, confiante e quase ingênua quando estava com as tias, tios, avós e irmãos, mas dura e obstinada quando a encontravam nas ruas em algum lugar, apesar de lhe implorarem para se afastar daquela vida. Ninguém na família conseguia convencê-la de verdade do quanto a amavam. Era como se o tempo de ser amada tivesse passado e ela não pudesse mais aceitar sem questionar.

Bobby Joe tinha companheiros próximos "na vida" e também se sentia atraída a eles. Era uma amiga boa e fiel. Costumava trabalhar na área da luz vermelha da avenida Aurora, uma garota loura e miúda de olhos azuis que parecia bem deslocada. Não odiava policiais e muitas vezes enfiava a cabeça em uma viatura para dizer "Oi" para os policiais que estavam tentando limpar a rua. Eles também tentavam argumentar com ela, mas ninguém conseguia alertá-la de forma convincente de que estava brincando com o perigo.

Às vezes Bobby Joe Hayes estava longe de casa — em Sacramento, na Califórnia ou em Portland. Na última vez que alguém se lembrava de tê-la visto, estava em Portland, em 7 de fevereiro de 1987. A polícia em Rose City a recolheu por prostituição e a liberou quando ela disse que pretendia voltar para Seattle.

Por algum motivo, ela também nunca esteve na lista de vítimas do Green River. Olhando para o passado, fevereiro de 1987 foi um período em que Gary Ridgway se sentiu muito confiante de que nunca seria identificado. Os mandados de busca de Matt Haney de 8 de abril demorariam dois meses para serem cumpridos, e Ridgway não tinha ideia de que estava sob vigilância.

Em algum momento, ele saiu do radar e matou Bobby Joe Hayes. Como sempre, ele se lembrava muito pouco dela. Achava que tinha cabelo castanho-alourado e era "magra". Em 2003, conseguiu desenhar um mapa preciso da estrada sem saída da rodovia 410 onde havia deixado o corpo dela e, mais tarde, levou os detetives ao local.

Durante todos os 16 anos em que Bobby Joe esteve desaparecida, a família esperava que ela aparecesse no Natal ou no aniversário, gritando "Surpresa!". Claro, com o passar do tempo, essa possibilidade diminuiu. Mas os familiares não sabiam o que tinha acontecido com ela — não até receberem uma ligação dos investigadores na primeira semana de novembro de 2003 para contar que Ridgway havia confessado ter matado Bobby Joe. Foi ao mesmo tempo um presente e um sofrimento. Eles não precisavam mais se preocupar se estava desaparecida, presa ou sofrendo, mas sabiam que tinha ido embora para sempre.

Marta Reeves era uma mulher morena de 36 anos, com traços delicados, afastada do marido e dos quatro filhos e seriamente viciada em cocaína. Sua única maneira de viver e alimentar o hábito era se prostituir, por isso ela trabalhava na Área Central de Seattle, presa em uma espiral cada vez mais descendente. Ela ligou para o marido pedindo dinheiro em março de 1990, o que lhe foi negado.

"Tudo bem", respondeu, cansada, "então vou ter que trabalhar a noite toda."

Esse foi o último contato de Marta com qualquer pessoa que a conhecia. Em abril, o marido recebeu um envelope com o endereço de retorno do serviço postal dos Estados Unidos. Ali dentro estava a carteira de motorista de Marta, que tinha sido encontrada e entregue em uma agência dos correios ou deixada em uma caixa de coleta. Quando o marido a levou à polícia, a carteira tinha dezenas de impressões digitais sobrepostas umas às outras, tornando impossível encontrar até mesmo uma parte de uma impressão nítida grande o suficiente para alimentar os computadores AFIS.

Seis meses depois do último telefonema de Marta, os coletores de cogumelos encontraram ossos espalhados e umas roupas podres perto do aglomerado de cadáveres da rodovia 410, a leste de Enumclaw. Isso foi no fim de setembro de 1990; mas só em janeiro de 1991 foram identificados como sendo de Marta.

O corpo de Marta jazia em uma floresta familiar que Gary Ridgway descrevera com frequência durante os interrogatórios quase diários. Ele se lembrou da estrada vicinal que saía da rodovia 410 e localizou no mapa onde havia deixado Marta. Como sempre, não conseguia lembrar onde a pegara, como a matara ou se era negra ou branca. Seis anos depois do auge da onda de assassinatos, perseguia e matava mulheres com menos frequência, mas a humanidade das vítimas ainda não tinha o menor sentido para ele.

Um assassinato Ridgway admitiu que nunca teria sido revelado se ele não tivesse contado aos detetives. Originalmente, tinha sido considerada uma "morte acidental". Patricia Yellow Robe era uma mulher alta e muito magra, adorável quando não estava usando drogas. Era da tribo Chippewa-Cree, registrada na Reserva Indígena Rocky Boys, em Montana. Cresceu em Havre e depois em Great Falls como a mais velha de dez filhos que tinham conexões complicadas pois os pais haviam se casado várias vezes. Eram uma bela família — todos eles —, e muitos dos irmãos de Trish eram trabalhadores, mas ela lutou contra o vício em drogas e álcool durante a maior parte da vida. Em 1998, tinha 38 anos e vivia sua existência precária de sempre.

"Ela sempre foi divertida", lembrou uma irmã mais nova que trabalhava como assistente para um promotor. "Era dez anos mais velha do que eu e cuidava de mim — eu conseguia falar com ela. Trish me levava ao parque de diversões e às compras e me ensinou a dirigir."

A avó dos Yellow Robes era cega, e Trish tinha sido seus "olhos", guiando-a com delicadeza aonde ela precisava ir. Mais tarde, porém, o estilo de vida de Trish era imprevisível, e ela ia embora por capricho. Ficava com homens que cuidavam dela por um tempo, mas esses relacionamentos sempre terminavam, e a família se preocupava com ela. E aí ela aparecia como a tia Mame, de *A Mulher do Século*, pegava as sobrinhas e sobrinhos e os levava para tomar sorvete ou para alguma aventura. Trish teve três filhos: Diamond, Emerald e Matthew. Foram criados pelos pais deles ou pela mãe dela, que viram que as crianças precisavam de um pouco de estabilidade.

"A gente perdia o contato com a Trish", disse a irmã com um suspiro. "Pedíamos pra ela entrar em contato a cada dois ou três meses para sabermos se estava bem, e ela costumava fazer isso. Sentamos juntas no alpendre uma vez perto do fim da sua vida, e ela me disse o quanto queria ficar limpa e sóbria. Disse que tinha certeza de que conseguiria vencer o vício. Ela queria viver."

"E eu disse que ela morreria se não fizesse isso", comentou a irmã mais nova. "Falei que ela era mais forte do que aquilo, mas aí coisas ruins aconteciam e a faziam partir novamente."

Se Trish Yellow Robe tivesse um novo namorado ou outra coisa que quisesse mostrar aos irmãos, entrava de surpresa no trabalho deles. Eles não se importavam porque a amavam, e, quando estava feliz, *era* divertido tê-la por perto. Em agosto de 1998, a família planejava um jantar para comemorar o aniversário de um dos irmãos no dia 8. "Tínhamos acabado de ter notícias dela em 4 de agosto", disse a irmã, "e ela viria para o jantar no aniversário dele. Ela estava planejando isso."

Trish Yellow Robe não apareceu. Na manhã de quinta-feira, 6 de agosto, o proprietário da All City Wrecking, uma empresa na área de South Park em Seattle, foi em direção à sua cerca de metal trancada e viu uma mulher deitada do lado de fora dessa cerca no estacionamento de cascalho. A princípio, achou que estava dormindo ou desmaiada, mas estava morta. Estava totalmente vestida com uma camiseta, calça jeans, calcinha, meias e botas.

Era Trish Yellow Robe. A autópsia não revelou nenhuma causa de morte possível além do que foi indicado no exame toxicológico do sangue, e o patologista concluiu: "A causa da morte é intoxicação aguda pela combinação de opiáceos e etanol. As circunstâncias, a investigação da cena e o exame pós-morte não revelaram provas de lesões significativas. A causa da morte é um provável acidente".

A família viu o corpo, entristecida por Trish ter morrido tão jovem. "Achamos que foi overdose", disse a irmã. "Nós aceitaríamos isso. Mas ela estava com uma escoriação no olho. Os [promotores] nos disseram que era lividez pós-morte. Não questionamos porque sabíamos que Trish seria a primeira a morrer."

Os detetives da força-tarefa nunca incluíram Trish Yellow Robe como possível vítima do Green River e não receberam nenhuma informação sobre ela durante o verão de 2003, enquanto interrogavam Gary Ridgway. Ainda assim, ele mencionou South Park três vezes em junho e julho, o tempo todo insistindo que não tinha matado ninguém com quem tinha saído nos anos 1990.

Enquanto o conduziam em viagens de campo, usaram o estacionamento do South Park como um "local falso" para testá-lo. E, apesar das novas construções na década anterior, Ridgway reconheceu o local, que mexeu com alguma coisa na sua memória. Ele conseguiu descrever a localização do corpo de Trish Yellow Robe com perfeição, embora matar de fato uma mulher ali fosse uma coisa nebulosa na sua mente.

Foi preciso um psicólogo forense para desenterrar o que Ridgway claramente não queria lembrar. Ele ficava mais à vontade falando sobre as mulheres que tinham morrido no início dos anos 1980. Agora era evidente que ele havia assassinado pelo menos uma mulher catorze anos depois de ter afirmado que tinha parado de matar.

Ele não reconheceu uma foto de Trish Yellow Robe em vida, mas identificou uma foto do corpo. Mais uma vez, houve uma coincidência de datas, algo que acontecia com muita frequência na investigação do Green River. Era 8 de agosto de 2003, quando a memória de Ridgway sobre o assassinato de Trish surgiu, cinco anos e dois dias após o assassinato.

"Eu me lembro dessa", disse. "Aquela no South Park. Ela não me deixou ficar por trás pra transar, por isso fiquei cada vez mais furioso. E quando saímos da parte traseira da caminhonete, abri a porta para ela e comecei a sufocar ela."

Ele salientou que tinha sido culpa dela.

"Ela não queria esperar mais três ou quatro minutos para eu chegar ao clímax e virar um cliente. Ela só disse: 'Você já acabou' — alguma coisa assim, e [ela] se vestiu, e eu ainda estava com raiva dela e sufoquei ela e depois entrei em pânico. Não botei ela na parte de trás da picape para levar a algum lugar. Simplesmente deixei o corpo ali."

Um repórter ligou para a irmã de Trish, Alanna, no fim de outubro de 2003, e revelou que Trish tinha acabado de ser adicionada à lista do Green River. "Achei que era uma piada de mau gosto", disse ela. "Já tínhamos superado o luto por ela, pensando que tinha morrido de overdose. Eu disse ao repórter que ele estava errado, mas ele disse que já tinha falado com meu pai e era verdade. Agora tínhamos que começar um tipo diferente de luto."

Com lágrimas marcando o rosto, Dave Reichert leu em voz alta os nomes de todas as garotas desaparecidas. Elas significavam muito para a Força-Tarefa Green River, embora parecessem insignificantes para o homem que acabara de se declarar culpado.

As famílias que observavam e ouviam na galeria teriam sua vez de falar, mas só dali a semanas. O juiz Jones estabeleceu a leitura da sentença de Ridgway para quinta-feira, 18 de dezembro de 2003, uma semana antes do Natal. Em trinta anos cobrindo julgamentos por homicídio em Seattle, participei de muitos que tiveram desfecho durante as festas de fim de ano, sempre ciente da dicotomia entre a árvore decorada no saguão do Tribunal do Condado de King e dos procedimentos sombrios nos andares superiores. No entanto, dessa vez parecia correto. Todas aquelas famílias que tinham suportado tantos Natais com um vazio que nunca seria preenchido, um lugar vazio à mesa ou ao redor da árvore teriam pelo menos um mínimo de justiça.

Era óbvio, desde o início do processo de interrogatório, que Gary Ridgway considerava Dave Reichert o "Homem", o líder de todos os policiais, o mais assustador dos oponentes, e que tinha ficado atormentado com a ideia de conhecê-lo. Afinal, ele era o "Alto Xerife", o chefe dos detetives que o interrogavam todos os dias. Em algumas viagens de campo, Ridgway pensou ter visto Reichert em um carro passando por perto e perguntou, com esperança, se era ele, mas ouviu um "Não".

Eles se conheceram no início daquele verão, quando Reichert, em seu uniforme bem passado, com pregas e botões reluzentes, entrou na sala de interrogatório na sede da força-tarefa. O primeiro encontro foi um pouco esquisito. Quase nariz com nariz, Reichert olhou para Ridgway, inclinando-se ainda mais em direção ao réu enquanto sua presa se encolhia para trás, até que parecia que os dois iam perder o equilíbrio e cair da cadeira. Não pareciam muito diferentes de um gato e um rato de desenho animado, com Reichert em vantagem. Minutos se passaram sem que ele dissesse uma palavra. Embora Ridgway estivesse suando, parecia incapaz de desviar o olhar dos penetrantes olhos azuis de Reichert. O que quer que ele esperava que acontecesse se os dois um dia se encontrassem, ficou óbvio que não era esse olhar silencioso.

O xerife não presidia os interrogatórios diários, mas monitorava muitos deles. A hostilidade pessoal em relação a Gary Ridgway era palpável, mas, quando falou, Reichert brincou com o réu, parecendo quase jovial a princípio. Ridgway era muito burro e estava muito intimidado para entender.

Reichert comentou as muitas semelhanças entre os dois — em idade e na região onde tinham sido criados. Ele até confidenciou a Ridgway que também sofria de dislexia quando era menino e entendia por que Ridgway ficava preocupado de ter que pegar o "shortbus", que era como chamavam os pequenos ônibus destinados aos alunos com deficiências mentais e problemas de desenvolvimento, para a Woodside School, a escola do Highline School District designada a esses estudantes. Era uma técnica clássica de "você e eu unidos", e Ridgway, ainda cauteloso, relaxou um pouco.

O xerife comentou a ironia de os dois terem acabado na sala de interrogatório — um deles como um assassino em série confesso e o outro como o xerife. Ele jogou a isca. Não seria incrível se os dois pegassem a estrada juntos, dando palestras e seminários para grupos de policiais, psiquiatras e psicólogos? Deu a entender que muitas pessoas ficariam fascinadas com o que ambos tinham a dizer. Nunca houve nada parecido, porém disse que achava existir um enorme público em potencial para um homem que tinha matado tantas vítimas quanto Ridgway.

Ridgway acenou com a cabeça, nervoso. Não sabia o que esperar. Ele deu um sorriso tímido, como se acreditasse que Reichert ia mesmo levá-lo em ônibus, trens e aviões para um espetáculo macabro. Isso, claro, seria o auge da sua vida — ficar lado a lado com esse homem que claramente admirava e temia, e os dois discutiriam como ele tinha sido bem-sucedido como assassino em série.

Sue Peters e Randy Mullinax, Jon Mattsen, Tom Jensen e Jim Doyon fizeram perguntas, interromperam-no e insistiram para que ele contasse a verdade, que parasse de "contar mentiras", os doutores Chris Harris, Robert Wheeler e Mary Ellen O'Toole tinham feito as perguntas mais íntimas, e Ridgway tinha conseguido olhar para eles com uma pitada de autoconfiança. Mas o xerife o tirava do eixo. Reichert sorria para ele, mas não com os olhos. Parecia estar lhe oferecendo o mundo, mas podia puxá-lo de volta se Ridgway estendesse a mão para pegá-lo.

As conversas dos dois acabaram se transformando em interrogatórios, claro. Mas era muito mais fácil Ridgway revelar segredos para os detetives com quem se sentia mais à vontade. Ele podia chamá-los pelo primeiro nome; Reichert sempre tinha sido o homem no comando.

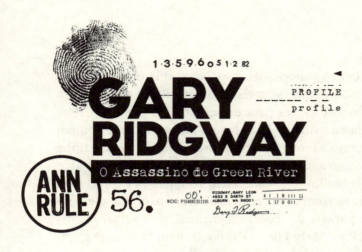

Justiça tardia

Dois dias antes da leitura da sentença de Ridgway, Dave Reichert o visitou de novo. Como sempre, estava usando o uniforme completo, o que lhe dava uma vantagem psicológica distinta sobre o réu que usava o uniforme de prisão vermelho-vivo sobre uma camiseta marrom-avermelhada de mangas compridas. Reichert puxou a cadeira e olhou para Ridgway de um jeito desconcertante.

"Há quanto tempo você está aqui?", perguntou.

"Seis meses, acho. Cheguei aqui na sexta-feira, dia 13, em dezembro."

Estava errado. Seis meses antes era junho. Ele tinha perdido a noção do tempo.

Reichert jogou a isca para Ridgway: "Como você acha que as coisas estão indo?".

"Muito bem", respondeu Ridgway, resumindo o que tinha dito a Peters, Mullinax, Jensen e Mattsen. "Já chegamos a 71 vítimas, mas há seis locais onde não encontramos os corpos." Ele parecia se considerar parte da equipe. Ele não falava "eles"; e, sim, "nós".

"Você acha que devemos chamar o FBI?"

Era óbvio que aquilo era outra isca, com Reichert fingindo inépcia, admitindo tacitamente que seu departamento não conseguia fazer uma busca tão boa quanto a dos federais. Ridgway ponderou e respondeu que uma organização tão prestigiosa quanto o FBI poderia ter novos dispositivos de busca que poderiam encontrar os minerais dos ossos. Apesar do último encontro dos dois, parecia estar à vontade, enfrentando o xerife de homem para homem, discutindo um problema em comum.

"Me conte alguma coisa boa que aconteceu durante o tempo em que você está aqui?" Reichert tentou fisgá-lo numa provocação, mas Ridgway continuou sem entender.

"Bem, às vezes encontramos um corpo extra, que eles não contaram", disse Ridgway. E era "bom" que cada descoberta tirasse mais pressão dele, liberando o aperto no peito. "Comemoro quando encontro outra pessoa."

"Por quê?"

Ridgway, claramente, se debateu por dentro para encontrar uma resposta que desse a entender que ele se preocupava com as famílias das vítimas. Mas as respostas foram egoístas e totalmente fora de propósito. E Reichert continuou respondendo com "Por quê?" a tudo que ele dizia.

Ridgway falou de algumas coisas inteligentes que fizera para enganar a Força-Tarefa Green River. "Não lambi a carta que enviei ao jornal", disse.

"Por quê?"

Tinha sido o DNA que prendera Ridgway, mas ele não usou esse termo. Apenas repetia que não tinha lambido a aba do envelope. Ressaltou que tinha datilografado a carta em vez de escrevê-la à mão. Achava que isso tinha sido uma coisa inteligente.

"Você fez um bom trabalho no tribunal", disse Reichert de repente.

"Obrigado." Ridgway explicou que, apesar disso, estava preocupado com a sentença. Tinha medo de tropeçar ao entrar no tribunal, por causa da restrição das algemas nas pernas, ou de chorar, ou de as famílias gritarem com ele. Queria que elas soubessem que algumas vítimas o haviam "tocado".

Sem acreditar no seu tom, Reichert perguntou como elas tinham feito isso, e o réu vasculhou a memória e puxou o nome de Debbie Abernathy.

Reichert queria saber em que sentido.

"Porque foi no aniversário de Chad", respondeu Ridgway. Obviamente, era quase impossível ele se conectar com as mulheres que tinha assassinado ou vê-las como seres humanos. Ele tinha que conectar a tristeza a alguma coisa ou a alguém envolvido com ele. Disse que se sentiu mal por Colleen Brockman porque a matara na noite de Natal. E estava arrependido porque "Meehan" estava grávida e ele não tinha notado. Ele se sentiu mal, explicou, por Connie Naon, "porque ela era linda".

Mas, no geral, achava que a sessão em que se declarou culpado tinha "corrido muito bem".

"E a quinta-feira?", perguntou Reichert, referindo-se à data de leitura da sentença.

Ridgway disse que tinha lido algumas cartas que as famílias enviaram — aquelas que não puderam estar lá —, mas não queria falar muito a respeito disso. As famílias o chamavam de mau, e ele achava que devia ser verdade, mas se apressou em apontar que não era sua culpa se fosse. Tudo aquilo foi feito por "falta de amor". Gary calculou que levaria cinco ou seis horas para as famílias dizerem tudo que queriam dizer.

"Mas eu tenho remorso — tristeza no coração. Vou responder às perguntas deles", disse com confiança.

"Você não vai dialogar com eles", disse Reichert. "Se alguém matasse seu filho, você se importaria com o que essa pessoa lhe dissesse? Importaria se ela dissesse: 'Desculpa, eu sou o diabo e sou mau'?" E, em tom de conversa, Reichert perguntou: "Por *que* [você as matou]?".

"Eu tinha um desejo, porque elas eram prostitutas. Eu queria matá-las... queria controlá-las."

"Você pode controlar as pessoas sem matá-las."

Reichert continuava atirando "Por quês?" em Ridgway enquanto ele buscava arduamente encontrar motivos para seus surtos de assassinato.

"Eu estava com raiva delas", deixou escapar por fim. Sua intenção até ali era tentar impressionar os investigadores da força-tarefa o tempo todo com a explicação de que matava as "prostitutas" para ajudar a polícia a manter as ruas limpas. Os detetives nunca tinham agradecido o que fizera por eles.

Não havia como disfarçar o profundo ódio de Dave Reichert pelo homem à sua frente. Saía pelos poros. Tinha ido além de uma competição entre um homem da lei e um assassino, e ele provavelmente teve que lutar contra o impulso de colocar as mãos em Ridgway.

Reichert acreditava que Ridgway estava ocultando informações e esperava encontrar mais respostas. Ele ressaltou que Ridgway ainda estava dando todos os tipos de desculpas, embora não houvesse como justificar o que havia feito. "Elas eram 'lixo' o tempo todo; não tinham nenhum significado para você", disse o xerife.

"Elas têm um significado, agora." Ridgway especulou que deveria voltar para a escola Woodside, que precisava voltar no tempo para curar a "deficiência de aprendizado" que o fizera perder a "preocupação" com os outros. Isso fazia pouco sentido, mas permitia que tirasse a mancha de seus crimes das próprias mãos.

Gary disse ao xerife que não se lembrava de ter matado ninguém nos anos 1960 ou 1970, só na vez que apunhalou o garoto da vizinhança, que no fim das contas não tinha morrido.

"Estávamos ansiosos para ficar mais seis meses com você", disse Reichert. "Mas você se fechou depois de se confessar culpado. Por que você deveria falar conosco agora? Não é bom ficar aqui?"

"É. Minha estada aqui foi boa. Me trataram muito bem." Ridgway concordou que a pequena sala na sede da força-tarefa devia ser muito mais agradável do que seria sua cela de prisão. Sabia que ia precisar ficar "de costas para a parede", porque os outros presos tentariam matá-lo. Ele ouviu conselhos dos presidiários na Prisão do Condado de King que o alertaram a esse respeito.

Reichert lhe lembrou que, depois que fosse para a prisão, não teria todos os benefícios de que desfrutava no momento e o incentivou a desistir dos segredos aos quais ainda se agarrava com tanta força. Mas todos perceberam que ele tinha mudado. Ele não estava falando tudo que sabia.

"Você está arrogante agora."

O xerife disse que Sue Peters, Randy Mullinax, Jon Mattsen e Tom Jensen estavam saindo dos interrogatórios com raiva porque Ridgway tinha parado de dar informações. Ele só tinha mais dois dias para contar o que sabia. Depois disso, iria embora para a prisão. "Meus detetives estão nervosos, cansados das suas mentiras, das suas merdas, das suas histórias", disse Reichert. "Você ainda está escondendo segredos. Todos os suvenires que te dariam credibilidade. Vou achá-los. Vamos radiografar as suas casas... Mas não vamos até lá [na prisão] para falar com você."

Ridgway não estava preocupado com isso. Ele planejava que detetives de outros condados — Snohomish, Pierce e talvez San Diego — o visitassem para fazer perguntas. O que não conseguia lembrar agora, percebeu que poderia passar o tempo na prisão tentando lembrar — *se* existiam assassinatos que tivesse esquecido.

Pela primeira vez, Ridgway refreou Reichert, dizendo com firmeza que ele não ia encontrar nenhuma prova nas casas em que ele e Judith tinham morado. "Não há suvenires — as joias estavam na Kenworth e nos outros lugares que eu falei pra vocês. Seus raios-X não vão encontrar nada — essa é uma aposta importante. Tenho certeza absoluta de que vocês não vão encontrar nada."

"Não acredito em você", disse Reichert e, depois, perguntou: "Você está com raiva de mim?".

"Não." Mas ficou claro que estava. Reichert tinha conseguido irritar Ridgway. Qualquer que fossem suas lembranças, teria que andar em uma corda bamba geográfica, ciente dos limites do condado e do estado. Ele admitiu que estava preocupado de poder ter esquecido alguns dos assassinatos e isso dar a impressão de que ele tinha quebrado o acordo. Disse que esperava estar de volta ao condado de King dali a um ano com novas acusações. Não mencionou que podia haver outros condados e outros estados envolvidos. Ele queria viver, mas sabia que a pena de morte pairava sobre sua cabeça. Era isso que o estava assustando.

Era claro que estava se controlando. No início do último interrogatório, Ridgway tinha mencionado 71 vítimas, mas só admitiu 48. Kase Lee, Keli Kay McGinness e Patricia Osborn nunca foram encontradas. E ainda havia ossos não identificados e, provavelmente, ossos não descobertos, de mulheres que nunca tinham sido declaradas desaparecidas. Quem eram as outras? E que prova as agências interessadas nele tinham de que não eram 81 ou 91 vítimas? Ele às vezes dizia que tinha matado direto até 2001.

Os olhos de Ridgway dispararam, mostrando que a mente estava acelerada, vasculhando os cantos escuros da memória para ter certeza de que não ia revelar alguma coisa que quebrasse o acordo com o promotor.

"Você é um covarde", disse Reichert com sarcasmo. "Você é um homem mau, assassino, monstruoso e covarde. Você ficava por trás de garotas de 16 anos e as sufocava."

"Elas demoravam pra morrer", disse Ridgway, acidentalmente dando novas informações por causa da raiva. "Nenhuma delas acordou. Eu contava até sessenta para ter certeza. Usava uma régua para torcer o nó e ter certeza de que estavam mortas. É por isso que tinha uma marca de torniquete. Isso era depois que elas morriam."

"Você é um estuprador."

"Eu pagava pelo sexo."

"Isso não é estupro?"

"Não, é roubo."

"Os estupradores ficam na parte mais baixa da hierarquia da prisão."

"Não sou estuprador. Eu pagava pelo sexo e matava elas."

"Não, é estupro, roubo e assassinato", rebateu Reichert. "Você é um covarde. É por isso que escolhia mulheres. Você escolhia moças jovens e fracas porque é covarde." Ele lembrou a Ridgway que ele não tinha matado a testemunha na balsa do Green River porque era um homem.

"Eu podia ter matado", retrucou Ridgway. "Eu podia ter matado."

"Judith e Chad não vão te visitar", disse Reichert. Por que Chad visitaria o pai, agora que sabia que ele poderia muito bem tê-lo matado?

Ridgway disse que achava que Judith tinha seguido a vida e estava saindo com outros homens. "Tenho que sofrer, agora", disse com tristeza.

"Você acha que *você* vai sofrer?"

Dave Reichert deu a Gary Ridgway mais uma chance de contar à força-tarefa tudo que sabia. Se fizesse isso, o xerife tentaria garantir mais seis meses para ele do lado de fora dos muros da prisão. Não teria que ficar de costas o tempo todo, a comida seria melhor e haveria mais viagens de campo. No fim das contas, claro, ele iria para a "gaiola", mas poderia adiar se dissesse a verdade — *toda* a verdade.

"Agora, me dá alguma coisa", exigiu Reichert, mencionando o nome de um caso não resolvido.

"Não posso."

"Então você vai embora", disse Reichert com repulsa. "Espero, Ridgway, para o seu bem, que você tenha nos contado tudo que sabe. Então, é isso. Não posso dizer que foi um prazer, porque não foi. Não gosto de você. Não gosto do que você fez. Ninguém gosta. Nem você gosta de si mesmo. [...] Isso encerra o processo de interrogatório."

A cena congelou em uma sala vazia, exceto por Gary Ridgway. Era *de fato* o fim do processo de interrogatório. Mas ele ainda tinha que enfrentar um tribunal cheio de pessoas que tinham todos os motivos para odiá-lo.

O clima em 18 de dezembro de 2003 estava excepcionalmente quente, e o sol brilhava forte nos caminhões autônomos de televisão por satélite estacionados ao longo da quarta avenida e da rua Yesler e até mesmo na grama rasteira do parque City Hall ao lado do tribunal. Assim que a leitura da sentença terminasse, as estações locais, a Court TV e a CNN iriam ao ar. Os assentos para a mídia em 18 de dezembro de 2003 eram preciosos. Os repórteres se sentariam onde o júri costumava se sentar. Nossos nomes seriam jogados em um "chapéu" para serem sorteados, se tudo desse certo, por Gene Johnston, o correspondente designado da *Associated Press*. Como eu não era nada — não era correspondente de jornal, rádio, televisão nem agência de notícias —, primeiro tive que estabelecer que era jornalista, embora fosse de um jornal cuja cobertura de processos judiciais era divulgada meses depois que veredictos e penas eram anunciados. Consegui fazer isso listando meus 22 livros e centenas de artigos sobre casos criminais reais. Fiquei aliviada ao ver meu nome na lista dos que teriam permissão para entrar no tribunal. Meu lugar designado era no meio da primeira fila do júri, entre Liz Rocha, da KOMO, afiliada da ABC em Seattle, que estava cobrindo os assassinatos do Green River havia quase tanto tempo quanto eu, mas com mais profundidade nos últimos anos, e um correspondente do *Washington Post.*

Ganhei o sorteio, mas será que tinha sorte de estar lá? Como jornalista, sim, mas a dor naquele tribunal era generalizada, agarrando-se a todos, exceto, talvez, ao homem que seria condenado. Eu nunca tinha testemunhado um período tão intenso de luto, fúria, desesperança ou, em alguns poucos casos surpreendentes, perdão.

Antes que o juiz Jones proferisse as penas de Ridgway, cada familiar que quisesse falar com o homem que tinha assassinado uma filha, neta, irmã, mãe, sobrinha ou melhor amiga teria dez minutos para dizer o que pensava dele. Isso significava menos de trinta segundos para cada ano que eles tinham esperado para ver o Assassino de Green River sem nome e sem rosto ser capturado. Tinha que ser assim, senão o processo poderia não ter fim.

As famílias ocupavam os bancos da frente até a metade, algumas logo atrás da grade, onde parecia que poderiam ter se inclinado para a frente o suficiente para tocar em Gary Ridgway, mas a segurança do tribunal as impediria. A maioria dos detetives que trabalhavam nos casos do Green River desde 1982 se sentou nos fundos ou na lateral. Muitos que tinham se aposentado, incluindo Dick Kraske, voltaram para ver o fim de tudo com os próprios olhos. Frank Adamson previu que não ia suportar a dor. Alguns detetives tinham morrido havia muito tempo.

A segurança não era uma bobagem, e todos tinham passado por detectores de metal muito sensíveis do lado de fora da sala do tribunal, além daqueles que ficavam na entrada do próprio prédio. Abracei Mertie Winston, uma amiga e também a mãe de Tracy, e fui informada de que a imprensa não tinha permissão para falar com ninguém. Quando Sue Peters disse "oi" para mim, aconteceu a mesma coisa. Sem conversa. Todos no tribunal deviam assumir seus lugares, entrando e saindo conforme as instruções. Isso, claro, era compreensível. Apesar da vigilância dos policiais do tribunal, havia um grande potencial para a violência. Por ironia, Gary Ridgway precisava ser protegido.

Assim que todos se sentaram, Ridgway entrou por uma porta à direita do juiz Jones, cercado de guardas armados e dos seis advogados. Embora tivesse afirmado que tinha 1,78 metro de altura, parecia ter no máximo 1,67, um homenzinho pálido de uniforme branco que anunciava seu status de ultrassegurança. Por baixo do uniforme, usava a camiseta de mangas compridas cor de vinho, como sempre. O vinco central na testa tinha se aprofundado desde a prisão, e havia várias rugas em forma de meia-lua acima dos olhos, todas fazendo seu rosto parecer feito de algum material imutável, como argila ou plástico. A dois metros de mim, ele estava sentado olhando para baixo, as duas mãos espalmadas sobre a mesa à frente.

Não havia nenhum lugar vazio. Nenhum espaço para os espectadores regulares do tribunal. A tensão na sala era palpável, o próprio ar difícil de inspirar. Alguém tossiu, e uma criança chorou.

Os promotores adjuntos Sean O'Donnell e Ian Goodhew se revezaram na leitura das diretrizes das sentenças para o assassinato de cada vítima, e o que costumava acabar rapidamente em uma audiência normal demorou muito nessa. "O réu se declarou culpado e concordou com uma pena de prisão perpétua obrigatória, sem a possibilidade de libertação antecipada ou liberdade condicional."

O'Donnell repetiu as frases 48 vezes, nomeando cada vítima. Era justo. Cada vítima tinha morrido nas mãos de Ridgway. Cada uma delas merecia que sua vida fosse importante. As penas seriam executadas de maneira consecutiva, não simultânea.

Ridgway ficaria na prisão por toda a eternidade, e Goodhew disse que ele também teria que pagar uma multa de 50 mil dólares por acusação. As famílias teriam permissão para apresentar seus pedidos de restituição em um momento futuro, embora houvesse poucos motivos para isso. Ele não tinha dinheiro. Com a renda muito reduzida e os honorários advocatícios, Judith não teve escolha a não ser vender a casa com prejuízo.

A lei Son of Sam [Filho de Sam], que impede que qualquer criminoso lucre com os seus crimes, seria invocada contra Ridgeway. Em nenhuma circunstância, teria permissão para entrar em contato com as famílias das vítimas.

A promotora adjunta Patty Eakes anunciou os membros da família no tribunal que tinham optado por não falar com Ridgway e também os que não puderam estar presentes, mas enviaram cartas ao juiz Jones para serem repassadas a Ridgway. Em seguida, apresentou cada familiar à medida que eles se aproximavam da bancada ao lado do júri para falar com Gary Ridgway. Seguindo as instruções do juiz, ele se virou na cadeira de modo a ter que olhar nos olhos deles. Quando os sobreviventes se posicionavam na bancada, ficavam, talvez, a uns cinco metros do assassino.

Esse grupo de pessoas ainda profundamente enlutadas era formado das mais variadas origens, etnias, idades, grupos demográficos. Embora talvez fosse a primeira vez que a maioria falasse em público, foram muito eloquentes quando encararam o homem que tinha tirado a vida das jovens que amavam. Ninguém mais poderia ter escrito o que precisavam dizer. Todas as histórias eram diferentes e, no entanto, de certa forma, iguais.

Eles contaram a Ridgway como as garotas que ele chamava de "lixo" e "porcaria" realmente eram, falaram sobre a tristeza e a perda que tinha causado às famílias: as mortes prematuras provocadas pelo luto, os suicídios, as lembranças que se acumulavam, ainda mais nas festas ou quando nasciam bebês que nunca iam conhecer as tias.

Garrett Mills se lembrou de seu memorial solitário à irmã mais nova que ele tinha prometido proteger para sempre. Tinha visitado a escola do ensino fundamental II onde ele e Opal tiveram os últimos momentos felizes e deixou rosas na terra sob os balanços onde costumavam brincar. Ele também tinha comido um donut — que Opal sempre gostara — em memória da irmã, lembrando-se de como ela estava sempre preocupada em perder peso. No Green River, sentou-se e chorou por Opal. Lembrou-se de dois pescadores que pararam enquanto jogavam latas de cerveja na água, olhando para ele e tentando decifrar "que tipo de idiota eu era". Não sabiam que o corpo de Opal tinha estado ali por um tempo. Garrett disse que também deixou rosas e donuts na margem do rio.

Uma mulher disse que a irmã tinha "encontrado seu primeiro monstro" na própria casa, suportando o abuso de um familiar até que isso a levou para as ruas em uma fuga desesperada. E, ali, a adolescente encontrou seu segundo monstro: Gary Ridgway.

Muitos membros das famílias queriam que Ridgway "queimasse no inferno" ou lhe desejaram uma vida longa e miserável atrás das grades. Avisaram o que estava por vir e disseram que se alegrariam com a notícia de que um guarda havia se distraído apenas pelo tempo suficiente para que um preso vingativo o atacasse. Chamaram-no de homem descartável consumido pelo mal, "lixo" e "porcaria", cria do diabo e quase todos os epítetos conhecidos na língua inglesa. Mas fizeram isso com uma dignidade que nascera dos anos de sofrimento. Não estavam fora de controle; tinham esperado muito tempo para enfrentar um terror desconhecido, mas as palavras foram comedidas e bem pensadas.

Em nenhum momento vi Ridgway mudar de expressão. Parecia incapaz de demonstrar qualquer emoção. As palavras ricocheteavam no seu rosto "plástico", e, só de vez em quando, ele piscava por trás dos óculos grossos.

Além de ver a dor ilimitada das famílias, fiquei muito impressionada com quantos sobreviventes das garotas mortas disseram que se recusavam a continuar reféns de Gary Ridgway. Tinham percebido, disseram, que se continuassem a desprezá-lo, ele venceria. E não permitiriam que isso acontecesse. Ele não mais faria parte dos pensamentos deles, nem mesmo como objeto de ódio.

Muitos dos que falaram agradeceram à Força-Tarefa Green River, aos detetives específicos que os ajudaram, ao xerife Reichert e à equipe de promotores por fazerem justiça pelos seus entes queridos. Um até agradeceu à equipe de defesa por fazer um trabalho que deve ter sido oneroso para eles. Poemas originais tinham sido escritos, e clássicos foram citados, e os fantasmas das vítimas mortas havia muito tempo estavam de alguma forma presentes no tribunal, como testemunhas silenciosas e invisíveis. Quase todos nós estávamos com os olhos marejados.

E a expressão facial de Gary Ridgway continuava a mesma. Intocada. Desdenhosa. Depois que três sobreviventes lhe perdoaram, seus olhos ficaram marejados. A mãe de Opal, Kathy Mills, lhe agradeceu por não ter havido um julgamento. Ela achava que não teria conseguido passar por isso.

"Você nos manteve em cativeiro por todos esses anos", entoou, "porque nós o odiamos. Queríamos vê-lo morrer, mas agora tudo vai acabar... Gary Leon Ridgway, eu lhe perdoo. Você não pode mais me prender. A palavra de Deus diz que devo fazer isso."

Ridgway piscou ao ouvir o que ela disse. Estava como sempre. Se algo *lhe* afetava diretamente, Ridgway reagia. Sempre tinha sentido pena de si mesmo.

O pai de Linda Rule, Robert, era um homem grande com uma barba branca como a neve, e eu anotei "tipo Papai Noel" ao lado do nome. No fim das contas, trabalhava como Papai Noel de loja durante o fim de ano. Ele também conseguiu obter uma reação de Ridgway. "Sr. Ridgway", começou, "há pessoas aqui que te odeiam. Não sou uma delas. Eu te perdoo pelo que fez. Deus diz para perdoar a todas as pessoas para você também ser perdoado, senhor."

Com isso, Ridgway tirou os óculos para enxugar, com o lenço, as lágrimas que escorriam dos olhos. Ele tinha dito a Dave Reichert que esperava não chorar durante a leitura da sentença, mas parecia tocado pelo perdão diante de tantos que não lhe perdoaram e provavelmente nunca o fariam.

Eu não acreditava nas suas lágrimas. Era óbvio que não eram pelas vítimas — eram por ele mesmo. Como disse Kevin O'Keefe, investigador do Green River: "Acho que ele tem todas as emoções de um réptil".

As irmãs de Trish Yellow Robe foram as últimas a se aproximar da bancada. Depois que falaram, pedindo por sua irmã para "O Grande Espírito", era hora de ouvir os comentários que o assassino quisesse fazer. Ele quis falar e se levantou para ficar diante do juiz Jones e ler sua declaração, hesitante, gaguejando com o que estava impresso. No entanto, ele não olhou para as famílias das vítimas, o grupo a quem deveria ter dirigido seu "pedido de desculpas".

"Sinto muito por matar todas essas damas", disse, engasgando um pouco ao ler as frases curtas impressas por ele ou por outra pessoa em uma única folha de papel. A maioria das palavras estava escrita corretamente no documento, ao contrário da carta que enviara tempos atrás ao jornal. Havia vírgulas e pontos.

> Tentei muito me lembrar de tudo que pude para ajudar os detetives a encontrar e recuperar as damas. Sinto muito pelo medo que impus à comunidade. Quero agradecer aos policiais, aos promotores, aos meus advogados e a todos os demais, que tiveram a paciência de trabalhar comigo e me ajudar a me lembrar de todas as coisas terríveis que fiz e poder falar sobre elas. Sei que meus atos foram horríveis. Há muito tempo tento tirar essas coisas da cabeça. Há muito tempo tento evitar matar mais damas. Lamento ter colocado minha esposa, meu filho, meus irmãos e minha família nesse inferno. Espero que eles encontrem um jeito de me perdoar. Lamento muito pelas damas que não foram encontradas. Que elas possam descansar em paz. Elas precisam de um lugar melhor do que aquele em que as deixei. Sinto muito por matar essas jovens damas. Elas tinham uma vida inteira pela frente. Lamento ter causado tanta dor a tantas famílias.
>
> Gary L Ridgway

O juiz Richard Jones, nomeado nove anos antes, tinha mantido o tribunal relativamente tranquilo, apesar das possibilidades incendiárias nas audiências de um criminoso tão famoso. Jones era um jurista excepcional que lecionava com frequência para advogados em aulas de Educação Jurídica Continuada e para ordens de advogados. Irmão da lenda da música Quincy Jones, era muito talentoso no próprio campo.

O juiz Jones tinha lido as cartas dos pais e mães angustiados com atenção e se lembrou de uma. "Há um buraco no meu coração", tinha escrito uma das mães. "Um buraco que só a minha filha pode ocupar. O vazio é profundo e dói."

Ele também citou o poeta John Dryden: "O assassinato pode ficar sem punição por um tempo, mas a justiça tardia cairá sobre o crime". E, de fato, justiça se fez. Agora ele ordenou que Gary Ridgway se virasse para o público e olhasse para os rostos dos enlutados, sugerindo que os rostos manchados de lágrimas deviam ser a última lembrança que ele teria do mundo livre. "O que é notável em você", comentou o juiz Jones, "são suas emoções revestidas de teflon e a completa ausência de compaixão genuína pelas jovens que você assassinou."

E era disso, de fato, que qualquer pessoa que observasse Gary Ridgway ia se lembrar — o autômato, o robô, o verdadeiro animal que parecia operar exclusivamente no sistema límbico do cérebro sem a censura do lobo frontal. Ele tinha admitido para detetives e psicólogos que poderia ter matado o próprio filho, a esposa, a mãe, qualquer um que interferisse na sua sobrevivência e na sua busca contínua pelo sadismo e pelo prazer.

O juiz Jones honrou a memória das vítimas enquanto se preparava para ler a sentença de Ridgway. Ele pediu 48 segundos de silêncio antes de pronunciar as sentenças.

Gary Ridgway foi condenado a 48 prisões perpétuas sem possibilidade de libertação antecipada ou de liberdade condicional, penas que seriam executadas de maneira consecutiva. Ele seria responsável por todas as multas que a promotoria mencionou. O juiz Jones acrescentou uma punição final um tanto bizarra. Ridgway teve que abrir mão da sua licença para porte de arma de fogo. Essa parecia ser a menor das suas preocupações.

Enquanto observava o desenlace final do caso dos assassinatos do Green River, o ex-promotor adjunto Al Matthews teve sentimentos conflitantes. Assim como todos os outros que tinham trabalhado durante décadas para condenar o assassino, ele teve uma sensação de triunfo pela resolução final.

Não se arrependia de não ter seguido em frente em 1987 e feito uma denúncia com base em uma grande quantidade de provas circunstanciais. "Eu achava mesmo que ele era o assassino. Se eu abrisse o caso e levasse a julgamento, [acredito] que poderia receber um pedido de extinção do processo. O problema era que, sem provas físicas, não havia como prever o resultado do julgamento. E, é claro, só teríamos uma chance contra ele."

O que pretendia dizer é que seria aplicada a lei da proibição do duplo julgamento se Ridgway fosse absolvido, pois poderia escapar, sabendo que não é possível ser julgado duas vezes pelos mesmos crimes.

"Só uma coisa me incomoda", lembrou Matthews. "Era tudo uma questão de um selvagem que precisava estar no controle. No fim, ele continuava no controle. Evitou a pena de morte controlando a situação e oferecendo informações para se manter vivo."

E, enfim, tinha acabado. O sol ainda brilhava, e o ar tinha um cheiro bom quando saí do tribunal para ser entrevistada por Nancy Grace, da Court TV. Membros da família em estado de choque estavam ao meu redor, negociando a passagem pelas barricadas de construção em torno do antigo tribunal, esquivando-se dos microfones enfiados em seus rostos, fugindo apressados do que deve ter sido um dos piores dias da vida deles.

Vi um rosto familiar dos anos 1980. Melvyn Foster, não mais um "suspeito", tinha ido assistir à leitura da sentença. Usava uma jaqueta de propaganda da popular série de detetives forenses da época: CSI.

E aí vi Dick Kraske meio afastado, observando os novos e jovens detetives sendo entrevistados. Dave Reichert estava no centro dos holofotes da mídia, mas também não era mais um jovem detetive. Muitos anos tinham se passado.

POSFÁCIO

A Força-Tarefa Green River, muito diminuída, continua a acompanhar crimes não resolvidos e corpos não identificados que podem estar ligados a Gary Ridgway. O consenso é que mais corpos vão aparecer nos próximos meses e anos. Nesse meio-tempo, o mundo segue em frente sem ele.

Dave Reichert ainda é o xerife do condado de King, mas talvez não por muito tempo. A captura de Ridgway fez de Reichert uma estrela da mídia. Durante dois anos, houve rumores de que ele se candidataria a governador. Em vez disso, voltou sua atenção para Washington, D.C., e, em 2004, se tornou candidato republicano ao Congresso, representando o Eastside do condado de King. Se ele for para Washington, é provável que Tom Jensen e John Urquhart o acompanhem.

Sue Peters foi para a África em um safári no início de 2004, o mais longe que poderia se afastar da sala de interrogatório abafada na sede do Green River, onde passou seis meses em 2003. Continua trabalhando nos casos do Green River, esperando, acima de tudo, encontrar uma resposta para o destino de Keli McGinness.

Há alguns anos, Peters e o detetive Denny Gulla, determinados a salvar o máximo de mulheres que conseguissem, criaram um programa chamado Highway Intelligence Team (H.I.T.) [Equipe de Inteligência das Rodovias]. Com os detetives Jesse Anderson e Christine Bartlette, eles vão uma vez por mês até a Strip e outros locais onde a prostituição é comum, em busca de prostitutas da nova geração. Não vão lá para prendê-las, mas para verificar seu bem-estar.

"Dou meu cartão a elas", diz Peters, "e digo que podem me ligar 24 horas por dia se precisarem de ajuda. Faço o que posso para colocá-las em contato com os serviços de que precisam e, com sorte, tirá-las das ruas."

Peters e os outros três detetives estão disponíveis o tempo todo, e ela tem recebido ligações de garotas desesperadas a qualquer hora do dia e da noite. "Quando as conheço, pergunto o nome dos motéis onde costumam ficar, peço as informações odontológicas e pergunto se têm alguma cicatriz significativa", diz Peters. "Às vezes, elas me perguntam por que preciso saber disso, e eu digo a verdade: 'Para que possamos identificar seu corpo se acontecer alguma coisa com você'. Isso as choca e as faz perceber como é perigoso estar nas ruas."

Algumas das garotas "de sempre" de Peters e Gulla ligam uma ou duas vezes por semana só para dar notícias. Isso proporciona uma tábua de salvação e uma conexão com alguém que se preocupa com elas. Embora a coleta de informações definitivamente não seja o objetivo principal do H.I.T., muitas das jovens relatam "encontros ruins" e a placa dos carros desses caras. Algumas das advertências delas levaram à prisão estupradores em série.

Randy Mullinax organizou um seminário abrangente sobre a investigação do Green River que é muito procurado pelas agências de segurança pública em todo o país.

Bob Gebo, Ed Streidinger e Kevin O'Keefe voltaram para o Departamento de Polícia de Seattle. Frank Adamson se aposentou. Richard Kraske se aposentou. Cherisse Luxa se aposentou. Ben Colwell se aposentou. O legista dr. Donald Reay se aposentou e mora em uma ilha em Puget Sound, onde concluiu há pouco tempo um curso sobre conserto de motores de barcos — o mais distante possível da patologia forense.

Bill Haglund continua ajudando a identificar vítimas de massacres terroristas em outros países.

Danny Nolan, Paul Smith, Ralf McAllister, Jim Pompey, dr. John Berberich e Tonya Yzaguerre faleceram.

Matt Haney é chefe da polícia de Bainbridge Island, em Washington. Robert Keppel é professor da Universidade Estadual Sam Houston em Huntsville, no Texas, e leciona criminologia e técnicas investigativas.

Judith Ridgway vive reclusa, mas disse aos amigos que planeja escrever um livro sobre o casamento com Gary Ridgway.

Chad Ridgway é fuzileiro naval na Califórnia.

Judy DeLeone, mãe de Carrie Rois, quebrou o tornozelo alguns anos depois que os restos mortais de Carrie foram encontrados. Um coágulo de sangue não diagnosticado se formou, e ela morreu, de repente, de embolia pulmonar.

Mertie Winston sofreu um derrame logo após os restos mortais de Tracy Winston serem identificados, mas lutou e conseguiu uma recuperação completa.

Suzanne Villamin mora com o cachorrinho em um apartamento no centro de Seattle, cercada de lembranças da filha, Mary Bello.

Analisando a pilha de e-mails, cartas e notas de telefone de sessenta centímetros de altura que recebi ao longo de 22 anos, fiquei mais uma vez surpresa com a diversidade de suspeitos de serem o Assassino de Green River: médicos, advogados, psicólogos, policiais, pilotos, escritores, operários, estudantes, cultistas, vendedores, taxistas, motoristas de ônibus, agentes de liberdade condicional, pastores, professores, políticos, atores e empresários. No fim, chegou-se à conclusão de que o Assassino de Green River poderia ser quase qualquer pessoa.

Quase qualquer um, exceto um homenzinho chato de hábitos que pareciam previsíveis, mão de vaca, avarento, colecionador de lixo e alvo de piadas e apelidos degradantes. E, no entanto, foi a aparência protetora de Gary Ridgway que lhe permitiu ficar livre por mais de vinte anos. Isso e a habilidade incomum de mascarar o que estava por trás da fachada tranquila e esconder sua raiva e sua frustração das ex-esposas, das inúmeras namoradas, da família e até mesmo da mulher que se tornou sua terceira esposa. Judith Ridgway parecia ter acreditado de verdade que ela e Gary "faziam tudo juntos". Tinha confiança de que nenhum dos dois precisava de amigos nem de outras distrações.

Gary Ridgway só era bom em uma coisa. Era um assassino eficiente, tão inepto em todo o resto que era fácil se esconder à vista de todos. De certa forma, alcançou o que tinha buscado durante a maior parte da vida. Por fim, as pessoas o notaram, e seu nome e sua foto foram publicados no jornal e na televisão.

Durante seis meses, passou o tempo todo com detetives que, embora fossem muito mais espertos, eram obrigados a ir até ele em busca de respostas. Fez viagens de campo e, se as buscas nos locais de descarte de corpos continuassem na hora das refeições, pedia sanduíches de peixe ou hambúrgueres e batatas fritas em *drive-thrus* de fast-food.

Em janeiro de 2004, quando Ridgway foi transferido, em segredo, claro, para a Penitenciária do Estado de Washington em Walla Walla, esperava continuar sendo uma celebridade. Foi levado primeiro para a Unidade de Saúde Mental (M.H.U.) — onde ficaria até maio para fazer vários exames.

"Ele tinha uma atitude arrogante", disse um observador. "Dava para ver que se achava superior aos outros presos, que era especial."

Ele logo descobriu que não era. O fluxo de detetives que ele esperava que o visitassem não apareceu, embora tenha ido uma vez a Snohomish, ao norte do condado de King, para fazer viagens de campo. Nada significativo foi encontrado. A mídia não percebeu a rápida viagem.

Ridgway é considerado uma presa na penitenciária de Walla Walla por vários motivos: a maioria dos detentos o despreza pelos crimes contra as mulheres — estupradores e abusadores de crianças estão no último degrau da penitenciária; alguns condenados são parentes das vítimas ou amigos delas e adorariam ter uma chance de se vingar. Talvez, acima de tudo, a hierarquia da prisão recompensasse qualquer homem que matasse Ridgway. Seria uma verdadeira conquista para o golpista que conseguisse realizar uma façanha tão difícil. O assassino em série de Wisconsin, Jeffrey Dahmer, não sobreviveu por muito tempo na prisão; foi assassinado no chuveiro. Em 2003, um padre católico condenado por abuso infantil foi estrangulado logo depois de entrar no meio da População Geral, onde ficam os presos que não têm nenhum tratamento especial ou privilégio.

Durante os primeiros meses de Ridgway na M.H.U. em Walla Walla, um detento conseguiu chegar muito perto dele antes de ser visto, rapidamente contido e afastado. Ridgway, de fato, vai ter que ficar de costas para a parede — mesmo quando estiver na solitária.

Em maio de 2004, Ridgway foi transferido para a Unidade de Gestão Intensiva (I.M.U.), onde os detentos mais perigosos e difíceis ficam alojados em celas únicas, parecidas com caixas, isoladas da População Geral da prisão. Ali, fica confinado na cela 23 horas por dia. Suas acomodações são espartanas, e é raro ver uma mulher na I.M.U. Ele está alojado com os piores dos piores: assassinos de mulheres, pervertidos sexuais, condenados cujos crimes já foram manchetes sensacionalistas, mas que há muito foram esquecidos — desligados do mundo sem esperança de conseguir a liberdade condicional.

Um dos outros reclusos no seu andar riu ao contar a um visitante sobre a primeira noite de Gary Ridgway na I.M.U. Ele ativou o sinal de emergência. Quando um guarda respondeu, Ridgway reclamou em voz alta que tinha um "buraco no cobertor".

"Então coloque o dedo do pé nele", respondeu o guarda. "E nunca mais toque esse alarme, a menos que você tenha uma emergência de verdade."

Pouco antes de Ridgway ser condenado a 48 penas de prisão perpétua, ele disse que seu pior medo era ter esquecido algumas das vítimas e os lugares onde as tinha deixado. É bem provável que ainda não tenha revelado tudo que fez. Ele sabe muito bem que seu acordo judicial será anulado se for possível provar que ocultou informações de propósito. E ele não pode fazer barganhas com outras jurisdições; ele admitiu ter deixado corpos ou partes de corpos no Oregon, mas insiste que cometeu todos os assassinatos no condado de King, em Washington.

A localização geográfica dos assassinatos não descobertos até o momento ainda pode levar Gary Ridgway à morte na câmara de execução.

caso concluído

AGRADECIMENTOS

Ao longo dos últimos 22 anos, muitas pessoas me ajudaram em vários aspectos da pesquisa, redação e preparação deste livro para impressão. Tenho muito medo de esquecer alguém, mas vou tentar voltar a julho de 1982 e agradecer a todos que tiveram algum papel nisso. Em alguns casos, vou usar um apelido ou só o primeiro nome. Os motivos, creio, são óbvios, e sei que os leitores compreenderão.

Não foi fácil para as famílias enlutadas responderem a algumas das perguntas que fiz a elas, e sou eternamente grata por elas terem se disposto a falar comigo sobre os dias bons e os dias tristes da vida delas.

Bill Aadland, Frank Adamson, Mike Barber, Linda Barker, David Bear, Brook Beiloh, Moira Bell,* Bren e Sharon, Marilyn Brenneman, Darla Bryse,* Lorrie C.,* Lynne Dickson, Gerald "Duke" Dietrich, Val Epperson, Families and Friends of Violent Crime Victims [Famílias e Amigos de Vítimas de Crimes Violentos], Gene Fredericksen, Betty Pat Gatliff, Bill Haglund, Matt Haney, Ed Hanson, Jon Hendrickson, Maryann Hepburn,* Edward Iwata, Robert Keppel, Jean Knollmeyer, Dick Kraske, Katie Larson, Pat Lindsay, Lorna, Cherisse Luxa, Rebecca Mack, Norm Maleng, Josh Marquis, Al Matthews, Bruce McCrory, Dennis Meehan, Garrett Mills, Randy Mullinax, Kevin O'Keefe, Princess Oahu, John O'Leary, Sue Peters, Charlie Petersen, Barbara Potter, Don Reay, Barbara e John Reeder, Dave Reichert, Robert Ressler, Elizabeth Rhodes, Cheryl Rivers, Ruby, Mike Rule, Austin Seth, Paul Sherfry, Norm Stamper, Anne Stepp, Tenya, Kay Thomas, Kevin Wagner, Don White, Don Winslow, Mertie Winston, Chuck Wright, Suzanne Villamin e Luanna Yellow Robe.

Agradeço aos amigos que me perdoaram por ter ficado grudada no computador nos últimos seis meses: meu sempre confiável primeiro leitor Gerry Brittingham Hay; meu organizador Kevin Wagner; Betty May Settecase e o restante das "Jolly Matrons", uma sociedade secreta

— mas amigável — de pessoas que se conhecem desde que tínhamos 17 anos: Joan Kelly, Sue Morrison, Sue Dreyer, Patricia Potts, Shirley Coffin, Gail Bronson, Alice Govig, Shirley Jacobs, Joyce Schmaltz e Val Szukovathy. Às minhas colegas escritoras Donna Anders e Leslie Rule, e a todas as minhas velhas amigas com quem voltarei a sair para almoçar: Shirley Hickman e Rosalie Foster, Claudia House, Chirlee House, Margie McLaughlin, Cece Coy, Jennifer Heimstra, Marnie Campbell, Bonnie Allen, Elisabeth Fredericksen, Janet West, Patty Greeney, Gretchen DeMulling, Dee Grim e Maureen Woodcock.

Tenho muita sorte de ainda ter minha equipe editorial e de publicação na Free Press/Simon & Schuster/Pocket Books enquanto trabalhamos juntos no nosso 17º livro. Os autores precisam de edição e mais edição, um corpo jurídico claro para aconselhá-los, pessoal de produção, revisores, designers do departamento de arte, um departamento de marketing entusiasmado, publicitários criativos e funcionários de gráfica precisos. Essa é a minha casa de escrita, e estou feliz por tê-la encontrado! Obrigada a todos vocês por tantos anos de apoio e amizade: Carolyn Reidy e Martha Levin (publishers); Fred Hills e Burton Beals (editores); Kirsa Rein (assistente editorial); Isolde Sauer, Jane Herman, Betty Harris e Eva Young (revisão); Jennifer Weidman (jurídico); Carisa Hayes e Liz Keenan (publicitárias); Karolina Harris (design de texto); Hilda Koparanian (produção) e Eric Fuentecilla (capista).

Escolhi os melhores agentes literários do mundo — pelo menos para mim — há 35 anos, e Joan e Joe Foley, felizmente, ainda estão comigo. Agradeço a Ron Bernstein, da International Creative Management, por representar meus direitos para o cinema.

Existe também uma equipe insubstituível em Seattle que nunca me decepciona quando os prazos apertam: Roadrunner Print and Copy, Entre Computer e o pessoal da FedEx no aeroporto de SeaTac, que segura a porta aberta quando chego correndo com as páginas do manuscrito finalizado para entrega em Nova York da noite para o dia.

E, por fim, aos meus "cães escritores" — Lucy e Willow — e aos gatos que ficam sentados no computador quentinho — Fluffbutt, Beanie, Bunnie e Toonces. Eles me impedem de ficar sozinha quando os dias passam sem que eu veja seres humanos.

ANN RULE (1931-2015) é um dos maiores nomes do *true crime* e nasceu no Michigan (EUA). Quando passava as férias de verão com os avós, ela ajudava a preparar as refeições para os detentos da prisão, e costumava se perguntar por que pessoas que pareciam tão amigáveis estavam trancafiadas atrás das grades. Esse foi o começo da curiosidade que durou toda a sua vida sobre os "porquês" por trás do comportamento criminoso. Todos os seus livros exploram os motivos por trás dos casos de primeira página sobre os quais ela fez as coberturas. Quando cresceu, tornou-se policial de Seattle, e também foi assistente social do Departamento de Serviço Social do estado de Washington. De 1969 até o fim de sua vida se dedicou integralmente à carreira de escritora, publicando 33 livros e mais de mil reportagens, em grande parte sobre casos criminais — seus maiores sucessos, *Ted Bundy: Um Estranho ao Meu Lado* e *Gary Ridgway: O Assassino de Green River*. Ann Rule faleceu de insuficiência cardíaca em 26 de julho de 2015, aos 83 anos.

PROFILE
profile

ANN
RULE

GA
RIDG

O Assassino de Green River

CRIME SCENE®
DARKSIDE

"Policial? Em quem se confia quando ainda estamos
Procurando por você no fundo do lago?"

— "DAMA DO LAGO", CYNTHIA PELAYO
POEMAS PARA MENINAS ESQUECIDAS NA ESCURIDÃO —

DARKSIDEBOOKS.COM

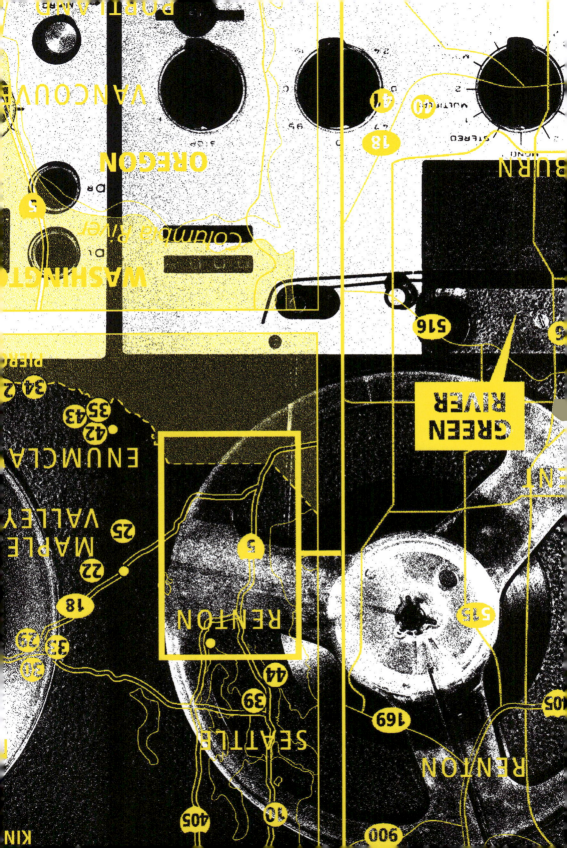